Die Bau- und Kunstdenkmale in der DDR · Hauptstadt Berlin · I

Die Bau- und Kunstdenkmale in der DDR

Herausgegeben vom Institut für Denkmalpflege der DDR

Verlag C. H. Beck München

Hauptstadt Berlin · I

Bearbeitet von einem Kollektiv der Abteilung Forschung

Gesamtredaktion Heinrich Trost

Mit 712 Abbildungen und 4 Übersichtskarten

Das Autorenkollektiv setzte sich aus
folgenden Mitarbeitern zusammen:
Ingrid Bartmann-Kompa, Horst Büttner,
Horst Drescher †, Joachim Fait, Marina Flügge,
Gerda Herrmann, Ilse Schröder, Helmut Spielmann,
Christa Stepansky, Heinrich Trost

Das vorliegende Werk ist eine von Kunsthistorikern
der DDR erarbeitete Dokumentation.
Sämtliche Straßen und Plätze erscheinen mit den
in der DDR amtlichen Namen.

© Henschelverlag Kunst und Gesellschaft,
DDR-Berlin 1983
Lizenzausgabe
für die Bundesrepublik Deutschland, Berlin-West,
die Schweiz und Österreich
Verlag C. H. Beck München 1983
1. Auflage
Gestaltung: Henry Götzelmann
Printed in the German Democratic Republic
Gesamtherstellung:
INTERDRUCK Graphischer Großbetrieb Leipzig
III/18/97
ISBN-Nr. 3 406 095992

Inhaltsverzeichnis

7	Vorwort	351	Stadtbezirk Prenzlauer Berg
11	Zu den Bau- und Kunstdenkmalen der drei innerstädtischen Bezirke	357	Schönhauser Allee und Straßen westlich und östlich der Schönhauser Allee
19	Stadtbezirk Mitte	400	Prenzlauer Allee und Straßen östlich der Prenzlauer Allee
26	Berlin und Kölln	416	Greifswalder Straße und Straßen südöstlich der Greifswalder Straße
30	*Berlin*		
76	*Kölln*	431	Stadtbezirk Friedrichshain
125	Friedrichswerder, Dorotheenstadt und Friedrichstadt	433	Volkspark Friedrichshain und Straßen westlich der Parkanlage
125	*Friedrichswerder*	442	Leninallee mit Leninplatz und Straßen südlich der Leninallee
138	*Dorotheenstadt*	455	Karl-Marx-Allee/Frankfurter Allee und Straßen bis zur Spree sowie Stralau
210	*Friedrichstadt*		
236	Neukölln am Wasser und Luisenstadt		Anhang
236	*Neukölln am Wasser*	473	Straßenregister
254	*Luisenstadt*	477	Objektregister
258	Stralauer Vorstadt und Königstadt	484	Künstlerregister
258	*Stralauer Vorstadt*	490	Personenregister
259	*Königstadt*	494	Literatur
267	Spandauer Vorstadt und Äußere Spandauer Vorstadt		
267	*Spandauer Vorstadt*		
304	*Äußere Spandauer Vorstadt*		
314	Friedrich-Wilhelm-Stadt und Äußere Friedrich-Wilhelm-Stadt		
314	*Friedrich-Wilhelm-Stadt*		
330	*Äußere Friedrich-Wilhelm-Stadt*		

Vorwort

Der vorliegende Band behandelt die Berliner Bau- und Kunstdenkmale der Stadtbezirke Mitte, Prenzlauer Berg und Friedrichshain, das heißt diejenigen der drei innerstädtischen Bezirke, welche der verwaltungsmäßigen Ausdehnung der Stadt Berlin bis zum Jahre 1920 ungefähr entsprechen, ausgenommen die heute zu Westberlin gehörenden Teile innerhalb der einstigen Weichbildgrenzen im Süden und Westen. Auf diesem Territorium vollzog sich im wesentlichen die Entwicklung Berlins von der mittelalterlichen Doppelstadt beidseitig der Spree zur modernen Industrie-Großstadt. In einem folgenden zweiten Band werden die Bau- und Kunstdenkmale der sechs Randbezirke der Hauptstadt der DDR dargestellt werden, die der Stadtbezirke Köpenick, Lichtenberg, Marzahn, Pankow, Treptow und Weißensee, deren Entwicklung, zumeist von ehemaligen mittelalterlichen Dörfern im Umkreis von Berlin ausgehend, mit dem Wachsen Berlins aufs engste verbunden ist und die schließlich mit der Großstadt zu einer Einheit verschmolzen.

Im Gegensatz zu den bisher erschienenen Bänden der Reihe »Die Bau- und Kunstdenkmale in der DDR«, in denen die Bezirke Potsdam, Frankfurt (Oder) und Neubrandenburg behandelt wurden, verlangt die Großstadt eine grundsätzlich andere Ordnung der einzelnen Objekte als in den vorwiegend ländlichen Bereichen der genannten Bezirke. Um gewachsene Zusammenhänge möglichst zu bewahren, erschien es notwendig, das Material nicht nach Denkmalgruppen, sondern innerhalb überschaubarer Teilbereiche alphabetisch nach Straßen zu ordnen. Von dieser alphabetischen Ordnung ist nur in Ausnahmefällen, auf die am Ende der einzelnen Einleitungstexte ausdrücklich hingewiesen wird, abgewichen worden.

Im Stadtbezirk Mitte entsprechen die untergliedernden Teilbereiche der historischen Entwicklung und Ausdehnung des alten Berlin, und folglich sind hier die Denkmale jeweils innerhalb der einstigen Stadtteile zusammengefaßt, die entsprechend ihrer Entstehung aufeinander folgen: Den Denkmalen auf dem Territorium der mittelalterlichen Doppelstadt Berlin und Kölln, dem eigentlichen Zentrum Berlins, folgen die Denkmale auf den Gebieten der planmäßig angelegten barocken Gründungsstädte Friedrichswerder, Dorotheenstadt und Friedrichstadt und schließlich die der vom späten 17. Jahrhundert bis zum frühen 19. Jahrhundert sich ausbildenden Vorstädte, auf Köllner Seite Neukölln am Wasser und Luisenstadt, auf Berliner Seite Stralauer Vorstadt, Königstadt, Spandauer Vorstadt und Friedrich-Wilhelm-Stadt. Sind diese einstigen Stadtteile im allgemeinen Bewußtsein auch heute zumeist nicht mehr bekannt, so zeichnen sie sich doch im Stadtgrundriß vielfach noch ab und erklären Besonderheiten und Eigentümlichkeiten in der Stadtentwicklung, die ohne Kenntnis früherer Entwicklungen weitgehend unverständlich bleiben.

In den Stadtbezirken Prenzlauer Berg und Friedrichshain, in denen die Entwicklung im wesentlichen erst nach der Mitte des 19. Jahrhunderts einsetzte, sind die Teilbereiche in der vorliegenden Veröffentlichung nach den aus Berlin herausführenden Hauptverkehrsstraßen und den sie umgebenden Quartieren gebildet. Der Stadtbezirk Prenzlauer Berg wird unterteilt in 1. Schönhauser Allee und Straßen westlich und östlich der Schönhauser Allee, 2. Prenzlauer Allee und Straßen östlich der Prenzlauer Allee und 3. Greifswalder Straße und Straßen südöstlich der Greifswalder Straße. Der Stadtbezirk Friedrichshain ist gegliedert in 1. Volkspark Friedrichshain und Straßen westlich der Parkanlage, 2. Leninallee mit Leninplatz und Straßen südlich der Leninallee und 3. Karl-Marx-Allee/Frankfurter Allee und Straßen bis zur Spree sowie Stralau.

Die Legenden zu den Stadtbezirks-Übersichtskarten auf den Seiten 19 (Stadtbezirk Mitte), 351 (Stadtbezirk Prenzlauer Berg) und 431 (Stadtbezirk Friedrichshain) entsprechen der hier ausführlich dargestellten Gliederung des Bandes und verweisen auch auf die Seiten, auf denen der jeweilige Teilbereich, Kapiteln vergleichbar, behandelt wird. Die gewählte Form der Gliederung des umfangreichen Materials, die ein schnelles Auffinden von Objekten ermöglichen, aber auch historische und räumliche Zusammenhänge nicht zerreißen soll, war eines der Hauptprobleme während der Erarbeitung. Es ist zu hoffen, daß dieses streng durchgehaltene Gliederungsprinzip es dem Benutzer erleichtert – das hier Gesagte berücksichtigend und eine allgemeine Kenntnis der Entwicklung Berlins vorausgesetzt –, Gewünschtes schnell zu finden. Eine zusätzliche Hilfe werden ihm dabei das alphabetische Straßenregister und das Objektregister sein.

An den Anfang eines Stadtbezirkes ist jeweils ein Einleitungstext gestellt, der in knappen Zügen Geschichte und städtebauliche Entwicklung umreißt. Ähnliche Übersichtstexte sind vor allem beim Stadtbezirk Mitte auch den einzelnen untergliedernden Stadtteilen vorangestellt. Es versteht sich, daß diese Vorspanntexte wegen der gebotenen Kürze kein erschöpfendes Bild der überaus komplizierten und verwickelten Berliner Stadtgeschichte zeichnen können. Wohl aber sollen sie für die einzelnen Denkmale, die ja Hauptgegenstand dieser Veröffentlichung sind, den größeren geschichtlichen und städtebaulichen Zusammenhang, in dem sie stehen, spürbar werden lassen. Und gleiches gilt auch für die Texte, die den Werdegang wichtiger Straßen und Plätze skizzieren. Jeder Versuch, die Entwicklung der einzelnen Straßen mit ihren ehemaligen Gebäuden, mit den Persönlichkeiten, die einst hier lebten, ausführlich darzubieten – und dies wäre für Berlin bei seiner reichen Vergangenheit eine lohnende und dankbare Aufgabe –, hätte den Rahmen unserer Publikation gesprengt. So mußte es bei knappen Darstellungen bleiben, die allerdings vielfach durch eingefügte alte Straßenansichten, zumeist nach Stichen des 18. und frühen 19. Jahrhunderts, eine anschauliche Ergänzung erfahren.

In diesen Einleitungstexten finden auch die nach 1945 entstandenen Bauten beziehungsweise die Neubaugebiete eine allgemeine, wiederholt durch Abbildungen ergänzte Erwähnung. Als Einzelobjekte sind nach 1945 entstandene Bauten jedoch nur in Ausnahmefällen behandelt worden. So richtig es ist, daß sie, die neuen Verwaltungs- und Geschäftsbauten, die Hotels, die Gebäude für gesellschaftliche Einrichtungen und vor allem die umfangreichen Wohnensembles, in zunehmendem Maße das Bild der Hauptstadt der DDR bestimmen und mit den erhaltenen älteren Bauten und Baugruppen immer mehr zu einer neuen Einheit zusammenwachsen, so verständlich ist es andererseits auch, daß diese ungemein breite und vielfältige Bautätigkeit hier nicht in gleicher Weise wie die erhaltenen Zeugnisse der Vergangenheit Berücksichtigung finden konnte. Der Wiederaufbau Berlins als Hauptstadt der DDR ist Gegenstand spezieller Veröffentlichungen, wie zum Beispiel des 1974 in erster Auflage erschienenen Architekturführers »Berlin, Hauptstadt der Deutschen Demokratischen Republik«, der der Bautätigkeit nach 1945 breiten Raum öffnet.

Im vorliegenden Band war ebenfalls eine Beschränkung angezeigt, was die Vielzahl der nach 1945 entstandenen Werke der Bau- und Freiplastik betrifft. Die großen Erinnerungsstätten des antifaschistischen Widerstandskampfes, so die Denkmäler im Friedrichshain, aber auch kleinere Mahnstätten, sind behandelt und in Abbildungen wiedergegeben, ebenso die Denkmäler großer Persönlichkeiten wie das Leninmonument auf dem Leninplatz und das Karl-Marx-Denkmal in Stralau oder die Denkmäler für Heinrich Heine sowie für Käthe Kollwitz und für Heinrich Zille, die beiden aufs engste mit Berlin verbundenen Künstler. Die zahlreichen Schmuckplastiken vor allem in den Neubaugebieten, Figurengruppen, plastisch gestaltete Brunnen, erzählende Reliefs, die oft auch historischen Ereignissen in den jeweiligen Stadtteilen gewidmet sind, blieben dagegen weitgehend unerwähnt. Auch sie würden eine gesonderte Veröffentlichung füllen.

Letzteres gilt schließlich auch für die vielen Gedenktafeln in unserer Stadt, die Ereignissen der Geschichte gewidmet sind oder an Persönlichkeiten der Politik, Wissenschaft und Kunst sowie an antifaschistische Widerstandskämpfer erinnern, welche hier lebten und wirkten. Diese Erinnerungstafeln konnten im allgemeinen nur dann erwähnt werden, wenn das Gebäude als Denkmal verzeichnet worden ist.

Die einzelnen Denkmale einer Straße sind ausnahmslos nach der Numerierung der Grundstücke geordnet. Es sei darauf verwiesen, daß dies bei manchen Straßen, deren fortlaufende Numerierung auf der rechten Straßenseite beginnt und auf der linken Straßenseite in umgekehrter Richtung sich fortsetzt, bedeutet, daß in Wirklichkeit unmittelbar gegenüberliegende Grundstücke am Anfang und am Ende des Textes der jeweiligen Straße behandelt sein können (so zum Beispiel bei der Schönhauser Allee). – Einzelbauten oder Ensembles, die von mehreren Straßen begrenzt werden, sind in der Regel im Zusammenhang mit der Straße dargestellt, zu der ihre Hauptfassade gewendet ist; wenn die übrigen Straßen, an die ein solcher Gebäudekomplex angrenzt, ebenfalls als Straßenzüge behandelt werden, sind hier den Texten entsprechende Verweisungen auf die Hauptbehandlung des Objektes eingefügt (die Deutsche Staatsbibliothek beispielsweise wird im Zusammenhang mit der Straße Unter den Linden dargestellt; unter Clara-Zetkin-Straße und Universitätsstraße – Straßen, an die die rückseitige Front beziehungsweise die Seitenfront der Bibliothek angrenzt – wird durch Seitenverweisungen auf die Hauptbehandlung verwiesen). Umfangreiche Wohnanlagen und Siedlungen, die in ihrer Gestaltung zu keiner der sie umgebenden Straßen besonders hervorgehoben sind, sind zumeist der Straße zugeordnet, die auch durch andere Objekte als gesonderter Straßenzug behandelt worden ist. Solchen Anlagen, die uns besonders in den Stadtbezirken Prenzlauer Berg und Friedrichshain häufig begegnen, ist eine genaue Umgrenzung des Bereiches durch Angabe der Straßen mit den Hausnummern vorangestellt. Zur eindeutigen Kennzeichnung war es bei Straßen, deren Numerierung von der einen Straßenseite zur anderen springt, notwendig, hinter den Hausnummern die in Klammern gesetzte Bezeichnung »gerade« oder »ungerade« hinzuzufügen.

Auf Abkürzungen ist in den Texten fast völlig verzichtet worden. Lediglich bei Zeitangaben sind Abkürzungen für Jahrhundert (Jh.), Anfang (A.), Ende (E.), Hälfte (H.), Mitte (M.) und Viertel (V.) verwendet worden.

Die Abbildungen sind dem Seitenpaar eingefügt, auf dem das jeweilige Objekt behandelt wird. Abbildungshinweise werden im Text nur dann gegeben, wenn eine Abbildung aus gestalterischen Gründen bereits vor beziehungsweise erst nach dem Seitenpaar mit dem Text zu dem jeweiligen Objekt untergebracht ist. Die zumeist zu einem Block zusammengestellten Bildunterschriften benennen die Abbildungen spaltenweise von oben nach unten und von links nach rechts. – Zugunsten der über 700 Abbildungen ist, wie bei den bereits erschienenen Bänden, auf Grundrisse verzichtet worden; eine Wiedergabe von Grundrissen etwa in Spaltenbreite hätte im ganzen viel Raum in Anspruch genommen und doch nicht mehr vermittelt als die Vorstellung, welche der Benutzer ohnehin aus den Beschreibungen zu den einzelnen Objekten zusammen mit den Abbildungen gewinnen kann.

An der Bearbeitung der Texte für den Stadtbezirk Mitte waren beteiligt Horst Büttner (Hochschul- und Schulbauten, Museen, Tore und Kolonnaden), Dr. Horst Drescher † (Kirchen, Repräsentationsbauten und Palais an der Straße Unter den Linden, Theater), Gerda Herrmann (Gelehrten- und Feldherrendenkmäler), Ilse

Schröder (Krankenhäuser, Bäder, Bauten der Post), Helmut Spielmann (Wohnbauten), Christa Stepansky (Bank-, Geschäfts- und Verwaltungsbauten, Warenhäuser); die Texte zu einzelnen Denkmalen wurden von Ingrid Bartmann-Kompa (Rathaus) und Dr. Joachim Fait (Dom; Köllnischer Park; Denkmäler Friedrichs II. und Freiherrn vom und zum Stein) ergänzt beziehungsweise erarbeitet. An den Textbearbeitungen für den Stadtbezirk Prenzlauer Berg waren beteiligt Ingrid Bartmann-Kompa, Marina Flügge und Helmut Spielmann, an den Bearbeitungen für den Stadtbezirk Friedrichshain Ilse Schröder und Christa Stepansky sowie Ingrid Bartmann-Kompa. Die Texte zu den Friedhöfen aller drei Stadtbezirke wurden von Dr. Joachim Fait erarbeitet. – Ergänzungen zu einzelnen Objekten wurden von Mitarbeitern der Arbeitsstelle Berlin und der Abteilung Geschichtsdenkmale des Instituts für Denkmalpflege gegeben. Hermann Zech, Berlin-Information, lieferte die Daten für die Umbenennungen von Straßen.

Das Manuskript wurde im Juni 1982 abgeschlossen; spätere Veränderungen konnten nur in Ausnahmefällen Berücksichtigung finden. Durchgesehen wurde das Manuskript von Waltraud Volk vom Institut für Städtebau und Architektur der Bauakademie der DDR. Dr. Annegret Janda, Archiv der Nationalgalerie, gab Hinweise zu einzelnen Denkmalen besonders des 19. Jahrhunderts. Die Druckfahnen wurden von Peter P. Rohrlach, dem Leiter der Berliner Ratsbibliothek, einer Durchsicht unterzogen. Den Genannten sei für die bereitwillige Mithilfe herzlich gedankt.

Die Übersichtskarten zu den drei Stadtbezirken, den schematischen Plan der Friedhöfe an der Chausseestraße und die Vorsatzkarte, die sämtliche Stadtbezirke der Hauptstadt der DDR darstellt, zeichnete Ernst-Peter Bartmann. Die Schriftmontage für die Karten führte Ursula Kluge aus.

Die Abbildungen wurden zum überwiegenden Teil zwischen 1978 und 1982 angefertigt; im Bildnachweis am Ende des Bandes sind die einzelnen Bildautoren beziehungsweise die Institutionen, die Bildvorlagen zur Verfügung stellten, aufgeführt. Die in den Bildunterschriften als Archivaufnahmen bezeichneten Abbildungen sind fast ausschließlich Aufnahmen aus dem Meßbildarchiv des Instituts für Denkmalpflege (ehemals Staatliche Bildstelle), das auch die Vorlagen für fast sämtliche historischen Ansichten von Straßen, Plätzen und Einzelgebäuden zur Verfügung stellen konnte.

Herausgeber und Verlag sind sich bewußt, daß die vorliegende Veröffentlichung trotz der großen Vielfalt des gebotenen Materials das historisch Interessante und Bemerkenswerte einer Stadt von dieser Fülle an Geschichte nicht bis zum letzten fassen kann; sicherlich sind nicht alle Erwartungen, die daran geknüpft werden könnten, erfüllt worden. Das Institut für Denkmalpflege hofft auf eine rege Mitarbeit der Benutzer bei der Vervollkommnung des Gebotenen und bei der Beseitigung von möglichen Fehlern.

Berlin, Februar 1983　　　　　　　　　　Heinrich Trost

Zu den Bau- und Kunstdenkmalen der drei innerstädtischen Bezirke

Berlin ist oft von Grund auf umgebaut worden. Eine Darstellung der Entwicklung von Architektur, Plastik und Malerei in Berlin würde bis zum ausgehenden 18. Jahrhundert mehr verlorene Denkmale zum Gegenstand haben als erhaltene. Friedrich Nicolais berühmte »Beschreibung der Königlichen Residenzstädte Berlin und Potsdam ...« von 1769 und in erweiterter dritter Auflage von 1786 läßt den Leser schon nach flüchtiger Beschäftigung erkennen, wie vieles von dem, was hier beschrieben wird, heute nicht mehr vorhanden ist.

Die schweren Zerstörungen während des zweiten Weltkrieges machten besonders in den Stadtbezirken Mitte und Friedrichshain eine Neubebauung erforderlich, von der beträchtliche Teile der Stadt nachdrücklich bestimmt werden. In der Vergangenheit aber waren es nicht durch Kriege verursachte Zerstörungen, sondern politische und damit verbunden wirtschaftliche Entwicklungen, durch die Berlin mehrmals grundlegend umgewandelt wurde. Im Mittelalter Handelsstadt an einem wichtigen Spreeübergang und seit der zweiten Hälfte des 15. Jahrhunderts auch ständige Residenz der brandenburgischen Kurfürsten, wurde die Stadt mit Beginn des 18. Jahrhunderts Hauptstadt des in zahlreichen Kriegen sich ausdehnenden und erstarkenden preußischen Königreiches und nach 1871 Hauptstadt des Deutschen Kaiserreiches. Diese hier kurz skizzierte Entwicklung der Stadt bewirkte wiederholt tiefgreifende Umgestaltungen selbst ganzer Stadtteile. So kommt es, daß von der einstigen Handelsstadt sich sehr viel weniger erhielt als in vergleichbaren mittelalterlichen Städten, daß von den Renaissancebauten der kurfürstlichen Residenzstadt fast nichts überkommen ist. In festeren Zügen gibt sich erst die mit dem späten 17. Jahrhundert einsetzende barocke Bautätigkeit zu erkennen, obwohl für das Gesamtbild so wichtige Bauten wie das Stadtschloß oder die zahlreichen Adelspalais fehlen, ganz zu schweigen von den bürgerlichen Wohnbauten, von denen sich nur wenige bis in unsere Zeit bewahrt haben. Auch die damals als Wohnstädte angelegten fürstlichen Gründungsstädte Friedrichswerder, Dorotheenstadt und Friedrichstadt haben im späten 19. Jahrhundert durch Ausbau zu Banken- und Geschäftsvierteln ihren ursprünglichen Charakter fast völlig verloren. Wie sehr gerade im letzten Viertel des 19. Jahrhunderts die Stadt sich wandelte, macht ein Vergleich zweier Veröffentlichungen des Architekten-Vereins zu Berlin deutlich: »Berlin und seine Bauten« aus dem Jahre 1896 vermittelt das Bild einer sehr veränderten Stadt gegenüber der ersten Veröffentlichung des gleichen Titels aus dem Jahre 1877. Auch von Zeitgenossen wurde diese Umwandlung Berlins im späten 19. Jahrhundert registriert und gesehen. In Richard Borrmanns »Die Bau- und Kunstdenkmale von Berlin«, Berlin 1893 (S. 104), heißt es: »Der unaufhaltsame Verjüngungs-Process, den die Hauptstadt des deutschen Reiches seit den letzten beiden Jahrzehnten durchgemacht hat, verwischt in der Sucht Neues zu schaffen allmählich immer mehr die Züge selbst ihrer nächsten Vergangenheit ... Berlin ist eine moderne Stadt. Das

XVII. Jahrhundert, für viele Städte der Endpunkt einer langen künstlerischen Entwicklung, bedeutet für uns den Anfang einer solchen.« Eine sehr lebendige Vorstellung von den gewaltigen Veränderungen, die Berlin vor allem nach 1871, als Hauptstadt des deutschen Reiches, erfuhr, vermitteln die von F. Albert Schwartz zwischen etwa 1855 und 1900 angefertigten Aufnahmen, die ein wertvolles Dokument zur Berliner Stadtgeschichte darstellen.

Berlin ist heute, wenn von den kriegsbedingten Neubebauungen und Neugestaltungen abgesehen wird, in seinem Denkmalbestand ganz wesentlich vom 19. Jahrhundert und besonders von der historistischen Bautätigkeit nach 1871 und natürlich auch von den Bauten der Moderne aus den ersten Jahrzehnten des 20. Jahrhunderts geprägt; entferntere Zeiträume nehmen, je weiter sie zurückreichen, in ihrem überkommenen Denkmalbestand zunehmend ab. Die historistischen Bauten sind ein Teil unseres Erbes, und es ist an der Zeit, daß sie, die von der kunstgeschichtlichen Forschung lange unbeachtet blieben, zu ihrem Recht kommen. Sie werden folglich in dem vorliegenden Band in ganzer Breite berücksichtigt; über die Stadtbezirke Prenzlauer Berg und Friedrichshain, die fast keine vor 1860/70 entstandenen Denkmale aufweisen, wäre ohne diese notwendige Korrektur der Einstellung zu den Zeugnissen historistischer Architektur kaum Nennenswertes zu berichten.

Im folgenden sei die Entwicklung von Architektur, Plastik und Malerei, wie sie sich in Berlin an erhaltenen Denkmalen abzeichnet, kurz umrissen.

Der mittelalterliche Denkmalbestand beschränkt sich auf einige Sakralbauten auf dem Territorium des alten Berlin und auf einen geringen Rest der Stadtmauer. Von den beiden mittelalterlichen Pfarrkirchen, der Nikolaikirche und der Marienkirche, bewahrt die Nikolaikirche die ältesten Bauteile, die sich in Berlin überhaupt erhalten haben: Ihr Westbau ist ein Rest der um 1230/40 errichteten, durch Grabung als kreuzförmige Basilika ermittelten Kirche. Sorgfältig in Feldstein aufgemauert und mit abgetrepptem breitspitzbogigem Portal, unterscheidet er sich in nichts von etwa gleichzeitigen Turmbauten in anderen märkischen Städten. Nur ein oder zwei Jahrzehnte später, jedoch in Backstein ausgeführt, wurde mit dem Gewölbebau der Klosterkirche der Franziskaner begonnen (nach Zerstörung im zweiten Weltkrieg als gesicherte Ruine erhalten). Ihr basilikales Schiff wurde um 1250/60 in frühgotischen Formen von einer Bauhütte ausgeführt, die vorher am Dom zu Brandenburg tätig gewesen war. Der schöne gotische, in sieben Seiten des Zehnecks geschlossene Chor entstand dagegen kurz vor 1300 unter dem Einfluß der Klosterkirche von Chorin, dem Höhepunkt märkischer Backsteinarchitektur. Ein Backsteinbau noch des 13. und des frühen 14. Jahrhunderts ist die Marienkirche, die Pfarrkirche der um 1250 angelegten Neustadt, die nun bereits in der für das Bürgertum typischen Raumform einer dreischiffigen Halle errichtet wurde. Kurz vorher war auch schon die Nikolaikirche in eine Hallenkirche verändert worden, bis sie seit etwa 1370/80 über fast ein Jahrhundert als spätgotische Backsteinhalle neu erbaut wurde. Ihr nach süddeutschen Vorbildern angelegter Hallenumgangschor mit Randkapellen zwischen den Strebepfeilern ist das erste Beispiel dieses Typs in der Mark. Mit der 1982 eingeleiteten Wiederherstellung der im zweiten Weltkrieg zerstörten Kirche wird eines der ältesten und wichtigsten Zeugnisse der Berliner Stadtgeschichte wiedererstehen.

An mittelalterlicher Ausstattung haben sich, ergänzt durch Bestände der Nikolaikirche und der Klosterkirche, einige Stücke in der Marienkirche bewahrt, überwiegend Werke des 15. und frühen 16. Jahrhunderts. Von den Altarschreinen und Tafelbildern verdienen vor allem die zwei Epitaphgemälde für Mitglieder der Familie Blankenfelde hervorgehoben zu werden, die dem Meister des Wins-Epitaphs zuzuschreiben sind, wohl einem Schüler von Michael Wolgemut in Nürnberg. Ein Werk besonderer Art ist der um 1485 entstandene berühmte Totentanz in der Turmvorhalle. Es handelt sich um das einzige vollständig erhaltene Beispiel dieses Themas, das sich unter dem Eindruck der häufigen Pestepidemien seit dem 14. Jahrhundert

entwickelte und wie hier als monumentales Wandgemälde vielfach dargestellt worden ist. Zu den bedeutenden Goldschmiedearbeiten des 13. Jahrhunderts gehört der spätromanische Prunkkelch, eine Stiftung der Markgrafen Johann II. und Otto IV. wahrscheinlich an das Kloster Chorin, seit 1642 im Besitz der Nikolaikirche und heute in der Marienkirche aufbewahrt.
Weitaus spärlicher noch sind die überlieferten Zeugnisse aus der Zeit der Renaissance. Von dem prächtigen Schloß, das seit etwa 1539 Kurfürst Joachim II. von dem aus Sachsen kommenden Caspar Theiß durch Um- und Ausbau des Vorgängerbaues hatte errichten lassen, geben Zeichnungen, so von Johann Stridbeck 1690, und auch Stadtansichten des späten 17. Jahrhunderts eine ungefähre Vorstellung. Dem als führenden Bildhauer am Schloßbau tätigen Hans Schenk gen. Scheußlich aus Schneeberg in Sachsen sind mehrere Epitaphien in den beiden Berliner Pfarrkirchen zuzuschreiben. Von überragender Qualität und ebenfalls von auswärts importiert, diesmal aus Nürnberg, ist das Bronzegrabmal des Kurfürsten Johann Cicero († 1499) in der Domgruft, zwischen 1524 und 1530 von Hans Vischer unter Beteiligung von Peter Vischer d. Ä. geschaffen. – Aus der zweiten Hälfte des 16. Jahrhunderts und aus dem frühen 17. Jahrhundert bewahrt die Marienkirche eine größere Anzahl von Tafelbildern auf, ebenfalls zumeist Epitaphien, die z. T. dem als Hofmaler tätigen, niederländisch geschulten Michael Ribestein zuzuweisen sind. Der einzige erhaltene Bau, der Formen der Spätrenaissance aufweist, ist das vergleichsweise bescheidene Ribbeck-Haus von 1624 in der Breiten Straße. Im weiteren brachte der Dreißigjährige Krieg, unter dem Berlin wie auch die Mark Brandenburg sehr zu leiden hatten, jegliche Entfaltung der Künste zum Erliegen.
Mit der allmählichen Festigung des brandenburgisch-preußischen Staates nach dem Dreißigjährigen Krieg nahm auch die Entwicklung Berlins einen neuen Aufschwung. Die zweite Hälfte des 17. Jahrhunderts war durch Zweckbauten wie die Errichtung der Festungswerke durch den aus Holland nach Berlin gekommenen Johann Gregor Memhardt und die Erweiterung des Stadtgebietes durch die planmäßige Anlage von Neustädten gekennzeichnet. Zum Ende des Jahrhunderts hin konnte aber erstmals auch wieder ein Repräsentationsbau entstehen, das Zeughaus, aus dem ehrgeizigen Streben des erstarkenden absolutistischen Staates diesmal gleich von europäischem Rang und von überragender künstlerischer Bedeutung. An der Planung war wahrscheinlich der französische Architekturtheoretiker François Blondel beteiligt. Die Bauausführung wurde von Johann Arnold Nering begonnen, unter dessen Aufsicht auch die Bebauung der Neustädte stand, nach dessen Tod von Martin Grünberg und für kurze Zeit von Andreas Schlüter fortgesetzt und schließlich von Jean de Bodt 1706 zum Abschluß gebracht. An den über hundert Schlußsteinhelmen und -köpfen, darunter die zweiundzwanzig berühmten Masken sterbender Krieger, wird zum ersten Male der aus Danzig gebürtige und zuvor für den polnischen Königshof tätige Andreas Schlüter greifbar, in Plastik und Architektur gleichermaßen die überragende, an Michelangelo und Bernini geschulte Künstlerpersönlichkeit in Berlin an der Wende vom 17. zum 18. Jahrhundert.
Das Zeughaus ist heute fast der einzige erhaltene Bau, der von den gewaltigen Leistungen der Zeit um 1700 Kunde gibt. Das Stadtschloß, dessen Um- und Neubau zum Königsschloß zu Schlüters überragendem Hauptwerk wurde, ist nach Zerstörung im zweiten Weltkrieg und anschließendem Abriß nicht mehr vorhanden. Überhaupt hat sich keines der architektonischen Werke Schlüters erhalten; das Palais für den Grafen Wartenberg wurde am Ende des 19. Jahrhunderts abgetragen, die Villa Kamecke, Schlüters letzter Bau in Berlin, wurde im zweiten Weltkrieg zerstört (die Bauplastik z. T. in den Staatlichen Museen). Als Plastiker jedoch, wenngleich auch hier vieles verloren, ist er in einigen Hauptwerken noch fest greifbar, so in der 1704 geschaffenen Marmorkanzel in der Marienkirche und in den Sarkophagen für das erste Königspaar von 1705 und 1713 sowie einem weiteren Sarkophag von 1708, sämtlich in der Domgruft. Das bronzene Reiterdenkmal des Kurfürsten Friedrich Wilhelm auf der Langen Brücke (Rathausbrücke), wohl das bedeutendste Rei-

terstandbild des Barock überhaupt, befindet sich heute im Ehrenhof des Schlosses Charlottenburg in Westberlin.
Von den wenigen anderen noch bestehenden Bauten dieser Zeit verdient vor allem die Parochialkirche in der Klosterstraße Erwähnung. Ihr bemerkenswerter, von holländischen Vorbildern beeinflußter Grundriß in Form einer Vierkonchenanlage entstand als letztes Werk Johann Arnold Nerings, des führenden Architekten in Berlin unmittelbar vor Schlüter. Ein anderer barocker Kirchenbau des frühen 18. Jahrhunderts, die Sophienkirche in der Spandauer Vorstadt, ist durch den 1732/34 nach Entwurf von Johann Friedrich Grael entstandenen Turm von Interesse, dem einzigen erhaltenen Barockturm Berlins, inspiriert von Schlüters gescheitertem Münzturmprojekt. – Von dem aus Frankreich gekommenen Jean de Bodt haben sich aus dem Anfang des 18. Jahrhunderts das Palais Schwerin am Molkenmarkt und das Palais Podewils in der Klosterstraße erhalten.
Die weitere Bautätigkeit innerhalb des 18. Jahrhunderts, vor allem während der Regierungszeit Friedrichs II. (1740/86), ist gekennzeichnet durch Ausbau und Verschönerung der königlichen Residenzstadt; Nicolais erwähnte Beschreibung der Stadt, in erweiterter Auflage 1786, im Todesjahr Friedrichs II., erschienen, gilt der sich rundenden, zu den Hauptstädten Europas aufgerückten Stadt. Unter Friedrich II. und durch seinen Architekten Georg Wenzeslaus v. Knobelsdorff wurde das um 1700 Begonnene fortgesetzt. Die Straße Unter den Linden, im 16. Jahrhundert bereits als Reitweg zum Tiergarten vorhanden und seit dem späten 17. Jahrhundert Teil der Dorotheenstadt und durch überkommene Anlage wie auch durch einzelne Bauten von Anfang an ausgezeichnet, wurde jetzt zur Prachtstraße der Residenzstadt. Die Abtragung der überflüssig gewordenen und der Ausdehnung der Stadt nur hinderlichen Memhardtschen Festungswerke erbrachte für den Linden-Bereich die großartige Planung des »Forum Fridericianum«. Es war ursprünglich gedacht mit einem neuen Königsschloß an der Nordseite der Linden, aus dem etwas später dann das Palais des Prinzen Heinrich (Humboldt-Universität) wurde, und einem großen Platz an der Südseite, der von der Königlichen Oper, dem ersten frei stehenden Opernhaus in Europa, und der später errichteten Königlichen Bibliothek begrenzt wurde. Als weiterer Bau entstand hier auch die dem römischen Pantheon nachgebildete katholische Hedwigskirche. Während sich bei den Bauten Knobelsdorffs Rokokohaftes mit einem maßvollen Klassizismus palladianischer Haltung durchdringt, ist die spätfriderizianische Zeit durch eine neuerliche Hinwendung zum Barock gekennzeichnet. So greift bezeichnenderweise die von Unger bis 1780 erbaute Bibliothek auf einen 1725 entstandenen Entwurf Fischer v. Erlachs für die Wiener Hofburg zurück. Auch in den Kuppeltürmen der Deutschen und Französischen Kirche von Karl v. Gontard, die Friedrich II. als städtebauliche Akzente für die Friedrichstadt errichten ließ, spricht sich erneut barockes Formengut aus. Zur Verschönerung der Stadt entstanden weiter die Brückenkolonnaden, von denen noch die Mohrenkolonnaden in ursprünglicher Gestalt bestehen, und die einst zahlreichen, auf Kosten des Königs für empfohlene Privatpersonen errichteten und auf Fassadenwirksamkeit berechneten Wohnhäuser in den Neustädten, die sogenannten Immediathäuser. Von den wohlhabenden Bürgerhäusern dieser Zeit haben sich nur wenige erhalten, von ihrer Innendekoration, für die Maler wie Johann Christoph Frisch und Carl Friedrich Fechhelm tätig waren, bewahrt lediglich das Ermeler-Haus Reste. Einer Ausschmückung der Stadt dienten schließlich die Tore der seit 1732/34 bestehenden Akzisemauer. Das monumentale, die Linden zum Tiergarten begrenzende Brandenburger Tor von Carl Gotthard Langhans, mit Schadows Quadriga als Bekrönung, kennzeichnet einerseits einen Endpunkt der vorangegangenen Entwicklung, gleichzeitig aber leitet es als erster klassizistischer Bau Berlins mit Entschiedenheit zum 19. Jahrhundert und zu Karl Friedrich Schinkel über. – Der überragende Bildhauer Berlins an der Wende vom 18. zum 19. Jahrhundert war Johann Gottfried Schadow, Schüler und Nachfolger von J. P. A. Tassaert als Leiter der Hofbildhauerwerkstatt. Schadows Werke, deren wich-

tigste die Nationalgalerie aufbewahrt, sind durch einen mit schöner Natürlichkeit gepaarten Klassizismus gekennzeichnet.

Mit Schinkel wird nach Schlüter und v. Knobelsdorff die dritte große Architektenpersönlichkeit in Berlin wirksam. Seine klassizistischen, die kubische Baugestalt klar gliedernden Bauwerke wurden richtungweisend für das ganze 19. Jahrhundert, und die mit ihnen gebildeten neuen räumlichen Ordnungen bestimmen das Stadtzentrum noch heute. Durch die Neue Wache (Mahnmal für die Opfer des Faschismus und Militarismus), Schinkels erstem Werk in Berlin, und die Schloßbrücke (Marx-Engels-Brücke) wurde die Straße Unter den Linden mit dem Platz am Zeughaus und über den westlichen Spreearm mit dem Lustgarten verbunden, der erst dadurch zum zentralen Platz der Stadt wurde. Beide Bauten, die Bestehendes in hervorragender Weise miteinander verbanden, wurden von Schinkel gleichzeitig konzipiert als Erinnerungsstätten der Befreiungskriege. Für den Nordabschluß des Lustgartens fand Schinkel mit der Errichtung eines Museumsbaues für die Königlichen Kunstsammlungen in äußerer Gestalt und innerer Organisation eine ebenso glückliche wie vorbildhafte Lösung. Das Alte Museum wurde zum Ausgangspunkt für die heutige »Museumsinsel«, die einzigartige Konzentration von verschiedenen, bis ins frühe 20. Jahrhundert errichteten Museen auf der nördlichen Spitze der Spreeinsel. Ähnlich zukunftweisend und ebenso, wie das Alte Museum, Ausdruck von Schinkels demokratisch-bürgerlichem Bildungsideal wurde für den Theaterbau das Schauspielhaus auf dem Gendarmenmarkt (Platz der Akademie). Schinkels in neugotischen Formen gehaltene Friedrichswerdersche Kirche leitete den Historismus im Kirchenbau ein, und die benachbarte, nicht erhaltene Bauschule, sein letztes, weit über die Entstehungszeit (1831/36) hinausweisendes Werk, wurde für die öffentliche Bautätigkeit der folgenden Jahrzehnte von größter Bedeutung.

Als Bildhauer stand Schinkel in Christian Daniel Rauch eine Persönlichkeit von Rang zur Seite; über seine zahlreichen Schüler, deren bedeutendste Friedrich Drake und Reinhold Begas (Neptunbrunnen) waren, reichte seine Wirksamkeit bis ins frühe 20. Jahrhundert. Zeugnisse der Zusammenarbeit von Schinkel und Rauch sind unter anderem die Denkmäler der Generale Scharnhorst und Bülow, ehemals beidseitig der Neuen Wache, und das großartige Scharnhorst-Grabmonument auf dem Invalidenfriedhof, Schinkels reifste Schöpfung auf dem Gebiet der Grabmalkunst. Rauchs Reiterstandbild Friedrichs II. in der Straße Unter den Linden, mit dem die Planungen mehrerer Künstlergenerationen zum Abschluß kamen, wurde zum folgereichen Hauptwerk der Denkmalplastik um die Mitte des 19. Jahrhunderts.

Nach dem Tode Schinkels (1841) blieb sein Einfluß über Jahrzehnte noch vorherrschend. Hauptwerke der Schinkel-Nachfolge sind das von Friedrich August Stüler, dem wichtigsten und vielfältigsten Architekten bis in die sechziger Jahre, erbaute Neue Museum und die von ihm noch entworfene, nach seinem Tode von Heinrich Strack ausgeführte Nationalgalerie. (Stülers im Auftrage Friedrich Wilhelms IV. erarbeiteten großartigen Entwürfe für einen Neubau des Domes kamen, von ersten Anfängen abgesehen, nicht zur Ausführung.) In den Formen des Rundbogenstiles der Schinkel-Nachfolge sind die an der Invalidenstraße seit 1875 von August Tiede für wissenschaftliche Einrichtungen und für das Naturkundemuseum erbauten Gebäude gehalten, und noch in den die Baumassen klar gliedernden klinkerverblendeten Schulbauten und Sozialgebäuden (Städtisches Obdach und Siechenhaus in der Prenzlauer Allee) des Stadtbaurats Hermann Blankenstein lebt sein Stil bis in die neunziger Jahre fort.

Neben dem spätklassizistischen Geschmack Schinkelscher Prägung kamen gleichzeitig aber auch andere Richtungen zu Wort. Der Neubau des Rathauses von Hermann Friedrich Waesemann geht mit den Anklängen an italienische und niederländische Stadtpaläste des 15. und 16. Jahrhunderts andere Wege, wiewohl die allgemeine Anregung von Schinkels Bauschule nicht zu verkennen ist. Ähnlich ist auch die Stellung der gleichzeitigen, im maurischen Stil gehaltenen Neuen Synagoge von Eduard Knoblauch zu bewerten, einem seinerzeit vielbeachteten Werk. Aber erst nach 1871, nachdem Berlin zur Hauptstadt des Deutschen Reiches geworden war, öffnete sich die lebhafte Bautätigkeit in breitem Strome den historischen Stilen in Formen der italienischen Hochrenaissance, der deutschen und niederländischen Spätgotik und Renaissance und des Barock, so für Banken und Geschäfte, Ministerien und Behörden, aber auch für die zahlreichen neuen Bauaufgaben der Industrie-Großstadt. Zum üppigen Hauptwerk der historistischen Stilrichtungen wurde Julius Carl Raschdorffs 1904 fertiggestellter Domneubau, an dessen prachtvoller Ausschmückung zahlreiche Bildhauer und Maler beteiligt waren. Gleichzeitig ist bei Architekten wie Alfred Messel (Bankgebäude, ehem. Kaufhaus Wertheim) oder Otto Schmalz (Gerichtsgebäude in der Littenstraße) ein Suchen nach Neuem spürbar, das bis zu Beginn des ersten Weltkrieges im Jugendstil oder in modern-sachlichen Formen in zurückhaltend-klassizistischem Gewand sich zu erkennen gibt. Auch die zahlreichen Bauten Ludwig Hoffmanns, der als Stadtbaurat über ein Vierteljahrhundert das Berliner Baugeschehen sehr wesentlich bestimmte, sind in diesem Zusammenhang zu nennen. Aber erst den Architekten der zwanziger Jahre gelang es, eine wirklich moderne Architektur auszubilden und die konsequent angewendeten Konstruktionsprinzipien neuen Bauens auch zu einem ästhetischen Faktor werden zu lassen. Hierfür ist Max Tauts Gewerkschaftshaus in der Wallstraße eines der wichtigsten Beispiele.

Der Mietshausbau, der auf der Grundlage des Hobrecht-Planes von 1862 besonders nach 1870/71 in weite Teile bisher nicht bebauten Gebietes sich ausdehnte, ist ein getreues Spiegelbild der im Stadtzentrum ablesbaren Entwicklung: Anfangs noch spätklassizistische, bald dann in den verschiedensten Stilen gehaltene prachtvolle Fassaden verdecken zwei und drei Hinterhöfe von bedrückender Enge. Für die Überwindung gerade der engen Hinterhofbebauung mit ihren sozialen Problemen kommt den Bestrebungen der bereits 1846 gegründeten »Berliner Gemeinnützigen Baugesellschaft« sowie auch anderen Baugenossenschaften große Bedeutung zu, für die um 1900 Alfred Messel für seine Zeit mustergültige Beispiele gestaltete. Erst in den Wohnanlagen einer neuen Generation, der Architekten wie Peter Behrens, Hans Poelzig (Wohnbebauung am Rosa-Luxemburg-Platz), Mebes und Emmerich, Bruno Taut (Wohnstadt an der Erich-Weinert-Straße) und viele andere angehörten, konnten in den zwanziger Jahren vorbildhafte, weit über Berlin ausstrahlende Lösungen besonders in den seinerzeit noch weniger dicht bebauten Randbezirken gefunden werden, die in ganzer Breite darzustellen dem zweiten Band dieser Veröffentlichung vorbehalten bleibt.

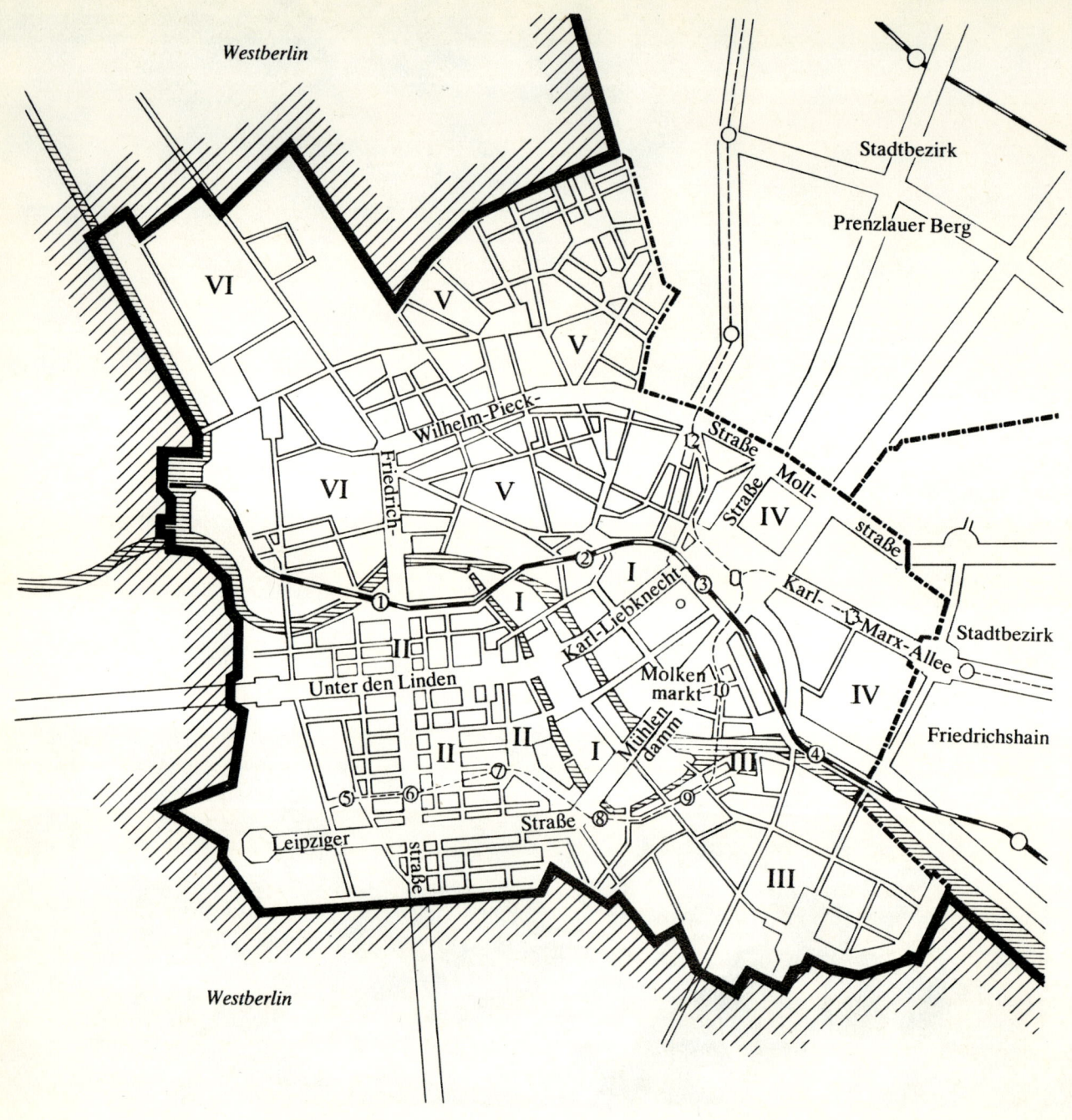

Stadtbezirk Mitte

Der Stadtbezirk Mitte, im weiteren Sinne das Zentrum Berlins, entstand in seinen heutigen Grenzen im Jahre 1920, als die Stadtgemeinde Berlin unter Einbeziehung bisher nicht zu Berlin gehörender umfangreicher Randgebiete gebildet und eine Neuordnung der Verwaltung nach Stadtbezirken geschaffen wurde. Nach Norden und Nordosten findet er in dem Stadtbezirk Prenzlauer Berg seine Fortsetzung, nach Osten in dem Stadtbezirk Friedrichshain. Die Begrenzung nach Süden, Westen und Nordwesten bildet die Staatsgrenze der DDR zu den Westberliner Bezirken Kreuzberg, Tiergarten und Wedding. Der Stadtbezirk Mitte umfaßt einen großen Teil des Gebietes, das die Stadt mit ihren Vorstädten bis zum frühen 19. Jh. ausfüllte; lediglich im Osten sind Teile der ehem. Stralauer Vorstadt und der ehem. Königstadt dem Stadtbezirk Friedrichshain einverleibt, und im Süden sind Teile der einstigen Luisenstadt und der Friedrichstadt dem Westberliner Bezirk Kreuzberg eingegliedert.

Die Entwicklung dieses Gebietes, ausgehend von der mittelalterlichen Doppelstadt Berlin und Kölln, vollzog sich besonders im 17. und 18. Jh. durch planmäßige Gründungen von Neustädten bzw. durch den allmählichen Ausbau von Vorstädten. Die Keimzelle der späteren Großstadt Berlin bilden die im frühen 13. Jh. beidseitig eines Fernverkehr und Fernhandel begünstigenden Spreeüberganges sich entwickelnden Städte Berlin und Kölln: Nordöstlich der Spree entfaltete sich *Berlin* auf einem Territorium, dessen einstige Ausdehnung auch heute noch durch die Führung der Stadtbahntrasse zwischen dem Bahnhof Marx-Engels-Platz und dem Bahnhof Jannowitzbrücke ungefähr erkennbar ist. Südwestlich der Spree entstand *Kölln* auf einer schmalen, durch Spree und einen westlichen Spreearm gebildeten Insel, wegen der natürlichen Begrenzung von wesentlich geringerer Fläche als Berlin und zudem im sumpfigen Bereich des nördlichen Teiles nicht besiedelt. Nach einer Entwicklung, die sich über ein knap-

   I *Berlin und Kölln (S. 26–S. 124)*
 II *Friedrichswerder, Dorotheenstadt und Friedrichstadt (S. 125–S. 235)*
III *Neukölln am Wasser und Luisenstadt (S. 236–S. 257)*
IV *Stralauer Vorstadt und Königstadt (S. 258–S. 266)*
 V *Spandauer Vorstadt und Äußere Spandauer Vorstadt (S. 267–S. 313)*
VI *Friedrich-Wilhelm-Stadt und Äußere Friedrich-Wilhelm-Stadt (S. 314–S. 349)*

Bahnhöfe der S-Bahn:
1 *Friedrichstraße*
2 *Marx-Engels-Platz*
3 *Alexanderplatz*
4 *Jannowitzbrücke*

Bahnhöfe der U-Bahn:
 5 *Thälmannplatz*
 6 *Stadtmitte*
 7 *Hausvogteiplatz*
 8 *Spittelmarkt*
 9 *Märkisches Museum*
10 *Klosterstraße*
11 *Alexanderplatz*
12 *Rosa-Luxemburg-Platz*
13 *Schillingstraße*

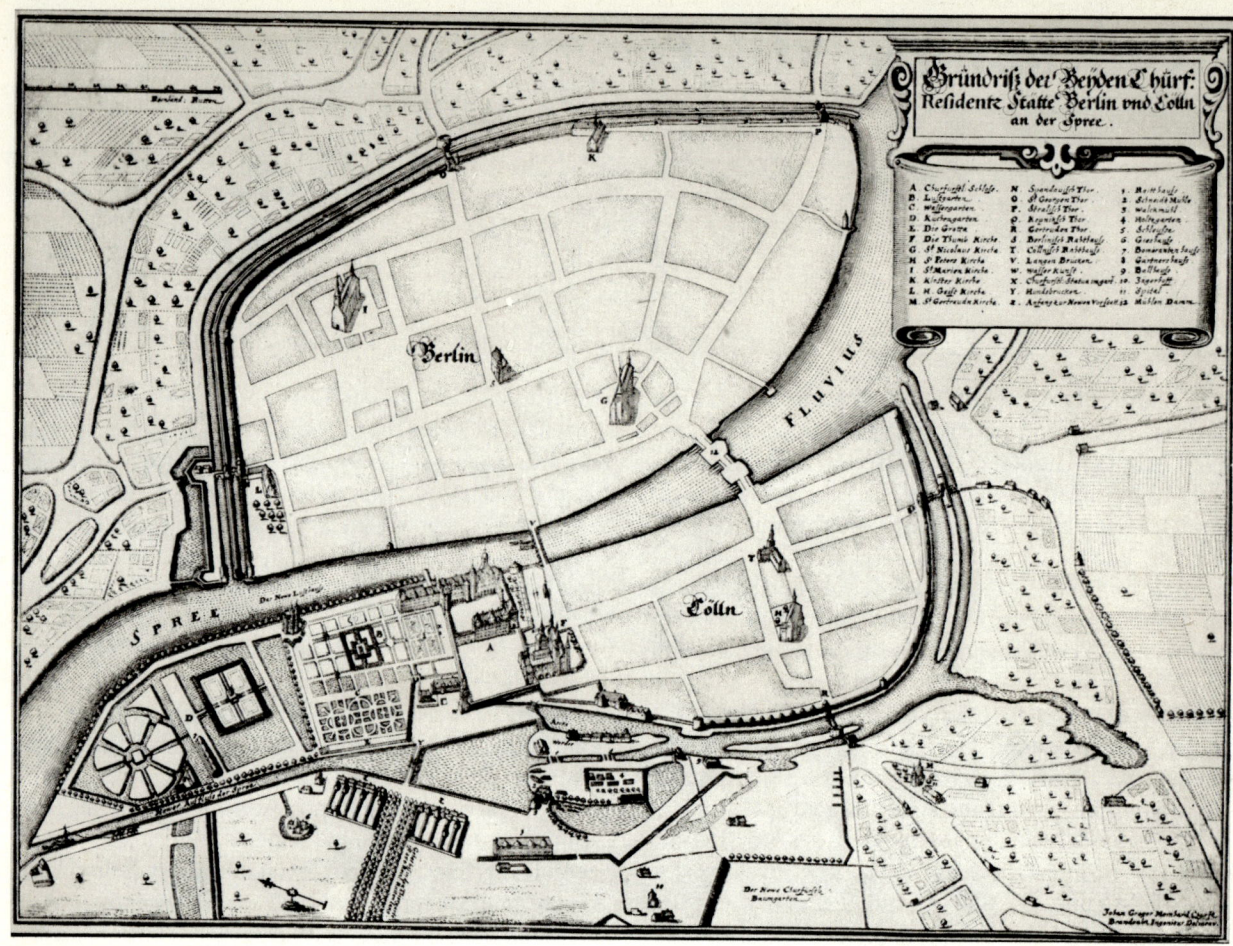

pes Jahrhundert hingezogen haben mag, erreichten beide Städte gegen E. 13. Jh. ihre volle Ausdehnung, die im Mittelalter nicht überschritten wurde. 1307 vereinigten sich Berlin und Kölln und bildeten einen gemeinsamen Magistrat (das gemeinsame Rathaus soll angeblich auf der Langen Brücke gestanden haben). Die bevorzugte Lage der Stadt für den Fernhandel ließ sie rasch zum wichtigen Handelszentrum der Mark Brandenburg werden; im Märkischen Städtebund nahm die Doppelstadt eine führende Stellung ein, und der Hanse gehörte sie seit M. 14. Jh. an.

1470 wurde Berlin zur ständigen Residenz der Territorialfürsten, den nach langen inneren Wirren 1412 mit der Mark Brandenburg belehnten Hohenzollern, die sich 1443/51 auf dem nördlichen Teil der köllnischen Insel ein Schloß erbaut hatten. In der Auseinandersetzung mit den Kurfürsten aus dem Hause Hohenzollern verlor die Stadt nach M. 15. Jh. weitgehend ihre Selbständigkeit. Der einheitliche Magistrat beider Städte wurde aufgelöst. Berlin und Kölln sanken im Verlaufe des 16. Jh. zu bedeutungslosen Städten herab, wiewohl Schloßbau und prunkvolle Hofhaltung auch neue Im-

pulse vermittelt haben werden, und der Dreißigjährige Krieg tat ein weiteres zum Niedergang beider Städte: die Bevölkerung, um 1500 etwa 12 000 Einwohner, verminderte sich auf 6000 am Ende des Krieges.
Nach dem Dreißigjährigen Krieg setzte ein neuer Aufschwung ein, getragen von dem Erstarken Brandenburgs unter dem Kurfürsten Friedrich Wilhelm (1640/88). Der Kurfürst ließ seit 1658 durch Johann Gregor Memhardt die Residenzstadt zur Festung mit dreizehn Bastionen ausbauen (ein Jahr zuvor hatte er die Festungsanlagen von Kopenhagen gesehen). Die Bevölkerung wuchs allmählich wieder an, vor allem auch durch die Aufnahme von Emigranten besonders aus Frankreich, und die Residenzstadt begann sich nun immer mehr auf Gebiete außerhalb des Festungsgeländes auszudehnen. Nach Krönung des Kurfürsten Friedrich zum König von Preußen (Friedrich I.) im Jahre 1701 verband sich diese Entwicklung mit dem ehrgeizigen Streben nach königlicher Repräsentation.
Die Memhardtschen Festungswerke waren nach 1658 auf der Berliner Seite dicht vor der mittelalterlichen Stadtmauer angelegt worden, auf der köllnischen Seite aber über den westlichen Spreearm verhältnismäßig weit vorgeschoben worden, und hier, auf dem Gelände zwischen westlichem Spreearm und Festungswerken, wurde bereits 1662 als erste barocke Neustadt *Friedrichswerder* gegründet. Etwa ein Jahrzehnt später, 1674, erfolgte als zweite Neustadt die Gründung der *Dorotheenstadt*, die nun bereits außerhalb der Memhardtschen Festungswerke entlang des mit Linden bepflanzten Reitweges zum Tiergarten angelegt wurde. Und nochmals ein gutes Jahrzehnt später, 1688, entstand als Fortsetzung der Dorotheenstadt, nach Süden an sie anschließend und ebenfalls vor den Memhardtschen Festungswerken, die *Friedrichstadt*, die um 1732 unter König Friedrich Wilhelm I. nach Westen und besonders nach Süden beträchtlich erweitert wurde.
Mit den fürstlichen Gründungsstädten, die bis 1709 auch eigene Verwaltungen besaßen (damals wurden sie zusammen mit Berlin und Kölln einem gemeinsamen Magistrat unterstellt), entwickelten sich an der Wende vom 17. zum 18. Jh. verstärkt auch wieder die Vorstädte, deren erste Anfänge teilweise in den Zeitraum vor den Dreißigjährigen Krieg zurückreichen. Auf der köllnischen Seite entstanden innerhalb der Memhardtschen Festungswerke um 1680 *Neukölln am Wasser*, außerhalb der Festungswerke vor dem Köpenicker Tor die *Köpenicker Vorstadt* (im 19. Jh. in die Luisenstadt einbezogen). Auf der Berliner Seite entwickelten sich vor dem Stralauer Tor die *Stralauer Vorstadt*, vor dem Georgen- bzw. Königstor die *Königstadt* und vor dem Spandauer Tor die *Spandauer Vorstadt*. Die 1732/34 unter Friedrich Wilhelm I. errichtete hohe Mauer mit verschiedenen Toren, die vornehmlich der Steuerkontrolle (Akzise, daher im folgenden Akzisemauer genannt) diente und ursprünglich auch Desertionen verhindern sollte, umschloß das bis dahin bebaute Gebiet und besonders nach Osten und Süden auch große Teile unbebauten Geländes. Gleichzeitig verschwanden seit den dreißiger Jahren des 18. Jh. die der Ausdehnung der Stadt hinderlichen Memhardtschen Festungswerke,

Linke Seite: Plan von Berlin und Kölln, Kupferstich von Johann Gregor Memhardt, um 1650

Rechte Seite: Plan der Festungsanlagen, Zeichnung von Kauxdorf, 1673

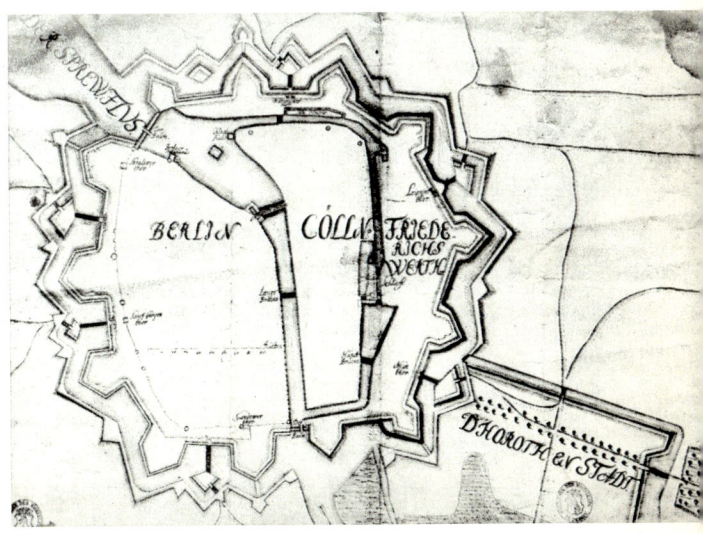

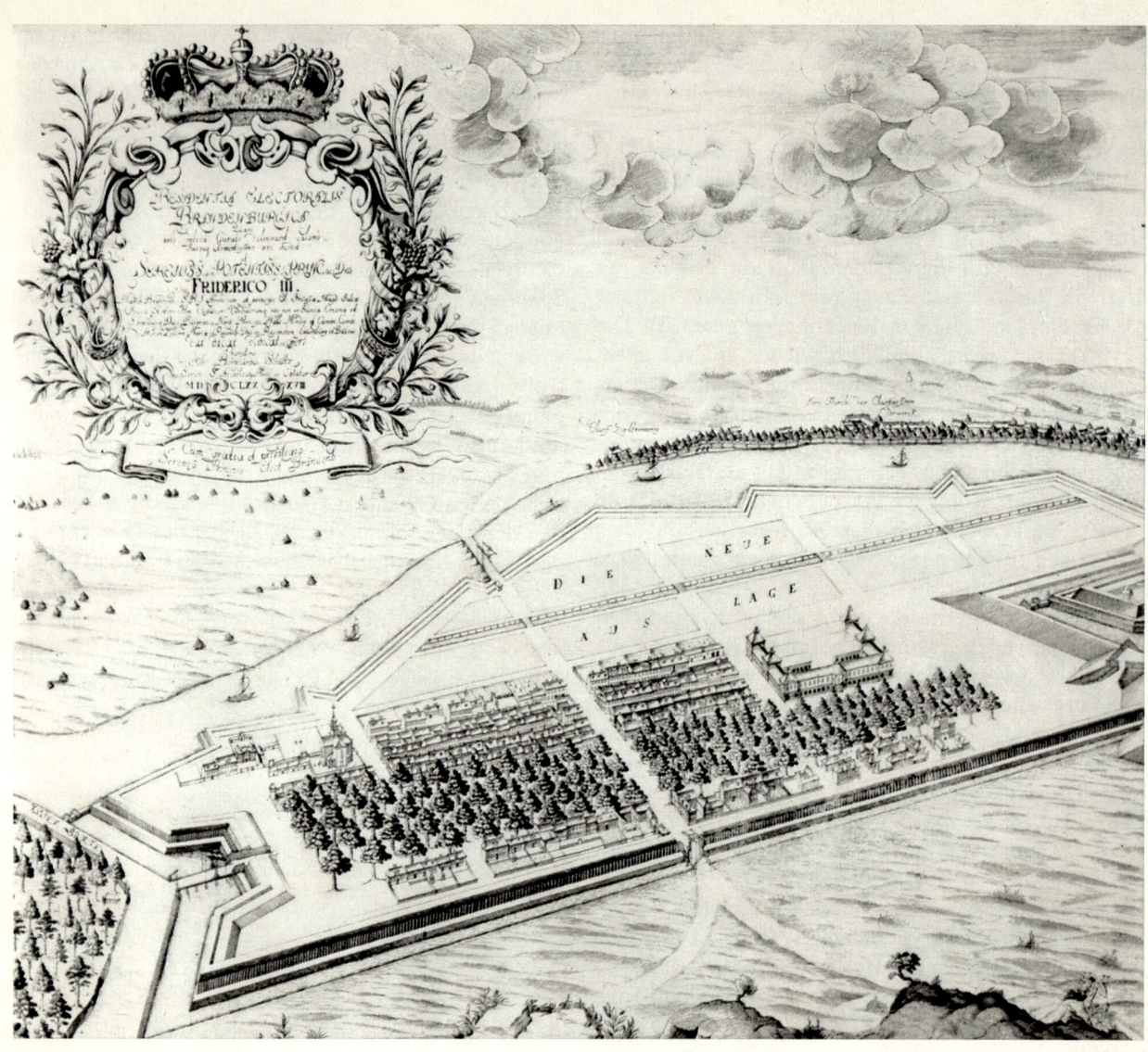

deren Terrain anschließend bebaut wurde; die von der Spree gespeisten Gräben (auf der Köllner Seite der Grüne Graben, auf der Berliner Seite der Königsgraben und der Zwirngraben) blieben jedoch bis E. 19. Jh. bestehen, über dem Graben der Berliner Seite wurde um 1880 die Stadtbahn angelegt.

Die Vergrößerung des Stadtgebietes um ein Vielfaches wird besonders deutlich an dem Anwachsen der Bevölkerungszahlen: Lebten in Berlin und Kölln nach den Verheerungen des Dreißigjährigen Krieges nur noch etwa 6000 Menschen, so erhöhte sich die Einwohnerzahl in den wenigen Jahrzehnten bis E. 17. Jh. auf

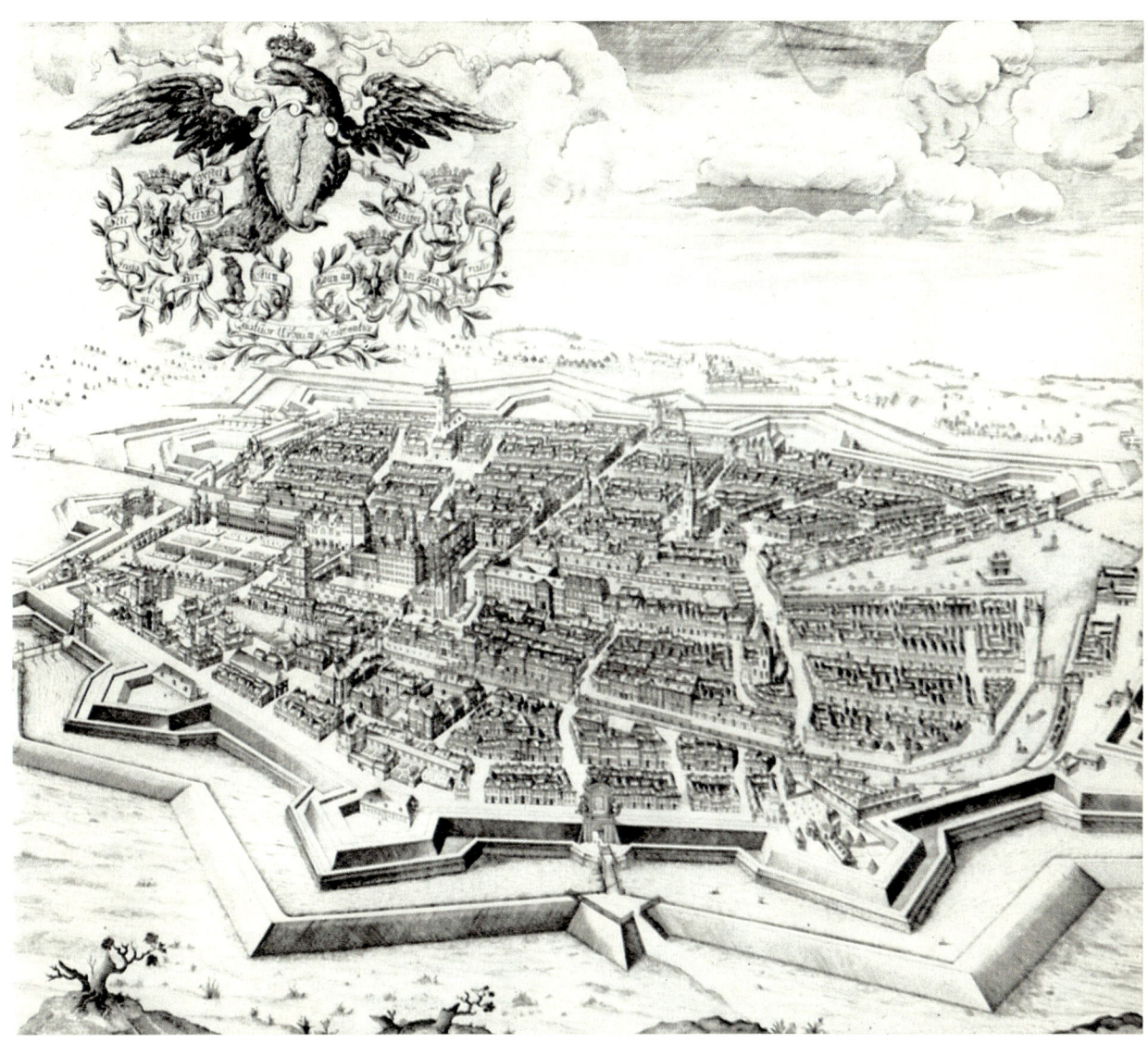

über 25 000. Und ein Jahrhundert später, um 1790, war die Einwohnerzahl bereits auf über 150 000 angestiegen.

Die weitere Entwicklung Berlins vollzog sich bis nach M. 19. Jh. im wesentlichen innerhalb des durch die Akzisemauer abgesteckten Bereiches, wiewohl die Bevölkerung bis dahin auf etwa 400 000 Einwohner anwuchs. Planmäßige Stadterweiterungen der 1. H. 19. Jh. innerhalb des von der Mauer umschlossenen

Perspektivische Ansicht von Berlin, dreiteiliger Kupferstich von J. B. Schultz, 1688 (ohne den rechten dritten Teil)

Grundriß von Berlin und nächster Umgegend 1850, Verlag von D. Reimer (Ausschnitt)

Geländes sind die seit 1827 bebaute *Friedrich-Wilhelm-Stadt* und die seit etwa 1825 in Planung begriffene *Luisenstadt*, deren Bebauung auf dem ehem. Köpenicker Feld im Anschluß an die Köpenicker Vorstadt um 1840 begann. Die Entwicklung außerhalb der Akzisemauer blieb bis nach M. 19. Jh. im wesentlichen beschränkt auf die *Äußere Spandauer Vorstadt*, das Gebiet zwischen heutiger Wilhelm-Pieck-Straße und Invalidenstraße, in dem um 1750 die Kolonie Neu-Voigtland entstanden war; in diesem Bereich der Stadt unmittelbar vor der Akzisemauer entwickelten sich seit 1830/40 die ersten großen Industriebetriebe Berlins (Egells, Borsig). Außerhalb der Akzisemauer entstanden vor und um 1850 auch die Bahnhöfe des rasch sich ausdehnenden Bahnnetzes (1838 war als erste Bahnlinie die Strecke nach Potsdam eröffnet worden), lediglich der Bahnhof der Berlin-Frankfurter Eisenbahn (heute Ostbahnhof) befand sich innerhalb der von der Mauer umschlossenen Stadt.

Nach M. 19. Jh. verlagerte sich die Ausdehnung Berlins in Bereiche, die außerhalb des heutigen Stadtbezirkes liegen, in die Territorien der Stadtbezirke Prenzlauer Berg und Friedrichshain. Um M. 19. Jh. noch weitgehend Berliner Feldmark, war für diese Teile ein Bebauungsplan von James Hobrecht 1862 entwickelt worden, der – nach Abtragung der einengenden Akzisemauer um 1867 – in den nachfolgenden Jahrzehnten bis A. 20. Jh. im wesentlichen ausgeführt wurde (vgl. die Stadtbezirke Prenzlauer Berg, S. 351, und Friedrichshain, S. 432).

Etwa gleichzeitig vollzogen sich in dem hier beschriebenen Kerngebiet Veränderungen der Bebauung, die seit 1871 mit der neuen Stellung Berlins als Hauptstadt des Deutschen Kaiserreiches im Zusammenhang stehen. Unter Wahrung des historisch gewachsenen Straßennetzes verloren die einstigen fürstlichen Gründungsstädte durch den Ausbau zum Geschäfts- und Handelszentrum, zur Berliner City, weitgehend ihren ursprünglichen Charakter, und auch in den Altstadtbereichen von Berlin und Kölln wurden ganze Straßenkarrees abgerissen, um Platz für erforderliche Verwaltungsbauten für die die Millionengrenze überschreitende Stadt zu schaffen. Viele wertvolle Bauten des Mittelalters, der Renaissance und vor allem des Barock verschwanden im Zuge dieser Umgestaltungen der Berliner Innenstadt.

Im zweiten Weltkrieg, vor allem durch die Luftangriffe zwischen 1942 und 1945, wurden große Teile des Stadtbezirkes Mitte zerstört. Besonders schwer betroffen wurden Berlin und Kölln sowie Friedrichswerder, Dorotheenstadt und Friedrichstadt, fast völlig zerstört wurden die Luisenstadt, die Stralauer Vorstadt und die Königstadt mit dem Alexanderplatz. Der z. Z. noch nicht abgeschlossene Wiederaufbau, verbunden mit einer großzügigen Verkehrslösung für die Berliner Innenstadt, folgt im wesentlichen den Hauptstraßenzügen – die Neubebauung proportional den verbreiterten Straßen angepaßt –, verzichtet jedoch weitgehend auf eine Wiederbebauung der einst von zahlreichen kleineren Straßen durchzogenen Zwischenbereiche, so z. B. in der Berliner Altstadt zwischen Rathausstraße und Karl-Liebknecht-Straße, in Friedrichswerder zwischen Kurstraße und Niederwall-/Oberwallstraße. Eine Folge davon ist, daß die einzelnen erhaltenen Denkmale in der Berliner Innenstadt oftmals neue Sichtbezüge erhalten haben, die sie zur Zeit ihrer Entstehung, eingefügt in enge Straßenfluchten, zumeist nicht hatten. Im ursprünglichen Zustand wiederhergestellt wurde die Straße Unter den Linden mit ihren historischen Bauten im östlichen Teil, während die teilweise Neubebauung im stark zerstörten, bereits im späten 19. Jh. eingreifend veränderten westlichen Teil unter strenger Wahrung der Festlegungen des Linden-Statuts erfolgte. Die Wiederherstellung eines anderen wichtigen Ensembles der Berliner Innenstadt, des Platzes der Akademie (ehemals Gendarmenmarkt), ist z. Z. in Ausführung begriffen, wobei neben der Restaurierung der drei den Platz beherrschenden Bauwerke (Schauspielhaus, Deutsche und Französische Kirche) eine Neubebauung auch der großenteils zerstörten Platzumbauung in einer den historischen Gebäuden angemessenen Form erfolgen wird.

Berlin und Kölln

Berlin (urkundlich erstmals 1244 erwähnt) entwickelte sich unmittelbar nordöstlich der Spree, Kölln (urkundlich 1237 genannt) südwestlich der Spree auf einer durch einen Nebenarm gebildeten Insel. Ausschlaggebend für Anlage und Entwicklung beider Orte war die günstige Verkehrslage: Hier, an einer Furt des an dieser Stelle nur etwa 5 km breiten Spreetales zwischen Teltow und Barnim, vereinigten sich zwei wichtige, von Westen und Süden kommende Handelsstraßen, die über die Spree weiter zur Oder und zur Ostsee führten.

Die erste, E. 12./A. 13. Jh. entstehende Anlage Berlins bestand aus einem Marktplatz (Molkenmarkt) in Verlängerung des Spreeüberganges (Mühlendamm) sowie vier den Molkenmarkt z. T. viertelkreisförmig umgreifenden parallelen Straßen (Poststraße, Spandauer Straße, Jüdenstraße und Klosterstraße), die in ihrer Regelmäßigkeit wohl bereits einer etwas späteren Entwicklungsstufe angehören. Von diesen vier Straßen, die sämtlich mit der den Fernverkehr nach Nordosten weiterführenden Straße, der heutigen Rathausstraße, verbunden waren, war die Spandauer Straße sowohl als direkte Verbindung zwischen Molkenmarkt und Rathausstraße wie auch als nach Spandau führende Straße von besonderer Wichtigkeit. Vom Molkenmarkt ausgehend nach Osten führte parallel zur Spree die Stralauer Straße, im ursprünglichen Straßensystem von untergeordneter Bedeutung. Unmittelbar am Molkenmarkt, dem Kern der Berliner Stadtanlage, wurde um 1230 die Nikolaikirche errichtet, deren Patrozinium die Kaufmannssiedlung zu erkennen gibt, und hier, am Molkenmarkt, ist auch ein erstes Rathaus zu vermuten. Trotz Veränderungen nach den Zerstörungen des zweiten Weltkrieges ist dieses Grundgerüst der Berliner Altstadt, das wohl bis 1230/40 voll ausgebildet war, auch heute noch zu erkennen.

Um und kurz nach M. 13. Jh. wurde diese erste Stadtanlage etwa um die gleiche Größe nach Nordwesten durch Weiterführung der vier parallelen Straßen erweitert. Diese Neustadt erhielt einen zentral gelegenen großen quadratischen Marktplatz zwischen Spandauer Straße und Jüdenstraße, den Neuen Markt, und nordöstlich davon als Pfarrkirche die Marienkirche. Die den Fernverkehr nach Nordosten weiterführende Straße, die heutige Rathausstraße, in der ersten Stadtanlage noch peripher gelegen, wurde jetzt in dem erweiterten Stadtgebiet zum wichtigsten Straßenzug. Hierhin, an die Ecke Rathausstraße und Spandauer Straße, rückte

denn auch in der 2. H. 13. Jh. das Rathaus, etwa gleichweit entfernt von Molkenmarkt und Neuem Markt. Durch die Zerstörungen des zweiten Weltkrieges und die anschließende Umgestaltung großer Teile der einstigen Neustadt zu einer Grünanlage zwischen Rathausstraße und Karl-Liebknecht-Straße ist von der ehem. Anlage kaum noch etwas zu erkennen, auch die Lage des Neuen Marktes ist nur ungefähr durch die in die Grünanlage einbezogene Marienkirche zu erschließen.

Kirchliche Gründungen außer den beiden Pfarrkirchen sind das noch vor M. 13. Jh. gegründete Kloster der Franziskaner in der Klosterstraße, in unmittelbarer Nähe des »Hohen Hauses« der brandenburgischen Markgrafen, und die beiden Spitäler Berlins, das Heiligengeist-Spital und das Georgen-Spital, die ebenfalls noch im 13. Jh. entstanden.

Abschluß der Entwicklung Berlins war an der Wende vom 13. zum 14. Jh. die Errichtung der 1319 fertiggestellten Stadtmauer, mit einem von der Spree gespeisten Wassergraben (sein Verlauf entspricht etwa der Littenstraße) und drei Toren, dem Spandauer Tor im Nordwesten, dem Oderberger Tor (auch Georgentor, nach dem Georgen-Hospital) im Nordosten und dem Stralauer Tor im Osten. Beim Bau der vorgelagerten Memhardtschen Festungswerke nach M. 17. Jh. blieben diese drei Stadtausgänge, teilweise etwas verlegt, bestehen.

Kölln war durch seine geschützte Insellage besonders geeignet als Rastort und Umschlagplatz, in der weiteren Entwicklung aber auch durch eben diese Insellage eingeengt und gegenüber Berlin benachteiligt. Als Hauptstraßenzug wurde hier die zum Flußübergang (Mühlendamm) führende Handelsstraße ausgebildet, die Gertraudenstraße, an der die Petrikirche, die Pfarrkirche Köllns, und der Köllnische Fischmarkt entstanden; die um M. 19. Jh. von Strack neu erbaute Kirche wie auch der Fischmarkt mit dem köllnischen Rathaus (letzteres bereits 1899 abgerissen) sind heute nicht mehr vorhanden.

Nach Nordwesten, parallel zur länglich gestreckten Insel, führten und führen z. T. auch heute noch Breite

Straße sowie Brüderstraße, an deren Ende im späten 13. Jh. das Kloster der Dominikaner errichtet wurde, dessen Kirche von M. 16. Jh. bis zum Abriß 1747 der erste Berliner Dom war. Nach Südosten, zum Nebenarm der Spree, führte in Fortsetzung der Breiten Straße

Linke Seite: Ansicht von Berlin und Kölln, Kupferstich von Merian, 1652

Rechte Seite: Molkenmarkt mit Blick zum Mühlendamm und Ansicht des Neuen Marktes mit Marienkirche, Kupferstiche von Johann Rosenberg, 1785

Tore besaß Kölln zwei, das Gertraudentor in der Achse des Hauptstraßenzuges, so benannt nach dem davor gelegenen Gertrauden-Hospital (Spittelmarkt), und das Köpenicker Tor am Ende der Roßstraße. Bei Anlage der Memhardtschen Festungswerke nach M. 17. Jh., die auf köllnischer Seite jenseits des Spreearmes und teilweise beträchtlich vorverlegt errichtet wurden, verblieb das Köpenicker Tor in gerader Fortsetzung des mittelalterlichen Tores, während das Gertraudentor, verstellt durch eine Bastion (Spittelmarkt), weiter nach Nordwesten verlegt wurde und nun Leipziger Tor hieß.

die Roßstraße zum Köpenicker Tor, parallel begleitet von der Grünstraße, während abseits davon auf der nach Osten gewendeten Spitze zwischen Spree und Spreearm die sog. Fischerinsel mit der Fischerstraße und mehreren Parallel- und Nebenstraßen sich entwickelte. Die Bebauung der Fischerinsel, überaltert und in starkem Maße baufällig, wurde um 1965 abgetragen und durch sechs Wohnhochhäuser und Versorgungseinrichtungen ersetzt; von den alten Straßen nur die Roßstraße (heute Fischerinsel) und die Grünstraße teilweise erhalten, die seit etwa 1680 bebaute Friedrichsgracht als Uferweg noch vorhanden.

Die Bebauung des nordwestlichen Teiles der Spreeinsel außerhalb der köllnischen Stadtmauer, die hier am Ende von Brüderstraße und Breiter Straße verlief, wurde um 1450 mit der Errichtung des kurfürstlichen Stadtschlosses eingeleitet, das im 16. Jh. durch Caspar Theiß zu einem Renaissanceschloß ausgebaut wurde und seit A. 18. Jh. zum prachtvollen Königsschloß sich wandelte, dem Hauptwerk Andreas Schlüters. Nach schweren Kriegsschäden 1950/51 abgetragen, nimmt heute teilweise der Palast der Republik seine Stelle ein. Nördlich des Schlosses entstand um M. 17. Jh. der Lustgarten, nach Nordwesten begrenzt von einem bis ins frühe 19. Jh. bestehenden Verbindungskanal zwischen Spreearm und Spree. Um M. 18. Jh. wurde in den Lustgarten, der zuvor zeitweilig Exerzierplatz gewesen war, der Dom verlegt, der Vorgängerbau des bestehenden Baues, der dem Lustgarten einen architektonischen Abschluß nach Nordosten gab. Mit dem Bau des Alten Museums im Bereich des genannten Verbindungskanals erfolgte 1825/30 ein Abschluß des Lustgartens nach Nordwesten. Die Errichtung des Alten Museums hat im weiteren aber auch die Umwandlung der eigentlichen Inselspitze zur Museumsinsel eingeleitet, die mit der Fertigstellung des Pergamonmuseums in den späten zwanziger Jahren unseres Jahrhunderts zum Abschluß kam.

Die Stadtanlagen Berlins und Köllns waren bis zu den Zerstörungen im zweiten Weltkrieg und den Veränderungen beim Wiederaufbau im wesentlichen unverändert erhalten geblieben, wiewohl die Bebauung sich

häufig und besonders im 18. und im 19. Jh. wandelte. Eine in das Stadtgefüge stärker eingreifende Veränderung erfolgte lediglich um 1885 bei der Anlage der Kaiser-Wilhelm-Straße (z. T. identisch mit der Karl-Liebknecht-Straße), durch die eine Weiterführung der Straße Unter den Linden über den Schloßplatz (heute Marx-Engels-Platz) nach Nordosten und zum Alexanderplatz geschaffen wurde.

Die vier Brücken, die Berlin und Kölln miteinander verbinden, sind, nach teilweisen Zerstörungen im zweiten Weltkrieg, in den letzten Jahrzehnten sämtlich durch Neubauten ersetzt worden. Ihrer Gründung nach ist die Mühlendammbrücke die älteste. Anstelle der Spreefurt zwischen den beiden sich entwickelnden Städten wohl bald im 13. Jh. errichtet, geht ihr Name auf die Mühlen zurück, die an ihrer Nordseite bis zur Spreeregulierung 1892 bestanden und zuletzt von Ludwig Persius als turm- und zinnenbewehrte mittelalterliche Kastelle errichtet worden waren. An der Südseite führte von der Mitte des Mühlendammes seit dem 17. Jh. ein Fußgängersteg zur Fischerinsel. Nicht unerwähnt sei, daß anstelle von Trödelbuden im späten 17. Jh. steinerne Kolonnaden auf dem Mühlendamm errichtet wurden, die, nach M. 18. Jh. aufgestockt, ebenfalls bis 1892 bestanden. Der heutige Mühlendamm ist eine moderne Stahlbetonbrücke, die 1968 im Zusammenhang mit der Neugestaltung des städtischen Verkehrsnetzes errichtet wurde. Die zweite ihrem Ursprung nach mittelalterliche Brücke ist die Lange Brücke (heute Rathausbrücke), die spätestens seit dem frühen 14. Jh. bestand; angeblich soll auf ihr nach Vereinigung beider Städte das gemeinsame Rathaus gestanden haben. Als massive Brücke über fünf Bögen wurde sie 1692/95 nach Entwurf von Johann Arnold Nering und Cayart neu errichtet und 1703 mit dem bronzenen Reiterstandbild des Kurfürsten Friedrich Wilhelm von Andreas Schlüter geschmückt. 1896 war sie zu einer dreibogigen Brücke verändert worden. Die anderen zwei Brücken sind jüngeren Datums: Die Liebknechtbrücke (ehemals Kaiser-Wilhelm-Brücke) wurde mit dem oben erwähnten Straßendurchbruch 1886/89 erbaut (von dieser Brücke die Seitenöffnungen

noch erhalten); vorher befand sich hier seit 1831 ein hölzerner Fußgängersteg, die sog. Cavalierbrücke. Die Friedrichsbrücke schließlich war erstmals 1719 als

Linke Seite: Köllner Fischmarkt mit Rathaus und Petrikirche, Kupferstich von Johann Rosenberg, 1785; Teil des Lustgartens mit Pomeranzenhaus und Börse, Kupferstich nach Zeichnung von L. Serrurier, 1804

Rechte Seite: Lange Brücke mit Kurfürstendenkmal und Palais Wartenberg, Kupferstich von F. A. Calau, nach Gemälde von C. T. Fechhelm nach 1770; Mühlendamm, Zeichnung von Johann Stridbeck, 1690, Deutsche Staatsbibliothek Berlin

Berlin und Kölln

Königsbrücke und Königskolonnaden, vom Alexanderplatz aus gesehen, Aquarell von C. G. Enslen, um 1855

Große Pomeranzenbrücke angelegt worden; der Neubau von 1892/93 wurde 1982, nach teilweiser Kriegszerstörung, durch eine moderne Spannbetonbrücke ersetzt, unter Einbeziehung der flankierenden Obelisken des Vorgängerbaues.

Berlin

Nach den Zerstörungen des zweiten Weltkrieges haben sich Denkmalobjekte nur in drei größeren Bereichen erhalten, weshalb von einer alphabetischen Gliederung nach Straßen hier Abstand genommen ist. Diese drei den nachfolgenden Text untergliedernden Bereiche sind 1. die Rathausstraße und der nordwestliche Teil der Berliner Altstadt mit Objekten in der Rosenstraße und der Spandauer Straße, 2. der Molkenmarkt und benachbarte Straßen (Poststraße und Burgstraße) und 3. die Klosterstraße und benachbarte Straßen (Waisenstraße und Littenstraße).

Rathausstraße und der nordwestliche Teil der Berliner Altstadt

Rathausstraße

Ursprünglich Oderberger Straße, seit 1701 Königstraße (über diese Straße erfolgte 1701 der Einzug Friedrichs I. nach der Krönung in Königsberg); 1951 in Rathausstraße umbenannt. – Straßenzug zwischen Langer Brücke (heute Rathausbrücke) und dem nach Nordosten öffnenden Tor (im Mittelalter Oderberger Tor oder Georgentor, nach dem davor gelegenen Georgen-Hospital; seit 1701 Königstor) bzw. der über den Memhardtschen Festungsgraben führenden Königsbrücke.

Die Lange Brücke erstmals wohl im frühen 14. Jh. angelegt (s. oben). Die ehem. Königsbrücke am nordöstlichen Ende der Straße, die über den Festungsgraben zum späteren Alexanderplatz und in die Königstadt führte, befand sich etwa im Bereich der S-Bahn-Überführung am Bahnhof Alexanderplatz; die von Gontard entworfenen und um 1780 ausgeführten Kolonnaden am Ende der Straße, unmittelbar vor der gleichzeitig und ebenfalls von Gontard erneuerten Brücke, wurden aus Verkehrsgründen 1910 abgetragen und im gleichen Jahr im Kleistpark (Berlin West) wieder aufgebaut.

Im mittelalterlichen Berlin wichtigste Straße, über die sie kreuzende Spandauer Straße mit dem Molkenmarkt und dem Mühlendamm verbunden, an dieser Kreuzung das mittelalterliche Rathaus wie auch der Nachfolgebau. Im 18. Jh. als östliche Zugangsstraße zum königlichen Schloß von Bedeutung, von den Bauten aus dieser Zeit neben den erwähnten Brücken das von Schlüter 1701/03 errichtete Palais des Grafen v. Wartenberg (1889 abgerissen) zu nennen, an der Südostseite dicht an der Langen Brücke, ferner an der Ecke Jüdenstraße das Gouverneurshaus (um 1960 abgetragen, rekonstruiert anstelle des kriegszerstörten Niederländischen Palais Unter den Linden 11). Nach den schweren Zerstörungen im zweiten Weltkrieg als historisches Gebäude nur das Rathaus erhalten. Neubebauung der Südostseite 1968/72 zwischen Rathaus und S-Bahn durch 42 m hohen Wohnkomplex mit zweigeschossigem Ladenbereich, Passagen und Innenhöfen, Fortsetzung dieser Bebauung zwischen Rathaus und Rathausbrücke geplant. Die nordwestliche Straßenseite blieb unbebaut, sie öffnet zu dem bis zur Karl-Liebknecht-Straße sich erstreckenden Freiraum mit Fernsehturm, Neptunbrunnen und Marienkirche.

RATHAUS 1861/69 nach Entwurf von Hermann Friedrich Waesemann erbaut anstelle eines winkelförmigen Vorgängerbaues, der an der Rathausstraße, Ecke Spandauer Straße stand. Der Kernbau dieses ersten Rathauses kurz vor oder um 1300 ein Rechteckbau an der Rathausstraße mit einer ursprünglich eingeschossigen, an drei Seiten offenen Gerichtslaube, eine über rundem Mittelpfeiler kreuzgewölbte Backsteinhalle von quadratischem Grundriß; an einem ihrer Strebepfeiler der Pranger mit dem sog. Kaak, einer figürlichen Terrakottaplastik. Das Obergeschoß der Gerichtslaube, der sog. Ratsstuhl, mit Netzgewölben von 1555. 1692/95 Erweiterung zu winkelförmiger Anlage durch Flügel an der Spandauer Straße, der dreigeschossige Bau von Johann Arnold Nering, die bemerkenswerten Fensterschlußsteinköpfe in Sandstein vermutlich von Georg Gottfried Weyhenmeyer. Abriß im Zusammenhang mit dem Rathausneubau seit 1865; die Gerichtslaube 1871/72 nach Plänen von Johann Heinrich Strack im Park des Schlosses Babelsberg (Stadtkreis Potsdam) rekonstruiert, die (vermutlichen) Köpfe von Weyhenmeyer im Lapidarium des Märkischen Museums, Köllnischer Park, s. S. 242.

Gedanken zum Um- bzw. Neubau des Rathauses beschäftigten die Berliner Architekten seit dem frühen 19. Jh. 1817 fertigte Karl Friedrich Schinkel eine Serie von Plänen zum Umbau des Rathauses an. 1857/58 Ausschreibung einer Konkurrenz für einen Rathausneubau mit und ohne Kaufläden, die Preisträger für den Bau mit Kaufläden waren Friedrich Schmidt (Erbauer des Wiener Rathauses 1872/82), Eduard Knoblauch und Ernst Klingenberg, die Preisträger für einen Bau ohne Kaufläden Friedrich Adler, Hermann Nicolai und Robert Cremer.

1859 erhielt Hermann Friedrich Waesemann den Auftrag für die Ausführung eines Rathausneubaues nach Vorlage eigener Entwürfe, in die Ideen aus der vorangegangenen Konkurrenz eingeflossen sind. Bauausführung in zwei Abschnitten 1861/69, über Granitsockel in rotem Klinker (daher der Name »Rotes Rathaus«),

Gerichtslaube des alten Berliner Rathauses, rechts anschließend zwei Achsen des von Nering errichteten Flügels an der Spandauer Straße, Lithographie nach einer Zeichnung von J. H. Hintze (?), um 1830/40

unter dem Einfluß von Entwürfen Schinkels, im Gegensatz zu den vorherrschenden spätklassizistischen Formen der Schinkel-Nachfolge jedoch im Stil der oberitalienischen Renaissance; der Baublock, gegenüber dem Vorgängerbau wesentlich erweitert, begrenzt durch Rathaus-, Jüden- und Spandauer Straße sowie die Straße Hinter dem Rathaus.

Vierflügelbau über annähernd quadratischem Grundriß von 99 zu 88 m, mit drei Innenhöfen, die Fassaden an den vier Straßenfronten jeweils mit schmalen Seitenrisaliten und breitem Mittelrisalit, dieser an der

Linke Seite: Rathaus nach seiner Fertigstellung, im Hintergrund die Gerichtslaube des mittelalterlichen Vorgängerbaues kurz vor ihrem Abriß, nach einer Zeichnung von Paul Graeb, um 1870; Rathaus, Hauptfront von der Ecke Rathausstraße/Spandauer Straße aus gesehen

Rechte Seite: Rathaus, Ansicht der Hauptfront, im Hintergrund der Turm des ehem. Stadthauses

Rathaus-, Jüden- und Spandauer Straße mit polygonalen Ecktürmen, umlaufend bekrönt von kräftig profiliertem Hauptgesims mit Attika. Die beiden mittleren Repräsentationsgeschosse durch hohe rundbogige Fensternischen zusammengeschlossen. Der figürliche und ornamentale Terrakottaschmuck von den Bildhauern August Fischer, Rudolf Siemering, Hugo Hagen, Gebrüder Carl und August Dankberg, Schiffelmann, Wilhelm Wolff, Friedrich Drake, Alexander Calandrelli und Melchior Zurstraßen. Betonung der Fassade an der Rathausstraße durch den Hauptportalrisalit mit großer Portalnische und seitlichen Figuren-

nischen (in den Nischen ehemals die Bronzeplastiken Kurfürst Friedrichs I. von Erdmann Encke und Kaiser Wilhelms I. von Keil, 1876 aufgestellt), darüber, leicht zurückgesetzt, hoher quadratischer Turm. Der für die Berliner Stadtsilhouette charakteristische Turm bestimmt durch die baldachinartig aufgelockerten Ecken mit Sandsteinsäulen und das reiche, um die Ecken sich verkröpfende Abschlußgesims mit Brüstung; Höhe bis zur Brüstung 74 m. An jeder Turmseite zwei große Bärenplastiken (Berliner Wappentier) aus farbigem glasiertem Ton von Wilhelm Wolff. Die Turmuhr von Johann Mannhardt aus München. – An den Balkonbrüstungen des Hauptgeschosses Relieffries, die sog. »Steinerne Chronik«, bestehend aus insgesamt sechsunddreißig Terrakottatafeln aus der Geschichte Berlins von der Stadtgründung bis 1871. An der Hauptfront zur Rathausstraße fortlaufend, nur durch den Mittelrisalit unterbrochen, an den Fassaden zu den übrigen Straßen jeweils an den Risaliten. Die Reliefs 1876/79 von den Bildhauern Otto Geyer und Ludwig Brodwolf (Rathausstraße), Alexander Calandrelli (Spandauer Straße) und Rudolf Schweinitz (Jüdenstraße und Hinter dem Rathaus). Neun Tafeln im zweiten Weltkrieg zerstört, 1953/54 erneuert.

Der Bau nach starken Kriegsschäden 1950/58 nach Plänen von Fritz Meinhardt wiederaufgebaut. Dabei der Außenbau in seiner ursprünglichen Form wiederhergestellt, die Innenräume weitgehend neu gestaltet bis auf das repräsentative Treppenhaus mit Kreuzgewölben; in den Nischen der Turmhalle vier allegorische Figuren, 1894 aufgestellt: Fischerei von Adolf Brütt, Schiffahrt von Ernst Herter, Handel von Peter Breuer und Ackerbau von Otto Geyer. Im Säulensaal (ehem. Ratsbibliothek) die ursprüngliche Raumgliederung noch teilweise erhalten. Von der Historienmalerei in den Repräsentationsräumen, für die wie bei der plastischen Ausgestaltung des Außenbaues zahlreiche Künstler beschäftigt waren (Anton v. Werner, Hermann Scheurenberg, Hugo Vogel, Franz Simmler, Georg Bleibtreu), nichts erhalten.

Auf dem Vorplatz an der gegenüberliegenden Seite der Rathausstraße, auf die Rathausfassade bezogen, zwei BRONZESTANDBILDER von Fritz Cremer, Aufbauhelferin und Aufbauhelfer, 1953/54 konzipiert unter dem Titel »Weg mit den Trümmern I und II«, 1958 aufgestellt.

Linke Seite: Rathaus, Mittelrisalit an der Rathausstraße, Mittelrisalit an der Jüdenstraße und Terrakottarelief der »Steinernen Chronik« (Gewerbefleiß, von Calandrelli)

Rechte Seite: Rathausvorplatz, Bronzeskulpturen »Aufbauhelfer« und »Aufbauhelferin«

Berlin 35

36 Stadtbezirk Mitte

Das Zentrum der einstigen Neustadt mit dem Neuen Markt nach den Zerstörungen im zweiten Weltkrieg zwischen Rathausstraße und Karl-Liebknecht-Straße nicht wieder bebaut, sondern zu einer bis an die Spree reichenden Grünanlage gestaltet, in die die Marienkirche und der auf das Rathaus sowie auch auf den Fernsehturm bezogene, 1969 hier aufgestellte Neptunbrunnen eingefügt sind. Begrenzung dieser Grünanlage nach Südwesten durch den Palast der Republik am köllnischen Spreeufer (s. S. 90), nach Nordosten vor dem Bahnhof Alexanderplatz durch den

FERNSEHTURM Nach einer Gestaltungsidee von Hermann Henselmann und den Entwürfen mehrerer Kollektive 1965/69 erbaut. Höchstes Bauwerk Berlins von insgesamt 365 m Höhe, der Stahlbetonschaft 250 m hoch, die facettenartig verkleidete Turmkugel von 32 m Durchmesser mit Aussichtsgeschoß und Café. – Die Umbauung des Turmes durch zweigeschossige Pavillonbauten, vorgelagert Terrasse und Becken mit wechselnden Wasserspielen (s. auch Abb. S. 17).

NEPTUNBRUNNEN Hauptwerk von Reinhold Begas, der Entwurf 1886 entstanden aus einem bis in die siebziger Jahre zurückreichenden Projekt, die Bronzen von Gladenbeck 1889/91 gegossen. Der von römischen Erinnerungen des Künstlers wie auch von süddeutschen Anlagen angeregte Brunnen wurde 1888 dem Kaiser (Wilhelm II.) von der Stadt Berlin geschenkt und auf deren Kosten nach Ausführung des Bronzegusses 1891 vor der Schloßfassade auf dem Schloßplatz, in der Achse der Breiten Straße, aufgestellt. Nach Restaurierung 1969 an den heutigen Standort verbracht. – Vierpaßförmiges Brunnenbecken von 18 m Durchmesser aus rotem poliertem Granit. In der Mitte Felssockel mit Meeresgetier, Putten und vier wasserspeienden Tritonen, die die große Muschelschale mit der bekrönenden Figur des Neptun tragen. Im Becken vier Wassertiere

Linke Seite: Neptunbrunnen, Gesamtansicht von Nordosten, im Hintergrund der Palast der Republik, und drei Details: Personifikation der Weichsel, Triton von der Mittelgruppe und Personifikation der Elbe

Rechte Seite: Fernsehturm, Turmkugel

Berlin 37

mit Fontänen, auf dem Beckenrand vier lagernde weibliche Aktfiguren mit Attributen, Personifikationen von Rhein, Elbe, Oder und Weichsel. Die Bronzen mit vielfältigem Beiwerk in reicher naturalistischer Durchbildung und von ausgesprochen malerischer Wirkung, der Reiz zusätzlich erhöht durch die künstliche hellgrüne Patina.

MARIENKIRCHE Pfarrkirche der nach M. 13. Jh. gegründeten Neustadt. Langgestreckter Backsteinbau über hohem Feldsteinsockel, dreischiffige Hallenkirche von sechs Jochen, mit einschiffigem einjochigem Chor und siebenseitigem, aus dem Zwölfeck gebildetem Schluß. Um 1270 begonnen, in den ersten Jahrzehnten des 14. Jh. vollendet, der Chor wohl bei Nennung der Kirche 1294 bereits fertiggestellt; Sakristei am südlichen Seitenschiff 2. H. 14. Jh. Erneuerung nach Stadtbrand 1380, dabei wesentliche Teile des Gründungsbaues erhalten, der Ostgiebel des Langhauses E. 14. Jh. Im frühen 15. Jh. Erweiterung der Kirche nach Westen durch Verbreiterung der westlichen Travée (die ursprüngliche Ausdehnung am Außenbau durch die schräggestellten Strebepfeiler erkennbar) und Errichtung einer dreischiffigen Vorhalle in Schiffsbreite aus Bruchsteinmauerwerk, mit hochaufragendem Turm über dem mittleren Joch, um 1418 begonnen, bis E. 15. Jh. ausgeführt, als Baumeister 1466/67 Steffen Boxthude genannt. Der den Turm wirkungsvoll abschließende originelle Aufsatz in gotisierenden Formen 1789/90 von Carl Gotthard Langhans. Dem Langhaus 1729 die Magistratsloge an der Südseite vorgelegt, diese 1893/94 neugotisch umgestaltet und mit der Sakristei unter Einfügung einer Vorhalle und Wiederholung des Sakristeigiebels zu einheitlicher Fassade mit vier Giebeln zusammengeschlossen; die Magistratsloge nach 1945 zu einer Kapelle ausgebaut. Restaurierungen 1817/19, 1893/94, nach 1945 und nochmals 1969/70. Das Westportal mit modernen Türflügeln von Achim Kühn.

Linke Seite: Marienkirche, Turmaufsatz

Rechte Seite: Marienkirche, Ansicht von Südosten

Berlin 39

Im Inneren achtpaßförmige Bündelpfeiler, ihr oberer Abschluß 1817/19 verändert; Kreuzrippengewölbe, die im frühen 15. Jh. erweiterte westliche Travée sowie die Turmhalle mit Netz- bzw. Sterngewölben, das Gewölbe im Turmjoch 1893/94, gleichzeitig auch die Westempore in neugotischen Formen. Die Sakristei kreuzrippengewölbt. – Im nördlichen Joch der Turmhalle Totentanz, um 1485, Hauptwerk der Berliner Malerei des 15. Jh. Fries von 2 m Höhe und rund 22 m Länge: Vertreter der geistlichen und weltlichen Stände, jeweils von Leichnamen geführt, in einer Art Reigentanz von links nach rechts schreitend, am Nordwestpfeiler, zwischen der geistlichen und weltlichen Gruppe, eine wahrscheinlich etwas ältere Kreuzigungsdarstellung mit Stiftern; unterhalb der Darstellung Schriftband mit moralisierenden Texten in niederdeutscher Sprache. 1860 freigelegt und mehrfach stark ergänzt, 1955/58 konserviert und von Übermalungen befreit. In schlechtem, stark gefährdetem Zustand. Ein weiterer Rest mittelalterlicher Wandmalerei an der Westwand des Mittelschiffes hinter der Orgel, Schutzmantelmadonna, 1. H. 15. Jh.

Linke Seite:
Marienkirche,
Totentanz
im nördlichen Joch
der Turmhalle,
nach einer
Archivaufnahme

Rechte Seite:
Marienkirche,
Inneres nach Osten

ein Hauptbeispiel Schlüterscher Kunst. Ursprünglich am zweiten Nordpfeiler (von Westen gerechnet), der Kanzelkorb nach Süden gewendet, nach 1945 an den heutigen Standort am letzten nördlichen Freipfeiler vor dem Chor versetzt und Kanzelkorb um 90 Grad nach

Altarwand mit seitlichen Durchgängen, das Chorpolygon verkleidend, 1757 62 nach Entwurf von Andreas Krüger: Dreiteiliger architektonischer Säulenaufbau bekrönt von Stuckgruppe, Christus mit Siegeskreuz und anbetende Engel, die Gemälde (Kreuzabnahme, Christus am Ölberg, Ungläubiger Thomas, in der Predella Emmausjünger) 1761 von Bernhard Rode. 1974 restauriert.
Kanzel von Andreas Schlüter, Marmor, 1702/03,

*Linke Seite:
Marienkirche,
Altarwand
und Kanzel*

*Rechte Seite:
Marienkirche,
Engelsfigur
von der Kanzel
und Bronzetaufe,
Gesamtansicht
und Relieffigur
an der
Kesselwandung*

Westen gedreht. Prächtiger Aufbau aus zwei ionischen Säulenpaaren, die die untere Hälfte des Langhauspfeilers ersetzen und vor denen der reliefierte Kanzelkorb mit Johannes d. T. sowie Caritas und Fides angebracht ist, dieser flankiert und mittels ausschwingender Voluten scheinbar getragen von zwei Engelsstatuen auf Postamenten. Der hölzerne Schalldeckel mit Engelsglorie.

Bronzetaufe 1437 gestiftet, vermutlich von Meister Hinrick von Magdeburg, kelchförmig, an der Kesselwandung Reliefs von Christus, Maria und den zwölf Aposteln; Taufbecken, Messing, 16./17. Jh.

Berlin 43

Marienkirche, Inneres nach Westen mit Orgel, Schrein eines Schnitzaltars 1. V. 16. Jh. und Mondsichelmadonna (Detail) von einem Schnitzaltar um 1520/25

Marienkirche, Relief um 1700 in tabernakelartiger Rahmung, drei Schnitzfiguren (um 1420, die mittlere E. 15. Jh.) und Schrein eines Schnitzaltars E. 15. Jh.

Orgel 1720/21 von Joachim Wagner, der dekorative Orgelprospekt von Johann Georg Glume, bis 1742 von Paul de Ritter fertiggestellt.
Die reiche Ausstattung an Schnitzaltären, Schnitzfiguren und Reliefs nach 1945 durch Inventar aus der Nikolaikirche und der Franziskanerkirche ergänzt: Schnitzaltar mit Mondsichelmadonna sowie Andreas und Paulus in den Flügeln, die Flügelrückseiten mit gemalten Szenen aus dem Marienleben, um 1520/25, ehemals Franziskanerkirche (in der Magistratskapelle). – Schrein mit Anna selbdritt zwischen Sebastian und Barbara, im Hintergrund gemalt Joachim und Joseph, 1. V. 16. Jh. (in der Magistratskapelle). – Schrein mit drei sitzenden Heiligen, E. 15. Jh., ehemals Franziskanerkirche (unter der Westempore). – Drei Schnitzfiguren: Margarete und Barbara, um 1420, Georg, E. 15. Jh., ehemals Franziskanerkirche (im Chor). – Relieftafel des Bernhard von Siena, um 1460, das Datum 1584 von einer Erneuerung, ehemals Franziskanerkirche (südliches Seitenschiff). – Gethsemanerelief, Sandstein, E. 15./A. 16. Jh. (im Chorpolygon hinter der Altarwand). – Kreuzigungsrelief, Alabaster, 17. Jh. (Chor). – Christus im Schiff auf dem See Genezareth, Marmorrelief in barockem Tabernakelaufbau, um 1700 (südliches Seitenschiff).

tafel mit Kreuzigung Christi und dem Stifter P. Blankenfelde samt Familie, um 1440, ehemals Franziskanerkirche (Chor). – Zwei gemalte Altarflügel mit Szenen aus dem Leben Christi und dem Marienleben, um 1480 (Magistratskapelle). – Anbetung des Kindes, E. 15. Jh., ehemals zu einem Flügelaltar gehörig (Chor). – Auferstehung Christi und Tod Mariae, 2. H. 15. Jh., ver-

Marienkirche, Votivtafel mit der Stifterfamilie P. Blankenfelde um 1440 und Altarflügel um 1480

Tafelbilder, z. T. Epitaphien, und Gemälde auf Leinwand, umfangreiche und wichtige Sammlung für die Geschichte der Berliner Malerei vom 15. bis zum 19. Jh.; ebenfalls ergänzt durch Werke aus der Nikolaikirche und der Franziskanerkirche. Im folgenden chronologisch geordnet:
Maria mit Kind, umgeben von Heiligen und Stifter, gegen M. 15. Jh., auf Leinwand übertragen, ehemals Franziskanerkirche (nördliches Seitenschiff). – Votiv-

Marienkirche, Votivtafel mit dem Stifterpaar Blankenfelde E. 15. Jh.

Lucas Cranachs d. Ä., Anbetung des Kindes mit Stifterfamilie Ketwig, 1526 (Chor). – Umkreis Lucas Cranachs d. Ä., Jüngstes Gericht, um 1530, ehemals Nikolaikirche (Sakristei). – Kreuzabnahme, um 1520/30 (unter der Westempore). – Weinberg des Herrn (Allegorie nach einem Holzschnitt von Erhard Schoen) und Christus in der Kelter, Epitaph für ein unbekanntes Paar, um M. 16. Jh. (unter der Westempore).
Eine größere Anzahl von Tafelbildern bzw. Epitaphien des 2. und 3. V. 16. Jh. Michel Ribestein zugeschrieben, 1539 als Neubürger in Berlin und Kurfürstlicher Hofmaler genannt; auf dem Kreuzigungsbild von 1562 (s. unten) die Signatur M R: Protestantisches Dogmenbild des apostolischen Glaubensbekenntnisses mit Allegorie der Sünde und Erlösung, um 1550 (Sakristei). – Auferweckung des Lazarus, 1552, ehemals Nikolaikirche (südliches Seitenschiff). – Christus, die Hölle mutlich Teil eines Altars, 1608 übermalt und ergänzt, ehemals Nikolaikirche (Sakristei).
Meister des Epitaphs Wins, Beweinung Christi zwischen Johannes und Maria Magdalena sowie dem Stifterpaar Blankenfelde, zugehörig der bemalte Rahmen, E. 15. Jh. (Abb. S. 47), ehemals Franziskanerkirche (Chor). – Meister des Epitaphs Wins, Kreuzigung Christi mit Heiligen und der Familie des Stifters Th. v. Blankenfelde, um 1505, ehemals Franziskanerkirche (unter der Westempore). – Beweinung Christi, 1. V. 16. Jh., der Donau-Schule nahestehend (Chor). – Beweinung Christi mit der Stifterfamilie Grieben, süddeutsch (Nürnberg?) um 1515 (Sakristei). – Gefangennahme Christi, süddeutsch (Nürnberg?) um 1515, ehemals Nikolaikirche (südliches Seitenschiff). – Umkreis

(nördliches Seitenschiff). – Ezechiel sieht die Toten erwachen, 1559 (südliches Seitenschiff). – Christi Höllenfahrt, Epitaph für S. Mehlmann, 1562 (südliches Seitenschiff). – Kreuzigung mit Moses und Johannes d. Täufer, Votivbild einer unbekannten Familie, 1562 (südliches Seitenschiff). – Christus im Hause des Simeon, 1565, ehemals Nikolaikirche (südliches Seitenschiff).

Familie J. Steinbrecher vor Kruzifix und Bundeslade, um 1598 (südliche Vorhalle). – Nathan Mau, Familie des Kanzlers L. Distelmeier vor Kreuzigung Christi, nach 1588, ehemals Nikolaikirche (Kapelle). – Auferstehung Christi, Epitaph für ein unbekanntes Paar, in Renaissancerahmen, E. 16. Jh. (nördliches Seitenschiff). – Verkündigung Mariae, um 1600 (nördliches Seitenschiff). – Anbetung des Kindes, um 1600 (magaziniert). – Vier alttestamentliche Tafelbilder: Erschaffung Evas, Sündenfall, Kains Brudermord, Hagar mit dem Engel, gegen 1600, vermutlich von einer Emporen- oder Logenbrüstung (nördliches Seitenschiff). – Martin bezwingend, Epitaph für P. Matthias und Frau, 1553, ehemals Nikolaikirche (unter der Empore). – Christi Himmelfahrt, 1554 (z. Z. als Leihgabe vergeben). – Jüngstes Gericht, Epitaph für H. Tempelhoff, 1558

Linke Seite: Marienkirche, Votivtafel mit der Stifterfamilie Th. Blankenfelde um 1505 und Beweinung Christi um 1515

Rechte Seite: Marienkirche, Epitaph für P. Matthias und Frau und Verkündigung Mariae

Berlin 49

Schulz zugeschrieben, Gedächtnisbild für J. Kötteritzsch † 1609 und Frau † 1615, im Hintergrund Interieur der Berliner Nikolaikirche, ehemals Nikolaikirche (nördliches Seitenschiff). – Lehrender Christus im Tempel, Epitaph für M. Goltze † 1612 und Frau, ehemals Nikolaikirche (unter der Westempore). – Gedächtnisbild für J. Sanders und Frau, den Gekreuzigten verehrend, der Rahmen mit Knorpelornament, 1640, ehemals Nikolaikirche (Chor). – Michael Conrad Hirt zugeschrieben, Jakobs Traum, Epitaph für Bürgermeister H. Rötzlow † 1642, in ursprünglicher Rahmung (unter der Westempore).
Gemälde auf Leinwand: Bernhard Rode, Jakob segnet Ephraim und Manasse, 1760; Barmherziger Samariter, E. 18. Jh. (beide Gemälde auf der Orgelempore). – Heinrich Anton Dähling, Maria mit Jesusknaben, 1816, im Stil der Nazarener (Chorpolygon hinter dem Altar). – Anna selbdritt mit Elisabeth und Johannes, gegen 1830/40, italianisierend (Turmhalle).
Pastorenbilder: M. A. Colerus † 1598; J. Mauritius † 1659; J. Lamprecht † 1730; Unbekannter, um 1770; J. Müllensiefen † 1811.
Liturgisches Gerät: Großer spätromanischer Prunkkelch mit gravierter Patene, Silber vergoldet, vorzügliche norddeutsche Arbeit zwischen 1266 und 1281, Stiftung der brandenburgischen Markgrafen Johann II. und Otto IV. wahrscheinlich an das Kloster in Chorin. Wertvollstes Stück mittelalterlicher Goldschmiedekunst in der Mark, mit reichem Filigrandekor, Edelsteinbesatz und figürlichen Flachreliefs. 1642 restauriert und von dem Kurfürsten Friedrich Wilhelm der Nikolaikirche gestiftet. – Elf Kelche, wenn nicht anders angegeben Silber vergoldet: M. 14. Jh., mit Reliefmedaillons; A. 16. Jh.; 16. Jh.; 1606, z. T. ergänzt, reich ornamentiert mit Reliefmedaillons, stilistisch nicht einheitlich, zugehörig Patene; Silber, 1696; um 1780, mit Patene; 1. H. 19. Jh., mit Patene; Zinn, 1. H. 19. Jh., mit Patene und Deckel; Silber, 1863, mit Deckel; Kelchpaar M. 19. Jh. Zwei Patenen, 18. Jh. und 1. H. 19. Jh.
Drei Oblatendosen: Silber, um 1672 von Daniel

Linke Seite:
Marienkirche,
Gedächtnisbild für
J. Kötteritzsch
und Frau,
Oblatendose um 1535 mit
Deckelkruzifix E. 17. Jh.
und Kanne A. 17. Jh.

Rechte Seite:
Marienkirche, Prunkkelch

Männlich, mit stehendem Deckelkruzifix; Silber vergoldet, um 1535, wohl Nürnberger Arbeit, mit stehendem Deckelkruzifix vom E. 17. Jh. und zwei Medaillen, gestiftet 1693 von Daniel Männlich, ehemals Nikolaikirche; Silber vergoldet, 2. H. 18. Jh. – Löffel, Silber, 2. H. 18. Jh. – Vier Kannen: Silber, A. 17. Jh., mit Ranken aus Rollwerk und Figuren; Messing, 2. H. 18. Jh., mit Rokokoornament; Silber, M. 18. Jh., gestiftet 1808; Silber, 1840. – Zwei Taufschalen: Messing, 1722; Messing und Silber, 1733, mit Rokokoornament und Reliefszenen. Zinnteller 18. Jh. – Altargarnitur, Berliner Eisenkunstguß, um 1840. Weitere Geräte des späten 19. und 20. Jh. (Einige Geräte als Leihgabe in der Kirche zu Wusterhausen/Dosse.)

Fünf Glocken: mittelalterlich, in der südlichen Vorhalle abgestellt; 1426, ehemals Nikolaikirche; 1502; 1657 von Jakob Neuwert, Berlin; 1705, Umguß einer Glocke von 1475.

Archiv und Kirchenbibliothek u. a. mit mittelalterlichen Handschriften, durch Bestände aus der Nikolaikirche erweitert (als Leihgabe im Sprachenkonvikt).

Grabdenkmäler und steinerne Epitaphien, der reiche Bestand insbesondere an Werken des 17. und 18. Jh. im folgenden räumlich geordnet:

Chor von Süden nach Norden: Wandepitaph für den Bürgermeister J. J. Lietzmann † 1712, Sandstein, bewegter Aufbau mit reichem allegorischem Figurenschmuck, vermutlich von Johann Georg Glume. – Inschriften-Doppelepitaph für Schloßhauptmann B. v. Schlieben † 1639 und Frau † 1628, Sandstein. Inschriftepitaph für K. Seidel † 1673, Marmortafel in Sandsteinrahmung. – Epitaph C. v. d. Linde † 1673, Sandstein, mit gemaltem Porträtmedaillon (Chorpolygon hinter dem Altar). – Wandgrabmal des Generalfeldmarschalls O. Chr. v. Sparr † 1668, 1662/63 von Artus Quellinus aus Antwerpen gefertigt, Marmor. Über einem Unterbau, der die Tür zur Gruft enthält, das von Säulen flankierte Hauptfeld mit der knienden Gestalt des Verstorbenen vor einem Betpult, seitlich ein Page mit Federbuschhelm; über dem Gebälk Wappen, allegorische Figuren und Trophäen. In der zugehörigen Familiengruft zehn Särge des 17. Jh.

Nördliches Seitenschiff von Osten nach Westen: Epitaph E. v. Röbel † 1630 und Frau † 1642, Sandstein, retabelartiger architektonischer Aufbau mit den knienden Verstorbenen, der Abschluß mit knorpelwerkgerahmtem Medaillon und allegorischen Figuren; davor schmiedeeisernes Gitter, ursprünglich zum Grabmal Sparr gehörig. – Grabdenkmal für drei Kinder des Pfarrers M. Lubath † 1654/61, Sandstein. – Epitaph A. Krause † 1677, in Sandsteinrahmung. – Denkmal für den Pfarrer F. Roloff † 1743 und Frau † 1773, 1794 von Emanuel Bardou, frühklassizistische Marmorstatue der Hoffnung, auf Inschriftsockel; gleichzeitig das eiserne Gitter. – Epitaph für A. M. Hoffmann

Linke Seite: Marienkirche, Wandgrabmal O. Chr. v. Sparr

Rechte Seite: Marienkirche, Grabdenkmal für F. Roloff und Frau und Epitaph v. Röbel und Frau

Berlin 53

Marienkirche, Grabdenkmal ohne Inschrift und Epitaph J. Korn

Tochter † 1677, Marmor. – Darüber Inschriftepitaph für M. Sartorio und Frau † 1708, in Sandsteinrahmung. – Inschriftgrabstein für D. Pollborn † 1691, Marmor mit Sandsteinrahmung. – Wandepitaph für J. G. Hacker † 1704 und Frau † 1710, Sandstein, Sarkophagaufbau mit trauernden Putten. – Inschriftepitaph für M. Weise † 1693 und Frau † 1671, Sandstein. – Erbbegräbnis der Familie Simon, Sandstein, 1715 gestiftet. Segmentbogige Scheintür, darüber liegende Frau mit Urne, von Bartholomé Damart; außen zugehörig die schmiedeeisernen Gitter. – Inschriftepitaph für J. Berchelmann † 1631 und Frau † 1666, Sandstein. – Zwei Inschriftplatten für G. Königsdorff und Frau † 1715 bzw. 1716, Zinn. – Inschriftepitaph für M. Rücker † 1741, Marmor, Inschriftkartusche mit Putto und Reliefbildnis. – Epitaph ohne Inschrift, hölzerner Sarkophagaufbau mit Urne und zwei trauernden Putten, E. 18. Jh. – Epitaph für den Hofschneider J. Korn † 1671, Stuck, mit Porträtbüste des Verstorbenen. – Epitaph für J. M. Leonhard † 1697, Inschrifttafel in reicher Rahmung. – Inschriftepitaph für Bürgermeister A. Weber † 1694, Sandstein. – Doppelepitaph M. Tieffenbach † 1687 und Tochter † 1687, marmorne Inschrifttafeln in reichem Holzrahmen mit allegorischen Reliefs.

Südliches Seitenschiff von Westen nach Osten: Drei Inschriftepitaphien für R. Stiller † 1712, C. Stiller † 1710 und A. Stiller † 1719, sämtlich Sandstein. – Epitaph für Ph. Christians † 1687, Sandstein. – Darüber Epitaph für J. Zerer † 1543, von Hans Schenk genannt Scheußlich, Sandstein, Reliefbüste in architektonischer Rahmung. – Inschriftepitaph für S. Seger † 1654 und

† 1703, Sandstein. Epitaph für den Advokaten J. Flaccus † 1562 und Frau † 1560, in architektonischer Rahmung Relief des Abendmahls, darüber Gethsemanerelief, Hans Schenk genannt Scheußlich zugeschrieben. – Über der Tür zur alten Bibliothek Epitaph für A. Schilling † 1698, reiche Sandsteinrahmung mit gemaltem Porträtmedaillon. – Kinderepitaph A. Ritter † 1595, Sandstein, mit Relieffigur. – Epitaph Lubath † 1667 bzw. 1671, Sandstein.

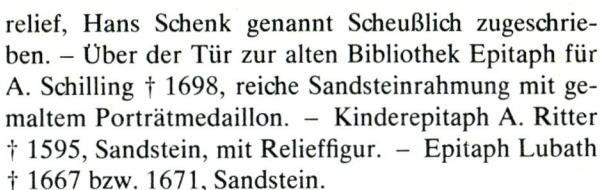

Turmhalle: Drei Grabplatten mit den ganzfigurigen Reliefdarstellungen der Verstorbenen, J. Steinbrecher † 1598, E. Steinbrecher † 1599, G. Steinbrecher † 1598. – Zwei hölzerne Totenschilde für F. v. Götzen † 1669 und C. E. v. Platen † 1669, reich geschnitzt und mit symbolischem Beiwerk.

Südliche Vorhalle: Inschrifttafel für J. F. Schmidt † 1813, Marmor. – Kinderepitaph A. und E. Ritter † 1588, Sandstein mit Relieffiguren. – Inschriftepitaph für E. Pancovius † 1658, Sandstein. – Architektonisches Wandepitaph für Kaufmann H. Müller und Frau † 1811 bzw. 1803, Sandstein, mit klassizistischem Ornamentschmuck und Inschriften. – Inschriftepitaph für den Hofmedicus T. Pancovius † 1665, Sandstein. – In der Kapelle (ehem. Magistratsloge) Inschriftepitaph für K. Pancovius † 1683, Sandstein.

Am Außenbau mehrere Grabsteine des 17. und 18. Jh. An der Turmfront steinernes Sühnekreuz für die Ermordung des Propstes Nikolaus von Bernau im Jahre 1325, seit 1726 an dieser Stelle.

Marienkirche, Epitaph J. Zerer, Bekrönung der Scheintür vom Erbbegräbnis Simon und Sühnekreuz an der Turmfront

Rosenstraße

Ursprünglich eine der kleinen Gassen in diesem nordwestlichen Teil der Berliner Altstadt (in unmittelbarer Nähe, an der die Rosenstraße mit der Spandauer Straße verbindenden Heidereutergasse, befand sich die um 1700 errichtete Synagoge). Im späten 19. Jh. als Verbindungsstraße zu den nordwestlichen Stadtteilen verbreitert und mit Geschäftshäusern bebaut.

GESCHÄFTSHÄUSER Rosenstraße 15/19, Ecke Rochstraße (ehemals Neue Friedrichstraße). 1895 als ausgedehnter Komplex vermietbarer Geschäftshäuser erbaut von Kayser & v. Großheim (südöstlicher Teil) und von Otto March (nordwestlicher, bis zur Rochstraße reichender Teil); ursprünglich bis an den Neuen Markt (Karl-Liebknecht-Straße) und im Norden bis an die ursprünglich bis hierhin sich erstreckende Klosterstraße geführt. Die langgestreckte fünfgeschossige Fassade zur Rosenstraße aus drei (ursprünglich fünf) fünfachsigen Häusern gebildet, mit jeweils einem umbauten klinkerverblendeten Hof. Das Erdgeschoß mit großen segmentbogigen Fenstern und mittlerem übergiebeltem Durchfahrtsportal aus Sandstein in gotisierenden Formen. Über der Erdgeschoßzone streng vertikale Gliederung durch schmale werksteinverkleidete Pfeilervorlagen, zwischen denen die Fenster des zweiten bis vierten Geschosses dreiseitig ausgestellt sind, ihre Brüstungen und Einfassungen aus Eisen (Berlin und seine Bauten, 1896: ». . . in etwas von englischen und amerikanischen Anregungen beeinflußt«). Über den Portalen des Kayser & v. Großheim-Baues Erker und ursprünglich vor dem Dach Giebelaufsatz. Der March-Bau nur in den Details unwesentlich unterschieden, so sind z. B. die Pfeilervorlagen klinkerverblendet; sein Ecktrakt zur Rochstraße mit polygonalen Eckerkern, die ursprünglich reicher geschmückt waren und mit den abschließenden Hauben die Traufe des Daches überragten.

Spandauer Straße

Die Straße verband den Molkenmarkt mit dem Spandauer Tor, dem nördlichen Ausgang der Stadt; an der Kreuzung mit der heutigen Rathausstraße befand sich die zum mittelalterlichen Rathaus gehörende Gerichtslaube, die nach ihrem Abriß um 1870 im Park von Babelsberg bei Potsdam rekonstruiert wurde. Einst eine der wichtigsten Straßen Berlins und reich an stattlichen Bürgerhäusern, die aber zumeist bereits im 19. Jh., u. a. für den Neubau der Hauptpost, abgerissen wurden. Nach den Zerstörungen des zweiten Weltkrieges hat sich an alter Bausubstanz außer der Südfront von Waesemanns Rathaus lediglich die Kapelle des Heiliggeist-Hospitals erhalten, das noch im 13. Jh. innerhalb der Stadt unmittelbar vor dem Spandauer Tor gegründet worden war.

HOCHSCHULGEBÄUDE (Wirtschaftswissenschaftliche Sektion der Humboldt-Universität) Spandauer Straße 1, Ecke Burgstraße. Als Handelshochschule 1905/06 von Cremer & Wolffenstein erbaut. Dreigeschossiger, in rustiziertem Muschelkalkstein verkleideter Bau, zurückhaltend historisierend, die beiden Obergeschosse durch Kolossalpilaster zusammengeschlossen. Zur Spandauer Straße leicht erhöhter Mittelbau von fünf Achsen und seitlich zur ehem. Heiliggeist-Kapelle ver-

tem, in den oberen Teilen jedoch verstümmeltem Pfeilergiebel mit spitzbogigen Doppelblenden unter krabbenbesetzten Wimpergen, vielleicht gleichzeitig mit dem von figürlichen Wandkonsolen getragenen Sterngewölbe im Inneren, dieses 1476. Spitzbogenblenden auch an der Südseite erkennbar, die großen Fenster hier wahrscheinlich 1752 eingebrochen. – Am Eingang Sandsteinepitaph für Chr. Nagel † 1699.

Dem Hochschulgebäude gegenüber an der Ecke Burgstraße (ehemals Teil der Neuen Friedrichstraße/Littenstraße, nach 1980 zur Burgstraße hinzugenommen) das

Linke Seite: Geschäftshäuser Rosenstraße 15/19

Rechte Seite: Ehem. Pfarrhaus der Garnisonkirche Burgstraße 27; Heiliggeist-Kapelle Spandauer Straße, Ostgiebel

mittelnder Turm, dessen Abschluß nach Kriegszerstörung um 1980 geringfügig verändert wiederhergestellt wurde. Die sparsame Bauplastik und die figürlichen Schlußsteine der Portale von Ernst Westphal. Im Foyer Hermes, Marmor, 1907 von Fritz Klimsch. – Einbezogen in das Gebäude und als Mensa genutzt die Ehem. **HEILIGGEIST-KAPELLE** Das Heiliggeist-Spital erstmals 1272 erwähnt, die mittelalterlichen Spitalgebäude 1825 abgebrochen und durch einen zweigeschossigen Neubau ersetzt, dem die Armenpflege bis zur Errichtung der großen Städtischen Anlagen an der Prenzlauer Allee oblag. – Die als einziger Rest erhaltene Kapelle ein rechteckiger Backsteinbau von drei Jochen über Feldsteinsockel. Im Kern wohl noch 13. Jh., in spätgotischer Zeit verändert: Die Ostseite mit drei spitzbogigen Fenstern flankiert von schmalen Blenden sowie, über Vierpaßfries, reich geschmück-

Berlin 57

ehem. PFARRHAUS der einst benachbarten Garnisonkirche (letztere nach Kriegszerstörung um 1960 abgetragen). Stattlicher dreigeschossiger Putzbau unter Mansarddach, in Formen des ausgehenden Barock errichtet E. 18. Jh. Die neunachsige Fassade mit einachsigem Mittelrisalit, in diesem hohe Oberlichttür, darüber am ersten Obergeschoß das Fenster eingefaßt von kräftigen ionischen Doppelsäulen und Eckpilastern unter reich profiliertem Gebälk. – Bronzetafel zur Erinnerung an den Volksschriftsteller und Garnisonprediger Emil Frommel, der 1870/96 hier wohnte.

Molkenmarkt und benachbarte Straßen

Molkenmarkt

Der älteste Markt Berlins, gleichzeitig östlicher Brückenkopf des Mühlendammes; nach Osten war er über die Stralauer Straße mit dem Stralauer Tor der mittelalterlichen Stadtbefestigung verbunden, nach Nordwesten über die Spandauer Straße mit dem Spandauer Tor. Nach Gründung des Neuen Marktes E. 13. Jh. zwar nicht mehr Hauptmarkt, dennoch behielt er seine wirtschaftliche Bedeutung für Berlin, die neben der verkehrsgünstigen Lage am Schnittpunkt dreier Fernverkehrsstraßen auch aus der unmittelbaren Verbindung zum Handelshafen und zum Stapelplatz an der Spree (Krögel) resultierte. Auch lagen hier die Salzhäuser. – Neben der bürgerlichen Wohnbebauung entstanden am Molkenmarkt im 18. Jh. mehrere Palais, von denen das architektonisch bedeutendste, das Ephraimsche Palais, 1935 im Zusammenhang mit der geplanten Umgestaltung der Mühlendammbrücke abgerissen wurde (Wiederaufbau etwa an gleicher Stelle, an der Einmündung der Poststraße, geplant). Im zweiten Weltkrieg die gesamte Umbauung bis auf die der Südseite zerstört. Nach 1966 Veränderung der Platzform im Zusammenhang mit dem Ausbau einer neuen West-Ost-Hauptverkehrsstraße.

GEBÄUDEKOMPLEX (Ministerium für Kultur bzw. Münze der DDR) Molkenmarkt 1/3 sowie Rolandufer. Der älteste Teil dieser Gebäudegruppe ist das ehem. Schwerinsche Palais Molkenmarkt 3 (Ministerium für Kultur), wohl unter Verwendung eines um 1690 erbauten Hauses um 1704 von Jean de Bodt errichtet für den Staatsminister v. Schwerin; 1937 abgetragen und mehrere Meter hinter der alten Fluchtlinie wieder aufgebaut, dabei die Sandsteinteile durch Kopien ersetzt. Dreigeschossiger Putzbau von sieben Achsen, mit Eckquaderung an den Gebäudeecken und dem flachen Mittelrisalit, dieser von drei Achsen, durch zwei Balkone auf Maskenkonsolen hervorgehoben (das Portal ursprünglich unter dem rechten Balkon), vor dem Satteldach Attika und von Figuren flankierte Wappenkartusche. In den Rundbogenfeldern über sämtlichen

Fenstern des Hauptgeschosses reizvolle Reliefs mit allegorischen Kindergruppen. Im Inneren aus der Bauzeit erhalten Stuckdecke sowie eine Kaminachse mit ovalem Stuckmedaillon, Bekrönung einer Venusbüste durch Nymphen und Satyrn, vielleicht von Guillaume Hulot. Die Treppe mit reichem geschnitztem Geländer aus der Zeit um 1700, wahrscheinlich weitgehend ergänzt.

Bei Versetzung des Gebäudes im Zusammenhang mit dem 1936 begonnenen Neubau der Münze nach Entwurf von Fritz Keibel Erweiterung beidseitig um fünf Achsen, in leichter Bogenführung dem Palais in der Gestaltung angeglichen und unter gemeinsamem Dach; die eingelassenen Relieftafeln Kopien nach barocken Originalen. Gleichzeitig auch der zur Spree hin anschließende Gebäudetrakt (ursprünglich Verwaltungsgebäude der Münze, heute Ministerium für Kultur), dessen Fassade einen figurenreichen Sandsteinfries mit antikisierenden Reliefdarstellungen zur Geschichte der Metall- und Münztechnik enthält, der um 1800 von Gottfried Schadow für die von Heinrich Gentz erbaute Münze am Werderschen Markt geschaffen worden war (Kopie, das Original heute in Berlin West). Um 1870 war der Fries dem Münzneubau an der Niederwallstraße eingefügt worden, und als dieser von Stüler errichtete Bau 1935 dem Erweiterungsbau der Reichsbank weichen mußte, wurde er, nun als Kopie, an den Nachfolgebau am Molkenmarkt übertragen.

Poststraße
Straße zwischen Molkenmarkt und heutiger Rathausstraße, parallel zur Spree verlaufend; der Name abgeleitet von der alten Post, die hier, an der Ecke zur Rathausstraße, 1685 errichtet worden war. – An der Poststraße, in unmittelbarer Nähe zum Molkenmarkt, steht die älteste Berliner Pfarrkirche, die Nikolaikirche. Die Bebauung der Straße, im 18. Jh. mit Häusern wohl-

Linke Seite: Ehem. Palais Ephraim Mühlendamm, Ecke Poststraße (1935 abgerissen, Wiederaufbau vorgesehen)

Rechte Seite: Ehem. Palais Schwerin und ehem. Münze Molkenmarkt 1/3, heute Ministerium für Kultur

habender Bürger und Hofbeamten, im späten 19. Jh. teilweise mit Geschäftsbauten, wurde im zweiten Weltkrieg stark zerstört. Wiederaufbau im Zusammenhang mit der Restaurierung der Nikolaikirche und der Bebauung der Rathausstraße zwischen Spandauer Straße und Burgstraße vorgesehen.

WOHNHAUS (Produktionsleitung VEB Denkmalpflege) Poststraße 12. Um 1880 erbaut, mit zwei Höfen bis zur Burgstraße geführt. Die viergeschossige, in Formen der Renaissance gehaltene Putzfassade des 1982 wiederhergestellten Vorderhauses gegliedert am ersten und zweiten Obergeschoß durch seitliche Erker mit abschließenden Balkonen, die gerahmten Rechteckfenster dazwischen paarweise gekoppelt. Im obersten Geschoß Rundbogenfenster mit stuckiertem Fries, darüber das kräftige Hauptgesims. Am Erdgeschoß Gedenktafel für den Kirchenmusiker und Dirigenten der Berliner Singakademie August Eduard Grell, geboren 1800 in einem Vorgängerbau dieses Hauses.

WOHNHAUS Poststraße 23 (sog. Knoblauchsches Haus, »Historische Weinstuben«). Dreigeschossiger barocker Putzbau mit leicht konvex geschwungener siebenachsiger Fassade und Mansarddach, errichtet 1759/60 über unregelmäßigem Viereck, verändert um 1800 in Formen des Berliner Frühklassizismus. Davon u. a. am ersten Obergeschoß die Fensterverdachungen mit Blattwerkleisten und der breite Spiralrankenfries darüber, ähnlich auch an der Schmalseite und an der zum einstigen Kirchhof der Nikolaikirche gewendeten Rückseite.

NIKOLAIKIRCHE Älteste Pfarrkirche Berlins, an der Poststraße in unmittelbarer Nähe des Molkenmarktes, des Zentrums der sich entwickelnden Stadt. Im zweiten Weltkrieg schwer zerstört. – Um 1230 begonnen, von diesem Bau, einer durch Grabung ermittelten kreuzförmigen Feldsteinbasilika mit drei Apsiden, der querrechteckige Westbau erhalten, in vier Geschossen abgestuft, mit abgetrepptem spitzbogigem Westportal und zwei Rundfenstern im zweiten Geschoß; im Inneren das Erdgeschoß in drei Jochen gewölbt (mittleres und nördliches Joch gotisch bzw. barock verändert). Noch im 13. Jh. wurde dieser Gründungsbau zu einer frühgotischen Hallenkirche umgewandelt.

Um 1380 Baubeginn des bestehenden Baues, einer spätgotischen Hallenkirche aus Backstein. Der wohl um 1400 vollendete Hallenumgangschor mit Randkapellen zwischen den Strebepfeilern ist das früheste Beispiel dieses Typs in der Mark, zweijochig mit 5/8-Schluß im Mittelschiff und neunseitigem Umgang sowie beidseitig Treppentürmen am westlichen Joch; im Inneren bis zur Kriegszerstörung Kreuzrippengewölbe auf Bündelpfeilern, über den Randkapellen ein Laufgang. Dem System des Chores, geringfügig abgewandelt, folgt auch das fünfjochige Langhaus, das aber erst in der 2. H. 15. Jh. fertiggestellt wurde (1487 noch nicht vollendet). Gleichzeitig mit den Arbeiten am Langhaus entstanden die Anbauten, die 1452 gestiftete Liebfrauenkapelle an der Südwestecke, in zwei Geschossen gewölbt und mit Staffelgiebeln abgeschlossen, sowie E. 15. Jh. die ebenfalls zweigeschossige Chornordkapelle für Sakristei und Bibliothek. Über dem vom Vorgängerbau beibehaltenen Westbau wurde ein asymmetrischer Turmaufbau mit achtseitigem Helm errichtet. – 1876/78 Restaurierung unter Hermann Blankenstein, dabei der Turm durch neugotischen Backsteinaufsatz mit zwei Helmspitzen verändert.

Linke Seite: Wohnhaus Poststraße 23 (Knoblauchsches Haus); Nikolaikirche mit Fleischerscharren, Gemälde von J. H. Hintze, 1827, Märkisches Museum

Rechte Seite: Nikolaikirche im Wiederaufbau, nach Aufsetzen der Turmhelme im August 1982

*Linke Seite:
Nikolaikirche,
Blick aus dem
südlichen Seitenschiff
nach Nordwesten,
Grabkapelle Männlich
und Grabkapelle Krauth.
Ältere Aufnahmen vor
den Kriegszerstörungen*

*Rechte Seite:
Wohn- und Geschäftshaus Burgstraße 8;
Ansicht der ehem. Börse
an der Burgstraße,
Lithographie
von Loeillot, um 1865*

Im zweiten Weltkrieg 1944 die Turmhelme zerstört, 1945 das Schiff ausgebrannt; Umfassungswände im wesentlichen erhalten, Gewölbe und die Schiffspfeiler der Nordseite eingestürzt. Der Wiederaufbau nach vorbereitenden Arbeiten 1982 mit der Rekonstruktion der beiden Turmhelme von 1876/78 eingeleitet, diese in leicht veränderter Form und unter Verzicht auf die Ecktürmchen.

Teile der Ausstattung, vorwiegend Tafelbilder aus spätgotischer bis barocker Zeit, in der Marienkirche, hier auch der spätromanische Prunkkelch. In die Randkapellen am Chor und an der Südseite des Langhauses Gruftkapellen eingebaut, hervorzuheben die für die Familien Kötteritzsch um 1610 (Untergeschoß der Liebfrauenkapelle), Distelmeier um 1590 (Südseite des Langhauses), Schindler um 1730 (Südseite des Chores), Pufendorf um 1695 (Nordseite des Chores) und Krauth um 1725 von Johann Georg Glume (Turm), die figürliche Ausstattung und die dekorativen Details größtenteils ausgelagert; das 1700 von Andreas Schlüter geschaffene Grabmal für den Hofgoldschmied Daniel Männlich z. Z. in den Staatlichen Museen. Zahlreiche Epitaphien, u. a. zwei von Hans Schenk genannt Scheußlich, und Grabdenkmäler ausgelagert.

WOHN- und GESCHÄFTSHAUS Poststraße 30. Um 1907 von Hart & Lesser erbaut. Die schmale viergeschossige Werksteinfassade von nur drei Achsen, das zweite und dritte Geschoß über Maskenkonsolen des rustizierten Erdgeschosses segmentbogig vorgerundet, darüber am vierten Geschoß Balkonnische.

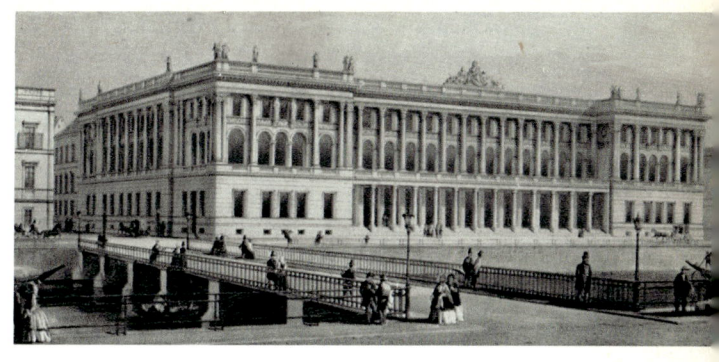

Burgstraße

Ursprünglich befanden sich hier in dem sumpfigen Gelände an der Spree nur Hintergebäude und Gärten. Die Uferstraße zwischen Mühlendammbrücke und der 1719 erbauten Großen Pomeranzenbrücke (Friedrichsbrücke) wurde erst um 1677 nach der Spreeregulierung im Zuge des Festungsbaues teilweise angelegt, um 1706 wurde sie mit Werkstücken verschalt; der Name wahrscheinlich aus ihrer Lage gegenüber dem Schloß abgeleitet. An dieser Straße befanden sich seit dem 18. Jh. einige wichtige Gebäude, so u. a. das von Schlüter erbaute Wartenbergsche Palais an der Ecke zur Königstraße (Rathausstraße), die Kriegsakademie (École militaire) gegenüber vom Schloß, das Hintergebäude des Joachimsthalschen Gymnasiums und das Palais des Bankiers Itzig, an dessen Stelle 1859/64 die Börse von Friedrich Hitzig erbaut wurde (heute befindet sich dort, weiter zurückgesetzt, der Spreeflügel des Palast-Hotels). Die Bebauung der Straße im zweiten Weltkrieg weitgehend zerstört.

WOHN- und GESCHÄFTSHAUS Burgstraße 8. 1895 von Carl Gause erbaut (»Kurfürstenhaus«). Die in rotem Sandstein verkleidete Fassade von vier Geschossen mit Dachgeschoß in reichen historischen Formen der deutschen Renaissance. Die Gebäudemitte vor den Obergeschossen betont durch breiten Risalit, asymmetrisch links durch polygonalen Treppenerker bereichert, rechts durch Bronzefigur unter Baldachin; Abschluß durch steilen, aufsatzbekrönten Giebel. Wimperg- bzw. lünettenartige Aufsätze auch über den Fenstern des Dachgeschosses. Reicher ornamentaler und figürlicher Reliefschmuck (u. a. Porträtmedaillon) besonders am Risalit und am Giebel. Im Inneren gewölbte Hofdurchfahrt. Die Treppe im ursprünglichen Zustand, mit schmiedeeisernem Geländer.

Klosterstraße mit Parochialkirche, Lithographie nach Zeichnung von Eduard Gaertner

Klosterstraße und benachbarte Straßen

Klosterstraße

Ursprünglich die letzte Straße nach Nordosten innerhalb des mittelalterlichen Mauerringes; wahrscheinlich im 13. Jh. exterritoriales und der Gewalt der Markgrafen unterstehendes Gebiet, die hier im »Hohen Haus« zeitweilig residierten. Auf dem an das Hohe Haus anschließenden Gelände wurde nach 1250 das bis unmittelbar an die Stadtmauer heranreichende Franziskanerkloster errichtet, das »Graue Kloster«, das nach der Säkularisation seit 1574 in ein Gymnasium umgewandelt wurde. Im 17. und 18. Jh. die Straße durch zahlreiche Bürgerhäuser und Palais ausgezeichnet, hier auch 1695/1703 die Parochialkirche erbaut. Veränderungen der Straßenbebauung seit dem späten 19. Jh., Errichtung des Stadthauses zwischen Klosterstraße und Jüdenstraße. Nach den Zerstörungen im zweiten Weltkrieg und der Neugestaltung des Berliner Stadtzentrums nur der südliche Teil zwischen Grunerstraße und Spree als Straßenzug erhalten.

Ehem. STADTHAUS (Ministerrat der DDR) Klosterstraße 47, zwischen dieser und der Jüdenstraße, seitlich begrenzt von Stralauer Straße und Parochialstraße. 1902/11 nach Entwurf von Ludwig Hoffmann erbaut als Verwaltungs- und Repräsentationszentrum des Berliner Magistrats zur Entlastung des Rathauses schon bald nach dessen Vollendung. Das Gebäude, für dessen Errichtung ein ganzes Stadtviertel abgerissen werden mußte, hatte »einmal die Büros der städtischen Verwaltungen, die im Rathaus keinen Platz haben, aufzunehmen; es sollte aber außerdem die Halle für große öffentliche Feiern enthalten, die der Stadt fehlt, und auch nach außen hin das Berlin von heute repräsentieren und also ausgesprochener monumentaler Prunkbau sein« (Stahl, Ludwig Hoffmann, 1914). Die Skulpturen, zumeist Bürgertugenden verkörpernd, von Josef Rauch, Ignatius Taschner, Wilhelm Widemann und Georg Wrba. – Im zweiten Weltkrieg beschädigt; 1960/61 wiederhergestellt und durch Attikageschoß und Walmdach anstelle des ursprünglichen Mansarddaches ergänzt.

Monumentalbau aus grauem Muschelkalkstein auf trapezförmigem, der Führung der genannten Straßen entsprechendem Grundriß, mit fünf Innenhöfen; über der Fassade zur Jüdenstraße annähernd 80 m hoher Kuppelturm. Alle vier Gebäudefronten von ähnlicher Gliederung, in den repräsentativen Formen eines Palladianischen Klassizismus: Die beiden unteren Geschosse bilden einen rustizierten Sockel, die beiden oberen sind

Ehem. Stadthaus (Haus des Ministerrates der DDR), Fassade zur Jüdenstraße und Mittelrisalit zur Stralauer Straße

durch eine unter den Fenstern des Hauptgeschosses umlaufende Balustrade abgesetzt und durch Kolossalpilaster bzw. Kolossalsäulen an den die Mitte betonenden Risaliten zusammengefaßt; die sparsame dekorative Fassadenplastik von Josef Rauch und Franz Naager, die Kartusche an der Ecke Stralauer Straße/Jüdenstraße von Georg Wrba. An den Fassaden zur Kloster- und Jüdenstraße die Seitenflügel durch kräftig vorspringende dreiachsige Risalite gekennzeichnet. Der fünfachsige Mittelrisalit der längeren (neunundzwanzig

Achsen) Hauptfront zur Klosterstraße mit Attikaabschluß, darauf Figuren von Ignatius Taschner (von ursprünglich sechs zwei erhalten). Der Mittelrisalit der kürzeren (neunzehn Achsen) Fassade zur Jüdenstraße ähnlich, jedoch mit Giebelabschluß. Dahinter leicht zurücktretend auf quadratischer Plattform mit Balustrade der gestufte Kuppelturm, der an Gontards Kuppeltürme der Deutschen und Französischen Kirche auf dem Platz der Akademie erinnert: Rundturm in zwei Stufen, jeweils von zwei Geschossen und durch Kolossalsäulen zusammengeschlossen, ursprünglich auch als Aussichtsturm gedacht. Der Skulpturenschmuck auf der Plattform, über dem unteren Säulenring des Turmes und auf der abschließenden Kuppel z. Z. nicht am Bau.

Im Inneren ist das repräsentative Zentrum und Kernstück des Gebäudekomplexes die Große Halle in dem mittleren Flügel, ein dreigeschossiger tonnengewölbter Saal mit Pilastergliederung von monumentaler Wirkung, seine Schmuckplastik von Georg Wrba.

Ehem. GESCHÄFTSHAUS (Einrichtungen des Magistrats) Klosterstraße 64. 1904/06 von Georg Lewy errichtet, mit zwei Höfen. Die viergeschossige sandsteinverkleidete Fassade von sechs Achsen in Formen des Jugendstiles. Die beiden Mittelachsen als Eingangsdoppelachse risalitartig hervorgehoben, mit reicher Jugendstilornamentik an den Brüstungszonen und besonders zwischen dem halbkreisförmigen Fenster des obersten Geschosses und der die Mitte betonenden geschwungenen Traufe des mit Gaupen versehenen Satteldaches. Von den beiden Portalen das linke mit reich ornamentierten eisernen Torflügeln aus der Erbauungszeit.

PAROCHIALKIRCHE Klosterstraße, Ecke Parochialstraße. Begonnen 1695 als Putzbau nach einem Entwurf von Johann Arnold Nering in Form einer Vierkonchenanlage (Konchen innen gerundet, außen polygonal gebrochen) mit straßenseitiger Vorhalle, eines der letzten und reifsten Werke des 1695 verstorbenen Architekten, von holländischen Vorbildern beeinflußt. Nach Nerings Tod Weiterführung durch Martin Grünberg, 1698 nach Einsturz des Gewölbes über dem mittleren Quadrat Vereinfachung des Planes, u. a. Verzicht auf den bekrönenden Zentralturm und Reduzierung des Hauptgesimses auf die Vorhalle. Fertigstellung bis 1703. Die Konchen sehr schlicht gehalten, die zweigeschossige, drei Achsen breite und eine Achse tiefe Vorhalle reich gegliedert durch Kolossalpilaster und kräftiges Hauptgesims mit Attika sowie säulenflankierten übergiebelten Portalrisalit. Der Turm darüber erst 1713/14 nach Entwurf von Jean de Bodt durch Philipp Gerlach ausgeführt: zwei Turmgeschosse von obeliskartigem Helm bekrönt (in der Nachfolge der Domentwürfe de Bodts); das obere, stark aufgebro-

Linke Seite:
Geschäftshaus
Klosterstraße 64

Rechte Seite:
Parochialkirche
in der
Klosterstraße,
Ansicht von
Südwesten (rechts)
und
Architekturmodell
des Turmes

chene Geschoß erhielt 1715 das Glockenspiel von Schlüters verunglücktem Münzturm. – Im zweiten Weltkrieg (1944) ausgebrannt, Helm und oberes Turmgewölbe eingestürzt. Im Inneren die Gewölbe in den Konchen erhalten. 1950/51 das Dach in seiner ursprünglichen Gestalt wieder aufgebracht, der Ausbau des Inneren und die Rekonstruktion des Turmes noch nicht erfolgt; das Obergeschoß der Vorhalle 1946 als Kapelle ausgebaut.
Von der einstigen Ausstattung erhalten: Architekturmodell des Parochialturmes, Holz, um 1713. Zwei Glocken, 1717 von Jan Albert de Grave in Amsterdam, vom ehem. Glockenspiel. Pastorenbilder in ununterbrochener Folge von 1703 an. In der Turmvorhalle sechs Epitaphien, 18. Jh. (z. Z. verkleidet). Unter der Kirche Grabgewölbe mit Sarkophagen des 18. Jh. (vermauert). – Von der ehem. Georgenkirche am Alexanderplatz mehrere Gemälde übernommen: Petrus nach der Verleugnung, um 1780 von Bernhard Rode (ehemals Altarblatt der Georgenkirche); Transfiguration nach Raffael, 2. H. 18. Jh.; Christus als Kinderfreund, um 1830 im Stil der Nazarener.
Zwei Kelche, Silber vergoldet, 18. Jh., der eine mit zwei Patenen. Altarkreuz 1. H. 19. Jh. Zwei gleiche

Kannen, Silber vergoldet, 18. Jh. Kanne, Zinn, 1805. Taufschüssel, Silber, 1862. Teller, Messing, 2. H. 18. Jh. Leuchter, Silber, 18. Jh.

Auf dem ehem. Friedhof bei der Parochialkirche an der östlichen Begrenzungsmauer zur Waisenstraße einige Grabkapellen des 19. Jh. sowie mehrere Epitaphien des 18. Jh., Sandstein. Zahlreiche gußeiserne Grabkreuze des 19. Jh.

Ehem. PODEWILS'SCHES PALAIS (heute »Haus der Jungen Talente«) Klosterstraße 68/70, Ecke Parochialstraße. Errichtet 1701/04 von Jean de Bodt für den Hofrat Rademacher auf Resten eines Massivbaues der 2. H. 16. Jh., seit 1732 Wohnsitz des Staatsministers v. Podewils, nach 1874 städtischer Besitz (1875/81 hier das neugegründete Märkische Museum untergebracht); im zweiten Weltkrieg schwer beschädigt, 1952/54 mit modernem Innenausbau wiederhergestellt und als Klubhaus eingerichtet. 1966 Brand und Wiederaufbau bis 1970. – Dreigeschossiger barocker Putzbau von neun Achsen unter abgewalmtem Mansarddach, gegliedert durch genutete Lisenen und einachsigen Mittelrisalit, dieser mit Rundbogenportal und Balkon darüber, an den Obergeschossen ionische Doppelpilaster zu seiten einer flachen Nische, abschließend ein bekrönender Dreiecksgiebel. An der doppelläufigen Freitreppe schmiedeeisernes Gitter mit Inschriftkartusche. – Zur Parochial- und Waisenstraße ein dreigeschossiger, dem Hauptgebäude angeglichener Seitenflügel und ein rückwärtiger Trakt aus der Zeit umfangreicher Erneuerungen in den Jahren 1881 und 1896.

Ehem. FRANZISKANERKIRCHE Klosterstraße. Das Kloster vor 1249 gegründet, seit 1574 Gymnasium zum Grauen Kloster. 1945 schwer beschädigt, die Kirche, deren Gewölbe eingestürzt sind, in den Umfassungswänden erhalten und als Ruine gesichert, die Reste der nördlich der Kirche gelegenen, vielfach veränderten Kloster- und Schulgebäude abgetragen.

Als Erstbau der Kirche ein gestreckter Rechtecksaal aus Feldstein vermutet (Reste davon angeblich in der Nordwand erhalten). Um oder kurz nach M. 13. Jh. Baubeginn der bestehenden Basilika aus Backstein, errichtet durch eine im 2. V. 13. Jh. am Brandenburger Dom (Bunte Kapelle) tätige Bauhütte; der E. 13. Jh. hinzugefügte Chorschluß aus sieben Seiten des Zehnecks unter dem Einfluß von Chorin. Dreischiffige kreuzrippengewölbte Basilika von vier Jochen mit einschiffigem zweijochigem Chor. Kreuzförmige und gebün-

Linke Seite: Ehem. Palais Podewils Klosterstraße 68/70; Ansicht der Klosterkirche, Zeichnung von Johann Stridbeck, 1690, Deutsche Staatsbibliothek Berlin

Rechte Seite: Ruine der Klosterkirche, Kämpfer-Kapitell, Inneres nach Westen, Ansicht des Äußeren von Südwesten und Südosten

Berlin 69

delte Arkadenpfeiler in diagonalem Wechsel, das Pflanzenornament an den Kämpfern aus gebranntem Ton sowohl spätromanisch-stilisiert als auch frühgotisch-naturalistisch; die weiten spitzbogigen Arkaden nach dem Vorbild des Magdeburger Domlanghauses. Die turmlose Westfassade 1844 am Mittelschiff mit zwei Flankentürmen und einem Giebeltürmchen versehen, die 1926 wieder beseitigt wurden; das spitzbogige Westportal mehrfach abgetreppt und von Blendnischen begleitet, der Giebel ehemals durch rautenförmiges Stabwerk belebt. – Der Schluß des Chores vom E. 13. Jh. mit dreigeteilten Wandnischen und schlanken Maßwerkfenstern (Maßwerk erneuert), hart an der ehem. Stadtmauer gelegen, ist aus sieben Seiten eines Zehnecks gebildet, so daß sein Durchmesser sich über die Fluchten der beiden Chorjoche erweitert.

Reste der einstmals reichen Ausstattung (Schnitzaltäre, Tafelbilder) in der Marienkirche (s. dort) und im Märkischen Museum, dort auch der Ritzgrabstein für Conrad von Beelitz † 1308. Einige barocke Sandsteinepitaphien an der nördlichen Seitenschiffswand erhalten.
Auf dem in eine Grünanlage umgewandelten Gelände des ehem. Klosters nördlich der Kirche zwei Säulenkapitelle vom Eosander-Portal (Portal III) des Berliner Stadtschlosses, zwischen 1706 und 1713.

Waisenstraße
Schmale Gasse ursprünglich unmittelbar an der mittelalterlichen Berliner Stadtmauer, benannt nach dem ehem. Waisenhaus, einem umfangreichen, 1697 begonnenen Gebäude zwischen Spree und Stralauer Straße etwa an der Stelle, wo das von Ludwig Hoffmann erbaute Verwaltungsgebäude steht (Littenstraße 109).
Von der mittelalterlichen STADTMAUER mehrere Teilstücke bis zu etwa 4 m Höhe erhalten, Feldstein und Backstein, wohl A. 14. Jh.
WOHNHÄUSER Waisenstraße 14/16 (Gaststätte »Zur letzten Instanz«). Rest einer ehemals geschlossenen Bebauung an der Innenseite der mittelalterlichen Stadtmauer, im Kern vielleicht noch spätmittelalterlich, überwiegend jedoch barock; nach 1960 von Grund auf erneuert. Dreigeschossige schlichte Traufenhäuser von drei, vier, zwei und sechs Achsen, durch unterschiedliche Geschoßhöhen und variierende Farbigkeit von lebhafter Wirkung. Die Fassade der historischen Gaststätte »Zur letzten Instanz« durch profilierte Fensterumrahmungen und Reliefmedaillons hervorgehoben; im zugehörigen Nebenhaus eine erneuerte Wendeltreppe mit schmiedeeisernem Rokokogeländer, ursprünglich in dem Haus Fischerstraße 29.

Linke Seite: Ruine der Klosterkirche, Westportal; Kapitell vom ehem. Stadtschloß nördlich der Klosterkirche; Stadtmauerrest an der Waisenstraße

Rechte Seite: Waisenhaus und Waisenbrücke, Kupferstich nach Zeichnung von Gerlach, frühes 18. Jh.; Gaststätte »Zur letzten Instanz« Waisenstraße

Littenstraße

Auf dem Terrain zwischen mittelalterlicher Befestigung und den Memhardtschen Festungswerken. Zunächst vornehmlich mit Gebäuden militärischen Charakters bebaut, so auch der 1701 erstmals errichteten, nach 1720 neu erbauten Garnisonkirche im nordwestlichen Teil (nach Zerstörung im zweiten Weltkrieg um 1960 abgebrochen, heute Sportplatz). Um 1746 nach Schleifung der Festungswerke als Neue Friedrichstraße angelegt und bebaut bis an den weiter bestehenden Festungsgraben (Königsgraben), der erst um 1880 verschwand beim Bau des S-Bahn-Viadukts, der im wesentlichen dem Verlauf des Grabens folgt. – Ursprünglich im Halbkreis von der Großen Pomeranzenbrücke (Friedrichsbrücke) bis zur ehem. Waisenbrücke verlaufend. Nach den Zerstörungen im zweiten Weltkrieg und den Veränderungen durch die Neubebauung heute außer dem Abschnitt von der ehem. Waisenbrücke bis zur Grunerstraße (Littenstraße) nur zwei kurze Teilbereiche erhalten (zur Burgstraße bzw. zur Rochstraße hinzugenommen).

GESCHÄFTSHAUS Littenstraße 2, Ecke Stralauer Straße. Um 1910 von Hiller und Kuhlmann erbaut, der fünfgeschossige Bau heute stark verändert. 1930/33 befand sich in dem Gebäude die Marxistische Arbeiterschule (MASCH); an der Ecke zur Stralauer Straße reliefierte Gedenktafel an die Tätigkeit Hermann Dunckers an dieser Schule.

GERICHTSGEBÄUDE (Oberstes Gericht der DDR und Stadtgericht Mitte) Littenstraße 16/17. Umfangreicher Baukomplex in Art der sog. Justizpaläste, ursprünglich Amtsgericht I (Littenstraße) und Landgericht I (Grunerstraße). Die beiden langgestreckten Flügel entlang der Littenstraße bzw. der S-Bahn nach Nordwesten bis an die Grunerstraße reichend, durch ursprünglich fünf Querflügel miteinander verbunden und mit elf Höfen. 1896/1904 erbaut; Vorentwurf 1894 von Paul Thoemer, Ausarbeitung des Entwurfs 1895 von Rudolf Mönnich, Ausführung durch Otto Schmalz, der wesentliche Veränderungen des zunächst in den üblichen Barockformen gehaltenen Entwurfs vornahm und auf den vor allem die beiden Haupttreppenhäuser und der Mitteltrakt des Flügels an der Littenstraße zurückgehen. Die zumeist nicht erhaltenen plastischen Arbeiten nach Modellen von Otto Richter. – Nach Schäden im zweiten Weltkrieg vereinfachte Wiederherstellung. 1968/69 bei Verbreiterung der Grunerstraße Abtragung des nordwestlichen Querflügels mit einem der beiden Treppenhäuser von Schmalz und den flankierenden Fassadentürmen, die jedoch bereits bei Beseitigung der Kriegsschäden nicht wieder hergestellt worden waren. Durch diese Verkürzung des Baukomplexes der große Treppenhaustrakt an der Littenstraße nicht mehr in der Mitte der Fassade.

*Linke Seite:
Gerichtsgebäude
Litten-
straße 16/17,
Hauptrisalit*

*Rechte Seite:
Gerichtsgebäude
Litten-
straße 16/17,
Treppenhaus*

der böhmischen Barockgotik angeregt, stellt das Treppenhaus in den geschwungenen, verfließenden Linien des Grundrisses wie auch des Aufrisses ein Musterbeispiel des Jugendstils dar, der sich auch in sämtlichen Details, den Metallgittern, Stukkaturen bis hin zu den Fußbodenplatten ausspricht. Die fünfachsige Außenfassade von ionischen Kolossalpilastern gegliedert, die in den drei mittleren Achsen vor den zurückgesetzten Fensterflächen sich frei entfalten und unter dem Dach-

Viergeschossiger Putzbau ursprünglich unter Mansarddach, die Dachaufbauten nach 1945 zumeist beseitigt. Das rustizierte Erdgeschoß sowie die rahmenden, gliedernden und schmückenden Teile in Werkstein. Die Hoffronten im Wechsel von rahmenden Klinkerflächen und Putzflächen mit Schablonenornamenten in Jugendstilformen. Das Haupttreppenhaus an der Littenstraße als selbständiges architektonisches Kernstück ausgebildet, repräsentativer Empfangsraum und zugleich gewaltige »Verkehrsschleuse«: Hohe überwölbte Halle auf schlanken profilierten Pfeilern über gestreckt-rundem Grundriß, zwischen den Pfeilern ausgespannt die emporenartigen Umgänge mit Balkonen, an den beiden Längsseiten die doppelläufigen Treppen. Wohl von

Linke Seite:
Gerichtsgebäude Littenstraße 16/17, Hauptportal, Ornamentfeld und Sitzbank

Rechte Seite:
Verwaltungsgebäude Littenstraße 109

ansatz durch Bögen verbunden sind; über der breiten Portalachse kurvig-geschwungener Jugendstilgiebel, der sich dahinter im Giebel des Haupttreppenhauses nochmals wiederholt, hier flankiert von bewegten turmartigen Aufbauten. In Jugendstilformen auch das große Doppelportal, heute stark vereinfacht und seines figürlichen und ornamentalen Schmuckes weitgehend beraubt, auch die symbolträchtigen metallenen Portalflügel nicht erhalten. Ähnlich, jedoch weniger aufwendig, die beiden Nebenportale der langgestreckten Fassade zur Littenstraße.

VERWALTUNGSGEBÄUDE (VEB Energiekombinat) Littenstraße 109, die Seitenflügel zum Rolandufer bzw. zur Stralauer Straße gewendet. Um 1911 von Ludwig Hoffmann erbaut. In Muschelkalkstein verkleideter viergeschossiger Bau unter Mansarddach mit Gaupen, in den klassizierenden Formen der Zeit. An der Hauptfront zur Littenstraße die Seitenflügel als zweiachsige Risalite in Erscheinung tretend, mit ionischen Kolossalpilastern, dazwischen der fünfachsige Mittelbau mit dem Haupteingang leicht zurückgesetzt und in den Obergeschossen durch ionische Kolossalsäulen betont. Über den Fenstern des als Sockelzone ausgebildeten Erdgeschosses plastische Köpfe, der übrige zurückhaltende Baudekor auf die Brüstungsfelder und das kräftige Hauptgesims beschränkt. Im Inneren aus der Bauzeit erhalten das Treppenhaus. – Das anschließende, bis zum Eingangsflügel an der Klosterstraße sich erstreckende, ebenfalls viergeschossige Verwaltungsgebäude des Magistrats 1937/39 erbaut.

Berlin

Kölln

Breite Straße
Vom Köllnischen Fischmarkt/Gertraudenstraße bis zum ehem. Schloßplatz (Marx-Engels-Platz) führender Straßenzug. Bis ins 14. Jh. wohl nur in der Nähe des Marktes bebaut, entwickelte sich die Straße nach Errichtung des Schlosses zur vornehmsten Straße der Residenz; ihre Grundstücke wurden im 16./17. Jh. als Burglehn an höhere Hofbeamte vergeben. Hier entstand seit dem 16. Jh. auch der kurfürstliche Marstall, der nach Brand 1666/70 neu erbaut wurde und um 1900 eine nochmalige grundlegende Veränderung erfuhr. Im 19. Jh. Umwandlung zur Geschäftsstraße besonders der westlichen Straßenseite (Warenhaus Rudolf Hertzog, das schließlich durch Aufkauf von Grundstücken fast das gesamte Karree bis zur Brüderstraße zwischen Scharrenstraße und Neumannsgasse einnahm). – Im zweiten Weltkrieg starke Kriegsschäden; im Zusammenhang mit der Errichtung des Staatsratsgebäudes am Marx-Engels-Platz Verbreiterung der Straße (dabei das erhaltene Ermeler-Haus abgetragen und am Märkischen Ufer wieder aufgebaut, s. S. 246) und Neubebauung der westlichen Straßenseite (Ministerium für Bauwesen und Bauakademie der DDR sowie Kanzleiflügel des Staatsratsgebäudes).

Linke Seite:
Ribbeck-Haus
Breite Straße 35

Rechte Seite:
Ribbeck-Haus
Breite Straße 35,
Portal;
Alter Marstall
Breite Straße 36/37,
Portal

RIBBECK-HAUS (u. a. Vorstand des BDA der DDR) Breite Straße 35. Der einzige erhaltene Spätrenaissancebau Berlins, 1624 für den kurfürstlichen Kammerrat Hans Georg v. Ribbeck aus zwei älteren Gebäuden entstanden, die zusammengelegt wurden und eine einheitliche Fassade erhielten. 1629/30 erneuter Umbau durch den Dresdner Architekten Balthasar Benzelt. Seit etwa 1660 nicht mehr als Wohnhaus genutzt, sondern in den benachbarten Marstall einbezogen. Im späten 18. Jh. wurde das Haus königliche Oberrechnungskammer, wofür 1803/04 das dritte Geschoß aufgesetzt wurde. Nach Beschädigung im zweiten Weltkrieg die Fassade 1964/65 restauriert unter Beseitigung der dekorativen Zutaten, die 1866 angebracht worden waren.

Stattlicher dreigeschossiger (ursprünglich zweigeschossiger) Putzbau mit vier Zwerchhäusern vor dem Satteldach. Die sandsteingerahmten Rechteckfenster zu Paaren geordnet, die des nachträglich A. 19. Jh. aufgesetzten dritten Geschosses etwas anders geordnet; die Erdgeschoßfenster mit schmiedeeisernen Gittern M. 17. Jh. Das kräftige Gesims über dem zweiten Geschoß gibt die ursprüngliche Höhe des Gebäudes an. Die vier gleichmäßig über die Fläche verteilten Zwerchgiebel jeweils mit zwei Fenstern, von bewegtem Umriß mit horizontalen Gesimsen und Beschlagwerkschmuck, bei der auf Wunsch des Königs erfolgten Wiederverwendung nach Aufsetzen des dritten Geschosses in den Details verändert. Das 1624 datierte und mit Inschrift versehene rundbogige Portal, 1960 durch Kopie ersetzt, mit schöner Knorpelwerkeinfassung, im Giebel darüber die von Engeln flankierten Wappen v. Ribbecks und Frau. Das Innere besonders im 19. Jh. verändert, in einigen Räumen des Erdgeschosses Kreuzgratgewölbe erhalten.

ALTER MARSTALL Breite Straße 36/37. Erhalten das Hauptgebäude des 1666, nach Brand der Vorgängerbauten, von Michael Matthias Smids begonnenen und

1670 vollendeten Marstalls, ursprünglich – unter Hinzunahme des benachbarten Ribbeck-Hauses – mit zwei Binnenhöfen und zur Spree hin mit einem langgestreckten dreigeschossigen Stalltrakt, damit annähernd bereits von der Ausdehnung des von v. Ihne erbauten neubarocken Nachfolgebaues des Neuen Marstalls. – Das Gebäude Breite Straße 36/37 der einzige erhaltene frühbarocke Bau Berlins. Dreigeschossiger Putzbau mit zart gerahmten Zwillingsfenstern, die Mitte der Fassade durch dreiachsigen Risalit mit rustizierten Eckeinfassungen hervorgehoben, das ähnlich rustizierte Rundbogenportal in Aedikularahmung mit Löwenkopfkonsolen. Der den Risalit abschließende Dreiecksgiebel ursprünglich mit hölzernem Giebelfeld mit plastischen Pferdegruppen. Bei der Instandsetzung nach starken Kriegsschäden die um 1866 angebrachten schmuckreichen Fassadenzutaten entfernt. Im Inneren einige kreuzgratgewölbte Räume; im Vestibül frühbarocke Tür, die Archivolte durch Fruchtgirlande geschmückt.

NEUER MARSTALL Unter Einbeziehung des Alten Marstallgebäudes Breite Straße 36/37 und anstelle einer zum ehem. Schloßplatz (heute Marx-Engels-Platz) gewendeten Häuserzeile größtenteils auf dem Gelände des Alten Marstalls 1898/1900 von Ernst v. Ihne errichtet; der bildnerische Schmuck von Otto Lessing zumeist nicht erhalten. In die Breite Straße nur die dreiachsige Seitenfront des zum Marx-Engels-Platz gewendeten Haupteingangsflügels eingebunden. – Die viergeschossigen sandsteinverkleideten Fassaden in strengen Formen des Barock, z. T. inspiriert durch Marstallentwürfe von Jean de Bodt aus der Zeit um 1700. Die beiden unteren Geschosse rustiziert, die beiden oberen durch Kolossalpilaster zusammengeschlossen; Abschluß durch Balustradenattika. Die Hauptfassade zum Marx-Engels-Platz mit einachsigen Seitenrisaliten und breitem dreiachsigem Mittelrisalit, dieser mit jeweils vier Kolossalsäulenpaaren am rustizierten Unterbau wie auch am Oberbau, der ursprüngliche Dreiecksgiebel mit Relieffeld bei der Wiederherstellung nach dem zweiten Weltkrieg durch Attika ersetzt. Auch der übrige plastische Schmuck, Attikafigurengruppen und zwei Wandbrunnen in den Seitenrisaliten, nicht erhalten. Die langgestreckte Spreefront ebenfalls durch mittleren Säulenrisalit betont, hier der abschließende Giebel mit dem Relieffeld und die seitlichen

Rossebändigergruppen auf der Attika erhalten. – Am Eingangsflügel Gedenktafel an die Kämpfe der Volksmarinedivision, die hier während der Novemberrevolution ihr Hauptquartier hatte.

Der ausgedehnte Gebäudekomplex mit mehreren Höfen beherbergt seit 1920 teilweise und heute mit Ausnahme des Eingangsflügels ausschließlich die 1901 gegründete Berliner Stadtbibliothek. (Unternehmungen für einen eigenen Bibliotheksbau, von Ludwig Hoffmann auf der Halbinsel an der Inselbrücke geplant, später, Ende der zwanziger Jahre, von Poelzig sowie Ermisch und Wagner als die Volksbühne am Rosa-Luxemburg-Platz flankierende Bauten beabsichtigt, kamen nicht zur Ausführung.) 1964/66 wurde für die Stadtbibliothek auf dem ehemals von der Ritterakademie eingenommenen Grundstück Breite Straße 32/34 ein moderner Neubau nach Entwurf von Heinz Mehlan errichtet, mit Ausstellungsfoyer und Vortragssaal sowie, im Hof anstelle des ehem. Tattersalls, einem großzügigen eingeschossigen Trakt mit den Benutzerräumen, durch moderne technische Einrichtungen mit den Magazinen im Spreeflügel des Neuen Marstalls verbunden. Die ganz in Glas aufgelöste, auf das benachbarte Ribbeck-Haus abgestimmte Fassade enthält als besonderen Schmuck ein Portal mit 117 Varianten des Buchstabens »A« auf Stahlplatten, entworfen und ausgeführt von Fritz Kühn (Abb. S. 80).

Nach Süden an den Neubau der Berliner Stadtbibliothek anschließend das GEBÄUDE (Stadtarchiv und Staatliche Versicherung der DDR) Breite Straße 30/31. 1896/1901 erbaut, die viergeschossige werksteinverkleidete Fassade von neun Achsen in den unteren Geschossen rustiziert, die beiden oberen Geschosse in der dreiachsigen Mitte durch Kolossalpilaster verbunden. Der Dekor in barockisierenden Formen, reicher gestaltet das rundbogige säulenflankierte Mittelportal mit Balkon und Fenster darüber.

Linke Seite: Neuer Marstall Breite Straße/Marx-Engels-Platz, Hauptfassade zum Marx-Engels-Platz

Rechte Seite: Neuer Marstall Breite Straße/Marx-Engels-Platz, Mittelrisalit des Spreeflügels

*Berliner
Stadtbibliothek
Breite
Straße 32/34,
Hauptportal*

80 Stadtbezirk Mitte

Brüderstraße

Parallel zur Breiten Straße, ursprünglich zwischen der Petrikirche, der Pfarrkirche Köllns, und der am nördlichen Rande der Stadt seit E. 13. Jh. bestehenden Dominikanerkirche. Die Grundstücke im nördlichen Teil ursprünglich zumeist in kirchlichem Besitz, nach der Säkularisierung vielfach Hofbeamten zu Lehen gegeben. Bis zur Anlage der Friedrichsgracht im späten 17. Jh. reichten die Grundstücke der westlichen Straßenseite bis an die Stadtmauer. Von der barocken Bebauung die Häuser Nr. 10 und 13 (Nicolai-Haus) erhalten. E. 19. Jh. nahm die Straße durch das Warenhaus Rudolf Hertzog immer mehr den Charakter einer Geschäftsstraße an. – Im zweiten Weltkrieg große Teile der Bausubstanz zerstört. Der nördliche Teil der Straße wurde 1962/64 mit dem Staatsratsgebäude überbaut, so daß heute die Straße nur noch bis Sperlingsgasse/Neumannsgasse reicht.

WOHNHAUS Brüderstraße 10. Um 1688 wohl für den Kammerrat v. Happe erbaut, seit 1737 Propstei der Petrikirche. Die Fassade 1805 klassizistisch verändert. Dreigeschossiger Putzbau von fünf Achsen, in der risalitartig betonten Mittelachse rundbogiges Durchfahrtsportal und darüber ein von ionischen Pilastern ge-

Brüderstraße mit Petrikirche, Kupferstich nach Zeichnung von F. Catel, 1808; Wohnhaus Brüderstraße 10, Fassade und Detail der Stuckdecke

Kölln

rahmtes übergiebeltes Fenster, die Öffnungen seitlich davon mit waagerechten Verdachungen und Rosettenleisten. Am dritten Geschoß unter dem abschließenden Konsolgesims ein breiter Spiralrankenfries. Aus der Zeit vor 1700 der Schlußsteinkopf und das schmiedeeiserne Oberlichtgitter der Durchfahrtsöffnung sowie die Gitter der Erdgeschoßfenster. Im Inneren, ebenfalls kurz vor oder um 1700, in einem Erdgeschoßraum Tonnengewölbe mit Stichkappen, üppig stuckiert mit Rollwerkkartuschen, vegetabilem Schmuck und Figuren, eine der wenigen erhaltenen Stuckdecken dieser Art in Berlin. Gleichzeitig auch das sehr stattliche Treppenhaus, um quadratischen Kern geführt, die Brüstung mit kantigen hölzernen Balustern.

NICOLAI-HAUS (Institut für Denkmalpflege und Zentrum für Kunstausstellungen) Brüderstraße 13. Kulturhistorisch bedeutendes barockes Bürgerhaus, 1787 erworben von dem Schriftsteller und Verleger Friedrich Nicolai (1733–1811); unter Nicolai und seinem Schwiegersohn Parthey, der 1825 die Nicolaische Buchhandlung übernahm, wurde das Haus zu einem Mittelpunkt des geistigen Lebens in Berlin (über dem Erdgeschoß fünf bronzene Gedenktafeln für Friedrich Nicolai und zeitweilige Gäste des Hauses, u. a. Theodor Körner). – Errichtet auf zwei mittelalterlichen Grundstücken um 1670 unter Verwendung alter Bausubstanz, davon wohl Teile der gewölbten Keller erhalten. 1709/10 erhielt das Haus seine heutige Gestalt, auch entstanden wohl jetzt der linke Seitenflügel und das Quergebäude (ursprünglich mit einem Saal). Ein nochmaliger Umbau u. a. mit Errichtung des rechten Seitenflügels und der Neugestaltung der Fassade erfolgte nach 1787 durch den Maurermeister und späteren Direktor der Berliner Singakademie Karl Friedrich Zelter. Dreigeschossiger Putzbau von sieben Achsen, die mittlere und die äußeren risalitartig von genuteten Lisenen betont; Konsolgesims und Mansarddach mit Dachgaupen. Im Inneren seitlich der Durchfahrt (die Torflügel ebenfalls aus der Zeit des Zelterschen Umbaues) die mehrarmige Treppe mit reich geschnitztem eichenem Geländer um 1710 (Abb. S. 84). Der durch Galerien an zwei Seiten malerisch belebte und begrünte Hof einer der wenigen erhaltenen barocken Innenhöfe Berlins.

Das Haus im zweiten Weltkrieg beschädigt, der zerstörte linke Seitenflügel nach 1950 wiederaufgebaut. Im Quergebäude seit 1977 Rekonstruktion einer zweiarmigen klassizistischen Treppe aus dem 1935 ab-

Linke Seite: Nicolai-Haus Brüderstraße 13

Rechte Seite: Wohnhaus Brüderstraße 10, Treppenhaus

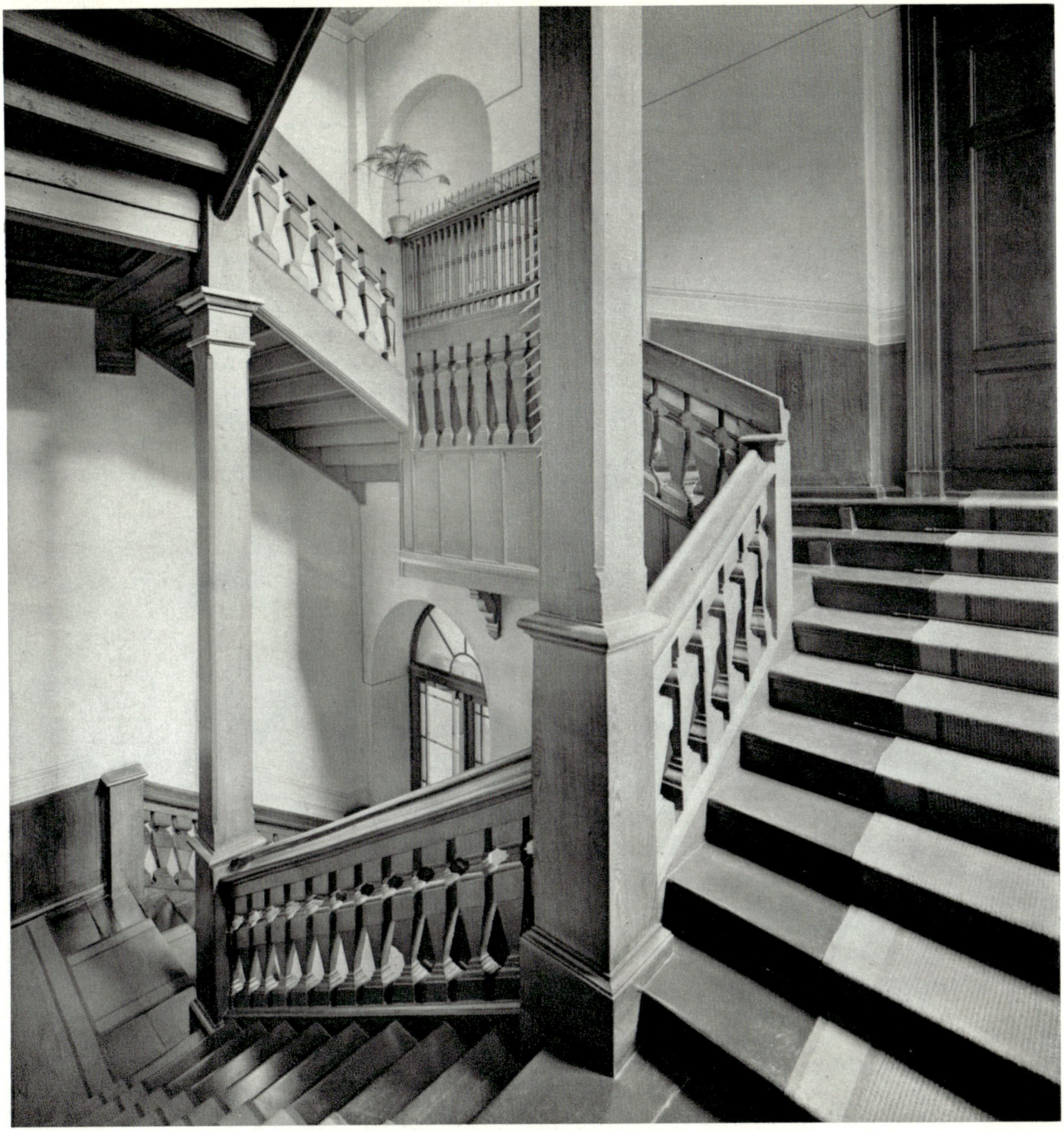

Zwischen beiden Häusern das GEBÄUDE der Staatlichen Versicherung der DDR, Brüderstraße 11/12, um 1905 von Reimer & Körte erbaut. Die siebenachsige werksteinverkleidete Fassade in vier Geschossen die Nachbarbauten überragend, der Dekor barockisierend mit Anklängen an den Jugendstil, die mittleren Achsen über dem obersten Geschoß durch geschwungenen reliefierten Giebel betont.

KAUFHAUS (Jugendmode) Brüderstraße 26, Ecke Scharrenstraße. Um 1910 für den Warenhauskomplex Rudolf Hertzog erbaut, der um und nach 1900 fast das gesamte Karree zwischen Brüderstraße und Breiter Straße sowie Scharrenstraße und Neumannsgasse ausfüllte. Viergeschossiger Putzbau in barockisierenden Formen, vereinfacht wiederhergestellt. Die dreiachsige Eingangsfront an der Scharrenstraße in den Obergeschossen durch teilweise gekoppelte Kolossalpilaster zusammengefaßt und in der breiten, unter dem Haupt-getragenen Weydinger-Haus in der Unterwasserstraße, die zunächst im Ermeler-Haus in der Breiten Straße eingebaut worden war, nach dessen Abriß und Versetzung an das Märkische Ufer um 1968 dort aber nicht wieder verwendet wurde. Um 1830, das feingliedrige Bronzegeländer nach Motiven Schinkels. Zugehörig im Treppenhaus zwei qualitätvolle Stuckreliefs, Raub der Persephone durch Hades sowie Endymion und Selene, vermutlich von Christian Friedrich Tieck, sowie das große Fenster mit farbiger Ornamentverglasung, ebenfalls um 1830.

gesims rundbogig geschlossenen Mittelachse durch Giebel betont. In gleicher Anlage und Gliederung auch die langgestreckte Front zur Brüderstraße.

Friedrichsgracht

Nach Regulierung des westlichen Spreearmes und nach Beseitigung der mittelalterlichen Stadtmauer zwischen 1670/81 angelegt, entlang des Spreearmes in einem Halbkreis von der Inselbrücke bis zur Sperlingsgasse verlaufend. – Im zweiten Weltkrieg die Bebauung zwischen Sperlingsgasse und Roßstraßenbrücke fast völlig zerstört, darunter u. a. das Haus Friedrichsgracht 58 mit wertvollen Innenräumen des 18. Jh. Die weitge-

Linke Seite: Nicolai-Haus Brüderstraße 13, rekonstruiertes Treppenhaus aus dem ehem. Weydinger-Haus im Querflügel und Treppenhaus im Vordergebäude

Rechte Seite: Versicherungsgebäude Brüderstraße 11/12; Gebäudegruppe an der Friedrichsgracht zwischen Scharrenstraße und Gertraudenstraße

hend erhaltene gebliebene Bebauung zwischen Roßstraßenbrücke und Inselbrücke nach 1965 im Zuge der Neubebauung der Fischerinsel abgetragen (das Haus Friedrichsgracht 15 von etwa 1740 am gegenüberliegenden Märkischen Ufer rekonstruiert, s. S. 248).

Als einziger Rest älterer BEBAUUNG der kurze Abschnitt zwischen Scharrenstraße und Gertraudenstraße erhalten, ein bis zur Kleinen Gertraudenstraße sich erstreckender Baublock von Wohn- und Geschäftshäusern des späten 19. Jh., 1975/76 wiederhergestellt und neu erschlossen (u. a. Alt-Köllner Schankstuben). Das zu diesem Block gehörende Geschäftshaus Gertraudenstraße 10/12, 1898 von Max Jacob und Georg Roensch erbaut, ist ein sandsteinverkleideter historischer Bau in gotischen Formen, stark vertikal gegliedert, die abgeschrägte Ecke zur Gertraudenbrücke von übergiebelten Risaliten gerahmt. Der reiche gotisierende Dekor vorwiegend auf die Dachzone konzentriert.

Marx-Engels-Platz
In seiner heutigen Gestalt nach dem 1950/51 erfolgten Abriß des 1944/45 schwer beschädigten Stadtschlosses aus historisch unterschiedlichen Teilen bestehend:
Der südliche Teil, einstmals zwischen Schloß und der Bebauung zwischen den hier endenden Straßenzügen der Breiten Straße und der Brüderstraße, war der Schloßplatz, auf dem bis 1747 die ehem. Dominikanerkirche stand, die seit 1536 als Dom- und Hofkirche gedient hatte. Seine westliche Begrenzung (heute teilweise vom Staatsratsgebäude eingenommen) bildete die Stechbahn, die im 16. Jh. für Turnierspiele angelegt worden war; die dreigeschossige Häuserreihe nach Entwurf von Jean de Bodt um 1704, mit Bogenlauben im Erdgeschoß und vielleicht Teil einer einheitlichen Bebauung auch der Südseite, wurde zwischen 1864 und 1888 abgetragen. Der Abschnitt zwischen Breiter Straße und Spree wurde kurz vor 1900 anstelle von Wohnhäusern mit dem Eingangsgebäude des Neuen Marstalls bebaut. Auf dem Schloßplatz, vor der südlichen Schloßfassade in der Achse der Breiten Straße, fand 1891 der Neptunbrunnen von Reinhold Begas Aufstellung (heute auf dem Freigelände zwischen Rathausstraße und Karl-Liebknecht-Straße, s. S. 37).
Die Mitte des Marx-Engels-Platzes nahm früher zu großen Teilen das Berliner Stadtschloß ein: Der 1950/51 nach schweren Kriegsschäden abgetragene Bau bildete ein Rechteck mit zwei großen Höfen. Hervorgegangen aus einer 1443/51 angelegten Burg und einem seit 1538 durch Caspar Theiß errichteten repräsentativen Renaissanceschloß, bekam die Anlage ihre endgültige Gestalt seit dem ausgehenden 17. Jh. durch Andreas Schlüter, dessen Nachfolger Johann Friedrich Eosander v. Göthe, die Planung Schlüters um das Doppelte erweiternd, den Bau von 1706 bis 1713 weiter-

führte und weitgehend zum Abschluß brachte; Eosander v. Göthe hatte die Bauleitung nach dem Einsturz von Schlüters grandiosem Münzturm übernommen, einem Turm von fast 100 m Höhe nahe der Hundebrücke, der mit dem Schloß durch eine Galerie verbunden werden sollte. Die langgestreckten Fronten zum Schloßplatz wie zum Lustgarten mit jeweils zwei Portalrisaliten (der nordwestliche Lustgartenrisalit am Staatsratsgebäude wiederverwendet), die Westfassade mit dem sog. Eosander-Portal, einer Nachbildung des Severus-Bogens in Rom, die Schloßkapelle darüber als mächtiger achteckiger Kuppeltambour 1845/46 von Friedrich August Stüler. Dort, wo die östlichen Teile des Schlosses gestanden hatten, wurde 1973/76 der Palast der Republik errichtet. – Vor dem Westflügel des Schlosses, dicht am Spreearm, verlief ehemals die Schloßfreiheit, deren Bebauung 1897 durch das Denkmal Kaiser Wilhelms I. von Reinhold Begas ersetzt wurde (die von August Gaul geschaffenen Löwen heute im Tierpark Friedrichsfelde vor dem Brehm-Haus aufgestellt).

Der nördliche Teil des Marx-Engels-Platzes, mit Dom und nach Norden begrenzendem Altem Museum, war 1645 durch Kurfürst Friedrich Wilhelm als Lustgarten angelegt worden. Im frühen 18. Jh. unter König Friedrich Wilhelm I. zeitweilig Umwandlung zu einem Exerzierplatz. Unter Friedrich II. wurde um M. 18. Jh. der Dom in den Lustgarten verlegt. Nördlich des Domes stand ein um M. 17. Jh. von Memhardt errichtetes Lusthaus, dessen Saal seit 1738 der Berliner Kaufmannschaft als Börse diente und 1801 05 durch einen Neubau von H. Becherer ersetzt wurde (1864 die Börse an die Burgstraße verlegt). Zwischen Dom und Börse standen seit Mitte der vierziger Jahre des 19. Jh. die ausgeführten Teile des Camposanto-Projekts Friedrich Wilhelms IV., die zusammen mit Dom wie auch Börse 1893 für den Domneubau abgerissen wurden. 1832, nach Errichtung des Alten Museums und Aufstellung der Granitschale, erfolgte eine Neugestaltung des Lustgartens durch Peter Joseph Lenné. Nach eingreifenden Veränderungen E. 19. Jh. 1935 Pflasterung des Lustgartens und Versetzung der Granitschale nördlich des Domes, 1981 Rekonstruktion mit Wiederaufstellung der Granitschale am ursprünglichen Standort eingeleitet.

Linke Seite: Wohn- und Geschäftshaus Gertraudenstraße 10/12, im Vordergrund die Gertraudenbrücke

Rechte Seite: Ehem. Stadtschloß, Rekonstruktion des Renaissancebaues von Geyer, nach einer Zeichnung von Johann Stridbeck von 1690, und Ansicht des von Schlüter geplanten Baues, Kupferstich von Pieter Schenk, A. 18. Jh.

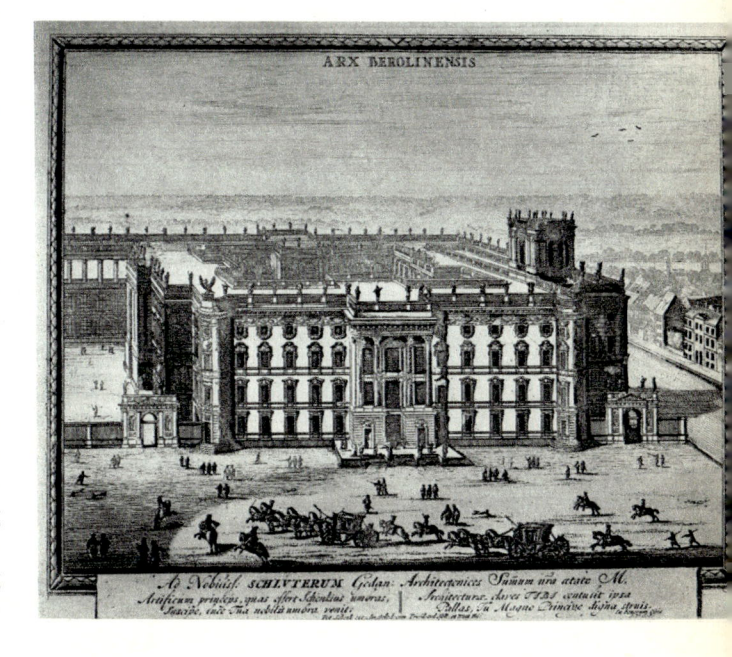

*Linke Seite:
Staatsrats-
gebäude
Marx-Engels-
Platz,
Portalrisalit
vom ehem.
Stadtschloß*

*Rechte Seite:
Staatsrats-
gebäude
Marx-Engels-
Platz,
Gesamtansicht*

88   Stadtbezirk Mitte

Der Marx-Engels-Platz findet nach Westen seine Begrenzung durch die jenseits des Spreearmes stehenden Gebäude des Ministeriums für Auswärtige Angelegenheiten und des ehem. Zeughauses.

STAATSRATSGEBÄUDE Marx-Engels-Platz. Zwischen Breiter Straße und Spreekanal an städtebaulich exponierter Stelle den Marx-Engels-Platz nach Süden begrenzend; ursprünglich mündete hier die Brüderstraße. 1962/64 von den Kollektiven Roland Korn und H. Bogatzky als dreigeschossiger Stahlskelettbau mit Natursteinverkleidung erbaut. In die Fassade unsymmetrisch, der inneren Einteilung entsprechend (östlich sieben, westlich drei Achsen), das ehemals zum Lustgarten gewendete Portal IV des Berliner Stadtschlosses eingefügt, zwischen 1706 und 1713 von Johann Friedrich Eosander v. Göthe als Wiederholung des 1698/1706 entstandenen Portals V von Andreas Schlüter. Von dem Balkon des Portals hatte Karl Liebknecht am 9. November 1918 die sozialistische Republik ausgerufen. Dreiachsiger Portalrisalit von drei Geschossen und Mezzanin, geschoßweise von Pilastergliederung eingefaßt. Vor der Hauptetage Balkon von Atlantenhermen getragen, diese von Balthasar Permoser aus Dresden zwischen 1706 und 1708 geschaffen, Teil eines Jahreszeitenprogramms mit Herbst und Winter. Darüber, das rundbogige Balkonfenster bekrönend, Wappenkartusche, gerahmt von Genien. Abschluß durch Attika. Die Plattenverkleidung erneuert, die plastischen Teile dagegen sämtlich die restaurierten Originale.

Ehem. MARSTALL Marx-Engels-Platz siehe Breite Straße, S. 78.

PALAST DER REPUBLIK 1973/76 erbaut auf dem östlichen Terrain des ehem. Stadtschlosses; Planung durch die Aufbauleitung Sondervorhaben Berlin unter der Direktion von Ehrhard Gißke. Repräsentativer, den Marx-Engels-Platz nach Osten begrenzender Rechteckbau in Stahlskelettkonstruktion auf Grundfläche von 85 × 180 m und von rund 32 m Höhe, mit weißem Marmor verkleidet, die Fronten besonders zum Marx-Engels-Platz wie auch zur Spree mit vorgehängter getönter Spiegelglasverkleidung. Im Inneren Sitzungssaal der Volkskammer der DDR (im nördlichen Teil) und Kongreßsaal mit 5000 Plätzen (im südlichen Teil), dazwischen weitläufige Foyers. – Umfangreiche, für den Palast der Republik in Auftrag gegebene Kunstsammlungen, u. a. in zwei Etagen der Foyers Werke der Malerei von Künstlern der DDR.

DOM Am ehem. Lustgarten (heute Teil des Marx-Engels-Platzes); ehemals Hof- und Grabkirche der Hohenzollern. Als erster Dom die Kirche des 1297 gegründeten Dominikanerklosters genutzt, eine dreischiffige Hallenkirche, die 1536 mit dem seit 1469 an der Erasmuskapelle des Schlosses bestehenden Stift vereinigt wurde; dieser erste Dom stand unmittelbar südlich des Schlosses zwischen Brüderstraße und Breiter Straße. 1747 Abbruch der mittelalterlichen Kirche und Bau eines Domes im nördlich des Schlosses gelegenen Lustgarten; die neue Domkirche, ein querorientierter Saal mit mittlerer Kuppel, wurde 1747/50 nach Plänen von Georg Wenzeslaus v. Knobelsdorff durch Jan Boumann d. Ä. errichtet. 1817/22 erfolgte eine klassizistische Umgestaltung nach Entwürfen von Karl Friedrich Schinkel. Gleichzeitig aber setzten auch, angeregt durch den späteren König Friedrich Wilhelm IV., erste Planungen für einen Domneubau ein, die in der Folgezeit über mehr als ein halbes Jahrhundert zahlreiche Architekten und Künstler beschäftigten, allen voran Schinkel und später, um M. 19. Jh., Friedrich August Stüler. Die Entwürfe bewegten sich von Anfang an zwischen Kuppelbau und Basilika; Stülers Entwurf einer fünfschiffigen altchristlichen Basilika mit Camposanto als Grablege für die Hohenzollern führte seit 1845 zu Fundamentierungsarbeiten, die nach der Märzrevolution 1848 jedoch wieder eingestellt wurden, und Peter v. Cornelius, seit 1841 in Berlin, arbeitete an Freskenentwürfen für diesen Bau. Erst nach Gründung des Kaiserreiches und dem sich daraus ergebenden Anspruch auf eine Staats- und Hofkirche, die gleichzeitig nach dem Willen der Hohenzollern Hauptkirche des Protestantismus sein sollte, kam das Vorhaben eines Domneubaues zum Ende des Jahrhunderts zur Reali-

Linke Seite: Palast der Republik Marx-Engels-Platz, Fassade zum Marx-Engels-Platz

Rechte Seite: Alter Dom, Außenansicht des von Schinkel umgestalteten Baues, im Hintergrund Teil der Lustgartenfront des Stadtschlosses, Lithographie nach 1850, und Inneres nach der Umgestaltung von Schinkel, Lithographie nach Eduard Gaertner, um 1830

Kölln 91

sierung: Von 1894 bis 1905 entstand, nach Abriß des von Schinkel umgestalteten barocken Domes 1893, ein den gesteigerten Ansprüchen entsprechender historistischer Kuppelbau nach Entwürfen von Julius Carl Raschdorff und dessen Sohn Otto Raschdorff. – Schwere Kriegsschäden 1944 und 1945; zur Wiederherstellung s. den Abschnitt nach der Baubeschreibung.

Überdimensionaler Zentralbau in Formen des römischen Barock, kirchliches Hauptwerk der spätgründerzeitlichen Architektur in Deutschland. Die Anlage mehrgliedrig: Das Zentrum der beherrschende, von vier Türmen umgebene Kuppelbau der Fest- und Predigtkirche, mit einer nach Osten zur Spree gewendeten, von den Osttürmen flankierten Apsis und einer nach Westen zum Lustgarten geöffneten, von den höheren Westtürmen eingefaßten Vorhalle, in deren Mitte triumphbogenartige Portalnische mit abschließender Attika. In der Querachse nördlich anschließend die Denkmalskirche, nach Norden halbrund geschlossen und mit Kapellenkranz (1975/76 abgetragen), gegenüber auf der Südseite die saalartige Tauf- und Traukirche; an der Südwestecke die altanartig überdachte »kaiserliche Anfahrt« (ebenfalls abgetragen). Die weitläufigen gewölbten Räume unter der Predigtkirche und ursprünglich auch unter der Denkmalskirche als Grüfte genutzt.

Am figürlichen Dekor des Außenbaues die bekanntesten Künstler der wilhelminischen Zeit beteiligt. Der Skulpturen- und Reliefschmuck (Christus und die Evangelisten, Heilige des Alten und Neuen Bundes, Reformatoren sowie am Fuße der Hauptkuppel Engelsfiguren) u. a. von Johannes Goetz, Gerhard Janensch, Fritz Schaper, Walter Schott, Wilhelm Widemann (kupfergetriebene Figuren) sowie Thomas und Adolf Brütt, Alexander Calandrelli, Ernst Herter, Ludwig Manzel (Sandsteinplastiken). Die Mosaiken am Hauptportal nach 1915/16 entstandenen Entwürfen von Arthur Kampf. Die drei Bronzetüren mit szenischen Reliefs zum Leben Jesu von Otto Lessing.

Das Innere der Predigtkirche ein Kuppelraum über unregelmäßigem Oktogon mit kolossaler Säulenordnung,

Linke Seite:
Entwurf
für den Neubau
eines Domes
von Stüler
(Basilikaentwurf),
Aquarell 1845 von
Eduard Gaertner;
Dom,
Gesamtansicht
von Südwesten,
nach einer
Archivaufnahme

Rechte Seite:
Dom,
Gesamtansicht
von Südwesten
nach Beseitigung
der Kriegs-
zerstörungen,
Aufnahme
Sommer 1982

Kölln

in den Hauptachsen Kreuzarme, der östliche Arm als Chorraum halbkreisförmig geschlossen, in dem westlichen die ehem. kaiserliche Empore mit eigenem Treppenhaus in der Südwestecke; in den Diagonalen apsidiale Erweiterungen mit Emporeneinbauten. Reiche Ausgestaltung unter Raschdorffs und v. Werners Leitung: In der Kuppel und auf den Gewölben Mosaiken und Malereien mit Darstellung der Seligpreisungen, der Evangelisten und des verklärten Christus von Anton v. Werner und Woldemar Friedrich; über den acht Hauptpfeilern überlebensgroße Standbilder von Reformatoren und um die Reformation verdienten Fürsten von Max Baumbach, Carl Begas, Alexander Calandrelli, Gerhard Janensch, Harro Magnussen, Fried-

Linke Seite: Dom, Hauptportal an der Lustgartenfront und Ansicht des Chores an der Spreeseite

Rechte Seite: Dom, Inneres der Predigtkirche mit Blick zur Orgel an der Nordseite, nach einer Archivaufnahme

Kölln 95

Linke Seite:
Dom,
ehem. kaiserliches
Treppenhaus,
nach einer
Archivaufnahme

Rechte Seite:
Dom,
Architekturmodell
eines Zentralbaues
nach Entwurf
von Stüler

rich Pfannschmidt und Walter Schott; auf den Zwickeln Reliefs mit Szenen der Apostelgeschichte von Otto Lessing. Glasgemälde im Chor von Anton v. Werner, in sog. Luce-floreo-Technik ausgeführt von Richard Sander in Wuppertal (nicht erhalten). Fresken im ehem. kaiserlichen Treppenhaus von Albert Hertel. – Die Tauf- und Traukirche im Inneren ein neubarocker tonnengewölbter Saal von drei Achsen, mit Orgel- und Sängerempore an der Südseite.

Die schweren Schäden von 1944/45 durch Wiederherstellung zunächst des Äußeren 1975/81 behoben; dabei 1975/76 Abtragung der Denkmalskirche mit zugehöriger Gruft an der Nordseite und des Altans an der Südwestecke. Die äußere Gestalt der Hauptkuppel mit

Laterne und die Kuppeln auf den vier Türmen vollständig erneuert, jedoch – im Vergleich zur ursprünglichen Gestaltung – auf reduziertem Mauerkranz, weniger hoch (ursprünglich hatte allein die Laterne auf der Hauptkuppel eine Höhe von 36 m) und in der gesamten Struktur erheblich vereinfacht. – Vom Inneren die Tauf- und Traukirche bis 1980 wiederhergestellt und als Kirche der Domgemeinde genutzt. Die Predigtkirche vorerst noch nicht zugänglich.

Ausstattung: Die z. T. aus dem Vorgängerbau übernommene Ausstattung 1944/45 vielfach stark beschädigt, nach der Bergung an verschiedenen Stellen im Dom aufbewahrt; z. Z. teilweise in Restaurierung. Altarmensa, Marmor, im altchristlichen Stil um 1850 von Friedrich August Stüler. Altarretabel, Bronze, um 1905 gestaltet aus Teilen der von Karl Friedrich Schinkel entworfenen Chorschranke des Vorgängerbaues, mit Nachbildungen der zwölf Apostel von Peter Vischers Sebaldusgrab in Nürnberg (1507/19), die Figuren modelliert von Peter Kaufmann in der Werkstatt Christian Daniel Rauchs, von diesem selber die Figur des Judas Thaddäus, von Christian Friedrich Tieck die des Simon Zelotes; Ausführung des Gusses von C. G. Werner & Neffen 1821. Zwei monumentale Kandelaber, Berliner Eisenkunstguß, entworfen um 1820 von Karl Friedrich Schinkel, am Sockel und Schaft Figurenschmuck; 1905 neubarock verändert und beidseitig des Altarretabels aufgestellt. Neubarocke Kanzel, aus der Bauzeit, von A. Bünger, die Schnitzerei von A. Böttger. Taufe, Marmor, 1819/33 von Christian Daniel Rauch unter Beteiligung Schinkels, an der trommelförmigen Kuppa Evangelistenreliefs. Orgel mit Rückpositiv und Prospekt in historisierenden frühbarocken Formen, 1903 von der Firma Sauer, Frankfurt/Oder. Emporen, Wandverkleidungen, Gestühl, z. T. mit reichen Schnitzereien, sämtlich aus der Bauzeit.

Holzkruzifix, süddeutsch, um 1820/30, z. Z. in der Friedhofskapelle der Domgemeinde an der Wöhlertstraße, Ecke Pflugstraße. Zwei Bronzeengel, der eine betend, der andere im Segensgestus, aus dem Umkreis Christian Daniel Rauchs, um 1824. Christusfigur, Holz, 2. H. 19. Jh. Kreuzabnahme, Gips, 1888 von Michael Lock. Drei Büsten: E. Frommel, Eisenguß, E. 19. Jh.; H. Rüdel, Bronze, 1933 von E. Seger; B. Doehring, Gips, 1934.

Zwölf Bildnisse von Dompredigern, A. 17. Jh. bis E. 19. Jh.

Domsammlung: Architekturmodelle zu den Planungen des 19. Jh.: Holzmodell eines Basilika-Entwurfs von Friedrich August Stüler, 1845. Gipsmodell eines Zentralbau-Entwurfs von Friedrich August Stüler, 1855/58. Drei Modelle zum Raschdorff-Bau, z. T. stark beschädigt.

Gemalte Entwürfe für Mosaiken und Fresken, u. a. von Friedrich August Stüler und August v. Kloeber. Diverse Ausführungen von Gipsmodellen zu Plastiken, Reliefs und Architekturdetails, u. a. sechs Modelle zu

Obere Reihe: Dom, Kelch um 1600, Kelch 1819 und Kelch von 1905

Untere Reihe: Dom, Prunkterrine um 1617, seitlich zwei Schraubgefäße E. 17. Jh.

98 Stadtbezirk Mitte

den Türen des Hauptportals von Otto Lessing und zwei Modelle zu den Reliefs des Außenbaues von Johannes Goetz und Gerhard Janensch. Gemalte Entwürfe von Anton v. Werner.

In die bis 1980 restaurierte Tauf- und Traukirche übernommen: Monumentales Gemälde mit Darstellung der Ausgießung des Hl. Geistes, ursprünglich Hauptaltarbild des Schinkel-Domes, um 1820 von Carl Begas d. Ä. Marmorkruzifix 2. H. 19. Jh. Lesepult, als Pulthalter ein Adler mit ausgebreiteten Schwingen auf akanthusgeschmücktem Baluster, Holz vergoldet, angeblich von Andreas Schlüter, um 1700. Zwei Kandelaber, Holz vergoldet, E. 18. Jh. Leuchterpaar, Messing, 2. V. 19. Jh. Taufe, Messing, um 1905.

Liturgisches Gerät: Aus dem alten Dom übernommen: Zwei Kelche, Silber vergoldet, um 1600 und um 1697, letzterer von Caspar Friedrich Wilpert, Berlin. Zwei Kelche, Silber, 1819, mit Relief einer Pietà an der Kuppa, und 1849. Kelch, Messing, mit hoher becherartiger Kuppa, 2. V. 19. Jh. Drei Patenen: Silber vergoldet, um 1520/30, reich graviert mit Szenen aus dem Leben Jesu; Silber, 3. V. 19. Jh.; Messing, 2. H. 19. Jh. Löffel, Silber vergoldet, nach 1821. Große Weinkanne, Silber, 1. V. 19. Jh. Vier Schraubflaschen: zwei große in viereckiger Kanisterform, Silber, figürlich und ornamental reich graviert, 1612; zwei kleine, Messing, um 1700. Große Prunkterrine, sog. Kurfürstliche Taufschüssel, Messing, um 1617; durchbrochener Corpus mit Schale als Einsatz, auf dem Deckel später montierter Adler. Ovaler Oblatenteller, Silber vergoldet, M. 19. Jh. Tischleuchter, Berliner Eisenkunstguß nach Entwurf Schinkels, 1. H. 19. Jh.

Die Ausstattung an liturgischem Gerät um 1905 im Zusammenhang mit dem Domneubau bedeutend vermehrt, davon erwähnenswert: Zahlreiche Kelche und Patenen, Silber vergoldet, überwiegend in neubarocken Formen. Kelch, Silber mit Bernsteinschmuck, 1905, die zugehörige, ebenfalls bernsteinbesetzte Patene 1906. Weinkanne mit Deckel und geschweiftem Henkel, Silber vergoldet. Eine weitere Weinkanne und zwei Oblatenteller, der eine oval, Silber vergoldet, 1906. Prunkbibel, Einband Silber vergoldet, mit Unterglasmalerei,

Dom, Patene um 1520/30

Reliefs, Steinen und Emaillen, 1905. Domchronik, auf dem Silbereinband Relief einer Engelsfigur im Jugendstil, 1905. Prunkschlüssel zum Hauptportal, Bronze, 1905.

Glocken: 1532, aus Osterburg; 1913 von M. und C. Ohlsson, Kopie der »Brandenburger Glocke« von 1685; 1929. Eine vierte – gesprungene – Glocke im Märkischen Museum deponiert.

Sarkophage und Grabmäler: In den Grüften insgesamt etwa neunzig Sarkophage und Grabmäler von Angehörigen des Hauses Hohenzollern. Die Sarkophage vom 16. bis zum frühen 18. Jh. vorwiegend aus Zinn, mit ornamentalem und figürlichem, dem Zeitgeschmack folgendem Schmuck, vom 18. Jh. an, seit Friedrich Wilhelm I., zumeist aus Holz, samt- oder brokatbezogen und mit Tressen und ornamentalem Dekor. – Von weit überdurchschnittlicher künstlerischer Qualität das Grabmal Johann Ciceros und zwei Gruppen von barocken Prunksarkophagen:

Bronzegrabmal des Kurfürsten Johann Cicero † 1499, von dessen Sohn (Joachim I.) 1524 der Vischerschen Gießhütte in Nürnberg in Auftrag gegeben, unter Beteiligung von Peter Vischer d. Ä. bis 1530 ausgeführt von Hans Vischer, das Hauptwerk des Künstlers, von hervorragender Qualität; die Entstehungsgeschichte nicht eindeutig geklärt. Ursprünglich aufgestellt in der Klosterkirche Lehnin bei Brandenburg, 1545 in den Berliner Dom verbracht. – Tischgrab, die Bodenplatte

Linke Seite: Dom, Gruft, Sarkophag des Kurprinzen Wilhelm Heinrich † 1649 und Bronzegrabmal des Kurfürsten Johann Cicero † 1499, obere Platte

Rechte Seite: Dom, Gruft, Bronzegrabmal des Kurfürsten Johann Cicero † 1499, Gesamtansicht

mit Darstellung des Verstorbenen im Flachrelief, darüber, von sechs Pfeilern mit davor hockenden Löwen getragen, die obere Platte mit der vollplastischen Liegefigur des Kurfürsten, gerüstet und in reich ge-

mustertem Mantel sowie den Zeichen seiner Macht. Der Plattenrand mit Inschrift und Wappenschilden.
Die erste Gruppe barocker Prunksarkophage von Johann Michael Döbel: Zwei vergoldete Prunksarkophage für Kurfürst Friedrich Wilhelm † 1688 (Nr. 96) und seine zweite Gemahlin Dorothea v. Holstein-Glücksburg † 1689 (Nr. 98), beide von Johann Michael Döbel, vielleicht nach Entwurf von Johann Arnold Nering. Der Kurfürstensarkophag von gefesselten Sklaven und Löwen getragen, mit reichem plastischem Dekor, an den Ecken des durch Kurhut und Wappen geschmückten Deckels Adler; an den Seitenwänden allegorische, auf den Verstorbenen bezogene Reliefmedaillons, u. a. eine Ansicht der Festung Berlin und eine Darstellung der Schlacht von Fehrbellin. Der Sarkophag der Kurfürstin ähnlich, an den Wan-

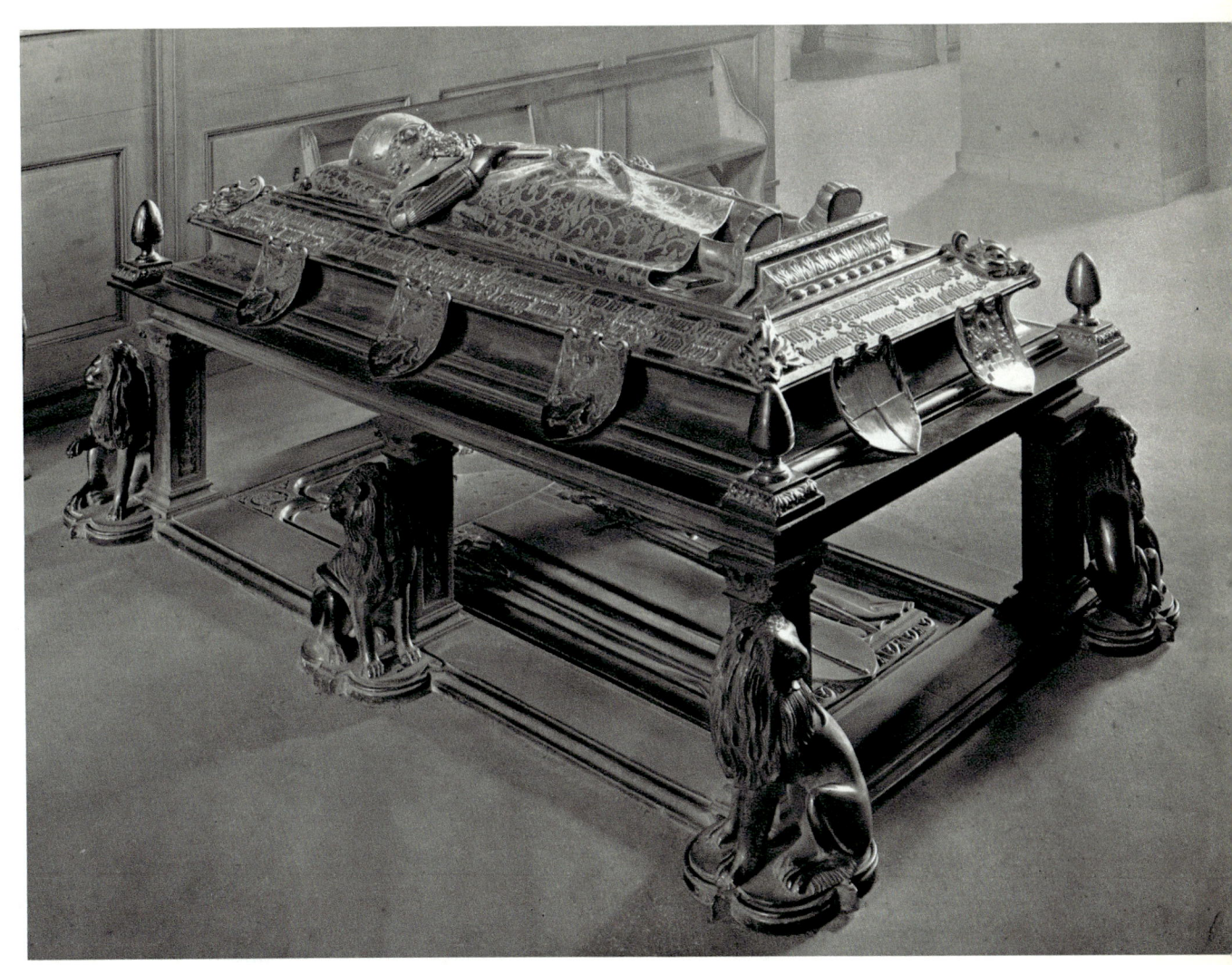

Ludwig † 1687 (Nr. 30) sowie der Kindersarkophag für Friedrich August † 1686 (Nr. 48).

Die zweite Gruppe barocker Prunksarkophage von Andreas Schlüter und seinem Kreis: Hauptwerke die beiden vergoldeten Sarkophage für König Friedrich I. (Nr. 97) und seine zweite Gemahlin Sophie Charlotte † 1705 (Nr. 99), von Andreas Schlüter, ausgeführt von Johann Jacobi in einer Blei-Zinn-Legierung; Höhepunkte barocker Sarkophaggestaltung, der Sarkophag der Königin in nur wenigen Monaten 1705 entstanden, der Sarkophag des Königs, das letzte Werk Schlüters in Berlin, 1713 möglicherweise nach einem bereits 1705 durchdachten Gesamtplan geschaffen. Von rauschender Prachtentfaltung der figürliche und ornamentale Schmuck: am Kopfende jeweils zwei reichgewandete weibliche Allegorien mit dem bekrönten Bildnismedaillon der Verstorbenen, an den Langseiten Re-

dungen und am Deckel zahlreiche Putten. Verwandt im Typ und figürlich ähnlich dekoriert der Sarkophag des Markgrafen Karl Philipp † 1695 (Nr. 34), urkundlich 1699 von Johann Michael Döbel. Stilistisch Döbel zugeschrieben die Sarkophage der Kurprinzessin Elisabeth Henriette (der ersten Gemahlin des späteren Königs Friedrich I.) † 1683 (Nr. 45) und des Markgrafen

Linke Seite:
Dom, Gruft,
Prunksarkophage der
Kurfürstin Dorothea † 1689
und des
Kurfürsten Friedrich Wilhelm
† 1688

Rechte Seite:
Dom, Gruft,
Prunksarkophage der
Kurfürstin Dorothea † 1689
und der
Kurprinzessin Elisabeth Henriette
† 1683

Dom, Gruft, Prunksarkophag der Königin Sophie Charlotte † 1705

Dom, Gruft, Prunksarkophag des Königs Friedrich I. † 1712

liefs historischen und allegorischen Inhalts sowie plastische Kartuschen, gestützt von Welfenrössern bei der Königin bzw. flankiert von preußischen Adlern beim König. Am Fußende nochmals üppig drapierte Kartuschen, davor am Sarkophag der Königin die in ein weites Gewand gehüllte Gestalt des Todes, den Namen der Verstorbenen ins Buch der Ewigkeit einschreibend, am Sarkophag des Königs eine Trauernde und ein Putto, einer entschwebenden Seifenblase, dem Zeichen der Vergänglichkeit, nachblickend. Ebenfalls von Schlüter der Kinder-Sarkophag des Prinzen Friedrich Ludwig † 1708 (Nr. 50), offensichtlich angeregt von dem frühbarocken Kinder-Sarkophag des Prinzen Wilhelm Heinrich † 1649 (Abb. S. 100), auf dem reich

*Linke und rechte Seite:
Dom, Gruft,
Prunksarkophag
des Prinzen
Friedrich Ludwig † 1708*

drapierten Gehäuse die Liegefigur eines nackten, in sprechender Geste sich aufrichtenden Knaben, am Fußende ein mächtiger Adler auf einer Konsole. Schlüter zugeschrieben die Kinder-Sarkophage für Friederike Dorothea Henriette v. Brandenburg-Schwedt † 1701 (Nr. 32) und Georg Wilhelm v. Brandenburg-Schwedt † 1704 (Nr. 33).

Zu dieser Gruppe gehörig, wenn auch nicht mehr von Schlüter selbst, der vergoldete Prunksarkophag für Markgraf Philipp Wilhelm v. Brandenburg-Schwedt † 1711 (Nr. 31), vermutlich von Johann Georg Glume d. Ä., 1715 vollendet. Von berstenden Kanonenkugeln getragen, die Ecken eingefaßt von Kanonenrohren, nehmen auch die Darstellungen der Wandungen Bezug

108 Stadtbezirk Mitte

auf die Tätigkeit des Verstorbenen als Generalfeldzeugmeister: die Mitte beider Langseiten mit idealisierten Reliefbildern des Markgrafen, umgeben von Tugenden, seitlich davon und an den Schmalseiten Waffen und Kriegs- sowie Vermessungsgerät, ferner emblematische Darstellungen, sämtlich von vorzüglicher Qualität. Kinder-Sarkophag des Prinzen Friedrich Wilhelm † 1711 (Nr. 51), von Johann Georg Glume d. Ä., sein frühestes bezeugtes Werk.

Unter den spätesten Beispielen herausragend das Marmor-Kenotaph für Kaiser Friedrich III. † 1888, von Reinhold Begas, 1905 aus dem Mausoleum an der Friedenskirche in Potsdam nach Berlin verbracht, auf der Tumba die lebensgroße Liegefigur des Verstorbenen (in Potsdam eigenhändige Replik von 1905).

Museumsinsel

Die nach Norden an den Lustgarten anschließende Spitze der Spreeinsel, einst sumpfiges und morastiges Gelände, erhielt beim Bau der Memhardtschen Befestigung eine Bastion (Bastion I), und gleichzeitig wurde hier ein Verbindungskanal zwischen Kupfergraben und Spree angelegt. Später, um 1685, entstand in diesem Bereich, zum Lustgarten hin gewendet, das von Michael Matthias Smids erbaute Pomeranzenhaus (es gab der 1719 erstmals erbauten Pomeranzenbrücke, der späteren Friedrichsbrücke, ebenso den Namen wie der Kleinen Pomeranzenbrücke, die über den Verbindungskanal zum Lustgarten führte). Das Pomeranzenhaus wurde 1749 zum Neuen Packhof (zur Entlastung des Alten Packhofes an der Niederlagstraße) umgewan-

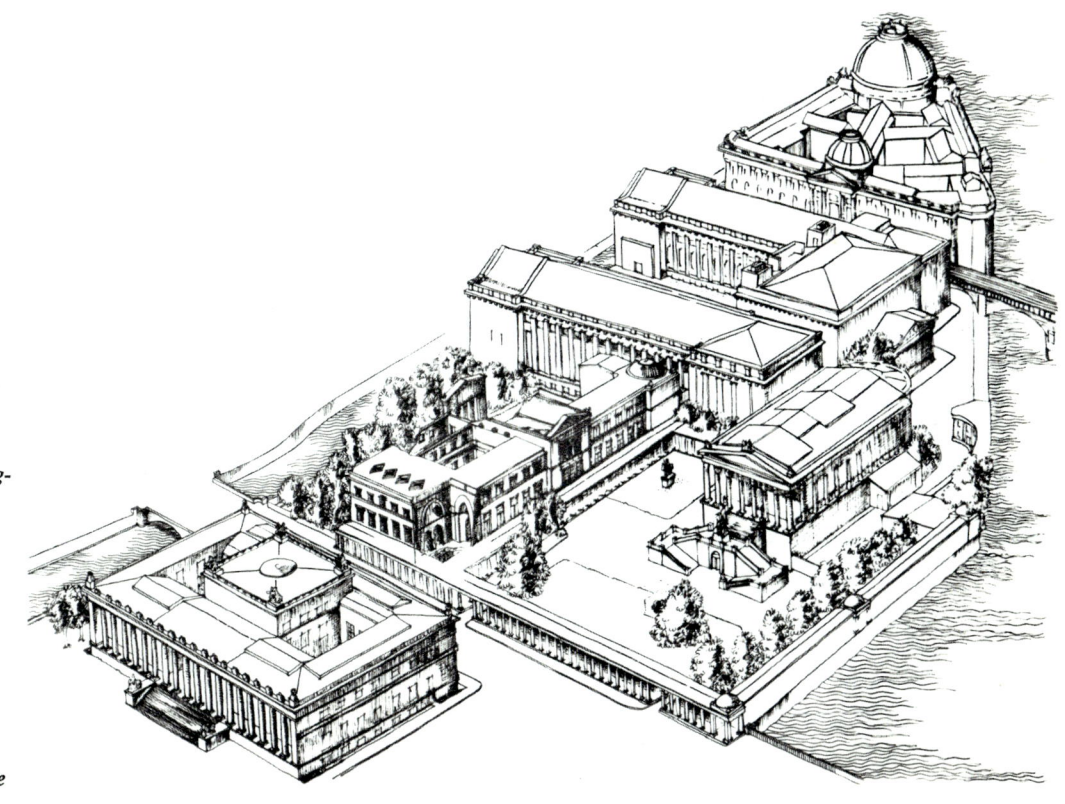

Linke Seite:
Dom, Gruft,
Prunksarkophag
des Markgrafen
Philipp Wilhelm
von Brandenburg-
Schwedt † 1711,
Gesamtansicht,
Schmalseite
und Detail von
der Längsseite

Rechte Seite:
Museumsinsel,
Darstellung
aus der
Vogelperspektive

delt, der nun wiederum 1829/32 an den Kupfergraben verlegt wurde: Die hier nach Entwürfen von Schinkel durch Carl Ludwig Schmid ausgeführten Gebäude des Neuen Packhofes bestanden bis zum Bau der Stadtbahn, die über die Inselspitze geführt wurde, bzw. bis zum Bau des Bodemuseums; das ehem. Salzsteuergebäude auf dem schmalen Gelände zwischen Neuem Museum und Kupfergraben diente bis zu seinem Abriß 1938 als Direktionsgebäude der Staatlichen Museen.

Maßgebend für die Bebauung der nördlichen Inselspitze als Museumsinsel war die Errichtung des auf Lustgarten und Stadtschloß bezogenen Alten Museums von Karl Friedrich Schinkel (1825/30); anknüpfend an das Alte Museum taucht der Gedanke der Umgestaltung des als Lager- und Stapelplatz genutzten rückwärtigen Geländes zu einer »Freistätte für Kunst und Wissenschaft« erstmals 1835 in einer Ideenskizze des Kronprinzen Friedrich Wilhelm auf. Eingeleitet wird diese Entwicklung nach Thronbesteigung Friedrich Wilhelms IV. mit der Errichtung von Stülers Neuem Museum (1843/46) und fortgesetzt mit dem Bau der ebenfalls noch von Stüler entworfenen Nationalgalerie (1866/76). Eine Erweiterung des Museumsgeländes, nun unmittelbar auf der Spitze der Spreeinsel, erfolgte auf Initiative Wilhelm v. Bodes mit der Errichtung des von Ernst v. Ihne entworfenen Kaiser-Friedrich-Museums (1897/1904, heute Bodemuseum). Als letzter Museumsbau entstand zwischen Neuem Museum und Bodemuseum 1909/30 das nach Plänen von Alfred Messel durch Ludwig Hoffmann erbaute Pergamonmuseum, mit dem eine rund hundertjährige Entwicklung zum Abschluß kam.

ALTES MUSEUM Die Nordseite des Lustgartens (heute Teil des Marx-Engels-Platzes) begrenzend. Erste Vorstellungen eines Ausstellungsgebäudes für die königlichen Kunstsammlungen wurden seit 1815 nach Rückführung der 1806 nach Paris verbrachten Teile

Linke Seite:
Altes Museum
nach Zeichnung
von Schinkel,
nach 1823

Rechte Seite:
Altes Museum,
Teil der
Lustgartenfront
mit Granitschale

Kölln 111

und nach Erweiterung der Sammlungen (Sammlung Giustiniani) entwickelt; zunächst war an einen Ausbau des Marstall- bzw. Akademie-Gebäudes an der Straße Unter den Linden gedacht. Der Plan, einen Museumsbau an der Nordseite des Lustgartens in städtebaulich exponierter Lage neu zu errichten, wurde 1822/23 von Karl Friedrich Schinkel entworfen. Nach komplizierten Gründungsarbeiten (auf dem Baugelände verlief der den Kupfergraben mit der Spree verbindende Kanal) 1825/30 erbaut, eines der Hauptwerke Schinkels, das richtungweisend für den Museumsbau als eine der wichtigen neuen Bauaufgaben des 19. Jh. wurde. Das bildkünstlerische Programm zumeist erst später ausgeführt. Während des zweiten Weltkrieges mehrmals beschädigt und 1945 ausgebrannt. Wiederaufbau nach Sicherungsarbeiten 1958/66; weitere Restaurierungsarbeiten 1980/82.

Breit gelagerter vierflügeliger Putzbau von zwei Geschossen auf hohem Sockelgeschoß, über rechteckigem Grundriß, mit zwei Innenhöfen beidseitig der mittleren Rotunde. Die Lustgartenfront in ganzer Länge zu einer monumentalen, von achtzehn ionischen Säulen getragenen Halle geöffnet, zu der eine breite, von Seitenwangen eingefaßte Freitreppe führt. Die Vorhalle in der Mitte durch eine zweite Reihe von vier Säulen zu einer großartigen, zum Lustgarten sich öffnenden Treppenhalle erweitert. Dahinter dann die Rotunde, der Hauptraum des Gebäudes, eine der schönsten Raumschöpfungen Schinkels: Dem Pantheon in Rom nachgebildet, enthält der kreisrunde Kuppelraum eine ringförmige, von zwanzig korinthischen Säulen getragene Galerie, der Zweigeschossigkeit des Gebäudes entsprechend, bestimmt für die Aufstellung von Skulpturen in den Säulenzwischenräumen (die Skulpturenaufstellung 1981 rekonstruiert). Die Kuppel, nach außen durch einen Würfelbau mit bekrönenden Eckfiguren verkleidet, in vier Reihen kassettiert und mit Oberlicht im Zenit, die Bemalung der Kassettenfelder

Linke Seite: Altes Museum, Vorhalle

Rechte Seite: Altes Museum, Treppenhalle

Kölln 113

guß, 1827/28 von Christian Friedrich Tieck nach dem antiken Vorbild; nördlich Grazie mit Pegasus von Hugo Hagen und Muse mit Pegasus von Hermann Schievelbein, bronzierte Zinkgüsse, um 1860. Auf den Wangen der Freitreppe zwei Bronzegruppen: östlich Amazone mit Panther kämpfend, 1842 von August Kiß; westlich Löwenkämpfer, 1854/61 von Albert Wolff nach einem Entwurf von Christian Daniel Rauch. Das zweiflügelige Bronzetor des Haupteinganges mit (geflügelte Genien, Tierkreiszeichen und Rosetten) 1964/65 wiederhergestellt. Die übrigen Ausstellungsräume 1966 architektonisch und farbig neu gestaltet, ursprünglich im Hauptgeschoß dreischiffig mit zwei Säulenreihen.

Der plastische und malerische Schmuck ebenfalls von Schinkel konzipiert. Über der Vorhalle, in den Achsen der Säulen, stilisierte Adler nach Modellen von Christian Friedrich Tieck, an den Ecken kandelaberhaltende Frauengestalten von Ludwig Wichmann, Sandstein. Auf der Kuppelummantelung vier Figurengruppen: südlich die rossebändigenden Dioskuren, Eisen-

reicher Ornamentik und allegorischem Figurenschmuck nach Entwurf von Stüler 1861 von Wilhelm Wolff. Die Inschrift am Gesims über der Vorhalle von 1827 (1981 wiederhergestellt) und die verzierten Treppengeländer aus vergoldetem Gußeisen. – Die Wand- und Deckenmalereien der Vorhalle 1945 zerstört. Nach Schinkels Entwürfen von 1828/34 waren 1841/47 die Fresken von Carl Heinrich Hermann, einem Schüler von Peter v. Cornelius, und anderen ausgeführt worden, links die Entwicklungsgeschichte der Götter, rechts die der Menschen darstellend, dazu im oberen Treppenhaus Wandbilder zu den Themen Naturgewalt und Kriegsgewalt.

Linke Seite: Altes Museum, Inneres der Rotunde und Torflügel des Haupteinganges, Detail

Rechte Seite: Altes Museum, Treppenwangen, Löwenkämpfer und Amazone mit Panther kämpfend

Kölln

Linke Seite: Aufrichtung der Granitschale im Packhof, Gemälde von Johann Erdmann Hummel, 1831; Granitschale an ihrem ursprünglichen Aufstellungsort, im Hintergrund das Ministerium für Auswärtige Angelegenheiten

Rechte Seite: Neues Museum, Entwurfszeichnung der Hauptfront und Ansicht vom Kupfergraben, davor das 1938 abgerissene ehem. Salzsteuergebäude, nach einer Archivaufnahme

GRANITSCHALE vor der Freitreppe des Alten Museums. 1828/29 von Christian Gottlieb Cantian aus einem der Markgrafensteine in den Rauenschen Bergen südlich von Fürstenwalde geschaffen, von knapp 7 m Durchmesser. Auf Hochglanz poliert und einst vielbestauntes Wunderwerk (die Spiegel- und Lichteffekte von Johann Erdmann Hummel in mehreren Aquarellen und Ölgemälden dargestellt), mußte die von Schinkel zunächst beabsichtigte Aufstellung in der Rotunde des Alten Museums ob der Größe verworfen werden (Cantian hatte die Schale wesentlich größer hergestellt als zunächst beabsichtigt). 1831 wurde sie vor der Freitreppe des Museums aufgestellt, zunächst provisorisch, seit 1834 dann endgültig auf den von Schinkel entworfenen Füßen. Bei der Umgestaltung des Lustgartens 1934 in die Anlagen nördlich des Domes versetzt, ist die Schale 1981 wieder an den ursprünglichen Standort verbracht worden.

NEUES MUSEUM Erbaut 1843/46 von Friedrich August Stüler in Formen der Schinkel-Schule, ein Hauptwerk Stülers. Hinter dem Alten Museum (durch die Bodestraße von ihm getrennt) parallel zum Kupfergraben als Erweiterungsbau für die rasch anwachsenden Sammlungen angelegt, aber auch als Teil der von Friedrich Wilhelm IV. und Stüler konzipierten Umgestaltung des nördlichen Inselbereiches zu einer Stätte für Kunst und Wissenschaft gedacht (vgl. auch Nationalgalerie). Das Innere erst 1855 vollendet. Im zweiten Weltkrieg (1945) ausgebrannt und seitdem Ruine, Wiederherstellung geplant. Ebenfalls schwer beschädigt und später abgetragen der auf drei Bogen ruhende, die Bodestraße überbrückende Gang zum Alten Museum.

Gestreckter rechteckiger Putzbau von drei Geschossen mit quergestelltem mittlerem Treppenhaustrakt und zwei Innenhöfen. Die Hauptfassade zur (später errichteten) Nationalgalerie gewendet, der durch die Architektur hervorgehobene Mittelbau erhöht und mit Dreiecksgiebeln nach beiden Seiten abgeschlossen, die Eckrisalite als mit flachen Kuppeln überwölbte Pavillons ausgebildet. Davor in ganzer Länge und an der Südseite dorische Säulengänge, die in Fortführung auch

NEUES MUSEUM ZU BERLIN.

Nationalgalerie, Treppenanlage mit dem Reiterstandbild Friedrich Wilhelms IV.

Rechte Seite: Nationalgalerie, Hauptansicht

die Nationalgalerie umgreifen und beide Bauten zusammenschließen.
Der bildkünstlerische Schmuck von Künstlern der Berliner Bildhauerschule: In den Giebelfeldern des Mittelbaues Reliefs, das östliche, Künstler beim Studium alter Kunstschätze, 1854 von Friedrich Drake, das westliche, Personifikationen der Kunst und des Kunstgewerbes, in Zinkguß nach einem 1856 gefertigten Modell von August Kiß; die bekrönenden Bronzegreife von Wilhelm Wolff. An den Eckrisaliten allegorische Gestalten der Künste als Atlanten über Medaillons mit Antikenköpfen, 1855 von Gustav Bläser, Friedrich Drake, Karl Heinrich Möller und Hermann Schievelbein.
In dem einst prachtvollen Inneren das als Raumschöpfung großartige Treppenhaus, in Anlehnung an Schinkels Entwurf des Königsschlosses auf der Athener Akropolis mit offenem Dachstuhl und doppeltem Hängewerk sowie monumentalen Wandgemälden von Wilhelm Kaulbach; 1945 zerstört, Rekonstruktion vorgesehen. Die Sammlungsräume mit ihrer reichen dekorativen Gestaltung ehemals auf die Exponate abgestimmt. Im Erdgeschoß, das die Ägyptische Sammlung beherbergte, ein von Stüler gestalteter Säulenhof in Art eines ägyptischen Tempels (als Ruine erhalten). Im Hauptgeschoß formal variierte Stützen und Deckenkonstruktionen mit Ornamentdekor, im dritten Geschoß flachgewölbte Säle mit dekorierten gußeisernen Flachbögen. In einigen Sälen Wandgemälde der spätromantischen Berliner Malerschule teilweise erhalten. Im sog. Griechischen Hof Relieffries des Unterganges von Pompeji von Hermann Schievelbein.

NATIONALGALERIE Gegründet 1861; Grundstock das testamentarische Vermächtnis von 262 Gemälden zeitgenössischer Maler durch den Konsul Joachim Heinrich Wilhelm Wagener an den preußischen König, verbunden mit dem Wunsch, eine Galerie zeitgenössischer Kunst zu schaffen. Die Sammlung Wagener erstmals 1861 in den Räumen der Akademie der Künste ausgestellt. – Die Entwürfe für die Nationalgalerie 1862/65 von Friedrich August Stüler unter Berücksichtigung von Skizzen Friedrich Wilhelms IV. für eine als erhöhter Tempel gedachte »Freistätte für Kunst und Wissenschaft« mit Festsaal im Obergeschoß und Hörsälen im Unterbau. Anregungen gaben aber auch die architektonischen Entwürfe für ein Denkmal Friedrichs II. von Friedrich Gilly (1797, auf dem Platz vor der Leipziger Straße geplant) und Karl Friedrich Schinkel (1838, auf dem Bornstedter Höhenzug bei Potsdam). Ausführung nach Stülers Tod (1865) durch Johann Heinrich Strack 1866/76, von ihm auch das Programm für die Innendekoration. Schwere Kriegsschäden 1944/45, im wesentlichen bis 1954 behoben.

Kölln 119

Linke Seite:
Nationalgalerie, Vestibül,
nach einer Archivaufnahme

Rechte Seite:
Säulengang
vor der Nationalgalerie
und »Amazone zu Pferde«
auf dem Freigelände neben der
Nationalgalerie

Tempelartig über hohem Unterbau mit vorgelagerter Freitreppe, in Nebraer Sandstein verkleidet; der Oberbau durch den zweigeschossigen Unterbau städtebaulich wirkungsvoll hervorgehoben. Die Stirnseite mit übergiebelter korinthischer Säulenvorhalle, davor, vor dem Unterbau, doppelläufig ansetzende Freitreppe beidseitig des Einganges. An den übrigen Fronten des Oberbaues Halbsäulenvorlagen, die Rückseite apsidial geschlossen. Der Bau insgesamt durch reiche Ornamentik und Skulpturen festlich dekoriert. Das bildkünstlerische Programm – als Selbstdarstellung nationaler Kunst und Kultur aufgefaßt – zumeist von Moritz Schulz: in der Säulenvorhalle Relieffries der Entwicklungsgeschichte der deutschen Kunst; darüber, im Giebelrelief, Germania als Beschützerin der Künste. Die bekrönende Giebelgruppe der drei bildenden Künste von Rudolf Schweinitz. Am Treppenanfang Personifikationen der Bildhauerei und Malerei von Schulz, am oberen Treppenende Personifikationen des Kunstgedankens von Alexander Calandrelli und der Kunsttechnik von Julius Moser. Über dem Haupteingang das beherrschende Reiterstandbild Friedrich Wilhelms IV., des Gründers der Nationalgalerie, nach Entwurf von Gustav Bläser 1886 durch Alexander Calandrelli ausgeführt, der Bronzeguß von Gladenbeck. Die innere Raumgliederung kompliziert und durch die

120 Stadtbezirk Mitte

drei Oberlichtsäle, der einleitende Kuppelsaal, dieser weitgehend im ursprünglichen Zustand, und die beiden anschließenden Säle, ursprünglich bestimmt für die Kartons von Peter v. Cornelius (für den Campo Santo am Berliner Dom und für die Münchener Glyptothek), diese Säle 1935 verändert. Die Oberlichtsäle sind in zwei Geschossen umgeben von Seitenkabinetten.

Die Nationalgalerie ursprünglich allseitig von Säulengängen umgeben, die der Nordseite bei Errichtung des Pergamonmuseums teilweise beseitigt. Auf diesem umgrenzten Freigelände Bildwerke aus der Sammlung der Nationalgalerie aufgestellt, u. a. Tuaillons Bronzebildwerk »Amazone zu Pferde« von 1895.

älteren Ideen eines Festsaalbaues noch mitbestimmt: Der Eingang führt durch einen kryptenartigen Vorraum und das durch breiten Treppenaufgang und Säulenarkaden gegliederte Vestibül zum ersten Ausstellungsgeschoß. In diesem eine Querhalle mit Wand- und Deckenmalereien zur Nibelungensage, 1873 in Wachsmalereitechnik von Ernst Ewald (restauriert), die anschließenden Ausstellungsräume 1911/13 verändert. Über die links vom Vestibül angeordnete Treppenhalle mit einem Fries zur Entwicklung der deutschen Kultur von Otto Geyer, in einer fortlaufenden Reihe von Porträtgruppen dargestellt, erfolgt der Zugang zum Hauptgeschoß: In der Mittelachse sind hintereinander gereiht

BODEMUSEUM Am Kupfergraben. Ehemals Kaiser-Friedrich-Museum, auf Initiative Wilhelm v. Bodes 1897/1904 nach Entwürfen von Ernst v. Ihne in Formen des Neubarock erbaut; vorangegangen war ein Wettbewerb im Jahre 1882. Schwere Kriegsschäden 1944/45, in Etappen im wesentlichen behoben. – Städtebaulich wirkungsvolle Anlage über dreieckigem Grundriß auf der nordwestlichen Spitze der Museumsinsel, geteilt durch einen mittleren Diagonaltrakt und mehrere Quertrakte, insgesamt mit fünf Höfen. Die sandsteinverkleideten Fassaden streng gegliedert durch korinthische Kolossalordnung und übergiebelte Risalite. Die abgerundete Haupteingangsfront an der Monbijoubrücke (diese ebenfalls nach Entwurf v. Ihnes, s. S. 189) mit Arkaden zur Vorhalle geöffnet und von beherrschender Kuppel bekrönt. Als Attikaplastik Personifikationen der Künste sowie berühmter Kunststädte von August Vogel und Wilhelm Widemann.
Im Inneren die Raumfolge der Hauptachse beginnend mit dem Kuppelraum des als Ruhmeshalle reich ausgestalteten ovalen Haupttreppenhauses, weiterführend zur sog. Basilika in der Art Florentiner Renaissancekirchen und zu dem hinteren, ebenfalls überkuppelten Treppenhaus, dessen Gestaltung im Stil Knobelsdorffs

Linke Seite: Bodemuseum, Gesamtansicht von Nordwesten

Rechte Seite: Bodemuseum, Kuppelraum

Kölln 123

gehalten ist. – Im Haupttreppenhaus aufgestellt eine Nachbildung des Reiterstandbildes des Kurfürsten Friedrich Wilhelm von Andreas Schlüter, ehemals auf der Langen Brücke (Rathausbrücke), 1896 während der Magazinierung des Denkmals anläßlich der Brückenumgestaltung hergestellt und auf dem Originalsockel, der auf der Brücke nicht wieder verwendet wurde, hier zur Aufstellung gebracht. (Das originale Reiterstandbild nach Auslagerung während des zweiten Weltkrieges heute im Ehrenhof des Schlosses Charlottenburg in Westberlin aufgestellt.)

PERGAMONMUSEUM Am Kupfergraben, zwischen Bodemuseum und Neuem Museum als letzter Museumsbau auf der Museumsinsel errichtet; an gleicher Stelle befand sich bereits 1901 bis 1908 das von Fritz Wolf errichtete Museum für Pergamenische Altertümer. Hauptsächlich bestimmt für die durch die Ausgrabungen in Pergamon und anderen griechischen Orten Kleinasiens wesentlich vergrößerte Antikensammlung und für das Vorderasiatische Museum mit den reichen Grabungsfunden aus Mesopotamien. Für die zur Aufstellung zu bringenden Architekturen waren sehr hohe Oberlichtsäle erforderlich. – Nach Entwürfen von Alfred Messel 1909 bis 1930 von Ludwig Hoffmann ausgeführt; Eröffnung 1930, damals die äußere Gestaltung nicht völlig zum Abschluß gekommen. Die Neugestaltung des unvollendet gebliebenen Hauptzuganges um 1980 begonnen. Monumentale, zum Kupfergraben geöffnete Dreiflügelanlage in den strengen Formen eines gräzisierenden Neuklassizismus; Verkleidung aus Muschelkalkstein bzw. Putz. Der hohe, weitgehend fensterlose Mittelbau für die Aufstellung des Pergamonaltars konzipiert. Die langen, den Ehrenhof einfassenden Seitenflügel durch Kolossalpilaster gegliedert, ihre Kopfbauten wirkungsvoll als Tempelfronten mit Halbsäulen und, bedingt durch die Oberlichtdächer, relativ steilen Dreiecksgiebeln gebildet.

Friedrichswerder, Dorotheenstadt und Friedrichstadt

Friedrichswerder

Unmittelbar westlich Kölln vorgelagert. Ursprünglich ein teilweise von mehreren Nebenarmen der Spree durchzogenes inselartiges, seit dem 15. Jh. im Besitz der Kurfürsten befindliches und erst vom frühen 17. Jh. vereinzelt bebautes Gelände, das in die 1658 begonnene Memhardtsche Befestigung einbezogen wurde. Auf diesem sichelförmigen Terrain zwischen westlichem Spreearm und den entstehenden Festungswerken entlang der Niederwallstraße und der Oberwallstraße wurde 1662 von Kurfürst Friedrich Wilhelm als erste und älteste der barocken Stadterweiterungen die neue Stadt Friedrichswerder gegründet. Die Anlage der Straßen, in denen sich bald auch zahlreiche französische Einwanderer ansiedelten, wurde dem Festungsbaumeister Johann Gregor Memhardt übertragen, der 1669 als erster Bürgermeister eingesetzt wurde. Die Selbständigkeit Friedrichswerders wie auch die der Dorotheenstadt und der Friedrichstadt bestand bis zur Schaffung eines vereinigten Magistrats von Berlin und Kölln im Jahre 1709.

Das Zentrum der Neugründung wurde der Werdersche Markt, mit Rathaus und zum Ende des Jahrhunderts auch Kirche für die deutsche und die französische Gemeinde; über die Schleusenbrücke war der Markt mit dem Schloßplatz und Kölln verbunden. Den Bereich südlich davon bis zur Bastion IV, dem späteren Spittelmarkt, teilte die Kurstraße von Norden nach Süden in zwei Hälften, während kurze, leicht gebogene Querstraßen, die heute meist nicht mehr vorhanden sind, von der Unterwall- bzw. Oberwallstraße zum westlichen Spreearm führten. Eine dieser Querstraßen war die Alte Leipziger Straße, die vom Leipziger Tor der Memhardtschen Befestigung, das sich zwischen Bastion III (Hausvogteiplatz) und Bastion IV (Spittelmarkt) befand, über die Jungfernbrücke nach Kölln führte. Um 1730/40 wurden die einengenden Festungswälle abgetragen und über den weiter bestehenden Festungsgraben mehrere Brücken zur Friedrichstadt geschlagen, auch wurden die ehem. Bastionen zu den oben genannten Plätzen umgestaltet und allmählich bebaut.

Der Bereich nördlich des Werderschen Marktes wurde seit dem späten 17. Jh. vornehmlich von Bauten des Hofes und der Hofhaltung eingenommen, die später in die Straße Unter den Linden sowie deren Nebenbereiche einbezogen wurden (im Zusammenhang mit der Straße Unter den Linden behandelt). Auch befanden sich hier, in unmittelbarer Nähe zur Schleuse, die Gebäude des Alten Packhofes.

Durch die starken Zerstörungen des zweiten Weltkrieges ist die städtebauliche Struktur Friedrichswerders, die bereits seit dem späteren 19. Jh. durch Geschäftsbauten oder die umfangreichen Gebäude der Reichsbank eingreifend verändert worden war, besonders in ihren südlichen Teilen zwischen Spittelmarkt und Werderschem Markt nur noch teilweise zu erkennen.

Linke Seite: Pergamonmuseum, Seitenflügel mit Ehrenhof zum Kupfergraben

Rechte Seite: Ansicht des Werderschen Rathauses und des Palais Danckelmann, Zeichnung von Johann Stridbeck, 1690, Deutsche Staatsbibliothek Berlin

hier bis etwa M. 19. Jh. mit den Gefängnissen bestand. Im späten 19., frühen 20. Jh. entwickelte sich der Platz zum Zentrum des Berliner Konfektionshandels.

GESCHÄFTSHAUS (Verkaufshaus Bekleidung Berlin) Hausvogteiplatz 1. In den sachlichen Formen der Architektur der zwanziger Jahre. Die plattenverkleidete Fassade von fünf breiten Achsen und sieben Geschossen, die beiden oberen als Dachgeschosse gestaffelt zurückgesetzt. Die rechteckigen, in der Fläche liegenden Fenster durch Sohlbankgesimse zu Fensterbändern zusammengeschlossen.

GESCHÄFTSHAUS Hausvogteiplatz 3/4. Um 1890/1900 von Alterthum & Zadeck erbaut, von vier Geschossen und neun Achsen, heute modern verputzt und um ein Dachgeschoß erhöht. In ursprünglicher Form erhalten das rundbogige, von Bogenfries mit Blattschmuck rechteckig gerahmte Mittelportal, die reichen schmiedeeisernen Portalflügel von Kartusche mit Kogge bekrönt. Die Bezeichnung »Am Bullenwinkel« und darunter ein Kopf eines Bullen im Scheitel des Torbogens beziehen sich auf eine hier einst vorhandene, bis ins ausgehende 19. Jh. bestehende Sackgasse, in der nach der Überlieferung das Vieh zum Verkauf zusammengetrieben wurde und die deshalb, wie mehrfach in Berlin, den Namen »Am Bullenwinkel« trug.

GESCHÄFTSHAUS (Großhandel Textil) Hausvogteiplatz 12. 1895 von Alterthum & Zadeck erbaut, mit mehreren Höfen, die fünfgeschossige werksteinverkleidete Fassade in Renaissanceformen mit gotisierenden Anklängen, die Mittelachse durch Erker und Zwerchhaus mit Uhrengiebel betont. Der ursprünglich reiche Dekor heute größtenteils entfernt.

Hausvogteiplatz

Ursprünglich Bastion III der Memhardtschen Befestigungsanlagen, nach Abtragung der Wälle seit dem frühen 18. Jh. allmählich bebaut; in der dreieckigen Platzform auch heute noch die ehem. Bastion zu erkennen. Der Name abgeleitet von der Hausvogtei, dem Hofgericht, das 1750 in ein an den Platzeinmündungen der Oberwall- und der Niederwallstraße gelegenes Stallgebäude des ehem. Jägerhofes verlegt wurde und

Niederwallstraße

Straßenzug zwischen Spittelmarkt (ehemals Bastion IV) und Hausvogteiplatz (ehemals Bastion III); etwa in der Mitte zwischen beiden Bastionen, in Fortführung der von der Niederwallstraße abzweigenden ehem. Alten Leipziger Straße, befand sich bis zu seinem Abriß um 1734 das Leipziger Tor der Memhardtschen Befestigung. – Die Straße nach schweren Zerstörungen im zweiten Weltkrieg nur noch teilweise bebaut.

Erweiterte OBERSCHULE Niederwallstraße 6/7. Ursprünglich Gemeindeschule, der Straßentrakt kriegszerstört, erhalten das Hofgebäude. Roter Klinkerverblendbau von 1885. Die viergeschossige Fassade über dem mit Rosettenfries abgeschlossenen Erdgeschoß durch schwache Vorlagen gegliedert, die breiten dreigeteilten Fenster mit Segmentbögen auf korinthisierenden Säulchen. Im Inneren rechteckiger zentraler Lichthof mit umlaufenden Galerien auf gußeisernen Säulen und Treppen an den Schmalseiten.

Katholisches ST. JOSEPH-KRANKENHAUS (Kongregation der Grauen Schwestern von der hl. Elisabeth) Niederwallstraße 8/9. Erbaut 1890/92 von Max Hasak. Neugotischer Klinkerverblendbau aus neunachsiger Straßenfront und zwei rückwärtigen Flügeln um schmalen rechteckigen Hof. Die dreigeschossige Fassade in grau-weißen Klinkern mit braun glasierten Formsteinen für Gesimse sowie Portal und Fenster, letztere am ersten Obergeschoß von spitzbogig gerahmten Relieffeldern bekrönt, am zweiten Obergeschoß durch Säulen zweigeteilt und kleeblattbogig geschlossen.

Oberwallstraße

Vom Hausvogteiplatz, der ehem. Bastion III, nach Norden führender Straßenzug parallel zum ehem. westlichen Wall der Memhardtschen Befestigungsanlagen. Die Bebauung der Ostseite vom Hausvogteiplatz bis zur Werderstraße im zweiten Weltkrieg zerstört; hier

Linke Seite: Geschäftshaus Hausvogteiplatz 3/4, Portal

Rechte Seite: Ansicht des Leipziger Tores, Zeichnung von Johann Stridbeck, 1690, Deutsche Staatsbibliothek Berlin; Geschäftshaus Hausvogteiplatz 1

Friedrichswerder

GESCHÄFTSHAUS (Theaterinstitut) Oberwallstr. 6/7. Für das Konfektionshaus Mannheimer zwischen 1890 und 1900 erbaut von A. Bohm und P. Engel. Langgestreckter werksteinverkleideter Bau von vier Geschossen und dreizehn Achsen, mit einachsigen Seitenrisaliten und dreiachsigem Mittelrisalit mit Säulenportikus. Die Fassade vereinfacht, die risalitbetonenden Aufbauten entfernt. – Anschließend zur Ecke Otto-Nuschke-Straße Erweiterungsbau des ehem. Konfektionshauses, gegen 1909 von Salinger & Schmohl erbaut. Fünfgeschossiger Putzbau unter Verwendung von Muschelkalkstein für gliedernde Elemente. Die Fassaden zur Oberwallstraße und zur Otto-Nuschke-Straße (Nr. 33) in klassizierenden Formen, über den Rundbogenarkaden des Erdgeschosses (ursprünglich Schaufenster) durch kannelierte ionische Kolossalpilaster gegliedert, das oberste Geschoß über antikisierendem Gebälk abgesetzt, darüber abgewalmtes Mansarddach. Die Bildhauerarbeiten von Josef Rauch.

GESCHÄFTSHAUS (Versorgungskontor Intex) Oberwallstraße 9, Ecke Hausvogteiplatz. Um 1890 für das Konfektionshaus Levin errichtet. Fünfgeschossiger werksteinverkleideter Bau mit abgeschrägter Eckachse, diese an den drei Obergeschossen durch Erker betont, darüber ursprünglich das Dach besonders hervorgehoben. Das sechste Geschoß nachträglich hinzugefügt.

Oberwasserstraße/Unterwasserstraße
Grachtenartiger Straßenzug am westlichen Spreearm zwischen Gertraudenbrücke/Spittelmarkt und Schleusenbrücke/Werderstraße; etwa in der Mitte an der Grenze beider Straßenteile die Jungfernbrücke. Nach Einfassung des Spreearmes im späten 17. und im 18. Jh. mit ansehnlichen Bürgerhäusern bebaut, später, 1871, hier auch der Münzneubau von Friedrich August Stüler errichtet. Münze wie auch Bürgerhäuser, u. a. das Weydinger-Haus mit Innenräumen von Schinkel, 1934 beim Erweiterungsbau der ehem. Reichsbank (heute Haus des Zentralkomitees der SED) abgerissen.

JUNGFERNBRÜCKE (auch Spreegassenbrücke benannt). Eine erste Brücke hier im letzten Viertel des 17. Jh. erbaut, sie vermittelte von dem mit der Mem-

befand sich, an der Stelle des Jägerhofes, der 1765 zur Königlichen Bank eingerichtet wurde, der ausgedehnte, bis zur Kurstraße sich erstreckende und mit der Hauptfassade zur Jägerstraße gewendete Komplex der ehem. Reichsbank, um 1870 von Friedrich Hitzig erbaut (der Erweiterungsbau zwischen Kurstraße und Unterwasserstraße, heute Zentralkomitee der SED, s. S. 137). – Die Bebauung der Oberwallstraße im Bereich der Straße Unter den Linden s. S. 150/155.

hardtschen Befestigung errichteten Leipziger Tor über die einstige Alte Leipziger Straße in Friedrichswerder den Zugang nach Kölln. – Die bestehende Brücke 1798 erbaut: Die unterschiedlich breiten seitlichen Durchlässe aus rotem Sandstein, der mittlere Durchlaß von etwa 8 m Länge für die Schiffahrt als Klappbrücke ausgebildet, deren technische Konstruktion unverändert erhalten ist.
Anschließend an den Seitenflügel des Hauses des Zentralkomitees der SED (s. S. 137) und heute zu ihm gehörig:
GEBÄUDE für technische Anlagen Oberwasserstr. 10, ein fünfgeschossiger Klinkerverblendbau von sechs Achsen, 1924/25 in Formen der Neuen Sachlichkeit.
Ehem. VERWALTUNGSGEBÄUDE Oberwasserstr. 12, Ecke ehem. Kreuzstraße. 1912/15 von Ferdinand Schopp und Wilhelm Vortmann für den Handlungsgehilfen-Verband erbaut. Die fünfgeschossigen Fassaden ursprünglich mit Keramikplatten in braun (Brüstungszone) und blau (Fensterpfeiler) verkleidet. Keramik 1960 durch Putz ersetzt.

Linke Seite: Geschäftshaus Oberwallstraße, Ecke Otto-Nuschke-Straße

Rechte Seite: Jungfernbrücke; Uferbebauung Oberwasserstraße/Unterwasserstraße, mit den Gebäuden Oberwasserstraße 12 und 10 und dem Haus des Zentralkomitees der SED

Friedrichswerder

Spittelmarkt

Seit dem späten 13. Jh. befand sich hier, unmittelbar vor dem ehem. Gertraudentor der köllnischen Stadtbefestigung, das Gertraudenhospital, dessen spätgotische, 1405 erbaute Kapelle bis 1881 bestand; 1819 hatte Schinkel, als Ersatz für diese Kapelle, einen Entwurf zu einer Kirche als ein Denkmal für die Freiheitskriege erarbeitet, der jedoch nicht zur Ausführung kam. – In der 2. H. 17. Jh. bei Anlage der Memhardtschen Befestigungswerke wurde das Terrain vor der Brücke mit dem Hospital von der Bastion IV umschlossen, was gleichzeitig eine Verlegung des nun Leipziger Tor genannten Stadtausganges nach Nordwesten zur Folge hatte. Nach Abtragung der Wälle im 18. Jh. be-

stimmte die Form der Bastion nachdrücklich die Umbauung des entstehenden, nach dem Hospital benannten Spittelmarktes.
Im zweiten Weltkrieg völlig zerstört. Die zusammen mit der Neubebauung der Leipziger Straße in Ausführung begriffene Gestaltung des Spittelmarktes wurde in den siebziger Jahren eingeleitet durch eine großzügige verkehrstechnische Verbindung der Leipziger Straße mit der Gertraudenstraße und dem Mühlendamm.
GERTRAUDENBRÜCKE Seit dem 13. Jh. vorhanden, über diese Brücke vor dem Gertraudentor der köllnischen mittelalterlichen Befestigung führte der westliche Zugang nach Kölln und weiter nach Berlin. – Die 1894/95 von Otto Stahn erbaute Brücke, die nach Errichtung einer unmittelbar benachbarten Brücke für den Straßenverkehr seit den siebziger Jahren als Fußgängerbrücke dient, überspannt den westlichen Spreearm in einem Bogen (s. auch Abb. S. 86). Brückenkonstruktion mit Basaltlava verkleidet, in romanisierenden Formen, aus dem gleichen Material auch die Brüstungen, welche über dem Brückenscheitel von spitzbogigen Säulenarkaden durchbrochen sind. Auf der nordwestlichen Brückenbrüstung, zur Erinnerung an das ehem. Gertraudenhospital, überlebensgroßes Standbild der hl. Gertrud, einem Wanderburschen einen Trunk reichend, Bronze, 1896 von Rudolf Siemering; zu beachten auch das reizvolle Beiwerk.
BRUNNEN am Spittelmarkt. 1891 von der Firma Spindler anläßlich ihres fünfzigjährigen Jubiläums für den Spittelmarkt gestiftet, 1927 nach Köpenick (Krankenhaus) verbracht, seit 1980 wieder auf dem Spittelmarkt aufgestellt, jetzt zwischen Gertraudenbrücke und Einmündung der Leipziger Straße. Schalenbrunnen von 6,5 m Höhe in Renaissanceformen nach Entwurf von Kyllmann & Heyden, in rotem schwedischem Granit ausgeführt in der Marmorschleiferei Schleicher.

Linke Seite: Spittelmarkt mit Gertraudenkapelle, Kupferstich von Johann Rosenberg, 1785; Spindlerbrunnen am Spittelmarkt

Rechte Seite: Gertraudenbrücke, Standbild der hl. Gertrud

Werderscher Markt/Werderstraße

Ursprünglich das Zentrum Friedrichswerders, ein einstmals kleiner, mit Linden bepflanzter Platz, der verbunden war mit der Schleusenbrücke durch die Straße am Packhof (heute Werderstraße), benannt nach dem an seiner Nordseite liegenden ehem. Packhof, auf dessen Gelände Schinkel später das Gebäude der Bauakademie errichtete. An der Südseite des Werderschen Marktes stand das 1672 von Simonetti erbaute Werdersche Rathaus, das 1794 abbrannte und an dessen Stelle 1798 Heinrich Gentz' berühmtes Münzgebäude errichtet wurde, an seiner Nordseite die nach 1699 aus dem ehem. Reithaus umgebaute Friedrichswerdersche Kirche, 1824/30 durch einen Neubau von Karl Friedrich Schinkel ersetzt.

Von den den Platz einst begrenzenden und auszeichnenden klassizistischen Gebäuden heute einzig die Friedrichswerdersche Kirche nach den Zerstörungen im zweiten Weltkrieg als gesicherte Ruine erhalten. Die von Gentz erbaute Münze wurde 1871 durch einen von Stüler entworfenen Neubau an der benachbarten Unterwasserstraße 2/4 ersetzt und, nachdem sie provisorisch als Polizeirevier gedient hatte, schließlich 1886 abgebrochen. Das dem Werderschen Markt benachbarte Gebäude der Bauakademie Schinkels, von 1836 bis zu seinem Tode 1841 gleichzeitig seine letzte Wohnung, wurde nach Kriegsschäden 1961/62 abgetragen; an seiner Stelle heute, bis an die Straße Unter den Linden geführt, das bis 1967 fertiggestellte langgestreckte und 45 m hohe Ministerium für Auswärtige Angelegenheiten der DDR, das gleichzeitig die westliche Begrenzung des Marx-Engels-Platzes darstellt.

Heute ist der Werdersche Markt, dessen einstige Ausmaße nicht mehr zu erkennen sind, nach Süden durch die langgestreckte Front des Hauses des Zentralkomitees der SED begrenzt.

SCHLEUSENBRÜCKE Verbindung zwischen dem ehemaligen Schloßplatz (heute ein Teil des Marx-Engels-Platzes) und dem Werderschen Markt. Eine Brücke hier im Zusammenhang mit der Schleuse bereits vor Gründung Friedrichswerders wahrscheinlich seit dem 15. Jh. vorhanden. Die bestehende Brücke 1914/15 von Kritzler und Tischer, in den gußeisernen Brückengeländern vier beidseitig gleiche Rundreliefs mit Darstellungen zur Entwicklung von Schleuse und Brücke, Bronzegüsse, die jeweils äußeren (1657 und 1774) von Robert Schirmer und Markert, die jeweils inneren (1650 und 1688) 1937 von Kurt Schumacher geschaffen, eines der wenigen erhaltenen Werke des als Mitglied der Widerstandsgruppe Schulze-Boysen/Harnack 1942 hingerichteten Künstlers.

Linke Seite:
Alte Münze
am Werderschen
Markt,
Seitenansicht,
nach einer
Zeichnung
von F. Catel,
A. 19. Jh.;
Friedrichswerdersche Kirche
von Südosten,
nach einer
Zeichnung
von J. F. Stock

Rechte Seite:
Schleusenbrücke,
Rundmedaillons
mit Darstellungen
zur Entwicklung
von Schleuse
und Brücke

Friedrichswerder   133

134 Stadtbezirk Mitte

FRIEDRICHSWERDERSCHE KIRCHE am Werderschen Markt. Anstelle des um 1700 errichteten Vorgängerbaues (s. oben) 1824 begonnen nach Entwurf von Karl Friedrich Schinkel; als erster neugotischer Backsteinbau Berlins von großer Bedeutung für den Kirchenbau des 19. Jh. Erste Entwürfe lieferte Schinkel 1821/22 in Form eines römischen Tempels (»Maison Carée« in Nîmes), 1823/24 folgten zwei Alternativ-Entwürfe in Gestalt englischer gotischer College-Chapels, der eine mit einem, der andere mit zwei Türmen. Die Entscheidung fiel zugunsten des zweitürmigen Entwurfs. Fertigstellung der Kirche 1830. Im zweiten Weltkrieg schwer beschädigt, Wiederherstellung eingeleitet. – Einschiffiger Backsteinbau von fünf Jochen mit fünfseitig-polygonalem Chorschluß und zum Platz gewendeter Doppelturmfassade. Die nach innen gezogenen Strebepfeiler treten außen als flache, von Fialtürmchen (diese in der bestehenden Form 1843) bekrönte Vorlagen in Erscheinung, zwischen ihnen, über einem umlaufenden Gesims, die großen Maßwerkfenster, darüber zwischen den Fialtürmchen ein das flache Dach verdeckender durchbrochener Maßwerkfries. Die beiden Türme in fünf Geschossen aufgebaut, von denen sich jeweils die beiden oberen, an allen Seiten mit drei Spitzbogenöffnungen in rechteckiger Blende versehenen Geschosse frei entfalten. Zwischen den Türmen das Hauptportal und ein Fenster darüber, das denen des Schiffes entspricht. Das Hauptportal aus zwei spitzbogigen Portalen mit Maßwerk-Rosetten im Bogenfeld gebildet, in den Zwickeln seitlich Terrakottareliefs kranzhaltender Engel, wie die nicht erhaltene mittlere Figur des hl. Michael nach Modellen von Ludwig Wichmann, in der Feilnerschen Fabrik gebrannt. Die gußeisernen Flügeltüren mit reliefierten Engelstondi nach Modellen von Christian Friedrich Tieck. Ein ähnliches Portal an der östlichen

Linke Seite: Friedrichswerdersche Kirche, Ansicht von Südwesten

Rechte Seite: Friedrichswerdersche Kirche, Hauptportal und Engelstondo von einem der gußeisernen Türflügel

Friedrichswerder

Längsseite. – Das Innere mit Sterngewölben. Zwischen den nach innen gezogenen Strebepfeilern Emporenumgang auf hölzernen Zwillingsarkaden, an der Turmseite die Orgelempore.

Die Ausstattung nach Entwürfen Schinkels zum großen Teil verloren. Erhalten und an verschiedenen Stellen, u. a. auch im Pfarrhaus Johannes-Dieckmann-Straße 3 deponiert: Glasgemälde des Chorpolygons mit harfenden Engeln, nach Schinkels Entwürfen 1830 von Heinrich Müller ausgeführt; das farbige Fenster der Eingangsseite in Berlin West ausgelagert. Vom ehem. Altarretabel vier Gemälde erhalten, Evangelisten, 1827 von Wilhelm Schadow. Kanzel nach Entwurf Schinkels, beschädigt. – Zwei Kelche mit Patene, Silber vergoldet, 18. Jh. Zwei Kannen, Silber vergoldet, 18. Jh. Oblatendose, Silber vergoldet, 18. Jh. Zwei Taufschüsseln: Silber, 18. Jh.; Silber vergoldet, Kopie um 1903 nach Vorbild von 1831. Schraubflasche, Messing, 1683. Leuchterpaar, Silber, um 1830. Plakette mit Reliefansicht der Friedrichswerderschen Kirche, Eisenkunstguß in altem Rahmen, 1842. Zwei Glocken, die eine aus der Bauzeit, die andere 1680 von Martin Heintze, Berlin, ehemals in der Dorotheenstädtischen Kirche.

BÄRENBRUNNEN Am Werderschen Markt, seitlich vor der Turmfassade der Friedrichswerderschen Kirche. 1928 von Hugo Lederer geschaffen, aus rotem Lavatuffstein, nach Zerstörung im zweiten Weltkrieg Kopie von W. Sutkowski 1958. Achteckiger Podest mit vier beckenartigen Vertiefungen, in der Mitte auf achteckigem Pfeilerstumpf sitzende Bärenmutter, auf dem Podest vier Gruppen spielender Jungtiere.

HAUS des Zentralkomitees der SED. Als Neu- und Erweiterungsbau der ehem. Reichsbank nach einem 1932 ausgeschriebenen Wettbewerb 1934/38 von Heinrich Wolf erbaut. Umfangreicher Baukomplex mit mehreren Innenhöfen zwischen Kurstraße und Unterwasser- bzw. Oberwasserstraße, die Hauptfassade dem Werderschen Markt zugewendet. Mit Sandsteinplatten verkleideter Stahlskelettbau, die viergeschossige Hauptfassade mit durchgehender Pfeilerreihe im Erdgeschoß, die langgestreckten fünfgeschossigen Seitenfassaden mit gleichmäßig gereihten Rechteckfenstern, entsprechend dem Verlauf von Unterwasserstraße und besonders Kurstraße leicht bogenförmig geführt.

Linke Seite: Bärenbrunnen am Werderschen Markt

Rechte Seite: Haus des Zentralkomitees der SED, Hauptfassade zum Werderschen Markt

Dorotheenstadt

Als zweite Neustadt seit 1674 angelegt außerhalb der noch im Bau befindlichen und erst 1686 fertiggestellten Memhardtschen Befestigung, auf einem Gelände unmittelbar nördlich der Lindenplantage, das zu dem Vorwerk der Kurfürstin Dorothea vor dem Spandauer Tor gehörte (s. Spandauer Vorstadt). Aus drei Parallelstraßen bestehend, den Linden, die zunächst nur an der Nordseite parzelliert wurden, der Mittelstraße und der Letzten Straße, die später in Dorotheenstraße umbenannt wurde (heute Clara-Zetkin-Straße). Nach Osten reichte die neue Siedlung bis zur Charlottenstraße (das von der Staatsbibliothek eingenommene Karree, ursprünglich unmittelbar vor dem Festungsglacis, war von Anfang an für den Bau des Neuen Marstalles reserviert), im Westen bis zur Wallstraße, der heutigen Schadowstraße; weitere Querstraßen waren die spätere Friedrichstraße, die zunächst als Querstraße bezeichnet wurde und die später bei Gründung der Friedrichstadt Bedeutung erlangte, und die Neustädtische Kirchstraße, an der 1678/87 die Dorotheenstädtische Kirche errichtet wurde. Verantwortlich für die Anlage waren J. E. Blesendorf und Johann Heinrich Behr, dem später auch die Anlage der Friedrichstadt übertragen wurde. Mit der Neustadt Friedrichswerder, die etwa ein Jahrzehnt früher gegründet worden war, war die Dorotheenstadt durch das Neustädtische Tor der Memhardtschen Befestigung verbunden, das in Fortsetzung der Hundebrücke zur Lindenplantage öffnete; es lag etwa in Höhe der späteren Neuen Wache von Schinkel. Bald nach Gründung setzte auch eine Bebauung an der Südseite der Lindenplantage ein, und eine Befestigungsanlage, die von der Memhardtschen Befestigung entlang der späteren Behrenstraße nach Westen verlief und in Höhe der Wallstraße (Schadowstraße) nach Norden umbog und bis an die Spree führte, umschloß die Neustadt (das sog. Hornwerk). Das nördlich der Letzten Straße bis zur Spree führende Gelände, die Neue Auslage, blieb lange, bis ins späte 18. Jh., unbebaut bzw. wurde von den Landhäusern an der Letzten Straße für Gärten genutzt (z. B. Villa Kamecke); auf den Wiesen am Weidendamm wurde 1773 von Boumann d. Ä. eine Kaserne erbaut, und 1773 wurden hierhin auch die Ställe des Regiments Gens d'Armes verlegt, die seit 1736 auf dem Gendarmenmarkt (Platz der Akademie) in der Friedrichstadt gestanden hatten. – Eine Erweiterung der Dorotheenstadt nach Westen, über die Wallstraße (Schadowstraße) hinaus, erfolgte nach 1732 im Zusammenhang mit der Erweiterung der Friedrichstadt (s. unten) bis zur Wilhelmstraße, wobei die Straße Unter den Linden bis an das jetzt entstehende »Quarré«, den späteren Pariser Platz, unmittelbar vor der neu errichteten Akzisemauer verlängert wurde.

Der Charakter der Dorotheenstadt, deren Selbständigkeit wie die der beiden anderen fürstlichen Städte bis 1709 bestand, wurde ganz entscheidend durch die Straße Unter den Linden geprägt, die ihre ursprüngliche Bebauung des ausgehenden 17. Jh. und des 18. Jh. im östlichen Teil auch heute noch gewahrt hat. Die Parallel- und Querstraßen waren einstmals weniger repräsentativ. Die Dorotheenstadt war ihrem Ursprung nach Wohnstadt und hatte wie die anderen fürstlichen Stadtgründungen, Friedrichswerder und

Ansicht der Straße Unter den Linden nach Westen, mit dem Weilerschen Haus (links) und dem Neuen Marstallgebäude (rechts), Zeichnung von Johann Stridbeck, 1691, Deutsche Staatsbibliothek Berlin

Friedrichstadt, in ihrem Gründungsjahrzehnt zahlreiche vorwiegend wohlhabende Hugenotten aufgenommen, daneben waren hier Landhäuser des Adels errichtet worden, die nur im Sommer bewohnt wurden (z. B. die von Schlüter erbaute Villa Kamecke in der Letzten Straße, die im zweiten Weltkrieg zerstört wurde). Im späten 19. Jh. wandelte sich die Dorotheenstadt zusammen mit der Friedrichstadt zu einem Zentrum großer Geschäfts- und Handelshäuser sowie Banken. Daneben entstanden Institute der 1810 gegründeten Universität wie z. B. der ausgedehnte Komplex naturwissenschaftlicher Einrichtungen auf dem Gelände des ehem. Pontonhofes (zwischen Clara-Zetkin-Straße und Reichstagufer). Der Bahnhof Friedrichstraße der 1882 fertiggestellten Stadtbahn wurde recht bald das wichtigste Zentrum auch für den innerstädtischen Verkehr.
Im zweiten Weltkrieg starke Zerstörungen. Die im späten 19. Jh. einsetzende Entwicklung zu einem Geschäfts- und Handelszentrum wurde nach 1970 durch die Errichtung eines internationalen Handelshochhauses in der Nähe des Bahnhofes Friedrichstraße weitergeführt.
Im folgenden sind zunächst die Denkmale der Straße Unter den Linden mit den Nebenbereichen Oberwallstraße, Am Festungsgraben und Bebelplatz behandelt; die Reihenfolge der einzelnen Objekte folgt der Numerierung der Straße Unter den Linden (mit geraden Zahlen die Gebäude der Nordseite, mit ungeraden die der Südseite beziffert). Die übrigen Denkmale der Dorotheenstadt sind alphabetisch nach Straßennamen geordnet.

Unter den Linden
Im 16. Jh. ein Reitweg zwischen Schloß und dem seit 1527 angelegten kurfürstlichen Tiergarten, mit einer 1573 errichteten hölzernen Zugbrücke, der Hundebrücke (später Schloßbrücke, heute Marx-Engels-Brücke), die über den westlichen, zu dieser Zeit noch unregulierten Spreearm (Kupfergraben) führte. 1647 ließ Kurfürst Friedrich Wilhelm den Reitweg festigen und mit sechs Reihen Linden (und auch Nußbäumen)

Opernplatz (heute Bebelplatz), Kupferstich von Johann Rosenberg, 1782

bepflanzen. Diese Lindenplantage wurde wenig später, um 1658 bei Anlage der Memhardtschen Festungswerke, im Osten wieder verkürzt, und dieser Teil, zwischen Hundebrücke und Befestigung etwa in Höhe der Neuen Wache, wurde in die gleichzeitig mit den Festungswerken entstehende Neustadt Friedrichswerder einbezogen. Erst nach 1674 mit Gründung der Dorotheenstadt setzte außerhalb der Memhardtschen Befestigung eine Bebauung der Straße ein, die sich entsprechend der ursprünglichen Ausdehnung der Dorotheenstadt zunächst von der Charlottenstraße (das Festungsglacis blieb vorerst unbebaut) bis zur heutigen Schadowstraße (ursprünglich Wallstraße benannt, nach der Befestigung der Dorotheenstadt) erstreckte.
Die Erweiterung der Straße nach Osten und Westen war den nachfolgenden Jahrzehnten bis etwa 1740 vorbehalten. Nach Osten, in Richtung Lustgarten, standen die Memhardtschen Befestigungswerke hinderlich im Wege, an deren Abtragung aber wohl bereits um 1690 gedacht wurde: Getrennt durch diese Befestigungswerke waren fast gleichzeitig zwei kurfürstliche Repräsentationsbauten begonnen worden, der vor der Memhardtschen Befestigung gelegene Neue Marstall (1687

Dorotheenstadt 139

begonnen, auf dem heute von der Staatsbibliothek eingenommenen Karree) und das innerhalb der Befestigung auf Friedrichswerderschem Gelände gelegene Zeughaus (1695 begonnen), ein Vorgang also, der nur verständlich wird, wenn gleichzeitig auch die Abtragung der zu dieser Zeit bereits militärtechnisch überholten Festungswerke beabsichtigt war. Indes vergingen noch einige Jahrzehnte, bis die Festungswerke verschwanden und das Glacis nach 1740 zum sog. Forum Fridericianum ausgebaut wurde, mit dem Palais des Prinzen Heinrich, ursprünglich geplant als Stadtpalais Friedrichs II. (Humboldt-Universität), dem Opernhaus, der Hedwigskirche und – um 1780 an der Westseite des Opernplatzes (heute Bebelplatz) – der Königlichen Bibliothek. Der Festungsgraben blieb jedoch auch hier noch bis E. 19. Jh. bestehen, und bis 1816 war im Bereich des Grabens die Fahrbahn durch eine enge Brücke eingeschnürt. Die östlich des Grabens auf Friedrichswerderschem Gelände stehenden Bauten gehörten noch im 19. Jh. nicht zu der Straße Unter den Linden, sondern zum Platz am Zeughaus.

Die Ausdehnung nach Westen erfolgte um 1734 im Zusammenhang mit der Erweiterung der Friedrichstadt durch die Wilhelmstraße (heute Otto-Grotewohl-Straße) und der Anlage von drei Plätzen nahe der neu errichteten Akzisemauer, von denen der eine, das »Quarré« (seit 1814 Pariser Platz), den Linden unmittelbar vor dem die Straße abschließenden Brandenburger Tor eingefügt und mit einheitlicher barocker Umbauung von Philipp Gerlach versehen wurde. Das Brandenburger Tor, ursprünglich ein schlichter Bau der 1732/34 errichteten Akzisemauer, erhielt erst E. 18. Jh. durch den von Schadows Quadriga bekrönten Langhans-Bau, dem ersten klassizistischen Werk Berlins, die der Straße entsprechende monumentale Gestalt.

War die Straße Unter den Linden im östlichen Teil durch höfische Bauten und Palais sowie Einrichtungen des Militärs bestimmt, so war der westliche Teil, und hier besonders die Nordseite, von Anfang an durch bürgerliche drei- bis fünfachsige Reihenbauten geprägt. Die Wandlung zu einer nachdrücklich auch vom Bürgertum geprägten Wohn- und Repräsentationsstraße blieb jedoch, nicht unwesentlich durch die Gründung der Universität im Jahre 1810 gefördert, dem 19. Jh. vorbehalten. 1826 erhielten die Linden als erste Berliner Straße eine Gasbeleuchtung. Bauten Schinkels, der von 1821 bis 1836 in dem Hause Nr. 67 (heutige Zählung) wohnte, setzten mit Neuer Wache und Schloßbrücke nicht nur im östlichen Teil wesentliche Akzente, sondern schmückten einstmals auch den westlichen Teil mit dem Palais Redern am Pariser Platz, das 1905 dem Hotel Adlon weichen mußte, der Passage zur Marschallbrücke, der ersten Passage Berlins, oder der Artillerieschule. Auch ausländische Botschaften richteten sich hier ein, so um 1840 in einem Palais des 18. Jh. die Russische Botschaft (die Sowjetische Botschaft nimmt ungefähr die Stelle des kriegszerstörten Gebäudes der Russischen Botschaft ein) oder die Französische Botschaft am Pariser Platz. Daneben entstanden zahlreiche Salons, Konditoreien, Weinstuben, Luxusläden und Hotels, wobei der Kreuzung mit der Friedrichstraße durch die hier gelegenen Cafés eine besondere, nach 1873 durch die sog. Kaisergalerie noch erhöhte Bedeutung zukam. Im späten 19. und frühen 20. Jh. änderte sich der Charakter des westlichen Teiles der Straße nochmals, indem sich hier wie auch in den benachbarten Straßen der Dorotheenstadt und der Friedrichstadt Banken und Versicherungen in Neubauten etablierten.

Im zweiten Weltkrieg wurde die Straße Unter den Linden stark zerstört. Das Ensemble historischer Bauten im östlichen Teil wurde im wesentlichen bis in die Mitte der sechziger Jahre wiederhergestellt; als letztes Gebäude wurde 1969 des ehem. Kronprinzenpalais rekonstruiert. Der westliche Teil von der Kreuzung

Linke Seite: Panorama der Straße Unter den Linden, vom Zeughaus aus gesehen, kolorierte Lithographie von F. v. Laer (?), um 1850

Rechte Seite: Das Russische Gesandtschaftshotel an der Straße Unter den Linden, Aquatinta nach Hennig, um 1840; Unter den Linden, der östliche Teil der Straße mit Humboldt-Universität (links) und Deutscher Staatsoper (rechts)

Dorotheenstadt

Friedrichstraße an wurde seit etwa 1960 unter Wahrung der im Lindenstatut festgelegten Traufhöhe von 18 bis 22 m im wesentlichen neu bebaut; lediglich an der Nordseite waren eine Reihe von Geschäftsbauten aus dem Anfang des Jahrhunderts erhalten geblieben. Hier entstanden, außer den Bauten an der Kreuzung Friedrichstraße (s. S. 200), u. a. an der Südseite das Ministerium für Volksbildung, westlich an die bereits 1950/52 errichtete Sowjetische Botschaft anschließend, gegenüber an der Nordseite das Gebäude der Ungarischen Botschaft und das der Polnischen Botschaft. Der Pariser Platz blieb bisher unbebaut; die Wiederherstellung und Restaurierung des die Linden abschließenden Brandenburger Tores, des Wahrzeichens Berlins, wurde bis 1958 mit der Aufstellung der rekonstruierten Quadriga abgeschlossen.

MARX-ENGELS-BRÜCKE Ehem. Schloßbrücke, Verbindung zwischen Schloß und Reitweg zum Tiergarten (später Unter den Linden), erstmals im 16. Jh. als hölzerne Zugbrücke (Hundebrücke; hier sammelten sich bei den Ausritten in den Tiergarten die Jäger mit den Hunden) errichtet, in dieser Form bis 1820. Die bestehende Brücke 1819 von Karl Friedrich Schinkel entworfen, 1821/24 ausgeführt; Wiederherstellung nach Kriegsschäden um 1955. – Die steinerne Brückenkonstruktion von der Breite des östlichen Teiles der Straße Unter den Linden überspannt den Spreekanal auf drei Bögen; der mittlere Bogen, von Schinkel ursprünglich geplant, jedoch bei der Ausführung wegen der Schiffahrt durch Brückenklappen ersetzt, wurde erst nach Schiffbarmachung des Hauptarmes der Spree um 1900 anstelle der Brückenklappen eingefügt. Die Brückenbrüstungen ebenfalls nach Schinkels Entwurf, jeweils vier Granitpostamente, dazwischen gußeiserne Brüstungsfelder mit reizvoller maritimer Ornamentik, im Wechsel Felder mit gegenständigen Seepferden und Tritonen, in den pfeilerartigen Zwischenstücken Delphine. Die von Schinkel als Kupfertreibarbeiten vorgesehenen Figurengruppen auf den Postamenten erst zwischen 1842 und 1857 modifiziert und in Marmor ausgeführt, Siegesgöttinnen mit Kriegern, von Schinkel

Linke Seite: Schloßbrücke (heute Marx-Engels-Brücke) von Südwesten, mit Blick zum Lustgarten, Stich nach Zeichnung von Loeillot, um 1830/40; Marx-Engels-Brücke, Relieffeld des gußeisernen Brückengeländers

Rechte Seite: Marx-Engels-Brücke von Südosten, im Hintergrund das Zeughaus

Dorotheenstadt 143

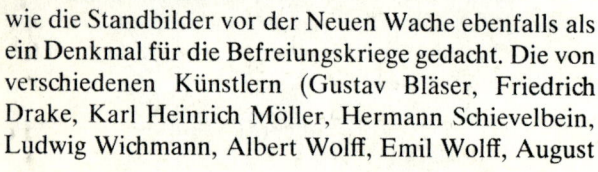

wie die Standbilder vor der Neuen Wache ebenfalls als ein Denkmal für die Befreiungskriege gedacht. Die von verschiedenen Künstlern (Gustav Bläser, Friedrich Drake, Karl Heinrich Möller, Hermann Schievelbein, Ludwig Wichmann, Albert Wolff, Emil Wolff, August Wredow) ausgeführten, zwischen 1853 und 1857 auf den Postamenten zur Aufstellung gebrachten Marmorgruppen während des zweiten Weltkrieges abgenommen und bis 1981 in Westberlin ausgelagert. Wiederaufstellung vorgesehen.

Ehem. ZEUGHAUS (Museum für Deutsche Geschichte) Unter den Linden 2. Ursprünglich preußisches Waffenarsenal und Kriegsmagazin, neben dem nach Kriegszerstörung 1950/51 abgetragenen Stadtschloß der bedeutendste Barockbau Berlins. Noch während der Regierungszeit des Kurfürsten Friedrich Wilhelm 1688 beabsichtigt, Baubeginn jedoch erst unter Kurfürst Friedrich III. (König Friedrich I.) 1695 durch Johann Arnold Nering, vermutlich unter Verwendung eines Entwurfs von François Blondel. Nach Nerings noch im gleichen Jahr erfolgtem Tod Weiterführung durch Martin Grünberg bis zur Attika. 1698/99 Übernahme der Bauleitung durch Andreas Schlüter, dieser bereits seit 1696 als Bildhauer beteiligt; während dieser Zeit teilweiser Einsturz (wohl infolge einer zu schweren Attika). Bis 1706 von Jean de Bodt vollendet, das Innere erst 1730 fertiggestellt. 1877/80 Umbau durch Friedrich Hitzig zum Waffenmuseum, dabei der Hof durch Glasdach abgeschlossen. Im zweiten Weltkrieg schwer beschädigt, Wiederherstellung seit 1949 unter Beseitigung der Veränderungen des späten 19. Jh., seit 1952 Museum für Deutsche Geschichte.

Linke Seite: Marx-Engels-Brücke, Figurengruppen von Wichmann (links) und Wredow, nach Archivaufnahmen

Rechte Seite: Zeughaus und Artilleriewache, davor der Festungsgraben mit der Opernbrücke, Kupferstich nach Zeichnung von F. A. Calau, um 1800; Zeughaus (Museum für Deutsche Geschichte), Ostflügel

Dorotheenstadt 145

IVSTITIAE·ARMORVM·TERRORI·HOST·
TVTELAE·SVORVM·POP·ET·FOEDERAT·
FRIDERICVS·I·
REX·BORVSS·P·P·P·AVG·INV·
HOC·ARMAMENTARIVM·OMNI·INSTRVM·BELL·
NEC·NON·SPOLIOR·MILIT·
AC·TROPHAEOR·GENERE·REFERTVM·
A·FVNDAM·EXTRVENDVM·CVR·MDCCVI·

Monumentaler doppelgeschossiger Vierflügelbau von jeweils neunzehn Achsen, über quadratischem Grundriß um Binnenhof; Lindenfassade mit dem Hauptportal, die östliche Seitenfassade zum Spreekanal gleichzeitig architektonische Begrenzung des Lustgartens. Die streng gegliederten Fassaden der französischen Klassik des 17. Jh. verpflichtet: über dem gebänderten Sockelgeschoß mit Rundbogenöffnungen und plastischen Schlußsteinen am Obergeschoß toskanische Pilasterordnung, Triglyphen-Metopen-Fries und Gebälk sowie abschließende Attika, die Fenster alternierend verdacht. Dreiachsige Mittelrisalite an allen vier Seiten, der der Linden-Fassade von Jean de Bodt mit Freisäulen vor dem Obergeschoß und Dreiecksgiebel, durch reich dekorierte, in das Obergeschoß einschneidende Portalnische zusätzlich betont. Die Mittelrisalite der übrigen Fassaden mit vorgelegten Dreiviertelsäulen am Obergeschoß sowie Dreiecksgiebel, am rückwärtigen Flügel Attika. Die Portalachsen der Fassadenseiten ebenfalls risalitartig behandelt durch dekora-

Linke Seite: Zeughaus (Museum für Deutsche Geschichte), Mittelrisalit mit Hauptportal zur Straße Unter den Linden, nach einer Archivaufnahme

Rechte Seite: Zeughaus (Museum für Deutsche Geschichte), nördliches Seitenportal des Ostflügels und Hofansicht mit einem der Treppentürme

tive Elemente bzw. an der Rückseite durch Halbsäulen. Das System der Außenfassaden im wesentlichen auf die Fronten des Hofes übertragen, unter Verzicht auf Risalitbildung; am Obergeschoß toskanische Wandsäulen. In den rückwärtigen Hofecken viertelkreisförmig vorspringende Treppenhäuser, diese auf die Entwürfe Jean de Bodts zurückgehend.
Reicher Skulpturenschmuck, entsprechend der Bestimmung des Gebäudes auf Militär und Kriegskunst bezogen, zugleich eine Siegesallegorie Brandenburg-Preußens in Anspielung auf die Beteiligung an den Türkenkriegen; an der Konzeption Schlüter maßgebend beteiligt. Die Schlußsteine über den Portalen und Fenstern des Erdgeschosses nach Schlüters Modellen seit 1696 entstanden, das früheste erhaltene Werk des Künstlers in Berlin, ausgeführt größtenteils unter Zuhilfenahme einer Werkstatt, beteiligt vor allem Georg Gottfried Weyhenmeyer: an den Außenfronten phantastische Helme, im Hof die eindrucksvollen zweiundzwanzig Masken sterbender Krieger, ein Hauptwerk der europäischen Barockskulptur. Der reiche Schmuck der Giebelreliefs und die Trophäen auf der baluster-

sprünglich vorhandenen Gewölbe des Erdgeschosses bei der Wiederherstellung nach 1949 aus statischen Gründen durch moderne Deckenkonstruktionen ersetzt. Im spreeseitig gelegenen Restaurant Gipsabgüsse der Sklaven aus Schlüters Elisabethsaal des ehem. Berliner Stadtschlosses.

Linke und rechte Seite: Zeughaus (Museum für Deutsche Geschichte), Hof, drei Fensterschlußsteine mit Masken sterbender Krieger

Zeughaus (Museum für Deutsche Geschichte), Trophäe auf der Balustradenattika

durchbrochenen Attika nach Entwurf de Bodts von Guillaume Hulot, von diesem auch die allegorischen Sandsteinfiguren des Haupteingangs sowie das bronzene Reliefmedaillon König Friedrichs I. in der Portalnische, gegossen von Johann Jacobi. Darüber Wappenkartusche und Bauinschrift von 1706. Zahlreiche Skulpturen nach Kriegsbeschädigung durch Kopien ersetzt. – Die Türflügel der Portale z. T. mit den originalen Füllungen vom E. 17. Jh., reiche Schnitzarbeiten mit kriegerischen Emblemen.
Das Innere dreischiffig mit Pfeilerstellungen, die ur-

DENKMAL des Reichsfreiherrn vom und zum Stein (1757–1813). Bei der Neubebauung der Leipziger Straße vom ursprünglichen Standort auf dem Dönhoffplatz abgebaut und 1981 am Ostende der Straße Unter den Linden wieder errichtet. Entwurf und Teile der Ausführung von Hermann Schievelbein, nach dessen Tod 1867 vollendet von Hugo Hagen, in Bronze gegossen von H. Gladenbeck. Aufstellung erst 1875 auf dem Dönhoffplatz, dem ehem. Preußischen Abgeordnetenhaus gegenüber. – Über gestuftem Sockel Postament in zwei Teilen: an dem unteren ein umlaufender Relieffries mit Darstellungen aus Steins Leben, an dem oberen weibliche Freifiguren an den Ecken und Reliefs allegorischen Inhalts. Die 3,5 m hohe Standfigur Steins in zeitgenössischer Tracht.

PALAIS Unter den Linden (ehemals Kronprinzenpalais, heute Gästehaus) Unter den Linden 3. Erbaut 1663 als Wohnhaus des Kabinettsekretärs Martitz, 1732 von Philipp Gerlach für den Kronprinzen (Friedrich II.) in ein Barockpalais umgewandelt. In der Folgezeit Stadtpalais der preußischen Kronprinzen, als solches auch genutzt von König Friedrich Wilhelm III., der es 1810/11 von Heinrich Gentz durch einen die Oberwallstraße überbrückenden Verbindungsbau mit dem ebenfalls von Gentz errichteten Kopfbau des Prinzessinnenpalais Oberwallstraße 1/2 verbinden ließ. 1856/57 für den späteren Kaiser Friedrich III. von Johann Heinrich Strack durch Anbau eines zurückgesetz-

Linke Seite:
Relieffries vom
Denkmal des Reichsfreiherrn
vom und zum Stein;
Kronprinzenpalais
und Opernhaus,
Stich nach Zeichnung von
L. Serrurier, um 1790

Rechte Seite:
Denkmal des Reichsfreiherrn
vom und zum Stein

Dreigeschossiger Putzbau, das dritte Geschoß als hohes Attikageschoß ausgebildet, die Fassaden des Kernbaues und des östlichen Seitentraktes in spätklassizistischen italianisierenden Formen, die Hauptgeschosse durch Kolossalpilaster zusammengefaßt, pilastergegliedert auch das durch Balustrade abgeschlossene Attikageschoß. Dreiachsiger Mittelrisalit, davor die Auffahrtsrampe und kolossaler Säulenportikus. Vor dem östlichen Seitentrakt Säulenpergola. – Das Innere modern ausgebaut, im Treppenhaus Relieffries des 1793/95 von Michael Philipp Boumann d. J. errichteten ehem. Potsdamer Schauspielhauses eingefügt, ausgeführt von den Brüdern Johann Christoph und Michael Christoph Wohler nach einer Zeichnung von Gottfried Schadow, jetzt geteilt.

Rückseitig an der Oberwallstraße (Oberwallstraße 5, Ecke Werdersche Rosenstraße) Gartenpavillon und Restauranttrakt, 1969/70 erbaut, dort eingefügt Teile der 1832/36 von Karl Friedrich Schinkel errichteten, im zweiten Weltkrieg ausgebrannten und 1961/62 abgetragenen Bauakademie, die einst hier in unmittel-

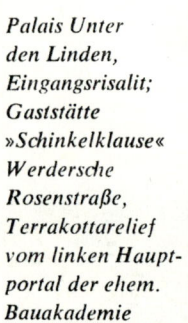

ten östlichen Seitentraktes und Aufstockung eines Attikageschosses weitgehend umgebaut. Im zweiten Weltkrieg bis auf die Umfassungsmauern ausgebrannt und später abgetragen, 1968/69 nach Entwurf von Richard Paulick und W. Prendel in der von Strack geprägten äußeren Erscheinung rekonstruiert.

Palais Unter den Linden, Eingangsrisalit; Gaststätte »Schinkelklause« Werdersche Rosenstraße, Terrakottarelief vom linken Hauptportal der ehem. Bauakademie

Gaststätte
»Schinkelklause«
Werdersche
Rosenstraße,
linkes Hauptportal
der
ehem. Bauakademie

Dorotheenstadt   153

barer Nähe stand. Am Gartenpavillon eingelassen Terrakottaplatten mit Darstellungen der Handwerke und Künste, ursprünglich Fensterbrüstungsplatten (z. T. Kopien). Daneben, als Zugang zum Restaurant »Schinkelklause«, das linke der beiden Hauptportale der Bauakademie, mit rahmenden Terrakottareliefs (symbolische Geschichte der Architektur) nach Schinkels Entwurf von Christian Friedrich Tieck und August Kiß modelliert. Von Kiß auch die gußeisernen Türflügel mit Bildnismedaillons berühmter Architekten und Künstler.

Ehem. PRINZESSINNENPALAIS (Operncafé) Oberwallstraße 1/2. 1733 nach Plänen von Friedrich Wilhelm Dieterichs durch die Vereinigung zweier 1730 erbauter Wohnhäuser entstanden; die Bezeichnung Prinzessinnenpalais seit der Verbindung mit dem ehem. Kronprinzenpalais 1810/11 gebräuchlich. Im zweiten Weltkrieg ausgebrannt, 1963/64 nach Abbruch der alten Bausubstanz durch das Kollektiv Richard Paulick und K. Kroll in der ursprünglichen Form unter Hinzufügung einer gartenseitigen Terrasse als Operncafé wiederhergestellt.

Langgestrecktes zweigeschossiges Gebäude mit Putzgliederungen und Mansarddach, die Fronten durch Haupt- und Nebenrisalite aufgelockert, der pilastergegliederte dreiachsige Mittelbau zur Oberwallstraße reich dekoriert mit doppelläufiger Freitreppe, Balkon und Wappenkartusche. An der zur Straße Unter den

Linden gewendeten Schmalseite strenger klassizistischer Kopfbau ebenfalls von zwei Geschossen, durch einen die Oberwallstraße rundbogig überbrückenden, in den gleichen Formen gehaltenen Verbindungsbau mit dem ehem. Kronprinzenpalais (s. oben) verbunden, 1810/11 nach Entwurf von Heinrich Gentz, Teil eines ursprünglich umfangreicher beabsichtigten Erweiterungsbaues. – Das Innere modern ausgebaut; im Treppenhaus schmiedeeisernes Geländer 18. Jh., ehemals im Schloß in Buch. Die südlichen Anbauten zusammen mit dem zweiten, die Oberwallstraße überbrückenden Bogen bei der Rekonstruktion hinzugefügt.

Linke Seite: Ehem. Prinzessinnenpalais (Operncafé) Oberwallstraße 1/2, Gartenseite

Rechte Seite: Denkmal des Generals v. Scharnhorst; ehem. Prinzessinnenpalais (Operncafé) Oberwallstraße 1/2, Kopfbau zur Straße Unter den Linden

DENKMÄLER der Generale der Befreiungskriege. Auf der Grünanlage (ehemals Festungsgelände der Memhardtschen Befestigung) zwischen dem einstigen, von einer Mauer umschlossenen Garten des ehem. Prinzessinnenpalais und der Staatsoper. Neuaufstellung 1963/64.

Marmorstandbild für Gerhard v. Scharnhorst (1755 bis 1813). 1822 von Christian Daniel Rauch nach Ideenentwurf Karl Friedrich Schinkels, ursprünglich zusammen mit dem Standbild des Generals Friedrich Wilhelm v. Bülow beidseitig der Schinkelschen Neuen Wache aufgestellt; Neuaufstellung in der Grünanlage auf der gegenüberliegenden Straßenseite. Der Sockel heute ohne Adler an der Vorderseite und ohne die um-

156 Stadtbezirk Mitte

schließenden gußeisernen Gitter. Scharnhorst an einen Baumstumpf gelehnt in nachdenklicher Haltung dargestellt, die zwei Sockelreliefs, feingezeichnete antikisierende Dreierkompositionen mit Athena, beziehen sich auf die Verdienste Scharnhorsts beim Aufbau des Volksheeres der Befreiungskriege. Der geschlossene rechte Umriß des Dargestellten und seine Wendung nach links aus dem ursprünglichen Aufstellungsort

rechts von der Neuen Wache zu verstehen (das einst links von der Wache stehende Denkmal des Generals Bülow in den Staatlichen Museen magaziniert).

Bronzestandbild für Gebhard Leberecht v. Blücher (1742–1819). 1819 an Christian Daniel Rauch in Auftrag gegeben, 1826 aufgestellt, der ursprüngliche Standort unmittelbar an der Straße Unter den Linden zwischen dem ehem. Garten des Prinzessinnenpalais und der Staatsoper, bei Neuaufstellung 1963/64 um etwa 100 m nach Süden in die Grünanlage versetzt. – Das mächtige, insgesamt 7,85 m hohe Denkmal zeigt Blücher in doppelter Lebensgröße in Generalsuniform, in der rechten Hand den Säbel, der linke Fuß auf eine Kriegstrophäe gesetzt. Der Bronzesockel zweigeteilt, am oberen Teil allegorische Reliefs, am unteren Teil, über den vorzüglichen Flachreliefs eines schreitenden bzw. ruhenden Löwen, umlaufender figurenreicher Relieffries, eine köstliche, breit erzählende Bildergeschichte des Befreiungskrieges vom Aufbruch in Breslau bis zum Einzug in Paris. Die realistische, nicht allegorische Darstellung von Szenen aus dem Leben des zu Ehrenden hier erstmals von Rauch angewendet, mit zahlreichen Porträts von Zeitgenossen (u. a. wird Schinkel als Landwehrreiter dargestellt); in der Denkmalskunst des 19. Jh. oft wiederholt (Abb. S. 158).

Linke Seite: Denkmäler der Generale York v. Wartenburg, v. Blücher und v. Gneisenau

Rechte Seite: Denkmal des Generals v. Scharnhorst, westliches Sockelrelief; Denkmal des Generals v. Blücher, Reliefs eines ruhenden bzw. schreitenden Löwen vom Sockel

Dorotheenstadt 157

158 Stadtbezirk Mitte

Beidseitig des Blücher-Denkmals die Denkmäler der Generale Hans David Ludwig York v. Wartenburg (1759–1830) und August Wilhelm Anton Neidhardt v. Gneisenau (1760–1831), 1855 ebenfalls von Rauch, auch ursprünglich beidseitig des Blücher-Denkmals aufgestellt. Im Maßstab kleinere Bronzestandbilder in idealisierter Haltung, die roten Granitsockel mit bronzenen Viktorienreliefs an den Stirnseiten.

Nach Süden die Grünanlage begrenzt durch das Funktionsgebäude der Deutschen Staatsoper, ausgedehnter, bis zur Französischen Straße sich erstreckender Komplex zwischen Oberwallstraße und der Straße Hinter der Katholischen Kirche, um 1955 nach Entwurf von Richard Paulick in historisierenden Formen der Knobelsdorff-Zeit.

MAHNMAL für die Opfer des Faschismus und Militarismus Unter den Linden 4. Erbaut als Neue Wache 1816/18 von Karl Friedrich Schinkel, eines seiner Hauptwerke. An dieser Stelle befand sich vor dem Schinkelschen Bau, etwas nach Osten verschoben we-

Linke Seite: Denkmal des Generals v. Blücher, Relieffries vom Sockel, Einzug in Paris (rechts die von Napoleon nach Paris verbrachte Quadriga vom Brandenburger Tor), darunter vom östlichen Fries Ausschnitt mit Blücher und Schinkel

Rechte Seite: Denkmal des Generals v. Gneisenau; Neue Wache mit den Denkmälern der Generale v. Bülow und v. Scharnhorst, Stich nach Zeichnung von Schinkel aus der »Sammlung architektonischer Entwürfe«

gen des bis 1816 vorhandenen Festungsgrabens, ein schlichtes, mit der Fassade zum Zeughaus gewendetes und wohl zu diesem gehöriges Wachgebäude (Kanonierwache). Die Vorstellungen zur Neugestaltung dieses Bereiches reichen bis 1797 zurück, gewinnen aber erst nach den Befreiungskriegen und im Zusammenhang mit der Überwölbung des die Linden kreuzenden ehem. Festungsgrabens feste Gestalt. Dem ausgeführten Bau der Neuen Wache gingen eine Reihe von Entwürfen voraus, an denen Schinkel seit Frühjahr 1816 gearbeitet hatte und die sowohl in der Ausführung des Baues selbst wie auch in seiner Stellung zwischen Universität und Zeughaus verschiedenen Ideen folgten. Quadratischer, würfelförmiger Baukörper mit Ecktürmen und umlaufendem Konsolgesims sowie Attika, »einem römischen Castrum ungefähr nachgeformt« (Schinkel); der Linden-Seite vorgelagert ein übergiebelter Säulenportikus strenger dorischer Ordnung, mit sechs Säulen an der Front und nochmals vier Säulen dahinter, zwischen den Ecktürmen. Ausführung in Sandstein, die zwischen den Ecktürmen ausgespannten Seitenfronten und die Rückfront in Backstein, erstere ursprünglich mit Fenstern in zwei Geschossen, letztere mit vorgelegten Wandpfeilern.

Der bildnerische Schmuck ebenfalls nach Schinkels Entwurf; durch ihn sollte der Bau über seinen Nutzzweck hinaus gleichzeitig eine Erinnerungsstätte an die Befreiungskriege werden. Die zehn Viktorien am Gebälk

Linke und rechte Seite: Mahnmal für die Opfer des Faschismus und Militarismus (Neue Wache), Gesamtansicht zur Straße Unter den Linden und Säulenportikus von Südosten

Dorotheenstadt 161

Das Innere 1931 nach Entwurf von Heinrich Tessenow zum Gefallenenehrenmal umgebaut. Der durch Beseitigung des ursprünglichen Innenhofes geschaffene große schlichte Raum mit kreisrundem Oberlicht, zum Portikus durch drei Toröffnungen mit eisernen Gittertüren geöffnet (bis 1931 mittleres Tor und seitlich vier Fenster); die zweigeschossigen Fensteröffnungen in den Seitenfronten zugesetzt und zu Blenden umgestaltet. Kriegsschäden 1945, Wiederherstellung 1951/57. Seit 1960 Mahnmal für die Opfer des Faschismus und Militarismus. 1969 das Innere neu gestaltet nach Entwurf von Lothar Kwasnitza, anstelle des 1931 aufgestellten schwarzen Granitblocks geschliffenes Glasprisma mit Ewiger Flamme, davor Gräber des unbekannten Widerstandskämpfers und des unbekannten Soldaten.

ZENTRALES HAUS der Gesellschaft für Deutsch-Sowjetische Freundschaft (ehem. Finanzministerium) Am Festungsgraben 1, hinter der Schinkelschen Wache am Kastanienwäldchen. Im Kern ein friderizianischer Bau, das Donnersche Haus, 1751/53 von Christian Friedrich Feldmann errichtet. 1861/63 Um- und Erweiterungsbau nach Plänen von Heinrich Bürde durch Hermann v. d. Hude. Wiederherstellung nach Kriegsschäden 1945.

Das mit der Fassade zum Kastanienwäldchen gewendete Hauptgebäude in Formen der Schinkel-Schule,

1818 in Zinkguß nach Modellen von Gottfried Schadow unter Mitarbeit von Ludwig Wichmann. Das Giebelrelief mit einer Viktoria und Allegorien auf Kampf und Sieg, Flucht und Niederlage erst nach Schinkels Tod von August Kiß 1842/46 ebenfalls in Zinkguß ausgeführt. Teil dieses von Schinkel geplanten Programms waren auch die ehemals beidseitig der Neuen Wache aufgestellten Denkmäler der Generale v. Bülow (links) und v. Scharnhorst (rechts), die 1822 von Christian Daniel Rauch vollendet wurden (s. oben).

dreigeschossig von fünfzehn Achsen, abgeschlossen durch Konsolgesims und Balustrade. Das Erdgeschoß mit Putzquaderung, die Mitte durch dorischen Säulenportikus mit Balkon betont. – Im Inneren spätklassizistisches Treppenhaus mit gußeisernem Geländer. Seitlich Festsaal (Marmorsaal) nach Entwurf v. d. Hudes, Frühwerk des Architekten, durch beide Geschosse geführt, mit Empore und Pilastergliederung sowie Supraportenreliefs und Lunettenmalerei, formal am Übergang zum Historismus. In einigen anschließenden Räumen neubarocke Stuckdecken. Im Erdgeschoß Saal (Musiksalon) des ehem. Weydinger-Hauses in der Unterwasserstraße 1934 eingebaut, um 1830 vermutlich von Karl Friedrich Schinkel, Deckenmalereien von Wilhelm Wach (Treppenhaus des ehem. Weydinger-Hauses s. Institut für Denkmalpflege, Brüderstraße 13, S. 82).

MAXIM-GORKI-THEATER (ehem. Singakademie) Am Festungsgraben 2, zusammen mit dem Gebäude Am Festungsgraben 1 ein reizvolles Ensemble am Kastanienwäldchen hinter der Schinkelschen Neuen Wache bildend. Erbaut 1825/27 von Karl Theodor Ottmer unter Benutzung von Entwürfen Karl Friedrich Schinkels aus dem Jahre 1821. Ältester Konzertsaal Berlins, auf Anregung Karl Friedrich Zelters für die 1792 von Karl Friedrich Fasch gegründete Chorvereinigung der Berliner Singakademie errichtet, für das Berliner Kulturleben des 19. Jh. von besonderer Wichtigkeit. Nach Kriegszerstörung bis 1952 als Theater wiederhergestellt. – Rechteckbau, die tempelähnliche Fassade von korinthischen Kolossalpilastern dreigeteilt und durch Dreiecksgiebel abgeschlossen, die Wandflächen in der Kapitellzone durch Relieffelder mit gegenständigen geflügelten Löwen um Lyra geschmückt. Die Seitenfronten ehemals durch Fenster in zwei Geschossen geöffnet.

Linke Seite: Zentrales Haus der Gesellschaft für Deutsch-Sowjetische Freundschaft Am Festungsgraben 1, Hauptfassade und Marmorsaal (Detail)

Rechte Seite: Maxim-Gorki-Theater (ehemals Singakademie) Am Festungsgraben 2, Lithographie nach Zeichnung von Lüttke, um 1850, und Aufnahme der Eingangsseite

164 Stadtbezirk Mitte

HUMBOLDT-UNIVERSITÄT Unter den Linden 6. Erbaut 1748/53 von Johann Boumann d. Ä. als Stadtresidenz des Prinzen Heinrich, des Bruders Friedrichs II., dabei Entwürfe von Georg Wenzeslaus v. Knobelsdorff für eine Residenz Friedrichs II. (Forum Fridericianum) sowie Ideenskizzen Friedrichs II. verwendet. Fertigstellung erst 1766. Seit 1810 Universität, in der Folgezeit mehrfach umgestaltet, 1913/20 von Ludwig Hoffmann die Seitenflügel um Binnenhöfe auf die Breite der Stirnbauten gebracht und Erweiterung durch rückwärtige Flügel bis zur Clara-Zetkin-Straße. Im zweiten Weltkrieg schwer beschädigt und teilweise ausgebrannt, nach 1950 wiederhergestellt.
Breitgelagerte Dreiflügelanlage mit großem Ehrenhof

Linke Seite: Humboldt-Universität (ehemals Palais des Prinzen Heinrich), oben Ansicht aus dem Schmettauschen Plan von 1748, unten Aufnahme vom Bebelplatz aus gesehen, links die Alte Bibliothek, rechts die Deutsche Staatsoper

Rechte Seite: Humboldt-Universität, Mittelbau des Corps de Logis

zur Straße Unter den Linden, der östliche Seitenflügel auf die gegenüberliegende Staatsoper bezogen. Die streng gegliederten dreigeschossigen Fronten in den Formen der Knobelsdorff-Schule; geböschtes Sockelgeschoß, Putzquaderung, Abschluß durch Attika. Das Corps de Logis durch einen vortretenden fünfachsigen Mittelbau mit korinthischen, die beiden Obergeschosse verbindenden Kolossalsäulen und Balkon kräftig betont, Risalite an den breiten siebenachsigen Stirnbauten der Seitenflügel durch Kolossalpilaster gegliedert. Attikaplastik 1749/53 von Johann Peter Benckert und Johann Gottlieb Heymüller, durch Kriegszerstörung reduziert, die ursprünglichen Figuren auf dem Mittelbau zusammengefaßt, über den Seitenrisaliten Attikafiguren des ehem. Potsdamer Stadtschlosses, um 1745 von Johann August Nahl u. a. Die Schlußsteinköpfe über den Hauptgeschoßfenstern der Risalite klassizistische Zutaten der Zeit um 1809. Am Eingang zum Ehrenhof zwei Wachhäuschen mit bekrönenden Puttengruppen, letztere vermutlich von Johann Peter Benckert; schönes Hofgitter, z. T. verändert. Die Hoffmannschen Erweiterungstrakte in den Formen des friderizianischen Baues gehalten. – Das Innere, das im Mittelbau den aus der Erbauungszeit stammenden Festsaal bis zur Kriegszerstörung enthielt, modern ausgestaltet; im Treppenhaus bronzene Karl-Marx-Büste von Will Lammert.

Auf dem Universitätsgelände DENKMÄLER berühmter Gelehrter:

An den Linden beidseitig des Einganges die Marmordenkmäler der Gebrüder v. Humboldt, links Wilhelm v. Humboldt (1767–1835), rechts Alexander v. Humboldt (1769–1859), zusammen 1883 aufgestellt. Das Denkmal Wilhelm v. Humboldts von Paul Otto, in staatlichem Auftrag geschaffen, stellt den Sprachforscher sitzend auf einem antikisierenden Thron mit einem Buch als Attribut dar, die Sockelreliefs zeigen allegorische Darstellungen (Archäologie, Rechtswissenschaft, Philosophie). Das Denkmal Alexander v. Humboldts von Reinhold Begas, aufgrund von Spendensammlungen ermöglicht und zunächst anders konzipiert, dann aber dem des Bruders angeglichen, zeigt den Naturforscher und Weltreisenden mit exotischer Pflanze und Globus als Attributen, die Sockelreliefs mit allegorischen Darstellungen zu den Naturwissenschaften.

Linke Seite: Humboldt-Universität, Wachhäuschen am Eingang zum Ehrenhof

Rechte Seite: Denkmäler für Wilhelm und Alexander v. Humboldt, vor der Humboldt-Universität beidseitig des Einganges zum Ehrenhof

Dorotheenstadt

der Rauch-Tradition Darstellung des Gelehrten als jugendlicher Forscher mit Bücherstapel.
Hinter der Universität, Clara-Zetkin-Straße/Hegelplatz: Kolossalbüste des Philosophen Georg Wilhelm Friedrich Hegel (1770–1831), Bronze, 1872 von Gustav Bläser.

Linke Seite: Humboldt-Universität, Westflügel an der Universitätsstraße, Denkmäler für Hermann Helmholtz und Theodor Mommsen

Rechte Seite: Deutsche Staatsoper von Nordwesten, davor das Denkmal Friedrichs II.; Opernhaus und Hedwigskirche, Kupferstich von Jean Laurent Legeay, 1747

Vor dem Westflügel, an der Universitätsstraße: Marmorstandbild des Physikers und Physiologen Hermann Helmholtz (1821–1894), 1899 von Ernst Herter, ursprünglich vor dem Haupteingang im Ehrenhof aufgestellt. Standfigur in dozierender Darstellung. Marmordenkmal für den Historiker und Juristen Theodor Mommsen (1817–1903), 1909 von Adolf Brütt, die archaisierende Darstellung bei Verzicht auf jegliche Attribute ganz auf das expressive Haupt gerichtet. Ursprünglich ebenfalls für den Ehrenhof bestimmt, wohl auch daher in Anlehnung an die Humboldt-Denkmäler als Sitzfigur dargestellt.
Vor dem Ostflügel, am ursprünglichen Standort: Bronzestandbild des Chemikers Eilhard Mitscherlich (1794–1863), 1894 von Carl Ferdinand Hartzer, in

DEUTSCHE STAATSOPER Unter den Linden 7. Erbaut 1741/43 von Georg Wenzeslaus v. Knobelsdorff als Opern- und Festhaus in Zusammenhang mit einer großartigen Residenzanlage für Friedrich II. (sog. Forum Fridericianum), 1742 eingeweiht. Als erstes frei stehendes Theater in Deutschland und Frankreich einer der modernsten und meistbewunderten Bauten der Zeit. Durch Carl Gotthard Langhans d. Ä. 1788 modernisiert, 1843/44 nach Brand wiederaufgebaut von Carl Ferdinand Langhans d. J. unter Wahrung der äußeren Gestalt, mit prächtigem spätklassizistischem Inneren. Im zweiten Weltkrieg 1941 und bald nach Wiederherstellung 1945 erneut zerstört. Der Wiederaufbau 1952/55 nach Entwurf von Richard Paulick unter weitgehender Erhaltung des Äußeren, der Auf-

Dorotheenstadt

tums; ausgeführt unter Leitung von Johann August Nahl, beteiligt auch Friedrich Christian Glume und Benjamin Giese. Das Giebelrelief der Hauptfront Neuschöpfung 1844 von Ernst Rietschel, Zinkguß. Das Giebelrelief des rückseitigen Risalits von Benjamin Giese, noch im originalen Zustand.

Das Innere, im Gegensatz zum Außenbau ursprünglich in den Formen des Rokoko gehalten, aus dem

Linke Seite: Deutsche Staatsoper, Apollosaal und rückseitiger Risalit mit Giebelrelief

Rechte Seite: Deutsche Staatsoper, Eingangsfront an der Straße Unter den Linden

bau und die Verbreiterung des Bühnenhauses gegenüber früheren Veränderungen in der Formensprache Knobelsdorffs gehalten.

Langgestreckter Rechteckbau mit Attika, dreigeschossig in Sockelgeschoß und zwei Obergeschosse gegliedert. Die Langseiten und die Rückseite durch flache Risalite betont. An der Eingangsfront Unter den Linden ein sechssäuliger Giebelportikus korinthischer Ordnung mit seitlichen Treppenaufgängen, von klassizistischen Strömungen englischer Architektur der Palladio-Nachfolge beeinflußt. Reicher Relief- und Skulpturenschmuck, das Programm Apoll und den Musen gewidmet, auf Musik, Poesie und Theater bezogene Götter sowie Helden und Dichter des klassischen Alter-

vestibülartigen Apollosaal, dem Zuschauerraum mit drei Rängen und dem langgestreckten Bühnenraum bestehend; für Festlichkeiten konnte das Parkett des Zuschauerraumes durch Winden auf die Ebene des Bühnenraumes gehoben werden. Bei der Wiederherstellung 1952/55 diese Dreiteilung beibehalten unter Berücksichtigung der Anforderungen, die an ein modernes Opernhaus zu stellen sind, dabei der dreirangige Zuschauerraum und der festliche Apollosaal in Anlehnung an Formen und Stilempfinden der Knobelsdorff-Zeit neu gestaltet.

Bemerkenswerte Bibliothek sowie umfangreiche Sammlungen zur Geschichte der Deutschen Staatsoper und der ehem. Preußischen Staatstheater.

HEDWIGSKIRCHE (Kathedrale des Bistums Berlin), im Anschluß an die Staatsoper an der Südostecke des Bebelplatzes. Erbaut seit 1747 als Kirche der katholischen Gemeinde in Anlehnung an das Pantheon in Rom nach Ideen Friedrichs II. und Plänen von Georg Wenzeslaus v. Knobelsdorff, Ausführung durch Johann Boumann; die Entwürfe 1747 von Jean Laurent Legeay in einer Stichfolge veröffentlicht (Abb. S. 169). Fertigstellung nach Verzögerungen erst 1773. Kreisrunder Zentralbau unter hoher Kuppel, mit giebelbekröntem Säulenportikus an der zum Platz gewendeten Eingangsfront und ebenfalls überkuppeltem rückwärtigem Kapellenanbau. Auf dem Giebel des Portikus Hedwigsgruppe, 1773 von Wilhelm Christian Meyer d. Ä. (beschädigt), der übrige Skulpturenschmuck, ein christologisches Programm, erst im 19. Jh. ausgeführt: Supraportenreliefs nach Entwürfen von Georg Franz Ebenhech 1837 von Theodor W. Achtermann, von diesem auch das Modell zum Giebelrelief, vollendet 1897 von Nikolaus Geiger. Der Bau 1884/87 von Max Hasak verändert. 1943 ausgebrannt, Wiederaufbau 1952/63 nach Entwürfen von Hans Schwippert, das Äußere mit in der Umrißlinie veränderter Stahlbetonkuppel, das weiträumige Innere in modernen Formen unter Benutzung des historischen Raumgefüges (gekuppelte Kolossalsäulen) und räumlicher Einbeziehung der ehem. Krypta mit Radialkapellen als Unterkirche (darin die Gräber der Berliner Bischöfe und des Dompropstes Bernhard Lichtenberg). Die Fassung der Oberkirche um 1978 im Zusammenhang mit dem Einbau der Orgel z. T. verändert.

Linke Seite: Hedwigskirche, Reliquiar mit Statuette der hl. Hedwig und Strahlenmonstranz

Rechte Seite: Hedwigskirche, Hauptansicht vom Bebelplatz

Einbauten und Ausstattung modern. – An der Altarsäule zwischen Ober- und Unterkirche Petrusfigur, Holz, sienesisch um 1340. Schnitzfigur einer Mondsichelmadonna, südwestdeutsch um 1510/20, mit alter Fassung. Schnitzfigur einer Pietà, um 1420. Drei barocke Schnitzfiguren: Hedwig, wohl schlesisch um 1720/30; zwei Bischöfe, um 1700. Hedwigsreliquiar in Statuettenform, 1513 von Andreas Heidecker, Breslau. Strahlenmonstranz mit figürlichem und ornamentalem Dekor sowie Steinbesatz, böhmisch um 1720/30, der Fuß neubarock.

BANKGEBÄUDE (Staatsbank der DDR, Berliner Stadtkontor) Behrenstraße 37/39, mit der Fassade auf den Bebelplatz bezogen und damit das Forum Fridericianum nach Süden begrenzend; die ursprüngliche Platzbegrenzung bildete eine Wohnhauszeile. 1887/89 von Ludwig Heim für die Dresdner Bank errichtet. Monumentale werksteinverkleidete Fassade in den strengen Formen der römischen Hochrenaissance, ursprünglich von neun Achsen mit dreiachsigem Mittelrisalit, später nach Westen verlängert und der Risalit auf fünf Achsen erweitert. Die 1923 aufgesetzten Attikageschosse

Dorotheenstadt

1952 bei der Rekonstruktion des Platzes wieder entfernt. Auch der Seitenflügel entlang der Hedwigskirchgasse ähnlich dem Hauptbau, etwas später als dieser in die bestehende Form gebracht, der rückwärtige neunachsige Trakt an der Französischen Straße (Nr. 35) in den beiden Obergeschossen durch die Kolossalsäulen und die Eckpilaster, die das mächtige Hauptgesims mit Attikageschoß tragen, von monumentaler Wirkung. – Anschließend an die Hauptfassade zum Bebelplatz die ehem. Pommersche Hypotheken-Aktienbank (Staatsbank), Behrenstraße 35 und Wilhelm-Külz-Straße. 1895/97 von Wittling & Güldner erbaut, die werksteinverkleideten Fassaden von Wilhelm Haupt, am vierachsigen Trakt zur Behrenstraße der Fassade der ehem. Dresdner Bank in der allgemeinen Gliederung angenähert.

ALTE BIBLIOTHEK (Institutsgebäude der Humboldt-Universität) gegenüber der Staatsoper, die Westseite des Bebelplatzes begrenzend, ursprünglich als Königliche Bibliothek zur Aufnahme der 1661 unter Kurfürst Friedrich Wilhelm im Berliner Stadtschloß eingerichteten und in der Folgezeit wesentlich erweiterten Büchersammlungen bestimmt. Erbaut im Auftrag Friedrichs II. 1775/80 nach Plänen von Georg Christian Unger unter Zugrundelegung eines um 1725 entstandenen Entwurfs von Joseph Emanuel Fischer v. Erlach für den Michaelertrakt der Wiener Hofburg, Ausführung durch Georg Friedrich Boumann d. J. Einer der stattlichsten, frei stehenden Bibliotheksbauten des 18. Jh. im nördlichen Deutschland, in der Wiederaufnahme von Formen des Barock bezeichnend für den Spätstil der friderizianischen Architektur. 1945 ausgebrannt, Wiederherstellung 1965/69.

Die barock geschwungene, der klassizistisch strengen Staatsoper zugewendete Hauptfassade viergeschossig, die beiden unteren Geschosse als Gebäudesockel genutzt, die oberen durch korinthische Kolossalpilaster zusammengefaßt und wirkungsvoll akzentuiert durch die Freisäulen am Mittelrisalit und den segmentbogig sich vorrundenden Seitenrisaliten. Auf der abschließenden Balustradenattika plastische Aufsätze und Figurenschmuck von Wilhelm Christian Meyer d. Ä. – Das Innere modern ausgebaut, im Lesesaal farbiges Glasfenster von Frank Glaser, dem Aufenthalt Lenins in diesem Gebäude 1895 gewidmet. Das schmiedeeiserne Rokokogeländer des Treppenhauses ehemals in einem Bürgerhaus in der Brüderstraße.

Linke Seite: Bankgebäude Behrenstraße 35/39, Fassade zum Bebelplatz und rückseitige Fassade Französische Straße

Rechte Seite: Alte Bibliothek, Fassade zum Bebelplatz

*Linke Seite:
Denkmal
Friedrichs II.,
Ansicht von Südosten*

*Rechte Seite:
Altes Palais,
Fassade zur Straße
Unter den Linden*

ALTES PALAIS (ehem. Palais Kaiser Wilhelms I., heute Institutsgebäude der Humboldt-Universität) Unter den Linden 9, Ecke Bebelplatz. Im späten 17. Jh. Wohnhaus des Obristleutnants Weiler. Nach mehrfacher Umgestaltung Palais der Markgrafen von Schwedt, seit 1829 im Besitz des Prinzen Wilhelm, des späteren ersten deutschen Kaisers. Für ihn Ausgestaltung des Inneren 1828/29 durch Karl Friedrich Schinkel. 1834/37 Neubau als Stadtpalais des Prinzen von Carl Ferdinand Langhans, mit ausgedehnten rückwärtigen Trakten bis zur Behrenstraße. 1943 ausgebrannt, das Vordergebäude 1962/63 wiederhergestellt. – An der Schmalseite zum Bebelplatz Gedenktafel an die Bücherverbrennung 1933.

Zweigeschossiger rechteckiger Putzbau mit Mezzaningeschoß von dreizehn Achsen, im rechten Winkel an die Alte Bibliothek angrenzend. Die Fassade in strengen klassizistischen Formen, durch säulengetragenen Balkon und Auffahrtsrampe vor dem Hauptportal betont. Am Mezzanin allegorischer Statuenschmuck und Wappenschilder, nach Modellen von Ludwig Wichmann in Terrakotta ausgeführt von der Firma Tobias Feilner. Gußeiserne Rampengeländer und Kandelaber. – Die ehem. prachtvollen Wohn- und Festräume im zweiten Weltkrieg zerstört, das Innere jetzt modern ausgebaut.

DENKMAL König Friedrichs II. Schon zu Friedrichs Lebenszeit Beginn der Planungsgeschichte. An ihrem langen und wechselvollen Verlauf außer den königlichen Auftraggebern dreier Generationen beteiligt etwa vierzig Künstler, als namhafteste Carl Gotthard Langhans, Friedrich Gilly, Gottfried Schadow und Karl Friedrich Schinkel. Anfangs als Architekturdenkmal geplant und für verschiedene Standorte vorgesehen, 1836 mit dem Auftrag an Christian Daniel Rauch endgültig auf den Typ des Reiterstandbildes in der Straße Unter den Linden festgelegt. Von Rauch Entwurf und Modell, der Bronzeguß von der Königlichen Eisengießerei ausgeführt. Grundsteinlegung 1840, Enthüllung des Denkmals 1851.

Rauchs bedeutendste und populärste Schöpfung, zugleich Vorbild für ungezählte Fürstendenkmäler des Historismus bis in den Beginn des 20. Jh. Nach dem zweiten Weltkrieg nach Potsdam verbracht und 1962 im Hippodrom nahe Schloß Charlottenhof aufgestellt. Seit 1980 wieder auf der Straße Unter den Linden, aus

technischen Gründen jedoch etwa 6 m östlich vom ursprünglichen Standort.
Über einem Sockel aus geschliffenem und poliertem Granit hohes, dreifach abgestuftes Postament. Auf der unteren Stufe Widmungs- und Namensinschriften. Auf der breiten Mittelstufe lebensvolle Darstellung von Friedrichs berühmtesten Zeitgenossen in Preußen – Staatsmännern, Gelehrten und Künstlern, hauptsächlich aber Offizieren und Generälen aus seinen Feldzügen –, sämtliche Figuren wenig unterlebensgroß, vorn zu vollplastischen Gruppen geordnet, die Hintergrundfiguren im Relief, die Reiter frei vor den Ecken auf der volutengetragenen Deckplatte der unteren Stufe. Die schmale obere Stufe mit reliefierten Szenen aus dem Leben des Königs – glorifizierend, mit den vier Kardinaltugenden als Sitzfiguren an den Ecken. Bekrönung des insgesamt 13,5 m hohen Denkmals das kolossale Reiterbild des Königs in Uniform und umgehängtem Krönungsmantel, gleichsam in sein Berliner Forum einziehend.

Ehem. GOUVERNEURSGEBÄUDE (Institutsgebäude der Humboldt-Universität) Unter den Linden 11. Ursprünglich an dieser Stelle das kriegszerstörte Niederländische Palais, 1753 von Andreas Krüger

178 Stadtbezirk Mitte

erbaut. Der bestehende Bau 1963/64 errichtet unter Verwendung von Gliederungselementen des ehem. Gouverneursgebäudes in der Rathausstraße, Ecke Jüdenstraße, 1721 von Friedrich Wilhelm Dieterichs unter Mitarbeit von Martin Heinrich Böhme, um 1960 bei der Neubebauung der Rathausstraße abgetragen. – Dreigeschossige Putzfassade, die mittlere Portalachse über der Freitreppe durch Portal, Balkon und rahmenden plastischen Schmuck am Fenster darüber akzentuiert.

DEUTSCHE STAATSBIBLIOTHEK (ehem. Preußische Staatsbibliothek) Unter den Linden 8. Anstelle des E. 17. Jh. errichteten, nach Brand um M. 18. Jh. veränderten Neuen Marstalls, der gleichzeitig zum Sitz der 1696 bzw. 1701 gegründeten Akademien der Künste bzw. der Wissenschaften bestimmt worden war. Nach Entwurf von Ernst v. Ihne 1903/14 erbaut, zugleich für die Aufnahme der Universitätsbibliothek (Clara-Zetkin-Straße 27) und für die Akademie der Wissenschaften angelegt. Bedeutendste wissenschaftliche Bibliothek der DDR; zu ihren Beständen gehören u. a. auch zahlreiche bemerkenswerte Porträts und Porträtplastiken und eine umfangreiche Sammlung von Plänen und Stadtansichten.

Ausgedehnter rechteckiger Komplex um mehrere Binnenhöfe, wie der Vorgängerbau zwischen Universi-

Linke Seite: Ehem. Gouverneurshaus, Mittelteil der Fassade; Deutsche Staatsbibliothek, Hof

Rechte Seite: Deutsche Staatsbibliothek, Fassade zur Straße Unter den Linden

tätsstraße und Charlottenstraße bis zur Clara-Zetkin-Straße reichend. In historisierenden Formen eines klassisch geprägten Barock, z. T. an einheimische Bautraditionen anknüpfend, charakteristisch für den Repräsentationsstil der wilhelminischen Zeit. Monumentale sandsteinverkleidete Fronten von drei Geschossen: über rustiziertem Sockel die beiden Hauptgeschosse mit korinthischer Kolossalordnung, vor dem steilen Dach Attika. Die Fassaden belebt durch Haupt- und Nebenrisalite, der Hauptrisalit der Linden-Fassade mit Halbsäulen und Dreiecksgiebel, das Giebelrelief von Hermann Feuerhahn. Fassadenplastik von Otto Lessing und Robert Schirmer. – In der Mittelachse die Haupt- und Repräsentationsräume angeordnet: Im Lindenflügel loggienartige Eingangshalle mit darübergelegenem Festsaal (Karl-Marx-Saal). Es folgt ein Ehrenhof mit Springbrunnen in der Mitte und anschließend der Hauptflügel, wiederum durch übergiebelten

180   Stadtbezirk Mitte

Risalit in der Mitte hervorgehoben, mit Treppenhaus und Vestibül sowie ursprünglich großartigem oktogonalem Kuppellesesaal, letzterer kriegszerstört. Anschließend die ebenfalls zerstörten Säle der Universitätsbibliothek. – Im Ehrenhof Bronzestatue »Lesender Arbeiter« sowie gegenüber Bronzetafel mit Brechts Gedicht »Fragen eines lesenden Arbeiters« sowie vielfigurigen Reliefszenen dazu, von Werner Stötzer, 1961 aufgestellt aus Anlaß der Dreihundertjahrfeier der Bibliotheksgründung (1661 hatte Kurfürst Friedrich Wilhelm eine erste Büchersammlung im Berliner Stadtschloß einrichten lassen). – Im Treppenhaus Bronzebildwerk »Lesendes Mädchen« von Eugen Fellini, aus der Bauzeit.

GESCHÄFTSHAUS (Bulgarisches Kulturzentrum, Reisebüro) Unter den Linden 10, Ecke Charlottenstraße bis zur Mittelstraße. 1865/76 als Hotel de Rôme errichtet, nach 1910 von Berndt & Lange zum Geschäftshaus umgebaut, in den klassizistischen Formen des frühen 20. Jh. Fünfgeschossiger Komplex von drei zu fünfzehn Achsen, mit der Schmalseite zu den Linden gewendet. Über dem gequaderten Erdgeschoß die drei Obergeschosse durch Kolossalpilaster bzw. -säulen zusammengefaßt, darüber Attikageschoß mit Skulpturen- und Reliefschmuck. Starke Kriegsschäden noch an den Fassaden zur Charlottenstraße und zur Mittelstraße.

GESCHÄFTSHAUS (u. a. Amt für Außenwirtschaftsbeziehungen) Unter den Linden 12. 1909/10 von Max Grünfeld mit Anklängen an klassizistische Formen errichtet. Fünfgeschossige Sandsteinfassade, die drei Obergeschosse jeder Achse vertikal zusammengefaßt, das Attikageschoß durch flachen Dreiecksgiebel abgeschlossen.

VERWALTUNGSGEBÄUDE (IDFF) Unter den Linden 13. Ursprünglich als Hotel errichtet, 1889/91 von Ende & Böckmann zum Bürogebäude der ehem. Diskonto-Gesellschaft umgebaut. Viergeschossiger barockisierender Bau von fünf Achsen, mit rotem Sandstein verkleidet, die mittleren drei Achsen der beiden oberen Geschosse leicht zurückgesetzt und durch Kolossalordnung zusammengefaßt.

VERWALTUNGSHAUS (Zentralbibliothek der Gewerkschaften) Unter den Linden 15, Ecke Charlottenstraße, 1922/25 von Bielenberg & Moser als letzter Erweiterungsbau des umfangreichen Gebäudekomplexes der ehem. Diskonto-Gesellschaft zwischen der Straße Unter den Linden und Behrenstraße (s. S. 194) errichtet. Die Fassade zur Straße Unter den Linden von zwölf schmalen Achsen, über rustiziertem Erd-

Linke Seite: Geschäftshäuser Unter den Linden 10 (rechts, Bulgarisches Kulturzentrum) und 12; Deutsche Staatsbibliothek, Hof, Relieftafel zu Brechts Gedicht »Fragen eines lesenden Arbeiters«

Rechte Seite: Geschäftshaus (»Haus der Schweiz«) Unter den Linden 24, Ecke Friedrichstraße

Dorotheenstadt

geschoß drei Obergeschosse, darüber, leicht zurückgesetzt, zwei Attikageschosse; mit Werksteinplatten verkleidet, in den sachlichen Formen der Architektur der zwanziger Jahre.

GESCHÄFTSHAUS (u. a. Buchhandlung) Unter den Linden 17. 1902 von Carl Gause erbaut. Fünfgeschossiger, zur Charlottenstraße teilweise viergeschossiger Bau, die Sandsteinfassaden mit reichem historisierendem Dekor sowie Skulpturen.

GESCHÄFTSHAUS (»Haus der Schweiz«) Unter den Linden 24, Ecke Friedrichstraße 155/156. 1936 von E. Meier aus Appenzell. Sechsgeschossiger Stahlskelettbau mit rundbogigen Kolonnaden zur Friedrichstraße, die Fassaden flächig in Muschelkalkstein verkleidet. Das oberste Geschoß, in Anlehnung an den Nachbarbau, als Attikageschoß ausgebildet. An der Ecke zur Straßenkreuzung, in Höhe des ersten Obergeschosses, Bronzefigur Wilhelm Tells.

GESCHÄFTSHAUS (u. a. Außenhandelsbank) Unter den Linden 26. 1912 von Bielenberg & Moser für die Preußische Central-Bodenkredit-AG erbaut. Fünfgeschossige Werksteinfassade von fünf Achsen, das Erdgeschoß mit Rundbogenöffnungen, die Obergeschosse durch Kolossalpilaster zusammengefaßt, darüber Attikageschoß. Am ersten Obergeschoß Balkonbrüstungen mit Reliefs, Symbole für Handel und Gewerbe.

GESCHÄFTSHAUS Unter den Linden 28/30. Um 1914 von Bielenberg & Moser. Fünfgeschossige Werksteinfassade von fünf Achsen. Das Erdgeschoß mit Quaderung, die Obergeschosse der drei mittleren Achsen leicht zurückgesetzt und durch toskanische Wandsäulen miteinander verbunden; abschließendes Attikageschoß. Das breite Gebälk mit zartem ägyptisierendem Relieffries.

FDJ-ZENTRALRAT Unter den Linden 36/38. Als Bürohaus »Zollernhof« 1910/11 von Kurt Berndt (Gesamtentwurf) erbaut, Gestaltung der Fassade, des Vestibüls und des Haupttreppenhauses von Bruno Paul. Der ursprünglich sechsachsige Bau (Nr. 38) in gleicher Gestaltung 1938 um sechs Achsen nach Osten erweitert, dabei der Figurenschmuck des Attikageschosses in die Mitte gerückt. – Fünfgeschossiger Stahlskelettbau mit rückwärtigen, bis zur Mittelstraße sich erstreckenden Flügeln. Die durch Natursteinplatten verkleidete blockhafte Fassade faßt je ein Schaufenster im Erdgeschoß und je ein Fensterpaar in den drei Obergeschossen durch senkrechte Rahmung zusammen, darüber Attikageschoß. Der Dekor zurückhaltend mit Anklängen an den Zopfstil. Vestibül und Treppenhaus heute verändert.

GESCHÄFTSHAUS (Botschaften) Unter den Linden 40. 1907 von Berndt & Lange als Verwaltungsgebäude der Internationalen Schlafwagengesellschaft erbaut, mit Hofumbauung und bis zur Mittelstraße sich erstreckendem Seitenflügel. Fünfgeschossige Werksteinfassade von sieben Achsen, die beiden unteren Geschosse zu einer Sockelzone zusammengefaßt, die drei Obergeschosse mit Kolossalpilasterordnung; reicher vegetabilischer Dekor vor allem an der Portalzone und an dem breiten Gebälk. Die schmale dreiachsige Fassade zur Mittelstraße (Nr. 43) in den Obergeschossen durch Kolossalpilaster zusammengefaßt (s. auch S. 203).

Linke Seite: Geschäftshäuser Unter den Linden 28/30 und Unter den Linden 26

Rechte Seite: Gebäude des FDJ-Zentralrates Unter den Linden 36/38 und Geschäftshaus Unter den Linden 40

BOTSCHAFT der UdSSR Unter den Linden 63/65. Anstelle der kriegszerstörten Russischen bzw. Sowjetischen Botschaft (1765 von Johann Boumann, 1840 von Eduard Knoblauch verändert, Abb. S. 141) unter Hinzunahme anschließender Grundstücke 1950/53 erbaut nach Plänen des Kollektivs A. Stryshewski, Lebedinskij, Sichert und F. Skujin. Viergeschossige Ehrenhofanlage, der blockhafte, den Haupteingang enthaltende Mittelbau abgeschlossen durch Wappenfries, darüber quadratische Laterne, zu der vier Sandsteinskulpturen vermitteln.

BÜROGEBÄUDE (Handelsinformation) Unter den Linden 67. 1908 erbaut als Ersatz eines um 1800 errichteten Bürgerhauses (Wohnhaus Schinkels 1821/36). Fünfgeschossige Werksteinfassade von sieben Achsen mit risalitartig ausgebildeten Eckachsen und zurückhaltendem Dekor in klassizierenden Formen.

BRANDENBURGER TOR Abschluß der Straße Unter den Linden, am »Quarré«, dem späteren (seit 1814) Pariser Platz, anstelle eines schlichten Vorgängerbaues, ursprünglich in den Verlauf der um 1735 errichteten Akzisemauer einbezogen. Entwurf 1788 von Carl Gotthard Langhans, Ausführung 1789/91, Teile der Bauplastik und die Quadriga von Johann Gottfried Schadow erst 1793 fertiggestellt. 1867/68 Umgestaltung der flankierenden Winkelbauten durch Johann Heinrich Strack. 1944/45 schwer beschädigt, Wiederherstellung 1956/58.

Einziges erhaltenes Stadttor Berlins, Hauptwerk Carl Gotthard Langhans'; erstes bedeutendes Werk des Berliner Klassizismus, und zwar eines von dem griechischen Altertum (Propyläen in Athen) geprägten Klassizismus. Durch seine bevorzugte Stellung zwischen der Straße Unter den Linden und dem Tiergarten von einer städtebaulich überragenden Funktion und schon dadurch von den etwa gleichzeitig errichteten ehem. Toren im Norden Berlins unterschieden, aber auch von Anfang an durch eine symbolhafte Bedeutung besonders hervorgehoben: 1791 Friedenstor genannt, symbolisiert es in dem reichen bildhauerischen Schmuck das Ende der durch Kriege gekennzeichneten friderizianischen Epoche.

Monumentaler Sandsteinbau mit fünf Durchfahrten, diese durch Mauern voneinander getrennt (die mittlere Durchfahrt etwas breiter), deren Stirnseiten zu den Linden wie auch zum Tiergarten von dorischen Säulen verdeckt werden. Über den Säulen dorisches Gebälk und hohe Attika, deren Mitte, als Sockel für die bekrönende Quadriga, risalitartig und durch seitliche Abstufungen hervorgehoben ist. Die flankierenden Win-

Linke Seite: Botschaft der UdSSR Unter den Linden 55/65, Mittelbau mit Ehrenhof

Rechte Seite: Brandenburger Tor in seiner ersten Anlage, Radierung von D. Chodowiecki; Brandenburger Tor von der Straße Unter den Linden aus gesehen, aquarellierte Zeichnung von F. Calau, um 1820; Brandenburger Tor vom Tiergarten aus gesehen, Stich nach Zeichnung von L. Serrurier, um 1800

kelbauten (einst Steuereinnahme- und Wachgebäude) an den Stirnseiten zu den Linden durch dorische Tempelfronten verkleidet; bei der Veränderung durch Johann Heinrich Strack 1867/68, bedingt durch den Abriß der Akzisemauer, wurden in den an das Tor unmittelbar anschließenden Teilen Durchgänge für den

*Linke Seite:
Brandenburger Tor,
Attikarelief (Detail),
eines der
Relieffelder
in den Durchfahrten
und Statue des Mars*

*Rechte Seite:
Brandenburger Tor
von der Straße
Unter den Linden*

Fußgängerverkehr angelegt und die Torhäuser nach Westen und an den Seiten mit offenen Säulenhallen versehen.

Der bildhauerische Schmuck unter Schadows Leitung und weitgehend nach seinen Entwürfen (Originalteile z. T. in der Skulpturenabteilung der Staatlichen Museen). An den Innenseiten der Durchfahrten insgesamt zwanzig Reliefs mit den Taten des Herkules (jeweils ein Rundfeld und darunter ein rechteckiges Feld), ausgeführt von verschiedenen Künstlern, u. a. Emanuel Bardou, Christian Sigismund Bettkober, Christian Eckstein, Friedrich Elias Meyer, Gebrüder Ränz und Gebrüder Wohler. Darüber, am Gebälk, zweiunddreißig Metopen mit Kampfszenen zwischen Lapithen und Kentauren, in Anknüpfung an die Metopen des Parthenons in Athen. Das große Attikarelief unterhalb der Quadriga, nach Entwurf von Schadow von Johann Christian Unger und Conrad Boy ausgeführt, mit Darstellung der Siegesgöttin als Friedensbringerin. Der Idee des Friedens verpflichtet auch die Statuen des Mars, sein Schwert in die Scheide steckend (nach Entwurf Schadows ausgeführt von Boy), und der Minerva (von Johann Daniel Meltzer), ursprünglich an der Lindenseite in Nischen der flankierenden Winkelbauten, nach dem Umbau von 1867/68 in die Seitenhallen versetzt.

Linke Seite:
Brandenburger Tor,
Quadriga

Rechte Seite:
Kopf eines Pferdes
der Quadriga (im
Märkischen
Museum);
Monbijou-Brücke
am Kupfergraben

Die bekrönende Quadriga mit der Siegesgöttin, von etwa 5 m Höhe, nach Schadows Entwurf 1790/93 in Kupfer getrieben von Emanuel Jury, Pierre Etienne Noré und Köhler, die Pferde nach Holzmodell der Gebrüder Wohler. 1806 von Napoleon als Siegesbeute nach Paris verbracht, 1814 wieder auf dem Tor aufgestellt. Im zweiten Weltkrieg bis auf geringe Reste (Kopf eines Pferdes, heute im Märkischen Museum) zerstört; 1956/58 in der Werkstatt Hermann Noack rekonstruiert.

Am Kupfergraben
Uferstraße am westlichen Spreearm (Kupfergraben); ihre Fortsetzung, nach erfolgter Vereinigung des Spreearmes mit der Spree, ist die zur Friedrichstraße führende Straße Am Weidendamm.
Im 18. Jh., nach Regulierung des Spreearmes, entstanden im südöstlichen Teil der Uferstraße Wohnhäuser, von denen sich das palaisartige Haus Kupfergraben 7 erhalten hat. Im nordwestlichen Teil und auf den damaligen Wiesen des Weidendammes wurden 1773 von Boumann d. Ä. Kasernen erbaut, die in ihren Nachfolgebauten aus dem späten 19. Jh. noch heute bestehen, ferner befanden sich hier auch die Ställe des Regimentes Gens d'Armes, die bis 1773 auf dem Gendarmenmarkt (heute Platz der Akademie) standen und dort im Zusammenhang mit dem Bau der Kuppeltürme der Deutschen und Französischen Kirche abgerissen worden waren.

MONBIJOU-BRÜCKE Verbindung zwischen der Straße Am Kupfergraben und der Monbijoustraße in der Spandauer Vorstadt, den westlichen Spreearm (Kupfergraben) und die Spree an der Stelle überspannend, wo diese wieder zusammenfließen. Eine erste Brücke hier 1776 angelegt (Kleine Weidendammer Brücke, später auch Mehlbrücke genannt, nach dem Mehlhaus). – Die bestehende Brücke im Zusammen-

Dorotheenstadt 189

hang mit dem Bau des heutigen Bode-Museums bis 1904 nach Entwurf von Ernst v. Ihne erbaut; der die Spree überspannende Teil im zweiten Weltkrieg zerstört und um 1950 provisorisch als schmale Fußgängerbrücke ergänzt. Die erhaltenen Teile, der den Kupfergraben in einem Bogen überspannende Abschnitt und die platzartige Erweiterung auf dem nordwestlichen Ausläufer der Museumsinsel vor dem Museumseingang, sandsteinverkleidet den Formen des Museums angeglichen, mit plastischem Schmuck und barockisierender Balusterbrüstung; beidseitig an den Zugängen Säulen mit Kugellampen, die Basen und Kapitele reich verzierte Bronzegüsse.

WOHNHAUS Am Kupfergraben 5 (verschiedene Einrichtungen der Humboldt-Universität). Ursprünglich dreigeschossiger Putzbau des frühen 19. Jh., mit gliedernden Kolossalpilastern, rahmenumzogenen Fenstern und profiliertem Hauptgesims, im letzten Viertel des 19. Jh. aufgestockt und in Formen der Neurenaissance mit ornamentalem Relieffries, Pilasterpaaren sowie fensterbekrönenden Lünetten in Muschelform verziert. Im zweiten Weltkrieg vier von sechs Achsen zerstört, 1977/82 wiederhergestellt. Aus der Bauzeit erhalten die gewundene Treppe mit ovalem Auge und reich beschnitzter Wange. Zum Hof zwei dreigeschossige Flügel, der südliche mit Galerien. Das Haus irrtümlicherweise als Wohnhaus Hegels bezeichnet; Hegel wohnte bis zu seinem Tode 1831 in dem benachbarten (zerstörten) Haus Nr. 4a.

WOHNHAUS Am Kupfergraben 6. Vor oder um M. 19. Jh. errichteter viergeschossiger Putzbau von sechs Achsen, gegliedert durch ein Rahmenwerk aus lisenenartigen Streifen und stärker betonten Gurtgesimsen, die Fenster darin mit schlichten Faschen und waagerechten Verdachungen, das abschließende Traufgesims auf Konsolen. Im Inneren erhalten die Treppe aus der Bauzeit. – Gleichzeitig und in den gleichen Formen das Nachbarhaus Nr. 6a, nach Kriegsschäden unvollständig wiederhergestellt. Im Inneren erhalten die gewundene Treppe mit ovalem Auge, im Hausflur zwei Medaillons mit den Allegorien des Tages und der Nacht, Abgüsse nach Schadow.

WOHNHAUS Am Kupfergraben 7. Erbaut um 1753 wahrscheinlich nach Entwurf von Georg Wenzeslaus v. Knobelsdorff durch Georg Friedrich Boumann; vielleicht Umbau eines Hauses vom E. 17. Jh. Seit 1845 Sitz der von dem Physiker Gustav Magnus gegründeten Physikalischen Gesellschaft, 1842 Einrichtung des ersten physikalischen Labors in Deutschland (Gedenktafel). 1912/28 im Obergeschoß Wohnung des Regisseurs Max Reinhardt. Seit 1958 Sitz der Physikalischen Gesellschaft der DDR, mit Bibliothek des Physikers und Begründers der Quantentheorie Max Planck. – Stattliches Barockhaus mit zweigeschossiger Putzfassade über hohem gequadertem Kellergeschoß; von den neun Achsen die mittleren drei risalitartig hervorgehoben und durch korinthische Kolossalpilaster gegliedert.

Das eingenischte korbbogige Portal über doppelläufiger Freitreppe mit schmiedeeisernem Geländer. Niedriges Walmdach mit veränderten Gaupen und einer Ladeluke an der Nordseite. Im Inneren erhalten das elegante Treppenhaus, die oval geführte Treppe mit schönem schmiedeeisernem Rokokogeländer. 1822 durch Oberbaurat Günther Anbau des zweigeschossigen Erweiterungstraktes zur Ecke Clara-Zetkin-Straße sowie des Hofflügels, in schlichten klassizistischen, gut auf den Kernbau abgestimmten Formen. – Neben der korbbogigen Hofeinfahrt an der Bauhofstraße Wagenremise, Putzbau unter Mansarddach.

EISERNE BRÜCKE Verbindung der Uferstraßen Am Kupfergraben/Am Zeughaus über den westlichen Spreearm (Kupfergraben) zur Museumsinsel (Bodestraße); der Name von einem Vorgängerbau, der ersten in Gußeisen ausgeführten Brücke, die 1796 anstelle einer Holzbrücke errichtet worden war und bis 1825 bestand. – Die bestehende Brücke in Muschelkalkstein verkleidete Eisenkonstruktion 1914/16 nach Entwurf von Walter Köppen, den Spreearm in einem Bogen überspannend. Die Brüstungsmauern belebt durch rechteckige durchbrochene Bronzefelder mit ornamentalen und figürlichen Motiven. Zwischen Brücke und Altem Museum, in Fortsetzung der südlichen Brü-

Linke Seite: Wohnhaus Am Kupfergraben 7, Treppe

Rechte Seite: Ansicht der Eisernen Brücke, Stich um 1800; Wohnhaus Am Kupfergraben 7, Mittelrisalit

stungsmauer, zweiläufige Treppenanlage zum Lustgarten, dazwischen Wandbrunnen, ebenfalls Kalkstein, der trogartige rechteckige Brunnenbehälter mit klassizierenden Ornamenten. Brücke und Brunnen nach Kriegsschäden um 1970 wiederhergestellt (s. auch Abb. S. 117).

Bauhofstraße

WOHNHAUS Bauhofstraße 2. Dreigeschossiger Putzbau 1. H. 19. Jh., mit achtachsiger, in jüngster Zeit stark vereinfachter Fassade; original erhalten die Türumrahmung mit männlicher Maske und Blattschmuck. Im Inneren Treppe mit ovalem Auge und schlanken Balusterdocken. – Bronzetafel zum Gedenken an den Berlin-Aufenthalt Gottfried Kellers 1854/55 (Keller wohnte nicht in diesem Haus, wie angegeben, sondern in dem Haus Bauhof 2, das sich an der Westseite des benachbarten Hegelplatzes befand).

WOHNHÄUSER Bauhofstraße 3/5. Zwei langgestreckte Häuser von vierzehn (Nr. 3/4) bzw. zwölf (Nr. 5) Achsen, mit Hofflügeln, um 1860 erbaut, die Fassaden in den gleichen spätklassizistischen Formen (am Haus Nr. 5 im ganzen etwas besser erhalten): die rechteckigen, von korinthischen Pilastern flankierten und durch reliefierte Giebel abgeschlossenen Portale jeweils in der Hausmitte, die rahmenumzogenen Fenster im Hauptgeschoß mit reliefierten Spiegeln und waagerechten Verdachungen. Über dem Erdgeschoß und am Obergeschoß antikisierende Friese, abschließend Konsolgesims und Mansarddach. Am Haus Nr. 5 zweiachsige Seitenrisalite.

Behrenstraße

Ursprünglich verlief im Zuge der heutigen Straße die Befestigung der Dorotheenstadt, das sog. Hornwerk. Die Einebnung des Walles nach Anlage der Friedrichstadt erfolgte um 1712. Zwischen Bebelplatz im Osten und Otto-Grotewohl-Straße im Westen, benannt nach dem Bauingenieur Johann Heinrich Behr, nach dessen Plänen Dorotheenstadt und Friedrichstadt angelegt wurden. Im späten 19., frühen 20. Jh. wurden in der Behrenstraße wie auch in den benachbarten Straßen vor allem der Friedrichstadt zahlreiche Bankgebäude errichtet, die mit ihren Erweiterungsbauten schließlich ganze Straßenkarrees ausfüllten.

BANKGEBÄUDE (Deutsche Handelsbank AG) Behrenstraße 21/22. Für den A. Schaafhausenschen Bankverein 1912 von Bielenberg & Moser in klassizierender Formensprache errichtet. Werksteinfassade von sieben Achsen und drei Geschossen, das Erdgeschoß rustiziert, die beiden Obergeschosse durch breite ionische Kolossalpilaster zusammengefaßt, über den Fenstern des obersten Geschosses längsrechteckige Relieffelder. Reiches Abschlußgesims. – Gedenktafel an den Mathematiker Leonhard Euler (1707–1783), der von 1743 bis 1766 in einem Vorgängerbau wohnte.

GESCHÄFTSHAUS Behrenstraße 25/26 s. Friedrichstraße 165, S. 219.

Ehem. WOHNHAUS Behrenstraße 26a s. Friedrichstraße 82, S. 219.

BANKGEBÄUDE (Staatsbank der DDR) Behrenstraße 32/33, Baublock bis zur Französischen Straße (Nr. 42) durchgehend. Für die Berliner Handels-Gesellschaft 1899/1900 von Alfred Messel erbaut. Die werksteinverkleideten Fassaden in monumentalisierten, frei gehandhabten palladianischen Stilformen: Souterrain- bzw. Erdgeschoßzone rustiziert, die beiden Obergeschosse an der Behrenstraße durch Kolossalsäulen, an der Französischen Straße durch Kolossalpilaster zusammengefaßt; Mansarddach. – Der Erweiterungsbau Französische Straße 43/44, Ecke Charlottenstraße 33/33a sowie der östliche Seitenflügel in der Behrenstraße 1911 von Heinrich Schweitzer errichtet, den Formen des Messelbaues angeglichen, teilweise mit Balustradenattika und Attikageschoß.

BANKGEBÄUDE Behrenstraße 35 sowie 37/39 s. Unter den Linden/Bebelplatz, S. 172.

Linke Seite: Bankgebäude Behrenstraße 21/22

Rechte Seite: Bankgebäude Behrenstraße 32/33, Fassade des Hauptgebäudes (rechts) und Fassade des rückseitigen Traktes zur Französischen Straße

BANKGEBÄUDE (Ministerrat der DDR, Magistrat) Behrenstraße 42/45, Ecke Charlottenstraße. Für die ehem. Diskonto-Gesellschaft als Erweiterungsbau zu dem Stammhaus Unter den Linden 13 von Ludwig Heim 1899/1901 erbaut, die werksteinverkleidete Fassade von dreizehn Achsen ursprünglich in prächtigen Formen der italienischen Hochrenaissance, mit dreiachsigem Mittelrisalit; in ähnlicher Formgebung um 1910 beidseitig erweitert und wohl gleichzeitig um ein Geschoß erhöht. Die Fassade des Ursprungsbaues stark vereinfacht, Souterrain und Erdgeschoß rustiziert, erstes und zweites Obergeschoß durch Lisenen zusammengefaßt; der dreiachsige Mittelrisalit mit Portal und Dreiviertelsäulen an den beiden Obergeschossen, der ehemals vorhandene Giebel abgenommen. – Ein nochmaliger Erweiterungsbau der ehem. Diskonto-Gesellschaft von 1922/25 s. Unter den Linden 15, S. 181.

BANKGEBÄUDE (Textilcommerz) Behrenstraße 46. 1900/01 von Wilhelm Martens als Hauptgeschäftsstelle der Berliner Bank errichtet. Gebäudekomplex zwischen Behrenstraße, Charlottenstraße und Rosmarinstraße. Die ehemals barockisierenden Fassaden stark vereinfacht und durch weiteres Geschoß sowie Attikageschoß erhöht. An der Charlottenstraße die Obergeschosse z. T. zurückversetzt zur besseren Belichtung der im Erdgeschoß liegenden Kassenhalle.

KOMISCHE OPER Behrenstraße 55/57. 1891/92 als »Theater Unter den Linden« von Ferdinand Fellner erbaut, später Metropol-Theater (Erneuerung des Inneren um 1928 von Alfred Grenander), ursprünglich durch die sog. Kleine Lindenpassage mit der Straße Unter den Linden verbunden. Das Äußere, ehemals mit reich geschmückter historischer Eingangsfassade, nach Schäden im zweiten Weltkrieg 1966/67 unter Leitung von Kunz Nierade umgestaltet (Abb. S. 196), die Kupferverkleidung und die Türen des Eingangsbaues von Fritz Kühn. Gleichzeitig der großzügige Um- und Erweiterungsbau des Bühnenhauses, der Foyers und der erforderlichen Funktionsräume sowie Errichtung des Verwaltungsgebäudes an der Straße Unter den Linden. Bei diesen Rekonstruktionsarbeiten blieben innen annähernd in der ursprünglichen Gestalt erhalten das einst reich ausgestattete zentrale Treppenhaus und der zweirangige Zuschauerraum in Formen des Wiener Spätbarock mit Hermenkaryatiden von Theodor Friedl, der obere Rang durch Arkaden zum umgebenden Wandelgang geöffnet.

Linke Seite: Bankgebäude Behrenstraße 42/45; Komische Oper Behrenstraße 55/57, Zuschauerraum, Hermenkaryatiden

Rechte Seite: Komische Oper Behrenstraße 55/57, Blick in den Zuschauerraum

Stadtbezirk Mitte

Clara-Zetkin-Straße

Ursprünglich Hintergasse, dann Letzte Straße. Seit 1822 Dorotheenstraße, nach der Begründerin dieser Stadterweiterung, der Kurfürstin Dorothea. Umbenennung in Clara-Zetkin-Straße 1958. – Parallelstraße zur Straße Unter den Linden und zur Mittelstraße, ehemals, wie die Mittelstraße auch heute noch, zwischen Charlottenstraße und Schadowstraße sich erstreckend; der ursprüngliche Name bezogen auf die nördliche Randlage innerhalb dieses Dreierstraßensystems der Dorotheenstadt. Erweiterung nach Westen im Zusammenhang mit der Erweiterung von Friedrichstadt und Dorotheenstadt um 1732, nach Osten unter allmählicher Einbeziehung mehrerer zum Kupfergraben führender Gassen; auf dem 1872 nach Hegel benannten, hier angrenzenden Platz lag im 18. Jh. der Schloßbauhof. – In der Straße (Nr. 21 alter Zählung) stand die im zweiten Weltkrieg zerstörte Villa Kamecke (seit 1780 Loge Royal York), 1711/12 von Andreas Schlüter als Landhaus für den Minister v. Kamecke erbaut, sein letztes Architekturwerk in Berlin; der zugehörige Garten führte ehemals bis an die Spree.

HEGELDENKMAL Clara-Zetkin-Straße/Hegelplatz s. Unter den Linden/Humboldt-Universität, S. 168.

INSTITUTSGEBÄUDE (Akademie der Wissenschaften der DDR und Fachschule für Bibliothekswesen) Clara-Zetkin-Straße 26, Ecke Universitätsstraße 4/5. Als Handelskammer Berlin 1903/04 von Cremer & Wolffenstein erbaut, die Bildhauerarbeiten von Ernst Westphal. Dreigeschossig über hohem Souterrain, die barockisierenden Sandsteinfassaden über hohem rustiziertem Sockelgeschoß durch Vorlagen gegliedert. Die fünfachsige, durch Saal im dritten Geschoß etwas höhere Hauptfassade zur Clara-Zetkin-Straße mit auf-

Linke Seite: Komische Oper Behrenstraße 55/57

Rechte Seite: Ansicht der Villa Kamecke in der Dorotheenstraße, Stich nach Zeichnung von Stock; Institutsgebäude (Fachschule für Bibliothekswesen) Clara-Zetkin-Straße 26, Hauptportal

wendigem Mittelportal, bekrönt von überlebensgroßen Liegefiguren beidseitig des die Gliederung des Portals fortsetzenden Balkons am zweiten Geschoß.

UNIVERSITÄTSBIBLIOTHEK Clara-Zetkin-Str. 27. Rückwärtiger Trakt der Deutschen Staatsbibliothek (s. Unter den Linden, S. 179), die Fassade mit dreiachsigem übergiebeltem Mittelrisalit ähnlich gebildet wie die Hauptfassade des Gebäudekomplexes zur Straße Unter den Linden.

Ehem. UNIVERSITÄTSBIBLIOTHEK (Amt für industrielle Formgestaltung) Clara-Zetkin-Straße 28. 1871/74 nach Entwurf von Paul Spieker. Dreigeschossig und von sechs Achsen, mit (rechtem) Seitenflügel und Hinterflügel einen etwa quadratischen Binnenhof umschließend, an der vierten (westlichen) Seite eine geschlossene Galerie in Eisenkonstruktion als Verbindung zwischen Straßen- und Hinterflügel. In sämtlichen Geschossen mit Kreuzgewölben, im dritten Geschoß in der vorderen Hälfte des straßenseitigen Flügels der ehem. Lesesaal. Die Straßenfassade in dunkelgelbem Klinker ausgeführt, das erste und zweite Geschoß mit segmentbogigen Fenstern sparsam durch ornamentale Friesstreifen belebt, das dritte Geschoß durch die großen, reich profilierten rundbogigen Fensterarkaden des ehem. Lesesaals besonders hervorgehoben.

Ehem. HOTEL (u. a. Bank für Landwirtschaft und Nahrungsgüterwirtschaft) Clara-Zetkin-Straße 37. 1904 nach Plänen von Gronau & Graul als Hotel »Splendid« erbaut, im Stil des süddeutschen Barock mit Anklängen an den Jugendstil. Die achtachsige Fassade viergeschossig mit Attikageschoß, der zweiachsige Mittelrisalit mit breitem von Atlanten eingefaßtem Portal und Karyatiden am vierten Geschoß unter dem reich bewegten Giebel vor dem Attikageschoß. Gedenkplakette an die Tätigkeit Wilhelm Piecks in diesem Hause als Vorsitzender der »Roten Hilfe Deutschlands« in den Jahren 1925/33. – Ursprünglich zugehörig, vielleicht etwas älter, das benachbarte Haus Clara-Zetkin-Straße 35 (Reichsbahnsparkasse), dreigeschossig mit Attikageschoß, von drei Achsen, die beiden Obergeschosse durch Kolossalordnung zusammengefaßt und mit reichem plastischem Dekor.

POSTGEBÄUDE (Zentrales Post- und Fernmeldeverkehrsamt) Clara-Zetkin-Straße 62/66. Erbaut A. 20. Jh. in den Formen der deutschen Spätrenaissance. Klinkerverblendbau unter hohem Satteldach, Portale, Fenster, Treppenhauserker sowie die Gliederungselemente der Giebel in Werkstein. Die langgestreckte Fassade von vier Geschossen, die äußeren Achsen beidseitig leicht vorgezogen, jeweils durch Portal und reich dekorierten übergiebelten Treppenhauserker sowie durch hohe

Dachgiebel hervorgehoben, die Gebäudemitte dagegen durch größeres, von ionischen Säulen gerahmtes Hauptportal und Balkon am dritten Geschoß betont.
INSTITUTS-GEBÄUDEKOMPLEX der Humboldt-Universität, zwischen Clara-Zetkin-Straße 94/96 und Reichstagufer, begrenzt durch Bunsenstraße und Otto-

Linke Seite: Ehem. Universitätsbibliothek (Amt für industrielle Formgestaltung) Clara-Zetkin-Straße 28

Rechte Seite: Postgebäude Clara-Zetkin-Straße 62/66, Hauptportal; ehem. Hotel »Splendid« (u. a. Bank für Landwirtschaft und Nahrungsgüterwirtschaft) Clara-Zetkin-Straße 37

Grotewohl-Straße. Für verschiedene naturwissenschaftliche und medizinische Institute auf dem Gelände der ehem. Artilleriewerkstätten nach Entwürfen von Paul Spieker errichtet.
Das ehem. Physiologische Institut (Institut für Medizinische Mikrobiologie, Virologie und Epidemiologie) Clara-Zetkin-Straße 95/96 wurde 1873/78 erbaut. Langgestreckter Klinkerverblendbau mit quadratischem Hörsaal-Anbau zur Hofseite; der westliche Eck-

Dorotheenstadt

trakt zur Otto-Grotewohl-Straße ursprünglich Direktorenwohnhaus, gleichzeitig mit dem Hauptbau errichtet (Hygiene-Institut), der östliche Ecktrakt zur Bunsenstraße etwas später, 1879/83, als Pharmakologisches Institut angefügt (Clara-Zetkin-Straße 94, Institut für Pharmakologie und Toxikologie). Die symmetrische Fassade von drei Geschossen auf hohem Sockelgeschoß (das Attikageschoß später hinzugefügt), mit ornamentalen Friesen und reichem Dachgesims, die Fenster segmentbogig, im obersten Geschoß rundbogig mit eingestellten Säulen. Die Gebäudemitte durch zwei flache zweiachsige Risalite hervorgehoben, dazwischen rundbogiges Säulenportal aus reich ornamentierten Terrakotten sowie Erker; in den Portalzwickeln zwei Medaillons mit Reliefbildnissen Albrecht Hallers (1708 bis 1777) und Johannes Müllers (1801–1858). An den Ecktrakten ebenfalls die Mitte betonende Erker, am östlichen verbunden mit dem Rundbogenportal zum Pharmakologischen Institut. – Im Inneren des Physiologischen Instituts Eingangshalle auf Doppelsäulen sowie zwei Treppenhäuser, die gußeisernen Geländer mit Palmettenmotiven. Der Hörsaal mit umlaufender Rundbogengalerie im Obergeschoß, im ursprünglichen Zustand wiederhergestellt.

Gleichzeitig mit dem Physiologischen Institut wurde am Reichstagufer das Physikalische Institut erbaut, im zweiten Weltkrieg zerstört. Erhalten blieb der östliche Ecktrakt zur Bunsenstraße, als II. Chemisches Institut (Bunsenstraße 1, Sektion Chemie) 1879/83 zusammen mit dem Pharmakologischen Institut erbaut.

Friedrichstraße

Abschnitt der Friedrichstraße zwischen Behrenstraße und Weidendammer Brücke; ursprünglich Querstraße benannt, die wichtigste Querstraße der Dorotheenstadt insbesondere nach Anlage der Friedrichstraße, zu deren Hauptachse sie wurde. – Seit dem frühen 19. Jh. war die Kreuzung der Friedrichstadt mit der Straße Unter den Linden zu einem Brennpunkt des Fremdenverkehrs geworden, mit der Konditorei Kranzler an der Südwestecke, dem Café Bauer an der Südostecke und dem Café Viktoria an der Nordostecke. Nach weitgehender Zerstörung der Straßenkreuzung im zweiten Weltkrieg Neubebauung 1964/66 mit Appartementhaus, Lindencorso (Gaststätten- und Bürohaus) und Lindenhotel. – Der Bahnhof Friedrichstraße der 1882 eröffneten, die verschiedenen Berliner Bahnhöfe miteinander verbindenden Berliner Stadtbahn wurde um 1880 erbaut; in den zwanziger Jahren grundlegend verändert, entwickelte er sich mit weiterem Ausbau des Verkehrsnetzes zu einem wichtigen innerstädtischen Knotenpunkt. Vor Errichtung des Bahnhofes befanden sich hier seit 1847 mehrere Gasbehälter des Gaswerkes vor dem Halleschen Tor.

Die südliche Fortsetzung der Friedrichstraße in der Friedrichstadt s. S. 219, die nördliche Fortsetzung in der Friedrich-Wilhelm-Stadt s. S. 322.

METROPOLTHEATER Friedrichstraße 101/102. Eine erste Anlage als Admiralgartenbad 1873/74 von Kylmann & Heyden erbaut. Der bestehende Bau als repräsentative Badeanstalt und Eislaufhalle 1910 durch Heinrich Schweitzer und Alexander Diepenbrock errichtet (Admiralspalast). Mehrflügelbau um Binnenhof zwischen Friedrichstraße und Planckstraße. Die viergeschossige Hauptfassade des Gebäudetraktes zur Friedrichstraße durch kolossale dorische Granit-Wandsäulen gegliedert, die fensterrahmenden Kalksteinfüllungen mit reichem Reliefschmuck von Franz Naager. – Der rückwärtige Trakt ehemals Eisbahn, zur Planckstraße durch exotischen ornamentalen und figürlichen Klinkerdekor von Ernst Westphal belebt; 1922 von Cremer & Wolffenstein zum Theater umgebaut, der zweirangige Zuschauerraum 1940 von Paul Baumgarten verändert, mit klassizierenden Reliefs an den Rangbrüstungen (Metropoltheater, 1945/55 Staatsoper; 1946 fand hier der Vereinigungsparteitag von KPD und SPD statt).

Linke Seite: Gebäudekomplex für naturwissenschaftliche Institute der Humboldt-Universität Clara-Zetkin-Straße 94/96, Hauptportal

Rechte Seite: Metropoltheater Friedrichstraße 101/102, Fassade zur Friedrichstraße (rechts) und Fassadendetail des rückseitigen Traktes zur Planckstraße

Mittelstraße

Die mittlere Straße (»Mittelstraße«) in der ursprünglich aus drei parallelen Längsstraßen bestehenden Dorotheenstadt (zwischen der Straße Unter den Linden und der Letzten Straße, der heutigen Clara-Zetkin-Straße). Von der Charlottenstraße bis zur Schadowstraße sich erstreckend, gibt sie die anfängliche Ausdehnung der Dorotheenstadt noch zu erkennen.

VERWALTUNGSGEBÄUDE (Einrichtungen der Humboldt-Universität) Mittelstraße 1, Ecke Charlottenstraße 43. Als »Haus des Vereins Deutscher Ingenieure« 1896/97 von Konrad Reimer und Friedrich Körte (Reimer & Körte) errichtet. Viergeschossig über hohem Souterrain, Werksteinfassaden in historisierenden Formen. Die Hauptfront zur Charlottenstraße seitlich, zur Ecke Mittelstraße, durch Erker und Giebel betont. Mehrere Reliefdarstellungen, die auf die Ingenieurstätigkeit Bezug nehmen.

Geschäftshaus (ehemals Polnische Apotheke) Friedrichstraße 153/154; Verwaltungsgebäude Mittelstraße 43 (zugehörig zu Unter den Linden 40), Fassadendetail

GESCHÄFTSHAUS (Intourist) Friedrichstraße 153, Ecke Mittelstraße. 1898/1900 von Alfred Breslauer für die kurz nach Anlage der Dorotheenstadt privilegierte Polnische Apotheke erbaut, von acht Achsen zur Friedrichstraße und drei Achsen zur Mittelstraße, der Arkadengang im Erdgeschoß zur Friedrichstraße nachträglich. Die drei Geschosse durch Pfeilervorlagen zusammengefaßt, darüber Attikageschoß ursprünglich mit Apothekerwohnung. Die Ecke zur Straßenkreuzung abgeschrägt, hier ursprünglich Eingang und darüber reliefierte Rahmung mit (nicht erhaltenem) Reliefbildnis der Kurfürstin Dorothea.

GESCHÄFTSHAUS (Haus der Schweiz) Friedrichstraße 155/156 s. Unter den Linden, S. 182.

Zeit vor dem ersten Weltkrieg die Fassaden Mittelstraße 46/48, 51/52 und 55, z. T. ebenfalls rückwärtige Trakte von Gebäuden an der Straße Unter den Linden.

Neustädtische Kirchstraße
Ursprünglich auch nur Kirchstraße; der Name von der an dieser Straße, zwischen Mittelstraße und Clara-Zetkin-Straße, gelegenen ehem. Dorotheenstädtischen Kirche abgeleitet, 1678/87 erbaut, der 1861/63 von Habelt errichtete Nachfolgebau, ein Backsteinbau im Stil der Stülerschule, im zweiten Weltkrieg ausgebrannt, die Ruine 1965 abgetragen.

BOTSCHAFTSGEBÄUDE (USA-Botschaft) Neustädtische Kirchstraße 4/5, zwischen Mittelstraße und Clara-Zetkin-Straße. 1886/87 von Hermann v. d. Hude und Julius Hennicke als »Warenhaus für Armee und Marine« errichtet, seit 1906 als Warenhaus geschlossen und anderweitig genutzt. Viergeschossiger Putzbau mit siebzehnachsiger Hauptfront, die beiden unteren Geschosse gequadert, die beiden oberen am Mittelrisalit und den Eckrisaliten durch Kolossalordnungen zusammengefaßt. Walmdach, gegenüber der ursprünglichen Dachform stark vereinfacht.

Geschäftshaus Mittelstraße 51/52; Ansicht der Dorotheenstädtischen Kirche, Zeichnung von Johann Stridbeck, 1690, Deutsche Staatsbibliothek Berlin

VERWALTUNGSGEBÄUDE (Redaktion »Neue Zeit«) Mittelstraße 2/4. Um 1905 in historisierenden Stilformen. Viergeschossige Werksteinfassade mit übergiebeltem Mittelrisalit, das Erdgeschoß rustiziert, die Fenster des ersten und zweiten Obergeschosses in rundbogigen Nischen zusammengefaßt.

VERWALTUNGSGEBÄUDE Mittelstraße 43. Rückwärtiger Trakt des Gebäudes Unter den Linden 40, 1907 von Berndt & Lange erbaut, mit diesem durch Umbauung zweier Höfe verbunden (s. Unter den Linden, S. 183). Kalksteinverkleidete Fassade in klassizierenden Formen, die drei Obergeschosse mit ionischen Kolossalpilastern, das breite Gebälk mit stark plastischen Rosetten. – In ähnlichen klassizierenden Formen der

Dorotheenstadt

204 Stadtbezirk Mitte

Planckstraße

WOHNHAUS Planckstraße 20/24. Stattlicher viergeschossiger Putzbau in drei Flügeln mit Hof, um 1900/10 als Hofbeamtenhaus erbaut. Die Straßenfassade und der Südflügel durch kräftige Gesimse dreifach gegliedert, über dem Erdgeschoß zwischen den Risaliten der Hauptfront Balustrade, Putten und Fruchtkörbe in Sandstein, die zweiachsigen Risalite betont durch je zwei Medaillons mit Götterbildnissen, Balustrade und Vasen. – Am rückwärtigen, den Hof nach Osten abschließenden Trakt (wahrscheinlich Ateliergebäude des einstigen Hofbaudepots an der ehem. Stallstraße, heute Geschwister-Scholl-Straße) auf einem Gerüst aus Eisenträgern neunundzwanzig quadratische Reliefplatten aus Sandstein (von etwa 1,25 m Seitenlänge), in den eingetieften Feldern Kriegstrophäen von starker, vielfach die Rahmung überschneidender Plastizität. Höchstwahrscheinlich in der Schlüterschen Werkstatt E. 17. Jh. entstanden, ihre Zuordnung noch ungeklärt; sicher keine Metopen, wofür sie zu groß sind, eher als Relieffelder für eine Attika zu denken. – Darunter aufgestellt der Torso einer weit überlebensgroßen weiblichen Standfigur, ein Kreuz haltend, Sandstein, wohl 19. Jh.

Schadowstraße

Kurzer Straßenzug zwischen der Straße Unter den Linden und der Letzten Straße; in ihrer ursprünglichen Ausdehnung endete hier die Dorotheenstadt, daher anfänglich Mauerstraße, später Kleine Wallstraße benannt. Seit dem späteren 19. Jh. Schadowstraße.

WOHNHAUS Schadowstraße 10/11, ehemals Haus des Bildhauers Johann Gottfried Schadow. Errichtet 1805 als zweigeschossiger klassizistischer Putzbau mit nördlichem Hofflügel und eingeschossigem quergestelltem Werkstattgebäude, 1851 von Felix Schadow sämtlich um ein Geschoß erhöht und durch den südlichen Flügelanbau erweitert. Im zweiten Weltkrieg teilweise zerstört, seit 1959 wiederhergestellt. Die siebenachsige Fassade durch Quaderung, Gesimsbänder und Rankenfries betont horizontal gegliedert. In den als flache Ri-

Linke Seite: Planckstraße 20/24, Hof, Reliefplatten mit Trophäenschmuck

Rechte Seite: Schadow-Haus Schadowstraße 10/11, Relieffeld mit Porträtmedaillon Schadows

Schadow-Haus Schadowstraße 10/11, Fresko

Schadow-Haus Schadowstraße 10/11

gen. In der Tordurchfahrt Gipsabgüsse nach Schadowschen Reliefs, drei Aktstudien sowie Teile von Grabmälern Schadows (die drei Parzen vom Grabmal Blumenthal in Horst, Bezirk Potsdam, Landkreis Pritzwalk, sowie zwei Genien vom Grabmal des Grafen von der Mark, ehemals in der Dorotheenstädtischen Kirche, jetzt in der Nationalgalerie), ferner zwei Reliefs nach Christian Friedrich Tieck. In dem im hinteren, durch drei Rundbogenarkaden zum Treppenhaus geöffneten Teil der Durchfahrt fünf Medaillons, vier männliche und ein weiblicher Profilkopf. – In einem Raum der ersten Etage ein großes dreiteiliges Fresko, der Brunnen des Lebens, umgeben von den personifizierten Darstellungen der Schönen Künste, 1837 von Eduard Bendemann, dem Schwiegersohn Schadows, nach einem lebenden Bild, gestellt von Angehörigen der Familie Schadow und deren Freunden (Porträtbildnisse); um 1960 restauriert.

salite gebildeten äußeren Achsen links der Eingang, rechts eine Portalblende mit Fenster, darüber Stuckreliefs, links die Entwicklung der Kunst des Altertums, rechts Förderer der Kunst in Antike und Renaissance, von Johann Gottfried Schadow und seiner Werkstatt. Der Reliefschmuck am Hauptgeschoß 1851 von Hermann Schievelbein, in der Mitte ein Rechteckfeld mit Porträtmedaillon Schadows, flankiert von Genien, seitlich Medaillons mit Maler- und Bildhauerwerkzeu-

INSTITUTSGEBÄUDE Universitätsstraße 4/5 s. Clara-Zetkin-Straße, S. 197.
STAATSBIBLIOTHEK Universitätsstraße 6/8 s. Unter den Linden, S. 179.

Linke Seite: Schadow-Haus Schadowstraße 10/11, Portal und Reliefmedaillon mit Bildhauerwerkzeugen

Rechte Seite: Institutsgebäude der Humboldt-Universität Universitätsstraße 3 b, Hauptportal mit flankierenden Erkern; Verwaltungsgebäude (Mitropa-Direktion) Universitätsstraße 2/3 a, Mittelrisalit

Universitätsstraße
DENKMÄLER für Hermann Helmholtz und Theodor Mommsen vor dem zur Universitätsstraße gewendeten Westflügel der Humboldt-Universität, s. Unter den Linden, S. 168.
VERWALTUNGSGEBÄUDE (Mitropa-Direktion) Universitätsstraße 2/3 a. 1913/14 von Johann Emil Schaudt als Handelshaus »Hermes« erbaut. Die langgestreckte fünfgeschossige Werksteinfassade von zwölf Achsen, der vierachsige Mittelrisalit mit Dreiecksgiebel durch klassizierenden Dekor hervorgehoben.
INSTITUTSGEBÄUDE Universitätsstraße 3 b, Ecke Georgenstraße 37/38. 1904 von Otto Richter in historisierenden Formen mit Anklängen an den Jugendstil errichtet. Viergeschossiger Putzbau unter Verwendung von Sandstein für Fenster, Portale und Bauplastik. Die Fassade zur Universitätsstraße aufgelockert durch vier polygonale Erker von zwei Geschossen, die beiden mittleren die Portalachse rahmend, das Portal mit figürlichem Schmuck. Die Dachzone verändert.

Friedrichstadt

Seit 1688 unter Kurfürst Friedrich III. (dem späteren König Friedrich I.) als dritte fürstliche Gründung angelegt; die Absteckung des Straßenplanes von dem Bauingenieur Johann Heinrich Behr, die Bebauung bis 1695 unter der Oberaufsicht von Johann Arnold Nering. Nach Süden an die Dorotheenstadt anschließend beidseitig der als Hauptachse ausgebildeten Friedrichstraße, die die nach Süden verlängerte sog. Querstraße der Dorotheenstadt ist. Die ursprüngliche Ausdehnung reichte zunächst bis zur Zimmerstraße. Im Westen wurde die Friedrichstadt durch die Mauerstraße begrenzt, die in Fortsetzung der Dorotheenstädtischen Wallstraße (heute Schadowstraße) in leicht bogenförmigem Verlauf an die Friedrichstraße heranführte, im Osten erstreckte sie sich bis an die Friedrichswerder umschließenden Memhardtschen Befestigungsanlagen und die Köpenicker Vorstadt (Luisenstadt). Ein gleichmäßiges Straßenraster aus mehreren zur Friedrichstraße parallel verlaufenden bzw. die Friedrichstraße rechtwinklig kreuzenden Querstraßen teilt das Gebiet dieser dritten Neustadt in annähernd gleich große Karrees, von denen drei östlich der Friedrichstraße zum Neustädtischen Markt bestimmt wurden; in Abänderung ursprünglicher Pläne wurden hier auf den äußeren Karrees kurz nach 1700 die Kirchen der deutschen und der französischen Gemeinde errichtet (Gendarmenmarkt, heute Platz der Akademie). Bereits 1695, dem Todesjahr Nerings, waren etwa dreihundert Häuser gebaut.

Im Zusammenhang mit der seit 1732 unter Friedrich Wilhelm I. errichteten Akzisemauer, die Berlin z. T. weit über das bis dahin bebaute Gebiet umfaßte, erfolgte eine Erweiterung der Friedrichstadt nach Süden und Westen und die Anlage von drei großen Plätzen in Mauernähe bei den wichtigsten Toren, vom Soldatenkönig sicher als Versammlungsplätze für das Militär gedacht: Nach Süden wurde die Friedrichstraße bis zum »Rondeel« beim Halleschen Tor weitergeführt, nach Westen wurde die Leipziger Straße, die wichtigste Querstraße zur Friedrichstraße, bis zum »Achteck« (Leipziger Platz) beim Potsdamer Tor erweitert, und die verlängerte Straße Unter den Linden in der Dorotheenstadt erhielt das abschließende »Quarré« beim Brandenburger Tor, den späteren Pariser Platz. Als neue Straße wurde zwischen »Rondeel« und »Quarré« die Wilhelmstraße (heute Otto-Grotewohl-Straße) angelegt, an der auf Befehl des Königs der Adel sich Palais zu errichten hatte, die besonders in dem Abschnitt zwischen Leipziger Straße und Unter den Linden mit ihren Gärten bis an die Akzisemauer heranführten. Auf dem im Straßenverlauf gelegenen Wilhelmplatz (heute Thälmannplatz) standen die im letzten Viertel des 18. Jh. geschaffenen Marmordenkmäler für Generale der Zeit Friedrichs II.

Gleichzeitig mit der Errichtung der Akzisemauer wurden die Wälle der Memhardtschen Befestigung geschleift, und die im Festungsvorgelände nach Osten auslaufenden Querstraßen zur Friedrichstraße fanden nun durch Brücken, die über den weiter bestehenden Festungsgraben führten, Anschluß an die Straßen Friedrichswerders, nachdem bereits 1712 die im Bereich der Behrenstraße verlaufenden Festungswerke der Dorotheenstadt abgetragen worden waren. In dem Festungsvorgelände (vor dem ehem. Leipziger Tor) wurde auch der Dönhoffplatz an der Leipziger Straße angelegt. Mit diesen Erweiterungen und Veränderungen erfuhr die Friedrichstadt um 1740 ihre endgültige Ausbildung, und den folgenden Jahrzehnten unter Friedrich II. war es vorbehalten, die zumeist schlichten Häuser aus der Gründungszeit besonders an den wichtigen Straßen und Plätzen durch stattlichere zu ersetzen oder zur Verschönerung dieses Teiles Berlins durch Bauten wie die Kuppeltürme der Deutschen und Französischen Kirche beizutragen, die einzig zu diesem Zweck errichtet wurden.

Seit dem späteren 19. Jh. wurden in der Friedrichstadt zahlreiche Ministerien (Wilhelmstraße) und Abgeordnetenhäuser (Leipziger Straße) eingerichtet, so daß hier ein Regierungsviertel entstand. Vor allem aber wandelte sich jetzt die Friedrichstadt zusammen mit der Dorotheenstadt und auch Friedrichswerder von einer Wohnstadt, die sie ihrem Ursprung nach war,

Ansicht des Gendarmenmarktes (heute Platz der Akademie), Lithographie um M. 19. Jh.

zum Berliner Geschäfts- und Handelszentrum, zur City mit zahlreichen Kauf- und Handelshäusern, Banken und Versicherungsgebäuden. – Im zweiten Weltkrieg wurden wichtige Teile völlig zerstört – so vor allem die Leipziger Straße und die Wilhelmstraße mit ihren Barockpalais, in denen Ministerien untergebracht waren –, andere Teile wie der Platz der Akademie wurden schwer beschädigt und weisen bis heute empfindliche Lücken auf. Die Neubebauung der Leipziger Straße zwischen Charlottenstraße und Spittelmarkt erfolgte zwischen 1969 und 1975, mit der Rekonstruktion des Platzes der Akademie und der Wiederherstellung des Schinkelschen Schauspielhauses und der Deutschen und Französischen Kirche wurde Mitte der siebziger Jahre begonnen.

Im folgenden zuerst die Denkmale des Platzes der Akademie behandelt. Die übrigen Bau- und Kunstdenkmale der Friedrichstadt sind alphabetisch nach Straßennamen geordnet.

Platz der Akademie

Der Platz aus drei Karrees des regelmäßigen Straßenrasters der Friedrichstadt bestehend, im Westen von der Charlottenstraße, im Osten von der Wilhelm-Külz-Straße (Markgrafenstraße) begrenzt, im Süden bis zur Mohrenstraße, im Norden bis zur Französischen Straße reichend; die Karrees voneinander durch die Johannes-Dieckmann-Straße (Taubenstraße) und die Otto-Nuschke-Straße (Jägerstraße) getrennt. – Ursprünglich Friedrichstädtischer Markt, später Gendarmenmarkt, nach dem Regiment Gens d'Armes, dessen 1736 erbaute Ställe die A. 18. Jh. errichteten Kirchenbauten auf den äußeren Karrees, die Deutsche und die Französische Kirche, im Viereck umstanden. 1773 Verlegung der Ställe auf eine Wiese am Weidendamm und Umgestaltung des Platzes auf Veranlassung Friedrichs II.: Errichtung eines ersten Theaterbaues 1774 durch Johann Boumann, des Französischen Komödienhauses, das jedoch noch nicht die Stelle des nachfolgenden Nationaltheaters bzw. des Schinkelschen Schauspielhauses einnahm, und der Kuppeltürme vor den beiden Kirchen 1780/85 von Gontard, die als städtebauliche Akzente für die Friedrichstadt entstanden. Die Umbauung an den umgrenzenden Straßen ebenfalls im späten 18. Jh. mit dreigeschossigen Wohnhäusern von Unger und Gontard versehen, im späten 19., frühen 20. Jh. im Zusammenhang mit dem Ausbau der Friedrichstadt zu einem Geschäfts-, Banken- und Verwaltungszentrum völlig verändert, im zweiten Weltkrieg weitgehend zerstört. Wiederherstellung des Platzes und seiner Bauten um 1975 begonnen.

Von der älteren Umbauung erhalten der 1899/1900 errichtete rückwärtige Flügel der ehem. Berliner Handels-Gesellschaft (Staatsbank der DDR) Französische Straße 42, von Alfred Messel, und der Erweiterungsbau von 1911 zur Ecke Charlottenstraße (s. S.193), ferner das

HAUPTGEBÄUDE der Akademie der Wissenschaften der DDR, Wilhelm-Külz-Straße, Ecke Otto-Nuschke-Straße. Ursprünglich an dieser Stelle um 1735 das Königliche Domestikenhaus von K. Wiesend, das Gebäude 1777 der 1772 gegründeten Königlichen Seehandlungs-Companie überwiesen und mehrfach umgebaut. Der bestehende Bau 1901/03 von Paul Kieschke für die Preußische Staatsbank in neubarocken Formen errichtet. Die sandsteinverkleideten Fassaden zum Platz der Akademie und zur Otto-Nuschke-Straße dreigeschossig auf hohem Sockelgeschoß, mit Eckrisaliten. – Die Erweiterungsbauten an der Otto-Nuschke-Straße 22/23 mit plattenverkleideter Fassade 1936 von Lütke, an der Johannes-Dieckmann-Straße in streng vertikal gegliedertem Bauhausstil aus roten Klinkern 1926 von Beckmann, davon nur noch zwei Achsen erhalten, sowie 1938/39 durch Aufstockung eines um 1900 entstandenen Gebäudes (Johannes-Dieckmann-Straße 27 und 28).

Von dem vielfältigen, z. T. auf die verschiedenen Institute und Einrichtungen verteilten Kunstbesitz der Akademie besonders hervorzuheben: Marmorbüste Voltaires, 1773 von Jean-Antoine Houdon, sowie weitere Bildnisbüsten berühmter Akademiemitglieder, u. a. von Christian Daniel Rauch, Adolf v. Hildebrand, Carl Begas, Hermann Blumenthal, Bernhard Heiliger (Statuetten als Vorentwurf für die Bronzestatue Max Plancks), Fritz Cremer und Gustav Seitz (Totenmaske Justi). Außerdem zahlreiche Gemälde berühmter Gelehrter, hervorzuheben: Wilhelm Leibniz, um 1700 von Johann Friedrich Wentzel. Pierre Louis Moreau de Maupertuis, Kopie des 18. Jh. nach R. Tourniere. Johannes Stroux, 1952 von Bert Heller.

Auf dem Platz drei monumentale Gebäude, das Schauspielhaus auf dem mittleren Karree, gerahmt von Deutscher Kirche auf dem südlichen und Französischer Kirche auf dem nördlichen Karree.

SCHAUSPIELHAUS Erbaut 1818/21 nach Plänen von Karl Friedrich Schinkel unter Benutzung von Mauerteilen und den sechs Portikussäulen des 1817 abgebrannten Nationaltheaters, das Carl Gotthard Langhans 1800/02 erbaut hatte. Eines der Schinkelschen Hauptwerke. Im zweiten Weltkrieg stark beschädigt und ausgebrannt, Wiederaufbau des Äußeren im wesentlichen abgeschlossen.

Der Entwurf Schinkels hatte den folgenden Gesichtspunkten Rechnung zu tragen: Reduzierung von Zuschauerraum und Bühne gegenüber dem Vorgängerbau (dieser hatte 2000, Schinkels Bau 1600 Zuschauern Platz geboten), Einrichtung eines Konzertsaales sowie Unterbringung der notwendigen Funktions- und Probenräume, gleichzeitig dem Ganzen ein harmonisches

Linke Seite: Nationaltheater auf dem Gendarmenmarkt, Aquatinta von Serrurier, um 1800

Rechte Seite: Schauspielhaus auf dem Gendarmenmarkt, Aquatinta von Friedrich Jügel nach Zeichnung von Schinkel

Äußeres zu geben und bei der Bauausführung auch durch Verwendung von Mauerwerk und Säulen des Vorgängerbaues strenge Sparsamkeit walten zu lassen. Wie der Langhans'sche Bau erstreckt sich der Bau Schinkels von Süden nach Norden zwischen Johannes-Dieckmann-Straße und Otto-Nuschke-Straße, ist jedoch im Gegensatz zu diesem von einem überhöhten Mittelbau durchdrungen, an der Vorderseite, zum Platz hin, kräftig vorgezogen, an der Rückseite nur schwach vorspringend. Der Mittelbau enthielt, gegenüber dem Vorgängerbau um neunzig Grad gedreht, den dreirangigen Zuschauerraum und die Bühne, während die untergeordneten Seitentrakte südlich als Konzertsaal bzw. nördlich als Funktionsräume genutzt waren. Die aus der Aufgabenstellung und der klaren inneren Disposition entspringende Gestaltung des Außenbaues ist eine wichtige und folgenreiche Neuerung in der Theaterarchitektur. Gleichzeitig erreicht Schinkel durch die Dreiteilung mit erhöhtem Mittelbau, durch Verdoppelung der Giebel (über Portikus und Mittelbau) und auch dadurch, daß er das Ganze auf einen hohen Sockel hebt, eine die Mitte des Platzes betonende monumentale Wirkung, gleichgewichtig den Turmbauten der flankierenden Kirchen.

Die Hauptfront über dem hohen gequaderten Sockel in strengen klassizistischen Formen, auf der steilen, durch Treppenwangen eingefaßten Freitreppe (mit Unterfahrt) prächtiger sechssäuliger Portikus ionischer Ordnung mit Dreiecksgiebel, überragt von dem ebenfalls durch Dreiecksgiebel abgeschlossenen Zuschauer- bzw. Bühnenhaus. Die niedriger gehaltenen zweigeschossigen Seitentrakte zur Johannes-Dieckmann-Straße bzw. zur Otto-Nuschke-Straße ebenfalls mit Giebeln. Sämtliche Gebäudeglieder mittels eines einheitlichen Hauptgesimses zusammengeschlossen. Die Gebäudekanten durch Kolossalpilaster betont, die Wandflächen durch ein System von zweigeschossigen Pfeilerstellungen in Art eines Pfostengitters mit Fenstern dazwischen einheitlich aufgegliedert (eingeschossig wiederholt an dem erhöhten Zuschauer- bzw. Bühnenhaus), in der modernen Haltung bereits die technologisch geprägten Spätwerke Schinkels vorwegnehmend. Die Fassaden ehemals verputzt, 1883/84 in Sandstein verblendet.

Der Außenbau reich durch Skulpturen geschmückt. In den Giebelfeldern auf das Theater bzw. auf die Musik bezogene Reliefs der antiken Mythologie, auf den Giebeln des Zuschauer- bzw. Bühnenhauses vorn Apoll in einem Greifengespann, hinten Pegasus, auf dem Giebel des Portikus und auf den seitlichen Giebeln Standbilder der neun Musen. Sämtlich nach Angaben Schinkels von Christian Friedrich Tieck, ausgeführt z. T. von Johann Balthasar Jacob Rathgerber. Alle plastischen Arbeiten im zweiten Weltkrieg stark beschädigt, ergänzende Wiederherstellung abgeschlossen. – Auf den Treppenwangen der Freitreppe 1851 hinzugefügt Bronzegruppen musizierender Genien auf Panther und Löwe reitend, ebenfalls von Tieck.

Das Innere, das einst glänzend ausgestattet war und im ursprünglichen Zustand den Konzertsaal und die Anräume bewahrt hatte, im zweiten Weltkrieg zerstört, dabei auch die malerische Ausgestaltung vor allem von Berliner Künstlern, u. a. August v. Kloeber, Wilhelm Wach und Wilhelm Schadow, vernichtet. Der Neuausbau zu einem Konzertsaal erfolgt nach Entwürfen von Manfred Prasser in klassizistischen Formen, die der Schinkelschen Architektur angeglichen sind.

Linke Seite: Schauspielhaus auf dem Gendarmenmarkt (heute Platz der Akademie), Gesamtansicht vor den Zerstörungen im zweiten Weltkrieg, nach einer Archivaufnahme

Rechte Seite: Schauspielhaus auf dem Platz der Akademie, nördliches Giebelrelief nach der Wiederherstellung; Konzertsaal vor Kriegszerstörung, nach einer Archivaufnahme

Französische Kirche auf dem Platz der Akademie, Kuppelturm vor der Kriegszerstörung, nach einer Archivaufnahme

DEUTSCHE (NEUE) KIRCHE Auf dem südlichen Teil des Platzes der Akademie, Pendant zur Französischen Kirche. 1701/08 nach Entwurf von Martin Grünberg ausgeführt durch Giovanni Simonetti. Pentagonaler Zentralbau mit fünf Konchen, Weiterbildung des holländisch beeinflußten Grundrißtyps der Parochialkirche in der Klosterstraße. 1881/82 durch Hermann v. d. Hude und Julius Hennicke über dem beibehaltenen Grundriß neu erbaut, das Äußere im Gegensatz zum schlichten Ursprungsbau in reichen neubarocken Formen, das Innere gewölbt. – In der Gruft die Grabstätten des Baumeisters Georg Wenzeslaus v. Knobelsdorff sowie des Malers Antoine Pesne.

Der großartige Kuppelturm vor der Ostseite im Zusammenhang mit der Neugestaltung des Gendarmenmarktes unter Friedrich II. nach Plänen von Karl v. Gontard 1780/85 erbaut. Zusammen mit dem Turm der Französischen Kirche Berliner Hauptwerk des Architekten und städtebauliches Glanzstück der Friedrichstadt, in Formen eines spätbarocken Klassizismus; Vorbild für die Gleichartigkeit beider Turmbauten angeblich die Piazza del Popolo in Rom. – Quadratischer Zentralbau mit drei sechssäuligen Tempelportici nach Norden, Osten und Süden, bekrönt von hoher säulenumstandener Tambourkuppel; ein zum Ursprungsbau der Kirche gehörender, bis zum Hauptgesims gelangter Turmstumpf bei Baubeginn des Kuppelturmes abgerissen. Der reiche plastische Schmuck, zahlreiche Statuen (Tugenden, Heilige des Alten und Neuen Bundes) sowie die Giebelreliefs zur Paulus-Geschichte, nach Entwurf von Bernhard Rode ausgeführt durch Constantin Philipp Sartori, eines seiner Hauptwerke.

Kirche und Kuppelturm 1943/45 schwer beschädigt und ausgebrannt, Wiederherstellung im Zusammenhang mit der Rekonstruktion des Platzes der Akademie vorgesehen.

FRANZÖSISCHE KIRCHE Auf dem Platz der Akademie nördlich des Schauspielhauses, Pendant zur Deutschen Kirche. Errichtet für die in der Friedrichstadt angesiedelten Réfugiés. Begonnen 1701 von Louis Cayard nach dem Vorbild der 1685 zerstörten Hauptkirche der Hugenotten in Charenton, vollendet 1705 von Abraham Quesnays. Queroblonger Emporensaal mit halbrunden Konchen an der nördlichen und südlichen Schmalseite sowie einem östlichen Anbau für Wohn- und Diensträume. 1905 Erneuerung durch Otto March unter Beibehaltung der Plananlage, dabei der ursprüngliche Baubestand und das Innere weitgehend verändert.

Der 1780/85 nach Entwurf von Karl v. Gontard errichtete Kuppelturm in Anlage und Aufbau völlig dem Turm der Deutschen Kirche entsprechend (s. oben). Der Skulpturenschmuck, zahlreiche Statuen (Tugenden, Heilige des Alten und Neuen Bundes) sowie die Giebelreliefs zum Leben Christi, nach Entwurf von Daniel Chodowiecki ausgeführt durch Föhr. – Das Innere des Turmes 1929/30 zum Hugenottenmuseum ausgebaut, mit Beständen zur Geschichte der Réfugiés in Berlin und in der Mark Brandenburg. Hervorzuheben: Marmorbüste Friedrichs II., 1793 von Emanuel Bardou. Einundzwanzig Pastorenbilder 17. bis 19. Jh.,

Französische Kirche (Hugenottenmuseum), Büste Friedrichs II.

u. a. von Georg Lisiewsky, David Matthieu und Joachim Martin Falbe. Porträts: Friedrich Wilhelm I., 1. H. 18. Jh.; Friedrich Wilhelm III., um 1830. Vier Historienbilder mit Darstellungen zur Geschichte der Réfugiés, 1878 aus der Werkstatt Anton v. Werners, ausgeführt von Ernst Albert Fischer-Cörlin, Carl Hochhaus und Karl Wendling (ehemals im Hospital der Französischen Kolonie). – Kelchpaar, Silber vergoldet, 1726. Oblatendose, Zinn, 1783. Tauffflasche, Zinn, 1. H. 18. Jh. Prunkpokal, geschliffenes Glas mit Silbermonturen, 1885. Stundenglas 18. Jh. Sehr wertvolle Bibliothek.

Kirche und Kuppelturm im zweiten Weltkrieg schwer beschädigt und teilweise ausgebrannt. Wiederherstellung 1977 begonnen; die Kirche bis 1981 fertiggestellt, die Kuppel des Turmes mit der bekrönenden Figur der triumphierenden Religion 1982 aufgesetzt.

Französische Straße
Querstraße zu der als Hauptachse der Friedrichstadt angelegten Friedrichstraße, von der Mauerstraße im Westen bis zum ehem. Graben der Memhardtschen Befestigung im Osten reichend und dort in der zu Friedrichswerder gehörenden Werderstraße sich fortsetzend. Der Name abgeleitet von den Réfugiés, die in dieser Straße wohnten, und von der an ihrer Südseite auf dem Gendarmenmarkt (heute Platz der Akademie) seit 1701 gelegenen Französischen Kirche.

POSTGEBÄUDE Französische Straße 9/12. Erbaut 1908/10 nach Entwurf von Wilhelm Walder in Stilformen des holländischen Barock. Viergeschossiger roter Klinkerverblendbau mit z. T. reich skulptierten Werksteingliederungen, unter Satteldach. Die langgestreckte Fassade in der Mitte durch Hauptportal und dreigeschossigen Erker betont, seitlich durch flache übergiebelte Risalite ebenfalls mit Portal und Erker in zwei Geschossen. Die dreigeteilten Reckteckfenster des ersten und zweiten Obergeschosses vertikal miteinander verbunden, in den giebelförmigen Fensterverdachungen in Art von Gaffköpfen Männerbüsten in historischen Postuniformen.

Ehem. BANKGEBÄUDE Französische Straße 35 s. Unter den Linden, S. 172.

BANKGEBÄUDE Französische Straße 42/44 s. Behrenstraße, S. 193.

Ehem. WEINHANDLUNG Borchardt (u. a. wissenschaftliche Einrichtungen) Französische Straße 47. Um 1895 erbaut, die historistische Barockfassade von vier

Achsen und fünf Geschossen mit rotem Sandstein verkleidet, z. T. gequadert. In den seitlichen Achsen säulengerahmte Portale mit Austritten darüber. Die mittleren zwei Achsen als Risalit vorgezogen, vor dem dritten Geschoß breiter Balkon auf kräftigen Doppelkonsolen, die Geschosse darüber durch Kompositpilaster zusammengefaßt. Unter dem Traufgesims bewegter Puttenfries mit Girlanden und Blattkränzen.

Friedrichstraße

Hauptachse der Friedrichstadt, als südliche Fortsetzung des auch Querstraße genannten Abschnitts der Straße im Bereich der Dorotheenstadt angelegt, von der Behrenstraße zunächst bis zur Zimmerstraße sich erstreckend, nach 1734 bei der Erweiterung der Friedrichstadt bis zum »Rondeel« am Halleschen Tor (heute Westberlin) weitergeführt. – Die Friedrichstraße im Bereich der Dorotheenstadt s. S. 200, nördlich der Spree im Bereich der Friedrich-Wilhelm-Stadt bis zum ehem. Oranienburger Tor s. S. 322.

WOHNHAUS Friedrichstraße 81. Viergeschossiger spätklassizistischer Putzbau um M. 19. Jh., sparsam dekoriert mit feingliedrigen Palmettenleisten über dem putzgenuteten Erdgeschoß sowie unter den horizontalen Fensterverdachungen der beiden folgenden Geschosse, ein abschließendes Ornamentband am Traufgesims. Im Inneren erhalten das ursprüngliche Treppenhaus.

Ehem. WOHNHAUS (u. a. Institute) Friedrichstraße 82, Ecke Behrenstraße 26a. Fünfgeschossiger spätklassizistischer Putzbau mit zur Straßenkreuzung abgeschrägter Ecke, wohl nach M. 19. Jh. Die Fassaden an den drei unteren Geschossen belebt durch genutetes Mauerwerk, waagerechte Fensterverdachungen mit Blattwerkrosetten darunter und abschließenden kräftigen Eierstab, die beiden oberen, wohl wenig später aufgesetzten Geschosse von Kompositpilastern zusammengefaßt.

Gebäudeblock aus mehreren Geschäftshäusern zwischen Behrenstraße und Französischer Straße, die Abfolge mehrerer Stilrichtungen vom späten 19. Jh. bis in die dreißiger Jahre des 20. Jh. aufweisend:

Linke Seite:
Postgebäude
Französische
Straße 9/12,
östlicher
Risalit
der Fassade

Rechte Seite:
Wohn- und
Geschäftshaus
Französische
Straße 47

GESCHÄFTSHAUS (u. a. Kronenapotheke) Friedrichstraße 165, Ecke Behrenstraße 25/26. 1887/88 von Kayser & v. Großheim für den Pschorr-Bräu in reichen barockisierenden Formen. Viergeschossige werksteinverkleidete Fassaden, das Erdgeschoß rustiziert, erstes und zweites Obergeschoß durch Kolossalsäulen zusammengefaßt, das dritte Obergeschoß über dem verkröpften Gesims durch Pilaster gegliedert, zwischen den Fensterpaaren Säulen. Die mittlere der fünf Achsen zur Friedrichstraße über den balkonartigen Fensternischen mit reichem plastischem Schmuck, die siebenachsige Fassade zur Behrenstraße mit zwei Balkonachsen.

Linke Seite: Geschäftshaus (Kontex-Kaufhaus) Friedrichstraße 167/168, Gesamtansicht der Fassade und Detail (unten rechts); Wohn- und Geschäftshaus Friedrichstraße 166, die drei oberen Geschosse

Rechte Seite: Bürohaus Friedrichstraße 169/170

WOHN- UND GESCHÄFTSHAUS Friedrichstraße 166. 1898/99 von Ferdinand Wendelstadt unter Mitarbeit von Max Welsch errichtet. Fünfgeschossiger Bau von drei Achsen, die historistische, in spätgotischen Formen mit reichem Baudekor gehaltene Fassade in rotem Sandstein. Die beiden unteren Geschosse als Geschäftszone gekennzeichnet, in der schmaleren Mittelachse steiles, kielbogig geschlossenes Portal. Darüber, durch Maßwerkfries und mittleren Balkon abgesetzt, die drei Wohngeschosse, sehr reich die des dritten und vierten Geschosses ausgebildet: beidseitig eines zweiseitigen Erkers dreigeteilte kleeblattbogige Fenster, zusammengefaßt durch kielbogige Rahmung und miteinander verbunden durch Fries aus Vierpässen, in diesem Malerei enthalten. Abschluß durch Attika, ebenfalls in spätgotischen Formen; steiles Zwerchhaus, das die Mittelachse vor dem hohen Satteldach ausklingen läßt.

GESCHÄFTSHAUS (Kontex-Kaufhaus), Friedrichstraße 167/168. 1906 von Bruno Schmitz errichtet, die Bauplastik mit Anklängen an den Jugendstil; in den drei Achsen des fünfgeschossigen Baues ursprünglich drei Läden untergebracht. Die einheitlich gestaltete werksteinverkleidete Fassade (Erdgeschoß beeinträchtigend verändert) in Fortsetzung des »Gerüststils«, wie er von Alfred Messel an den Fassaden des kriegszerstörten Kaufhauses Wertheim in der Leipziger Straße erstmals angewendet worden war. Vier profilierte, unter dem Hauptgesims skulptierte und segmentbogig miteinander verbundene Pfeiler gliedern die Front; die zwischen den Pfeilern sich vorrundenden Fenster des ersten und zweiten Obergeschosses sehr wirkungsvoll vertikal zusammengeschlossen, darüber Balkonbrüstungen für das dritte Geschoß. Das vierte Obergeschoß hinter einer vom Hauptgesims getragenen Balusterbrüstung zurückgesetzt.

BÜROHAUS (u. a. Schriftstellerverband der DDR) Friedrichstraße 169/170, Ecke Französische Straße. Als Bürohaus für die Reichsbahn-Kredit-Gesellschaft 1937 von Fritz August Breuhaus de Groot errichtet. Fünfgeschossiger Stahlskelettbau, siebenachsig zur Friedrichstraße und langgestreckt zur Französischen Straße. Über Sockelgeschoß die vier Obergeschosse plattenverkleidet und mit gleichmäßig gereihten, schmal gerahmten Rechteckfenstern (z. T. verändert, die ursprüngliche Verkleidung mit diagonal verlegten Platten aus Muschelkalkstein).

GESCHÄFTSHAUS (u. a. Café Stadtmitte) Friedrichstraße 194/199, zwischen Leipziger Straße und Krausenstraße. Als Haus Friedrichstadt 1935 von Jürgen Bachmann erbaut. Stahlskelettbau von sechs Geschossen, das oberste Geschoß leicht zurückgesetzt, unter Walmdach. Die Fassaden noch im Stil der Neuen Sachlichkeit, nach Kriegsschäden z. T. verändert.

Johannes-Dieckmann-Straße
Ursprünglich Taubenstraße, der östliche Teil auch Mittelstraße benannt. 1971 umbenannt in Johannes-Dieckmann-Straße. – Querstraße zu der als Hauptachse der Friedrichstadt angelegten Friedrichstraße, von der Mauerstraße im Westen bis zum ehem. Festungsgraben am Hausvogteiplatz im Osten sich erstreckend; die Straße führt über den Platz der Akademie (ehemals Gendarmenmarkt).

PFARRHÄUSER Johannes-Dieckmann-Straße 3, Ecke Glinkastraße 16. Die einzigen erhaltenen Wohnbauten des 18. Jh. in der Friedrichstadt. Reizvolle Gruppe von drei gleichen Häusern von 1738/39, auf Eckgrundstück, eines davon, das Wohnhaus Schleiermachers, der an der nahegelegenen (zerstörten) Dreifaltigkeitskirche Prediger war, 1945 zerstört. Nach einheitlichem Plan errichtete zweigeschossige Häuser unter Mansarddach, pavillonartig auf quadratischem Grundriß, die fünf-

Linke Seite: Pfarrhäuser Johannes-Dieckmann-Straße 3, Ecke Glinkastraße

Rechte Seite: Geschäftshaus (Verlag der Wissenschaften) Johannes-Dieckmann-Straße 10, Portal; Geschäftshaus (ehem. Bank) Johannes-Dieckmann-Straße 4/6

achsigen Straßenfronten durch Mittelrisalit und Ecklisenen gegliedert. Zwischen den Häusern verbindende Mauerzüge mit übergiebeltem Korbbogenportal, flankiert von Doppelpilastern. – Im Pfarrhaus aufbewahrt einige Originale von Grabdenkmälern (Schadow, Schinkel, Buttmann) des Dorotheenstädtischen Friedhofes an der Chausseestraße (s. S. 332) sowie einige Ausstattungsstücke der Friedrichswerderschen Kirche. Im begrünten Innenhof: Büste Friedrich Schleiermachers, Sandstein, 1904 von Fritz Schaper, ursprünglich vor der Dreifaltigkeitskirche. Zwei Gedächtnisurnen, Marmor, E. 18. Jh., beschädigt, und E. 19. Jh., ehemals in der Dorotheenstädtischen Kirche. Zwei Reliefs mit den Stiftern der Dorotheenstädtischen Kirche, Kurfürst Friedrich Wilhelm und Kurfürstin Dorothea, Marmor, 1904 von Albert Moritz Wolff. Taufstein um M. 19. Jh., aus der Dreifaltigkeitskirche.

GESCHÄFTSHAUS (VEB Rationalisierung und Rechenzentrum Außenhandel) Johannes-Dieckmann-Straße 4/6. Wohl als Bankgebäude 1913/14 von Bielenberg & Moser errichtet. Die fünfgeschossige Fassade in Muschelkalkstein verblendet, das Erdgeschoß in kräftiger Rustika, die Obergeschosse durch kannelierte Kolossalpilaster gegliedert, die Fensterzone dazwischen mit z. T. geschwungenen oder sparsam dekorierten Brüstungsfeldern. Die drei Mittelachsen des Erdgeschosses leicht vorgezogen, darin das monumentale, von kannelierten Halbsäulen flankierte Hauptportal.

GESCHÄFTSHAUS (Verlag der Wissenschaften) Johannes-Dieckmann-Straße 10. Für die Aktienbrauerei Patzenhofer 1906/07 von Hermann Dernburg erbaut, die Bildhauerarbeiten von Hermann Engelhardt. Fünfgeschossiger werksteinverkleideter Bau in Barockformen, mit kräftiger Mittenbetonung durch Atlantenfiguren, die einen Balkon vor dem dritten Geschoß tragen.

Friedrichstadt

GESCHÄFTSHAUS (VE Kombinat Kohleversorgung) Johannes-Dieckmann-Straße 26. Um 1913/14 von Max Reichhelm & Co. als Handelshaus erbaut. Dreiachsiger Bau von fünf Geschossen unter Mansarddach, die Fassade in Muschelkalkstein verblendet: geschwungene ornamentierte Konsolen leiten über zu den Kolossalpilastern an den drei Obergeschossen, zwischen diesen die Fenster leicht vorgerundet. Vor den mittleren Pilastern zwei Figuren, wohl Bergbau und Handel symbolisierend, am Fuße der äußeren Pilaster, ebenfalls als Symbol gedacht, zwei Bronzereliefs mit Schiffsdarstellungen.

GEBÄUDE der Akademie der Wissenschaften der DDR Johannes-Dieckmann-Straße 27/28 s. Platz der Akademie, S. 212.

Ehem. BANKGEBÄUDE (LDPD-Verlag »Der Morgen«) Johannes-Dieckmann-Straße 48/49. Für die Deutsche Bau- und Bodenbank 1928/29 von Hans Jessen im Stil der Neuen Sachlichkeit errichtet. Stahlskelettbau von sieben Geschossen, das oberste Geschoß zurückgesetzt, zum Hof Seiten- und Querflügel. Die Straßenfassade ursprünglich mit verschieden getönten Blendsteinen verkleidet, heute verputzt; die Fenster zu Fensterbändern zusammengeschlossen.

Kronenstraße

Querstraße zu der als Hauptachse der Friedrichstadt angelegten Friedrichstraße, von der Mauerstraße bis zur Jerusalemer Straße sich erstreckend.

Ehem. GESCHÄFTSHAUS (u. a. Zentrale Filmbibliothek) Kronenstraße 10. 1901/02 von Hart & Lesser als Möbelhaus Trunck & Co. erbaut, mit Verkaufsräumen in den drei unteren, Lagerräumen in den zwei oberen Geschossen. Die werksteinverkleidete Fassade von drei breiten Achsen nachdrücklich von Gestaltungstendenzen des Jugendstiles geprägt, verbunden mit historistischen, der Renaissance und dem Barock entlehnten Zügen. Erd- und erstes Obergeschoß durch korbbogige, die Fenster umgreifende Rahmungen zusammengefaßt, die drei Geschosse darüber einheitlich gestaltet durch zwei segmentbogige Erker von zwei Geschossen und großes kurviges Mittelfenster im obersten Geschoß, über dem die Dachtraufe stark ausschwingt. Aufwendiger ornamentaler und figürlicher Jugendstildekor, beidseitig des abschließenden mittleren Fensters zwei rahmende allegorische Figuren im Hochrelief (s. auch Abb. S. 226). – Das Geschäftshaus Kronenstraße 11 von fünf Geschossen, wohl um 1910, die in Muschelkalkstein verkleidete Fassade in den klassizierenden Formen der Zeit vor dem ersten Weltkrieg.

Leipziger Straße

Wichtigste Querstraße zu der als Hauptachse der Friedrichstadt angelegten Friedrichstraße, zwischen Leipziger Platz und dem ehem. Festungsgraben vor dem Spittelmarkt. Der die Straße nach Westen abschließende Leipziger Platz, der Achteckplatz, ist einer der drei Plätze innerhalb der um 1734 erfolgten Erweiterung der Friedrichstadt; an seiner Westseite, eingebunden in die Akzisemauer, befand sich hier bis zur Zerstörung im zweiten Weltkrieg das Potsdamer Tor, zwei die Straße flankierende Torhäuser mit viersäuliger dorischer Vorhalle, 1823 nach Entwurf von Schinkel anstelle einer älteren Anlage errichtet. Im Osten reichte die Straße bis an den Memhardtschen Festungsgraben dicht vor dem Spittelmarkt; auf der den Graben überspannenden Brücke waren 1776 die Spittelkolonnaden

Linke Seite: Geschäftshaus Johannes-Dieckmann-Straße 26; ehem. Bankgebäude (Verlag »Der Morgen«) Johannes-Dieckmann-Straße 48/49

Rechte Seite: Geschäftshäuser Kronenstraße 10 und 11

*Linke Seite:
Geschäftshaus
Kronenstraße 10, die
drei oberen Geschosse*

*Rechte Seite:
Ehem. Kaufhaus
Wertheim
Leipziger Straße,
vor Zerstörung im
zweiten Weltkrieg;
Ansicht
des Dönhoffplatzes,
Gemälde von
F. A. Calau, 1823;
Potsdamer Tor,
Kupferstich um 1830*

errichtet worden (s. unten). Hier auch, an der Südseite der Straße, der Dönhoffplatz, ursprünglich eine Esplanade vor dem Leipziger Tor, nach 1734 nach Abtragung des Tores zu einem von Häusern umbauten Platz umgestaltet; auf dem Dönhoffplatz wurde 1875 das Denkmal des Freiherrn vom und zum Stein aufgestellt (heute Unter den Linden, s. S. 150). – Im Verlauf des 18. Jh. wurde die Leipziger Straße mit ansehnlichen Häusern und Palästen bebaut, in der Nähe des Achteckplatzes lag die 1763 vom König übernommene Königliche Porzellanmanufaktur. Im späteren 19. Jh. befanden sich in der Straße verschiedene Regierungsstellen und Abgeordnetenhäuser, so auch das erhaltene Gebäude des ehem. Preußischen Herrenhauses Leipziger Straße 3/4. Mit dem ausgehenden 19., frühen 20. Jh. wandelte sich die Straße zu einer der bedeutendsten und verkehrsreichsten Geschäftsstraßen Berlins, mit mehreren großen Kaufhäusern, so u. a. dem für die Kaufhausarchitektur richtungweisenden Kaufhaus Wertheim von Alfred Messel, 1896–1906 erbaut (kriegszerstört; der ursprüngliche Standort etwa gegenüber vom ehem. Preußischen Herrenhaus).

Im zweiten Weltkrieg weitgehende Zerstörung der Straße; großzügige Neubebauung zwischen Charlottenstraße und Spittelmarkt seit 1969 aus Wohnhochhäusern bis zu fünfundzwanzig Geschossen an der Südseite und elfgeschossigen Wohnbauten an der Nordseite, die Erdgeschoßzone mit Läden und Gaststätten, an der Südseite zusätzlich zweigeschossige Versorgungs- und Geschäftsbauten.

Friedrichstadt 227

Ehem. HERRENHAUS (Akademie der Wissenschaften der DDR und Haus der Ministerien) Leipziger Straße 3/4. Ausgedehnter Komplex zusammen mit dem Gebäude des ehem. Preußischen Landtages zwischen Leipziger Straße und Niederkirchnerstraße. Das ehem. Herrenhaus bis 1904 nach Entwurf von Friedrich Schulze erbaut auf dem Gelände eines Adelspalais aus der M. 18. Jh. (seit 1850 Preußisches Herrenhaus) und der 1763 gegründeten Königlichen Porzellanmanufaktur, die nach 1871 von Friedrich Hitzig zum provisorischen Reichstagsgebäude umgebaut worden war. Dreiflügelanlage um großen Ehrenhof, die beiden Untergeschosse rustiziert, die beiden oberen durch Kolossalpilaster zusammengefaßt; Abschluß durch Attika. Der säulengegliederte Risalit des Mittelbaues von Dreiecksgiebel bekrönt, darin Relief der Borussia zwischen allegorischen Figuren von Otto Lessing. Dahinter der ehem. Sitzungssaal, verbaut.

Zuvor war 1892/97 ebenfalls von Friedrich Schulze und in den gleichen historisierenden Formen das Gebäude des ehem. Preußischen Landtages (heute Teil des Hauses der Ministerien) errichtet worden. Die Hauptfassade zur Niederkirchnerstraße gewendet, der breite Mittelbau durch Kolossalsäulen betont, der allegorische Figurenschmuck ursprünglich auch hier von Otto Lessing. – Im Kleinen Sitzungssaal gründete Karl Liebknecht am 30./31. Dezember 1918 die KPD; Einrichtung einer Gedenkstätte zum 65. Jahrestag vorgesehen.

HAUS DER MINISTERIEN Leipziger Straße 5/7, Ecke Otto-Grotewohl-Straße. 1935/36 als Reichsluftfahrtministerium nach Entwurf von Ernst Sagebiel erbaut. Ausgedehnter, mit Muschelkalksteinplatten verblendeter Komplex aus zumeist fünfgeschossigen Gebäudeteilen besonders zur Otto-Grotewohl-Straße und hier mit Ehrenhof. An der zu einem kleinen Vorplatz gestalteten Straßenkreuzung, in der Pfeilerhalle neben dem Hauptzugang, Wandbild auf Fliesen, 1952 von Max Lingner. – Gedenktafel an die antifaschistische Widerstandsgruppe Schulze-Boysen/Harnack.

POSTGEBÄUDE (Ministerium für Post- und Fernmeldewesen sowie Postmuseum) Leipziger Straße, Ecke Mauerstraße 69/75. Der Kernbau des ehem. Reichspostamtes auf dem benachbarten Grundstück

*Linke Seite:
Ehem. Herrenhaus
(Akademie
der Wissenschaften
der DDR und Haus
der Ministerien)
Leipziger
Straße 3/4,
nach einer
Archivaufnahme;
Postgebäude
(Ministerium für
Post- und
Fernmeldewesen
und Postmuseum)
Leipziger Straße,
Ecke Mauerstraße,
Fassadenausschnitt*

*Rechte Seite:
Rekonstruierte
Kolonnade in der
Leipziger Straße
(Spittelkolonnade),
davor Nachbildung
des Obelisken
vom Dönhoffplatz*

metzfirma in der Mühlenstraße gelagert, die nördliche Kolonnade im zweiten Weltkrieg schwer beschädigt, die Ruine um 1960 abgetragen. Im Zuge der Neugestaltung der Leipziger Straße wurde 1980 an der Südseite, auf etwas verändertem Standort, eine Kopie der südlichen Kolonnade, deren ausgelagerte Originalteile sich erhalten haben, errichtet (Abb. S. 229). Ebenfalls eine Nachbildung der vor dem Halbrund aufgestellte Obelisk; ein Obelisk dieser Art, ursprünglich Meilensäule, stand seit 1730 etwa an gleicher Stelle auf dem Dönhoffplatz (s. Abb. S. 227).

(Leipziger Straße 15) 1871/74 durch Schwatlo erbaut, im zweiten Weltkrieg zerstört. Der im wesentlichen erhaltene Erweiterungsbau mit Postmuseum 1892/97 nach einem Entwurf von Hake errichtet, ausgeführt von Techan und Ahrens (zur Leipziger Straße vier Achsen zerstört). Umfangreiche Anlage mit mehreren Höfen, die dreigeschossigen sandsteinverblendeten Fassaden in Formen der italienischen Hochrenaissance, durch Balustradenattika abgeschlossen; die Portalachse zur Mauerstraße durch einachsige Risalite flankiert. Besonders hervorgehoben und ausgezeichnet der Eckbau des Postmuseums, durch seitliche, ursprünglich von Turmaufsätzen bekrönte Risalite betont, dazwischen die leicht gerundete Fassade mit drei Portalen in der rustizierten Erdgeschoßzone und Kolossalsäulen vor den beiden Obergeschossen; über der abschließenden Attika bis zur Zerstörung im zweiten Weltkrieg eine die Weltkugel tragende Gigantengruppe (ein verkleinertes Kupfermodell in einem der Höfe erhalten).

KOLONNADEN in der Leipziger Straße (Spittelkolonnaden). Zur Begrenzung der über den ehem. Festungsgraben führenden Brücke dicht vor dem Spittelmarkt 1776 von Karl v. Gontard erbaut, ursprünglich beidseitig der Fahrbahn halbkreisförmig gerundete, reich geschmückte ionische Säulenhallen (s. auch die benachbarte Mohrenkolonnade, S. 232). – Die südliche Kolonnade bei Verbreiterung der Leipziger Straße bereits 1929 abgebrochen und auf dem Gelände einer Stein-

Mauerstraße

Ursprünglich westliche Begrenzung der Friedrichstadt vor ihrer Erweiterung nach Westen durch die Anlage der Wilhelmstraße (heute Otto-Grotewohl-Straße); Parallelstraße zur Friedrichstraße, durch leichte Krümmung mit dieser zwischen Schützenstraße (heute Reinhold-Huhn-Straße) und Zimmerstraße sich verbindend. Im Bereich dieser Straße verlief die Ummauerung der Friedrichstadt in ihrer ursprünglichen Ausdehnung. – An der Mauerstraße befanden sich bis zur Zerstörung im zweiten Weltkrieg die Dreifaltigkeitskirche (zwischen Mohrenstraße und Kronenstraße) und die Böhmische (Bethlehems-) Kirche (zwischen Krausenstraße und ehem. Schützenstraße). Beide Kirchen waren überkuppelte Zentralbauten, die Dreifaltigkeitskirche 1737/39 nach Plänen wohl von T. Favre, die Böhmische Kirche 1735/37 nach Plänen von Friedrich Wilhelm Dieterichs erbaut; Reste 1947 bzw. 1963 abgetragen.

Ehem. BANKGEBÄUDE (u. a. DRK) Mauerstraße 53, sog. Kleisthaus (Heinrich v. Kleist hatte in dem Vorgängerbau gewohnt). Für das Bankhaus v. d. Heydt & Co. 1913 von Bodo Ebhardt erbaut. Viergeschossiger Bau unter Satteldach, die Fassade in Muschelkalkstein verkleidet, die Höfe in weißglasierten Verblendsteinen. Die zurückhaltende, hausartige Fassade in klassizierenden Formen, von sieben Achsen, die mittleren fünf als Risalit leicht vorgezogen. Das Erdgeschoß als Rustikasockel gebildet. Am Risalit die beiden Obergeschosse durch Kolossalpilaster belebt, am dritten Obergeschoß in Fortsetzung der Pilaster figürliche Reliefplatten, darüber schlichter Dreiecksgiebel. Der bildhauerische Schmuck von Georg Kolbe, so auch die in das erste Obergeschoß eingelassene Reliefplatte zur Erinnerung an Heinrich v. Kleist, mit Profilkopf des Dichters und Darstellung einer Amazone.

GESCHÄFTSHAUS (VEB Bako) Mauerstraße 76. Als kombiniertes Wohn- und Geschäftshaus 1909 erbaut, von drei Achsen und fünf Geschossen. Die Fassade in Muschelkalkstein verblendet, die zwei unteren Geschosse, ehemals wohl die Geschäftszone, verändert, die drei oberen Geschosse in Jugendstilformen erhalten: am dritten und vierten Geschoß flacher mittlerer Erker, an den flankierenden Achsen beide Geschosse durch kurvig bewegte Pilaster und korbbogige Blende zusammengefaßt. Das oberste, in der Mitte giebelförmig erhöhte Geschoß zwischen den Fenstern geschmückt durch schmalrechteckige Relieffelder mit weiblichen Aktfiguren. – Das benachbarte Geschäftshaus Mauerstraße 77 ebenfalls fünfgeschossig und von drei Achsen, 1916 erbaut; die werksteinverkleidete Fassade in klassizierenden Formen.

Linke Seite: Mauerstraße mit Dreifaltigkeitskirche, Kupferstich von Johann Rosenberg, um 1776; ehem. Bankgebäude (»Kleisthaus«) Mauerstraße 53

Rechte Seite: Geschäftshaus Mauerstraße 76, die drei oberen Geschosse

Friedrichstadt

GESCHÄFTSHAUS (ADMV) Mohrenstraße 22/23, Ecke Charlottenstraße 60. Für die Berlinische Boden-Gesellschaft gegen 1907 von Cremer & Wolffenstein errichtet. Fünfgeschossiges Eckhaus von fünf zu fünf Achsen, die abgeschrägte Eckachse durch große Inschriftkartusche betont; nach Kriegsbeschädigung teilweise verändert. Die drei Untergeschosse durch Pfeiler auf hohen Postamenten gegliedert und durch kräftiges umlaufendes Gesims von den beiden Obergeschossen getrennt, ursprünglich zwischen den Pfeilern dreiseitig ausgestellte Fenster. An den beiden Obergeschossen die Gliederung der Untergeschosse durch Halbsäulen fortgesetzt, die dreiteiligen Fenster im obersten Geschoß durch geschwungene Hermenpilaster hervorgehoben. Das Dachgeschoß moderne Zutat, die schweren Vasen ursprünglich nicht vorhanden.

MOHRENKOLONNADEN Mohrenstraße 37 b (Südseite) bzw. Mohrenstraße 40/41 (Nordseite). Brückenkolonnaden ursprünglich beidseitig der den Festungsgraben überquerenden, erstmals 1742 angelegten Brücke, nach Bebauung des Grabengeländes zu Vorbauten für die dahinter errichteten Geschäftshäuser geworden; die einzigen in situ vorhandenen Kolonnaden, von denen die Stadt einst weitere drei besaß (Königskolonnaden am Alexanderplatz; Spittelkolonnaden am Spittelmarkt/Leipziger Straße; Kolonnaden auf der Mühlendammbrücke). – 1787 zusammen mit der Brücke nach Entwurf von Carl Gotthard Langhans erbaut. Die Fronten aus jeweils fünf Arkaden auf gekuppelten toskanischen Säulen, die Seiten von jeweils einer Arkade viertelkreisförmig einschwingend; Abschluß durch Triglyphenfries und kräftiges Dachgesims. Als Risalit mit abschließendem Dreiecksgiebel die mittlere Arkade ausgebildet, hier die Säulen hintereinander gestellt. Die Rückwände der Bogenhallen mit Zugängen für einst hier vorhandene Läden, heute die Zugänge zu den Häusern. – Der plastische Schmuck aus der Werkstatt Schadows: Giebelreliefs wohl nach Entwurf von Bernhard Rode (Merkur und Pluto im Norden, Merkur und Neptun im Süden), ferner Liegefiguren auf den Giebeln und über den geschwungenen Seiten (Flußgötter der vier Erdteile).

Mohrenstraße
Querstraße zu der als Hauptachse der Friedrichstadt angelegten Friedrichstraße, von der Mauerstraße bis zum ehem. Festungsgraben vor dem Hausvogteiplatz, dessen einstiger Verlauf auch heute noch erkennbar ist durch die erhaltenen Mohrenkolonnaden.

Ehem. VERSICHERUNGSGEBÄUDE (Gesellschaft für Deutsch-Sowjetische Freundschaft) Mohrenstraße 63/64, zwischen Glinkastraße und Mauerstraße. Fünfgeschossiger werksteinverkleideter Baublock unter Walmdach, 1916 von Bodo Ebhardt für die Allianzversicherungs-AG in den Formen eines monumental übersteigerten Klassizismus errichtet. Die beiden unteren Geschosse als Sockelgeschoß rustiziert, die drei oberen Geschosse durch Kolossalpilaster zusammengefaßt, an der Fassade zur Mohrenstraße fünfachsiger Risalit mit Kolossalsäulen und Dreiecksgiebel.

Otto-Nuschke-Straße

Ursprünglich Jägerstraße, 1958 umbenannt in Otto-Nuschke-Straße. – Querstraße zu der als Hauptachse der Friedrichstadt angelegten Friedrichstraße, von der Mauerstraße bis zur Oberwallstraße (ursprünglich bis zu der über den Festungsgraben führenden Jägerbrücke); die Straße führt über den Platz der Akademie (ehemals Gendarmenmarkt).

CLUBHAUS (Club der Kulturschaffenden) Otto-Nuschke-Straße 2/3 sowie Mauerstraße. Als Vereinshaus des »Clubs von Berlin« (Fabrikanten und Millionäre) 1892/93 von Kayser & v. Großheim errichtet. Dreigeschossiger, im Grundriß winkelförmig angelegter Bau, dessen Fassaden das ältere Eckhaus Otto-Nuschke-Straße 1 umschließen. Die Seitenfront zur Mauerstraße in den Formen der deutschen Renaissance, in weißer Ziegelverkleidung, die Formteile in rotem Sandstein; der durch Mauer zur Straße abgeschlossene Hof ursprünglich als Garten angelegt. Die sandsteinverkleidete Hauptfassade zur Otto-Nuschke-Straße im Stil barocker Palastarchitektur, besonders die Mittelachse reich ausgeschmückt durch üppiges Portal und Fenster mit Hermenpilastern sowie zwerchhausartigen Aufsatz mit Okulus und Rundgiebel vor dem Mansarddach beidseitig der das Gebäude abschließenden Balustradenattika. Das Innere zumeist verändert, im ursprünglichen Zustand wohl noch das Treppenhaus. – Das ehem. Wohnhaus Otto-Nuschke-Straße 1 (Bundessekretariat des Kulturbundes) ein viergeschossiger Putzbau von 1860/70 in spätklassizistischen Formen, an der abgeschrägten Ecke betont durch zweigeschossigen Eckerker.

GEBÄUDE der Akademie der Wissenschaften der DDR Otto-Nuschke-Straße 22/23 s. Platz der Akademie, S. 212.

Linke Seite: Kolonnaden in der Mohrenstraße, Stich von Grünewald nach Zeichnung von Gropius; nördliche Kolonnade in der Mohrenstraße

Rechte Seite: Ehem. Versicherungsgebäude (Gesellschaft für Deutsch-Sowjetische Freundschaft) Mohrenstraße 63/64

WOHN- und GESCHÄFTSHAUS (Urania-Verlag) Otto-Nuschke-Straße 28. 1895 durch Baumeister A. Bohm (Inschrift) errichtet. Fünfgeschossiger Bau von drei schmalen Achsen, die sandsteinverkleidete Fassade in der Mitte am dritten und vierten Geschoß durch dreiseitigen Erker betont, darüber, am fünften Geschoß, Balkon mit schmiedeeisernem Gitter und geschwungenem Giebelabschluß. Reicher barockisierender Ornamentdekor besonders am Erker und am obersten Geschoß.

GESCHÄFTSHAUS Otto-Nuschke-Straße 33 s. Oberwallstraße, S. 128.

POSTAMT Otto-Nuschke-Straße 42/44, Ecke Oberwallstraße. Erbaut 1877/78 als Haupttelegraphenamt nach Entwurf von Carl Schwatlo, in Formen der italienischen Hochrenaissance. Repräsentativer sandsteinverkleideter Bau von dreieinhalb Geschossen, die Ecke zur Oberwallstraße als Eckrisalit ausgebildet. Das Erdgeschoß rustiziert, am Eckrisalit die Obergeschosse durch breite Vorlagen zusammengefaßt, an der elfachsigen Fassade zur Otto-Nuschke-Straße zwischen den rundbogigen Fenstern der Obergeschosse Säulenpaare ionischer bzw. korinthischer Ordnung, am Mezzaningeschoß durch hochreliefierte Puttengruppen fortgesetzt, letztere von Hermann Steinemann. Über dem ausladenden Konsolgesims Attika.

BANKGEBÄUDE (Deutsche Außenhandelsbank) Otto-Nuschke-Straße 49/50. 1891/93 von den Architekten Schmieden & Speer für das Bankhaus Mendelsohn & Co. erbaut, als Ersatz für ein älteres, 1873 errichtetes Bankhaus auf dem Grundstück Nr. 52 der gleichen Straße. Die Sandsteinfassade in zurückhaltend-historisierenden Formen von zwei Geschossen und sieben Achsen, die Eingangsachse seitlich, über dem Portal vor dem Obergeschoßfenster Balkon. Abschluß durch kräftiges Konsolgesims und Balustradenattika. Im Inneren die ursprüngliche Raumaufteilung und Raumgestaltung größtenteils bewahrt: Im Zentrum befindet sich die quadratische, über zwei Geschosse reichende Schalterhalle mit Oberlicht. Ihrem Eingang gegenüber der aufwendige Treppenaufgang. Hier sowie in den meisten übrigen Räumen zarter Deckenstuck; über einigen Türen des Obergeschosses figürliche Lünettenreliefs erhalten.

Reinhold-Huhn-Straße
Ursprünglich Schützenstraße, 1966 umbenannt in Reinhold-Huhn-Straße (Gedenkstätte für Reinhold Huhn an der Ecke Jerusalemer Straße). – Querstraße zu der als Hauptachse der Friedrichstadt angelegten Friedrichstraße, von der Mauerstraße im Westen bis zu der die Friedrichstadt nach Osten begrenzenden, bis zum »Rondeel« am Halleschen Tor geführten Lindenstraße (heute größtenteils Berlin West) sich erstreckend; die an der Lindenstraße bis etwa 1730 bestehenden Schützenplätze gaben der Straße den Namen.
DRUCKKOMBINAT BERLIN (ehem. Mosse-Haus) Reinhold-Huhn-Straße 22/25, Ecke Jerusalemer Straße. 1901/03 für das Verlagshaus Rudolf Mosse von Cremer & Wolffenstein erbaut, die sandsteinverkleideten Fassaden mit Anklängen an den Jugendstil. – Umbau 1921/23 von Erich Mendelsohn unter Mitarbeit von Richard Neutra im Stil der Neuen Sachlichkeit: abgestufte Aufstockung um zwei Geschosse und dynamische Umgestaltung des Ecktraktes, in seiner viertelkreisförmigen Abrundung mit den horizontal betonten Fensterbändern und der Verwendung neuer Baustoffe in betontem Gegensatz zum Altbau. Nach Zerstörungen im zweiten Weltkrieg in stark vereinfachter und reduzierter Form wiederhergestellt, trotzdem von besonderem Wert als einziger erhaltener Bau Mendelsohns in der Hauptstadt der DDR.

Linke Seite: Postgebäude Otto-Nuschke-Straße 42/44, Fassadendetail; Wohn- und Geschäftshaus Otto-Nuschke-Straße 28, Fassadendetail mit Mittelerker

Rechte Seite: Druckkombinat Berlin Reinhold-Huhn-Straße 22/25, Ecke Jerusalemer Straße

Neukölln am Wasser und Luisenstadt

Neukölln am Wasser

Um 1680 als neues Stadtviertel angelegt auf dem schmalen Gelände zwischen westlichem Spreearm und den Anlagen der seit 1658 errichteten, in diesem Bereich mit drei Bastionen ausgestatteten Memhardtschen Festungswerke, vom Spittelmarkt bis zum heutigen Märkischen Platz sich erstreckend. – Gleichzeitig mit dem Bau der Memhardtschen Festungswerke war eine Aufschüttung und Festigung des westlichen Spreearmes erfolgt, der anschließend eine beidseitige Bebauung nach dem Vorbild holländischer Grachten erhielt: auf köllnischer Seite, anstelle der mittelalterlichen Stadtmauer, entstand die Friedrichsgracht, auf der gegenüberliegenden Seite Neukölln am Wasser, das verwaltungsmäßig zu Kölln gehörte; vorher hatte hier die Ratsziegelei gestanden. Mit Kölln wurde Neukölln am Wasser durch die Grünstraßenbrücke, die bereits ältere Roßstraßenbrücke und die Inselbrücke verbunden, mit Berlin durch die die Spree überspannende ehem. Waisenbrücke (nach Zerstörung im zweiten Weltkrieg abgetragen).

Parallel zum Märkischen Ufer verlief der zweite Straßenzug Neuköllns am Wasser, die Wallstraße, deren südliche Straßenseite nach 1737, nach Abtragung der Festungswerke, allmählich bis an den erst im späten 19. Jh. verschwundenen Festungsgraben, den Grünen Graben, bebaut wurde. Auch die kurzen, in Verlängerung der Brücken angelegten Querstraßen, die Neue Grünstraße und die Neue Roßstraße, wurden bis an den Festungsgraben erweitert und vermittelten über Brücken die Verbindung zu der südlich von Neukölln am Wasser entstehenden Köpenicker Vorstadt (die Inselstraße entstand erst nach M. 19. Jh.). Nicolai gibt 1786 für Neukölln am Wasser 172 Vorderhäuser und 116 Hinterhäuser an.

Am Köllnischen Park/Rungestraße

Durch die im rechten Winkel aufeinanderstoßenden Straßen Am Köllnischen Park/Rungestraße zeichnet sich auch heute noch die ehem. Bastion VII der Memhardtschen Befestigung ab, auf deren Gelände der Köllnische Park angelegt ist (ursprünglich verliefen diese beiden Straßen jenseits des Festungsgrabens). Bereits im 18. Jh., nach Abtragung der Festungswerke 1737, befand sich hier ein Teil des ausgedehnten, bis über die damals noch nicht vorhandene Inselstraße sich erstreckenden Splitgerberschen Gartens.

VERSICHERUNGSGEBÄUDE Am Köllnischen Park Nr. 2 a/3. 1903/04 von Alfred Messel für die ehem. Landesversicherungsanstalt errichtet; Klinkerverblendbau in zurückhaltend-barockisierenden Formen, besonders durch das Material auf das gleichzeitig im Bau befindliche Märkische Museum abgestimmt, jedoch nicht wie dieses in einem engen Sinne historisierend. Langgestreckte viergeschossige Fassade von neunzehn Achsen unter Mansarddach, ursprünglich mit mittlerem Dachturm. Vertikale Gliederung durch Kolossal-

Linke Seite: Blick von der Roßstraßenbrücke zur Inselbrücke, rechts im Bild das Märkische Ufer

Rechte Seite: Blick auf die Waisenbrücke spreeaufwärts, links auf Neuköllner Seite die Splitgerbersche Zuckersiederei, rechts das Waisenhaus, Kupferstich von Johann Rosenberg, um 1780; Versicherungsgebäude Am Köllnischen Park 2a/3

Neukölln am Wasser

pilaster, der fünfachsige Mittelrisalit von segmentbogigem Schweifgiebel bekrönt, die mittleren drei Achsen des obersten Geschosses loggienartig geöffnet. Aus Muschelkalkstein der sparsame Architekturdekor und die Brüstungsfelder mit z. T. symbolischen, auf den ursprünglichen Zweck des Gebäudes bezogenen Darstellungen. Im Inneren das zentrale Treppenhaus aus der Bauzeit erhalten.

Linke Seite: Märkisches Museum Am Köllnischen Park, »Chorpolygon« und der zum Park gewendete »Renaissanceflügel«, davor das Lapidarium mit dem Unterbau einer Windmühle

Rechte Seite: Märkisches Museum Am Köllnischen Park, Ansicht vom Märkischen Platz

MÄRKISCHES MUSEUM Am Köllnischen Park 5, Ecke Märkischer Platz. Für das 1874 gegründete, zunächst bis 1881 im ehem. Palais Podewils, anschließend bis 1899 im köllnischen Rathaus untergebrachte Museum aufgrund eines Wettbewerbs 1901/07 von Ludwig Hoffmann erbaut. Malerisch gruppierter historistischer Gebäudekomplex, dessen einzelne Teile sich an Bauten der Backsteingotik und der Renaissance in der Mark Brandenburg anlehnen; innerhalb der Museumsarchitektur des 19. Jh. liegt dem Bau die Absicht zugrunde, einen weitgehenden Zusammenklang von umhüllender Architektur und den in ihr aufzubewahrenden Sammlungen zu erreichen, darin dem kurz zuvor errichteten Bayrischen Nationalmuseum in München folgend. – Die einzelnen Bauteile um zwei Höfe gruppiert. Zum Märkischen Platz hin, seitlich eines kriegszerstörten Bauteiles, Haupteingang mit offener Treppenhalle, betont durch hohen rechteckigen Backsteinturm unter Walmdach, der dem Bergfrit der Bischofsburg in Wittstock ähnelt. Daran anschließend der Haupttrakt, einer gotischen Backsteinkirche nachgebildet, erweitert durch zwei einen kleinen Hof umschließende Anbauten, der an der Wallstraße gelegene mit reich geschmückten Schaugiebeln über den Schmalseiten und Maßwerkattika an der Längsseite, der mehr zum Köllnischen Park hin orientierte kapellenartig mit polygonalem Schluß, die Schmuckformen sämtlich nach dem Vorbild der Katharinenkirche in Brandenburg. An der Parkseite ein dreiflügeliger, den großen Innenhof umschließender Putzbau in Spätrenaissanceformen, mit Ziergiebeln und mehrgeschossigem Erker, im Hof Treppenturm. – Im Inneren Räume und Gänge vielfach gewölbt und auf die einzelnen Sammlungen abgestimmt, auch unter Verwendung und Einfügung von originalen Architekturteilen märkischer Bauten, so z. B. Portalen. – Außen neben der Treppenhalle Kopie des Brandenburger Roland von 1474, Muschelkalkstein, 1905.

KÖLLNISCHER PARK Südlich und westlich vom Märkischen Museum, ursprünglich Bastion VII der Memhardtschen Befestigung, später Teil des Splitgerberschen Gartens, um 1873 zum Freizeitpark umgestaltet; der Bärenzwinger – der Bär ist das Berliner Wappen-

238 Stadtbezirk Mitte

Neukölln am Wasser

auf dem Hof des Hauses Neue Jakobstraße 10, von wo er 1893 in den Köllnischen Park versetzt wurde. – Ein weiteres Relikt aus barocker Zeit, jedoch auf unverändert ursprünglichem Standort, der 1969 freigelegte Feldsteinsockel einer Windmühle, wohl nach 1700 (die um und nach 1700 auf den Befestigungswällen dieses Bereiches errichteten Windmühlen wurden um 1737, bei Abtragung dieser Wälle, auf dem sog. Windmühlenberg im heutigen Stadtbezirk Prenzlauer Berg neu errichtet, wo sie z. T. bis in die Mitte des 19. Jh. bestanden).

Am östlichen Parkzugang aufgestellt eine plastische Kolossalgruppe, Herkules den Nemeischen Löwen bezwingend, Sandstein, 1787 von Gottfried Schadow entworfen und 1791 ausgeführt von Conrad Boy, 1969/71 restauriert; ehemals Brückenfigur auf der von Carl Gotthard Langhans erbauten Brücke über den Königsgraben (ehem. Verbindung zwischen Burgstraße und Neuer Promenade, in der Nähe des S-Bahnhofes Marxtier – aus den zwanziger Jahren des 20. Jh. 1969/71 nach Entwurf von R. Jaenisch und S. Rauner Neugestaltung der Parkanlage, dabei auch Anlage eines Kinderspielplatzes und eines Freilichtmuseums mit Exponaten zur Berliner Kultur- und Kunstgeschichte.

In das Lapidarium einbezogen ein runder Backsteinturm, »Wusterhausener Bär« genannt, mit Haube und bekrönender Waffentrophäe aus Sandstein, 1718 errichtet auf der Mitte des Wehres im Grünen Graben in der Nähe der benachbarten Bastion VI; nach Trockenlegung des Grabens befand sich der Turm schließlich

Engels-Platz), nach Beseitigung des Grabens und der Brücke versetzt auf eine Brücke des Landwehrkanals, seit 1934 deponiert; die andere Gruppe, Herkules mit dem Zentauren Nessus, seit 1945 verschollen.

Auf der nach 1969 neu geschaffenen Terrasse frei stehend als Pendants zwei Puttengruppen mit kriegerischen Attributen, Sandstein, 2. H. 18. Jh., von der Attika der Spittelkolonnaden. Östlich benachbart eine Sandsteinvase, trommelförmig mit figürlichen flachen Reliefs, um 1800, aus Schönholz bei Berlin. Am westlichen Ende der Terrasse ein reich gestalteter Terrakotta-Brunnen in Formen der italienischen Hochrenaissance, 3. V. 19. Jh., aus einem Villengarten in Hirschgarten.

Linke Seite: Köllnischer Park (Lapidarium), »Wusterhausener Bär«, im Hintergrund das Märkische Museum, und Kolossalgruppe von der ehem. Herkulesbrücke (Herkules, den Nemeischen Löwen bezwingend)

Rechte Seite: Köllnischer Park (Lapidarium), drei Fensterschlußsteinköpfe (wahrscheinlich vom Neringschen Rathausflügel) und Terrakottabrunnen

In die L-förmig angelegte Begrenzungsmauer der Terrasse eingelassen eine Reihe plastischer Fragmente und Architekturdetails von verlorenen Bauten: An den äußeren Mauerenden fünf Fensterschlußsteinköpfe wahrscheinlich vom Neringschen Rathausflügel an der Spandauer Straße, Sandstein, 1689/95 vermutlich von Georg Gottfried Weyhenmeyer (Abb. S. 241); zwei Reliefs allegorischen Inhalts, das eine mit den Jahreszahlen 1711, 1815 und 1877, das andere recht qualitätvolle mit den Figuren von Glaube, Liebe und Hoffnung, 1735; spätgotischer Gewölbeschlußstein mit Rankenrelief, aus dem 1516/19 erbauten Nordflügel des Franziskanerklosters; Hauszeichen eines Ausspanns in der Oranienburger Straße 13/14, Sandsteinrelief mit Pferd und Hahn, Kopie nach dem Original des 18./19. Jh., ferner weitere Hauszeichen des 17. und 18. Jh.; Sandsteinrelief des 16. Jh. aus dem Renaissancebau des Berliner Schlosses, mit Darstellung einer Blüte und einer Nixe, fragmentarisch.

Parallel entlang des Weges vor der Terrasse zwei eiserne Vasen, um 1870 in barockisierenden Formen, vielleicht aus dem Garten der ehem. Villa Kamecke in der Dorotheenstraße (Clara-Zetkin-Straße), auf Sandsteinsockeln 1. H. 18. Jh. Am Ostende des Weges ein Puttenpaar aus Sandstein mit Frühlingssymbolen, von der Balkonbrüstung des ehem. Ephraimschen Palais in der Poststraße. Weiter westlich eine ebenfalls barocke einzelne Puttenfigur, wie die vorgenannte Plastik auf kopiertem Barocksockel.

Vor dem »Chorpolygon« des Märkischen Museums monumentale Puttengruppe aus drei Figuren, moderne Sandsteinkopie nach Original von etwa 1770 von der Balustrade des Neuen Palais in Potsdam, Nordflügel. – Davor, auf dem Rasenparterre, große sandsteinerne

Vase, mehrfach gegliedert, mit Volutenhenkeln und Maskarons, auf dem Deckelknauf eine flammenartige Bekrönung, 18. Jh., von unbekannter Herkunft; monumentales Kompositkapitell, Sandstein, vom Portal III des ehem. Berliner Schlosses, 1706/13 von Eosander v. Göthe, geborgen 1949; Vase mit Bocksköpfen und Fruchtgehängen, Sandstein, Kopie einer Vase von der Attika der Kolonnaden des Schlosses Sanssouci in Potsdam, 1745/47 aus der Werkstatt Friedrich Christian Glumes.

Am Parkrand zur Wallstraße Denkmal für Heinrich Zille (1858–1929), überlebensgroßes Bronzestandbild des Künstlers mit Stift und Skizzenblock, ihm über die Schulter zuschauend ein Junge, volkstümliche Darstellung 1965 von Heinrich Drake.

PARTEIHOCHSCHULE der SED Rungestraße 3/6, Ecke Wassergasse. 1931/33 von Albert Gottheiner als Gebäude der Zentralverwaltung der Allgemeinen Ortskrankenkasse Berlin errichtet. Sechsgeschossiger Stahlskelettbau aus langgestrecktem Hauptbau an der Rungestraße und zwei rückwärtigen Flügeln, die ursprünglich einen überdachten Hof, die große Schalterhalle, flankierten; ein dritter Flügel an der Wassergasse von geringerer Höhe. Die Fassaden aus blaurotem Klinker mit durchgehender, die Vertikale stark betonender Pfeilergliederung bis zum fünften Geschoß, das sechste Geschoß mit Ausnahme der acht Achsen des Mittelbaues zurückgesetzt. Dieser dadurch von risalitartiger Wirkung, mit großem querrechteckigem Hauptportal, beidseitig flankiert von jeweils zwei Treppenhausachsen mit Terrakottafiguren an den Pfeilervorlagen. Die Wandbehandlung spätexpressionistisch, von textilartiger Wirkung durch Zickzackmuster sowie durch noppenartig vorstehende einzelne Steine.

Linke Seite: Köllnischer Park (Lapidarium), Puttengruppe, Kopie nach einem Original vom Neuen Palais in Potsdam, große Vase mit Bocksköpfen, Kopie von Schloß Sanssouci in Potsdam, und Denkmal für Heinrich Zille

Rechte Seite: Parteihochschule der SED (ehem. Zentralverwaltung der Ortskrankenkasse Berlin) Rungestraße 3/6, Mittelteil der Fassade und Hauptportal

Inselstraße

INSELBRÜCKE Straßenbrücke über den westlichen Spreearm, zwischen Inselstraße und Fischerinsel. Erstmals 1693 erbaut im Zusammenhang mit der Gründung von Neukölln am Wasser, bis zur Schiffbarmachung des östlichen Spreearmes als Zugbrücke angelegt. Die bestehende dreibogige Brücke 1912/13 nach Entwurf von Ludwig Hoffmann erbaut, in Muschelkalkstein verkleidet und mit reizvoller barocker Balusterbrüstung, die Putten von den Brüstungspfeilern entfernt.

Ehem. KÖLLNISCHES GYMNASIUM (Sonderschule) Inselstraße 2/5, Wallstraße 43. Rechteckiger Klinkerverblendbau von drei Geschossen, um 1865 erbaut, nach Kriegszerstörung des Mittelrisalites und des östlichen Teiles nur drei Doppelachsen erhalten, jeweils durch Vorlagen getrennt. Am ersten Geschoß unter den Fenstern und am abschließenden Stockwerksgesims

Linke Seite: Inselbrücke; ehem. Wohnhaus (Institut für Hydrometeorologie) Inselstraße 12

Rechte Seite: Wohnhausbebauung am Märkischen Ufer

ornamentaler Terrakottadekor, der Terrakottaschmuck des Dachgesimses nicht erhalten. – Das ehem. zweigeschossige Direktorenwohnhaus an der Wallstraße in gleichen Formen wie das Schulgebäude, ebenfalls mit reichem Terrakottaschmuck, hier das reiche Konsolgesims unterhalb des Daches erhalten. – Gedenktafel an den Polarforscher Alfred Wegener (1880–1930).

HERMANN-SCHLIMME-HAUS (FDGB) Inselstraße 6 s. Wallstraße, S. 252.

WOHNHAUS (Institut für Hydrometeorologie) Inselstraße 12. Historischer Putzbau von 1897/98 in Formen der deutschen Spätgotik und Renaissance. Die dreiachsige, asymmetrisch gestaltete Fassade von vier Geschossen, mit zweigeschossigem Erker in der Mitte und korbbogigen Loggien rechts davon, verziert durch Säulchen, Reliefs und Maßwerkbrüstungen. Das vierte Geschoß seitlich zurückgesetzt, in der Mittelachse, in Fortsetzung des Erkers, durch Zwerchhaus abgeschlossen. In der linken Achse, bekrönt von Kielbogen auf rahmenden Säulen, steiles rundbogiges Portal, die verglaste Tür mit schmiedeeiserner Blattwerkfüllung in Formen des Jugendstiles.

Märkisches Ufer
Ursprünglich Neukölln am Wasser. – Die Wohnhausbebauung vermittelt, ergänzt durch zwei hierhin versetzte rekonstruierte Häuser, auch heute noch eine Vorstellung von der einstigen grachtenartigen Bebauung des westlichen Spreearmes, nachdem im zweiten Weltkrieg die einst an Häusern des 18. Jh. reiche Bebauung der Friedrichsgracht zerstört worden ist.

Ermeler-Haus (Gaststätte) Märkisches Ufer 10, Treppe mit Putto als Laternenträger und Rosenzimmer

ERMELER-HAUS (Gaststätte) Märkisches Ufer 10. Ursprünglich in der Breiten Straße (Nr. 11); seit 1804 Wohn- und Geschäftshaus des Tabakwarenfabrikanten Neumann, 1824 von Wilhelm Ermeler, dessen Namen das Haus trägt, erworben, seit 1914 im Besitz der Stadt Berlin. Im zweiten Weltkrieg stark beschädigt, 1953/60 restauriert; im Zusammenhang mit der Verbreiterung der Breiten Straße abgetragen und 1968/69 am Märkischen Ufer wieder errichtet, mit geringen Veränderungen (Sockelgeschoß und Freitreppe sind hinzugefügt, das Portal reichte ursprünglich bis an das Stockwerkgesims).

Das Gebäude im Kern wohl 17. Jh., um 1760 wahrscheinlich nach Plänen von Friedrich Wilhelm Dieterichs zu einem stattlichen Bürgerpalais für den Heereslieferanten Damm umgebaut und seit 1762 hauptsächlich von Carl Friedrich Fechhelm und Johann Christoph Frisch in graziösen Rokokoformen ausgestattet. Die dreigeschossige Fassade mit einachsigem Mittelrisalit 1804 klassizistisch verändert durch zwei breite Ranken- und Palmettenfriese und eine Attikabalustrade, auf dieser über dem Mittelrisalit die Zinkgußfiguren von Merkur und Justitia, an den Ecken flankiert von zwei Vasen. Das Relief über dem Eingang auf den Tabakhandel bezogen. Die Fenstergitter des Erdgeschosses noch E. 17. Jh. – Im Inneren von der qualitätvollen spätbarocken Ausstattung erhalten die geschwungene Treppe mit elegantem Geländer aus vergoldetem Schmiedeeisen und zwei Putten als Laternenträger in Nischen auf den Podesten zum ersten Obergeschoß. Der Festsaal im ersten Obergeschoß mit Kamin und geschnitzten Boiserien an den Wänden sowie einem Deckengemälde wahrscheinlich von Johann Christoph Frisch, eine mythologische Allegorie auf den Frieden und das Glück. Aus der gleichen Zeit im westlichen Hofflügel das reizvolle Rosenzimmer, illusionistisch als Laube mit Himmelsauge dargestellt, hier auch schöner Kachelofen in stuckierter Nische. Davor das

*Ermeler-Haus
(Gaststätte)
Märkisches Ufer 10*

sog. Vogelzimmer, mit Vogelbildern auf den Supraporten. In dem sog. Florazimmer ein Deckengemälde wohl des späten 19. Jh. – Das nachträglich um 1934 in das Haus Breite Straße 11 eingebaute Treppenhaus aus dem ehem. Weydinger-Haus am Schleusengraben s. Brüderstraße 13, S. 82.

Das benachbarte Haus Nr. 12, im Inneren mit dem Ermeler-Haus verbunden, befand sich ursprünglich schräg gegenüber an der Friedrichsgracht, um 1740 erbaut; bei Neubebauung der Fischerinsel abgerissen und hier wieder aufgebaut. Dreigeschossiger Putzbau über sockelartigem Kellergeschoß, von fünf Achsen, die Geschosse an den Gebäudeecken und beidseitig der Mittelachse durch Wandvorlagen straff zusammengefaßt. Schlicht profilierte Rechteckfenster, am Hauptgeschoß mit Putzbalustern darunter. Das sandsteinumrahmte Portal über abgewinkelter Freitreppe.

WOHNHAUS Märkisches Ufer 14. Dreigeschossiges gründerzeitliches Haus in aufwendigen historisierenden Formen. Die beiden unteren Geschosse mit Putzquaderung, zwischen den Fenstern der beiden Geschosse kartuschenähnliche Stuckornamente; das rundbogige Portal von Karyatidenpilastern flankiert. Am dritten Geschoß zwei Erker.

OTTO-NAGEL-HAUS (Staatliche Museen zu Berlin) Märkisches Ufer 16 und 18. Zwei dreigeschossige barocke Wohnhäuser des 18. Jh.: Das Haus Nr. 16 ein sechsachsiger Putzbau um 1790, mit zweiachsigem Mittelrisalit und paarig angeordneten Fenstern in den Obergeschossen; im genuteten Erdgeschoß rundbogiges Portal mit moderner Tür. Im Inneren erhalten die gewendelte Treppe mit hölzernem Geländer. Auf dem Hof eine schmiedeeiserne zweiflügelige Gittertür von einer ehem. Gruft in der Nikolaikirche, datiert 1725. – Das Haus Nr. 18 ein fünfachsiger Putzbau um 1700, noch zu den ersten Häusern von Neukölln am Wasser gehörend und wahrscheinlich von Grünberg erbaut, mit einachsigem, segmentgiebelbekröntem Mittelrisalit und rahmenumzogenen, im Hauptgeschoß verschiedenartig verdachten Fenstern. In dem von Pilastern und Triglyphengebälk eingefaßten Korbbogenportal reiches schmiedeeisernes Akanthusgitter um 1700, ehemals vor einer Gruftkapelle der Nikolaikirche. Beide Häuser zuletzt 1973 umfassend restauriert und bei der Einrichtung zum Museum im Inneren miteinander verbunden.

Linke Seite: Wohnhaus Märkisches Ufer 14; ehem. Wohnhaus (Gaststätte Ermeler-Haus) Märkisches Ufer 12

Rechte Seite: Wohnhaus Märkisches Ufer 14, Portal; ehem. Wohnhaus Märkisches Ufer 18, zusammen mit dem Haus Nr. 16 heute Otto-Nagel-Haus

WOHNHAUS Märkisches Ufer 20, dreigeschossiger Putzbau mit schlichter spätklassizistischer Fassade, erbaut nach 1860.

HERMANN-SCHLIMME-HAUS Märkisches Ufer 32 und 34 s. Wallstraße, S. 252.

Neue Grünstraße

GRÜNSTRASSENBRÜCKE Straßenbrücke über den westlichen Spreearm, zwischen Neuer Grünstraße und ehem. Grünstraße. Erstmals im späten 17. Jh. erbaut im Zusammenhang mit der Gründung von Neukölln am Wasser, wie die übrigen Brücken über den westlichen Spreearm zunächst als Zugbrücke angelegt. Die bestehende einbogige, in Muschelkalkstein verkleidete Brücke 1904/05 nach Entwurf von Richard Wolffenstein erbaut, der plastische Schmuck von Ernst Westphal.

Ehem. WOHNHAUS (VEB Denkmalpflege) Neue Grünstraße 27. Stattlicher dreigeschossiger Putzbau mit nördlichem Hofflügel, errichtet 1790 für den Mineralogen Carl Abraham Gerhard, Mitglied der Preußischen Akademie der Wissenschaften und Begründer der 1770 gebildeten Bergakademie zu Berlin. Die elfachsige, in spätbarocken Formen durchgebildete Fassade durch dreiachsigen gestuften Mittelrisalit und einachsige Seitenrisalite belebt. In den Seitenrisaliten die Fenster des ersten Obergeschosses in rundbogigen Blenden mit lorbeerumkränzten Ovalmedaillons mit Rosetten, im Mittelrisalit mit weiblichem Profilkopf, flankiert von Tuchgehängen über den seitlichen Fenstern; das mittlere Fenster des zweiten Obergeschosses von Festons bekrönt. – Im Inneren erhalten das um rechteckiges Treppenauge geführte Treppenhaus, das hölzerne Treppengeländer in frühklassizistischen Formen. Der Seitenflügel mit dem Vorderhaus in jeder Etage durch ovales Zimmer verbunden, einer Vorform des sog. Berliner Zimmers, wie es seit dem späteren 19. Jh. sehr häufig war. Wiederherstellung des kriegsbeschädigten Gebäudes bis 1980.

Neue Roßstraße

ROSSBRÜCKE Straßenbrücke über den westlichen Spreearm, zwischen Neuer Roßstraße und Fischerinsel (ehem. Roßstraße). Bereits im 13. Jh. vorhanden (Köpenicker Brücke), die bestehende einbogige Massivbrücke 1899/1901 nach Entwurf von Ludwig Hoffmann erbaut.

Wallstraße

GESCHÄFTSHAUS (VEB Oberbekleidung Berlin) Wallstraße 15, Ecke Neue Grünstraße. 1910/11 von Hoeniger & Sedelmeier erbaut. Eckgebäude von vier Geschossen und zusätzlichem Dachgeschoß unter dem abgewalmten, mit Gaupen versehenen Mansardwalmdach. Die in Muschelkalkstein verkleideten Fassaden über dem Erdgeschoß durch pilasterartige Vorlagen vertikal gegliedert. Reicher plastischer Schmuck von Richard Kühn besonders an der abgerundeten Ecke und an dem Hauptportal mit den Figuren Peter Henleins und Benvenuto Cellinis, diese bezogen auf den ursprünglichen Zweck des Gebäudes als Gold- und Silberwarengeschäft.

GESCHÄFTSHAUS (Bauakademie der DDR, Bauinformation) Wallstraße 27, Ecke Neue Roßstraße. Um 1913 von Hoeniger & Sedelmeier erbaut. Fünfgeschossiges Eckgebäude, die werksteinverkleideten Fassaden streng vertikal gegliedert, die Fenster zwischen den Vorlagen dreiseitig ausgestellt; das oberste Geschoß durch Säulen, ornamentalen und – an der gerundeten Ecke – figürlichen Dekor besonders hervorgehoben. – Der anschließende, 1979/80 errichtete Erweiterungsbau in der Aufrißgliederung dem Gebäude Nr. 27 harmonisch angepaßt.

Ehem. KÖLLNISCHES GYMNASIUM (Sonderschule) Wallstraße 43 s. Inselstraße, S. 244.

Linke Seite: Geschäftshaus (Bauakademie der DDR) Wallstraße 27, Fassade zur Neuen Roßstraße

Rechte Seite: Geschäftshaus Wallstraße 15, Portal; ehem. Wohnhaus (VEB Denkmalpflege) Neue Grünstraße 27

Neukölln am Wasser   251

Inselstraße gestattete wegen des U-Bahn-Tunnels nur eine viergeschossige Bebauung) mit sichtbarem Betonraster und Ziegelausfachung, so daß am Außenbau bereits die Aufteilung des Inneren erkennbar ist: je zwei hochrechteckige Fensterachsen (innerhalb eines Rahmenfeldes) ergeben einen Büroraum. An der Fassade zur Inselstraße auch der durch zwei Geschosse gehende Sitzungssaal aus der Gestaltung ersichtlich; seine zwei Achsen – jeweils mit zweiseitig ausgestelltem Fenster und eigenem Satteldach zur Inselstraße wie zum Hof – sollten bei der nicht ausgeführten Fortführung des Baues um nochmals zwei Achsen erweitert werden (die bestehende Fortführung an der Inselstraße wohl fünfziger Jahre). Zu beachten auch der Portalrisalit an der Inselstraße, Portal und Tür noch im ursprünglichen Zustand. Die expressiven Gestaltungselemente der Innenräume, vor allem im Saal, bei der Rekonstruktion 1964 vereinfacht.

HERMANN-SCHLIMME-HAUS (FDGB) Wallstraße 61/65, Inselstraße 6 und Märkisches Ufer 32 und 34. Der Kernbau, bestehend aus dem Gebäude Wallstraße 64/65 und einem ersten Teilabschnitt an der Inselstraße, 1922/23 von Max Taut und Franz Hoffmann als Büro- und Verwaltungsgebäude des Allgemeinen Deutschen Gewerkschaftsbundes erbaut. Die ursprüngliche Planung sah eine Fortführung an der Inselstraße und am Märkischen Ufer mit turmbetontem Haupteingang an dieser Straßenecke vor, die jedoch nicht zur Ausführung kam; statt dessen erfolgte 1930/32 nach Entwurf von Walter Würzbach eine Erweiterung, die den Taut-Bau entlang der Wallstraße in gleichen Formen verlängerte und am Märkischen Ufer einen in anderen Formen gehaltenen, streng vertikal gegliederten Gebäudeteil hinzufügte.

Der Taut-Bau, in Formen der Neuen Sachlichkeit mit expressionistischen Tendenzen, einer der ersten Rasterbauten, bei dem die Rahmenstruktur des Eisenbetonbaues als bestimmendes Architekturelement unverkleidet bleibt und gestalterisch eingesetzt ist; für die Entwicklung der modernen Architektur von überragender Bedeutung. Siebengeschossig (die Ecke Wallstraße/

dreigeteilten Fenster dazwischen ebenfalls vertikal verbunden und in umschließender Rechteckrahmung, bekrönt durch figürliche Lünettenreliefs. Das vierte Obergeschoß über Gesims als Dachgeschoß behandelt, mit dreiseitig ausgestellten Fenstern zwischen kannelierten Vorlagen. Die drei nach Osten anschließenden, leicht abgeknickten Achsen mit Nebeneingang ähnlich gegliedert, jedoch ohne schmückenden Dekor. – Gedenktafel an die Nutzung des Gebäudes als ZK der KPD von Juli 1945 bis April 1946.

WOHNHAUSZEILE Wallstraße 84/88. Fünf drei- und viergeschossige Wohngebäude der 2. H. 19. Jh., teils mit üppiger Stuckdekoration, teils schlicht spätklassizistisch. Das Haus Nr. 88 um 1980 wiederhergestellt.

Linke Seite: Hermann-Schlimme-Haus (FDGB) Wallstraße 61/65, Fassaden zur Wall-/Inselstraße und Außengestaltung des Sitzungssaales an der Fassade zur Inselstraße

Rechte Seite: Gebäude des Dietz Verlages Wallstraße 76/79; Hermann-Schlimme-Haus (FDGB) Wallstraße 61/65, Fassade des rückseitigen Traktes am Märkischen Ufer

Der Erweiterungsbau von Walter Würzbach, ein ebenfalls siebengeschossiger Stahlskelettbau, an der Wallstraße (Nr. 61/63) äußerlich den Formen des Taut-Baues angeglichen, mit turmartigem Mittelbau, der die Verbindung zum Altbau herstellt und der Gesamtfassade eine Mittenbetonung gibt, am Märkischen Ufer (Nr. 32 und 34) über einem Sockelgeschoß durch gleichmäßig gereihte Pfeiler streng vertikal gegliedert und durch Muschelkalksteinplatten verkleidet. Im Quergebäude großer, durch zwei Geschosse reichender Sitzungssaal.

DIETZ VERLAG Wallstraße 76/79. Fünfgeschossiger Gebäudekomplex zwischen Wallstraße und Märkischem Ufer, 1912 als Verwaltungsgebäude von F. Crzellitzer erbaut. Die Fassade zur Wallstraße von zehn Achsen, davon drei leicht abgeknickt, insgesamt durch Majolikaplatten verkleidet: Über dem Erdgeschoß (seine braune Kachelung wohl nachträglich) erstes bis drittes Obergeschoß durch Wandvorlagen mit ornamentalen und figürlichen Reliefs zusammengefaßt, die

Neukölln am Wasser 253

Luisenstadt

Ursprünglich Köpenicker Feld bzw. Köllnische Feldmark, Teile davon seit dem späten 17. Jh. Köpenicker Vorstadt; 1802 umbenannt in Luisenstadt. Im Norden begrenzt von Neukölln am Wasser und der Spree zwischen Jannowitzbrücke und Oberbaumbrücke, im Westen von der Friedrichstadt (Lindenstraße, heute Berlin West), im Süden und Osten von dem Landwehrkanal (heute Berlin West). Die südlichen und östlichen Bereiche seit 1920 Teil des Bezirkes Kreuzberg; zur Hauptstadt der DDR gehörig etwa ein Viertel der ehem. Luisenstadt.

Das Köpenicker Feld bestand aus vorwiegend sumpfigem, oft überschwemmtem Gelände. Erst mit der Anlage des Landwehrkanals (ursprünglich Floßgraben) im Jahre 1705 wurde eine bessere Nutzung des Gebietes möglich. 1734 wurden große Teile des Köpenicker Feldes durch die Palisadenumwehrung in das Stadtgebiet einbezogen, die in gerader Linie Oberbaum und Hallesches Tor miteinander verband; um 1800 entstand an ihrer Stelle eine massive Zollmauer, mit dem Cottbuser Tor etwa in der Mitte. – Nach ersten Anfängen vor dem Dreißigjährigen Krieg begann um 1680 eine allmähliche Besiedlung insbesondere in den an Neukölln am Wasser angrenzenden Bereichen; die Luisenstädtische Kirche in der Alten Jakobstraße (im zweiten Weltkrieg zerstört, Reste 1964 abgetragen) wurde erstmals 1694/95 erbaut. Die Bebauung entwickelte sich besonders nach Abtragung der Neukölln am Wasser begrenzenden Memhardtschen Festungsanlagen vornehmlich an den alten Hauptverkehrswegen, der die Neue Roßstraße fortsetzenden Dresdener Straße und der Köpenicker Straße. Auch weiter südlich, im Anschluß an die Friedrichstadt, war seit dem frühen 18. Jh. eine lockere Besiedlung durch eingewanderte französische Calvinisten aus dem Fürstentum Oranien (Oranienstraße, heute Berlin West) erfolgt, die vorwiegend Gärtnerei betrieben. Der weitaus größere Teil des Köpenicker Feldes bzw. der Luisenstadt blieb jedoch bis ins 19. Jh. Feldmark.

Eine geschlossene Bebauung der Luisenstadt erfolgte erst um und nach M. 19. Jh. Die Bebauungspläne, deren Erarbeitung sich von 1825 bis in die vierziger Jahre des 19. Jh. hinzog und an denen Carl Ludwig Schmid und später maßgeblich Peter Joseph Lenné (auch Schinkel griff 1835 durch ein Gutachten ein) beteiligt waren, teilten das Gebiet unter Berücksichtigung der vorhandenen Bebauung in große rechteckige Baublöcke und formal unterschiedlich angelegte Plätze. Der als Hauptachse in die Gestaltung einbezogene Luisenstädtische Kanal (1848/52 als schiffbarer Verbindungskanal angelegt, 1926/29 zugeschüttet) führte vom Landwehrkanal bis an den als städtebauliches Zentrum angelegten Michaelkirchplatz mit der Michaelkirche heran und dann in einem nach Osten ausschwingenden Viertelbogen zur Spree. Ein zweiter städtebaulicher Akzent wurde östlich des im Viertelbogen geführten Kanals mit der 1864/69 erbauten Thomaskirche von Friedrich Adler gesetzt (Berlin West).

Die Luisenstadt entwickelte sich in der Gründerzeit zu einem der dichtbesiedeltsten Berliner Stadtteile, und die Hinterhofbebauung führte zur Ansiedlung von zahlreichen Mittel- und Kleinbetrieben. Dem äußeren Bild nach war die Luisenstadt jedoch vorwiegend Wohnbezirk. – Im zweiten Weltkrieg durch den Luftangriff vom 3. 2. 1945 fast völlig zerstört, blieben nur wenige alte Bauten in dem zur Hauptstadt der DDR gehörenden Teil der ehem. Luisenstadt erhalten. Seit 1958 Neubebauung unter teilweiser Wahrung des alten Straßennetzes, die zehngeschossigen Wohnblocks des »Heinrich-Heine-Viertels« 1968/70 errichtet.

Köpenicker Straße
WOHNHAUS Köpenicker Straße 92. Schlichter dreigeschossiger Putzbau wohl noch des späten 18. Jh., von den fünf Achsen die äußeren als flache Risalite ausgebildet. In dem linken Risalit Tordurchfahrt, daneben die ursprüngliche Treppe mit ovalem Auge erhalten. – Das Grundstück diente nach 1886 als Bahndepot der Groß-Berliner Straßenbahn (in der Tordurchfahrt die Geleise noch heute vorhanden).
WOHNHAUS Köpenicker Straße 94, Ecke Wassergasse 1. Stattlicher fünfgeschossiger Klinkerverblendbau von 1885, mit Putzgliederungen in reichen Neurenaissanceformen: gequaderte Wandstreifen und Fensterrahmungen aus Pilastern, Fruchtgehängen und Verdachungen. Die abgeschrägte Ecke und die Front zur Köpenicker Straße durch je einen dreigeschossigen Erker mit abschließendem Balkon betont. Das übergiebelte Portal an der Köpenicker Straße von Karyatidenpilastern flankiert. Im Hof dreiviertelrunder Treppenturm als Dienstbotenaufgang.
Ehem. BANK- und WOHNHAUS Köpenicker Straße 95, Ecke Neue Jakobstraße. 1898/99 von Gustav Knoblauch als Luisenstädtische Bank (1863 von Schultze-Delitzsch als Darlehenskasse gegründet) erbaut. Fünfgeschossiger Putzbau, die Fassade entsprechend den Straßenführungen stumpfwinklig gebrochen, durch halbrunden Erker mit kuppeligem Haubenabschluß sowie mittlerem Giebel betont, in Formen der deutschen Renaissance. Die ehem. Bankräume der beiden unteren Geschosse auch äußerlich durch breites Gesimsband von den Wohngeschossen getrennt.

Linke Seite: Michaelkirchplatz mit Michaelkirche, Stahlstich nach Zeichnung von E. A. Borchel, um 1860

Rechte Seite: Ehem. Bank- und Wohnhaus Köpenicker Straße 95, Ecke Neue Jakobstraße

Michaelkirchplatz und Umgebung
Als städtebauliches Zentrum der Luisenstadt angelegt, ursprünglich in der Achse des von Süden herangeführten, unmittelbar vor dem Platz zum sog. Engelbecken (nach den überdimensionalen ehem. Engelfiguren) sich erweiternden Luisenstädtischen Kanals, der Landwehrkanal und Spree miteinander verband (1926/29 zugeschüttet). In der Mitte des großen Rechteckplatzes dominierend die

MICHAELKIRCHE Als katholische Garnisonkirche 1851/56 erbaut nach Entwurf von August Soller in Formen oberitalienischer Backsteinkirchen der Renaissance, Hauptwerk des Architekten und einer der bedeutendsten Kirchenbauten der Schinkel-Nachfolge. 1944/45 schwer beschädigt, dabei sämtliche Gewölbe zerstört. Chor und Querschiff als moderner Kirchenraum wiederhergestellt, ebenso die Westfassade mit dem Glockengeschoß; das Schiff Ruine, in den Umfassungswänden z. T. erhalten.

Kreuzförmige dreischiffige Hallenkirche mit Querschiff und Vierungskuppel über hohem Tambour sowie dreiapsidialem Chor. Die Eingangsfassade mit großer rundbogiger Nische mit Portal und Rosette; das schmalrechteckige Glockengeschoß darüber, das den Eindruck einer basilikalen Anlage erweckt, durch flaches längsgerichtetes Satteldach abgeschlossen, bekrönt von Michaelsfigur, Zinkguß von August Kiß. Das Backsteinmauerwerk streifenförmig gemustert, mit reichem Terrakottaschmuck an Gesimsen, tabernakelbekrönten Strebepfeilern und Portalen; Heiligenfiguren besonders an den Ostteilen. – Das Innere ursprünglich nach dem Vorbild von S. Salvatore in Venedig in Mittelschiff und Querarmen mit Flachkuppeln, in den schmalen Seitenschiffen mit quergestellten Tonnen.

Von der Ausstattung erhalten, z. T. aus der Bauzeit: Marienfigur 3. V. 19. Jh. Kandelaber, Messing, 3. V. 19. Jh. Vier Kelche mit Patenen: 1877, mit Emaillen und Steinen; französisch um 1880, mit Filigran, Emaillen und Steinen; E. 19. Jh., mit Filigran, Emaillen und Steinen; 1903. Zwei Ziborien, Messing mit Silbermonturen, E. 19. Jh. Monstranz, Silber mit Steinbesatz, E. 19. Jh. in neubarocken Formen. Weiteres Gerät des späten 19. und des 20. Jh.

FDGB-BUNDESVORSTAND Fritz-Heckert-Straße 70, Ecke Michaelkirchplatz 1/2. Erste Entwürfe für das Gewerkschaftshaus 1927 von Bruno Taut, Ausführung stark verändert im wesentlichen von seinem Bruder Max Taut bis 1930. Sechsgeschossiger Stahlskelettbau in Formen der Neuen Sachlichkeit, die Gebäudeecke gerundet, das oberste Geschoß als Dachgeschoß stark zurückgesetzt. Die Fassaden mit Muschelkalksteinplatten verkleidet, jeweils zwei Fensterachsen durch zarte Rahmen zusammengeschlossen. Die dreiachsige Mitte an der Fassade zur Fritz-Heckert-Straße in den Obergeschossen vorgezogen, in der Erdgeschoßzone

leicht zurückspringend und beidseitig des Haupteinganges gerundet.
Südwestlich in unmittelbarer Nähe des Michaelkirchplatzes die
Altlutherische ANNENKIRCHE Annenstraße 52/53. Klinkerverblendbau 1855/57 nach Entwurf von Hermann Blankenstein, ausgeführt von Herbig. Schlichter Emporensaal im Rundbogenstil der Schinkel-Nachfolge, mit halbrunder Chorapsis und pastophorienartigen Annexen, die querbauartige Eingangsfront mit Portal und Fensterrosette, im Mittelteil leicht erhöht, seitlich erweitert durch flankierende Pfarrhaus- und Schulflügel von 1864/65, letzterer kriegszerstört. Das Kircheninnere mit offenem Dachstuhl, in den Abseiten Emporen. – Kanzel, Taufstein und Orgel, aus der Erbauungszeit. Bildnisse von Luther und Melanchthon, um M. 19. Jh. nach Lucas Cranach d. Ä. Zwei Pastorenbilder 19./20. Jh.
Unmittelbar östlich der Annenkirche ein Rest des ehem. EXERZIERHAUSES des Kaiser-Franz-Garderegimentes (Lagerhaus) erhalten. Langgestreckter Rechteckbau von ursprünglich fünfundzwanzig Achsen, 1828/30 erbaut wohl nach Entwurf von Hampel, nach Zerstörung im zweiten Weltkrieg zehn Achsen erhalten. Ursprünglich mit Putzquaderung, die Giebelseite mit Eingang und drei Lünettenfeldern, der Giebel ursprünglich steiler.

Rungestraße

PARTEIHOCHSCHULE der SED Rungestraße 3/6 s. Am Köllnischen Park/Rungestraße, S. 243.
FABRIKGEBÄUDE für verschiedene Betriebe, Rungestraße 22/27. Langgestreckter Gebäudekomplex um 1900/10 erbaut, über mehrere umbaute Höfe mit dem rückwärtigen Flügel bis an die Spree geführt. Die entsprechend der Straßenführung mehrmals abgewinkelte Putzfassade zur Rungestraße von vier Geschossen, durch drei um jeweils ein Geschoß erhöhte und durch Walmdach abgeschlossene Risalite von drei bzw. zwei Achsen belebt, in den dreiachsigen Risaliten die Einfahrten zu den Höfen. Jugendstildekor zwischen den einzelnen Geschossen besonders an dem östlichen Gebäudeteil (VEB Zigarettenfabrik), hier auch am Mittelrisalit auf den Brüstungsfeldern unter den dreigeteilten Fenstern der ehem. Firmenname (Josetti) mehrmals wiederholt.

Linke Seite: Michaelkirche, Ansicht von Südwesten

Rechte Seite: Verwaltungs- und Fabrikgebäude Rungestraße 22/27, östlicher Trakt der Straßenfassade

Stralauer Vorstadt und Königstadt

Stralauer Vorstadt

Zusammen mit den übrigen Berliner Vorstädten, der Königstadt und der Spandauer Vorstadt, E. 17., A. 18. Jh. außerhalb der Memhardtschen Befestigung vor dem Stralauer Tor entstanden, nach Süden von der Spree begrenzt, nach Norden, zur Königstadt hin, bis dicht an die ehem. Landsberger Straße sich erstreckend. Nach Osten wurde die Stralauer Vorstadt mehrmals erweitert und schließlich um 1732 durch die Akzisemauer Friedrich Wilhelms I. bis zur Oberbaumbrücke an der heutigen Warschauer Straße ausgedehnt unter Einbeziehung großer Flächen unbebauten Geländes, die teilweise erst um und nach M. 19. Jh. bebaut wurden.

1920 wurde der weitaus größere Teil der einstigen Vorstadt in den Stadtbezirk Friedrichshain einbezogen (s. S. 431), während der kleinere westliche Teil bei dem im wesentlichen das Kerngebiet Berlins umfassenden Stadtbezirk Mitte verblieb, über die Spree mit der Luisenstadt durch Jannowitzbrücke (erstmals 1822 erbaut) und Michaelbrücke (1877/79 erbaut) verbunden. Im zweiten Weltkrieg fast völlig zerstört, wurde bei der Neubebauung in den sechziger und siebziger Jahren das Straßennetz weitgehend verändert.

Holzmarktstraße

Im Mittelalter Teil der vom Stralauer Tor nach dem Dorf Stralau führenden Straße; der Name von den Holzmärkten abgeleitet, die hier, in Spreenähe, bis ins 19. Jh. bestanden.

S-BAHNHOF Jannowitzbrücke. 1879/82 erbaut. Der S-Bahn-Viadukt, der in Weiterführung zu den Bahnhöfen Alexanderplatz und Marx-Engels-Platz über dem Memhardtschen Festungsgraben angelegt wurde, hier z. T. in der Spree gegründet, seine für Gewerbezwecke vermieteten und genutzten Bögen in diesem zum Wasser gewendeten Abschnitt besonders beeindruckend. Die Bahnsteighalle in Eisenkonstruktion im wesentlichen noch dem Zustand von 1882 entsprechend, ursprünglich jedoch kürzer.

Magazinstraße

Verbindungsstraße zwischen Alexanderstraße und Schillingstraße, eine der wenigen Straßen im westlichen Teil der Stralauer Vorstadt, die sich in ihrem ursprünglichen Verlauf erhalten hat. Im 18. und auch noch 19. Jh. befand sich hier an der Nordseite der Straße das Fouragemagazin, das der Straße den Namen gab.

Von den VERWALTUNGSGEBÄUDEN hervorzuheben: Magazinstraße 6/7 (u. a. Bezirkspoliklinik des Magistrats), um 1910 erbaut. Die viergeschossige, im Erdgeschoß rustizierte Fassade in Muschelkalkstein verkleidet, die Seiten von vier breiten Fensterachsen durch Vorlagen vertikal gegliedert, der erhöhte Mittelrisalit in der Portalachse leicht zurückgesetzt. An den Vorlagen über der Erdgeschoßzone figürliche Reliefs. – Magazinstraße 3/5, erbaut 1907/09 von Paul Graef, die werksteinverkleidete Fassade rustiziert bzw. mit Lisenen; die breite Mitte durch drei Erker- bzw. Balkonachsen wirkungsvoll betont.

Linke Seite: S-Bahnhof Jannowitzbrücke

Rechte Seite: Verwaltungsgebäude Magazinstraße 6/7

Königstadt

Vorstadt vor dem ehem. Königstor der Memhardtschen Befestigung; der Name gebräuchlich seit dem Jahre 1701, als Friedrich I. nach der Krönung in Königsberg von dieser Seite kommend in Berlin eingezogen war. Seit dem späten 17. Jh. allmählich bebaut zwischen der östlich Berlins sich entwickelnden Stralauer Vorstadt und der nördlich und nordöstlich Berlins entstehenden Spandauer Vorstadt; zur Stralauer Vorstadt bis über die (heute hier nicht mehr erhaltene) Landsberger Straße hinaus sich erstreckend, zur Spandauer Vorstadt bis etwa in den Bereich der Kleinen Alexanderstraße reichend. Zentrum der Vorstadt war von Anfang an der Platz vor dem Tor, der spätere Alexanderplatz. – Im Mittelalter Teil der Berliner Feldmark mit den vom Georgentor, dem mittelalterlichen Vorgänger des oben genannten Königstores, fächerförmig ausgehenden drei Fernstraßen nach Landsberg (im Stadtbezirk Mitte nicht erhalten, im Stadtbezirk Friedrichshain Leninallee), nach Bernau (etwa identisch mit der Hans-Beimler-Straße, früher Neue Königstraße, im Stadtbezirk Prenzlauer Berg Greifswalder Straße) und nach Prenzlau (nur teilweise mit der Karl-Liebknecht-Straße identisch, im Stadtbezirk Prenzlauer Berg als Prenzlauer Allee weitergeführt). Diese drei ihrem Ursprung nach mittelalterlichen Straßen bestimmten auch die Gestalt und Anlage der späteren Vorstadt. Ebenfalls mittelalterlichen Ursprungs war in diesem Gebiet das Georgen-Hospital, das vor dem Georgentor zwischen den Straßen nach Landsberg und Bernau seit dem späten 13. Jh. bestand. Seine Kapelle wurde im späten 17. Jh. zur Pfarrkirche und diente zunächst allen drei Berliner Vorstädten (der neugotische Nachfolgebau, 1894/98 von J. Otzen erbaut, nach Kriegszerstörung um 1950 abgetragen).

Nach Nordosten war die Königstadt seit 1705 durch die »Linie« begrenzt, einer zu Steuerzwecken errichteten Palisadenumwehrung aller drei Berliner Vorstädte. Sie zeichnet sich noch heute ab als Linienstraße in der Spandauer Vorstadt und als Palisadenstraße in der Stralauer Vorstadt (Stadtbezirk Friedrichshain).

1732/34 wurde die »Linie« in die Akzisemauer Friedrich Wilhelms I. einbezogen und im späten 18. Jh., z. T. hier beträchtlich vorverlegt, als Massivmauer neu errichtet. Die Tore, die den Zugang zur Königstadt vermittelten, waren – von Westen nach Osten – das Prenzlauer Tor, das Bernauer Tor (seit 1809 Königstor genannt) und das Landsberger Tor, die beiden letzteren lagen seit dem späten 18. Jh. auf dem vorverlegten Gebiet, das heute zu den Stadtbezirken Prenzlauer Berg bzw. Friedrichshain gehört.

Im zweiten Weltkrieg wurde die zumeist im späten 19. Jh. erneuerte Bebauung der ehem. Königstadt sowohl in den zum Stadtbezirk Mitte wie auch in den zum Stadtbezirk Friedrichshain (s. S. 431) gehörenden Teilen weitgehend zerstört. Bei der Neubebauung, die gleichzeitig mit einer verkehrstechnischen Neuordnung verbunden war, ist das bis zur Zerstörung im wesentlichen überlieferte Straßennetz des 18. Jh. nur in den Grundzügen beibehalten worden.

Alexanderplatz
1805 anläßlich des Besuches von Zar Alexander I. Alexanderplatz benannt. Im 18. und auch noch im 19. Jh. diente der Platz als Viehmarkt – daher im Volksmund Ochsenplatz genannt – und als Exerzierplatz. Er bestand aus einem langgestreckten Teil in Fortsetzung der den Festungsgraben überspannenden Königsbrücke (diese s. S. 30), auf dem die Märkte abgehalten wurden, und einem nach Südosten anschließenden geviertförmigen Platz, der von den nahegelegenen Kasernen seit dem späten 18. Jh. als Exerzier- und Paradeplatz genutzt wurde. Von den ehem. Gebäuden des bis in die M. 19. Jh. seinen vorstädtischen Charakter bewahrenden Platzes seien hier die 1740 von dem Fabrikanten Hesse gegründete Tuchmanufaktur genannt, die an der Südostseite dicht an der Königsbrücke stand und später von dem 1824 bis 1851 bestehenden Königstädtischen Theater genutzt wurde (beim Bau des Alexanderhochhauses abgerissen). Auf der gleichen Platzseite, jedoch zum Exerzierplatz gewendet, befand sich bereits seit 1758 der »Ochsenkopf«, das Arbeitshaus, das beim Bau des Polizeipräsidiums zwischen Alexanderstraße und S-Bahn-Viadukt E. 19. Jh. verschwand. An der östlichen Platzseite, zwischen Landsberger Straße und Neuer Königstraße, stand bis etwa 1927 ein sehr stattliches Gebäude, das 1783 nach Plänen von Georg Christian Unger erbaute »Haus mit den 99 Schafsköpfen«.

Seit dem späten 19. Jh. vor allem im Zusammenhang mit dem Ausbau des Berliner Verkehrsnetzes (Stadtbahn über dem Königsgraben seit 1882, der Bahnhof Alexanderplatz um 1965 modernisiert; U-Bahn mit der Linie A seit 1913; Knotenpunkt der Straßenbahnen) entwickelte sich der Alexanderplatz in zunehmendem Maße zum wichtigsten Verkehrs- und Einkaufszentrum für den Norden und Osten Berlins. 1886 wurde in unmittelbarer Nähe des Platzes zwischen Littenstraße und S-Bahn-Viadukt die Zentralmarkthalle fertiggestellt (um 1967 abgerissen und durch moderne Einkaufshalle etwa an gleicher Stelle ersetzt). An der Nordwestseite des Platzes wurde 1904/11 das Warenhaus Tietz errichtet; davor stand, bereits 1896 aufgestellt, die in Kupfer getriebene Kolossalfigur der »Berolina«. Ein weiteres wichtiges Gebäude am Alexanderplatz war das 1908 fertiggestellte Lehrervereinshaus (heute wird das Grundstück vom Haus des Lehrers und der Kongreßhalle eingenommen).

Eine Umgestaltung des Platzes erfolgte seit 1928 unter Leitung des Stadtbaurats Martin Wagner. Die Zunahme des Straßenverkehrs, aber auch der Ausbau des U-Bahn-Netzes durch die Linien D über Rosenthaler Platz nach Gesundbrunnen und E nach Lichtenberg, deren Bahnsteige im U-Bahnhof Alexanderplatz zusammen mit denen der bereits bestehenden Linie A in mehreren Ebenen angeordnet und durch ein System von Tunneln miteinander verbunden wurden, machte einen Platz mit Kreisverkehr erforderlich, in den fünf Straßen einmündeten. Die gleichzeitig eingeleitete einheitliche Fassung des Platzes nach Wettbewerbsentwürfen von Peter Behrens (an dem Wettbewerb waren u. a. auch Mies van der Rohe, die Gebrüder Luckhardt sowie Mebes und Emmerich beteiligt) wurde jedoch durch Grundstücksspekulationen verhindert; von den beabsichtigten Bauten kamen nur das Berolina-Haus und das Alexander-Haus zur Ausführung.

Im zweiten Weltkrieg wurde der Platz fast völlig zerstört. Die Neubebauung seit 1966 war verbunden mit einer vorangegangenen grundsätzlichen Umordnung des Straßenverkehrs, nun nicht mehr nur bezogen auf den Platz, sondern auf eine maximale Einbindung in den innerstädtischen Verkehr: der nach 1928 geschaffene Kreisverkehr wurde aufgelöst und auf mehreren den Platz tangierende Straßen verlegt, wofür Veränderungen einiger alter Straßenzüge erforderlich wurden. Mit diesen Maßnahmen wurde die Voraussetzung dafür geschaffen, den Alexanderplatz zu einer reinen Fußgängerzone umzugestalten. Unter Einbeziehung der Behrens-Bauten entstanden nach Entwürfen verschiedener Kollektive im wesentlichen bis 1970 an der nordwestlichen Platzseite das Centrum-Warenhaus und das Hotel Stadt Berlin – dieses als beherrschende Dominante von 123 m Höhe – sowie, an der gegenüberliegenden Straßenseite der Karl-Liebknecht-Straße, das Haus des Berliner Verlages; die Bebauung beidseitig der Memhardtstraße wurde 1981 begonnen. An der Nordostseite, entlang der Fortführung der Karl-Marx-Allee, entstanden das Haus der Elektroindustrie und das Haus des Reisens. Nach Osten, zwischen Karl-Marx-Allee und Alexanderstraße, begrenzen den Platz

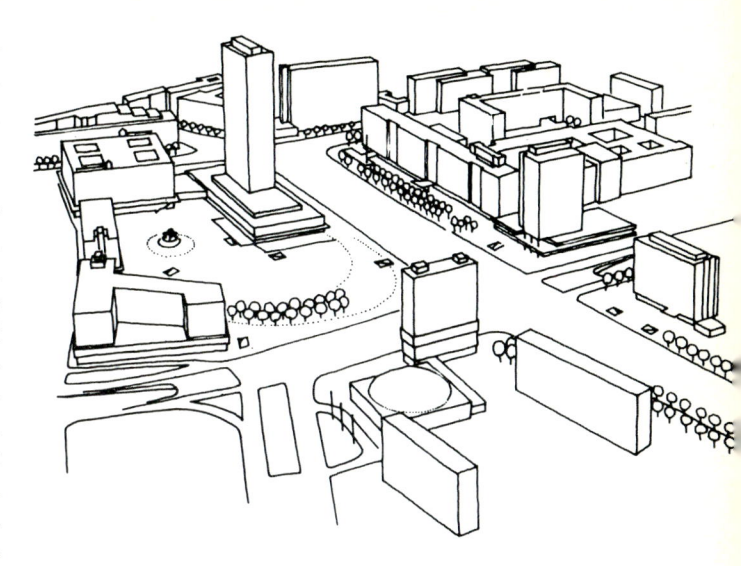

Linke Seite: Ansicht des Alexanderplatzes, links im Bild das »Haus mit den 99 Schafsköpfen«, Kupferstich nach einer Zeichnung von F. Catel, frühes 19. Jh.

Rechte Seite: Neugestaltung des Alexanderplatzes, schematische Darstellung aus der Vogelperspektive; Blick von den Neubauten an der Rathausstraße zum Alexanderplatz, mit Berolina-Haus und Alexander-Haus

Königstadt

das 1961/64 erbaute Haus des Lehrers, mit Bilderfries von Walter Womacka, und die Kongreßhalle. Tunnel vermitteln von dem Fußgängerbereich des eigentlichen Platzes zu den jenseits der tangierenden Straßen errichteten Gebäuden der Platzumbauung. – Auf dem Platz, vor dem Centrum-Warenhaus, der Brunnen der Völkerfreundschaft, 1969 von Walter Womacka; Brunnenbecken aus farbigem Email und Kupfer sowie siebzehn Wasserschalen, deren in der Höhe differierende spiralenförmige Anordnung sich in der Pflasterung des Platzes fortsetzt. Zwischen den beiden Behrens-Bauten, gegenüber der Einmündung der zur Fußgängerzone umfunktionierten Rathausstraße leicht aus der Mittelachse verrückt, die Urania-Weltzeituhr, 1969 von E. John.

Linke Seite:
Blick von den Neubauten an der Rathausstraße zum Alexanderplatz, mit S-Bahnhof und Hotel Stadt Berlin, im Hintergrund rechts das Haus des Reisens; Blick von den Neubauten an der Karl-Liebknecht-Straße zum S-Bahnhof Alexanderplatz und zum Centrum-Warenhaus

Rechte Seite:
Haus des Lehrers am Alexanderplatz

Königstadt

Berolina-Haus (links) und Alexander-Haus (rechts) am Alexanderplatz, im Durchblick das Hotel Stadt Berlin

ALEXANDER-HAUS und BEROLINA-HAUS (u. a. Warenhaus und Rat des Stadtbezirkes Mitte). Nach einem Wettbewerbsentwurf zur Neugestaltung des Alexanderplatzes 1928 von Peter Behrens 1930/32 als Büro- und Geschäftshäuser erbaut, als einzige Gebäude einer geplanten Neubebauung des Platzes zur Ausführung gekommen. Achtgeschossige Eisenbetonskelettbauten in Formen der Neuen Sachlichkeit, torartig den Platz zur Einmündung der Rathausstraße hin öffnend; die Abwinklung des Alexander-Hauses erklärt sich aus der geplanten hufeisenförmigen Platzumbauung. Das erste Obergeschoß vorgezogen und durchgehend verglast, in den sechs Geschossen darüber in jedem Rasterfeld jeweils zwei Fenster. An der mittleren Rasterachse der einander zugewandten Stirnseiten vorspringende verglaste Treppenhäuser. Beide Gebäude im zweiten Weltkrieg schwer beschädigt, bis 1952 in den ursprünglichen Formen wiederhergestellt.

Dircksenstraße

Die Straße im Zusammenhang mit dem Viadukt der Stadtbahn entstanden, die nach Entwürfen und unter der Gesamtleitung des Oberbaurats Dircksen zwischen 1878 und 1882 über dem Königsgraben der Memhardtschen Befestigung erbaut wurde.

VERWALTUNGSGEBÄUDE (Kombinat Berliner Verkehrsbetriebe VEB) Dircksenstraße, Ecke Rosa-Luxemburg-Straße 2. 1929/30 von Alfred Grenander im Stil der Neuen Sachlichkeit errichtet. Siebengeschossiger Stahlskelettbau, winkelförmig entlang der beiden Straßen ein im Hof errichtetes Umformerwerk der U-Bahn umschließend. Die beiden unteren Geschosse für Läden vorgesehen, die oberen Geschosse für die Verwaltungsräume, unter ihren aneinandergereihten breiten Rechteckfenstern betont horizontal gegliedert durch rote Klinkerbänder. Das oberste Geschoß stark zurückgesetzt (Abb. S. 266).

Berolina-Haus (links) und Alexander-Haus (rechts) am Alexanderplatz, Ansicht von der Dircksenstraße, Ecke Grunerstraße

Verwaltungsgebäude (VEB Berliner Verkehrsbetriebe) Dircksenstraße, Ecke Rosa-Luxemburg-Straße

Hans-Beimler-Straße
Ungefähr identisch mit der alten Bernauer Straße, der späteren Neuen Königstraße zwischen Alexanderplatz und dem ehem. Königstor vor dem Friedrichshain. In der jetzigen Führung als eine der den Alexanderplatz tangierenden Hauptverkehrsstraßen (mit Straßentunnel zur Grunerstraße) um 1965/70 angelegt und wesentlich verbreitert.

PRÄSIDIUM der VP Hans-Beimler-Straße 27/37 sowie Keibelstraße und Wadzeckstraße. 1930/31 von Philipp Schäfer als Büro- und Verwaltungsgebäude der Karstadt-AG errichtet, ursprünglich mit neun Höfen, 1945 um etwa ein Drittel zerstört. Siebengeschossiger Stahlbetonskelettbau mit neungeschossigem, unvollendet gebliebenem Turm, ehemals die Mitte der Fassade betonend. Die Hauptfassade zur Hans-Beimler-Straße mit Tuffstein verkleidet, die Fassaden zur Keibel- und Wadzeckstraße, im Obergeschoß zurückgestuft, klinkerverblendet.

Spandauer Vorstadt und Äußere Spandauer Vorstadt

Spandauer Vorstadt

Die größte und wichtigste der Berliner Vorstädte, die seit dem späten 17., frühen 18. Jh. sich nördlich der Altstadt entwickelte, im Westen bis an den nördlichen Teilabschnitt der Friedrichstraße, im Osten bis in die Nähe der Prenzlauer Straße (Karl-Liebknecht-Straße) sich erstreckend. – Im Mittelalter Teil der Berliner Feldmark mit den vom Spandauer Tor der mittelalterlichen Befestigung ausgehenden Straßen nach Spandau (Oranienburger Straße) und Neuruppin/Hamburg (Große und Kleine Hamburger Straße) sowie nach den nahen Dörfern Rosenthal (Rosenthaler Straße) und Pankow/Schönhausen (Neue und Alte Schönhauser Straße); diese Straßen gaben der späteren Vorstadt das Grundgerüst. Um 1670, kurz vor Beginn der Besiedlung, gehörten große Teile des Gebietes zum Vorwerk der Kurfürstin Dorothea, die hier, in Spreenähe, u. a. eine Meierei unterhielt, aus der sich im Verlauf des 18. Jh. das Schloß Monbijou entwickelte (Monbijoupark an der Oranienburger Straße).

Das Spandauer Tor der mittelalterlichen Berliner Befestigung befand sich am Ende der Spandauer Straße dicht bei dem innerhalb des Mauerringes gelegenen Heiliggeist-Spital. Beim Bau der Memhardtschen Befestigung wurde es nach Nordosten zwischen zwei Bastionen verlegt (die Stadtbahnunterführung heißt hier noch heute An der Spandauer Brücke); vor dem barocken Tor, an der Gabelung Oranienburger Straße/Rosenthaler Straße, bildete sich später, nach Abtragung der Festungswerke, um 1750 ein Platz heraus, der Hackesche Markt. Aber schon vor und um 1700 hatte an den beiden genannten Straßen und an der Großen Hamburger Straße eine Besiedlung begonnen, deren schnelle Entwicklung es bald erforderlich machte, eine eigene Pfarrkirche zu errichten (bis dahin diente die Georgenkirche in der Königstadt als Pfarrkirche auch für die Spandauer Vorstadt): 1712 wurde mit dem Bau der Sophienkirche begonnen, im Kerngebiet der Vorstadt zwischen Großer Hamburger Straße und der diese mit der Rosenthaler Straße verbindenden Sophienstraße gelegen.

Eine Begrenzung nach Norden erfolgte 1705 durch eine Palisadenumwehrung, die 1732/34 in die Akzisemauer einbezogen wurde, die Friedrich Wilhelm I. um ganz Berlin errichten ließ. In der Spandauer Vorstadt verlief diese Umwehrung mit – von Westen nach Osten – dem Oranienburger, Hamburger, Rosenthaler und Schönhauser Tor entlang der Linienstraße. Nach 1780 wurde sie, gleichzeitig mit einer Vorverlegung auf die heutige Wilhelm-Pieck-Straße, als massive Mauer mit z. T. recht aufwendigen Torbauten neu errichtet.

Der Ausbau der von der Akzisemauer umschlossenen Vorstadt mit einer Vielzahl von oft kleinen Straßen zwischen den Hauptstraßenzügen schritt im 18. Jh. zügig voran. Auch wurde um Mitte des Jahrhunderts, gleichzeitig mit der Schleifung der Memhardtschen Festungswerke, das Vorgelände bebaut; hier entstanden jetzt der Hackesche Markt, die beidseitige Bebauung der Neuen Schönhauser Straße und – westlich des Hackeschen Marktes unmittelbar am Graben – die Neue Promenade sowie die Kleine und Große Präsidentenstraße. Friedrich Nicolai gibt 1786 für die Spandauer Vorstadt 1020 Vorderhäuser und 374 Hinterhäuser an. – Mit Berlin war die Spandauer Vorstadt über den bis zum Bau der S-Bahn um 1880 bestehenden Festungsgraben (Zwirngraben) durch die Spandauer Brücke und die Herkulesbrücke, der westlichsten der den Graben überspannenden Brücken bei der Kleinen Präsidentenstraße, verbunden, mit der Dorotheenstadt über die Spree durch die Weidendammer Brücke im Verlauf der Friedrichstraße und, weiter östlich, der Kleinen Weidendammer Brücke (Mehlbrücke), die im späten 19. Jh. im Zusammenhang mit dem Bau des Bodemuseums durch die Monbijoubrücke ersetzt wurde.

Die Spandauer Vorstadt, von Zerstörungen während

des zweiten Weltkrieges weniger stark betroffen, hat sich im wesentlichen in der städtebaulichen Anlage des 18. Jh. erhalten. In der 2. H. 19. Jh. wurde die Bebauung stark verändert, immer aber unter Wahrung der vorhandenen Straßen und oft auch – abgesehen von jetzt erst angelegten Straßen wie der Wilhelm-Pieck-Straße – unter Beibehaltung der Grundstücke und unter Einbeziehung alter Bausubstanz, so daß es nicht immer leicht fällt, das tatsächliche Alter der Wohnhausbebauung zu ermitteln. Mit der dringend erforderlichen Modernisierung und Instandsetzung der Spandauer Vorstadt ist um 1980 in der Sophienstraße begonnen worden.

Die Denkmale der Spandauer Vorstadt sind nachfolgend geordnet in 1. Hackescher Markt und Rosenthaler Straße sowie Straßen östlich der Rosenthaler Straße, 2. Oranienburger Straße und Straßen bis zur Spree, 3. Straßen zwischen Oranienburger Straße und Wilhelm-Pieck-Straße.

Hackescher Markt und Rosenthaler Straße sowie Straßen östlich der Rosenthaler Straße

Hackescher Markt
Um 1750 nach Abtragung der Festungswerke vor dem ehem. Spandauer Tor durch den Stadtkommandanten Graf v. Hacke gleichzeitig mit der Neuen Promenade und der Kleinen und Großen Präsidentenstraße in dem Festungsvorgelände angelegt. Der Platz von unregelmäßiger Gestalt zwischen den einmündenden Straßen, die Bebauung teilweise im zweiten Weltkrieg zerstört.

S-BAHNHOF Marx-Engels-Platz (ehemals Börse) Neue Promenade/Hackescher Markt. Im Zusammenhang mit dem 1878 begonnenen Bau der Stadtbahn, deren Viadukt über den Berliner Graben der Memhardtschen Befestigung (Zwirngraben und Königsgraben) angelegt wurde, nach Entwurf von Johannes Vollmer zwischen 1878 und 1882 erbaut; Aufnahme des Fahrbetriebes am 7. 2. 1882. Im ursprünglichen Zustand erhalten, in ähnlich reichen historistischen Formen ursprünglich auch die gleichzeitig errichteten, jedoch weitgehend umgestalteten Bahnhöfe der Stadtbahn (besonders Friedrichstraße und Alexanderplatz).

Bahnsteighalle zwischen den Hallenwänden von rund 16 m Breite und 100 m Länge; die flachbogige, in Eisenkonstruktion ausgeführte Überdachung mit sattelförmigem Oberlicht. Als Fassade die zur Neuen Promenade gewendete Seite ausgebildet: die klinkerverblendete Architektur entsprechend der Konstruktion des Viadukts durch breite Pfeilervorlagen in gleiche Kompartimente unterteilt, deren jeweils pilastergerahmter Mittelteil mit Rundfenster beidseitig von inkrustierten, italienischen Bauten nachempfundenen Flächen eingefaßt ist.

Rosenthaler Straße
Bereits im Mittelalter vorhanden als Weg zu dem Dorf Rosenthal. Der in die Spandauer Vorstadt einbezogene Teil dieses Weges, die Rosenthaler Straße, war seit dem frühen 18. Jh. nach Norden durch das Rosenthaler Tor abgeschlossen, das zunächst auf der Kreuzung mit der Linienstraße stand und bei Verlegung der Akzisemauer auf die heutige Wilhelm-Pieck-Straße/Rosenthaler Platz als stattlicher Massivbau nach Plänen von Georg Christian Unger 1788 neu errichtet wurde; um 1867 bei Beseitigung der Akzisemauer abgerissen.

Linke Seite: Hackescher Markt mit Blick zur Spandauer Brücke, im Hintergrund die Marienkirche, Kupferstich von Johann Rosenberg, 1780; Ansicht des Rosenthaler Tores, Kupferstich von Serrurier, 1797

Rechte Seite: S-Bahnhof Marx-Engels-Platz am Hackeschen Markt/Neue Promenade zwischen Kleiner Präsidentenstraße und An der Spandauer Brücke, Fassadengliederung

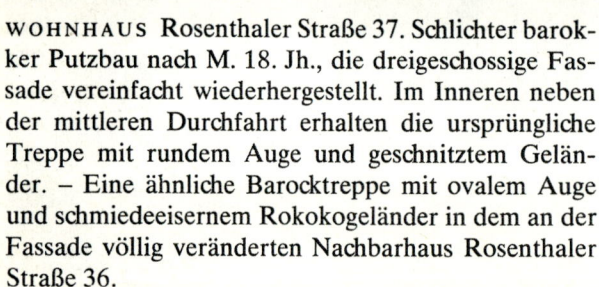

WOHNHAUS Rosenthaler Straße 37. Schlichter barokker Putzbau nach M. 18. Jh., die dreigeschossige Fassade vereinfacht wiederhergestellt. Im Inneren neben der mittleren Durchfahrt erhalten die ursprüngliche Treppe mit rundem Auge und geschnitztem Geländer. – Eine ähnliche Barocktreppe mit ovalem Auge und schmiedeeisernem Rokokogeländer in dem an der Fassade völlig veränderten Nachbarhaus Rosenthaler Straße 36.

HACKESCHER HOF Rosenthaler Straße 40/41, Ecke Hackescher Markt. Ausgedehnte, bis an die Sophienstraße (Nr. 6) sich erstreckende Anlage mit Höfen für Gewerbe- und Wohnzwecke, spätes 19. und frühes 20. Jh. Die Fassade zur Rosenthaler Straße verändert. Von den Höfen besonders der erste zu beachten, seine mit weißen, für gliedernde Teile und schmückende Flächen mit farbigen Glasursteinen verblendeten Flügel bringen Tendenzen des Jugendstiles sehr eindrucksvoll zur Geltung.

Kleine Rosenthaler Straße

Im spitzen Winkel zur Rosenthaler Straße bis an die einstigen Palisaden in der Linienstraße verlaufend; ursprünglich Totengasse nach dem Garnisonfriedhof benannt.

GARNISONFRIEDHOF Kleine Rosenthaler Straße 3/7. Angelegt 1722 für die 1701 beim Spandauer Tor erbaute Garnisonkirche. Ursprünglich doppelt so groß und durch die Gormannstraße in zwei Karrees geteilt. Das östliche Karree, von der Mulack-, Rücker- und Linienstraße begrenzt, der einstige Mannschaftsfriedhof, 1866 zum Park umgeändert und 1899 zur Bebauung freigegeben. Der z. T. erhalten gebliebene Offiziersfriedhof im Karree westlich der Gormannstraße, begrenzt von Linienstraße und Kleiner Rosenthaler Straße, mit Backsteinmauer und Portal sowie eingeschossigem Wärterhaus um 1850, aufgelassen 1961; 1978 durch Beräumung zahlreicher Grabmäler parkartig umgestaltet.

Der Berliner Eisenkunstguß des 19. Jh. vertreten außer durch eine Anzahl der üblichen schlichten Grabkreuze auch durch einige besonders gestaltete Grabmäler: Einzigartig das in zarte Stege aufgelöste Kreuz der Grabstätte C. F. v. d. Knesebeck † 1848, das Gitter ähnlich filigranhaft mit Eselsrückenbögen. Drei aufrecht stehende Platten, von Fialen oder Maßwerkbogen bekrönt, für A. v. Trützschler † 1833 und Familie Gumtau † 1847, 1864 und 1904. Grabmal Teichert, hohes neugotisches Tabernakel, ursprünglich mit der Statuette eines antikischen Todesgenius, um 1860. Grabmal L. M. H. G. v. Brauchitsch † 1827, hohe Stele mit akroterienbekröntem Aufsatz, darin die Figur eines weiblichen Genius mit ausgebreiteten Flügeln, nach Entwurf von Ludwig Wichmann. Von derselben

Linke Seite:
Wohnhaus Rosenthaler
Straße 37, Treppe;
Wohnhaus Rosenthaler
Straße 36, Treppe

Rechte Seite:
Hackescher Hof
Rosenthaler Straße 40/41,
Fassadengestaltung
im ersten Hof;
Garnisonfriedhof
Kleine Rosenthaler
Straße 3/7:
Grabmal C. F. v. d. Knesebeck
(oben);
Grabmal E. L. v. Tippelskirch
(rechte Spalte links);
Grabmal
G. F. W. v. Winterfeld
(rechte Spalte rechts)

Spandauer Vorstadt

Grundform die Stele für E. L. v. Tippelskirch † 1840, jedoch aus Zink gegossen und vollplastisch durchgebildet, entworfen von August Soller (Abb. S. 271).
Eines der ältesten erhaltenen Grabmale aus Stein das für G. F. W. v. Winterfeld † 1800: großer sockelloser Sandsteinquader von schlichtester Form, die Abdekkung mit Flachgiebeln und Akroterien (nahe dem Wärterhaus; Abb. S. 271). Benachbart zwei Grabmäler des gleichen Typs, aber feiner durchgebildet, für G. W. v. Sohr † 1800 und J. C. L. Braun † 1835.

Grabmal des Generalleutnants v. Holtzendorff † 1829, rote Granitstele nach Entwurf von Karl Friedrich Schinkel, im Oberteil qualitätvolles Bronzerelief mit der Viktoria, Schlachtennamen in das Buch der Geschichte schreibend, aus dem Kreis um Christian Friedrich Tieck oder Ludwig Wichmann.

Grabmal des Dichters Friedrich de la Motte-Fouqué † 1843, Sandsteinstele mit palmettengeschmücktem Aufsatz und Kreuz.

Grabmal Adolf Freiherr v. Lützow † 1834, General und Freikorpsführer in den Freiheitskriegen, hinter der Grabplatte eine Stele aus poliertem Granit, gewidmet von den Schwarzen Jägern 1847.

Familiengrabstätte v. Greiffenberg, Architekturdenkmal aus drei Säulen mit Gebälk, freie Nachbildung der dreisäuligen Ruine des Castor-und-Pollux-Tempels in Rom. Auf der Vorderseite des abschließenden Gebälks vier Medaillons mit zwei weiblichen und zwei männlichen Reliefköpfen von sehr guter Qualität und mit porträthaften Zügen, gegen M. 19. Jh.

Grabmal O. Malcomess † 1904, lebensgroße Marmorfigur einer Trauernden in gutem Jugendstil von Adolf Jahn, gleichzeitig auch das Gitter.

Gegenüber der Friedhofsmauer an der Linienstraße (Nr. 62) ein frühklassizistisches WOHNHAUS von A. 19. Jh., dreigeschossig und von sechs Achsen (die rechte äußere Achse leicht zurückgesetzt); Toreinfahrt mit breitem Rankenfries unter gerader Verdachung auf Blattwerkkonsolen. In schlechtem Zustand.

Neue Schönhauser Straße
Ursprünglich verlief hier, über die Alte Schönhauser Straße sich fortsetzend, die Straße nach den Dörfern Pankow und Schönhausen (Schönhauser Allee). Seit dem späten 17. Jh. im unmittelbaren Vorgelände der Memhardtschen Befestigung, wurde die Straße seit dem frühen 18. Jh. allmählich bebaut.

WOHNHAUS Neue Schönhauser Straße 8. Dreigeschossiges spätbarockes Bürgerhaus mit siebenachsiger Putzfassade, errichtet 1770 wahrscheinlich nach Entwurf von Georg Christian Unger, zum Ursprungsbau zugehörig wohl auch die beiden Hofflügel. Die (veränderten) Erdgeschoßfenster rundbogig geschlossen, über den Bögen Girlanden und weibliche Büsten, über dem mittleren Durchfahrtsbogen Draperie; die Rechteckfenster der oberen Geschosse mit waagerechten, von Konsolen getragenen Verdachungen bzw. mit Ohrenfaschen. Im Inneren neben der Durchfahrt die barocke Treppe mit rundem Auge und geschnitztem Geländer erhalten (Abb. S. 274).

Linke Seite: Garnisonfriedhof Kleine Rosenthaler Straße 3/7: Familiengrabstätte v. Greiffenberg; Grabmal v. Holtzendorff, Bronzerelief; Grabmal Friedrich de la Motte-Fouqué (rechte Spalte links); Grabmal Freiherr v. Lützow (rechte Spalte rechts)

Rechte Seite: Ehem. Volkskaffeehaus Neue Schönhauser Straße 13, daneben Wohnhaus Neue Schönhauser Straße 14

WOHNHAUS Neue Schönhauser Straße 10, Ecke Rosenthaler Straße. 1886/87 erbaut, von fünfeinhalb Geschossen, die Straßenfassaden mit abgerundeter Ecke 1929 umgestaltet, die Fenster zu horizontalen Bändern zusammengefaßt. – In der Offizin der Berolina-Apotheke die ursprüngliche Wand- und Deckentäfelung mit rundem Deckengemälde sowie die Einbauten erhalten, in reichen historischen Formen gleichzeitig mit der Errichtung des Gebäudes (eine erste Apotheke an dieser Stelle 1758 eröffnet).

WOHNHAUS Neue Schönhauser Straße 12. Dreigeschossiger Putzbau um 1860/70, mit siebenachsiger spätklassizistischer Fassade, schlicht gegliedert durch reliefierte Spiegel unter den waagerecht verdachten Hauptgeschoßfenstern und zwei ornamentierte Friese am oberen Stockwerk; das Erdgeschoß entstellend verändert. Im Inneren erhalten die Treppe aus Gußeisen.

Ehemaliges VOLKSKAFFEEHAUS Neue Schönhauser Straße 13. 1890/91 von Alfred Messel errichtet. Im Erdgeschoß des Vorderhauses und Seitenflügels ursprünglich Kaffee- und Speisehalle für Minderbemittelte, getrennt in Männer- und Frauenraum; die seitliche Durchfahrt mit Treppenhaus für die Wohnungen der drei Obergeschosse. Die Fassade in Formen der deutschen Renaissance, über dem Erdgeschoß leicht zurückgesetzt und mit Balustrade bzw. zweigeschossigem übergiebeltem Erker an der seitlichen Durchfahrtsachse, vor der Dachzone mittlerer Ziergiebel mit Datum 1891/92 (Abb. S. 273). – Ein Gebäude gleicher Zweckbestimmung wurde von Messel in der Chausseestraße 105 erbaut (s. S. 332).

WOHNHAUS Neue Schönhauser Straße 14. Viergeschossiger Putzbau mit siebenachsiger Fassade in spätklassizistischen Formen, erbaut um 1860/70. Über der mittleren Tordurchfahrt des veränderten Erdgeschosses in zwei Geschossen von Doppelpilastern gerahmte Fenster unter Dreiecksgiebel, die übrigen Fenster mit profilierten Faschen und waagerechten Verdachungen, im Hauptgeschoß mit figürlich reliefierten Spiegeln. Am Obergeschoß ornamentierter Fries und reiches Traufgesims. Im Inneren die Treppe mit quadratischem Auge und schlanken Balusterdocken. – Im Nachbarhaus Neue Schönhauser Straße 15, dessen Fassade völlig verändert, erhalten Teile der ursprünglichen Treppe und hofseitige Galerien vor den Obergeschossen, wohl auch um 1860/70.

GESCHÄFTS- und WOHNHAUSKOMPLEX Neue Schönhauser Straße und Münzstraße 21/23. 1891/92 von Poetsch & Bohnstedt errichtet, viergeschossige Anlage mit mehreren Höfen; neben Wohnungen Geschäfts- und Büroräume sowie Produktionsstätten für Kleingewerbe. Die Fassaden in Formen der deutschen Renaissance, klinkerverblendet und mit Formteilen in Sandstein, die linke Achse zur Münzstraße und die Eckachse mit dreigeschossigen Erkern und Dachgiebeln.

Rosa-Luxemburg-Platz
Ehemals das seit dem späten 17., frühen 18. Jh. angelegte Scheunenviertel zwischen Almstadtstraße und Kleiner Alexanderstraße bzw. Linienstraße und Hirtenstraße (nach der 1672 erlassenen Feuerordnung mußten Scheunen und Lagerschuppen mit brennbarem Material vor die Stadttore verlegt werden), mit mehreren Straßen bis 1906/07 bestehend und danach zu einem Platz (Bülowplatz) umgestaltet, dieser von dreieckiger Grundform zwischen zwei zur Schönhauser bzw. Prenzlauer Allee führenden Straßen.

VOLKSBÜHNE Für die »Freie Volksbühne« 1913/14 nach Entwurf von Oskar Kaufmann erbaut, der erste moderne Theaterbau Berlins; der ehem. bildhauerische Schmuck von Franz Metzner. Gestreckter Rechteckbau, in der Achse der Rosa-Luxemburg-Straße die monumentale, leicht geschwungene Eingangsfront mit sechs eingestellten Kolossalsäulen. Das hohe Bühnenhaus von Funktionstrakten flankiert. Im zweiten Weltkrieg (1943) ausgebrannt, Wiederaufbau 1952/54 in vereinfachter Form nach Entwurf von H. Richter, unter Verzicht auf den figürlichen Schmuck. – Im Vorraum Büste des Dramatikers Friedrich Wolf von Gustav Seitz.

Linke Seite: Wohnhaus Neue Schönhauser Straße 8

Rechte Seite: Volksbühne am Rosa-Luxemburg-Platz

Spandauer Vorstadt

Die umgebende WOHNBEBAUUNG an der Weydingerstraße 2/12, 18/22 (gerade) sowie an der Rosa-Luxemburg-Straße 30 und 31/37 (ungerade), ferner an der Kleinen Alexanderstraße 1/3, Linienstraße 13 und 237 sowie Hirtenstraße 7 und 9 im Zuge einer schon länger geplanten Neugestaltung des Platzes nach Entwurf von Hans Poelzig 1928/30 errichtet. Teil eines großzügig konzipierten Planes, der nur teilweise zur Ausführung kam und außerdem durch Zerstörungen im zweiten Weltkrieg reduziert ist: Außer einigen unausgeführten Wohnblocks war eine zusammen mit Martin Wagner und Richard Ermisch geplante Bebauung beidseitig der Volksbühne auf den dreieckigen, bis an die Linienstraße reichenden Restflächen des Platzes vorgesehen, für die Berliner Stadtbibliothek bzw. für Verwaltungen bestimmt; die Bebauung an der Linienstraße beidseitig des Bühneneinganges der Volksbühne nimmt in den dreißiger Jahren sehr vereinfacht die Planung dieser Platzbebauung auf.

Die ausgeführten Wohnblocks Poelzigs nach Kriegsschäden wiederhergestellt, die ein- und zweigeschossigen Ladenanbauten an den spitzen Winkeln nicht erhalten. Einheitlich gestaltete fünfgeschossige Putzbauten mit Dachfensterzone unter den zumeist flachen Dächern, in Formen der Neuen Sachlichkeit: klare, an den Ecken gerundete Baukörper, streng horizontal gegliedert durch Rahmungen, die die Fenster zu Bändern zusammenschließen; die Balkone wirkungsvoll an den Eckrundungen kurvig geführt. Zugehörig das FILMTHEATER Babylon, entlang der Hirtenstraße mit Eingang Rosa-Luxemburg-Straße 30, z. T. in ein Wohnhaus einbezogen; das Innere, ursprünglich Rangtheater, nach mehrfacher Veränderung Foyer und der anschließende Kinosaal nur in der allgemeinen Grundgestalt erhalten. – Gleichzeitig oder nur wenig später, aber von einem anderen Architekten, die sechsgeschossigen Wohnbauten beidseitig der Rosa-Luxemburg-Straße bis zur Hirtenstraße 13 und 15, an eine ältere Bebauung anschließend; durch die halbrund vorspringenden Balkone an der Straßenkreuzung den benachbarten Poelzig-Bauten angeglichen.

KARL-LIEBKNECHT-HAUS Weydingerstraße 14 und 16 sowie Kleine Alexanderstraße 28. Ursprünglich ein Bürogebäude, von 1926 bis 1933 Sitz des ZK der KPD. Nach schweren Zerstörungen 1949 verändert wiederaufgebaut. – Bronzetafel zur Erinnerung an die Tätigkeit Ernst Thälmanns in diesem Hause; Thälmann-Ausstellung.

Linke Seite:
Wohnbebauung am
Rosa-Luxemburg-
Platz, Fassade
zur Kleinen
Alexanderstraße

Rechte Seite:
Wohnbebauung mit
Kino »Babylon« am
Rosa-Luxemburg-
Platz,
Ecke Hirtenstraße

Spandauer Vorstadt

Weinmeisterstraße

Ehem. DIREKTORATSGEBÄUDE des Sophien-Gymnasiums (Kreispionierhaus) Weinmeisterstraße 15. Von dem bis zur Steinstraße sich erstreckenden einstigen Schulkomplex, 1865/67 von Adolf Gerstenberg erbaut, nur das Direktoratsgebäude erhalten, ein dreigeschossiger Klinkerverblendbau mit seitlichem Hofflügel. An der Fassade unter dem reichen Terrakotta-Dachgesims breiter Fries mit Sgraffitomalereien zur antiken Mythologie von Max Lohde, 1886 auf Tonplatten übertragen. Über dem Erdgeschoß ornamentaler Terrakottafries, durch Terrakotten auch die segmentbogigen Fensterverdachungen an den beiden Obergeschossen geschmückt. Das seitliche Rundbogenportal der kreuzgewölbten Durchfahrt bekrönt von allegorischen Sandsteinfiguren.

Oranienburger Straße und Straßen bis zur Spree

Oranienburger Straße

Ursprünglich Teil der nach Spandau führenden Straße außerhalb der mittelalterlichen Stadt. Im späteren 17. Jh. befand sich hier, vor dem Spandauer Tor auf dem Gelände nahe der Spree, die Meierei der Kurfürstin Dorothea, aus der später, seit 1703, ein für den Grafen v. Wartenberg erbauter Landsitz und im weiteren Verlauf des 18. Jh. Schloß und Park Monbijou wurden (im zweiten Weltkrieg schwer beschädigt, Reste um 1960 abgetragen). Mit zu den ältesten Gebäuden gehörte ein 1713 fertiggestelltes »Postillonhaus« an der Stelle des späteren Postfuhramtes. Weitere Gebäude des 18. Jh. an der fortschreitend mit Wohnhäusern bebauten Straße waren das seit 1756 bestehende Krankenhaus der Jüdischen Gemeinde an der Ecke zur Großen Hamburger Straße (um 1860 in die Auguststraße verlegt) und das um 1790 erbaute, noch erhaltene Haus der Großen Landesloge Deutschlands, ursprünglich mit großem Park (Nr. 71/72). Wichtige Bauten des späteren 19. Jh. sind die Neue Synagoge und das Postfuhramt, Gebäude, die nach den Zerstörungen im zweiten Weltkrieg, wenn auch schwer beschädigt, das Straßenbild nachdrücklich bestimmen.

WOHN- und GESCHÄFTSHAUS Oranienburger Straße 4. Um 1900 errichtet in neubarocken Formen. Die viergeschossige sandsteinverkleidete Fassade von drei Achsen, gegliedert durch eine zweigeschossige Kolossalordnung von korinthischen Dreiviertelsäulen mit Sprenggiebel darüber bzw. von Pilastern. Über den äußeren Fenstern des dritten Geschosses skulptierte Rinderköpfe, wohl Geschäftssymbole.

NEUE SYNAGOGE Oranienburger Straße 30. Als Hauptsynagoge der nach der staatsbürgerlichen Gleichstellung der Juden im frühen 19. Jh. rasch angewachsenen Jüdischen Gemeinde Berlins 1859/66 erbaut; eines der bedeutendsten, wegen seiner spätromantischen Gestaltung in Verbindung mit moderner Eisenkonstruktion meistbeachteten Bauwerke Berlins im 3. V. 19. Jh. Entwurf und Ausführung von Eduard Knoblauch, dessen Hauptwerk, nach seiner Erkrankung 1862

Linke Seite: Ehem. Direktoratsgebäude des Sophien-Gymnasiums (Kreispionierhaus) Weinmeisterstraße 15; Wohn- und Geschäftshaus Oranienburger Straße 4

Rechte Seite: Schloß Monbijou nach der Erweiterung von 1738/42, Kupferstich von Johann David Schleuen, um 1754

von Friedrich August Stüler einschließlich der Innendekoration bis 1866 vollendet. In der Kristallnacht (9./10. November 1938) von den Nazis in Brand gesteckt, im zweiten Weltkrieg (1943) zudem schwer beschädigt, sind heute der Fassadenbau und die anschließenden Teile bis zur Vorsynagoge in teilweise stark ruinösem Zustand erhalten, während die Reste der anschließenden Hauptsynagoge nach dem Kriege abgetragen worden sind.

Historistischer Ziegelverblendbau in orientalisierenden Formen. Die prachtvolle, durch farbige Ziegelstreifen horizontal gegliederte Fassade, auf die sich der Außenschmuck des in die Straßenflucht eingebundenen Baues konzentriert, wird flankiert von vorspringenden quadratischen Türmen mit schlanken achteckigen Kuppelaufsätzen und bekrönt von dem beherrschenden Kuppeltambour über der zwölfeckigen Vorhalle. Alle drei Kuppeln (nur die des linken Turmes erhalten) in maurischen Formen und von einem Rippennetz überzogen. Die reichen plastischen und orna-

Spandauer Vorstadt

lenk fungierenden zwölfeckigen Vorhalle aufgefangen.

An der Fassade Gedenktafel zur Erinnerung an die Zerstörung der Synagoge und die Verfolgung jüdischer Bürger in der Zeit des Faschismus. Für die dringend erforderliche Wiederherstellung der Ruine böte sich die Nutzung der rekonstruierbaren Räume als Gedenkstätte an.

Die benachbarten Häuser Oranienburger Straße 28 und 29 später mit Archiv- und Verwaltungsräumen sowie Bibliothek der Jüdischen Gemeinde eingerichtet; Nr. 29 im Kriege zerstört, Nr. 28, ein Klinkerverblendbau der Zeit um 1900, heute Sitz der Jüdischen Gemeinde, hier auch die vor einigen Jahren wiedereröffnete Bibliothek.

mentalen Terrakotten schmücken vor allem die drei Hauptportale mit hufeisenförmigen Bögen und die Dreifenstergruppe darüber, das Hauptgesims, die Turmaufsätze und den hohen Kuppeltambour. Die Verbindung der Fassade mit der Abfolge der erforderlichen Innenräume – Vorhalle, Vestibül, Vorsynagoge und Hauptsynagoge – war durch die schräge Lage des Grundstücks zur Straße erschwert; die dadurch sich ergebende Abwinklung der Bauachse wurde von Knoblauch sehr geschickt und kaum spürbar in der als Ge-

Linke Seite:
Ansicht der Neuen
Synagoge in der
Oranienburger
Straße,
Gemälde von
E. P. J. de Cauwer,
1865, Märkisches
Museum,
und Innenansicht
der Neuen Synagoge,
nach einem
zeitgenössischen
Stich

Rechte Seite:
Neue Synagoge
Oranienburger
Straße 30,
nach einer
Archivaufnahme

Spandauer Vorstadt

Ehem. POSTFUHRAMT Oranienburger Straße 35/36 und Tucholskystraße, mit Ausfahrt zur Auguststraße. Ein Gebäude gleichen Zweckes, das »Postillonhaus« mit Unterkünften für Postillone und mit Ställen, hier bereits 1705/13 errichtet.
Die bestehende umfangreiche Anlage, einer der aufwendigsten Behördenbauten der Zeit, nach Entwurf von Carl Schwatlo durch Tuckermann 1875/81 für verschiedene Einrichtungen der Post erbaut, auf dem ausgedehnten Hofgelände mit zwei Stallgebäuden ursprünglich für über zweihundert Pferde in zwei Geschossen. Nach Schäden im zweiten Weltkrieg die Fassaden teilweise wiederhergestellt. Historistischer gestreifter Klinkerverblendbau von drei Geschossen, die langgestreckten Fronten entlang der Oranienburger Straße und der Tucholskystraße angelegt. Hauptakzent der von doppelachsigen Risaliten flankierte Eingang an der Straßenecke (ehemals Postamt), eine bis an das Dachgesims heranreichende monumentale Rundbogennische, über dem Dach bekrönt von achteckiger Tambourkuppel und zwei kleineren achteckigen Kuppelaufsätzen in den Achsen der flankierenden Risalite. Die schmückenden Terrakotten an Fenstern, Friesen und abschließendem Konsolgesims, ferner die fein gezeichneten ornamentalen und figürlichen Reliefs der Pilaster und Zwickel der Portalnische von vorzüglicher künstlerischer wie auch technischer Qualität. An der Tucholskystraße anschließend ein Gebäudeteil mit großem Versammlungssaal, äußerlich als abgesetzter fünfachsiger Bauteil mit Attikaabschluß und zwei Figurengruppen gekennzeichnet. – Auf dem Hof großes Flachrelief einer Postkutsche, 1878 von H. Steinemann.

Dem Flügel an der Tucholskystraße gegenüber mehrere spätklassizistische WOHNHÄUSER um M. 19. Jh., so z. B. Tucholskystraße 24, die Fenster der drei mittleren Achsen an den beiden Obergeschossen jeweils von Pilastern flankiert, vor dem Dach ein flacher Dreiecksgiebel, oder Tucholskystraße 32, über dem Erdgeschoß mit schönem Ranken-Figuren-Fries.

An das ehemalige Postfuhramt in der Oranienburger Straße anschließend mehrere stattliche WOHNHÄUSER der Zeit um 1880, so Nr. 37, ein viergeschossiger Putzbau von 1885/86 (Datum über dem von Pilastern und Säulen gerahmten Portal), die geringfügig vereinfachte Fassade in den äußeren Achsen der Obergeschosse durch dreiseitige, u. a. mit Karyatiden geschmückte

Linke Seite: Wohnhaus Oranienburger Straße 37

Rechte Seite: Ehem. Postfuhramt Oranienburger Straße 35/36 und Tucholskystraße

Spandauer Vorstadt 283

Erker belebt. – An der gegenüberliegenden Straßenseite das Wohnhaus Nr. 69, seine Fassade völlig verändert, im Inneren im ursprünglichen Zustand Vestibül und Treppenhaus erhalten, reich mit Stuck geschmückt, um 1880.

In dem Karree an der Oranienburger Straße (Nr. 70/76) zwischen Tucholskystraße und Monbijoustraße, bis an die Ziegelstraße heranreichend, zu verschiedenen Zeiten entstandene Gebäude mit Einrichtungen der Deutschen Post:

Als ältester Bau einbezogen des ehem. GEBÄUDE der Großen Landesloge Deutschlands (Institut für Post- und Fernmeldewesen) Oranienburger Straße 71/72. 1789/91 von Christian Friedrich Becherer erbaut, ursprünglich zweigeschossig, das dritte Geschoß 1839 hinzugefügt. Putzbau mit dreiachsigem Mittelrisalit und einachsigen Seitenrisaliten, in letzteren die rundbogigen Portale mit schönen Schlußsteinköpfen aus der Zeit um 1790.

POSTGEBÄUDE (u. a. Fernsprechamt Berlin) entlang der Tucholskystraße 6/14. 1925/27 erbaut z. T. anstelle des im 19. Jh. hier zwischen Oranienburger Straße und Ziegelstraße bestehenden Paketpostgebäudes. Das langgestreckte Gebäude von fünf Geschossen mit Dachgeschoß in rotem Klinker verblendet, durch breite Vorlagen, die jeweils zwei Fensterachsen umfassen, von strenger vertikaler Gliederung, die Vorlagen durch schwarze geriefelte Klinker in gleichmäßigen Abständen gestreift. Über den Fenstern des Erdgeschosses und z. T. an den Fensterbrüstungen sowie an den Portalen aus dem Klinkermaterial entwickelter, für die zwanziger Jahre charakteristischer Schmuck.

POSTGEBÄUDE (Zentrales Post- und Fernmeldeverkehrsamt) Oranienburger Straße 73/76 sowie Monbijoustraße bis zur Ziegelstraße. Erbaut um 1910. Umfangreicher Komplex aus Putzbauten mit Sandsteingliederungen unter Mansarddach. Die beiden unteren Geschosse als rustiziertes Sockelgeschoß gebildet, die beiden Obergeschosse durch ionische Kolossalpilaster zusammengefaßt, an der Hauptfassade zur Oranienburger Straße im leicht eingezogenen Mittelteil Kolossalsäulen. Die Front zur Monbijoustraße zurückgesetzt zwischen flankierenden Seitenflügeln mit rechteckigen Treppentürmen.

MONBIJOUPARK zwischen Oranienburger Straße und Spree. Ehemals Park des im zweiten Weltkrieg schwer beschädigten und bis 1960 abgetragenen Schlosses Monbijou, zusammen mit dem Kernbau des Schlosses A. 18. Jh. zunächst als Barockgarten angelegt, A. 19. Jh. zum Landschaftspark eingerichtet. 1960 als Freizeit- und Erholungspark umgestaltet. – Am östlichen Parkrand DENKMAL für den Dichter Adelbert v. Chamisso (1781–1838), 1888 von Julius Moser. Kolossalbüste aus Carrara-Marmor auf poliertem Granitsockel mit Inschrift.

Ziegelstraße

Im 18. Jh. befand sich hier auf dem Gelände zur Spree hin eine Kalkbrennerei, auf deren Existenz noch die benachbarte Kalkscheunenstraße hinweist. Für klinische Einrichtungen der Universität wurden bald nach deren Gründung die Grundstücke Ziegelstraße 5 und 6 eingerichtet, aus denen sich die späteren umfangreichen Anlagen entwickelten.

UNIVERSITÄTS-AUGENKLINIK Ziegelstraße 5/9. Ausgedehnte Anlage dreigeschossiger Bauten zwischen Ziegelstraße und Spree, 1878/83 in antikisierenden Formen nach Entwürfen von Gropius & Schmieden erbaut. An der Straßenfront das Verwaltungsgebäude mit drei Risaliten, seitlich gerahmt von den Kopfbauten zweier langgestreckter, bis zur Spree sich erstreckender Flügel, dazwischen auf dem Hofgelände untereinander verbundene Pavillons. Sämtlich rötlich-gelbe Verblendziegelbauten mit dunkleren horizontalen Streifen; Gesimse, Friese und Öffnungen aus dunkelfarbigen Terrakotten, dazu am oberen Geschoß ornamentale Sgraffito-Malereien. Der Mittelrisalit des Verwaltungsgebäudes durch Portal und Rechteckerker hervorgehoben. – Nach Osten anschließend die ehem. Chirurgische Poliklinik Ziegelstraße 10/11, ein ebenfalls dreigeschossiger klinkerverblendeter Bau in gleichen Formen, 1892/93 nach Entwurf von E. Haesecke, sowie die ehem. Luisenschule Ziegelstraße 12, ein dreigeschossiger Klinkerbau von 1894/95.

UNIVERSITÄTS-FRAUENKLINIK entlang der Ziegelstraße 14/18 zwischen Tucholskystraße (Nr. 2, Eingang) und Monbijoustraße. Eine erste Frauenklinik hier 1880/82 nach Plänen von Gropius & Schmieden errichtet. Die bestehende Anlage unter Einbeziehung von älteren Teilen 1927/33 von Wolff erbaut, dreigeschossige Putzbauten unter Flachdächern in Formen der Neuen Sachlichkeit. Die langgestreckte Front zur Ziegelstraße durch zurückgesetzten und erhöhten Mittelteil (ursprünglich mit Eingang) akzentuiert, zur Monbijoustraße halbrund geschlossen und hier durch zurückversetztes verglastes Dachgeschoß unter weit überstehendem, von Stützen getragenem Flachdach wirkungsvoll betont (Abb. S. 287).

Linke Seite: Denkmal für Adelbert v. Chamisso am Rande des Monbijouparks

Rechte Seite: Postgebäude Tucholskystraße 6/14, Fassadengliederung

Straßen zwischen Oranienburger Straße und Wilhelm-Pieck-Straße

Auguststraße

Straße zwischen Rosenthaler Straße und Oranienburger Straße, etwa parallel zu den die Spandauer Vorstadt seit 1705 begrenzenden Palisaden auf der Linienstraße verlaufend; ursprünglich Hospitalstraße, nach dem von dem Stadthauptmann Koppe um 1706 gestifteten Armenhaus mit anschließendem Armenfriedhof (Koppenplatz), seit 1833 Auguststraße.

OBERSCHULE »Bertolt Brecht« (Teil I) Auguststraße 13. Aus Straßen- und Hofflügel bestehendes Schulgebäude, 1927/28 in Formen der Neuen Sachlichkeit erbaut. Die klinkerverblendete Straßenfassade von vier Geschossen mit verputztem Dachgeschoß – die zu drei Vierergruppen geordneten Fenster zu Bändern zusammengeschlossen –, nach links begrenzt durch schmalen, leicht vorspringenden Trakt für Turnhalle und darüber, über einem Zwischengeschoß, Aula, die hohe Dreifenstergruppe der letzteren durch Klinkerrahmung hervorgehoben.

Erweiterte OBERSCHULE »Max Planck« Auguststraße 14/16. Als Krankenhaus der Jüdischen Gemeinde von Eduard Knoblauch 1858/60 erbaut, der zur gleichen Zeit die benachbarte Neue Synagoge an der Oranienburger Straße errichtete. In die Straßenfront eingebunden das ehem. Administrationsgebäude, ein Putzbau von acht Achsen in spätklassizistischen Formen. Die

*Linke Seite:
Oberschule
Auguststraße 13;
ehem. Administrationsgebäude des
Jüdischen Krankenhauses, heute
Erweiterte
Oberschule
Auguststraße 14/16*

*Rechte Seite:
Universitäts-
Frauenklinik
Ziegelstraße 14/18,
Abschluß
zur Monbijoustraße*

Fassade in Putzquaderung, Erd- und erstes Obergeschoß durch abschließenden Mäanderfries und Gesims als Sockelgeschoß gekennzeichnet, die beiden mittleren Achsen als flacher Risalit ausgebildet, mit hoher rundbogiger, in den Bogenzwickeln reich ornamentierter Durchfahrtsöffnung, die Durchfahrt mit Gewölben. Die Fenster des zweiten Obergeschosses mit ornamentierten Spiegeln und waagerechten Verdachungen, Abschluß unter dem Dachgesims ein breiter Rankenfries. – Im Hof das ehem. Krankenhaus (jetzt Hauptgebäude der Schule), ein dreigeschossiger Klinkerverblendbau mit abschließendem Konsolgesims, durch drei weit vorspringende Risalite – der mittlere mit Dreiecksgiebel – gegliedert; die Portale von ornamentierten Terrakotten gerahmt. Zur Zeit seiner Errichtung, vor Einführung des Pavillonsystems, als mustergültig für den Krankenhausbau betrachtet. Der den Hof links begrenzende Seitenflügel ein schlichter Klinkerverblendbau von 1875 (ehemals Pneumatisches Institut des Krankenhauses), zur Auguststraße (Nr. 16) mit Rundbogenfenstern in drei Geschossen.

SONDERSCHULE »Nikolai Ostrowski« Auguststraße 21. 1894/95 als Gemeindeschule erbaut. Im Hofgelände das Schulgebäude, ein dreigeschossiger Klinkerverblendbau mit kurzen rückwärtigen Seitentrakten, der breite Mittelrisalit für die Aula leicht erhöht; ornamentaler Terrakottenschmuck. An der Straße das Rektorenwohnhaus, ein ebenfalls historisierender Klinkerverblendbau mit kurzem Hofflügel, von drei Geschossen, die vierachsige Fassade mit seitlichem übergiebeltem Durchgangsrisalit.

WOHNHAUS Auguststraße 26 B. Dreigeschossiger Putzbau von fünf Achsen, frühes 19. Jh., das Erdgeschoß verändert, die beiden Obergeschosse durch vier kannelierte ionische Kolossalpilaster zusammengefaßt.

WOHNHAUS Auguststraße 69. Zweigeschossiger Putzbau von neun Achsen, die Mittelachse mit Durchfahrtsportal und betontem Fenster darüber, frühes 19. Jh. Neben der Durchfahrt Treppe mit ovalem Auge.

GEBÄUDEGRUPPE mit Höfen (Christliches Hospiz, Einrichtungen der evangelischen Kirche) Auguststraße 80/82. Die langgestreckte fünfgeschossige Straßenfassade, offensichtlich vereinfacht verändert, zeigt besonders in den klinkerverblendeten zwei Obergeschossen werksteingerahmte Fenster in gotisierenden Formen, durch Brüstungsfelder mit Maßwerkfüllungen zusammengeschlossen, wohl kurz vor oder um 1900.

KIRCHE St. Johannes Evangelist Auguststraße 90. Nach Plänen von Max Spitta 1895/1900 durch Bürckner erbaut. Die in die Straßenflucht eingebundene klinkerverblendete Fassade in neuromanischen Formen, mit Rosette und steilem, hausartigem Giebelabschluß, darin drei Klangarkaden. Vorgelagert große Portalnische zwischen flankierenden zweigeschossigen Treppenhäusern, bekrönt von Wimperg, darin Christusmedaillon. Das Innere ein dreijochiger kuppelgewölbter Saal mit seitlichen Emporen und Chorapsis, heute als Magazin genutzt.

Gipsstraße

WOHNHAUS Gipsstraße 11. Zweigeschossiger Putzbau von neun Achsen, frühes 19. Jh., über Portal und flankierenden Fenstern sowie am Hauptgesims des dreiachsigen Mittelrisalites breiter Mäanderfries.

Linke Seite: Kirche St. Johannes Evangelist, Auguststraße 90, Straßenfassade

Rechte Seite: Wohnhaus Gipsstraße 11, Mittelrisalit, nach einer Archivaufnahme; Verwaltungsgebäude Auguststraße 80/82

Spandauer Vorstadt

WOHNHAUS Gipsstraße 13. Putzbau von vier Geschossen und sieben Achsen, um oder kurz nach M. 19. Jh.; beidseitig die äußeren Doppelachsen am ersten und zweiten Obergeschoß durch Pilaster gerahmt und von Dreiecksgiebel mit reizvollem Reliefschmuck abgeschlossen.

OBERSCHULE Gipsstraße 23 a. Als Gemeindedoppelschule 1872/73 erbaut. In die Straße eingebunden das ehem. Rektorenwohnhaus, ein roter Klinkerverblendbau von drei Geschossen und vier Achsen, die seitliche Durchfahrtsachse risalitartig vorgezogen; Terrakottenschmuck an den Brüstungsfeldern des ersten Obergeschosses und dem abschließenden reichen Konsolgesims. Auf dem Hof das winkelförmige viergeschossige Schulgebäude, ein ebenfalls roter Klinkerverblendbau in gleichen Formen.

Große Hamburger Straße
Ursprünglich verlief hier die nach Ruppin und weiter nach Hamburg führende Straße. – Straßenzug zwischen Oranienburger Straße und Auguststraße, über die

Linke Seite: Ansicht des Hamburger Tores, Kupferstich von Serrurier, 1797

Rechte Seite: Katholisches St. Hedwig-Krankenhaus Große Hamburger Straße 5/11, Kernbau im Hof, Eingangsteil und Kapelle

Kleine Hamburger Straße mit dem Hamburger Tor verbunden, das im Zuge der Akzisemauer auf der heutigen Wilhelm-Pieck-Straße 1789 erbaut worden war und bis 1867 bestand. An der Großen Hamburger Straße war bereits 1672 der Friedhof der Jüdischen Gemeinde angelegt worden, und seit dem 18. Jh. befanden sich hier auch, nahe der Einmündung in die Oranienburger Straße, die Jüdischen Gemeindehäuser mit dem 1756 gegründeten Krankenhaus, das um 1860 in die Auguststraße verlegt wurde. Unweit vom Jüdischen Friedhof wurde 1712 die Sophienkirche erbaut, die Pfarrkirche der Spandauer Vorstadt, und schräg gegenüber erfolgte 1846 die Gründung des ersten Katholischen Krankenhauses in Berlin.

ST. HEDWIG-KRANKENHAUS Große Hamburger Straße 5/11. Als erstes Katholisches Krankenhaus Berlins (Barmherzige Schwestern des hl. Borromäus) 1844 gegründet. Der Kernbau im begrünten Hofgelände 1851/54 nach Entwurf des Kölner Dombaumeisters Vinzenz Statz durch den Baumeister Kinel erbaut, ein winkelförmiger dreigeschossiger Klinkerverblendbau mit seitlicher Kapelle in strengen neugotischen Formen. 1926/27 durch Wilhelm Fahlbusch um ein viertes Geschoß mit großen Rechteckfenstern sehr geschickt erhöht, die Achse mit dem Haupteingang durch Giebel aus drei zinnenartigen Aufsätzen und modern-gotisierende dreiachsige Vorhalle betont. Über der Vorhalle, unter Sandsteinbaldachinen und zum Ursprungsbau gehörig, die Figuren der hl. Hedwig und des hl. Karl Borromäus. Rechts vom Haupteingang die weit vorspringende Kapelle, die Stirnseite mit steilem Giebel und seitlichem Treppenturm. – Im Inneren der Kapelle: Zwei Schnitzfiguren, Maria und Pietà, um und nach M. 18. Jh. Zwei Gemälde: Guter Hirte, 1852 von Julius Schnorr v. Carolsfeld (?); hl. Hedwig, 1867 von E. Hammacher. Zehn Porträts von Generaloberinnen der Borromäerinnen, 19./20. Jh.

Die zumeist viergeschossigen Gebäude an der Großen Hamburger Straße zwischen 1881 und 1905 erbaut, sämtlich Klinkerverblendbauten in historisierenden Formen. Der älteste Teil das linke Gebäude (Nr. 10/11), 1881 erbaut, der seitliche fünfachsige Risalit mit annähernd auf den Eingang des Hauptgebäudes bezogener dreischiffiger Durchfahrtshalle, deren kräftige Kreuzrippengewölbe von Pfeilern getragen werden. Das rechte Gebäude (Nr. 5/6) 1888/89 als Hospital für Altersschwache nach Plänen von Max Hasak erbaut, in das Hofgelände sich erstreckend, die Straßenfassade mit eingestellten Fenstersäulen und Kleeblattverdachungen in Sandstein. Zwischen beiden Bauteilen das Josefshaus (Nr. 7/9), 1905 von Carl Moritz, die Fenster der beiden Obergeschosse durch Spitzbogenblenden zusammengefaßt.

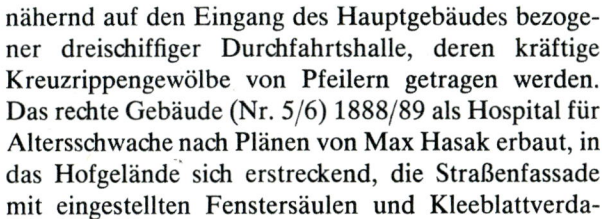

WOHNHAUS Große Hamburger Straße 19a. Zweigeschossiger Putzbau von sechs Achsen, die schlichte Fassade mit Putzquaderung, A. 19. Jh.

ALTER JÜDISCHER FRIEDHOF Große Hamburger Straße 26. Angelegt 1672, nach Eröffnung des Jüdischen Friedhofes an der Schönhauser Allee 1827 geschlossen; 1943 von den Faschisten zerstört. Nach 1945 Umgestaltung zu einer Parkanlage, dabei die etwa zwanzig erhaltenen Grabsteine mit hebräischen Inschriften, darunter derjenige der ersten Beisetzung (G. J. Aschkenast gest. 1672), und drei Gedenktafeln in die südliche Grundstücksmauer eingelassen. Gedenkgrab für den Philosophen Moses Mendelssohn (1729–1786). – Am Zugang zum Friedhof, an der Großen Hamburger Straße, Gedenkstein an der Stelle des 1828 eingerichteten und 1943 zerstörten ersten Altersheimes der Jüdischen Gemeinde, das von der Gestapo 1942/43 als Sammellager für den Abtransport von Tausenden jüdischer Bürger in die Konzentrationslager Auschwitz und Theresienstadt benutzt worden war.

BERUFSSCHULE Große Hamburger Straße 27. Ehemals Knabenschule der Jüdischen Gemeinde, 1906 anstelle eines der Jüdischen Gemeindehäuser erbaut. Dreigeschossiger Putzbau um Innenhof; Portal und Treppenhaus mit neuklassizistischem Dekor.

WOHNHÄUSER der Sophiengemeinde Große Hamburger Straße 29/31. Einheitlich gestalteter Komplex aus fünfgeschossigen, in der Straßenfront leicht zurückgesetzten Putzbauten mit Flügel- und Quergebäuden, in neubarocken Formen 1904/05 erbaut. Sehr eindrucksvoll beidseitig eines Durchblicks zum Turm der Sophienkirche gruppiert, die die Durchblicksachse an der Straßenfront rahmenden schlanken übergiebelten Eckrisalite von verkupferten belvedereartigen Aufbauten bekrönt. – Zur Sophiengemeinde auch das benachbarte Haus Große Hamburger Straße 28 gehörig, ein dreigeschossiger Putzbau mit Flügel und Quergebäude zum Hof, 1901/02 von Kurt Berndt errichtet. Die dreigeschossige Fassade von sechs Achsen mit reichem plastischem Schmuck sowie allegorischen Reliefs.

Linke Seite:
Alter Jüdischer Friedhof
Große Hamburger Straße 26:
Grabsteine des 17./18. Jh.;
Mahnmal mit Inschrift;
Grabmal
Moses Mendelssohn

Rechte Seite:
Sophienkirche,
Westturm,
gerahmt von den
Wohnbauten Große
Hamburger Straße 29/31

Heyden und Kurt Berndt neubarock verändert, gleichzeitig Neugestaltung des Inneren mit dreiseitiger Empore und reich stuckierter Decke sowie Einbau einer Chorapsis. – Kanzel 1712, der Korb von gewundener Säule getragen. Taufe, Sandstein, 1741, mit Eckvoluten und Engelflüchten. Orgel 1789/90 von Ernst Marx. Elf Pastorenbilder 18. bis 20. Jh. Zwei Kelche, Silber z. T. vergoldet, einer mit Patene, 1767. Weinkanne, Silber, 1750. Oblatendose, Silber, 2. H. 18. Jh. Taufkanne und -schale, Silber, 1796. Weiteres Gerät 19./20. Jh. Zwei Inschriftepitaphien für den Pfarrer F. Lüderwald † 1739 und für J. Fritsche † 1746, letzteres mit von Putten gehaltenem Porträtmedaillon.

SOPHIENKIRCHE Als Pfarrkirche für die Spandauer Vorstadt 1712 von der Königin Sophie Luise gestiftet. Rechteckiger, ursprünglich querorientierter schlichter Emporensaal im Typ der Berliner protestantischen Predigtkirchen. Der hochaufragende Westturm, der einzige erhaltene Barockturm Berlins, wurde 1732/34 nach Entwurf von Johann Friedrich Grael hinzugefügt, dem eingestürzten Münzturm Schlüters verpflichtet (Abb. S. 293): Der quadratische Unterbau von drei Geschossen, im genuteten Erdgeschoß Portal zwischen Doppelpilastern und unter Dreiecksgiebel, die beiden oberen Geschosse durch Wandvorlagen zusammengefaßt und über einem sich verkröpfenden Gesims abgeschlossen durch eine Eisenbrüstung des frühen 19. Jh. (ursprünglich Steinbalustrade). Darüber die beiden Glockengeschosse, am unteren Geschoß Freisäulen an den Turmecken und jeweils beidseitig der rundbogigen Schallöffnungen, am oberen, leicht verjüngten Geschoß das Aedikulamotiv nochmals wiederholt. Abschluß durch reich bewegte kupferverkleidete Haube mit obeliskartiger Spitze. Das Kirchenschiff 1892 von Adolf

Linke Seite:
Sophienkirche,
Orgel und Kanzel

Rechte Seite:
Sophienkirche,
Inneres nach Westen

Auf dem Sophienkirchhof einige für die Berliner Kunst- und Kulturgeschichte wichtige Grab- und Erinnerungsdenkmale: Grabdenkmal für den Schiffsbaumeister F. J. Köpjohann † 1792 und Frau † 1776, Sandstein, wohl nach dem Tode der Frau wahrscheinlich von Wilhelm Christian Meyer geschaffen: bewegte Engelsstatue mit geöffnetem Buch, zu ihren Füßen Füllhorn, auf dem Podest Attribute des Schiffsbaus und ein sich verhüllender Putto, dazu Tafel bzw. Draperie mit Inschriften. Zugehörig auch das hohe eiserne Gitter. An der südlichen Begrenzungswand die Grabstätte des Historikers Leopold v. Ranke (1795–1886), mit Medaillonbildnis des Verstorbenen in architektonischer Rahmung. Nördlich der Kirche Grabstätte des Baumeisters und Musikers Karl Friedrich Zelter (1758 bis 1832), schlichter, 1883 erneuerter Obelisk. Zwei gußeiserne Grabkreuze 1833 und 1852. – An den Außenwänden der Kirche mehrere barocke Epitaphien, u. a. für den Bildhauer J. D. Schwartzenhauer † 1748, sowie Erinnerungstafeln für die Dichterin Anna Louisa Karschin † 1791 und den Dichter Karl Wilhelm Ramler † 1796. Hier auch, an der Südseite der Kirche, blockhaftes Grabmonument für Th. Hotho † 1780, ursprünglich von Urne bekrönt.

WOHNHAUS Große Hamburger Straße 37. Nach 1890 errichteter viergeschossiger Putzbau auf spitzwinkligem Grundstück zwischen Großer Hamburger Straße und Sophienstraße. Die an der Straßenecke in drei Achsen gerundete Fassade in den mittleren Geschossen genutet und durch reich profilierte Fensterumrahmungen mit verschiedenförmiger Verdachung hervorgehoben, das vierte Geschoß mit vereinfachter Gliederung.

Joachimstraße

WOHNHAUS Joachimstraße 15. Dreigeschossiger Putzbau 1. H. 19. Jh., von den fünf Achsen die mittlere leicht vorgezogen, mit Eingang über mehrere Stufen.

Linke Seite:
Sophienkirchhof
Große Hamburger
Straße/Sophien-
straße:
Grabmal
F. J. Köpjohann
und Frau,
Gesamtansicht
und Detail
(unten links);
Grabmal Th. Hotho
(unten rechts);
Grabmal
L. v. Ranke

Rechte Seite:
Sophienkirchhof
Große Hamburger
Straße/Sophien-
straße:
Grabmal
K. F. Zelter;
Epitaph J. D.
Schwartzenhauer

Die Geschosse durch kräftige Gesimse betont, die Fenster mit einfachen Putzrahmen.

WOHNHAUS Joachimstraße 20. Ursprünglich zweigeschossiger Putzbau von sieben Achsen, letztes Drittel 18. Jh; die rahmenumzogenen Fenster im veränderten Erdgeschoß mit Muschelbekrönung, die Öffnungen darüber durch Muscheln und Blattwerk verziert bzw. mit Tuchgehängen unter den Sohlbänken geschmückt. Das dritte Geschoß später aufgesetzt.

Koppenplatz

Ursprünglich Armenhaus für Frauen und Armenfriedhof, 1706/08 von dem Ratsverwandten und Stadthauptmann Christian Koppe gestiftet, dessen Namen der Platz heute trägt. Das Armenhaus stand, die Große Hamburger Straße abschließend, an der nach ihm benannten Hospitalstraße (Auguststraße), dahinter bis an die Palisaden (Linienstraße) erstreckte sich der Armenfriedhof mit dem gerichtlichen Obduktionshaus (dem »Türmchen«, so benannt nach dem einstigen Turm des Armenhauses). Um M. 19. Jh. wurde auf einem Teil des Friedhofes eine Gasbehälteranstalt errichtet, die bis E. 19. Jh. bestand.

WOHNHAUS Koppenplatz 6. Historisierender Putzbau von sechs Achsen und fünf Geschossen, mit dreigeschossigen, durch Balkone miteinander verbundenen Erkern, deren Brüstungsfelder ornamentiert. In der Dachzone ein Zwerchhaus mit Baudatum 1900.

FEIERABENDHEIM (ehemals Hollmannsche Wilhelminen-Amalien-Stiftung) Koppenplatz 11, Ecke Linienstraße 163/165. Die von dem Stadtrat Hollmann dem Andenken seiner Frau gewidmete Stiftung für Witwen und Töchter höherer Beamter zunächst mit dem Gebäude an der Linienstraße 163/165 um 1835

als Erweiterungsbau des ehem. Georgen-Hospitals eröffnet (Erinnerungstafel im Hof). Langgestreckter spätklassizistischer Putzbau von drei Geschossen, die putzgequaderte Fassade gegliedert durch schwach betonten mittleren Risalit mit pilastergerahmten rundbogigen Dreifenstergruppen in den Obergeschossen, die übrigen Fenster rechteckig unter waagerechter Verdachung; am Hauptgesims Konsolfries. Der Flügel zum Koppenplatz E. 19. Jh. angefügt, mit turmartig erhöhter, in drei Achsen durch Kolossalpilaster betonter Ecke zur Linienstraße, dem älteren Bau stilistisch angeglichen. – Im parkähnlichen Hof Denkmal für Wilhelmine Amalie Hollmann † 1834.

OBERSCHULE »Bertolt Brecht« (Teil II) Koppenplatz 12. 1902/07 von Ludwig Hoffmann erbaut. Dreigeschossiger Putzbau mit rückwärtigen Seitenflügeln, der Mittelteil der Fassade (für die Aula) leicht erhöht und über dem Mansardwalmdach durch barockisierenden Dachturm betont, dieser über quadratischem Balustradenunterbau achteckig mit geschwungener Haube. Von überraschend moderner Haltung, der Fassadenschmuck auf das große rundbogige Mittelportal, historisierend mit flankierenden Säulen, sowie seitlich je

*Linke Seite:
Feierabendheim
am Koppenplatz;
Wohnhaus
Koppenplatz 6*

*Rechte Seite:
Denkmal
für Chr. Koppe
am Koppenplatz;
Oberschule
Koppenplatz 12*

zwei Wappenkartuschen beschränkt, die bildhauerischen Arbeiten von Josef Rauch.

DENKMAL für Christian Koppe (s. oben), Sandstein, 1855 nach Entwurf von Friedrich August Stüler. Über Stufenunterbau vier korinthische Säulen mit Gebälk vor einer Rückwand mit Gedenkinschrift.

Spandauer Vorstadt 299

Krausnickstraße

WOHNHAUS Krausnickstraße 3/3 a. Um 1870 erbaut. Von vier Geschossen, die entsprechend der Straßenführung abgewinkelte Fassade mit Putzquaderung und betont durch zweigeschossigen übergiebelten Erker. An der Rückseite (Nr. 3) halbrund vorspringende Dienstbotenstiege mit steiler Wendeltreppe, dem Haupttreppenhaus vorgelagert.

WOHNHAUS Krausnickstraße 10. Fünfgeschossiger Putzbau von acht Achsen, in spätklassizistischen Formen um 1860/70. Die putzgequaderte Fassade in den beiden mittleren Achsen risalitartig hervorgehoben, durch rahmende korinthische Pilaster betont und im vierten Geschoß mit einem Flachgiebel abgeschlossen. Die Fenster seitlich davon in schlichter Putzrahmung, am obersten Geschoß mit Pilastern und ornamentierten Reliefs. Reiches Traufgesims.

Linienstraße

Ursprünglich verlief hier die um 1705 als Begrenzung der Spandauer Vorstadt angelegte Palisadenumwehrung, die im späten 18. Jh. auf die heutige Wilhelm-Pieck-Straße vorverlegt und als massive Akzisemauer neu errichtet wurde. Die Linienstraße, von leicht gekrümmten Verlauf wie die parallele Wilhelm-Pieck-Straße, erstreckt sich von der Oranienburger Straße/ Ecke Friedrichstraße im Westen bis hinter die Volksbühne am Rosa-Luxemburg-Platz im Osten. – Objekte an der Linienstraße östlich der Rosenthaler Straße s. S. 273 und S. 276.

Katholische ST. ADALBERT-KIRCHE Linienstraße 101 (Chorpartie) s. Wilhelm-Pieck-Straße 168, S. 303.

SCHULGEBÄUDE (Volkshochschule Berlin-Mitte) Linienstraße 162. Dreigeschossiger Putzbau über hohem Sockelgeschoß, 1911 von Ludwig Hoffmann. Die langgestreckte Fassade von zwanzig Achsen mit barockisierender Sandsteingliederung durch Kolossalpilaster, die jeweils vier Achsen zusammenfassen, und zweiläufiger Podesttreppe zum Mittelportal; Mansardwalmdach. Der bildhauerische Schmuck von Josef Rauch.

ALTERSHEIM Linienstraße 163/165 siehe Koppenplatz 11, S. 298.

Sophienstraße

Verbindungsstraße zwischen Rosenthaler Straße und Großer Hamburger Straße, im frühen 18. Jh. angelegt zusammen mit der an ihr errichteten Sophienkirche, anfänglich Kirchgasse genannt. – Die Bebauung des stimmungsvollen, im mittleren Abschnitt nach Süden zum Sophienfriedhof geöffneten Straßenzuges im we-

Linke Seite: Ehem. Handwerkervereinshaus Sophienstraße 18, Portal

Rechte Seite: Ehem. Kaufhaus Wertheim (Dewag-Werbung), Seitenflügel zur Sophienstraße

sentlichen geschlossen erhalten, die Bausubstanz, teilweise ins 18. Jh. zurückreichend, zumeist 19. Jh. Besonders zu erwähnen:

PFARRHÄUSER der Sophiengemeinde Sophienstraße 2 und 3, beidseitig des Sophienkirchhofes (diesen s. Große Hamburger Straße, S. 296). 1881/82 (Nr. 3) bzw. 1884 vom gleichen Architekten erbaut. Zwei zweigeschossige blockhafte Putzbauten von jeweils sechs Achsen zur Straße, in strengen italianisierenden Formen; Erdgeschoß als Sockelgeschoß gestaltet, am Obergeschoß die Fenster über Balusterbrüstung von Pilastern flankiert und durch kräftige Verdachung abgeschlossen.

GESCHÄFTSHAUS Sophienstraße 6. 1905 erbaut, die Fassade dreigeschossig von drei Achsen in Formen des Jugendstiles; Durchgang zum Hackeschen Hof Rosenthaler Straße 40/41 (S. 270).

WOHNHAUS Sophienstraße 11. Putzbau des späten 18. Jh., die zweigeschossige Fassade von sechs Achsen unter Mansarddach, durch Gurtgesims, Fensterrahmungen und Spiegel schlicht gegliedert.

An der gegenüberliegenden Straßenseite, Sophienstraße 12/15, ein Seitenflügel des von Alfred Messel nach 1903 erbauten, völlig veränderten ehem. KAUFHAUSES Wertheim (Dewag-Werbung) Rosenthaler Straße 27/31, in den ursprünglichen Formen als zweigeschossiger werksteinverkleideter Gerüstbau erhalten.

Ehem. HANDWERKERVEREINSHAUS (u. a. Theaterwerkstatt des Maxim-Gorki-Theaters) Sophienstraße 18. Für den 1844 gegründeten Handwerkerverein 1904 erworben und ausgebaut. Der Verein, nach der Märzrevolution verboten und erst 1859 wieder zugelassen, hatte 1864 das Grundstück Sophienstraße 15 erworben und ausgebaut. 1903 wurde das Gebäude von dem Wertheim-Konzern erworben, nachdem durch den Kaufhausbau verursachte Risse entstanden waren. Von der Abfindungssumme erwarb der Verein die Grundstücke Sophienstraße 17/18 und ließ 1904/05 von Joseph Franckel und Theodor Kampfmeyer in dem Vorderhaus, einem Wohnhaus der Zeit um 1830/40, das aufwendige Terrakotten-Doppelportal mit gewölbter, von mittlerer Stützenreihe getragener Durchfahrt einfügen sowie auf dem Hintergelände die H-förmig angelegten klinkerverblendeten Hofflügel mit mehreren Sälen (der Hauptsaal faßte 3000 Personen) errichten, in denen zahlreiche Versammlungen der Arbeiterbewegung besonders auch vor und während der Novemberrevolution stattfanden. Die sog. Sophiensäle teilweise in rekonstruierbarem Zustand erhalten.

Wilhelm-Pieck-Straße

Der Abschnitt zwischen Rosenthaler Platz und Friedrichstraße hieß seit 1872 Elsasser Straße und wurde um 1950 zusammen mit der östlichen Fortsetzung bis zum einstigen Prenzlauer Tor, der ehem. Lothringer Straße, in Wilhelm-Pieck-Straße umbenannt. Bis 1867 verlief auf dieser Straße die hier im späten 18. Jh errichtete Akzisemauer mit Rosenthaler, Hamburger und Oranienburger Tor. Vor dem Rosenthaler und dem Hamburger Tor bestand seit M. 18. Jh. die Siedlung Neu-Voigtland (s. auch S. 304), und vor dem Oranienburger Tor, zwischen Chausseestraße und Borsigstraße, entwickelte sich seit 1837 – neben anderen Betrieben – die Maschinenbauanstalt von August Borsig, die hier bis ins ausgehende 19. Jh. bestand. Der Weg vor der Mauer führte die Bezeichnung Straße vor den Toren. – Die östliche Fortsetzung der Wilhelm-Pieck-Straße, teilweise Grenze zum Stadtbezirk Prenzlauer Berg, s. S. 377.

WOHNHAUS Sophienstraße 22/22 a. 1898/99 durch Gebert & Söhne erbaut, die dreigeschossige Fassade in historisierenden spätgotischen Formen. Die Mitte hervorgehoben durch zweiseitig am ersten Obergeschoß vorspringenden Erker mit geschwungenem Dach, die seitlichen Doppelachsen durch Dachgiebel und schmalrechteckige erkerartige Vorsprünge mit Balkonen für das zweite Obergeschoß betont. Im Inneren das Treppenhaus mit ornamentaler Malerei erhalten.

WOHNHAUS Sophienstraße 23, dreigeschossig von fünf Achsen, im Kern 18. Jh., das Erdgeschoß im Grundrißtyp des Kolonistenhauses.

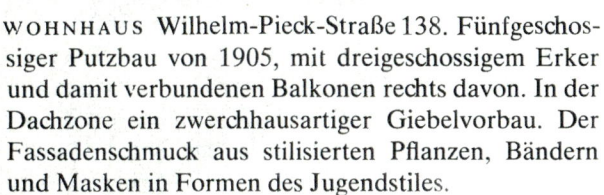

WOHNHAUS Wilhelm-Pieck-Straße 138. Fünfgeschossiger Putzbau von 1905, mit dreigeschossigem Erker und damit verbundenen Balkonen rechts davon. In der Dachzone ein zwerchhausartiger Giebelvorbau. Der Fassadenschmuck aus stilisierten Pflanzen, Bändern und Masken in Formen des Jugendstiles.

Katholische ST. ADALBERT-KIRCHE Wilhelm-Pieck-Straße 168. Hinter dem Wohnhaus im Hofgelände erbaut 1933 von Clemens Holzmeister. Gestreckt-rechteckiger Saalbau, die erhöhte Hauptapsis flankiert von seitlichen Altarnischen, in noch spätexpressionistischen Formen, eindrucksvoll vor allem die in die Straßenflucht der Linienstraße eingebundene klinkerverblendete Chorpartie. – Ausstattung und Einbauten aus der Bauzeit und später, die Mosaiken in der Hauptapsis von Egbert Lammers. In der Sakristei geschnitzte Pietà, spätgotisch um 1500.

Linke Seite: Wohnhaus Sophienstraße 22/22 a; St. Adalbert-Kirche Wilhelm-Pieck-Straße 168, Pietà

Rechte Seite: St. Adalbert-Kirche Wilhelm-Pieck-Straße 168, Chorpartie an der Linienstraße und Inneres

Äußere Spandauer Vorstadt

Die Anfänge der Besiedlung des der Spandauer Vorstadt außerhalb der Akzisemauer vorgelagerten Gebietes, der Äußeren Spandauer Vorstadt oder Rosenthaler Vorstadt, reichen bis in die Mitte des 18. Jh. zurück: 1752 wurden hier, zwischen Rosenthaler und Hamburger Tor, auf Kosten des Königs vier lange, bis etwa an die spätere Invalidenstraße sich erstreckende Reihen von Häusern für Maurer und Zimmerleute erbaut, die, zumeist aus Sachsen und dem Vogtland kommend, in den Sommermonaten sich in Berlin verdingten; nach der Herkunft der Arbeiter hieß die Siedlung Neu-Voigtland. Später wurde das Voigtland, mit Acker-, Berg- und Gartenstraße, zu einer großen, von Tausenden bevölkerten Armenkolonie am Rande der sich entwickelnden Großstadt, über deren Verhältnisse, besonders in den sog. Wülknitzschen Familienhäusern an der Gartenstraße, Bettina v. Arnim in ihrer ganz im Zeichen des Vormärz stehenden, 1843 veröffentlichten Schrift »Dies Buch gehört dem König« einen erschütternden Bericht liefert. – Die bestehende Bebauung der genannten Straßen stammt aus der 2. H. 19. Jh., teilweise bis in die sechziger und siebziger Jahre zurückreichend. Für diesen volkreichen Stadtteil hatte Schinkel 1832/34 die Elisabethkirche an der Invalidenstraße nahe des seit 1827 bestehenden Sophienfriedhofes errichtet, hervorgegangen aus einem ihm 1828 erteilten Auftrag des Königs, Entwürfe für mehrere Kirchen in den nördlichen Vorstädten zu erarbeiten. – Der westlich anschließende Bereich beidseitig der Chausseestraße außerhalb der seit 1827 angelegten Friedrich-Wilhelm-Stadt, in dem um M. 18. Jh. das Invalidenhaus, im frühen 19. Jh. die Königliche Eisengießerei und später auch die Maschinenbauanstalten von Borsig und Egells entstanden, s. S. 330.

Das nach Osten, jenseits der Brunnenstraße bis an die Grenze zum Stadtbezirk Prenzlauer Berg auf das Barnimplateau sich erstreckende Gebiet trug seit dem 18. Jh. einen Weinberg, der zunächst dem Grafen Sparr gehörte und im 19. Jh. im Besitz der Familie Wollank war (Weinbergsweg; Volkspark am Weinberg). – Die höchste Stelle der Anhöhe nimmt die Zionskirche ein, als Votivkirche nach dem Badener Attentat auf Wilhelm I. 1860 gestiftet und 1866/73 erbaut. Sie ist dem fünfeckigen Zionskirchplatz eingefügt, der zusammen mit dem anschließend folgenden Arkonaplatz und mit den umgebenden Straßen auf den Berliner Bebauungsplan von James Hobrecht von 1862 zurückgeht (zu dem Hobrechtschen Bebauungsplan s. auch S. 351). Die Bebauung der nach dem Plan abgesteckten Straßen erfolgte hier etwa gleichzeitig mit dem Bau der Zionskirche und auch später bis in die siebziger Jahre des 19. Jh. Eine Modernisierung der Wohnbausubstanz um Zionskirchplatz und Arkonaplatz wurde um 1970 eingeleitet.

Die Denkmale der Äußeren Spandauer Vorstadt sind gegliedert in 1. Straßen nördlich der Wilhelm-Pieck-Straße und 2. Straßen zwischen Brunnenstraße und Grenze zum Stadtbezirk Prenzlauer Berg.

Straßen nördlich der Wilhelm-Pieck-Straße

Ackerstraße

Markthalle Ackerstraße 23 s. Invalidenstraße 158, S. 309.

FRIEDHOF der Elisabeth-Gemeinde Ackerstraße 37. Auf dem Hauptweg des 1844 eingeweihten Friedhofes ein großes Kreuz aus der Königlichen Eisengießerei, inschriftlich 1851 gestiftet von Friedrich Wilhelm IV. Unter den Grabmälern des Historismus erwähnenswert wegen seiner stattlichen Größe das Wandgrabmal der Familie Wollank, an der Nordmauer, um 1860 in Formen der italienisierenden Neurenaissance: anderthalbgeschossige Architekturkulisse von sieben Achsen mit zwei Risaliten, in deren Portikus die Figur einer Betenden; die zweiachsigen Seitenflügel mit kurzer Säulenreihe. – Grabmal Ludwig Erk † 1883, Musikpädagoge und Förderer des Volksgesangs, hohe Granitstele mit bekrönender Vase, bereichert durch Bildnismedaillon aus Marmor und darunter eine bronzene Lyra. Aus dem frühen 20. Jh. zu nennen: Grabmal A. Weber, hohe schwarze Granitstele, daneben lebensgroße Marmorfigur einer Trauernden, um 1908. Grabstätte Familie C. Schmidt, an der Westmauer, neuklassizistische dorische Tempelfront von fünf Achsen, mit dreiachsigen Seitenflügeln, Sandstein, um 1912.

Bergstraße

FRIEDHOF II der Sophien-Gemeinde Bergstraße 29. Angelegt 1827 als Erweiterung des alten Friedhofes an der Sophienkirche (s. S. 296). Die Kapelle ein romanisierender Klinkerbau um 1880.
Am Zugang von der Ackerstraße her ein im Volksmund als »Musikerfriedhof« bezeichnetes Quartier. Hier u. a. bestattet: Wilhelm Friedrich Ernst Bach † 1845, Enkel Johann Sebastian Bachs und Sohn Johann Christoph Friedrich Bachs (Bückeburger Bach), Komponist und Hofkapellmeister der Königin Luise, das schlichte gußeiserne Grabkreuz mit Widmung von 1907. Albert Lortzing † 1851, Opernkomponist, die neugotische Sandsteinstele mit Bildnismedaillon gestiftet 1859, erneuert 1927. Carl Bechstein † 1900, Gründer der bekannten Klavierfabrik, sein Grabmal besonders aufwendig als halbkreisförmige, in Rundbogenarkaden gegliederte Anlage, vor deren betonter Mitte die bronzene Sitzfigur einer Trauernden, zu ihren Füßen ein Sarkophag; die seitlichen Pylonen mit Bildnismedaillons des Ehepaares. Walter Kollo † 1940, Operettenkomponist.
Grabstätte der Johanna Stegen †1842, aus der Zeit der Befreiungskriege als »Heldenmädchen von Lüneburg« bekannt, das 1906 erneuerte Grabmal mit bronzenem Bildnisrelief von Albert Moritz Wolff.
Für die Berlin-Geschichte bedeutend das Grabmal für Friedrich Waesemann † 1879, den Baumeister des Berliner Rathauses, die Stele mit bronzenem Bildnismedaillon von Otto Geyer, sowie der Stein für Theodor Hosemann † 1875, den Illustrator von Glaßbrenners satirischer Volksdichtung.

Linke Spalte: Elisabethfriedhof Ackerstraße 37, gußeisernes Kreuz und Grabmal L. Erk

Rechte Spalte: Sophienfriedhof Bergstraße 29, Grabmal W.F.E. Bach und Grabmal A. Lortzing

Äußere Spandauer Vorstadt 305

Grabmal C. Leist † 1871 und Frau † 1884, Marmorstele in dreiteiligem Aufbau mit bekrönendem Palmettenakroterion nach Art des Schinkel-Grabmals auf dem Dorotheenstädtischen Friedhof.

Aus dem frühen 20. Jh. beachtlich die Familiengrabstätte Zierau, mit der lebensgroßen Bronzefigur einer Trauernden in der Mitte, zu den Seiten hin eine gerundete Reihe von Säulen mit Gebälk, um 1912. Am Grabmal der Familie Silex ebenfalls eine lebensgroße weibliche Symbolfigur, Sandstein, in einer Architektur aus Sockel, sechs Säulen mit Volutenkapitellen und ornamentiertem Gebälk, um 1925.

WOHNHAUS Bergstraße 70. Um 1860/70 in spätklassizistischen Formen, mit siebenachsiger Fassade in vier Geschossen gegliedert durch breiten Rankenfries über dem Erdgeschoß und waagerecht verdachten Fensterumrahmungen; mittlere rundbogige Tordurchfahrt. – Ähnlich das Wohnhaus Bergstraße 81.

Borsigstraße

Die Straße benannt nach dem Begründer der 1837 eröffneten Maschinenbauanstalt, die hier zwischen Borsigstraße und Chausseestraße bis ins ausgehende 19. Jh. bestand.

GOLGATHA-KIRCHE Borsigstraße 6. 1897/1900 nach Plänen von Max Spitta und K. Wilde in historistischen Formen der Backsteingotik erbaut. In die Straßenfront mit seitlichem behelmtem Turm eingefügt, am Turm aufwendiges, von Wimperg bekröntes Portal mit reichem Maßwerkschmuck im Bogenfeld und in den rahmenden Friesen. Das Innere ein kreuzförmiger Emporensaal, die Kreuzarme mit Kreuzrippengewölben, das große mittlere Quadrat mit Sterngewölbe; die hölzernen Emporen in den drei Kreuzarmen auf massivem Unterbau. – Einbauten und Ausstattung aus der Erbauungszeit, das große Altarretabel mit Gemälde, Beweinung Christi, von Ernst Pfannschmidt.

Gartenstraße

STADTBAD MITTE Gartenstraße 5/6. Ein Vorgängerbau 1888 vom Berliner Verein für Volksbäder. Der bestehende Bau 1929/30 von Carlo Jelkmann, Gestaltung des Inneren von Heinrich Tessenow. Die viergeschossige Straßenfront durch gelbe Verblendziegel verkleidet und mit werksteingerahmten, flächig eingeschnittenen Fenstern, die langgestreckte Fassade beidseitig der neunachsigen Mitte nur durch flache Vorsprünge in zwei Stufen belebt. Parallel dahinter die Schwimmhalle mit Becken von 50 m Länge und 15 m Breite, durch 8 m hohe und 3 m breite Fenster und verglaste Decke belichtet. In der Eingangshalle Bronzeskulptur eines badenden Mädchens, 1939 von Ernst Hermann Grämer.

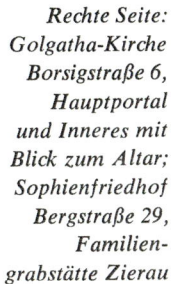

*Linke Seite:
Stadtbad Mitte
Gartenstraße 5/6,
Fassade
und Schwimmhalle*

*Rechte Seite:
Golgatha-Kirche
Borsigstraße 6,
Hauptportal
und Inneres mit
Blick zum Altar;
Sophienfriedhof
Bergstraße 29,
Familien-
grabstätte Zierau*

OBERSCHULE Gartenstraße 25. Als Hauptgebäude einer Gemeindedoppelschule 1882 erbaut. Dreigeschossiger roter Klinkerverblendbau von sieben Achsen, die seitlichen Achsen leicht vorgezogen; reiche Terrakottadekoration in Formen der Renaissance an den Gesimsen, am Mittelportal und an den Obergeschoßfenstern.

Invalidenstraße

Fortsetzung des am Berlin-Spandauer-Schiffahrtkanal beginnenden Straßenzuges (s. S. 342) über die Chausseestraße hinaus bis an die Brunnenstraße. – Nahe der Chausseestraße befand sich in diesem Abschnitt der Invalidenstraße, etwa an der Stelle der 1724 aus der Stralauer Vorstadt hierin verlegten Scharfrichterei, der Kopfbahnhof der 1842 eröffneten Eisenbahnstrecke Berlin–Stettin; das Empfangsgebäude des Stettiner

Bahnhofs, ein historisierender Klinkerverblendbau von 1875/77 mit flankierenden Türmen an der Hauptfassade, nach Kriegsschäden um 1960 abgetragen.
ELISABETHKIRCHE Invalidenstraße 3. 1832/34 von Karl Friedrich Schinkel errichtet im Zusammenhang mit drei weiteren 1828 für die nördlichen Vororte projektierten Pfarrkirchen (die anderen Kirchen sind die Nazarethkirche und die Paulskirche im Westberliner Verwaltungsbezirk Wedding und die Johanneskirche im Verwaltungsbezirk Tiergarten). – 1945 ausgebrannt, Ruine gesichert. Einschiffiger rechteckiger Putzbau im »antikischen Stil«, die Fronten von fein gezeichneten klassizistischen Profilen gegliedert, die Rechteckfenster an den Langseiten in zwei Geschossen mit sandsteinernen Fensterkreuzen. An der nördlichen Schmalseite in flachem Halbkreis geschlossene Apsis, seitlich flankiert von Anbauten mit Eingängen zu Sakristei und Taufkapelle. Die zur Invalidenstraße gewendete Eingangsfassade durch Giebel mit Akroteren abgeschlossen, davor, das Giebelmotiv wiederholend, Pfeilervorhalle. Das Innere ursprünglich mit hölzernen Emporen in zwei Geschossen.
Neben der Kirche das Pfarrhaus Invalidenstraße 4, ein dreigeschossiger Klinkerverblendbau mit historisierenden Sandsteingliederungen an Erker und Fenstern. Dahinter das Gemeindehaus, 1907 von Bürckner erbaut, mit Saal in Jugendstilformen. Von der Ausstattung der Kirche erhalten: Taufständer, Zinkguß, 1834 angeblich nach Entwurf Schinkels von August Kiß, mit Reliefdarstellungen. Zugehörig Leuchter, Zinkguß, modelliert von Friedrich Wilhelm Holbein. Abendmahlsgeräte E. 19. Jh. Paramente M. bis E. 19. Jh.
Westlich der Kirche, auf dem Pappelplatz, einem ehem. Markt an der Invalidenstraße, der
GELDZÄHLERBRUNNEN. Muschelkalk, 1912 von Ernst Wenck. Über achteckigem Brunnenbecken und weiterer Brunnenschale auf Mittelpodest die überlebensgroße Figur eines knienden Athleten in Geldzählerpose.
HOTEL »Newa« Invalidenstraße 115, nahe dem ehem. Stettiner Bahnhof. Um 1910 erbaut, die werksteinverkleidete Fassade in klassizierenden Formen, von sechs

Linke Seite:
Elisabethkirche
Invalidenstraße 3,
nach einer
Archivaufnahme;
Markthalle
Invalidenstraße
158, Fassade zur
Ackerstraße;
Oberschule
Gartenstraße 25,
Portal

Rechte Seite:
Geldzählerbrunnen
auf dem Pappel-
platz an der
Invalidenstraße

Achsen und vier Geschossen mit Attikageschoß, die seitlichen Achsen als Eingangsachsen leicht zurückgesetzt.
MARKTHALLE Invalidenstraße 158 bzw. Ackerstraße 23. Die einzige erhaltene Markthalle des 19. Jh., 1886/88 nach Entwurf von Hermann Blankenstein erbaut. Das Innere, in Längsrichtung parallel zur Invalidenstraße, mit 12 m breitem, überhöhtem »Mittelschiff« und beidseitig je zwei 6 m breiten »Seitenschiffen«, die fünf Schiffe durch gußeiserne Stützen voneinander getrennt; Umgestaltung 1970, dabei die im wesentlichen erhaltene alte Konstruktion teilweise verkleidet und der ursprüngliche Raumeindruck verunklärt. Die klinkerverblendeten Fassaden erhalten, zur Invalidenstraße wohl wegen eines bereits vorhandenen Wohnhauses (Nr. 159) asymmetrisch, zur Ackerstraße

in ganzer Breite des fünfschiffigen Inneren: hohe triumphbogenartige Portalnische mit reichem Terrakottaschmuck und von flachem Dreiecksgiebel abgeschlossen, die seitlichen Fronten (an der Invalidenstraße nur einseitig) in zwei Geschossen mit Friesen und gekoppelten Obergeschoßfenstern in reicher Terrakottadekoration in Formen der Renaissance.

Schröderstraße

ERLÖSERKIRCHE (evang. methodistische Kirche). Klinkerverblendbauten in historistischen gotischen Formen, 1904 von Carl Breuer. An der Straßenfront das fünfgeschossige Wohnhaus, die beiden Erkerrisalite beidseitig der Durchfahrtsachse in der Dachzone als Türmchen fortgesetzt. Im Hof die Kirche, ihre Untergeschosse für Wohnzwecke genutzt, das Kirchenschiff darüber durch große Fenster hervorgehoben.

Straßen zwischen Brunnenstraße und Grenze zum Stadtbezirk Prenzlauer Berg

Brunnenstraße

Ehem. WARENHAUS (Modeinstitut) Brunnenstraße 19/21, Ecke Veteranenstraße. Als Warenhaus Jandorf 1903/04 von Lachmann & Zauber in der Nachfolge des von Alfred Messel in der Leipziger Straße erbauten Kaufhauses Wertheim erbaut. Fünfgeschossiger Eckbau mit vertikal gegliederten Hausteinfassaden, die abgerundete Ecke durch verkupferten geschwungenen Turmaufsatz in Höhe der Dachzone betont. Sparsamer Jugendstildekor. Im Inneren zweigeschossiger Lichthof; 1926 nach Übernahme durch die Firma H. Tietz Umbau des Treppenhauses, Veränderung des Lichthofes sowie Einbau eines großzügigen Foyers.

WOHNHAUS Brunnenstraße 24. Fünfgeschossiger Putzbau von 1900, die Fassadenmitte leicht erhöht, durch Pilaster gegliedert und mit Schweifgiebel abgeschlossen, in den äußeren Achsen von figürlichen Reliefs belebte Erker bzw. Loggien. Das Erdgeschoß verändert.

Choriner Straße

WOHNHÄUSER Choriner Straße 80/82. Wohnhauszeile aus drei fünfgeschossigen Putzbauten mit reicher historischer Stuckgliederung, um 1890.

Ruppiner Straße

OBERSCHULE Ruppiner Straße 47/48, an der westlichen Schmalseite des Arkonaplatzes. Das linke Gebäude (Nr. 48) 1865 erbaut, damit wohl das älteste erhaltene Gebäude einer Gemeindeschule in Berlin. Gelber Verblendziegelbau von drei Geschossen und elf Achsen, die mittleren drei Achsen als Risalit ausgebildet, seine größeren Rundbogenfenster unter dem Giebel kennzeichnen die Aula. Der Schmuck beschränkt auf einen Ornamentplattenfries unter den Fenstern des dritten Geschosses und auf das breite Dachgesims mit konsolengetragenem Bogenfries, dieser als ansteigender Bogenfries auch an den Giebelschrägen des Risalites. Im Inneren Mittelflur mit Kappengewölbe. – Das rechte Schulgebäude (Nr. 47) 1882 in gleichen Formen angebaut, mit seitlichem Hofflügel, im Winkel das gewendelte Treppenhaus mit gußeisernen Säulen und Geländer. Die Fenster der neunachsigen Fassade in allen Geschossen zu Dreiergruppen geordnet; Zäsur zum älteren Gebäude ein einachsiger, turmartig erhöhter Seitenrisalit.

Schwedter Straße
Die Straße innerhalb des Stadtbezirkes Prenzlauer Berg s. S. 375.
WOHNHAUS Schwedter Straße 230. Fünfgeschossiger Putzbau um 1890, die siebenachsige Fassade gegliedert

Linke Seite:
Ehem. Warenhaus
(Modeinstitut)
Brunnenstraße
19/21, Ecke
Veteranenstraße

Rechte Seite:
Ehem.
Gemeindeschule
(Fachschule)
Schwedter Straße
232/234, Portal;
Oberschule
Ruppiner Straße
47/48, Risalit
des älteren
Gebäudeteiles

durch leicht vorgezogene zweiachsige Seitenrisalite und kräftige Fensterumrahmungen mit ornamentalem Schmuck. Wiederhergestellt 1975.
PÄDAGOGISCHE SCHULE für Kindergärtnerinnen »Friedrich Fröbel« Schwedter Straße 232/234. Als Gemeindedoppelschule 1876/77 erbaut. Stattliche Anlage aus zwei viergeschossigen Schulhäusern und Turnhalle, rote Klinkerverblendbauten in spätklassizistischen Formen, in der Art der Bauten von Hermann Blankenstein. Auf dem Hofgelände die winkelförmige ehem. Mädchenschule (1876), mit Aula. An der Straße die ehem. Knabenschule (1877), die ursprünglich elfachsige Fassade durch gelbe Ziegelstreifen sowie Friese und Gesimse aus Terrakotten belebt, im kräftig vorspringenden dreiachsigen Mittelrisalit von Akroteren und Stadtwappenrelief bekröntes Portal. – Das ehem.

Rektorenwohnhaus Schwedter Straße 231 (heute Pfarramt) wohl etwas später hinzugefügt, dreigeschossiger gelber Klinkerverblendbau von fünf Achsen, die linke Achse als Eingangsachse leicht vorgezogen; über dem dritten Geschoß mit rundbogigen Fenstern Konsolgesims.

Veteranenstraße/Weinbergsweg
VOLKSPARK am Weinbergsweg. Auf dem nach Süden abfallenden Gelände angelegt 1954/56 nach Entwurf von H. Kruse anstelle einer kriegszerstörten Miethausbebauung des späten 19. Jh. (hier auch, am Weinbergsweg, das ehem. Walhalla-Theater); im 18. Jh. bis ins 19. Jh. Teil des oben erwähnten Weinberges. – Am Rande des Parkgeländes an der Veteranenstraße, Ecke Brunnenstraße seit 1958 das DENKMAL für Heinrich Heine aufgestellt, 1955 von Waldemar Grzimek. Kontrastreich bewegte Bronzefigur des deklamierenden, auf einem Hocker sitzenden Dichters; am niedrigen Rechtecksockel Bronzefries mit Reliefszenen.

Zehdenicker Straße
WOHNHAUS Zehdenicker Straße 22. Um 1880 erbaut, an den drei Obergeschossen mit aufwendigen historistischen Fensterrahmungen aus kräftigen Dreiviertelsäulen und Segment- bzw. Dreiecksgiebelverdachung sowie Lünetten. Wiederhergestellt 1975, das Erdgeschoß verändert.
WOHNBAUTEN der Berliner Gemeinnützigen Baugesellschaft Zehdenicker Straße 26/27 (Fortsetzung der Straße im Stadtbezirk Prenzlauer Berg) s. Wilhelm-Pieck-Straße, S. 379.

Linke Seite:
Wohnhaus
Zehdenicker
Straße 22;
Volkspark am
Weinbergsweg,
Denkmal für
Heinrich Heine

Rechte Seite:
Zionskirche auf
dem Zions-
kirchplatz,
Inneres mit
Blick zum Chor
und Außenansicht
aus der
Griebenowstraße
gesehen

Zionskirchplatz

ZIONSKIRCHE Als Votivkirche nach dem Badener Attentat auf Wilhelm I. 1860 gestiftet; 1866/73 nach Entwürfen von Möller und besonders August Orth erbaut, der auch die Ausführung leitete. Von beherrschender Lage über der Stadt, aber auch innerhalb des nicht großen fünfeckigen Platzes, in den fünf Straßen einmünden, von starker vertikaler Bildung. Historischer Bau im Rundbogenstil der späten Schinkel-Nachfolge, aus kurzem Schiff, Querschiff und halbrundem Chor mit seitlichen Anbauten für Sakristei und Taufkapelle; der hochaufragende Turm nach Süden, zur Innenstadt gewendet. Backsteinbau, die Außenfronten durch farbige Streifen belebt; hohe maßwerkgeteilte Rundbogenfenster (diese auch am Turm), darüber umlaufende, auch an den Turmseiten und an den Schrägen der Giebel entlanggeführte Zwerggalerie. Der Turm bis zum Hauptgesims quadratisch, darüber hoher achteckiger, stark aufgebrochener Aufsatz mit massivem Spitzhelm. Das Tympanon des Turmportals von Ludwig Brodwolf. Das Innere mit Gewölben auf schlanken, schmale Seitenschiffe bildenden Bündelpfeilern; durch die sterngewölbte Vierung und die zwischen den Pfeilern ausgespannten umlaufenden Emporen nähert sich der Raum einer Zentralanlage, darin bereits den späteren Bauten Orths sehr ähnlich (Gethsemanekirche im Stadtbezirk Prenzlauer Berg, S. 398). – Ausstattung aus der Erbauungszeit: Terrakottakanzel; Marmortaufe.

Friedrich-Wilhelm-Stadt und Äußere Friedrich-Wilhelm-Stadt

Friedrich-Wilhelm-Stadt

Stadtteil nördlich der Spree und der Dorotheenstadt, zwischen der nach Norden verlängerten Friedrichstraße (die Weidendammer Brücke erstmals um 1685 erbaut) und dem Schönhauser Graben von 1704 bzw. dem 1847/59 angelegten Berlin-Spandauer-Schiffahrtkanal; der ursprüngliche Abschluß nach Norden die Akzisemauer mit dem 1835 erbauten Neuen Tor, deren Verlauf sich in der Führung der Hannoverschen Straße (bis 1889 »Communication am Neuen Tor«) noch abzeichnet. Der bis A. 20. Jh. gebräuchliche Name Friedrich-Wilhelm-Stadt nach Friedrich Wilhelm III., in dessen Regierungszeit die planmäßige Bebauung dieses Gebietes seit 1827 fällt.

Im 17. Jh. unbebautes Ackerland, das zu der um 1670 auf dem Gelände der Spandauer Vorstadt angelegten Meierei der Kurfürstin Dorothea gehörte. Zum Ende des Jahrhunderts Aufteilung in Äcker und Gärten, auch befand sich hier die Tuchmacherwiese. 1738 erlaubte Friedrich Wilhelm I. den Schiffbauern, Werkstätten an dem Damm westlich der Weidendammer Brücke anzulegen, die dem Schiffbauerdamm den Namen gaben. Von großer Bedeutung für dieses Gebiet aber wurde die 1710 aus einer Notlage – in der Mark war die Pest ausgebrochen – erfolgte Errichtung eines Pestkrankenhauses außerhalb der damaligen Stadt, aus dem sich im Verlauf des 18. Jh. die Charité entwickelte. In ihrer Nachbarschaft, östlich davon, auf dem Gelände des von der Panke durchflossenen ehem. Bertramschen Gartens, folgte 1790 die Gründung der Tierarzneischule, deren parkartige Umgebung auch heute noch erhalten ist. Beide Einrichtungen sind im 18. und im frühen 19. Jh., d. h. also zur Zeit ihrer Gründung und ersten Entwicklung, eng mit militärischen Belangen des preußischen Staates verbunden gewesen, was gleichfalls für die außerhalb der späteren Friedrich-Wilhelm-Stadt, nördlich davon, erfolgte Gründung des Invalidenhauses (1747) und die Anlage von Exerzierplätzen und Kasernen zutrifft. (Die Entwicklung des nach Norden anschließenden Bereiches außerhalb der ehem. Akzisemauer s. S. 330.)

Als Hauptstraßenzug erhielt die Friedrich-Wilhelm-Stadt die Luisenstraße (heute Hermann-Matern-Straße) mit dem Luisenplatz (heute Robert-Koch-Platz) an ihrem nördlichen Ende unmittelbar vor dem Neuen Tor. Mit der geplanten Anlage dieser Straße wie auch dem Ausbau der Friedrich-Wilhelm-Stadt steht die Errichtung der Marschallbrücke 1821 nach Plänen von Schinkel in engem Zusammenhang. Dem Bemühen, die Wilhelmstraße (heute Otto-Grotewohl-Straße) von Süden her nach Norden über die Linden hinaus bis zur Marschallbrücke weiterzuführen, um so eine direkte Verbindung von Wilhelmstraße bzw. Linden zur Marschallbrücke und geplanter Luisenstraße zu schaffen, stand zunächst die Weigerung der Militärverwaltung entgegen, Gelände des Pontonhofes für eine solche Verbindungsstraße abzutreten. Als Kompromißlösung schlug Schinkel vor, das Haus Unter den Linden 76 (alte Zählung) gegenüber der Einmündung der Wil-

Luisenplatz mit Blick in die Luisenstraße, beidseitig die Torhäuser des Neuen Tores, Lithographie um 1850

helmstraße zu einer Passage mit Läden beidseitig eines Verbindungsweges zur Marschallbrücke auszubauen, der ersten Passage Berlins, die nach 1820 erbaut wurde; der Durchbruch der Neuen Wilhelmstraße (heute Otto-Grotewohl-Straße) erfolgte erst 1867. – In Nord-Süd-Richtung verlaufend und etwa parallel zu der in die Spree einmündenden Panke, teilt die Luisenstraße das Gebiet in zwei annähernd gleiche Teile; im westlichen Teil das nach Gründung der Universität (1810) als Universitätsklinik wesentlich erweiterte Charitégelände, im östlichen die ehem. Tierarzneischule (heute Institutsgelände der Sektion Tierproduktion und Veterinärmedizin der Humboldt-Universität) sowie Straßenzüge mit Wohnbauten, aber auch Kasernen beidseitig der im rechten Winkel zur Luisenstraße angelegten und mit der Friedrichstraße verbindenden Karlstraße (heute Reinhardtstraße). In einigen Straßenzügen hat sich die ursprüngliche Wohnbebauung aus der Zeit nach 1830 gut erhalten, so besonders in der Marienstraße und in der Schumannstraße. Seit der Mitte des 19. Jh. entstanden in diesem vorwiegend von Beamten und Offizieren sowie Studenten bewohnten Gebiet mehrere für die Berliner Theatergeschichte wichtige Theater, so 1883 das Deutsche Theater, hervorgegangen aus dem um 1850 gegründeten Friedrich-Wilhelm-Städtischen Theater, 1906 durch die Kammerspiele erweitert, das Neue Theater am Schiffbauerdamm (Berliner Ensemble), 1891/92 erbaut, und der Friedrichstadtpalast, hervorgegangen aus einer 1865/68 von Friedrich Hitzig erbauten Markthalle, die 1919 von Hans Poelzig zum Großen Schauspielhaus umgebaut worden war. Die Erweiterungen und Umgestaltungen der Charité wie auch der Veterinärmedizinischen Fakultät im späten 19. und frühen 20. Jh. und der Bau von weiteren medizinischen und naturwissenschaftlichen Einrichtungen bestimmen den Charakter der Friedrich-Wilhelm-Stadt in ihren westlichen und nördlichen Teilen. Die 1975 eingeleitete Rekonstruktion der Charité führt diese Entwicklung nachdrücklich weiter: Das im ersten Bauabschnitt errichtete Hochhaus der Chirurgischen Klinik ist zu einem wichtigen Bestandteil der Berliner Stadtsilhouette geworden.

Im folgenden wird zunächst die Hermann-Matern-Straße als Hauptstraßenzug behandelt, im Anschluß daran folgen die übrigen Straßen in alphabetischer Abfolge.

Hermann-Matern-Straße

Ursprünglich Luisenstraße, benannt nach Königin Luise, der 1810 verstorbenen Gemahlin Friedrich Wilhelms III. – Nach Errichtung der Marschallbrücke (1821), die die Verbindung zur Dorotheenstadt schuf, als Hauptachse der seit 1827 entstehenden Friedrich-Wilhelm-Stadt angelegt, in einem durch ältere Gründungen (Charité und Tierarzneischule) bereits teilweise erschlossenen Gelände. Nördlicher Abschluß der Straße der Luisenplatz (heute Robert-Koch-Platz) unmittelbar vor dem ehem. Neuen Tor.

CHARITÉ Klinikenviertel an der Hermann-Matern-Straße (Westseite) zwischen Schumannstraße im Süden und Robert-Koch-Platz/Invalidenstraße im Norden, nach Westen durch S-Bahn und Berlin-Spandauer-Schiffahrtkanal begrenzt; Hauptzugang Schumannstraße 20/21. Berlins älteste medizinische Bildungsanstalt, seit Gründung der Berliner Universität Teil ihres Medizinischen Bereiches; hier wirkten als Ärzte und Lehrer u. a. Christoph Wilhelm Hufeland (1762 bis 1836), Rudolf Virchow (1821–1902), Albrecht v. Graefe (1828–1870), Robert Koch (1843–1910), Ferdinand Sauerbruch (1875–1951) und Theodor Brugsch (1878–1963).

Hervorgegangen aus einem Pesthaus, das Friedrich I. außerhalb der damaligen Stadt im Jahre 1710 hatte errichten lassen, als in der Mark die Pest ausgebrochen war. Im südlichen Teil des späteren Charité-Geländes gelegen, diente das Fachwerkgebäude später als Garnisonslazarett sowie als Lehranstalt für Kriegswundärzte und erhielt 1727 durch Friedrich Wilhelm I. den Namen »Charité«. 1785/1800 Um- bzw. Neubau einer stattlichen Dreiflügelanlage, der sog. »Alten Charité«. Nach Gründung der Berliner Universität (1810) umfangreiche Erweiterungen mit dem 1831/35 errichteten Gebäude der »Neuen Charité« im nördlichen Bereich sowie zahlreichen Nebengebäuden. – Von diesen Bauten nur das ehem. Pockenkrankenhaus von 1836/37 südlich der Invalidenstraße erhalten, heute Endokrinologisches Institut, ein dreigeschossiger klassizistischer Putzbau mit Rundbogenfenstern.

Zwischen 1897 und 1913 weitgehende Neubebauung von Kurt Diestel auf Initiative von Ministerialdirektor Friedrich Althoff. Durchgrünter Bezirk mit voneinander getrennten Spezialkliniken. Das unregelmäßige, etwa dreieckige Gelände von mehreren Hauptachsen in Nordwest-Südost-Richtung durchzogen, die Gebäude zu seiten dieser Achsen bzw. rechtwinklig zu diesen angelegt. Die vorwiegend langgestreckten Bauten rhythmisch belebt durch Risalite und Flügel, zumeist drei- bis fünfgeschossige Klinkerverblendbauten z. T. mit Sandstein-Formteilen, zurückhaltend mit historisierenden, der märkischen Backsteingotik entlehnten Elementen wie Erkern, Zwerchhäusern und Putzblenden geschmückt, modifiziert durch lineare Elemente des Jugendstiles. Die großen Segmentbogenfenster und die Loggien lassen Reformbestrebungen der Jahrhundertwende erkennen. Auch im Innenausbau wurden neue technische Lösungen für Beleuchtung, Belüftung und Heizung gefunden.

Zur Erinnerung an die Neugestaltung der Charité wurde hinter der Durchfahrt beim Aufnahme- und Verwaltungsgebäude die Bronzebüste Friedrich Althoffs aufgestellt, 1902 von Ferdinand Hartzer. Weitere Denkmäler, zumeist Bronzebüsten auf roten Granitsockeln, sind den berühmtesten Ärzten der Charité vor ihren Wirkungsstätten gewidmet: vor der Kinderklinik für Otto Heubner (1843–1926), von Hugo Lederer; vor der I. und II. Medizinischen Klinik für Ernst v. Leyden (1832–1910), von E. Boermel 1913, und für Friedrich Kraus (1858–1936), von Hugo Lederer 1927; vor der Psychiatrischen Klinik für Wilhelm Griesinger (1817 bis 1868) und für Iwan Petrowitsch Pawlow (1849 bis 1936); vor dem Pathologischen Institut am Alexanderufer für Rudolf Virchow (1821–1902), von B. Afinger 1882, und für Johannes Müller (1801–1858), von H. Heidel 1861; vor der Chirurgischen Klinik, die nach Kriegszerstörung ein verändertes Aussehen erhalten hat, für Adolf Bardeleben (1819–1895) und für Franz König (1832–1910), letztere von Ferdinand Hartzer 1904, sowie im Inneren die Büsten August Biers (1861 bis 1949), von Walter Schott, und Ferdinand Sauerbruchs (1875–1951), von Georg Kolbe 1939.

1975 wurde der Beschluß zur Rekonstruktion der Charité gefaßt, traditionsgemäß unter gleichberechtigter Mitwirkung von Medizinern. Im Zuge dieser Maßnahmen erfolgte im ersten Bauabschnitt die Errichtung einer Chirurgischen Klinik als Hochhaus östlich der Hermann-Matern-Straße, mit dem eigentlichen Charitébereich westlich der Hermann-Matern-Straße durch einen die Straße überbrückenden Verbindungsbau verbunden.

DENKMAL für den Augenarzt Albrecht v. Graefe (1828–1870), an der Hermann-Matern-Straße/Ecke

Linke Seite: Charité Hermann-Matern-Straße/Schumannstraße, Büsten für Rudolf Virchow und Johannes Müller; Denkmal für Albrecht v. Graefe, nach einer Archivaufnahme

Rechte Seite: Charité Hermann-Matern-Straße/Schumannstraße, I. Medizinische Klinik

Schumannstraße in der Nähe des Hauptzuganges zur Charité, unweit der ehem. Augenklinik in der Karlstraße (heute Reinhardtstraße). 1882 errichtet. Schauwand in Renaissanceformen von Martin Philipp Gropius und Heino Schmieden. Die Bronzestatue in der übergiebelten mittleren Rundbogennische von Rudolf

Friedrich-Wilhelm-Stadt

Siemering, Graefe als Lehrer stehend vor einem antikisierenden Prunksessel, mit dem von Helmholtz erfundenen Augenspiegel, der ihm die Entwicklung der Augenheilkunde ermöglichte. Die seitlichen Relieffelder in Terrakotta zeigen, zu Worten aus Schillers »Wilhelm Tell«, links Erkrankte, rechts Geheilte, ins normale Leben zurückkehrend; die farbige Fassung des Reliefs laut Signatur von Bastanier.

DENKMAL für Rudolf Virchow (1821–1902), Begründer der Zellularpathologie, Hermann-Matern-Straße/Karlplatz. Kalksteindenkmal 1906/10 von Fritz Klimsch in Abkehr von den üblichen Gelehrtendenkmälern des 19. Jh. Auf hohem rechteckigem Sockel mit strengen dorischen Ecksäulen titanische Aktfigur, eine Sphinx würgend, als symbolische Darstellung des Kampfes des Arztes gegen die Krankheit. An der Vorderseite des Sockels überlebensgroßes Marmor-Reliefbildnis Virchows, an der Rückseite szenisches Relief.

CLUB der Gewerkschaft Kunst »Die Möwe«, Hermann-Matern-Straße 18 (ehem. Palais Bülow, später Freimaurerloge und Offizierskasino). Spätklassizistischer dreigeschossiger Putzbau um 1840, mit neunachsiger, durch Gesimsbänder gegliederter Fassade, in der Mittelachse Durchfahrt, darüber eingeschossiger Erker, die Fenster seitlich davon mit reliefierten Spiegeln und waagerechten Verdachungen, die des dritten Geschosses mit rahmenden Pilastern; Abschluß unter dem Satteldach durch ausladendes Konsolgesims. Zum Hof zwei schmucklose Flügelanbauten. – Von der teilweise späteren Ausstattung im Inneren erhalten in der ersten Etage das sog. Kaminzimmer, ein getäfelter Saal mit kassettierter Decke, allegorischen Malereien und Wandspiegeln, einige sparsam stuckierte Nebenräume sowie die gußeiserne marmorbelegte Treppe in Formen der Schinkelnachfolge. Wiederherstellung 1962; 1975 Brand des nördlichen Flügels, dabei das sog. Marmor-

Linke Seite: Denkmal für Rudolf Virchow Hermann-Matern-Straße/Karlplatz

Rechte Seite: Ehem. Lehrgebäude der einstigen Tierarzneischule Hermann-Matern-Straße 56; Clubhaus »Die Möwe« Hermann-Matern-Straße 18

zimmer zerstört, in Anlehnung an den ursprünglichen Zustand wiederaufgebaut bis 1978.

WOHNHAUS Hermann-Matern-Straße 19, dreigeschossiger Putzbau gleichzeitig und in ähnlichen Formen wie Nr. 18, später stark verändert.

VERWALTUNGSGEBÄUDE (Generalstaatsanwalt der DDR) Hermann-Matern-Straße 33 34. Als Patentamt von Hermann Solf und Franz Wichards 1889 erbaut. Die reich dekorierte neubarocke Sandsteinfassade durch Risalitgliederung und figürlichen Schmuck belebt. Im Inneren Treppenhaus und Festsaal mit Stuckdekor.

Ehem. LEHRGEBÄUDE der Tierarzneischule (Staatliche Verwaltungen) Hermann-Matern-Straße 56. Spätklassizistischer Putzbau in den Formen der Schinkel-Schule, 1839/40 von Ludwig Hesse als Lehrgebäude der 1790 gegründeten Tierarzneischule erbaut. Dreigeschossige Dreiflügelanlage um Ehrenhof, mit verdachten Fenstern und umlaufenden horizontalen Stockwerksgesimsen unterhalb der Fenster. Der Hauptflügel

Tierarzneischule gelegen, in dem parkartigen, von der Panke durchflossenen Gelände mit zahlreichen Institutsgebäuden der Sektion Tierproduktion und Veterinärmedizin der Humboldt-Universität (Zugang von der Reinhardtstraße/Ecke Friedrichstraße). 1789/90 von Carl Gotthard Langhans in frühklassizistischen Formen erbaut. Zweigeschossiger blockhafter Putzbau über quadratischem Grundriß von jeweils fünf Achsen, die Eingangsseite mit einachsigem übergiebeltem Portalvorbau, die übrigen Seiten mit kräftigen dreiachsigen Risaliten; die Mitte von niedrigem Tambour mit Flachkuppel bekrönt, die quadratischen Fenster des Erdgeschosses und die rundbogigen, mit Stierschädeln als von höherem dreiachsigem Mittelbau durchdrungen, an Hof- wie auch Gartenseite vorspringend, betont durch große rundbogige Öffnungen in zwei Geschossen und darüber Halbgeschoß mit Rundbogengalerie sowie abschließenden Dreiecksgiebel. Seine hervorgehobene architektonische Gliederung noch gesteigert durch die Bauplastik von Ludwig Wilhelm Wichmann: in den Zwickeln der rechteckig umrahmten rundbogigen Öffnungen zwölf Reliefbüsten von Veterinärmedizinern, im Giebelfeld auf die Tiermedizin bezogenes Relief sowie auf den Giebelenden ursprünglich zwei Tellervasen. Seitlich an den Flügeln angefügt jeweils eine rundbogige Toreinfahrt mit Dreiecksgiebel und Akroteren. Im Inneren im zweiten Obergeschoß zwei Säle mit Wand- und Deckenmalereien, Supraporten mit Allegorien sowie Kassettendecken. – Auf dem gartenseitigen Gelände mehrere Denkmäler: Denkmal für Andreas Christian Gerlach, Bronzestandbild auf steinernem Sockel, 1890 von Otto Panzner. Bronzebüste für Dieckerhoff, 1909 von Ernst Herter. Bronzebüste für Wilhelm Schütz, um 1920.

Ehem. ANATOMISCHES THEATER der Tierarzneischule (Institut für Lebensmittelhygiene der Humboldt-Universität). Dicht hinter dem ehem. Lehrgebäude der

Keilsteine versehenen Fenster des Obergeschosses jeweils durch eine Balustrade zusammengefaßt. Abschluß des Gebäudes durch umlaufenden dorischen Triglyphenfries. Im Inneren zunächst kleine Vorhalle mit Treppe und Podest mit Balustrade sowie zwei Wandnischen mit gußeisernen Kandelabern beidseitig der Tür zum Hörsaal. Dieser als runder Kuppelraum amphitheatralisch angelegt, mit steil ansteigenden Sitzreihen (noch ursprünglich, mit gotisierenden Brüstungen) und im Zentrum kreisrunder, ursprünglich durch hölzernes Räderwerk versenkbarer Plattform für den Seziertisch. Die Flachkuppel mit gemalter Scheinarchitektur und maßwerkartigen Feldern, am Tambour szenische Malereien, Hirten und Landleute mit Haustieren sowie, die Tambourfenster umgreifend, Bukranien. Die Malereien 1790 von Bernhard Rode, 1970 restauriert. – An der Südseite Erweiterung durch Anbau von 1874 in gleichen Architekturformen.

In der Nähe STALLGEBÄUDE, Klinkerverblendbau wohl um M. 19. Jh. in den Formen der Schinkel-Schule, die Mitte durch Risalit betont, an den Stirnseiten, einspringend, zweigeschossige Wohnteile und jeweils ein in den Obergeschossen achteckiger Turm, reizvoll durch Zeltdach abgeschlossen.

ZENTRALINSTITUT für Bibliothekswesen Hermann-Matern-Straße 57. Dreigeschossiger Putzbau mit schlichter spätklassizistischer Fassade, erbaut M. 19. Jh. Neben dem Eingang Bronzetafel zum Gedenken an Robert Koch, der hier, im ehem. Reichsgesundheitsamt, 1882 den Tuberkelbazillus entdeckte.

GEBÄUDE der Akademie der Künste der DDR, Hermann-Matern-Straße 58/59. Ursprünglich Vereinshaus der Deutschen Gesellschaft für Chirurgie und der Berliner Medizinischen Gesellschaft (Langenbeck-Virchow-Haus), von 1949 bis 1976 Sitz der Volkskammer der DDR. Erbaut 1914/15 nach Entwurf von Hermann Dernburg in den klassizierenden Formen der Zeit vor dem ersten Weltkrieg und damit den vielfach in der Friedrich-Wilhelm-Stadt erhaltenen Bauten aus der Zeit um 1830 angeglichen. Viergeschossige Putzfassade von neun Achsen, die äußeren Achsen als flache Risalite ausgebildet, in diesen ursprünglich die (getrennten)

Linke Seite: Ehem. Anatomisches Theater auf dem Gelände der einstigen Tierarzneischule, Außenansicht, nach einer Archivaufnahme, und Inneres des Hörsaales

Rechte Seite: Stallgebäude der ehem. Tierarzneischule

Eingänge für die beiden Gesellschaften; der einstige sparsame Putzdekor nicht erhalten. Im Inneren im Zentrum des tief sich nach hinten erstreckenden Gebäudes der große Vortragssaal von Höhe der drei Obergeschosse, die Wände mit weißgestrichener Holzvertäfelung in klassizistischer Formgebung, leicht verändert, an der Decke, das große Oberlicht rahmend, figürliche, auf den ursprünglichen Zweck des Hauses bezogene Darstellungen. In ähnlicher Formensprache auch die Treppenanlage.

WOHNHAUS Hermann-Matern-Straße 60. Putzbau von vier Geschossen und sieben Achsen, stark verändert, im Kern aber wahrscheinlich noch der ursprüngliche Bau aus der Zeit um 1830. In diesem Haus wohnte Karl Marx am Beginn seines Berliner Studiums von Oktober 1836 bis März 1837; Gedenktafel.

Linke Seite:
Wohnhaus
Charitéstraße 2

Rechte Seite:
Wohnhaus
Marienstraße 22;
Weidendammer
Brücke,
Adlermotiv
vom Geländer

Flügel und Turnhalle, 1889 erbaut. Die dreiachsige Straßenfassade in noch spätklassizistischen Formen.
BERUFSHILFSSCHULE Albrechtstraße 27/Ecke Schumannstraße. Stattlicher viergeschossiger Klinkerverblendbau mit klassizistischer Gliederung und kräftigem Konsolgesims über Rundbogenfries, 1872/74 als Friedrich-Realschule erbaut. Ursprünglich von dreizehn Achsen, davon sechs kriegszerstört.

Charitéstraße

WOHNHAUS Charitéstraße 2. Spätklassizistischer dreigeschossiger Putzbau, siebenachsig mit Putzquaderung, die Fenster des ersten Obergeschosses durch horizontale Verdachungen hervorgehoben, um 1830/40. Das Innere verändert.

Friedrichstraße

Nördlicher Bereich der Straße, von der Weidendammer Brücke bis zum ehem. Oranienburger Tor; den Bereich der Friedrichstraße in der ehem. Dorotheenstadt und in der ehem. Friedrichstadt s. S. 200 bzw. 219. – Die Weidendammer Brücke erstmals um 1685 als Verbindung zwischen Dorotheenstadt und Spandauer Vorstadt erbaut. Im 18. Jh. befanden sich an der östlichen Straßenseite, zwischen Ziegelstraße und Johannisstraße, eine 1764 von Boumann d. Ä. erbaute Kaserne (an dieser Stelle wird z. Z. der Neubau des Friedrichstadtpalastes errichtet), an der westlichen Straßenseite das Gelände des französischen Hospitals und Kinderhospitals, dessen heutige Wohnbebauung (Friedrichstraße 129) zwischen Friedrichstraße und dem Gelände der Veterinärmedizinischen Institute die einstige Absonderung noch erkennen läßt. Das Oranienburger Tor der Akzisemauer, das die Straße in Höhe der heutigen Wilhelm-Pieck-Straße nach Norden abschloß, war nach 1780 nach Entwurf von Carl Gotthard Langhans erbaut worden; nach seinem Abriß um 1870 sind Teile davon in Groß Behnitz, Landkreis Nauen, wieder aufgebaut worden und erhalten. – Die bestehende, z. T. durch Kriegszerstörungen reduzierte Bebauung aus vier- und fünfgeschossigen Wohnbauten zumeist spätes 19. Jh., die Fassaden weitgehend verändert.

Albrechtstraße

Wie die benachbarten Straßen um 1827 angelegt, benannt nach dem Prinzen Albrecht, einem Sohne Friedrich Wilhelms III.
WOHNBAUTEN Albrechtstraße 13/14 s. Schiffbauerdamm 8, S. 326.
HOTEL Albrechtshof Albrechtstraße 17. Spätklassizistischer Putzbau um M. 19. Jh., mit achtachsiger putzgequaderter Fassade, durch Rankenfries verziert, die rahmenumzogenen Fenster im ersten Obergeschoß horizontal verdacht. Das Mansarddach mit einer Reihe stehender Gaupen.
Ehem. SCHULE (Kindertagesstätte) Albrechtstraße 20. Dreigeschossiger Klinkerverblendbau mit hofseitigem

WEIDENDAMMER BRÜCKE Die bestehende Brücke 1894/97 errichtet, 1914 im Zusammenhang mit dem Tunnelbau der U-Bahn abgetragen und bis 1922 unverändert, jedoch mit verbreiterter Fahrbahn wiederhergestellt. Brückenkonstruktion auf zwei Strompfeilern, Geländer und die vier Laternenmasten aus reichem Kunstschmiedewerk mit ornamentalen und pflanzlichen Motiven, in der Mitte des Geländers beidseitig ein plastisch ausgearbeiteter Adler. Die Schmiedearbeiten in den Werkstätten von Puls, Langer, Methling, Fabian und Krüger angefertigt. Restaurierung und Wiederherstellung 1972.

BETRIEBSBERUFSSCHULE Friedrichstraße 126, ehem. Friedrich-Gymnasium, das erste Schulgebäude der Friedrich-Wilhelm-Stadt. Nüchterner viergeschossiger Klinkerverblendbau von neun Achsen, 1848/49 erbaut; Segmentbogenfenster in drei Geschossen, im vierten Geschoß hohe Rundbogenfenster der Aula, sämtlich mit Putzrahmung.

Marienstraße
Querstraße zwischen Hermann-Matern-Straße (ehem. Luisenstraße) und Albrechtstraße, 1827 angelegt, nach Prinzessin Marie benannt, Gemahlin des Prinzen Karl von Preußen.
WOHNBEBAUUNG Marienstraße. Einziger in nahezu ungestörter Reihe erhaltener Straßenzug aus der Zeit um 1830/40, lediglich die Häuser am Anfang bzw. Ende der Straße beidseitig durch spätere Neubauten ersetzt. Klassizistische Putzbauten von ursprünglich zumeist drei Geschossen, im späten 19. Jh. teilweise aufgestockt und durch Hofflügel erweitert, die Fassaden mehr oder weniger überformt, einige (z. B. Nr. 6, 8 und 9) auch historisierend verändert. Gesamtwiederherstellung 1970/73. – Die schlichten Fassaden teilweise mit Putzquaderung, antikisierenden Friesen und

gerahmten Fensteröffnungen, die Torduchfahrt bei einigen Häusern in leicht vorgezogener Mittelachse. In mehreren Häusern die originalen Treppen erhalten. Besonders hervorzuheben: Nr. 10, dreigeschossig, das Erdgeschoß mit Putzquaderung, die beiden Obergeschosse mit Pilastergliederung (historisierende Veränderung nach M. 19. Jh.?). – Nr. 14, viergeschossige Fassade mit Putzquaderung, verziert durch Mäanderband über dem Erdgeschoß, Faltwerk mit Palmettenakroterien unter den Fenstern des ersten Obergeschosses und Rosetten mit Blattschmuck am Hauptgesims. Im Inneren die ursprüngliche Treppe erhalten. – Nr. 19/20, stattlicher viergeschossiger Putzbau, die rahmenumzogenen Fenster mit Verdachungen, am obersten Geschoß von Pilastern flankiert; in der Fassadenmitte Medaillon mit Merkurbüste. – Nr. 21, der Fassadenschmuck ähnlich dem vorigen, im Inneren noch mit ursprünglicher Treppe. – Nr. 22, die Mittelachse über dem Portal durch flankierende Pilaster und Giebelabschluß am dritten Geschoß betont.

In einem der Häuser der Marienstraße (Nr. 22 der alten Zählung) wohnte von 1860 bis 1865 der Maler Adolph Menzel.

Philippstraße

ANATOMISCHES INSTITUT der Humboldt-Universität, Philippstraße 12/13, im Gartengelände der ehem. Tierarzneischule 1863/65 von Albert Cremer erbaut. Stattlicher dreigeschossiger Klinkerverblendbau in Formen der späten Berliner Schule, 1887 erweitert; um 1955 der kriegszerstörte östliche Seitenflügel vereinfacht wiederhergestellt und der südliche Mitteltrakt mit dreiachsigem Säulenportal hinzugefügt. Unweit nördlich das ehem. II. Anatomische Institut (Oskar-Hertwig-Haus), 1891/92 von P. Böttger und Karl Friedrich Endell, zweigeschossig und mit gelben Klinkern verkleidet. Gleichzeitig und ebenfalls nach Entwurf von Endell das Pförtnerhaus unmittelbar an der Straße, ein zweigeschossiger Klinkerverblendbau unter steilem Dach, mit seitlichem Rundturm.

Reinhardtstraße

Ursprünglich Karlstraße, benannt nach dem Prinzen Karl von Preußen, einem Sohne Friedrich Wilhelms III.; die Kreuzung mit der Hermann-Matern-Straße (ehem. Luisenstraße) hat in dem Namen Karlplatz die einstige Straßenbezeichnung noch bewahrt. – Im mittleren Bereich der Straße, zwischen dieser und der Schumannstraße, befand sich ursprünglich die Kaserne des 2. Garderegimentes sowie an seiner Südseite das zugehörige

ehem. EXERZIERHAUS, 1827/28 nach Entwurf von Karl Hampel unter Benutzung einer Skizze von Karl Friedrich Schinkel erbaut. Nach Kriegszerstörung als Rest des langgestreckten Gebäudes der Mittelrisalit mit den drei (zugesetzten) Hauptzugängen erhalten, heute vom Deutschen Theater und vom Berliner Ensemble genutzt.

VERWALTUNGSGEBÄUDE (u. a. Deutscher Landwirtschaftsverlag) Reinhardtstraße 14/16. Erbaut 1910 als katholisches Maria-Viktoria-Krankenhaus und Altersheim. Viergeschossiger Klinkerverblendbau in Formen der deutschen Renaissance, die langgestreckte Straßenfront durch zwei übergiebelte Risalite mit Erkern belebt, die gliedernden Teile, Fensterrahmungen, Erker und Portale, in Werkstein, mit reichem plastischem Schmuck.

Robert-Koch-Platz
Ursprünglich Luisenplatz, annähernd quadratische platzartige Erweiterung der Luisenstraße (heute Hermann-Matern-Straße) unmittelbar vor dem von Karl Friedrich Schinkel 1835 errichteten ehem. Neuen Tor der Akzisemauer.
DENKMAL für Robert Koch (1843–1910). 1916 von Louis Tuaillon. Großes Marmorsitzbild auf horizontal gegliedertem Sockel, in Art der Gelehrtendenkmäler des 19. Jh.
Ehem. HAUS für ärztliche Fortbildung (nach 1945 Akademie der Künste, heute Aufbaustab Berlin), Robert-Koch-Platz 7. 1904/06 von Ernst v. Ihne erbaut, in schweren barocken Formen. Die dreigeschossige Fassade von neun Achsen Länge; genutetes Erdgeschoß, Abschluß durch Balustradenattika. Die einachsigen Seitenrisalite in den Obergeschossen durch Kolossalpilaster zusammengefaßt und durch Vasen auf der Attika betont, der einachsige Mittelrisalit mit Karyatidenportal und Balkon, gekoppelten Kolossalpilastern und Segmentgiebel mit skulptierter Kartusche, seitlich davon auf der Attika Puttengruppen. Innen großes Treppenhaus.

Schiffbauerdamm
Nordufer der Spree zwischen Weidendammer Brücke und der ehem. Unterbaumbrücke; der Name von den Schiffbauern abgeleitet, die hier seit 1738 ihre Werkstätten anlegten. – Die Ecke zur Friedrichstraße nach Zerstörung im zweiten Weltkrieg beräumt, heute als Platz vor dem Berliner Ensemble in Bertolt-Brecht-Platz benannt.

Linke Seite: Wohnhäuser Marienstraße 19/21

Rechte Seite: Denkmal für Robert Koch vor dem Charité-Neubau Hermann-Matern-Straße/Robert-Koch-Platz

BERLINER ENSEMBLE Schiffbauerdamm/Bertolt-Brecht-Platz. Erbaut 1891/92 als »Neues Theater am Schiffbauerdamm« von Heinrich Seeling, mit dem vorgelagerten Haus Schiffbauerdamm 4 a 5 zusammen konzipiert. Hinter der Bebauung am Schiffbauerdamm errichtet, als Fassade ursprünglich die südöstliche, durch Turm betonte Ecke des Theaters hervorgehoben, auf die vom Schiffbauerdamm aus eine Zufahrtsstraße führte; die Situation heute durch die Kriegszerstörung der Bebauung bis zur Friedrichstraße (Bertolt-Brecht-Platz) verändert. 1903/05 Einbau des Orchesterraumes und der Drehbühne unter Max Reinhardt. In den zwanziger Jahren Uraufführungstheater, u. a. für Brechts »Dreigroschenoper«. Nach Kriegsschäden Wiederherstellung, seit 1954 Theater des von Bertolt Brecht und Helene Weigel gegründeten Berliner Ensembles.

Der Haupteingang mit dem Turm vereinfacht, nur in den Grundzügen noch der ursprünglichen Gestalt entsprechend, auch die übrigen Fassaden, die bereits ursprünglich schlichter gehalten waren, verändert. – Das Innere weitgehend im ursprünglichen Zustand erhalten, der zweirangige Zuschauerraum mit Logeneinteilung in üppigen Spätbarockformen plastisch und dekorativ ausgestaltet. Die Dekoration im Vestibül und im darüber gelegenen Foyer reduziert.

Seitlich hinter dem Berliner Ensemble, zwischen Bertolt-Brecht-Platz und Reinhardtstraße, der ehem. FRIEDRICHSTADTPALAST Am Zirkus 1 (seit 1980 geschlossen). Als erste Berliner Markthalle 1865/68 von Friedrich Hitzig erbaut, seit 1873 Zirkus, 1918/19 von Hans Poelzig für Max Reinhardt zum »Großen Schauspielhaus« umgestaltet. Im zweiten Weltkrieg beschädigt, am 17. August 1945 als Palastvarieté wieder eröffnet, 1947/80 Friedrichstadtpalast, nach Schließung z. Z. Errichtung eines Ersatzbaues in der Friedrichstraße. – Ausgedehnte Anlage auf rechteckigem Grundriß mit durch Rundbogenblenden gegliederten Fronten und mächtigem Bühnenaufbau. Im Inneren amphitheatralischer Zuschauerraum, seine expressionistische Architektur mit Stalaktitenkuppel 1937 verändert, jetzt modernisiert. Reste der ursprünglichen Gestaltungsweise in Vestibül, Umgängen und Foyer erkennbar.

WOHN- und GESCHÄFTSHAUS der Köpjohannschen Stiftung (Stiftung des Schiffsbaumeisters Köpjohann † 1792, s. auch das Grabdenkmal auf dem Sophienkirchhof, S. 296), Schiffbauerdamm 8, Ecke Albrechtstraße 13. Stattlicher fünfgeschossiger Putzbau mit Sandsteindekor in historisierenden Formen der Renaissance und des Barock, erbaut 1904/05 nach Entwurf von Kurt Berndt, im zweiten Weltkrieg beschädigt, danach vereinfacht wiederhergestellt. Die Fassade zum Schiffbauerdamm ehemals durch drei zweigeschossige Erker mit Balkonabschluß gegliedert, über den seitlichen, 1945 zerstörten und durch Balkone ersetzten Erkern je ein Zwerchhaus mit hohem Voluntengiebel. Unter dem Mittelerker der repräsentative Haupteingang mit schmiedeeisenverziertem Rundbogenportal und zwei Nebeneingängen in reicher Sandsteinrahmung, bekrönt von Sprenggiebel mit Monogrammkartusche und Puttengruppen. Die Gebäudeecke zur Albrechtstraße bis 1945 durch Turmaufsatz mit Haube und Laterne hervorgehoben, an seiner Stelle jetzt Notdach. Die Hofseite in rotem Klinker mit sandsteingerahmten Fenstern und Portalen, gestalterisch angeglichen den Fassaden des wenig älteren, ebenfalls zur Stiftung gehörenden Hauses Albrechtstraße 14.

Schumannstraße

Ursprünglich Schumannsstraße, benannt nach dem Seifensieder Schumann, der bereits seit 1823 einige Häuser in dieser Straße erbauen ließ.

DEUTSCHES THEATER und KAMMERSPIELE Schumannstraße 13. Die beiden aneinandergrenzenden Theater lagen ursprünglich im Garten des Grundstückes Schumannstraße 13 hinter einer geschlossenen Wohnbebauung; der intime Theatervorplatz entstand erst nach 1945, nachdem die Wohnbauten im zweiten Weltkrieg stark beschädigt worden waren und später abgetragen wurden.

Das Deutsche Theater als Friedrich-Wilhelm-Städtisches Theater 1849/50 durch den Schinkel-Schüler Eduard Titz erbaut, 1872 und nochmals 1883 verändert, seitdem Deutsches Theater. Die klassizistische Fassade, 1905 unter Max Reinhardt vereinfacht, durch Dreiecksgiebel vor hoher Attika betont. Im Inneren vom ursprünglichen Bau der Zuschauerraum im wesentlichen erhalten, die halbkreisförmig geführten zwei Ränge mit vergoldeten gußeisernen Säulen als Stützen, in Nachfolge von Carl Ferdinand Langhans; die dekorativen Details leicht verändert. Das repräsentative Rangfoyer in italienisierenden Renaissanceformen 1872 geschaffen.

Linke Seite: Berliner Ensemble Schiffbauerdamm/Bertolt-Brecht-Platz, Blick zur Bühne

Rechte Seite: Wohn- und Geschäftshaus (Köpjohannsche Stiftung) Schiffbauerdamm 8, Portal; Deutsches Theater Schumannstraße 13

Die Kammerspiele des Deutschen Theaters, diesem unmittelbar benachbart, 1906 für Max Reinhardt durch den Messel-Schüler William Müller aus einem Casinogebäude des 19. Jh. umgebaut (ursprünglich als Sommertheater des Friedrich-Wilhelm-Städtischen Theaters angelegt). Der Zuschauerraum 1937 durch Ernst Schütte verändert, mit Wandbildern aus dem Bereich der Commedia dell'arte von Robert Huth. – Umfassende Rekonstruktion beider Theater seit 1979.

Gegenüber von Deutschem Theater und Kammerspielen, am Rande einer nach 1945 geschaffenen Parkanlage auf dem ehem. Kasernengelände zwischen Schumannstraße und heutiger Reinhardtstraße, zwei STELEN mit den Bronzeköpfen der beiden bedeutendsten Intendanten des Deutschen Theaters, Otto Brahm (1856–1912, seit 1894 Intendant des Theaters) und Max Reinhardt (1873–1943, 1905–1932 Intendant), um 1950/60 von Eberhard Bachmann.

WOHNHÄUSER Schumannstraße 14/17. Geschlossene Zeile von klassizistischen Wohnhäusern aus der Zeit um 1830/40. Drei- und viergeschossige Putzbauten mit Hofflügeln, in jüngster Zeit teilweise vereinfacht wiederhergestellt. Besonders hervorzuheben: Haus Nr. 14B, die viergeschossige Fassade belebt durch eine Reihe reliefierter Blattkränze über dem Erdgeschoß, die Fenster der Obergeschosse mit ornamentierten Verdachungen; kräftiges Konsolgesims. Die den Theatervorplatz begrenzende Seitenfront (Nr. 14A) nach Abriß des angrenzenden Wohnhauses den Formen der Hauptfassade angeglichen. Haus Nr. 17 (Entwurfs- und Vermessungsbetrieb der Deutschen Reichsbahn), dreigeschossiger Putzbau mit gequaderter Fassade, die mittleren Achsen risalitartig vortretend, mit reich stukkiertem Konsolgesims.

MEDIZINISCHE FACHSCHULE »Jenny Marx« Schumannstraße 18. Um 1900/10 erbaut. Die viergeschossige Fassade in Formen des Jugendstiles. Das Erdgeschoß rustiziert, die Obergeschosse klinkerverblendet; Mansarddach. Der dreiachsige Mittelrisalit, mit fünftem Geschoß und geschwungenem Dachgesims, von pilasterartigen Vorlagen flankiert und durch Mittelerker betont.

Linke Seite: Wohnhauszeile in der Schumannstraße

Rechte Seite: Wohnhaus Schumannstraße 17; Medizinische Fachschule Schumannstraße 18

Friedrich-Wilhelm-Stadt

Äußere Friedrich-Wilhelm-Stadt

Fortsetzung der Friedrich-Wilhelm-Stadt außerhalb der ehem. Akzisemauer, zwischen Chausseestraße und Berlin-Spandauer-Schiffahrtkanal. Seit dem späteren 18. Jh. lagen in diesem Gelände unmittelbar vor dem Oranienburger Tor mehrere Friedhöfe (von diesen erhalten die Friedhöfe der Dorotheenstädtischen und Friedrichswerderschen Gemeinden sowie der Friedhof der französischen reformierten Gemeinde). Westlich der Chausseestraße, ungefähr in dem Gebiet des späteren Stettiner Bahnhofs, befand sich seit 1724 die Scharfrichterei. Im südwestlichen Teil waren seit 1747 die ausgedehnten Anlagen des Invalidenhauses mit dem Invalidenfriedhof und umfangreichen Gärten angelegt worden, eine Gründung Friedrichs II. Etwas weiter außerhalb, etwa im Bereich des Stadions der Weltjugend, befanden sich ein Exerzierplatz und später Kasernen, auch wurde hier das Garnison-Lazarett angelegt, dessen Kernbau von 1850/53 erhalten ist. Der Berlin-Spandauer-Schiffahrtkanal, der das Gebiet nach Westen begrenzt, wurde 1847/59 erbaut zur Entlastung der nur schlecht befahrbaren Unterspree. Er folgt in seinem unteren Lauf z. T. dem ehem. Schönhauser Graben, den Friedrich I. 1704 durch Eosander hatte anlegen lassen, um von Niederschönhausen nach Charlottenburg »spazieren fahren zu können« (Nicolai). – Im 19. Jh. entwickelte sich dieser Teil der Stadt zu einem wichtigen Berliner Industriegebiet. An der von Norden kommenden Panke, die am Schiffbauerdamm in die Spree einmündet, war bereits 1662 eine Papiermühle gegründet worden, die A. 18. Jh. in eine Schleif- und Poliermühle für Messerschmiede umgewandelt wurde und an deren Stelle 1804 die Königliche Eisengießerei angelegt wurde; nach ihrer Auflösung im Jahre 1873 entstanden hier, unmittelbar vor dem 1835 erbauten Neuen Tor, bis 1889 das Museum für Naturkunde und die flankierenden Gebäude der ehem. Geologischen Landesanstalt und der ehem. Landwirtschaftlichen Hochschule. An der Chausseestraße und dem Gebiet östlich davon befanden sich die Maschinenbaufabriken von Egells, Wöhlert und Schwartzkopff sowie die 1837 von August Borsig gegründete Maschinenbauanstalt unmittelbar vor dem Oranienburger Tor, die sich rasch entwickelte (der erste große Auftrag war 1838 der Bau einer Dampfmaschine für die Wasserkünste in Sanssouci) und seit 1841 vor allem Lokomotiven produzierte. 1847 beschäftigte Borsig bereits 1200 Arbeiter, die bei der Märzrevolution 1848 eine wichtige Rolle spielten. 1898 wurde die Borsigsche Fabrik zusammen mit den um 1850 in Moabit angelegten Werken nach Tegel verlegt, heute erinnern an die ehem. Fabrikanlage vor dem Oranienburger Tor noch die Borsigstraße und das ehem. Gebäude der Zentralverwaltung des Borsigbesitzes Chausseestraße 13, bei dessen Errichtung 1899 die Umwandlung des Geländes der Borsigschen Fabrik wie auch der übrigen Werke im Bereich der Chausseestraße zu einem dicht bebauten Wohngebiet bereits begonnen hatte.

Chausseestraße

WOHN- und GESCHÄFTSHAUS Chausseestraße 1, Ecke Wilhelm-Pieck-Straße. Um 1900 errichtetes Gebäude mit aufwendiger Putzfassade in neubarocken Formen; die abgerundete Gebäudeecke in den oberen Geschossen durch eine Gliederung aus korinthischen Dreiviertelsäulen hervorgehoben und mit Balkonen belebt, die schwach betonten Seitenrisalite mit zweigeschossigen Erkern. Das Erdgeschoß verändert.

Ehem. VERWALTUNGSGEBÄUDE der Firma Borsig, Chausseestraße 13. Stattliches viergeschossiges Hauptgebäude mit drei schlichten Flügelbauten um einen annähernd quadratischen Hof, errichtet 1899 von den Architekten Reimer & Körte. Die Straßenfront mit historisierender Sandsteinfassade in Formen der deutschen Renaissance, mit zweigeschossigen Erkern unter Schweifhaube und beherrschendem Dreiecksgiebel. Über der von Eingängen flankierten Durchfahrt die lebensgroße Bronzefigur eines Schmieds.

WOHN- und GESCHÄFTSHAUS Chausseestraße 22, Ecke Invalidenstraße. Um 1900 erbautes Wohn- und Geschäftshaus mit reicher neubarocker Sandsteinfassade, akzentuiert durch Erker und Balkone; die ab-

Linke Seite: Ansicht der Königlichen Eisengießerei in der Invalidenstraße, Stich nach Zeichnung von F. A. Calau

Rechte Seite: Ehem. Verwaltungsgebäude der Firma Borsig Chausseestraße 13; Wohn- und Geschäftshaus Chausseestraße 1, Ecke Wilhelm-Pieck-Straße

Äußere Friedrich-Wilhelm-Stadt

geschrägte Gebäudeecke mit medaillongeschmückten Fenstern, großer Mittelkartusche und bekrönendem Dachtürmchen. Das unter Rundbögen zusammengefaßte Erd- und erste Obergeschoß als Geschäftszone ausgebildet.

WOHN- und GESCHÄFTSHAUS Chausseestraße 105. 1892 von Alfred Messel als Volkskaffeehaus erbaut, die fünfgeschossige Neurenaissance-Fassade gegliedert in rotem Sandstein durch zweigeschossigen Erker mit baldachinüberdachtem Balkon darüber, einen kleinen Balkon seitlich davon sowie fensterrahmende Pilaster; am Obergeschoß eine Monogrammkartusche mit Baudatum. Das Erdgeschoß und die Dachzone verändert.

WOHN- und GESCHÄFTSHAUS Chausseestraße 123. 1896 errichtet, in traditionellen Einzelformen mit Elementen des Jugendstiles. Die mit rotem Sandstein verblendete Fassade mit dreigeschossigem Erker in der Mitte und Loggien in zwei Geschossen seitlich davon; das untere Erkergeschoß mit schmiedeeiserner Verkleidung in Form einer laubenartigen Säulenarchitektur mit Rankenwerk, der obere Erkerabschluß mit Balkon. Das Erdgeschoß verändert.

BERTOLT-BRECHT-HAUS Chausseestraße 125. Dreigeschossiger Putzbau, Wohnhaus von fünf Achsen in schlichten spätklassizistischen Formen, um 1840/50, mit langgestrecktem Hofflügel und kurzem Quergebäude, der Hof nach Süden zum Dorotheenstädtischen Friedhof durch Mauer abgeschlossen. Im Hofflügel und Quergebäude seit 1953 letzte Wohn- und Arbeitsstätte von Bertolt Brecht und Helene Weigel. 1977/78 unter Einbeziehung des Vorderhauses als Brecht-Haus restauriert; neben den Wohnungen von Bertolt Brecht und Helene Weigel, die in ihrer ursprünglichen Einrichtung der Öffentlichkeit zugänglich gemacht wurden, sind in dem Gebäude auch das Bertolt-Brecht-Archiv und das Helene-Weigel-Archiv der Akademie der Künste der DDR sowie im Nebenhaus Räume für Öffentlichkeitsarbeit untergebracht worden.

FRIEDHÖFE vor dem ehem. Oranienburger Tor an der Chausseestraße, zwischen dieser und der Hannoverschen Straße, ehemals teilweise bis an die Invalidenstraße heranreichend. Ursprünglich fünf Friedhöfe: Im Westen der ehem. Charité-Friedhof, gegründet im 18. Jh., geschlossen 1856; seine südwestliche Begrenzung etwa durch die Hessische Straße und einen Teil der Hannoverschen Straße gekennzeichnet. Östlich von ihm, getrennt durch eine z. T. erhalten gebliebene Mauer, der 1762 angelegte Dorotheenstädtische Friedhof, von der Chausseestraße 126 zugänglich, mit einem schmalen Stück bis an die Hannoversche Straße herangeführt. Unmittelbar an der Chausseestraße (Nr. 127), zwischen dieser und dem Dorotheenstädtischen Friedhof, der Friedhof der französischen reformierten Gemeinde, seit Gründung 1780 in ursprünglicher Ausdehnung überliefert. Im südlich anschließenden Zwickel zwischen Chausseestraße und Hannoverscher Straße vormals noch zwei kleinere Friedhöfe: der 1777 gegründete, 1902 beräumte katholische St. Hedwigs-Friedhof und der etwa gleichzeitig entstandene, bereits 1887 zur Bebauung verkaufte Friedrichswerdersche Friedhof. – Die erhaltenen Friedhöfe im einzelnen:

FRIEDHOF der Dorotheenstädtischen und Friedrichswerderschen Gemeinden, Chausseestraße 126. Der Dorotheenstädtische Friedhof 1762 gegründet, 1814/26 dreimal erheblich vergrößert. Seit Schließung des Friedrichswerderschen Friedhofes bestimmt für beide Gemeinden. 1889 auch Verlegung einiger Grabstätten aus dem beräumten Friedhof an die jetzige Stelle, u. a. derjenigen von Johann Gottlieb Fichte, Georg Wilhelm Friedrich Hegel, Christoph Wilhelm Hufeland und des Juristen K. A. C. Klenze. Traditionelle Begräbnisstätte bedeutender Gelehrter, Künstler und Politiker bis in die jüngste Zeit (siehe dazu den Lageplan der Grabstätten; die entsprechende Numerierung im folgenden Text in Klammern gesetzt).

Auf dem Hauptweg Luther-Standbild aus Marmor (1), 1909 von Ernst Waegener kopiert nach dem Original Johann Gottfried Schadows von 1821 in Wittenberg, ursprünglich in der Dorotheenstädtischen Kirche, 1975 hier aufgestellt.

Die Berliner Grabmalkunst des 19. Jh. typologisch fast vollständig und durch eine Reihe qualitätvoller Denkmäler aus dem Kreis der klassizistischen Baumeister und Bildhauer – Schinkel, Schadow, Rauch,

Schematische Darstellung der Friedhöfe Chausseestraße 126 und 127 (die Grabstätten entsprechend der Abfolge im Text geordnet)

Dorotheenstädtischer und Friedrichswerderscher Friedhof

1. Luther-Standbild
2. gußeiserne Grabkreuze
3. J. J. Frölich
4. M. C. Schadow
5. Johann Gottfried Schadow
6. Franz Krüger
7. Christoph Wilhelm Hufeland
8. M. A. Freund
9. Johann Gottlieb Fichte
10. A. Boeckh
11. Georg Wilhelm Friedrich Hegel
12. P. K. Buttmann
13. K. A. C. Klenze
14. E. Gans
15. C. F. Rungenhagen
16. Felix Schadow
17. Hermann Schievelbein
18. J. C. Otto
19. Christian Daniel Rauch
20. Friedrich Wilhelm Dankberg
21. H. G. Magnus
22. R. v. Delbrück
23. S. F. Hermbstaedt
24. Karl Friedrich Schinkel
25. George Hossauer
26. Peter Christian Beuth
27. G. W. und Ph. Stüler
28. M. S. Borchardt
29. Bramer
30. Albrecht Dietrich Schadow
31. Cantian
32. A. Borsig
33. Johann Heinrich Strack
34. Friedrich Hitzig
35. F. E. Hoffmann
36. Hermann Wentzel
37. Heinrich Mann
38. Theodor Brugsch
39. Heinrich Ehmsen
40. Bertolt Brecht und Helene Weigel
41. E. Th. Litfaß † 1874
42. Johannes R. Becher † 1958
43. Bodo Uhse † 1963
44. Erich Engel † 1966
45. Paul Dessau † 1979
46. Hanns Eisler † 1962
47. René Graetz † 1974
48. Maximilian Scheer † 1978
49. Arnolt Bronnen † 1968
50. Johannes Tralow † 1968
51. John Haertfield † 1968
52. Rudolf Wagner-Regeny † 1969
53. Leo Spies † 1965
54. Arnold Zweig † 1968
55. Hans Loch † 1960
56. Wolfgang Langhoff † 1966
57. Gustav Bläser † 1910
58. Johannes Dieckmann † 1969
59. Otto Nuschke † 1959
60. Widerstandskämpfer 1933/45
61. Max Spitta † 1909

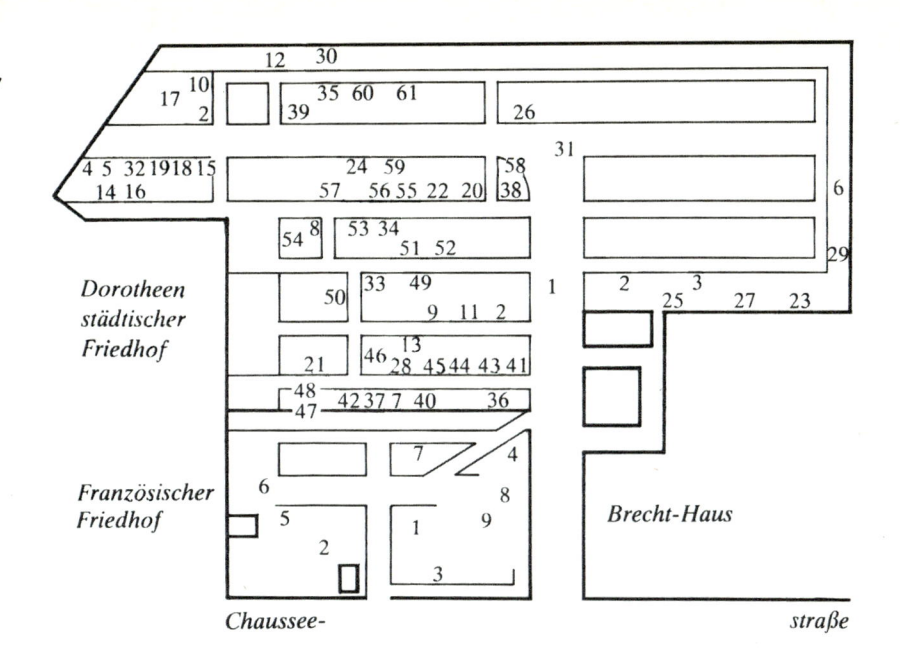

Französischer Friedhof

1. Daniel Chodowiecki
2. Henri Du Bois-Reymond
3. Carl Steffeck
4. Jouanne
5. Ludwig Devrient
6. Friedrich Ançillon
7. P. L. Ravené
8. F. Bendel
9. Th. Sarre

Äußere Friedrich-Wilhelm-Stadt

Dorotheenstädtischer Friedhof Chausseestraße 126: bekrönende Statuette vom Grabmal J. G. Schadow und Bildnisrelief vom Grabmal P. K. Buttmann, beide Aufnahmen nach den Originalen im Gemeindehaus Johannes-Dieckmann-Straße

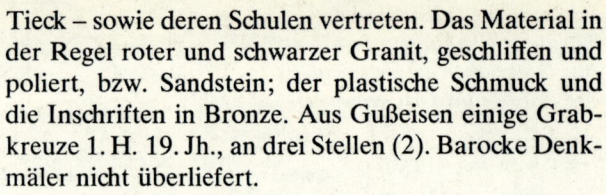

Tieck – sowie deren Schulen vertreten. Das Material in der Regel roter und schwarzer Granit, geschliffen und poliert, bzw. Sandstein; der plastische Schmuck und die Inschriften in Bronze. Aus Gußeisen einige Grabkreuze 1. H. 19. Jh., an drei Stellen (2). Barocke Denkmäler nicht überliefert.

Ältestes klassizistisches Grabmal das für J. J. Frölich † 1807, Postament mit bekränzter Urne, in den kubischen Formen der Gilly-Schule (3). Säule, bekrönt von einer marmornen Deckelurne, von Johann Gottfried Schadow 1833 für seine zweite Frau Marie Caroline † 1832 (4). Johann Gottfried Schadows († 1850) eigenes Grabmal (5) ein schlanker viereckiger Pfeiler mit Volutenkapitell, darauf die Statuette des Verstorbenen nach dem bereits 1822 angefertigten Modell seines Schülers Heinrich Kaehler, die jetzige Figur ein Nachguß des im Gemeindehaus Johannes-Dieckmann-Straße 3 aufbewahrten bronzenen Originals von 1850. Die einfachste Form des klassizistischen Grabmals – eine in die Mauer eingelassene Inschrifttafel – an der Familiengrabstätte Krüger von 1844, dort auch die Tafel für den Hofmaler Franz Krüger † 1857 (6). Von derselben Schlichtheit das Grabmal für Christoph Wilhelm Hufeland † 1836, den Arzt und Begründer der medizinisch-chirurgischen Gesellschaft (7).

Einzigartig das Grabmal für M. A. Freund † 1827, Mitbegründer der Freundschen Eisengießerei in Charlottenburg: Lekythos mit Reliefdarstellung der Norne Skuld, in Anlehnung an attische Vorbilder, vom Bruder des Verstorbenen, Hermann Ernst Freund in Kopenhagen, das Gefäß gegossen in Gleiwitz (8).

Zwei ausgewählte Beispiele für den Obelisken: der hohe, dreiseitige vom Grab des Philosophen und Patrioten Johann Gottlieb Fichte † 1814, ursprünglich aus Gußeisen der Königlichen Eisengießerei, errichtet nach 1819 (Entwurf von Karl Friedrich Schinkel umstritten), 1945 zerstört und 1950 ersetzt durch einen gedrungeneren aus Sandstein (9), das originale Bildnismedaillon aus vergoldeter Bronze von Ludwig Wichmann jetzt in der Johannes-Dieckmann-Straße 3; Grabmal A. Boeckh † 1867, Obelisk mit Bildnismedaillon von Reinhold Begas (10).

Die gebräuchlichste Form des klassizistischen Grabmals, die Stele, ein in der Regel schlank proportionierter aufrecht stehender Monolith, häufig mit Bildnismedaillon und übergiebeltem Abschluß, in zahlreichen Beispielen vertreten: Ausnahmsweise mehr quaderförmig gedrungen und betont schlicht der Stein am Grab des Philosophen Georg Wilhelm Friedrich Hegel † 1831 (11). Beispiele der üblicheren Form: Grabmal P. K. Buttmann † 1829, ursprünglich mit zwei Reliefs von Friedrich Tieck, dasjenige mit dem Bildnis jetzt Johannes-Dieckmann-Straße 3, das andere 1973 entwendet (12); K. A. C. Klenze † 1838, Rechtsgelehrter, Bruder des Baumeisters Leo v. Klenze (13); E. Gans † 1839, Jurist (14); C. F. Rungenhagen † 1851, Komponist, Zelters Nachfolger als Direktor der Sing-Akademie, breite Stele mit steinernem Kreuz darauf (15); Felix Schadow † 1861, Bildhauer, Sohn von Johann Gottfried Schadow (16); F. A. Hermann Schievelbein † 1867, Bildhauer, das Bildnismedaillon 1870 von Gustav Bläser (17); J. C. Otto † 1865 (18); Christian Daniel Rauch † 1857, Bildhauer, nach eigenem Entwurf von 1855 Bekrönung der Stele durch allegorische

Dorotheenstädtischer Friedhof Chausseestraße 126: Bildnismedaillon vom Grabmal J. G. Fichte, nach dem Original im Gemeindehaus Johannes-Dieckmann-Straße; Grabmal G. W. F. Hegel; Grabmal F. A. H. Schievelbein

Figur der Hoffnung, Bronze, das Medaillon von Albert Wolff 1859 (19, Abb. S. 336); Friedrich Wilhelm Dankberg † 1866, Bildhauer, wohl nach eigenem Entwurf würfelförmiger Stelenaufsatz mit Bildnismedaillon (20); H. G. Magnus † 1870, Physiker (21); R. v. Delbrück † 1903, das Bildnismedaillon klassizistisch tradiert, von Joseph Kopf, Rom, 1884 (22).

Eine besondere, später oft wiederholte und abgewandelte Form des Stelenaufsatzes – ein Palmettenakroterion mit allegorischer Figur darin – nach Karl Friedrich Schinkels Entwurf zuerst am Grabmal des Chemikers S. F. Hermbstaedt † 1833 (23), dann auf Vorschlag von Beuth für Schinkels († 1841) eigenes Grabmal wiederholt (24), die Ausführung an beiden Denkmälern von August Kiß, das Original des Bildnismedaillons Schinkels Johannes-Dieckmann-Straße 3 (Abb. S. 336/337). Repliken desselben Palmettenakroterions, nur mit veränderten Figürchen, an den drei Stelen der Familie des Goldschmieds George Hossauer,

Äußere Friedrich-Wilhelm-Stadt 335

CHRISTIAN DANIEL
RAUCH
geb. den 2ten Januar 1777
gest. den 3ten December 1857
Der Friede Gottes sei mit ihm

CARL FRIEDRICH SCHINKEL
GEBOREN
AM XIII MÄRZ MDCCLXXXI
GESTORBEN
AM IX OCTOBER MDCCCXLI

M. 19. Jh. (25). Der Aufsatz im ganzen abgewandelt am Grabmal von Peter Christian Beuth † 1853, dem Begründer des Berliner Gewerbeinstituts, mit Bildnismedaillon wohl von August Kiß (26), sowie an den beiden Marmorstelen G. W. Stüler † 1838 und Philippine Stüler † 1862, die Erzieherin und Freundin der Königin Josephine von Schweden und Norwegen (27). Spätestes Beispiel dieses Aufsatzes: Grabmal M. S. Borchardt † 1915, mit Bildnismedaillon von Fritz Schaper, die Stele großräumig eingefaßt von einer dreiseitigen Säulenreihe, an deren Enden die sandsteinernen Sitzfiguren zweier trauernder Engel, diese 1883 von Michael Lock (28).

Das Wandgrab in zwei Varianten vertreten: Familiengrabstätte Bramer, 1832, schlicht klassizistische dreigeteilte Fassadenprojektion (29); Grabmal Albrecht Dietrich Schadow † 1869, Architekt, Triptychon im Stil der italianisierenden Neurenaissance, die Mitte betont mit Bildnismedaillon, in den seitlichen Nischen allegorische Zinkgußfiguren von Hermann Schievelbein (30).

Grabstätte der Steinmetz- und Baumeisterfamilie Cantian, M. 19. Jh., in Form eines monumentalen altrömischen Sarkophags mit Todessymbolen auf der Frontseite, vielleicht unter Anregung durch Karl Friedrich Schinkel, der sandsteinerne Block von dreiseitiger Mauer eingefaßt, das Ganze wirkungsvoll an den Anfang der Birkenallee gesetzt (31).

Linke Seite:
Dorotheenstädtischer
Friedhof
Chausseestraße 126:
Grabmal
Chr. D. Rauch;
Grabmal
K. F. Schinkel

Rechte Seite:
Dorotheenstädtischer
Friedhof
Chausseestraße 126:
Palmettenakroterien
von den Grabmälern
S. F. Hermbstaedt
(links oben) und
G. Hossauer;
Grabstätte
der Familie Cantian

Äußere Friedrich-Wilhelm-Stadt

Grabmal August Borsig † 1854, Industrieller und Begründer der gleichnamigen Maschinen- und Lokomotivfabrik: tempelartiger Baldachin auf vier dorischen Säulen, nach Entwurf von Johann Heinrich Strack 1857; auf hohem Postament die bronzene Büste des Verstorbenen 1855 von Christian Daniel Rauch, am Fuß des Postaments später hinzugefügt das von zwei Knaben flankierte Bildnismedaillon der Ehefrau † 1887 (32). Johann Heinrich Stracks eigenes Grabmal († 1880) dem Borsigschen ähnlich, die rückwärtige Hälfte jedoch geschlossen, darin auf hohem Postament die Marmorbüste des Verstorbenen 1881 von Alexander Calandrelli (33). Grabmal der Familie Hitzig, u. a. auch des Architekten Friedrich Hitzig † 1881, von Hermann Ende 1882 entworfenes Mausoleum in Formen der italianisierenden Neurenaissance, rechteckig mit halbrunden Schmalseiten und einem von ionischen Säulen eingefaßten Portikus (34).

Grabmal F. E. Hoffmann † 1900: Christus-Statue in einem dreiflügeligen Aufbau aus vielfarbig glasierten und ornamentierten Kacheln in Anspielung auf die Erfindung des Ziegelringofens durch den Verstorbenen (35).

Grabmal Hermann Wentzel † 1889, nach des Archi-

*Linke Seite:
Dorotheenstädtischer Friedhof Chausseestraße 126:
Grabmal A. Borsig;
Grabmal J. H. Strack*

*Rechte Seite:
Dorotheenstädtischer Friedhof Chausseestraße 126:
Grabmal H. Mann;
Grabmal H. Wentzel;
Mausoleum der Familie Hitzig*

tekten eigenem Entwurf errichtete aufwendige Pfeiler- und Säulenarchitektur aus polierten roten Granitmonolithen, die Bildnisbüste in der Mitte von Fritz Schaper (36).

Künstlerisch bemerkenswerte Grabmäler aus jüngster Vergangenheit: Grabmal des Schriftstellers Heinrich Mann † 1950, die überlebensgroße bronzene Bildnisbüste von Gustav Seitz (37); Grabmal des Internisten Theodor Brugsch † 1963, auf breiter Stele reliefierte Bronzetafel mit vier szenischen Darstellungen aus dem Leben des Mediziners, 1969 von Werner Stötzer (38); Grabmal des Malers und Graphikers Heinrich Ehmsen † 1964, Stele mit symbolischer Darstellung auf einer Bronzeplatte von Fritz Cremer (39); Grabmäler des Dichters Bertolt Brecht † 1956 und der Schauspielerin Helene Weigel-Brecht † 1971, zwei unbearbeitete Granitfindlinge mit den Namen (40). Grabstätten von weiteren bedeutenden Persönlichkeiten, überwiegend aus der jüngsten Geschichte, in Auswahl verzeichnet auf dem Lageplan und in der zugehörigen Legende (41–61).

FRIEDHOF der französischen reformierten Gemeinde, Chausseestraße 127 (die im nachfolgenden Text in Klammern gesetzten Ziffern bezeichnen die Grabstätten, deren Lage in dem Plan auf S. 333 gekennzeichnet ist). Angelegt 1780. Begräbnisstätte u. a. des Kupferstechers, Zeichners und Malers Daniel Chodowiecki † 1801, sein Grabstein 1932 errichtet in der Nähe des vermuteten Grabes (1), des Schriftstellers Henri Du Bois-Reymond † 1865, mit übergiebelter Marmorstele (2), und des Historienmalers Carl Steffeck † 1890,
auf dem bearbeiteten Findling das beziehungsvoll auf eine Malerpalette projizierte Reliefbildnis des Verstorbenen, von Friedrich Reusch (3).

Die klassizistische Grabmalkunst in einigen bemerkenswerten Beispielen überliefert. Eindrucksvoll schlicht die sieben großen Sandsteinsarkophage mit Inschriftplatten für die Familie Jouanne, 1. H. 19. Jh. (4). Im Typ der Ara das Grabmal des Schauspielers Ludwig Devrient † 1832, in Gußeisen aus der Königlichen Eisengießerei, an der einen Seite Reliefs mit den Masken der Tragödie und Komödie, an der anderen ein Todesgenius, auf dem flach übergiebelten Abschluß eine antikische Henkelschale (5). Am bedeutendsten das Marmorgrabmal für Friedrich Ançillon † 1837, Erzieher des Kronprinzen Friedrich Wilhelm (Friedrich Wilhelm IV.) und von diesem gestiftet, entworfen 1840 von Karl Friedrich Schinkel in Gestalt eines antiken römischen Sarkophags auf hohem Sockel, mit Bildnismedaillon, Triglyphenfries und einer über den

Linke Seite:
Dorotheen-
städtischer
Friedhof
Chausseestraße 126:
Grabmäler
Bertolt Brecht und
Helene Weigel;
Französischer
Friedhof
Chausseestraße 127:
Grabmal
L. Devrient

Rechte Seite:
Französischer
Friedhof
Chausseestraße 127:
Grabmal
F. Ançillon;
Grabmal
P. L. Ravené

Schmalseiten aufgerollten Volute; eines der letzten Werke Schinkels, Ausführung von Christian Gottlieb Cantian, Aufstellung 1841 (6).

Der Historismus ausgezeichnet vertreten durch das Grabmal für den Kunstsammler P. L. Ravené † 1861: Sarkophag mit lebensgroßer Liegefigur und zwei knienden Engeln am Fußende, das Ganze in überdachter, allseitig offener Säulenhalle in neuromanischen Formen aus schwarzem poliertem Syenit. Laut Inschrift von Friedrich August Stüler entworfen, die Ausführung des Figürlichen in Bronze von Gustav Bläser, des schreinartigen Gehäuses von E. Ackermann aus Weißenstadt, vollendet 1867 (7).

Zwei Grabmäler mit den etwa lebensgroßen Sandsteinfiguren einer Trauernden: für den Komponisten F. Bendel † 1874, die Trauernde mit Lyra und Kranz kniend vor einem Obelisken mit Bildnismedaillon, von Heinrich Pohlmann (8); für die Familie Th. Sarre, um 1893, die Trauernde in einem Portikus stehend (9).

Hannoversche Straße

Ursprünglich »Communication am Neuen Tor«; der mehrmals abgewinkelte Verlauf der Straße entspricht dem Verlauf der ehem. Akzisemauer, innerhalb der Mauer befanden sich hier Kasernen sowie Ställe der Tierarzneischule (an deren Stelle um 1920/30 errichtete Ställe der Veterinärmedizinischen Fakultät), vor der Mauer mehrere im späten 18. Jh. angelegte Friedhöfe (s. S. 332). Die nördliche Straßenseite erst seit E. 19. Jh. nach Abbruch der Mauer und teilweiser Aufhebung der Friedhöfe bebaut.

Äußere Friedrich-Wilhelm-Stadt

INSTITUT für Gerichtliche Medizin Hannoversche Straße 6. Auf dem Gelände des ehem. Charité-Friedhofes 1884 als Leichenschauhaus erbaut. Dreiflügelig angelegter Bau aus gelben Verblendziegeln, der eingeschossige Mitteltrakt über hohem Sockel mit großen Rundbogenfenstern, die dreigeschossigen Seitenflügel durch Konsolgesimse gegliedert; Portale übergiebelt.

Hessische Straße
Auf dem Gelände des ehem. Charité-Friedhofes um 1890 angelegte Verbindungsstraße zwischen Hannoverscher Straße und Invalidenstraße.
INSTITUTSGEBÄUDE (Sektion Chemie der Humboldt-Universität) Hessische Straße 1/2. Ausgedehnter Gebäudekomplex, dreigeschossige Putzbauten mit gelben Klinkerverblendungen, um 1900 erbaut. Neben dem Hauptportal Gedenktafel an die Tätigkeit von Otto Hahn und Lise Meitner in diesem Gebäude in den Jahren 1907/12.

Invalidenstraße
Westlicher Teil zwischen Berlin-Spandauer-Schiffahrtkanal und Chausseestraße, der östliche Teil s. S. 308; der Name von dem 1747 gegründeten Invalidenhaus (Scharnhorststraße) abgeleitet. Im Straßenverlauf, nordöstlich an den Invalidenpark anschließend, befand sich unmittelbar vor dem 1835/36 angelegten Neuen Tor die 1804 gegründete, nach Entwürfen von David Gilly erbaute Königliche Eisengießerei. Bebauung der Straße im späten 19. Jh. nach Abriß der Akzisemauer.

GEBÄUDEGRUPPE Invalidenstraße 42/44, zwischen 1875 und 1889 von August Tiede auf dem Gelände der 1873 aufgelösten Königlichen Eisengießerei erbaut. Großzügig angelegtes, einheitlich geplantes Ensemble von drei Gebäuden für das Naturkundemuseum und, flankierend, für naturwissenschaftliche Einrichtungen. Die Bauten im einzelnen:

INSTITUTSGEBÄUDE mehrerer naturwissenschaftlicher Sektionen der Humboldt-Universität, Invalidenstraße 42. 1876/80 erbaut für die 1810 von Albrecht Thaer in Möglin, Bezirk Frankfurt (Oder) gegründete Landwirtschaftliche Lehranstalt. Vierflügeliger, annähernd quadratischer Baublock von drei Geschossen und fünfzehn zu elf Achsen, in klassizistischen Formen der Schinkel-Nachfolge, die Fassaden werksteinverkleidet. Gleichmäßig gereihte Rundbogenfenster, am ersten und zweiten Geschoß in rundbogigen Wandpfeilernischen, am dritten Geschoß durch Pilaster eingefaßt; umlaufendes Konsolgesims. Die einachsigen Eckrisalite durch Attika und flache Zeltdächer eckturmartig ausgebildet und durch Giebelädikulen vor den Fenstern des ersten Obergeschosses betont. Sparsamer ornamentaler Baudekor. Das Mittelportal durch flachen Dreiecksgiebel hervorgehoben.

Im Inneren großer, in Glas-Eisen-Konstruktion überdachter Lichthof mit umlaufenden gewölbten Bogengalerien in zwei Geschossen. Haupttreppenhaus mit gewölbter Säulenhalle und doppelarmiger Marmortreppe im rückwärtigen Flügel, axial dem bescheidenen Vestibül gegenüber, im Obergeschoß, über der Säulenhalle des Erdgeschosses, Flachkuppelhalle auf vier Säulen. Im Nordwestteil zweites Treppenhaus von interessanter gotisierender Gußeisenkonstruktion. Farbliche Fassung von Lichthof und Treppenhäusern um 1978. – Im Foyer vier Konsolbüsten: für A. Thaer, J. H. v. Thünen und H. F. Eckert, Marmor; für H. Thiel, Gips. Im Lichthof Denkmal für Albrecht Thaer (1752–1828), den Begründer der Landwirtschaftslehre in Preußen; 1856/59 von Christian Daniel Rauch, letztes Werk des Künstlers, von seinem Schüler Hugo Hagen vollendet und ursprünglich auf dem ehem. Schinkelplatz bei der Bauakademie am Werderschen Markt zusammen mit den Standbildern Karl Friedrich Schinkels und Peter Beuths aufgestellt. Bronzestandbild in dozierender Pose, auf Steinpostament. Bei der Aufstellung 1949 im Lichthof die Höhe des ursprünglich gestuften Sockels reduziert, von den einstmals acht Sockelreliefs drei erhalten, Bronzereliefs von Hugo Hagen mit Szenen aus dem Leben Thaers, jetzt in den Wandfeldern hinter dem Denkmal angebracht.

Im Norden mehrgliedrige viergeschossige Putz- bzw. Backsteinbauten in historisierenden Formen 1905 07 und 1909 von Kern und Krencker.

Linke Seite: Institutsgebäude (ehem. Landwirtschaftliche Lehranstalt) Invalidenstraße 42, Lichthof mit dem Denkmal für Albrecht Thaer und hinteres Treppenhaus

Rechte Seite: Institutsgebäude (ehem. Landwirtschaftliche Lehranstalt) Invalidenstraße 42, Hauptportal

MINISTERIUM FÜR GEOLOGIE und Zentrales Geologisches Institut Invalidenstraße 44. 1875/78 erbaut als Geologische Landesanstalt und Bergakademie. Pendantgebäude zu Nr. 42, in gleicher Grundrißgestalt und in den gleichen Architekturformen, im ornamentalen Baudekor noch etwas zurückhaltender. Ähnlich wie Nr. 42 auch das Innere, mit großem Lichthof in Glas-Eisen-Konstruktion und umlaufenden Bogengalerien in zwei Geschossen (die Galerien zum Lichthof geschlossen, der Lichthof nicht zugänglich). Im Vorderflügel zweiläufige Marmortreppe. – Einige Arbeiten der Königlichen Eisengießerei: im Foyer zwei ruhende Löwen von 1867, auf den Treppenwangen, sowie gußeiserne Sitzbank mit Adlermotiv; zwei gußeiserne Löwen auch vor dem rückseitigen Haupteingang. Vor dem östlichen Nebeneingang sitzender Hund, nach einem der spätantiken Molosserhunde (Florenz), Bronze, 1828 von Johann Ludwig Heinrich Hopfgarten, ursprünglich bei der Tierarzneischule aufgestellt. – Im Nordwesten Flügelanbau 1890/92 von Fritz Laske.

MUSEUM FÜR NATURKUNDE Invalidenstraße 43. 1883/89 erbaut als mittlerer Bau zwischen Nr. 42 und 44, gegenüber den rahmenden Gebäuden leicht zurückgesetzt. Wie diese von annähernd quadratischem

Grundriß und von drei Geschossen, der hintere Flügel jedoch nach beiden Seiten verlängert und mit vier rückwärtigen Trakten; nur der Eingangsflügel werksteinverkleidet, die übrigen Flügel als Klinkerblendbauten aufgeführt. Wie die Pendantgebäude in spätklassizistischen Formen der Schinkel-Nachfolge, im Baudekor jedoch reicher. Der dreiachsige, leicht erhöhte Mittelrisalit, der die Mitte der Gesamtanlage nachdrücklich betont, folgt, entsprechend der späteren Entstehungszeit, »modernen« historisierenden Einflüssen der französischen Renaissance und des Barock: Im Erdgeschoß Portal mit Segmentbogengiebel, seitlich davon auf hohen Pfeilervorlagen die Standbilder für L. v. Buch und J. Müller von Richard Ohmann, das zweite Obergeschoß in Anlehnung an Perrault's Louvre-Fassade mit korinthisierenden Doppelsäulen und den Reliefbüsten für Chr. G. Ehrenberg, A. v. Humboldt und Chr. S. Weiß; Abschluß durch Balustrade. Im Inneren die Säle und Galerien wie bei den flankierenden Gebäuden um großen Lichthof angelegt, am

Linke Seite: Ministerium für Geologie Invalidenstraße 44, Gesamtansicht

Rechte Seite: Ministerium für Geologie Invalidenstraße 44, Molosserhund am östlichen Nebeneingang; Museum für Naturkunde Invalidenstraße 43, Eingangsrisalit

oberen Geschoß mit vorgesetzten verzierten Eisensäulen. Im rückseitigen Flügel zwei gußeiserne Treppen mit verziertem Geländer.

REGIERUNGSKRANKENHAUS Invalidenstraße 48/49, Ecke Scharnhorststraße 36/37. Erbaut 1903/10 von Wilhelm Cremer und Richard Wolffenstein als Militärärztliche Kaiser-Wilhelm-Akademie im Gelände des Invalidenparkes. Neubarocker Gebäudekomplex mit rustizierten Sandsteinfassaden. Das Hauptgebäude zur Invalidenstraße mit Dachreiter, an der Scharnhorststraße niedriger Verbindungsbau mit reizvollem halbrundem Mittelpavillon (ursprünglich Hörsaalgebäude).

Äußere Friedrich-Wilhelm-Stadt

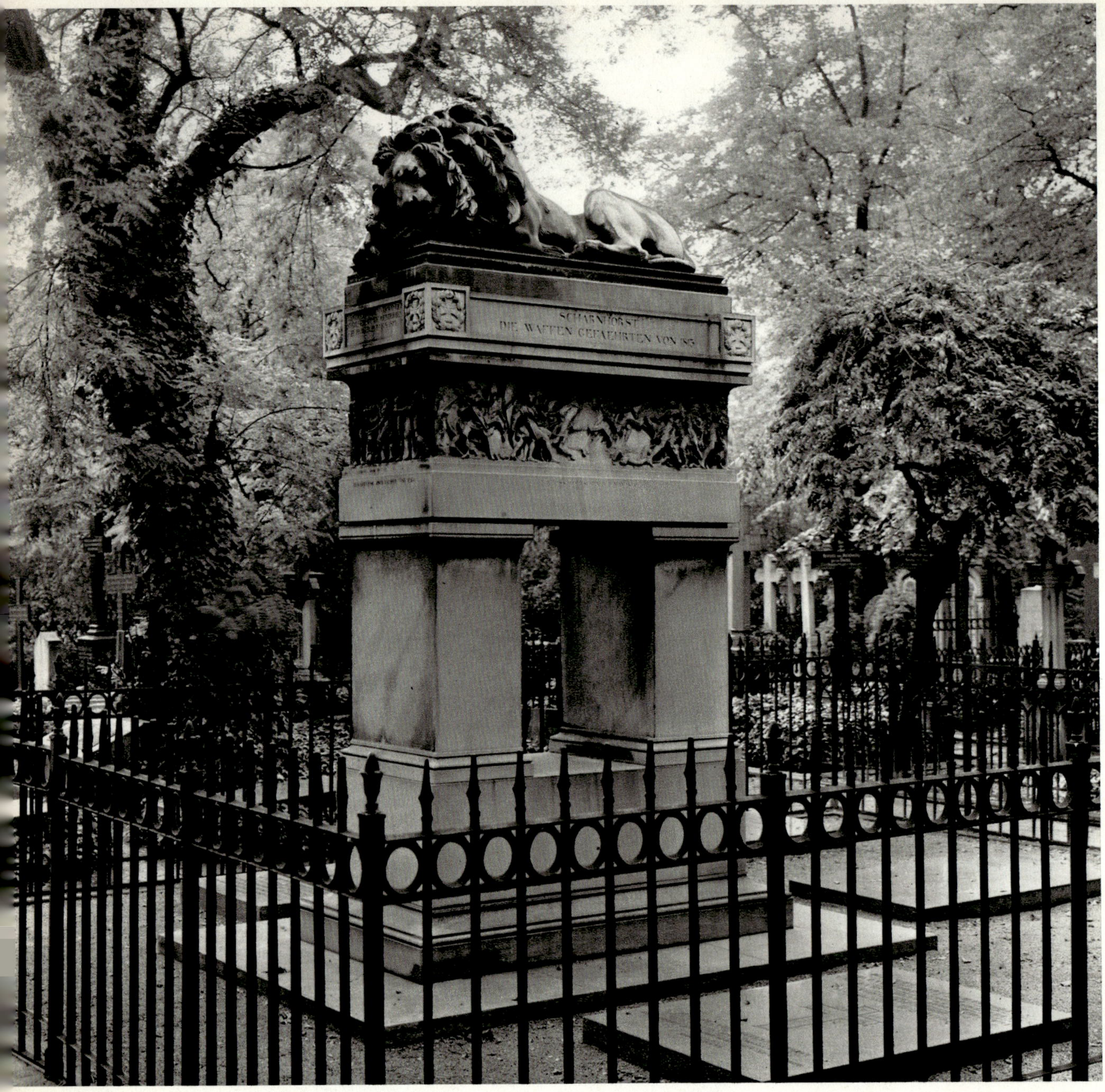
SCHARNHORST
DIE WAFFEN GEFAEHRTEN VON

Linke und rechte Seite: Invalidenfriedhof Scharnhorststraße 25, Grabmal G. J. D. v. Scharnhorst, Gesamtansicht, nach einer Archivaufnahme, und Relieffries

Scharnhorststraße

Ehem. GARNISON-LAZARETT (VP-Krankenhaus) Scharnhorststraße 13. Putzbau erbaut 1850/53 von Fleischinger, Drewitz und Becker im spätklassizistischen Burgenstil, vielfach erweitert. Der Kernbau eine viergeschossige Dreiflügelanlage mit turmartig überhöhten fünfgeschossigen Flügelenden. Die Fassaden mit Rundbogenfenstern und abschließendem Konsolkranzgesims.

INVALIDENFRIEDHOF Scharnhorststraße 25. Angelegt 1748 als Anstaltsfriedhof für das gleichzeitig errichtete Invalidenhaus, später allgemein für Militärpersonen, ab E. 19. Jh. auch für Zivilpersonen. Seit 1961 nicht mehr belegt.

Von überragendem Kunst- und Geschichtswert das Grabmal für Gerhard Johann David v. Scharnhorst, General in den Befreiungskriegen und Reorganisator des preußischen Heeres, † 1813 in Prag. Im Auftrag einer von Gneisenau geleiteten Kommission entwarf Karl Friedrich Schinkel nach mehreren Varianten 1824 das Denkmal, das, zunächst für den Prager Friedhof bestimmt, nach Umbettung der Gebeine Scharnhorsts 1826 auf den Invalidenfriedhof bis 1834 zur Ausführung kam. Schinkels reifste Leistung auf dem Gebiet der Grabmalkunst. Klassizistisch strenger Aufbau von insgesamt 5,6 m Höhe: auf abgetrepptem Sockel zwei glattflächige Rechteckpfeiler, auf denen als mächtiger Quader aus Carrara-Marmor ein Hochsarkophag ruht, auf seinem umlaufenden Relief Szenen aus Scharnhorsts Leben von Christian Friedrich Tieck, an seinem Deckstein Widmungsinschriften. Als Bekrönung des Denkmals ein ruhender monumentaler Löwe, bedeutender Bronzeguß der Königlichen Eisengießerei, 1828 nach Modell von Christian Daniel Rauch ausgeführt von Theodor Kalide. In ursprünglichem Zustand auch das gußeiserne Gitter.

Die Königliche Eisengießerei durch mehrere Werke vertreten: Einige große Grabplatten mit Inschrift und Wappen, erwähnenswert davon die Grabplatte für G. F. v. Kessel † 1827, mitten auf der Kreuzung der beiden Hauptwege. Grabmal für J. W. v. Witzleben † 1837, ein von Säulen getragenes und von Adlern mit ausgebreiteten Schwingen bekröntes gußeisernes Tabernakel mit einer Statuette der Siegesgöttin, in Formen der italienisierenden Frühgotik entworfen von Karl Friedrich Schinkel. Doppelgrabmal für die Brüder O. L. und G. D. v. Pirch † 1824 bzw. 1838, zwei gußeiserne Postamente mit Federbuschhelm und Schwert. Älteres Beispiel für diesen Typ der Ara das sandsteinerne Grabmal für den Invalidenhaus-Kommandanten M. L. v. Diezelski † 1799, mit Bildnisrelief und bekrönendem Federbuschhelm nach Entwurf von Bernhard Rode. Von gestreckterer Proportion, aber ebenfalls mit bekrönenden Trophäen und Bildnisbüsten in Rundnischen die Grabmäler für H. C. v. Winterfeldt † 1757 (das Grabmal errichtet 1857 in Anlehnung an barocke Vorbilder, die Siegeszeichen auf dem Sockel von Bildhauer v. Ledebur) und für F. A. v. Witzleben † 1859.

Von mehr architektonischer Art das Grabmal für F. v. Rauch † 1850, gestiftet von Friedrich Wilhelm IV. und entworfen von Friedrich August Stüler: in der Mitte eines langgestrecken, von Pfeilern eingefaßten Postaments ein übergiebelter rundbogiger Portikus, darin ursprünglich wohl eine Statuette.

Aus dem 20. Jh. drei erwähnenswerte Grabmäler: J. v. Gross gen. v. Schwarzhoff † 1901, Granitstele mit unterlebensgroßer Bronzefigur eines hl. Georg im Kampf mit dem Drachen, 1902 von Otto Feist, gegossen von Peters, Karlsruhe; J. Nolte † 1908, zyklopisches Kreuz aus schwarzem Granit, davor auf hohem Sockel die marmorne Standfigur einer Trauernden, in gutem Jugendstil; M. Hoffmann † 1927, auf hohem Sockel überlebensgroße Sitzfigur eines männlichen Aktes aus Bronze von Arnold Rechberg.

Ehem. INVALIDENHAUS (Wohnheim) Scharnhorststraße 34/35. 1747/48 nach Entwurf von Isaak Jakob Petri erbaut. Ursprünglich drei Höfe umfassende Anlage parallel zur Scharnhorststraße, erhalten die beiden Seitenflügel des mittleren Ehrenhofes, langgestreckte dreigeschossige Putzbauten mit Walmdach, an den der Straße zugewandten Schmalseiten je ein eingetieftes Rundbogenportal mit großem Rundfenster.
REGIERUNGSKRANKENHAUS Scharnhorststraße 36/37 s. Invalidenstraße, S. 345.

Wöhlertstraße
FRIEDHÖFE der St. Hedwigs-Gemeinde, der Dom-Gemeinde und der französischen Gemeinde, gemeinsamer Zugang Wöhlertstraße, Ecke Pflugstraße. Komplex angelegt zwischen 1830 und 1835, der katholische St. Hedwigs-Friedhof 1834 als Erweiterung des älteren Friedhofes am Oranienburger Tor.
Die Kapelle auf dem St. Hedwigs-Friedhof ein neuromanischer Rundbau in Klinkern, um 1880/90. Auf dem ehem. Hauptweg zur Liesenstraße zwei überlebensgroße kniende Engelsfiguren mit hoch aufgerichteten Flügeln, Kunststein, von Josef Limburg, ursprünglich bestimmt für das 1922 vollendete Krematorium in Berlin-Wilmersdorf. Grabstätten der Maler Carl Begas d. Ä. † 1854, mit kleiner Stele, und Peter v. Cornelius † 1867, Granitpilaster mit Doppelkapitell aus gebranntem Ton, marmorne Inschrifttafel, 1961 hierher umgesetzt. Grabmal des italienischen Bildhauers Ceccardo Gilli † 1862, Marmorstele mit Bildnismedaillon geschaffen von dem Sohn Alexander Gilli. Auf dem Grab C. Sonnenschein † 1929 ein unterlebensgroßer Bronzekruzifix, expressionistisch mit starker Anlehnung an den Schnitzstil der Spätgotik, 1935 von Hans Perathoner.
Auf dem Hauptweg des französischen Friedhofes ein monumentaler, von den Réfugiés 1876 gestifteter Obelisk aus geschliffenem rotem Granit zur Erinnerung an die Gefallenen der Kriege von 1864, 1866 und 1870/71. Grabmal L. A. F. Arends † 1882, Erfinder einer Kurzschrift, auf hohem Granitpostament bronzene Bildnisbüste von Alexander Calandrelli 1888. Grabmal des Dichters Theodor Fontane † 1898 und Frau † 1902, schlichter, nach 1945 erneuerter Inschriftenstein aus schwarzem Granit. Familiengruft J. Fonrobert in der Form einer hochgotischen Kirchenfassade, Sandstein um 1880. Familiengrabstätte Ch. L. Fonrobert, querrechteckige Stele, flankiert von zwei zueinandergewandten knienden Bronzeengeln, von Richard Fabricius, Dresden 1907. Familiengrabstätte R. und G. Névir † 1907 und 1926, monumentale Giebelwand mit vier dorischen Säulen, schwarzer Granit, um 1910.
Auf dem Friedhof der Berliner Dom-Gemeinde Grabmal W. Stolze † 1867, Erfinder einer stenographischen Schrift, Granitstele im spätklassizistischen Stil, mit Bildnismedaillon und blattwerkgeschmücktem Aufsatz. Grabmal M. Bäckler † 1924, Lehrer an der Kurzschriftschule Stolze-Schrey, der Stein von ihr gestiftet, mit bronzenem Bildnismedaillon.

*Linke Seite:
Ansicht des
Invalidenhauses,
Aquarell
von Paul Graeb;
Invalidenfriedhof
Scharnhorststraße 25,
Grabmal J. Nolte*

*Rechte Seite:
Französischer
Friedhof an der
Wöhlertstraße,
Grabmal
Th. Fontane
und Frau*

Äußere Friedrich-Wilhelm-Stadt

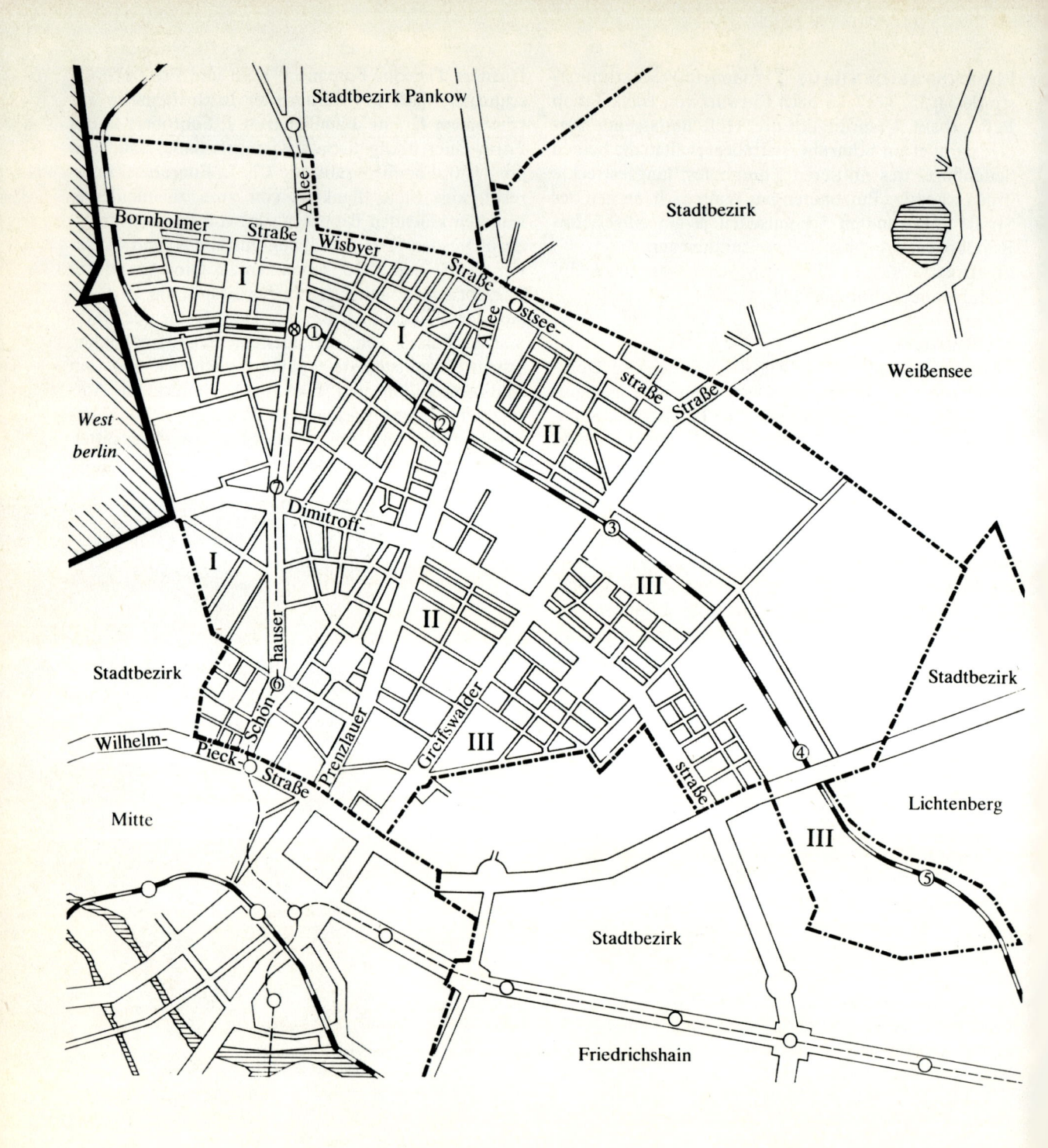

Stadtbezirk Pankow

Bornholmer Straße

I

Wisbyer Straße

Ostseestraße

Stadtbezirk Weißensee

West berlin

I

II

Dimitroff-

Schön-hauser

Prenzlauer

Greifswalder

II

III

Stadtbezirk Mitte

Wilhelm-Pieck-Straße

III

Stadtbezirk Lichtenberg

Stadtbezirk Friedrichshain

Stadtbezirk Prenzlauer Berg

Der 1920 geschaffene Stadtbezirk Prenzlauer Berg erstreckt sich nördlich der Stadtbezirke Mitte und Friedrichshain und reicht von der Staatsgrenze zum Westberliner Bezirk Wedding im Westen bis zu den Stadtbezirken Lichtenberg und Weißensee im Osten und Nordosten. Nach Norden schließt der Stadtbezirk Pankow an. Die südliche Bezirksgrenze folgt auch heute noch dem Verlauf der einstigen, 1867 abgebrochenen Akzisemauer mit dem Schönhauser und dem Prenzlauer Tor im Bereich der Wilhelm-Pieck-Straße sowie dem ehem. Königstor am Beginn der Greifswalder Straße.

Seit E. 19. Jh. einer der dichtbesiedeltsten Stadtteile Berlins, war ursprünglich das insgesamt außerhalb der Akzisemauer gelegene Gebiet auf den Ausläufern des Barnim bis nach M. 19. Jh. weitgehend unbebaut und Teil der Berliner Feldmark. Die städtebauliche Struktur des Bezirkes Prenzlauer Berg ist wesentlich bestimmt von den ihren Ursprüngen nach mittelalterlichen, nach Norden und Nordosten führenden Verkehrswegen, der Schönhauser und Prenzlauer Allee sowie der Greifswalder Straße, Straßenzüge, die auch schon für die im späten 17. Jh. sich ausbildenden nördlichen Vorstädte (Königstadt und z. T. Spandauer Vorstadt) von Bedeutung waren. Ebenfalls älter als die Bebauung ist die die Radialstraßen miteinander verbindende innere Ringstraße, die heutige Dimitroffstraße, die sich im Bezirk Friedrichshain fortsetzt. Sie war seit 1822 als Kommunikationsweg innerhalb der Berliner Feldmark vorhanden. Mit den drei aus Berlin herausführenden Radialstraßen und dem Kommunikationsweg ist das Gerüst für die nach 1860 einsetzende Bebauung des späteren Stadtbezirkes Prenzlauer Berg auf der Grundlage des Hobrecht-Planes umschrieben.

Der 1858/62 von James Hobrecht im Auftrage des Berliner Polizeipräsidenten aufgestellte Plan für Berlin legte nach seiner Genehmigung durch den König für Jahrzehnte die Entwicklung der inzwischen auf annähernd 600 000 Einwohner angewachsenen Stadt fest. Hobrechts Plan lehnte sich, Ideen Lennés teilweise verwendend, auf königlichen Wunsch an die Pariser

I Schönhauser Allee
und Straßen westlich und östlich
der Schönhauser Allee
(S. 357—S. 399)

II Prenzlauer Allee und Straßen östlich
der Prenzlauer Allee
(S. 400—S. 415)

III Greifswalder Straße
und Straßen südöstlich
der Greifswalder Straße
(S. 416—S. 429)

Bahnhöfe der S-Bahn:
1 Schönhauser Allee
2 Prenzlauer Allee

3 Greifswalder Straße
4 Leninallee
5 Storkower Straße

Bahnhöfe der U-Bahn:
6 Senefelderplatz
7 Dimitroffstraße
8 Schönhauser Allee

Stadterweiterung unter Napoleon III. durch Haussmann an. Danach sollte Berlin von einem äußeren Ringstraßenzug umgeben werden, der in seinem Verlauf der 1861 neu festgelegten Weichbildgrenze der Stadt etwa entsprach, ergänzt durch einen inneren Ringstraßenzug im nördlichen und östlichen Teil. Nördlich die Stadt in weitem Bogen umschließend (im Westen bis an Charlottenburg, im Nordosten und Osten bis an Weißensee und Lichtenberg herangeführt), südlich enger an den innerstädtischen Bereich (Luisenstadt und Friedrichstadt) heranreichend und hier mit einer Folge unterschiedlicher Plätze versehen (der sog. Generalszug), ist dieser äußere Ring nur teilweise zur Ausführung gekommen. Im Stadtbezirk Prenzlauer Berg sind Teile dieser äußeren Ringstraße des Bebauungsplanes von 1862 Bornholmer Straße und Wisbyer Straße, während die innere Ringstraße, den oben erwähnten Kommunikationsweg nutzend, als Dimitroffstraße im anschließenden Stadtbezirk Friedrichshain über Bersarinstraße und Warschauer Straße (hier die Trasse der 1866 abgerissenen Akzisemauer nutzend) zur Spree führt.

Einen ähnlichen Schematismus wie in der Anlage und Führung der Ringstraßen, die zudem nicht durch abzureißende Festungsanlagen bedingt waren, kennzeichnet auch – jetzt wieder nur auf den Stadtbezirk Prenzlauer Berg bezogen – die Aufteilung der zu dieser Zeit noch völlig unbebauten Flächen zwischen den Hauptverkehrswegen. Durch ein Netz von zumeist rechtwinklig sich schneidenden Straßen wurden für die Bebauung viel zu groß bemessene Karrees festgelegt, die mitunter den Umfang der Karrees der barocken Friedrichstadt weit übertreffen; gelegentliche Unregelmäßigkeiten erklären sich aus der Verwendung vorhandener Wege. Aus dem Straßenraster ausgesparte Plätze sollten die Eintönigkeit und Dichte der Bebauung mildern; Plätze, die bereits im Hobrecht-Plan verzeichnet waren und in ähnlicher Lage auch angelegt wurden, sind z. B. der Kollwitzplatz, der Helmholtzplatz und der Humannplatz sowie der Arnimplatz und der Arnswalder Platz, letztere erst A. 20. Jh. angelegt.

Der Hobrecht-Plan setzte zunächst eine riesige Bodenspekulation in Bewegung und damit eine enorme Wertsteigerung des noch unbebauten Ackerlandes. So heißt es in einem Schreiben des Berliner Magistrats an den Minister für Handel, Gewerbe und öffentliche Arbeiten vom 23. Oktober 1871: »Die Ausarbeitung des Bebauungsplanes für Berlin – richtiger des Straßenplanes von Berlin –, ohne daß die Straßen wirklich angelegt wurden, hat eine große Zahl von Flächen zwar nicht der Bebauung erschlossen, denn die Straßen existierten nur auf dem Papier, wohl aber hat er den Inhabern dieser Flächen Veranlassung gegeben, Baustellenpreise dafür zu fordern, und er hat somit zur Preissteigerung wesentlich mitgewirkt.« Die in die Höhe getriebenen Bodenpreise führten bei der besonders nach 1870/71 in großem Umfang einsetzenden Bautätigkeit zur weitestgehenden Hinterhofausnutzung der teuren Grundstücke innerhalb der zu groß geplanten, ohnehin für eine Hinterhofbebauung vorgesehenen Karrees. Häuser, deren im Zeitgeschmack historistisch gestaltete Fassaden drei und auch vier enge Hinterhöfe verbargen, wurden zur Regel. Die geltende Baupolizeiordnung von 1853 kam diesen Bestrebungen entgegen, denn sie gestattete Höfe von nur etwa 5,5 m im Quadrat, eine Mindestgröße, die zum Umdrehen der Feuerspritze erforderlich war, und erlaubte eine Umbauung dieser winzigen Höfe bis zur Höhe des Vorderhauses, d. h. in der Regel bis zu fünf Geschossen. Mietskasernen von etwa 20 m Breite und etwa 60 m Tiefe konnten so durchschnittlich drei- bis vierhundert Menschen beherbergen. Diese Bauordnung, die ganz entscheidend von feuerpolizeilichen Gesichtspunkten geprägt war, galt bis 1887, bis zu einem Zeitpunkt, zu dem die Bebauung weit fortgeschritten war und Berlin sich anschickte, zur »größten Mietskasernenstadt der Welt« (Werner Hegemann) zu werden. Zählte die Bevölkerung um 1865 etwa 650 000 Einwohner, so war sie um 1890 auf etwa 1,5 Millionen

Bebauungsplan von den Umgebungen Berlins aus dem Jahre 1862 (Hobrecht-Plan), entnommen dem 3. Verwaltungsbericht des Königlichen Polizei-Präsidiums von Berlin für die Jahre 1891 bis 1900, Berlin 1902 (Ausschnitt)

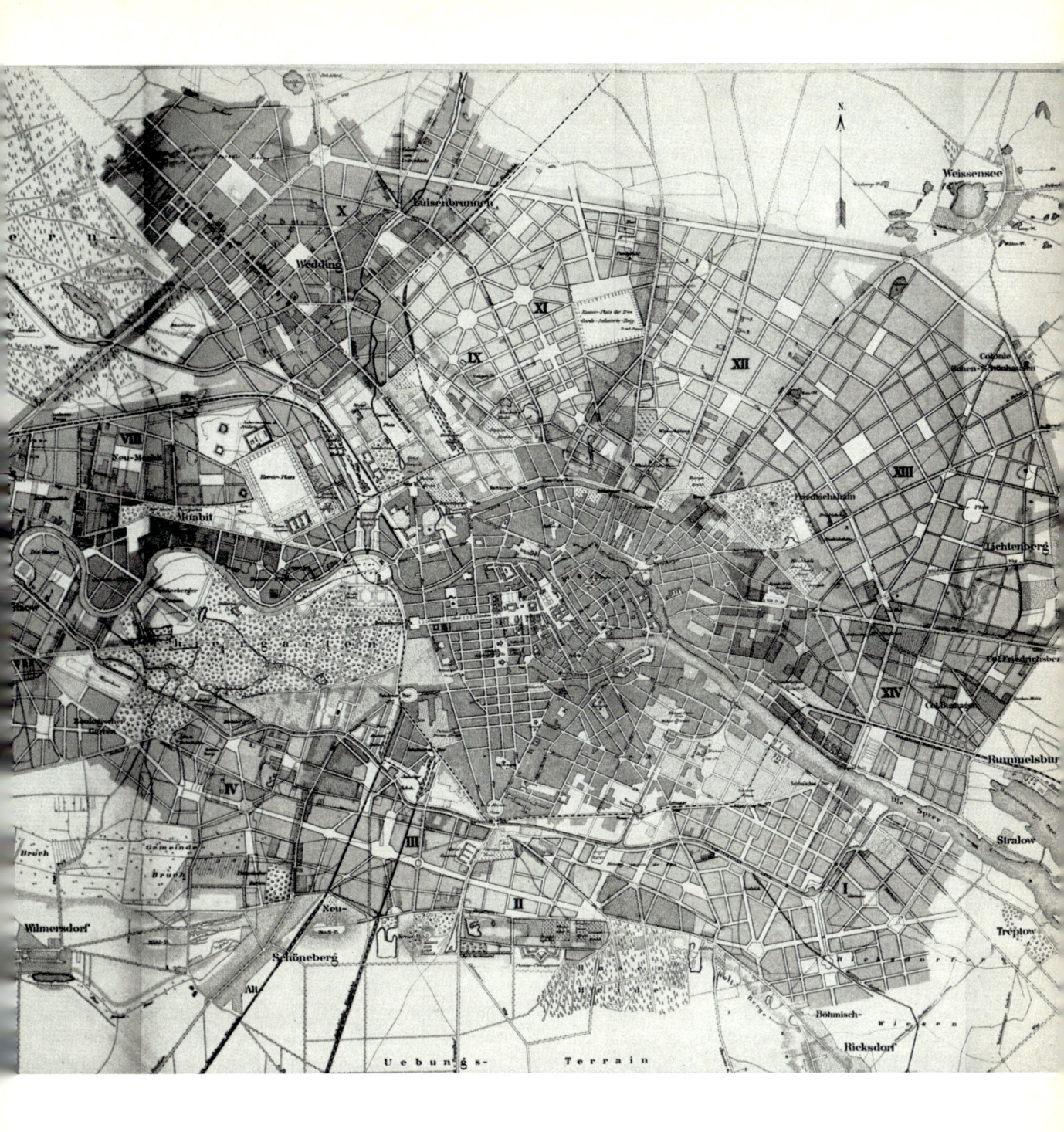

Stadtbezirk Prenzlauer Berg

angestiegen. Bauten, die von den rasch anwachsenden sozialen Problemen in der sich entwickelnden Millionenstadt eine Vorstellung geben, sind im Stadtbezirk Prenzlauer Berg neben den noch zahlreich erhaltenen Mietskasernen u. a. das Städtische Obdach und Siechenhaus in der Prenzlauer Allee oder das katholische St. Josefsheim in der Pappelallee, 1891 zur Aufnahme obdachloser, ausgesetzter Kinder gegründet.

Hobrecht hat einige Jahre später in einem Aufsatz (Über öffentliche Gesundheitspflege, Stettin 1868) seinem Bebauungsplan von 1862 eine sittliche Rechtfertigung der Mietskasernen hinzugefügt, aus der das folgende Zitat, zur Rundung des Bildes und kommentarlos, denn der Text spricht für sich selbst, hier wiedergegeben sei: »In den Mietskasernen gehen die Kinder aus den Kellerwohnungen in die Freischule über denselben Hausflur, wie diejenigen des Rats oder Kaufmanns auf dem Wege nach dem Gymnasium. Schusters Wilhelm aus der Mansarde und die alte bettlägerige Frau Schulz im Hinterhaus, deren Töchterchen durch Nähen oder Putzarbeiten den notdürftigen Lebensunterhalt besorgt, werden in dem ersten Stock bekannte Persönlichkeiten. Hier ist ein Teller Suppe zur Stärkung bei Krankheit, da ein Kleidungsstück, dort die wirksame Hilfe zur Erlangung freien Unterrichts oder dergleichen und alles das, was sich als das Resultat der gemütlichen Beziehungen zwischen den gleichgearteten und wenn auch noch so verschieden situierten Bewohnern herausstellt, eine Hilfe, welche ihren veredelnden Einfluß auf den Geber ausübt. Und zwischen diesen extremen Gesellschaftsklassen bewegen sich die Ärmeren aus dem III. und IV. Stock, Gesellschaftsklassen von höchster Bedeutung für unser Kulturleben, der Beamte, der Künstler, der Gelehrte, der Lehrer usw. In diesen Klassen wohnt vor allem die geistige Bedeutung unseres Volkes. Zur steten Arbeit, zur häufigen Entsagung gezwungen und sich selbst zwingend, um den in der Gesellschaft erkämpften Raum nicht zu verlieren, womöglich ihn zu vergrößern, sind sie die in Beispiel und Lehre nicht genug zu schätzenden Elemente und wirken fördernd, anregend und somit für die Gesellschaft nützlich, und wäre es fast nur durch ihr Dasein und stummes Beispiel auf diejenigen, die neben ihnen und mit ihnen untermischt wohnen.«

Die Bebauung des Gebietes des späteren Stadtbezirkes Prenzlauer Berg erfolgte im wesentlichen von Süden nach Norden. Die älteste Bausubstanz befindet sich in den an den Stadtbezirk Mitte angrenzenden Teilen, hier auch vermischt mit großen Industrieanlagen, insbesondere Brauereien. In den Teilen nördlich der heutigen Dimitroffstraße, in denen, bedingt durch die 1871 eröffnete Ringbahn, bereits das Gaswerk an der Dimitroffstraße (1872/74) und der Zentralviehhof (1878/81) bestanden, wurde die Wohnbebauung bis zum ersten Jahrzehnt des 20. Jh. an die Grenze des damaligen Stadtgebietes herangeführt, ohne jedoch alle Flächen zu erfassen. So kommt es, daß hier, in den Randbereichen, umfangreiche Wohnanlagen der zwanziger Jahre entstehen konnten, von denen vor allem die Siedlungen Bruno Tauts von besonderer Bedeutung sind. – Entsprechend dem zeitlichen Ablauf, in dem sich die

Linke Seite: Wohnhäuser Greifswalder Straße 16/18
Rechte Seite: Wohnhaus Prenzlauer Allee 234

Bebauung vollzog, reicht die Palette der Fassadengestaltungen der Miethäuser von noch spätklassizistischen Fassaden über historische Fassaden mit Stilelementen der Spätgotik, der Renaissance und des Barock bis hin zu solchen des Jugendstiles und des modernen Bauens der zwanziger Jahre, letztere nun in radi-

Stadtbezirk Prenzlauer Berg   355

kaler Abkehr von den vorangegangenen Stil- und Gestaltungstendenzen. Ecken der Baublocks an Straßenkreuzungen sind vielfach durch erhöhte Risalite besonders hervorgehoben, später, zum Ende des Jahrhunderts, auch durch repräsentative Kuppel- oder Turmarchitekturen betont. Elemente der allgemeinen Fassadengestaltung sind weiter Portalrisalite, aber auch die zum obersten Geschoß hin abnehmende Stockwerkshöhe, entsprechend der gesellschaftlichen Stellung der Bewohner des Vorderhauses (vgl. das Zitat von Hobrecht). Wichtige Akzente in den Straßen bilden gelegentlich die Türme der teils in die Straßenfronten eingebundenen, teils auf Plätzen frei stehenden Kirchen. Auch die zahlreichen Gemeindeschulen, für die nach vorangegangener Bebauung oft nur noch Restgrundstücke zur Verfügung standen, sind mehrfach durch Dachtürme hervorgehoben, meist sind sie aber nur mit dem dann aufwendiger gestalteten Rektorenwohnhaus in den Straßenverlauf eingebunden, während die eigentlichen Schulgebäude zwischen Hinterhöfen eingezwängt sind.

Im zweiten Weltkrieg blieb der Stadtbezirk Prenzlauer Berg von Flächenzerstörungen wie in den Stadtbezirken Mitte und Friedrichshain verschont, wenngleich auch einzelnen Straßen z. T. empfindliche Lücken geschlagen wurden. Heute, rund hundert Jahre nach seiner Bebauung, stellt der Stadtbezirk Prenzlauer Berg ein wichtiges Stück Berliner Stadtgeschichte wie auch der Geschichte der Arbeiterbewegung dar, mit seinen Straßen und Plätzen von unverwechselbarem Reiz, trotz aller Planungsmängel der Vergangenheit und trotz drängender Sanierungsprobleme der Gegenwart.

Die Denkmale des Stadtbezirkes Prenzlauer Berg sind wie folgt geordnet (vgl. dazu auch die Übersichtskarte und Legende auf S. 351): 1. Schönhauser Allee und Straßen westlich und östlich der Schönhauser Allee; 2. Prenzlauer Allee und Straßen östlich der Prenzlauer Allee; 3. Greifswalder Straße und Straßen südöstlich der Greifswalder Straße.

Wohnanlage zwischen Grellstraße und Naugarder Straße; Blockrandbebauungen an der Kuglerstraße

Schönhauser Allee und Straßen westlich und östlich der Schönhauser Allee

Schönhauser Allee

Im Mittelalter vom Spandauer Tor ausgehende Ausfallstraße zu den nördlich von Berlin gelegenen Dörfern Pankow und Niederschönhausen, die verhältnismäßig früh in enge Verbindung zu Berlin kamen: In dem um 1230 gegründeten Dorf Pankow bestanden mindestens seit dem späteren 15. Jh. Landgüter von Berliner Patrizierfamilien, auch hatte hier Kurfürst Johann Cicero (1455/99) ein kleines Schloß. Das benachbarte Dorf Niederschönhausen, ebenfalls eine Gründung des 13. Jh., erwarb 1691 Kurfürst Friedrich III., der hier eine Fasanerie anlegen und nach Erlangung der Königswürde seit 1704 ein um 1670 errichtetes Landhaus des Grafen Dohna zum Schloß erweitern ließ. – Innerhalb der seit dem späten 17. Jh. sich entwickelnden Spandauer Vorstadt heißt die Straße Neue und Alte Schönhauser Straße, außerhalb der Stadt hieß sie im 18. Jh. Schönhauser Weg, Straße nach Niederschönhausen, Alter Weg nach Pankow (die Bezeichnungen schwankend), bis sie 1841 Schönhauser Allee benannt wurde. Besondere Bedeutung erhielt die 1743 mit Linden und Kastanien bepflanzte Straße etwa seit M. 18. Jh. als Zufahrtsweg zum Schloß Niederschönhausen, das der Königin Elisabeth Christine, der Gattin Friedrichs II., als Residenz diente, aber auch durch die Entwicklung Niederschönhausens und Pankows zur Sommerfrische wohlhabender Berliner Familien, die hier ihre Sommerhäuser errichten ließen.

Am Beginn der Schönhauser Allee, zwischen dieser und der innerstädtischen Alten Schönhauser Straße auf der Kreuzung mit der heutigen Wilhelm-Pieck-Straße, befand sich das Schönhauser Tor der im 18. Jh. angelegten Akzisemauer. 1802 war es als schlichtes Pfeilertor mit Akzisehaus nach Entwurf des Oberinspektors Meinecke neu erbaut worden (um 1867 abgerissen). Unmittelbar vor dem Tor lag seit dem frühen 18. Jh. ein Wirtschaftshof, der dem Domänenamt Niederschönhausen unterstand und verpachtet wurde, bis im späten 18. Jh. das Gut gegen eine Abfindungssumme in freies Eigentum überging; das 1789/90 neu errichtete eingeschossige Gutshaus mußte 1882/83 den fünfgeschossigen Mietshäusern Schönhauser Allee 186 b/187 weichen. Im weiteren Verlauf der Straße, die 1822/28 zu einer gepflasterten Chaussee ausgebaut worden war, befand sich an der Ostseite der 1827 von der Großen Hamburger Straße in der Spandauer Vorstadt hierhin verlegte Jüdische Friedhof. Etwas weiter nördlich, an der Westseite, entstand 1825 der Exerzierplatz »An der einsamen Pappel« (heute Friedrich-Ludwig-Jahn-Sportplatz), dem im Revolutionsjahr 1848 als Treffpunkt revolutionärer Arbeiter besondere Bedeutung zukam; sein Gelände hatte der Besitzer des Vorwerks, Wilhelm Griebenow, dem Militärfiskus verkauft, von dem wiederum die Stadt Berlin 1912 einen Teil zur Bebauung erwarb (ursprünglich reichte der Exerzierplatz bis an die Gleimstraße).

Um 1850/60 war die Schönhauser Allee beidseitig locker bebaut, z. T. schon mit dreigeschossigen Gebäuden wie dem erhaltenen Wohnhaus Nr. 55 oder dem Männersiechenhaus Nr. 59. Als 1861 die Weichbildgrenze Berlins erweitert wurde, verschob sich die Stadtgrenze an den Eschengraben nördlich der heutigen Bornholmer Straße, wo auch heute noch die Grenze zum Stadtbezirk Pankow verläuft. Die Schönhauser Allee gehörte 1875 zur 1. bzw. 2. Klasse mit nur 0 bis 3 Einwohnern pro 100 m² (Volkszählung vom 1. 12. 1875), ganz im Gegensatz zu dem dicht besiedelten Gebiet unmittelbar westlich der Schönhauser Allee zwischen heutiger Wilhelm-Pieck-Straße und Schwedter Straße mit 10,5 bis 13,9 Einwohnern pro 100 m².

Für den Ausbau der Schönhauser Allee zur Wohn- und Geschäftsstraße und den Ausbau der Nebenstraßen besonders im nördlichen Teil war die Verkehrserschließung von ausschlaggebender Bedeutung. 1871 wurde die »Ringbahn« (heute S-Bahn) eröffnet, die anfangs nur dem Güterverkehr diente, bald aber auch für den Personenverkehr eingerichtet wurde; der Personenbahnhof, der heutige S-Bahnhof Schönhauser Allee, wurde in den neunziger Jahren erbaut. Große Bedeutung für die Erschließung des Gebietes hatte auch die 1875 eröffnete Linie Schönhauser Tor – Pankow der Großen Berliner Pferdebahn. 1880 wurde hier ein versuchsweiser Verkehr mit sieben Lokomotiven eingerichtet, der jedoch bereits nach kurzer Zeit wegen der lästigen Rauchentwicklung wieder eingestellt wurde. 1895 wurde die Linie elektrifiziert.

Am 25. Juli 1913 wurde die 3,5 km lange U-Bahn-Linie Alexanderplatz – Nordring (jetzt Schönhauser Allee) eröffnet, die 1930 nach Pankow verlängert wurde. Die HOCHBAHNANLAGE in Stahlkonstruktion (»Magistratsschirm«) mit den im wesentlichen unverändert erhaltenen BAHNHÖFEN Dimitroffstraße und Schönhauser Allee, nach Entwürfen von Alfred Grenander und Johannes Bousset erbaut, bestimmt nachdrücklich das Bild der Schönhauser Allee.

GESCHÄFTSHAUS Schönhauser Allee 1/2 s. Wilhelm-Pieck-Straße 49, S. 378.

WOHN- und GESCHÄFTSHAUS Schönhauser Allee 8. Fünfgeschossiger Putzbau mit Sandsteingliederungen von 1911. Erd- und erstes Obergeschoß als Sockel gebildet, der rustizierte Portalrisalit mit reliefiertem Schlußstein. Die Obergeschosse durch vertikale Gliederung der Mitte sowie durch halbrunde Erker betont, besonderer Akzent die Balustrade des zweiten Obergeschosses mit Puttengruppen. – Seiten- und Hofflügel Fabrikgebäude mit Keramikverkleidung.

DENKMAL für Alois Senefelder, Schönhauser Allee/Senefelderplatz. Auf hohem Sockel die Sitzfigur des Erfinders der Lithographie in zeitgenössischer Tracht und mit Werkzeugen, 1892 von Rudolf Pohle in Carrara-Marmor. An der Vorderfront des Sockels zwei Putti, der eine den Namenszug Senefelders in Spiegelschrift schreibend, der andere diesen in einem Handspiegel entziffernd.

VP-INSPEKTION Prenzlauer Berg, Schönhauser Allee 22. Dreigeschossiger gelber Klinkerverblendbau, 1883/87 nach Entwürfen von Carl Schwatlo als Altersversorgungsanstalt der Jüdischen Gemeinde errichtet, z. T. kriegszerstört. Die fünfzehnachsige Fassade durch Mittel- und Eckrisalite gegliedert.

JÜDISCHER FRIEDHOF Schönhauser Allee 23/25. Nach Plan des Stadtbaumeisters Friedrich Wilhelm Langerhans 1827 angelegt als Ersatz für den im gleichen Jahr geschlossenen Friedhof an der Großen Hamburger Straße in der Spandauer Vorstadt (s. S. 292). Um 1880 – nach Einrichtung des neuen Weißenseer Friedhofes – offizielle Schließung, auf Erbbegräbnissen jedoch noch Bau von Grabmälern bis in die zwanziger Jahre des 20. Jh. und Bestattungen bis etwa 1940. An der Stelle der im zweiten Weltkrieg zerstörten Feierhalle jetzt ein Ehrenmal aus Quadersteinen, 1961 entworfen von Ferdinand Friedrich.

Linke Seite: Schönhauser Allee, U-Bahnhof Dimitroffstraße und U-Bahn-Viadukt

Rechte Seite: Schönhauser Allee/Senefelderplatz, Denkmal für Alois Senefelder; Jüdischer Friedhof Schönhauser Allee 23/25, Ehrenmal am Eingang

Schönhauser Allee und Straßen westlich und östlich der Schönhauser Allee

Begräbnisstätte bekannter Persönlichkeiten aus der Geschichte der Berliner Jüdischen Gemeinde und aus der Politik, dem Unternehmertum und der Kunst und Wissenschaft im 19. und 20. Jh., so von David Friedländer 1750–1834, Gründer der Berliner Jüdischen Freischule, Baruch Auerbach 1793–1864, Gründer einer Erziehungsanstalt, und Moritz Reichenheim 1815 bis 1872, Stifter des ersten Berliner jüdischen Waisenhauses, sowie von Gerson v. Bleichröder 1822–1893, Bankier und Finanzberater Otto v. Bismarcks, von dem Verleger Leopold Ullstein 1826–1899, dem Schriftsteller Max Ring 1817–1901, den Medizinern Samuel Kristeller 1820–1900 und James Israel 1848–1926 und dem Literaturhistoriker Richard M. Meyer 1860–1914. Auf dem Rondell des ehem. Hauptweges Stele für die in der Revolution 1848 gefallenen A. Goldmann aus Potsdam und S. Barthold aus Schivelbein.

Eindrucksvoll die ungewöhnliche Dichte der Grabmäler, der Tradition entsprechend meist schlichte, vielfach noch klassizistische Stelen aus Kalk- oder Sand-

Jüdischer Friedhof Schönhauser Allee 23/25: Gräberfeld mit Grabmälern um M. 19. Jh.; Hauptweg mit Grabmälern des späten 19. Jh.; Familiengrabmal Lion und Deutsch

Jüdischer Friedhof Schönhauser Allee 23/25: Grabmal G. Meyerbeer; Familiengrabstätte Liebermann; Grabmal S. Loewe

stein sowie Obelisken oder liegende Tafeln aus schwarzem, poliertem Granit. Dazu aber auch, entlang der Umfassungsmauern in geschlossener Folge sowie auf dem nordwestlichen und dem südlichen Teil des Friedhofes, repräsentative, architektonisch gestaltete Familiengrabstätten. Unter ihnen an der nördlichen Umfassungsmauer das Grabmal des Komponisten Giacomo Meyerbeer, gest. 1864 in Paris und hier beigesetzt, schlichte Marmortafel in Pultform, zugehörig dem Familiengrabmal Beer, einer hohen spätklassizistisch gegliederten Putzmauer in Art eines offenen Karrees, nach 1833. Etwa vor der Mitte der südöstlichen Friedhofsmauer die Familiengrabstätte Liebermann, über L-förmigem Grundriß errichtete Mauer mit Arkatur von drei zu vier Achsen in historisierenden Mischformen nach Entwurf von Hans Grisebach E. 19. Jh., darin auch die Grabstätte des Malers Max Liebermann 1847–1935, mit schlichter liegender Schriftplatte.

Im südlichen Teil zwei bemerkenswerte Grabmäler: Familiengrabmal Lion und Deutsch, Tabernakel im romanisch-orientalisierenden Mischstil, die Vorderseite mit Rundbogen über zwei Säulen, in der geschlossenen Rückwand Speichenrose, Entwurf von August Wilhelm Cordes, Ausführung von M. L. Schleicher, um 1877. Grabmal Frau Ludwig Loewe Sophie geb. Lindenheim gest. 1876, Stele in Dreiecksform mit Putzquaderung, gleichsam als Flächenprojektion einer Pyramide, im Oberteil Medaillon mit Reliefbildnis der Verstorbenen – ein seltenes Beispiel einer Menschendarstellung an einem jüdischen Grabmal.

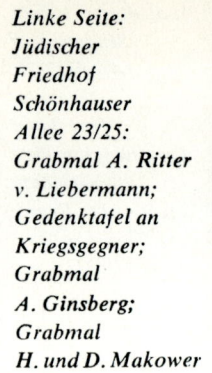

*Linke Seite:
Jüdischer Friedhof Schönhauser Allee 23/25:
Grabmal A. Ritter v. Liebermann;
Gedenktafel an Kriegsgegner;
Grabmal A. Ginsberg;
Grabmal H. und D. Makower*

*Rechte Seite:
Ehem. Schultheiß-Brauerei Schönhauser Allee 36/39, ehem. Restauranttrakt mit Turm, Risalit an der Knaackstraße und Eckturm an der Sredzkistraße/Knaackstraße*

Eine typische, aus der Tradition der Sarkophaggrabmäler hervorgegangene, E. 19. Jh. ins Prunkhafte gesteigerte Form: Grabmal des A. Ritter von Liebermann v. Wahlendorf gest. 1893, Sarkophag auf hohem Sockel, mit einer Decke schwer behangen (schräg gegenüber der Liebermannschen Familiengrabstätte). Grabmal A. Ginsberg gest. 1898, ähnlich dem vorigen reich drapierter Sarkophag vor breiter und hoher Stele. Doppelgrabmäler für H. und D. Makower gest. 1897 und 1888 und für H. und A. Lehmann gest. 1900 und 1911, jeweils zwei gleiche Sarkophage mit pultartig angehobenen Deckeln bzw. mit hochgestellten Schriftrollen am Kopfende. Alle Grabmäler dieses Typs aus carrarischem Marmor. Aus demselben Material das Grabmal für den bereits genannten G. v. Bleichröder, hoher Quader mit reich drapierter Urne, vermutlich von Carl Begas d. J.

Im nordwestlichen Teil des Friedhofes, nahe der Begrenzungsmauer zur Schönhauser Allee, Gedenktafel an Kriegsgegner, die Ende 1944, auf dem Friedhof Zuflucht suchend, hier erhängt wurden.

Ehem. SCHULTHEISS-BRAUEREI Schönhauser Allee 36/39 sowie Sredzkistraße und Knaackstraße (Jugendklub Erich Franz, Sportler-Kasino und Möbellager). Ausgedehnter Gebäudekomplex von gelben Klinkerverblendbauten; eines der wenigen in voller Ausdehnung erhaltenen Beispiele eines Werkgeländes des späten 19. Jh., wie zu dieser Zeit auch bei Fabriken allgemein üblich in historistischen, dem eigentlichen Zweck fremden Formen erbaut. – Im wesentlichen bis 1891 nach Plänen von Franz Schwechten entstandener Komplex aus Produktions- und Lagerstätten sowie einem Bierrestaurant mit Sälen. Sämtliche Bauten in romanisierenden Formen gehalten, mit Lisenen, Rundbogenfenstern, aus dem Klinkermaterial entwickelten Gesimsen usw. Die Ecke Schönhauser Allee/Sredzkistraße durch übereckgestellten Turm mit hohem steilem Dach betont, mit dem Zugang zum Jugendklub in den Sälen des ehem. Restaurants. Die langen Straßenfronten, besonders an der Knaackstraße, durch beeindruckende Giebelrisalite aufgelockert, an der Ecke zur Sredzkistraße hoher quadratischer Turm von burgenartigem Charakter.

WOHNHAUS Schönhauser Allee 55. 1858 von Steinmetzmeister Müller als dessen Wohnhaus errichtet. Dreigeschossiger Putzbau, das Dachgeschoß durch ein Band von kleinen Fenstern als Attikageschoß gestaltet.

Die siebenachsige Fassade klar gegliedert in den hellenistischen Stilformen der Berliner Schule: betonte Mittelachse, im Erdgeschoß von Karyatiden flankierte Toreinfahrt, darüber die Mittelfenster beider Obergeschosse von Säulen bzw. Pilastern eingefaßt und von Dreiecksgiebel bekrönt. Seitlich an den Obergeschossen jeweils zwei Balkone auf reich skulptierten Sandsteinkonsolen. Instandsetzung 1980/81.

WOHNANLAGE der »Berliner Gemeinnützigen Baugesellschaft«, Schönhauser Allee 58 A und B und 59 A und B, Buchholzer Straße 10/22, Gneiststraße 1/20, Greifenhagener Straße 1/4 und 65/68, Pappelallee 69/73. – Nach Vorbild der englischen und französischen Wohnungsreformbewegung unternahm 1852/53 die 1847 gegründete »Berliner Gemeinnützige Baugesellschaft« einen Versuch mit dem Bau von sechs Ein- und Zweifamilienhäusern im Cottagestil an der Schönhauser Allee 58/60 (»Bremer Höhe«). Ziel der Berliner Wohnungsreformbewegung war es, »eigentumslose Arbeiter in arbeitende Eigentümer« zu verwandeln, das Projekt galt als ein Versuch zur Lösung der Arbeiterwohnungsfrage. Bereits 1856 mußte dieser Versuch als gescheitert betrachtet werden. – Auf den erworbenen Grundstücken wurden von 1870/71 bis 1913 fünfgeschossige Miethäuser in rotem Klinker mit Ein- und Zweizimmerwohnungen ohne das sog. Berliner Zimmer errichtet; die Klinkerfassaden der älteren Häuser zweckmäßig schlicht (die Häuser Schönhauser Allee 59 A und B und Buchholzer Straße 10 und 11), die der jüngeren entsprechend der allgemeinen Bauentwicklung reicher, z. T. mit Stuckornament, eines der Häuser an der Pappelallee (Nr. 71/72) mit turmartiger Eckenbetonung durch verkupferten Helm. Im Inneren der Karrees keine Hinterhofbebauung wie sonst in dieser Zeit allgemein üblich, sondern große begrünte Innenhöfe, die z. T. mit Gemeinschaftseinrichtungen versehen werden sollten, geplant waren u. a. eine Badeanstalt. Realisiert wurde in den achtziger Jahren des 19. Jh. im Block zur Pappelallee eine »Kinderbewahranstalt« (heute Kindergarten) für 100 Kinder.

Linke Seite: Wohnbauten der »Berliner Gemeinnützigen Baugesellschaft«, Gesamtansicht des Hauses Schönhauser Allee 59 A und B und Fassadendetail des Hauses Greifenhagener Straße 65; Wohnhaus Schönhauser Allee 55

Rechte Seite: Wohnbauten der »Berliner Gemeinnützigen Baugesellschaft«, Portalbekrönung Pappelallee 70 und Haus Pappelallee, Ecke Gneiststraße

Zuvor war bereits 1856/57 auf dem von der Baugesellschaft erworbenen Gelände ein Männersiechenhaus (heute Innere Mission und Hilfswerk der evangelischen Kirche) entstanden (Schönhauser Allee 59), das nach 1870 beidseitig eingefaßt wurde von den erwähnten Mietshäusern. Im leicht erhöhten Mittelrisalit des dreigeschossigen gestreiften Klinkerverblendbaues Tondi mit Reliefbildnissen Johann Calvins und Martin Luthers.

WOHNHAUS Schönhauser Allee 63. Typisches Beispiel einer Berliner Mietskaserne auf tiefem Baublock mit drei dicht umbauten Hinterhöfen, wie sie nach der Bauordnung von 1887 errichtet wurden. Die fünfgeschossige Vorderfront mit ursprünglich reicher Stuckverzierung in gotisierenden Formen nach 1950 vereinfacht.

WOHNHAUS Schönhauser Allee 88, Ecke Kuglerstraße 2. Fünfgeschossiges Eckgebäude von 1903, mit mehreren Eingängen um kreisförmigen Innenhof gruppiert, dieser zum Nachbargrundstück durch dreibogige Arkade geöffnet, darüber in den einzelnen Geschossen verglaste Galerien. Die Straßenfassaden mit Erkern, Balkonen und reicher Stuckverzierung in Jugendstilformen, die abgerundete Ecke betont durch Kuppel.

WOHN- und GESCHÄFTSHAUS Schönhauser Allee 129, Ecke Milastraße 2. Großzügig angelegter malerischer Gebäudekomplex von z. T. fünfgeschossigen Bauten mit reicher Sandsteingliederung, um mehrere Innenhöfe gruppiert (Hofsituationen z. T. verändert), 1905 von den Architekten Georg Rathenau und Friedrich August Hartmann in neuromanischen Stilformen errichtet. Die Fassaden der fünfgeschossigen Wohnhäuser mit Läden an der Schönhauser Allee z. T. vereinfacht. – Das Gebäude an der Milastraße mit hohen Ziergiebeln zur ehem. Malzbierbrauerei Christoph Groterjan gehörig. Im Gebäude ehemals Biersäle und Restaurants, die Fassaden z. T. mit Sandsteinreliefs, die auf die ursprüngliche Nutzung verweisen.

um 1875/80, gegliedert durch Erker mit Säulenstellungen; reiche, variierende Fensterverdachungen. – Ähnlich auch das sechsachsige Wohnhaus Schönhauser Allee 150.

SEGENSKIRCHE Schönhauser Allee 161. In die Straßenfront eingebundener Komplex historisierender Klinkerbauten um kleinen Innenhof, erbaut 1905/08 von August Dinklage, Ernst Paulus und Olaf Lilloe. Das dreiflügelig um den Hof angelegte viergeschossige Wohngebäude zur Straße mit aufwendiger Giebelfassade, diese mit großer spitzbogiger Durchfahrt, an den Obergeschossen zwei symmetrisch angeordnete Erker

Linke Seite: Wohnhäuser Schönhauser Allee 147/147A (links) und Schönhauser Allee 146/146A, Ecke Kastanienallee 130

Rechte Seite: Ehem. Männersiechenhaus Schönhauser Allee 59; Wohnhaus Schönhauser Allee 184, Ecke Lottumstraße

WOHNHAUS (Gemeindehaus der evangelischen Kirche) Schönhauser Allee 134A. Dreigeschossiger fünfachsiger Putzbau um 1860, die seitliche Achse der schlichten Fassade als Risalit mit Hauseingang gestaltet. Im sog. Souterrain noch heute Laden, eines der wenigen erhaltenen Beispiele für die Nutzung des Kellergeschosses entsprechend der 1853/87 gültigen Baupolizeiordnung.

WOHNHÄUSER Schönhauser Allee 146/146A, Kastanienallee 130. Sechsgeschossige Eckbebauung um 1880 mit Mansarddach (Ateliers). Fassaden in den Obergeschossen mit rotem Klinker verblendet, belebt durch Gesimse und reich profilierte Fensterrahmungen. – In einem der Ateliers dieses Hauses erfolgten 1892 die ersten Filmversuche von Max Skladanowsky, einem der Pioniere des Films.

WOHNHÄUSER Schönhauser Allee 147 und 147A. Gute Beispiele für die aufwendige Fassadengestaltung von viergeschossigen Mietshäusern der Gründerzeit,

sowie die Mittelachse betonender Balkon mit rundbogiger Galerie. Unmittelbar links anschließend der beherrschende, im Straßenbild der Schönhauser Allee gewichtig in Erscheinung tretende quadratische Turm, der achteckige Turmaufsatz mit schön geschwungener Kupferhaube mit Laterne und Spitzhelm in Barockformen. Während diese zur Straße gewendeten Teile nordeuropäischen Backsteinbauten, ohne in einem engen Sinne zu kopieren, nachempfunden sind, ist die mit Figuren und Reliefs geschmückte Kirchenfassade im Innenhof Bildungen oberitalienischer Renaissancearchitektur verpflichtet. Das Kircheninnere ein über griechischem Kreuz errichteter Zentralbau mit oktogonaler Kuppel. In den Kreuzarmen an drei Seiten massive Emporen über Flachbogenarkaden, die Säulenkapitelle reich skulptiert, die Emporenbrüstungen mit Reliefs; im vierten, westlichen Kreuzarm Kanzelaltar und darüber Orgel.

WOHNHAUS Schönhauser Allee 184, Ecke Lottumstraße. Fünfgeschossiges Mietshaus mit imponierendem abgeschrägtem Eckrisalit in neugotischen Formen, um 1880. Die seitlichen Straßenfassaden durch Neuputz vereinfacht (Abb. S. 367).

Straßen westlich der Schönhauser Allee

Die Straßen des südlichen Teiles dieses Bereiches, nach Süden (Wilhelm-Pieck-Straße) und Westen (Choriner Straße) an den Stadtbezirk Mitte grenzend, besonders zwischen Wilhelm-Pieck-Straße und Schwedter Straße, mit dem Teutoburger Platz als Schmuckplatz, verhältnismäßig früh, in der Zeit nach 1860 bis etwa 1875 bebaut; nach der Volkszählung vom 1. 12. 1875 eines der dichtbesiedeltsten Gebiete Berlins mit 10,5 bis 13,9 Einwohnern pro 100 m².

Die Bebauung des nördlichen Teiles erfolgte südlich der Bahntrasse im wesentlichen kurz vor oder um 1900, während nördlich der Bahntrasse, zwischen dieser und der Bornholmer Straße, eine planmäßige Bebauung um den als großen Schmuckplatz angelegten Arnimplatz erst um 1905 einsetzte.

Bornholmer Straße

WOHNHAUS Bornholmer Straße 90. Erbaut um 1906/09 von Wischkat. Fünfgeschossiger Putzbau mit asymmetrisch gestalteter Fassade, die Schmuckformen an Fenstern, Balkonen und dem über vier Geschosse geführten Erkervorbau in Formen des Jugendstiles, bei der Instandsetzung des Gebäudes wohl z. T. reduziert. Zugehörig auch die das Nachbargrundstück Nr. 89 mit einbeziehende Hofumbauung.

Dänenstraße

Katholische AUGUSTINUSKIRCHE Dänenstraße 17/18. Komplex aus Kirche und Pfarrhaus 1927/28 von Josef Bachem und Heinrich Horvatin erbaut, in die fünfgeschossige Wohnbebauung der zur S-Bahn-Trasse nur einseitig bebauten Straße einbezogen. Die Kirche ein beeindruckender Klinkerverblendbau in spätexpressionistischen Formen. Im Sockelgeschoß der Fassade Vorhalle mit zwei spitzbogigen Portalen, über den Bogenscheiteln Terrakottafiguren der Schutzpatrone Augustinus und Monica. Darüber, seitlich von Treppentürmen flankiert, große Fensterrosette und rechteckig gerahmte Blendwand, hinter der der mächtige rechteckige Turm mit abgeschrägten Ecken und weit auskragendem Gesims aufwächst, vor dem abschließenden kupfergedeckten Pyramidendach hohes vergoldetes Metallkreuz.

Im wirkungsvollen Inneren das Kirchenschiff ein weiter Saal mit Kuppelgewölbe und Oberlicht sowie Nischen in den abgeschrägten Ecken. Der gestreckte rechteckige Altarraum mit Tonnenwölbung durch großen Rundbogen zum Schiff geöffnet, seine Seitenwände mit hohen Blendarkaden geschmückt, im hinteren Teil durch beidseitig fünf enggestellte Freipfeiler zur Dreischiffigkeit gewandelt; Blendarkaden wie Freipfeiler aus rotem Kunststein. Die ursprüngliche Raumfassung in Silber und hellem Blau erhalten. – Einbauten und Ausstattung ebenfalls in unverändertem Zustand: Hauptaltar, die Mensa aus schwarzem Marmor, der hohe Altaraufbau aus gestaffelter blauglasierter Keramik; das schlanke, rundbogig geschlossene Altarbild ein Mosaik mit Anbetung des Gekreuzigten durch Augusti-

Linke Seite: Segenskirche Schönhauser Allee 161
Rechte Seite: Augustinuskirche Dänenstraße 17/18

nus und Monica, der Corpus in Holz geschnitzt von Otto Hitzberger. Seitenaltäre in den nördlichen Nischen des Kirchenschiffes mit Plastiken von Otto Hitzberger, Maria mit Kind und Augustinus; in den beiden südlichen Nischen Beichtstühle. In der runden Taufkapelle Taufstein aus Travertin und Glasgemälde. Orgelempore, Kanzel und Gemeindegestühl ebenfalls aus der Erbauungszeit.

Das fünfgeschossige Pfarrhaus in den beiden unteren Geschossen klinkerverblendet, mit spitzbogigem Portal; an den oberen Putzgeschossen klinkerverblendeter Erker. Am Innenhof eingeschossiger Gemeindesaal und Kindergarten.

Driesener Straße

OBERSCHULE »Gustav Schiefelbein« Driesener Straße 22. 1905/08 vermutlich von Ludwig Hoffmann. Viergeschossiger Dreiflügelbau, in die Hinterhofbebauung der benachbarten Wohnhäuser eingefügt, das Schulgebäude in Achsenbeziehung zu dem straßenseitigen ehem. Rektorenwohnhaus. Dieses in Formen der italienischen Renaissance, dreigeschossig und von sieben Achsen, in der mittleren Achse das Portal mit Durchfahrt. Erd- und erstes Obergeschoß kräftig rustiziert, über den Fenstern des zweiten Obergeschosses Rosettenschmuck, abschließend kräftiges, weit vorspringendes Hauptgesims; Mansarddach.

Eberswalder Straße

HAUPTPOSTAMT Eberswalder Straße 6/9. Stattlicher neubarocker Putzbau um 1910. Der siebenachsige Mittelbau des viergeschossigen Gebäudes mit ornamentiertem Sandsteinportal und ionischen Kolossalpilastern an den Obergeschossen, auf dem Mansarddach Ovaltürmchen mit Gitterbrüstung.

VERWALTUNGSGEBÄUDE (Rat des Stadtbezirkes) Eberswalder Straße 10. 1886/88 als Gemeindedoppelschule erbaut, wohl von Hermann Blankenstein. An der Straße dreigeschossiger roter Klinkerverblendbau, vermutlich das ehem. Rektorenwohnhaus, mit grün und gelb glasierten Ziegeln, am Hauptgesims Ornamentfries. Das zum Hof hin anschließende dreigeschossige ehem. Schulgebäude schlichter und nur noch teilweise erhalten. Die Turnhalle im Hof ähnlich gestaltet wie das Rektorenwohnhaus.

ELISABETHSTIFT Eberswalder Straße 17/18, ehem. Siechenhaus für Frauen. 1877 von Baumeister Friedrich August Wilhelm Strauch errichteter Putzbau in den Formen des Berliner Spätklassizismus; Erweiterung durch Seitenflügel 1882/83 und nochmals 1892/93. Die über hohem Souterrain in drei Geschossen aufsteigende Fassade durch kräftig unterschiedene Bauteile von stark plastischer Wirkung: die Mitte betont durch dreiachsigen, von Attika bekröntem Mittelrisalit, weit vorspringend sowohl an der Straßen- wie auch Gartenseite, flankiert von risalitartigen Treppenhäusern; in den Rücklagen vor dem ersten Obergeschoß Balkonterrassen. Die mit fünf Achsen zur Straße gewendeten, wie Mittelrisalit und Treppenhäuser weit vorspringenden seitlichen Erweiterungsbauten in den gleichen Formen wie der Kernbau, zum Garten hin als flankierende Flügel angelegt.

Fehrbelliner Straße

Katholische HERZ-JESU-KIRCHE Fehrbelliner Straße 98/99. Von Christoph Hehl 1897/99 errichteter Gebäudekomplex aus Kirche und Pfarrhaus in romanischen Stilformen, die Fassaden mit Hausteinverkleidung, die rückwärtigen Teile verputzt und mit Klinkergliederungen. Dreischiffige kreuzförmige Basilika mit großer zwölfseitiger Vierungskuppel. In die Straßenfront eingebunden die asymmetrische Doppelturmfront und Vorhalle in reichen romanischen Formen; über den drei Haupteingängen in der Vorhalle Lünetten mit

*Linke Seite:
Augustinuskirche
Dänenstraße 17/18,
Blick zum Chor;
Oberschule
Driesener
Straße 22,
ehem. Rektorenwohnhaus*

*Rechte Seite:
Herz-Jesu-Kirche
Fehrbelliner
Straße 98/99,
Fassadendetail*

Sandsteinreliefs von Carl Ferdinand Hartzer, die Fassade darüber mit großer Fensterrosette und rundbogiger Galerie. Das Innere im Mittelschiff mit Tonnenwölbung, in diese die Fenster eingeschnitten, in den Seitenschiffen Kreuzgratgewölbe. Die Vierung in Anlehnung an venezianische Vorbilder überkuppelt (S. Fosca in Torcello). Chorschluß mit Hauptapsis, die Seitenschiffe mit Nebenapsiden. Reich skulptierte Säulenkapitelle in Schiff und Vierung von Otto Geyer. Die farbige Raumfassung mit figürlichen und szenischen Darstellungen 1914 von Friedrich Stummel. Wiederherstellung nach Kriegsschäden 1948. – Hochaltar mit prächtigem Altarretabel mit szenischen Reliefs, Kupfer vergoldet, von Otto Geyer und Otto Rohloff. In den Nebenapsiden Seitenaltäre. Sandsteinkanzel mit Reliefs von Otto Geyer.

Auf dem winkelförmigen Grundstück zur Schönhauser Allee 182 zuvor von Christoph Hehl zwei fünfgeschossige Gebäude (Theresienschule und Altersheim/Kindergarten) in historisierenden neuromanischen Formen errichtet, Putzbauten mit Klinkerverblendungen.

Gleimstraße

OBERSCHULE »Albert Kuntz« Gleimstraße 49, Ecke Ystader Straße. Um 1915 von Ludwig Hoffmann für das 1864 gegründete Luisenstädtische Gymnasium erbaut, teilweise kriegszerstört. Viergeschossiger Putzbau über winkelförmigem Grundriß, mit elf Achsen zur Gleimstraße und einundzwanzig Achsen zur Ystader Straße, verändert wiederhergestellt. An der Stirnseite zur Gleimstraße anschließend das klassizistisch gestaltete ehem. Rektorenwohnhaus von vier Geschossen und sechs Achsen, ursprünglich auch an der jetzt offenen Seite von Schulgebäude flankiert. An der Ystader Straße anschließend das repräsentative Turnhallen- und Aulagebäude in strengen klassizistischen Formen, mit einer balkontragenden Säulenfront vor dem Erdgeschoß, das Obergeschoß von Pilastern gegliedert; übergiebelter Dacherker mit seitlichen Anschwüngen.

Kastanienallee

FABRIKGEBÄUDE Kastanienallee 71. 1874 von J. Lonerent als Steindruckerwerkstatt mit Wohngebäude erbaut, viergeschossiger Klinkerverblendbau um Hof, die Straßenfassade von fünf Achsen in reichen historisierenden Formen.

WOHNHAUS Kastanienallee 77. Kleiner dreigeschossiger Putzbau von fünf Achsen, um M. 19. Jh. Erdgeschoß verändert, zwischen den Fenstern des ersten Obergeschosses zwei Figuren auf Konsolen, Handwerkerdarstellungen, wohl spätes 19. Jh.

WOHNHAUS Kastanienallee 130 s. Schönhauser Allee 146 146 A, S. 367.

Kopenhagener Straße

VEB ENERGIEVERSORGUNG (ehem. Umformwerk) Kopenhagener Straße 58, Ecke Sonnenburger Straße. Imposanter Komplex mehrgeschossiger Klinkerbauten in wirkungsvoller Gruppierung, erbaut in den streng funktionellen Formen der Architektur der zwanziger Jahre. Die Fronten betont glattflächig, im Kontrast dazu die z. T. umrahmten Öffnungen und die scharfkantigen Klinkerdekorationen der Hauptgesimse.

Lottumstraße

Um 1860 noch ungepflastert und nur mit einigen eingeschossigen Häusern locker bebaut. Wenig später, um 1875, gehörten die Lottumstraße wie auch die benachbarten Straßen bis zur Schwedter Straße zu einem der dichtbesiedelsten Gebiete Berlins.

WOHNBEBAUUNG Die vier- und fünfgeschossigen Mietshäuser z. T. noch in spätklassizistischen Formen, so u. a. Lottumstraße 5, 23, 28. Die Wandgliederung der Fassaden mit kräftig profilierten Gesimsbändern sowie Fensterrahmungen und -verdachungen, die Eckhäuser an der Kreuzung mit der Christinenstraße betont durch turmartig erhöhte Eckrisalite. Sehr enge Hinterhöfe. – Ähnlich und gleichzeitig die Wohnbebauung an der Christinenstraße und an der Schwedter Straße (s. S. 376).

Oderberger Straße

STADTBAD Oderberger Straße 57/59. 1899/1902 nach Entwurf von Ludwig Hoffmann erbaut. Putzbau, schmückende Teile in Sandstein, die bildhauerischen

Linke Seite: Oberschule Gleimstraße, Ecke Ystader Straße, ehem. Rektorenwohnhaus

Rechte Seite: Stadtbad Oderberger Straße 57/59, Hauptportal; ehem. Umformwerk (VEB Energieversorgung) Kopenhagener Straße 58, Ecke Sonnenburger Straße

Arbeiten von Otto Lessing. Der in die Straßenfront eingefügte langgestreckte vordere Gebäudeteil in den Formen der deutschen Renaissance: die beiden unteren Geschosse sandsteinverkleidet, im Erdgeschoß reich skulptiertes Portal (u. a. Relief einer Badeszene, in einer großen Muschel wird ein Bär von Wassernixen gebadet) und beidseitig vier große Fensteröffnungen (Wartesäle), darüber Reihe kleiner Segmentbogenöffnungen (Wannenbäder) durch plastischen Schmuck zu einem dekorativen Band zusammengefügt. Das dritte Geschoß mit überdachten Fenstern, ein viertes Geschoß in den drei Zwerchhäusern, deren horizontal unterteilte, im Umriß bewegte Giebel ähnlich den Giebeln der Schmalseiten gebildet sind. In den oberen Geschossen ursprünglich Dienstwohnungen, u. a. für die Rektoren der seit 1900 auf dem inneren Gelände des Baublocks (zwischen Oderberger Straße und Kastanienallee) befindlichen Gemeindedoppelschule. Beidseitig der Fassade zwei rundbogige Durchgänge für Mädchen bzw. Knaben zum Schulgelände.

Der an den Eingangsbau anschließende, sich in den Hof erstreckende hintere Gebäudeteil enthält die Schwimmhalle, beidseitig flankiert von niedrigen Anbauten für die Umkleideräume; einbezogen in die Gesamtanlage auch ein Wasserturm. Die kreuzgratgewölbte Halle mit umlaufender Zuschauerempore an einen Sakralraum erinnernd. Sandsteinbrüstungen und -pfeiler der Empore reich ornamentiert.

Schönfließer Straße

WOHNHÄUSER Schönfließer Straße 5 und 6. 1905 errichtet, fünfgeschossig mit reichen Stuckfassaden in Jugendstilformen, gegliedert durch Balkone und Erker über mehrere Geschosse. Um 1978 modernisiert und saniert, die Fassaden dabei im wesentlichen unverändert erhalten. – Beide Wohnhäuser gehören zu den ältesten Bauten in diesem im Jahrzehnt vor dem ersten Weltkrieg bebauten Gebiet, mit dem Arnimplatz im Zentrum, dessen Westseite von der Schönfließer Straße begrenzt wird. Seit 1973 vollzieht sich in dem Gebiet um den Arnimplatz eines der umfangreichsten Wohnungsmodernisierungsprogramme im Stadtbezirk Prenzlauer Berg, in dessen Verlauf über 5000 Wohnungen modernisiert und saniert werden, verbunden mit einer Entkernung der Hinterhöfe.

OBERSCHULE »Rudolf Schwarz« Schönfließer Straße 7. 1913/15 als Gemeindedoppelschule nach Entwurf von Ludwig Hoffmann erbaut. Das langgestreckte schlichte Schulgebäude mit zwei rückwärtigen Flügeln in die Hinterhofbebauung der angrenzenden Grundstücke eingefügt. An der Straße das ehem. Rektorenwohnhaus in zurückhaltend-historisierenden Formen. Viergeschossiger Putzbau von fünf Achsen, die gliedernden Elemente in Haustein: die äußeren Achsen mit Durchfahrten, in den oberen Geschossen von Pilastern flankiert, die Fenster des ersten und zweiten Obergeschosses durch die Rahmungen vertikal zusammengefaßt.

Linke Seite: Stadtbad Oderberger Straße 57/59, Schwimmhalle (rechts) und Durchgang zu einer ehem. Schule an der Kastanienallee

Rechte Seite: Entkernte Hinterhöfe im Sanierungsgebiet Arnimplatz (Schönhauser Allee 109/Seelower Straße 7)

Schwedter Straße
WOHN- und VERWALTUNGSGEBÄUDE (seit 1863 Steingutgießerei, seit 1882 Metallgießerei Czarnikow) Schwedter Straße 263. Erbaut um oder nach 1880. Stattlicher fünfgeschossiger Putzbau, über den beiden unteren sockelartigen Geschossen die drei oberen Ge-

schosse von seitlichen Doppelachsen zusammengefaßt und durch Balkon vor den beiden mittleren Fenstern des vierten Geschosses betont. Auf die ursprüngliche Nutzung als Wohn- und Verwaltungsgebäude einer Gießerei deuten die beiden Reliefs zwischen zweitem und drittem Geschoß mit mythologischen vielfigurigen Darstellungen.

WOHNHÄUSER Schwedter Straße 264/268. Geschlossene gründerzeitliche Bebauung, Nr. 264/266 wohl kurz vor oder um 1870, Nr. 268 1886, ähnlich und gleichzeitig auch Nr. 267. Vier- bzw. fünfgeschossige Putzbauten, die Fassaden z. T. noch spätklassizistisch, so besonders bei Nr. 266: siebenachsig, die beiden äußeren Achsen beidseitig als Risalite gebildet, die Fenster des ersten und zweiten Obergeschosses besonders hervorgehoben; unter dem Dachgesims Mäanderfries. Die Häuser Nr. 264 und 265 Eckbauten zur Christinenstraße, die abgeschrägten Eckrisalite durch kannelierte Kolossalpilaster über drei Geschosse und durch turmartige Erhöhung betont; sehr ähnlich in den Formen auch die anschließenden Häuser der Christinenstraße (Nr. 22, 22 A und 26). Sehr enge Hinterhöfe. – Die aufwendigen Fassaden von Nr. 267 und 268 in neubarocken Schmuckformen. An der Hofseite des flügellosen Hauses Nr. 268 in der Mittelachse dreiseitig hervortretender Dienstbotenaufgang, als schmale, steile Stiege hinter dem eigentlichen Treppenhaus angelegt, dieses ohne Verbindung zum Dienstbotenaufgang, durch ihn jedoch beleuchtet (vgl. auch den Dienstbotenaufgang an dem Hause Saarbrücker Straße 17).

Wilhelm-Pieck-Straße

Die jetzige Straßenanlage entstand 1867 nach Beseitigung der Akzisemauer, die seit 1705 als Palisadenzaun zunächst auf der Linienstraße, seit dem späten 18. Jh. etwas vorgerückt und massiv ausgeführt auf der heutigen Wilhelm-Pieck-Straße verlief. Die Mauer schied im westlichen Teil des heutigen Straßenzuges die Spandauer Vorstadt von der davor sich entwickelnden Äußeren Spandauer Vorstadt (dieses Gebiet um den Rosenthaler Platz bis zur Chausseestraße und Invalidenstraße heute zum Stadtbezirk Mitte gehörend), während im östlichen Teil des Straßenzuges, zwischen Prenzlauer Allee und Choriner Straße, der ehem. Mauerverlauf auch heute noch die Grenze zwischen den Stadtbezirken Mitte und Prenzlauer Berg bildet, so daß in diesem Teil der Straße die Bebauung der Südseite zum Stadtbezirk Mitte, die der Nordseite zum Stadtbezirk Prenzlauer Berg gehört. – Im 18./19. Jh. bestanden innerhalb der Stadt zwischen den Stadttoren Verbindungswege, sog. Kommunikationen; so wurde der Weg zwischen Schönhauser und Prenzlauer Tor als »Schönhauser Communication« bezeichnet. Seit 1832 hieß die Straße außerhalb der Mauer zwischen Rosenthaler und Schönhauser Tor Wollankstraße, benannt nach der Familie Wollank, die hier umfangreiche Ländereien besaß. 1848 war die Wollankstraße einseitig nahezu geschlossen mit mehrgeschossiger Wohnbebauung versehen, von den vierundzwanzig Grundstücken waren siebzehn bebaut, der Rest Baustellen (so auch Nr. 7/9). – 1872 erhielt die Straße zwischen Prenzlauer und Rosenthaler Tor die Bezeichnung Lothringer Straße, während die westliche Fortsetzung bis zur Friedrichstraße Elsasser Straße benannt wurde. 1951 wurden beide Straßen in Wilhelm-Pieck-Straße umbenannt.

INSTITUT für Marxismus-Leninismus beim ZK der SED Wilhelm-Pieck-Str. 1, Ecke Prenzlauer Allee 249. 1928 als Kaufhaus Jonas in Skelettbauweise errichtet. Fünfgeschossiger Putzbau, die zweigeschossige Sockelzone mit Naturstein verkleidet, die Obergeschosse vertikal zusammengefaßt. Dominierend die turmartig erhöhte Eckgestaltung von sieben Geschossen mit Attikageschoß, zur Straßenkreuzung hin abgeschrägt und beidseitig flankiert von gerundeten erkerartigen Vorsprüngen in Flucht der Längsfronten. 1946/56 als Zentralhaus der Einheit Sitz des Zentralkomitees der SED und Arbeitsstätte Wilhelm Piecks, sein Arbeitszimmer als Gedenkzimmer erhalten; am Haus Gedenktafel für Wilhelm Pieck, anläßlich seines hundertsten Geburtstages 1976 angebracht.

Linke Seite: Wohnhäuser Schwedter Straße 266 sowie 264 und 265 an der Einmündung der Christinenstraße

Rechte Seite: Institut für Marxismus/Leninismus beim ZK der SED (ehem. Kaufhaus Jonas) Wilhelm-Pieck-Straße 1

WOHNBAUTEN Wilhelm-Pieck-Straße 3/15 (ungerade). 1903/06 von Erich Köhn für den »Beamten-Wohnungs-Verein zu Berlin« errichtet, ursprünglich bis zur Prenzlauer Allee geplant. Fünfgeschossige Putzbauten mit hohen Satteldächern um Innenhöfe, die Straßenfront etwa in der Mitte ehrenhofartig geöffnet. Nach Kriegsschäden Fassaden und Dachzone z. T. vereinfacht. – In ähnlichen Formen und vom gleichen Architekten u. a. die Wohnanlage an der Wichertstraße, s. S. 399.

GESCHÄFTSHAUS (u. a. Auslandspresseagentur) Wilhelm-Pieck-Straße 49, Ecke Schönhauser Allee 1/2. 1927/28 in Stahlskelettbauweise von A. Wiener & H. Jaretzki erbaut. Eckbau von fünf Geschossen und eineinhalbgeschossiger, gestaffelt zurückgesetzter Dachzone unter Flachdach; abgerundete Ecken zur Wilhelm-Pieck-Straße und zur Schönhauser Allee. Im Erdgeschoß ursprünglich Läden. Nach Kriegsschäden Fassade verändert, die stilisierten Ornamente in den Formen der fünfziger Jahre.

WOHNHAUS Wilhelm-Pieck-Straße 75, Ecke Christinenstraße. Fünfgeschossiger Klinkerverblendbau mit Stuckgliederungen, 1886 erbaut. Erdgeschoß verändert, die vier Obergeschosse durch Fensterrahmungen mit wechselnden Verdachungen reich gliedert; die äußere Achse zur Wilhelm-Pieck-Straße mit dreiseitigem Erker von drei Geschossen, an der Ecke Wilhelm-Pieck-Straße/Christinenstraße Eckerker von vier Geschossen.

WOHNHAUS Wilhelm-Pieck-Straße 83 (ursprünglich Wollankstraße 7). 1851/52 erbaut, viergeschossiger Putzbau über hohem Erdgeschoß, die Obergeschosse mit Putzquaderung; Palmettenfries zwischen zweitem und drittem Geschoß. Im Souterrain ursprünglich Läden und Wohnungen, die Eingänge von der Straße erhalten. Charakteristisch die breite rundbogige Hauseinfahrt, über dem Hausflur sog. Entresol, die Hausmeisterwohnung mit Fenster zum Treppenhaus.

WOHNBAUTEN Wilhelm-Pieck-Straße 85 und 87 sowie Zehdenicker Straße 26/27. In drei Etappen zwischen 1850 und 1914 von der 1847 gegründeten »Berliner Gemeinnützigen Baugesellschaft« errichtet (eine weitere Anlage dieser Gesellschaft s. Schönhauser Allee 58 A/59 B, S. 365). 1850/51 entstanden die viergeschossigen Klinkerverblendbauten an der Wilhelm-Pieck-Straße, 1887 die viergeschossigen Klinkerverblendbauten an der Zehdenicker Straße; die fünfgeschossigen, an die ältere Bebauung anschließenden Seitenflügel um den begrünten Innenhof wurden vor dem ersten Weltkrieg errichtet. – Die Wohnhäuser Wilhelm-Pieck-Straße 85 und 87, ursprünglich Wollankstraße 8/9, sind die ältesten erhaltenen Bauten der »Berliner Gemeinnützigen Baugesellschaft«, deren Reformbestrebungen (Mitwirkung des christlichen Sozialreformers Victor Aimé Huber) in dem Verzicht auf Hinterhäuser und Kellerwohnungen deutlich werden (vgl. im Gegensatz dazu das benachbarte gleichzeitige Haus Wilhelm-Pieck-Straße 83). Viergeschossige Klinkerverblendbauten (Straßenfront durch Farbanstrich entstellt) von jeweils acht Achsen, die Geschosse durch Friese (Deutsches Band) voneinander abgesetzt. Am Haus Nr. 87 ein sechsachsiger Risalit von fünf Geschossen, mit zwei rundbogigen Portalen und flachen Pfeilervorlagen, die das abschließende Dachgesims durchbrechen und überragen.

Linke Seite: Wohnhaus Wilhelm-Pieck-Straße 75; Wohnbauten des »Beamten-Wohnungs-Vereins zu Berlin« Wilhelm-Pieck-Straße 3/15

Rechte Seite: Wohnhaus Wilhelm-Pieck-Straße 83; Wohnbauten der »Berliner Gemeinnützigen Baugesellschaft« Wilhelm-Pieck-Straße 85 und 87

Straßen östlich der Schönhauser Allee

Der südliche Teil dieses Bereiches, besonders zwischen Wilhelm-Pieck-Straße (ehem. Lothringer Straße) und Wörther Straße, wurde unmittelbar nach dem deutsch-französischen Krieg von 1870/71 bebaut, die Straßen z. T. noch nach Orten in Elsaß-Lothringen benannt; im Volksmund einst »Generalsviertel« genannt, da in diesem Gebiet zahlreiche Offiziere ihre Wohnungen hatten (am nahen Alexanderplatz lagen mehrere Kasernen). – Vor der Bebauung befanden sich in diesem Bereich der Feldmark, auf der steil abfallenden Anhöhe des Barnim-Plateaus, mehrere Windmühlen (»Windmühlenberg«), die im 18. Jh. von den abgetragenen Befestigungswällen im Südwesten und Nordosten der Stadt, wo sie zunächst standen, hierhin verlegt worden waren; im 19. Jh. erweiterten die Windmühlenbesitzer ihre Gehöfte z. T. zu vielbesuchten Ausflugsgaststätten, von denen sich ein weiter Blick über die Stadt bot. Die letzten Windmühlen brannten 1865 ab. Zwischen 1852 und 1856 wurde auf dem Windmühlenberg die heute in einen Schmuckplatz einbezogene Wasserversorgungsanlage an der Knaackstraße erbaut, die zu der von einer englischen Gesellschaft angelegten ersten Wasserleitung Berlins gehörte; die Erweiterung der Anlage u. a. durch den Wasserturm erfolgte um 1877 aufgrund der inzwischen einsetzenden umfangreichen Bautätigkeit in diesem Gebiet. Seit 1860/70 entstanden hier auch mehrere große Brauereien, so die Bötzow-Brauerei und die Schultheiß-Brauerei.

Nördlich der Dimitroffstraße (ursprünglich Danziger Straße) erfolgte die Bebauung im wesentlichen vom letzten Jahrzehnt des 19. Jh. an bis etwa 1910/14, wobei jedoch insbesondere zur ehem. Stadtgrenze hin (Wisbyer Straße) beträchtliche Teile unbebaut blieben und erst um 1925/30 durch Wohnsiedlungen verschiedener Gesellschaften erschlossen wurden (s. Prenzlauer Allee, S. 406, und Kuglerstraße, S. 389).

Die großen Schmuckplätze, südlich der Dimitroffstraße der Kollwitzplatz, nördlich der Dimitroffstraße der Helmholtz- und der Humannplatz, gehen ebenso wie die Anlage des Straßennetzes auf die Hobrechtsche Planung von 1862 zurück.

Dimitroffstraße

1822 inmitten des unbebauten Ackergeländes als Kommunikationsweg zwischen den nach Norden und Nordosten führenden Straßen bereits vorhanden. Seit der Bebauung dieses Gebietes im späten 19. Jh. Danziger Straße, 1950 umbenannt in Dimitroffstraße. – Die Fortsetzung der Straße östlich der Prenzlauer Allee s. S. 411 und S. 426.

OBERSCHULE »Wilhelm Böse« und »Kurt Lehmann« Dimitroffstraße 50. 1893/94 errichtete Gemeindeschule für Knaben. An der Straße, eingebunden in die Straßenflucht der angrenzenden mehrgeschossigen Wohnbebauung, das dreigeschossige ehem. Rektorenwohnhaus (Kindergarten), historisierender roter Klinkerverblendbau mit grün glasierten Schmuckziegeln. Von den acht Achsen die äußeren rechten ausgebildet als zweiachsiger Eckrisalit mit breitem Tordurchgang zum Schulgebäude im Inneren des von Mietskasernen umgebenen Baublocks, dieses ein viergeschossiger roter Klinkerverblendbau mit fünfachsigem Mittelrisalit in historisierenden Formen, die Fenster z. T. gekoppelt.

OBERSCHULE »Dr. Theodor Neubauer« und Hilfsschule »Wilhelm Blanck« Dunckerstraße 64. 1913/14 nach Entwurf von Ludwig Hoffmann errichtete Gemeindedoppelschule mit Schulzahnklinik. Auf schmalem Restgrundstück parallel zur S-Bahn-Trasse des Nordrings, mit der Fassade städtebaulich auf zuvor von Hoffmann Geschaffenes, den jenseits der S-Bahn-Trasse gelegenen Schulbau Dunckerstraße 65/66 (s. unten) bezogen, aber auch der Formenkanon von älteren Bauten Hoffmanns übernommen, der ehem. Mädchenschule in der Christburger Straße und der ehem. Höheren Webschule am Warschauer Platz. – In die schmale Straßenfront der Dunckerstraße ein eingeschossiges Gebäude und das dreigeschossige ehem. Rektorenwohnhaus einbezogen, mit hohen Walm-

Linke Seite: Blick vom Windmühlenberg auf die Stadt, im Vordergrund die Wasserversorgungsanlage der ersten Berliner Wasserleitung, Lithographie um 1860

Rechte Seite: Wohnhaus Dimitroffstraße 57, Ecke Senefelderstraße; Oberschule Dunckerstraße 64, ehem. Rektorenwohnhaus, dahinter Seitenflügel des Schulgebäudes

WOHNHAUS Dimitroffstraße 57, Ecke Senefelderstraße 35. Um 1895 erbaut, fünfgeschossiger Klinkerverblendbau mit reichem Stuckdekor in Renaissanceformen, das Dach in Schieferdeckung. Eines der wenigen im ursprünglichen Zustand erhaltenen betonten Eckgebäude mit verschieferter Kuppel und Eckerker über vier Geschosse; ebenfalls ursprünglich die eisernen Dachgitter.

Dunckerstraße
WOHNBEBAUUNG Dunckerstraße 36/58 (zwischen Erich-Weinert-Straße und Wisbyer Straße) s. Kuglerstraße, S. 389, und Prenzlauer Allee, S. 406.

dächern, zwischen beiden Gebäuden der Zugang zum langgestreckten Schulgebäude. Dieses viergeschossig unter Walmdach, zur Bahntrasse mit Mittelrisalit und kurzen, den Hof einfassenden Seitenflügeln, auch die rückwärtige Front mit mehreren kurzen Flügeln. Klinkerverblendbauten, die Schauseiten des Schulgebäudes sowie die Nebengebäude an der Straße gegliedert durch gotisierend profilierte feingliedrige Vorlagen im Sinne eines expressiven Konstruktivismus, die Fenster als kleeblattbogig geschlossene Drillingsfenster durch zartes Stabwerk vertikal miteinander verbunden. Die figürlichen Terrakotten zwischen den Fenstern von Ignatius Taschner. Die Rückseite des Schulgebäudes ohne schmückende Gliederung.

OBERSCHULE »Karl Thoma« und »Wolfgang Radtke« Dunckerstraße 65/66. 1899/1900 nach Entwurf von Ludwig Hoffmann. Auf schmalem Restgrundstück entlang der S-Bahn-Trasse des Nordrings Ensemble aus ehem. Gemeindeschule für Knaben, mit der Hauptfassade parallel zur Bahntrasse, und ehem. Rektorenwohnhaus an der Straßenfront, ursprünglich auch Volkslesehalle (die ehem. Städtischen Volkslesehallen, vielfach wie hier mit den Rektorenwohnhäusern der Schule verbunden, hatten um die Jahrhundert-

wende große Bedeutung für die bevölkerungsreichen Stadtteile, sie »wurden jährlich durchschnittlich von 121 000 Personen besucht, die ihre Bildung zu vervollständigen strebten«). – Historisierende Gebäudegruppe in Renaissanceformen mit hohen Satteldächern, die mehrteiligen sandsteingerahmten Rechteckfenster durch Sandsteinbänder horizontal zusammengefaßt. Das langgestreckte Schulgebäude von L-förmigem Grundriß, die Hauptfassade mit risalitartig vorgezogenem Mittelbau mit polygonalem Erker, an den Gebäudeecken im Westen polygonaler überkuppelter Erker, im Osten quadratischer Turm mit achteckigem Uhrengeschoß und geschwungener Haube mit doppelter Laterne. Die Dächer des östlichen Teiles und des kurzen Seitenflügels nach Kriegsschäden mit niedrigerer Dachneigung wiederhergestellt. Das ehem. Rektorenwohnhaus bzw. Volkslesehalle in ähnlichen Formen, mit sandsteingefaßten Renaissancegiebeln. – Die gleiche allgemeine Gestaltung eines Schulbaues, wenn auch anderen historisierenden Formen folgend, hat Hoffmann später, 1913/14, jenseits der S-Bahn-Trasse aus einer ähnlichen Grundstücksituation mit dem Schulbau Dunckerstraße 64 nochmals wiederholt.
WOHNHÄUSER Dunckerstraße 82/90. Nahezu ungestörte Reihe fünfgeschossiger Wohnbauten, um 1880/90 erbaut, 1976/77 instandgesetzt, die ursprünglich reichen Stuckfassaden im wesentlichen erhalten, im Detail z. T. vereinfacht.

Erich-Weinert-Straße
Ursprünglich Carmen-Silva-Straße. – Die Fortsetzung der Straße zwischen Prenzlauer Allee und Greifswalder Straße s. S. 412.
OBERSCHULE »Friedrich Schinkel« Erich-Weinert-Straße 70. 1913/14 von Lübkes als Schinkel-Realschule erbaut. Auf dem Hof das Schulgebäude, ein dreiflügeliger Putzbau. An der Straße das ehem. Verwaltungs- und Rektorenwohnhaus, dreigeschossig von sechs Achsen, mit Sandsteingliederung in klassizistischen Formen: über gequadertem Erdgeschoß mit seitlichen Durchgängen die mittleren vier Achsen der beiden Obergeschosse zurückgesetzt und durch drei ionische Kolossalsäulen miteinander verbunden. Die Fenster des Hauptgeschosses übergiebelt, in den Giebelfeldern und am Gebälk unter dem Konsolgesims eine Reihe von Köpfen. Gebrochenes Dach mit Fledermausgaupen.
WOHNBEBAUUNG Erich-Weinert-Straße 59/89 (ungerade) s. Kuglerstraße, S. 389, und Prenzlauer Allee, S. 406.

Linke Seite: Oberschule Dunckerstraße 65/66, Gesamtansicht, von der S-Bahn-Trasse aus gesehen, und ehem. Rektorenwohnhaus mit Volkslesehalle

Rechte Seite: Wohnhaus Dunckerstraße , Ecke Raumerstraße

OBERSCHULE Greifenhagener Straße 58/59. Als Gemeindedoppelschule 1904 von Ludwig Hoffmann erbaut. Langgestreckter, leicht zurückgesetzt in die Straßenflucht eingebundener Klinkerverblendbau von vier Geschossen. Das sockelartige Erdgeschoß schmucklos, auch die beiden Portale nicht besonders hervorgehoben, die Obergeschosse zwischen den Fensterachsen durch flache pilasterähnliche Vorlagen mit Zierankern zusammengefaßt. Historisierende Schmuckelemente

Göhrener Straße

GEMEINDEHAUS der Elias-Gemeinde, Göhrener Straße 11. Fünfgeschossiger Klinkerbau in spätexpressionistischen Formen, 1927 von Otto Werner-Steglitz. Die Mitte der Fassade betont durch spitzbogiges Portal, dreiseitigen, über drei Geschosse führenden Erker sowie abschließenden Dacherker. Auf dem Hof der segmentbogig hervortretende Gemeindesaal, seitlich flankiert von Funktionsgebäuden.

Greifenhagener Straße

WOHNBEBAUUNG der »Berliner Gemeinnützigen Baugesellschaft« Greifenhagener Straße 1/4 sowie 65/68 s. Schönhauser Allee, S. 365.
GREIFENHAGENER BRÜCKE 1910/11 errichtete Fußgängerbrücke über die Bahntrasse, am Ostausgang des S-Bahnhofes Schönhauser Allee. Konstruktion als Fachwerkträger von 45 m Stützweite, Ingenieur-Entwurf von Fritz Hedde, Architektur-Entwurf von Arno Körnig. Bemerkenswert die Brückengeländer aus Blechtafeln, die Flächen mit gestanzten oder eingelegten Ornamenten verziert, Kunstschmiedearbeiten von E. Puls.
WOHNBEBAUUNG des »Beamten-Wohnungs-Vereins zu Berlin« Greifenhagener Straße 23/25 s. Wichertstraße, S. 399.
WOHNBEBAUUNG Greifenhagener Straße 56/57 s. Stargarder Straße, S. 396.

aus Sandstein, so besonders die miteinander verbundenen Fensterrahmungen der beiden Hauptgeschosse, mit Giebelverdachung, unter den Sohlbänken Reliefbaluster. Die fünfachsige Gebäudemitte durch höheres Abschlußgeschoß und erhöhten Dachaufbau mit oktogonalem, laternenbekröntem Uhrtürmchen betont. Die schlichte Hofseite mit seitlichen Flügeln.

Knaackstraße
Ursprünglich Treskowstraße, 1948 in Knaackstraße umbenannt.
Ehem. WASSERVERSORGUNGSANLAGE Platzartiges Terrain zwischen Knaackstraße (Nr. 29, Wasserturm) und Belforter Straße, seitlich begrenzt von Diedenhofer Straße und Kolmarer Straße; auf einem der höchsten Punkte nördlich der Berliner Innenstadt, dem sog. Windmühlenberg (benannt nach den Windmühlen, die hier seit dem 18. Jh. standen). Die erhaltenen Bauten der ehem. Wasserversorgungsanlage, die gewichtig in den Blickachsen der benachbarten Straßen in Erscheinung treten, teilweise die ältesten erhaltenen Baudenkmale dieses Bereichs, heute eine Art Wahrzeichen des Stadtbezirkes Prenzlauer Berg (s. auch Abb. S. 380). Nach Abschluß eines auf fünfundzwanzig Jahre ausgelegten Vertrages zwischen dem Berliner Polizeipräsidenten und der englischen »Berlin-Waterworks-Company« von 1852/53 erfolgte 1856 die Inbetriebnahme des ersten Berliner Wasserwerks an der Spree vor dem Stralauer Tor und der Anlage auf dem Windmühlenberg, einem offenen Reinwassererdbehälter von etwa 3000 m³ Fassungsvermögen sowie einem Standrohrturm. In den ersten Betriebsjahren diente der Reinwasserbehälter als Vorrats- bzw. Hochbehälter während des Stillstands der Maschinen im Wasserwerk vor dem Stralauer Tor, deren ständiger Betrieb infolge des damaligen Wasserverbrauchs noch nicht erforderlich war. Der Standrohrturm diente als Sicherheitsventil. 1873 wurden die Anlagen von der Stadt Berlin übernommen. Gleichzeitig wurden Pläne für eine Erweiterung der Wasserversorgung erarbeitet, bei deren Ausführung die Anlage auf dem Windmühlenberg für die Wasserversorgung der Hochstadt (dem im Ausbau be-

Linke Seite: Greifenhagener Brücke, Geländer; Oberschule Greifenhagener Straße 58/59

Rechte Seite: Ehem. Wasserversorgungsanlage an der Knaackstraße, rechts im Bild der Standrohrturm der ersten Anlage, im Hintergrund der Wasserturm

Ehem. Wasserversorgungsanlage Knaackstraße, Wasserturm

griffenen Stadtteil auf dem Barnim-Plateau) erweitert wurde. Bis zur Inbetriebnahme im Februar 1877 wurden ein Maschinenhaus (Maschinenhaus A) als Zwischenpumpwerk und ein Wasserturm mit ringförmigem schmiedeeisernem Hochbehälter von 1065 m³ Nutzinhalt errichtet (1907 Hebung des Hochbehälters, da der Druck bei Tage nicht mehr ausreiche, dabei Verringerung seines Fassungsvermögens auf 835 m³). Die Pumpen des Zwischenpumpwerks entnahmen das Wasser aus dem Reinwasserbehälter, der gleichzeitig überwölbt worden war, und drückten es in den Hochbehälter. Eine nochmalige Erweiterung erfolgte 1888 durch Anlage eines zweiten Reinwassererdbehälters und eines weiteren Maschinenhauses (Maschinenhaus B).

Im Jahre 1914 wurden die Maschinenanlagen, das Standrohr und die Reinwassererdbehälter stillgelegt. Der Wasserturm mit dem Hochbehälter wurde im Mai 1952 außer Betrieb gesetzt.
Die erhaltenen Bauwerke nach Entwürfen von Henry Gill, dem langjährigen Direktor der Wasserwerke. Der Standrohrturm am Rande des älteren und kleineren Reinwasserbehälters ein schlanker lisenengegliederter Rundturm über hohem quadratischem Sockel, aus gelbem Klinker. Der Wasserturm von 1877 ein massiger Rundturm aus Klinker, mit Wohnungen in sechs Geschossen und darüber dem Hochbehälter, dieser über einem dekorativ ausgebildeten Hauptgesims leicht zurückgesetzt. Heute sind die Baulichkeiten in eine öffentliche Grünanlage eingebettet.
Die Keller der Anlage und die ehem. Maschinenhäuser waren eine der zahlreichen Stätten, in denen zu Beginn der Hitlerdiktatur Antifaschisten aus den umliegenden Arbeiterwohngebieten inhaftiert, mißhandelt und getötet wurden. Gedenkstein mit Inschrift.
Ehem. SCHULTHEISS-BRAUEREI an der Knaackstraße s. Schönhauser Allee 36/39, S. 363.

Kollwitzplatz
DENKMAL für Käthe Kollwitz auf dem Kollwitzplatz (bis 1947 Wörther Platz) unweit des ehem. Wohnhauses der Künstlerin in der ehem. Weißenburger Straße (heute Kollwitzstraße), in dem sie von 1891 bis 1943 lebte und das bei einem Luftangriff 1943 zerstört wurde. – Monumentale Bronzeplastik auf niedrigem Sockel, im Auftrage des Magistrats 1955/58 von Gustav Seitz geschaffen, aufgestellt 1959; für die überlebensgroße Sitzfigur mit großer Graphikmappe war u. a. das 1938 entstandene Selbstbildnis (Lithographie), das die Künstlerin als Dreiviertelfigur mit auf dem Rücken verschränkten Händen zeigt, Vorbild. Der blockhaft-schwere, alles Nebensächliche meidende Aufbau und die Konzentration des Ausdrucks ganz auf das vom Leid des letzten Lebensjahrzehnts geprägte Antlitz der Künstlerin lassen die Plastik über das Persönliche hinaus zu einem der bedeutendsten Denkmäler gegen Faschismus und Krieg werden.

Denkmal für Käthe Kollwitz auf dem Kollwitzplatz

ersten und zweiten Obergeschosses durch Pilaster und Verdachungen besonders hervorgehoben. Flur und Treppenhaus aufwendig gestaltet; beidseitig vor der zurückgesetzten Haustür die Kellerhälse für zwei Kellerwohnungen bzw. -läden. – Sehr ähnlich und gleichzeitig die Häuser Kollwitzstraße 6 sowie Kollwitzstraße 12, an letzterem die sechsachsige Fassade ohne Erker; Flur und Treppenhaus sehr aufwendig, ebenfalls zwei Hofflügel.

Kollwitzstraße

Ehem. Weißenburger Straße, 1947 in Kollwitzstraße umbenannt, zur Erinnerung an Käthe Kollwitz (1867 bis 1945), die hier bis zur Zerstörung ihres Wohnhauses Ende 1943 gelebt hat. – Hinter den Häusern der Westseite »Kommunikation am Jüdischen Friedhof«, der Weg jetzt durch Umwandlung in Gärten nicht mehr passierbar.

WOHNHAUS Kollwitzstraße 2 s. Saarbrücker Str. 17, S. 395.

WOHNHAUS Kollwitzstraße 10. Stattlicher Putzbau der Gründerjahre, wohl um 1880, mit zwei Hofflügeln. Viergeschossig von acht Achsen, beidseitig die äußeren Achsen in drei Geschossen als dreiseitige Erker gebildet. Reiche Stuckornamente, die Fenster des

TORBOGEN zwischen den Häusern Kollwitzstraße 6 und 10, großer rundbogiger Durchgang in spätklassizistischen Formen zu der hinter den Wohnhäusern 1889 eröffneten Hecker-Realschule (Schulgebäude im zweiten Weltkrieg zerstört, Turnhalle erhalten).
WOHNHAUS Kollwitzstraße 53. Um 1870/80 erbaut, stattlicher Putzbau von fünf Geschossen und fünf Achsen (die äußeren Achsen Doppelachsen), die mittleren drei Achsen vorgezogen und im ersten und zweiten Obergeschoß zu Veranden ausgebaut, durch Pilaster bzw. Karyatiden gegliedert, darüber, für das dritte Obergeschoß, Balkon. Hof mit zwei Seitenflügeln.
GRUNDSTÜCK Kollwitzstraße 58, Ecke Knaackstraße. Kleine Grünanlage an Stelle des 1943 kriegszerstörten Wohnhauses Weißenburger Straße 25, Ecke Treskowstraße, in dem die mit dem Armenarzt Dr. Karl Kollwitz verheiratete Künstlerin Käthe Kollwitz von 1891 bis 1943 lebte. Zur Erinnerung an die Künstlerin wurde hier 1951 eine von F. Diederich ausgeführte Kalksteinnachbildung ihrer 1932/37 geschaffenen Stuckplastik »Mutterliebe« aufgestellt.

Kuglerstraße

WOHNHAUS Kuglerstraße 2 s. Schönhauser Allee 88, S. 366.
WOHNBEBAUUNG der ausgehenden zwanziger Jahre beidseitig der Kuglerstraße. Im Norden von der Wisbyer Straße, im Süden von der Erich-Weinert-Straße begrenzt, nach Osten bis zur Prenzlauer Allee sich erstreckend, nach Westen Anfang der dreißiger Jahre bis zur Scherenbergstraße fortgesetzt. Die einzelnen Blockrandbebauungen von verschiedenen Architekten für verschiedene Wohnungsbaugesellschaften ausgeführt. – Die an der Prenzlauer Allee gelegenen Teile dieses Wohngebietes s. Prenzlauer Allee, S. 406. Von den einzelnen Blockrandbebauungen beidseitig der Kuglerstraße sind die folgenden besonders hervorzuheben:
BLOCKRANDBEBAUUNG zwischen Kuglerstr. 59/65 (ungerade) und Wisbyer Straße, seitlich begrenzt von Stahlheimer Straße und Varnhagenstraße. Viergeschossige Putzbauten unter Flachdach, 1929/31 erbaut vermutlich von Mebes und Emmerich für die DeGeWo

Linke Seite: Wohnhaus Kollwitzstraße 53; Erinnerungsmal an Käthe Kollwitz an der Stelle ihres zerstörten Wohnhauses Kollwitzstraße, Ecke Knaackstraße

Rechte Seite: Blockrandbebauung Kuglerstraße 59/65, zwischen Stahlheimer Straße und Varnhagenstraße bis zur Wisbyer Straße, Fassaden zur Kuglerstraße und Varnhagenstraße

Schönhauser Allee und Straßen westlich und östlich der Schönhauser Allee

(Deutsche Gesellschaft zur Förderung des Wohnungsbaues). Die Fassaden zur Kuglerstraße – diese leicht bogenförmig geführt – und zur Varnhagenstraße sehr wirkungsvoll durch rechteckige Vorbauten mit jeweils zwei verglasten Loggien in jedem Geschoß betont, die Loggien der beiden anderen Blockseiten zum Hof gewendet.

BLOCKRANDBEBAUUNG zwischen Kuglerstr. 69/71 (ungerade) und Wisbyer Straße, seitlich begrenzt von Varnhagenstraße und Gudvanger Straße. Viergeschossige Putzbauten unter Flachdach, 1929/31 erbaut für die DeGeWo (Deutsche Gesellschaft zur Förderung des Wohnungsbaues). Die Fassaden ganz flächig, Balkone zum Hof, nur an der Kuglerstraße zur Straße gewendet.

BLOCKRANDBEBAUUNG zwischen Kuglerstr. 76/82 (gerade) und Erich-Weinert-Straße, seitlich begrenzt von Gudvanger Straße und Krügerstraße; von dreieckigem Umriß. 1929/30 für die Wohnungsbaugesellschaft »Roland« von M. Wutzky erbaut. Fünfgeschossige Putzbauten unter abgewalmten Satteldächern. Die Fassaden durch flache Doppelerkerrisalite (Krügerstraße) und Treppenhausrisalite (Kuglerstraße) gegliedert; der einen kleinen Vorplatz begrenzende Fassadenabschnitt zur Erich-Weinert-Straße durch polygonale Eckerker betont. Treppenhausrisalite, Portale und Erker teilweise in Klinker ausgeführt.

BLOCKRANDBEBAUUNG zwischen Kuglerstraße 88 und Erich-Weinert-Straße, seitlich begrenzt von Krügerstraße und Dunckerstraße; von dreieckigem Umriß. Fünfgeschossige Putzbauten unter abgewalmten Satteldächern, 1926/27 von Braun und Gunzenhauser für die Wohnungsbaugesellschaft »Heimat« erbaut. An der Dunckerstraße und Erich-Weinert-Straße Ein-

gangsrisalite mit jeweils zwei Loggien in den Obergeschossen, im vierten Geschoß als einbezogene Doppelbalkone gebildet, unter Verwendung von Klinker. Der kurze Fassadenabschnitt zur Kuglerstraße durch zwei winkelförmige Balkonachsen betont, ähnlich auch die Treppenhausachsen zur Krügerstraße.
BLOCKRANDBEBAUUNG zwischen Kuglerstr. 90/94 (gerade) und Erich-Weinert-Straße, seitlich begrenzt von Dunckerstraße und Meyerheimstraße. 1927 für die DeGeWo (Deutsche Gesellschaft zur Förderung des Wohnungsbaues) von Mebes und Emmerich erbaut. Fünfgeschossige Putzbauten unter abgewalmten Satteldächern. Die Front an der Erich-Weinert-Straße in der Art eines Risalites gebildet, durch zwei Loggienachsen belebt, seitlich breite Durchgänge zum Hof. An der Meyerheimstraße die drei mittleren Häuser leicht zurückgesetzt und mit Treppenhausrisaliten. Neben den Hauseingängen wie vielfach bei Mebes und Emmerich schmalrechteckiges vergittertes Fenster. Doppelloggien in rechteckigen Vorsprüngen zum Hof. – Die Häuser Kuglerstraße 90/94 und Dunckerstraße 39 vermutlich im Krieg beschädigt und in den fünfziger Jahren wiederhergestellt.
BLOCKRANDBEBAUUNG Kuglerstraße 91/99 (ungerade) s. Prenzlauer Allee 139/143, S. 406.

Lychener Straße

MUSIKSCHULE Lychener Straße 97/98. 1905 von Ludwig Hoffmann als Gemeindedoppelschule zwischen Lychener Straße und Pappelallee erbaut, von dem dreiflügeligen Schulbau nach Zerstörung im zweiten Weltkrieg nur der Nordflügel erhalten. An der Lychener Straße Turnhalle und Rektorenwohnhaus, die Fassaden verändert, das pilasterflankierte Sandsteinportal mit figürlichem und ornamentalem Schmuck von Ignatius Taschner.

Pappelallee

FRIEDHOF Pappelallee 17. Angelegt 1846 für die Freireligiöse Gemeinde, geschlossen 1970. Am Eingang Granitstele mit bekrönender Schale, aufgestellt zur Erinnerung an die Friedhofsgründung.

Die neuromanische Kapelle aus Backstein, profaniert. Vor ihrer ehem. Eingangsseite eine Reihe von Grabmälern zusammengestellt, so das Grabmal für den sozialdemokratischen Politiker Wilhelm Hasenclever † 1883, Postament mit Säulenstumpf aus rotem Sandstein, die Inschriftplatte für Albert Gehrke † 1911, Führer in der freireligiösen Bewegung, für die Sozialdemokraten Carl Schultze † 1897 und Theodor Metzner † 1902 sowie für Agnes Wabnitz † 1894, eine führende Vertreterin der proletarischen Frauenbewegung.
Grabmal H. Roller † 1916, Stenographie-Erfinder und Lehrer; die granitene Inschrifttafel von seinen Schülern gewidmet 1925, die davorstehende unterlebensgroße weibliche Symbolfigur, die Lebensdaten des Verstorbenen aufschreibend, von Heinrich Pohlmann, Galvanoplastik um 1907.

Linke Seite: Blockrandbebauung Kuglerstraße 90/94, Fassade zur Erich-Weinert-Straße; Blockrandbebauung Kuglerstraße 88, Fassade zur Dunckerstraße

Rechte Seite: Freireligiöser Friedhof Pappelallee 17, Grabmäler A. Gehrke, W. Hasenclever und C. Schultze

BERUFSSCHULE Pappelallee 30/31. 1873/74 als Gemeindedoppelschule erbaut, eine der ältesten Anlagen dieses mehrfach wiederholten, als besonders günstig angesehenen Schultyps mit jeweils sechzehn Klassenräumen für Jungen und Mädchen, einer gemeinsamen Aula und einer Turnhalle im Hof. In die Straßenfront einbezogener stattlicher roter Klinkerverblendbau mit Flügeln zum Hof, die viergeschossige Fassade durch Mittelrisalit betont.

Synagoge »Friedenstempel« Rykestraße 53, Hauptfassade mit den Eingangsportalen

ST. JOSEFSHEIM Pappelallee 61, katholisches Altersheim, 1891 von Maria-Teresa Tauscher als Heim für obdachlose Kinder gegründet. Neugotischer Klinkerverblendbau von 1892/93, dreigeschossig, am übergiebelten seitlichen Portalrisalit in Höhe des ersten Obergeschosses von Konsole getragene Josefsfigur mit Christusknaben unter Baldachin. Auf dem Hof mehrere wohl gleichzeitige Gebäude und die neugotische Kirche (ursprünglich Gemeindekirche), ein flachgedeckter Saal mit Turm an der Nordostecke. Hier auch das kleine zweigeschossige Haus, das zunächst zur Unterbringung der aufgelesenen Kinder genutzt wurde, nach kürzester Zeit aber schon nicht mehr ausreichte. -- Im Garten Bildstock, Sandstein, mit Gemälde des hl. Michael, wohl 18. Jh. und wahrscheinlich süddeutscher Herkunft, angeblich von dem Grundstück Schönhauser Allee 55 übernommen.

WOHNANLAGE der »Berliner Gemeinnützigen Baugesellschaft« Pappelallee 69/73 s. Schönhauser Allee, S. 365.

FABRIKGEBÄUDE (VEB Metallmöbel u. a.) Pappelallee 78/79. Um oder nach 1910 von Jacobowitz als Wäschefabrik erbaut. Langgestreckter Putzbau von neun Achsen, der dreiachsige Mittelbau durch Segmentgiebel bekrönt. Über genutetem Erdgeschoß kannelierte Kolossalpilaster im Wechsel mit dreiteiligen Fenstern, die Fensterteilungen am betonten Mittelteil durch balusterförmige Gestaltung hervorgehoben. Der plastische Schmuck auf den ursprünglichen Zweck des Gebäudes bezogen: beidseitig des übergiebelten Mittelbaues je drei weibliche Medaillonbüsten zwischen zweitem und drittem Obergeschoß, ferner Puttengruppen mit Attributen über den Kolossalpilastern vor dem Attikageschoß.

Rykestraße

SYNAGOGE »Friedenstempel« Rykestraße 53. 1903 04 von Johann Hoeniger errichtete Gebäudegruppe von Klinkerverblendbauten in historisierenden neuromanischen Formen. Das in die Wohnhausbebauung eingebundene fünfgeschossige Vordergebäude (ursprünglich Schule mit Aula und Wohnungen) mit über-

Vestibül mit Garderobe und das breite Treppenhaus mit doppelläufiger Treppe zur Frauenempore sowie den ehem. Trausaal (jetzt Wochentagssynagoge). Nordöstlich an den Querbau anschließend, die eigentliche Synagoge, eine dreischiffige flachgedeckte Basilika mit Emporen an drei Seiten und flacher, kreuzrippengewölbter Apsis sowie Räumen für Rabbiner und Kantor. Der Thoraschrein aus der Erbauungszeit. Restaurierung 1976/78.

Fabrikgebäude Pappelallee 78/79; Berufsschule (ehem. Gemeindeschule) Pappelallee 30/31

höhtem vierachsigem Mittelrisalit, im Erdgeschoß zwei breite rundbogige Torduchfahrten mit schmiedeeisernen Gittern. In der Achse der Durchfahrten, im Hofgelände die Synagoge, aus quer- und längsgerichtetem Bauteil bestehend. Der Querbau, als Hauptfassade mit zwei wimpergbekrönten Doppelportalen mit Mosaiken, Dreifenstergruppen und Rosette sowie abschließendem Giebel ausgebildet, enthält die Vorhalle und seitlich die ehem. Wochentagssynagoge, ferner

Saarbrücker Straße

Ehem. BÖTZOW-BRAUEREI Saarbrücker Straße 5 s. Prenzlauer Allee 242/247, S. 410.

WOHNHÄUSER Saarbrücker Straße 15/17. Gruppe stattlicher gründerzeitlicher Wohnbauten um 1875/80, Nr. 15 1876 datiert; im wesentlichen gut erhalten. – Saarbrücker Straße 15, reich geschmückter Putzbau, fünfgeschossig von nur drei Achsen, die mittlere Achse als Risalit gebildet, mit dreiseitigem, über alle Geschosse geführtem Erker. Die beiden unteren Geschosse gequadert, die drei oberen Geschosse, mit variierenden Fensterrahmungen und -verdachungen, besonders hervorgehoben durch aufwendigen figürlichen Schmuck der mittleren Erkerachse: am dritten Geschoß Ädikula mit antikisierender weiblicher Gestalt vor Muschelnische, darüber, am vierten und fünften Geschoß, allegorische Reliefdarstellungen, bekrönt von Porträtmedaillons Schinkels und Kaulbachs. Über dem Traufgesims auf abschließender Attikabalustrade das Baujahr 1876. Auf dem Hof Seitenflügel mit Dienstbotenaufgang. – Etwa gleichzeitig Saarbrücker Straße 16, fünfgeschossig, von den sechs Achsen seitlich zwei Achsen als rechteckige Erker vorgezogen. Die ursprüngliche Fassadengliederung im wesentlichen beibehalten. – Am ebenfalls fünfgeschossigen Haus Saarbrücker Straße 17/Ecke Kollwitzstraße 2 die Fassaden durch modernen Abputz verändert. In dem dreiseitig umbauten Hof von nur etwa 6 m im Geviert als interessantes Denkmal erhalten ein dreiviertelrunder Treppenturm mit steiler Wendeltreppe als Dienstbotenaufgang, unmittelbar hinter dem (von der Kollwitzstraße aus zugänglichen) Haupttreppenhaus angebaut, das durch den Dienstbotenaufgang Licht erhält.

Senefelderstraße
ELIASKIRCHE Senefelderstraße 5. Roter Klinkerverblendbau 1908/10 von G. Werner erbaut. In die Straßenflucht eingebundene übergiebelte Fassade, flankiert von zwei ungleichen Türmen mit Schieferhelmen, der südliche niedriger, an dem hohen nördlichen Turm das Giebelmotiv als vorgeblendete Wand wiederholt. Kirchenbau von sachlich-moderner Haltung, in neugotischen Formen nur Details, insbesondere die spitzbogigen Portale und die Maßwerkfenster in der Giebelfassade. Das Innere flachgedeckt mit Emporen an drei Seiten. Nach Beseitigung der Kriegsschäden der Altarraum 1960 neu gestaltet.
OBERSCHULE »Otto Schieritz« Senefelderstraße 6. 1907/08 nach Entwurf von Ludwig Hoffmann als Gemeindedoppelschule erbaut. Schlichte viergeschossige Dreiflügelanlage, in die vorhandene Hinterhofbebauung eingefügt. Ostflügel mit Turnhalle und Aula im zweiten Weltkrieg beschädigt. Das ehem. Rektorenwohnhaus mit Bibliothek in die Straße eingebunden, viergeschossiger Putzbau von fünf Achsen, mit Werksteingliederung, die seitlichen Portalachsen leicht vorgezogen. Die z. T. figürlichen Reliefs zwischen den Fenstern von Josef Rauch. Abgewalmtes Mansarddach.
WOHNHAUS Senefelderstraße 35 s. Dimitroffstraße, S. 381.

Linke Seite: Wohnhaus Saarbrücker Straße 17, die vier oberen Geschosse; Wohnhaus Saarbrücker Straße 15, Ecke Kollwitzstraße 2, Dienstbotenaufgang im Hof

Rechte Seite: Senefelderstraße mit Eliaskirche

Stargarder Straße

WOHNBAUTEN Stargarder Straße 3, 3a, 4 und 5 sowie Greifenhagener Straße 56 und 57. Fünfgeschossige Wohnhausgruppe 1899/1900 von Alfred Messel für den »Berliner Spar- und Bauverein«, wichtiges Beispiel für die Reformbestrebungen im Mietshausbau um 1900 und für die Bemühungen, enge Hinterhöfe zu vermeiden, bei denen gerade Messel eine maßgebliche Rolle spielte: Die Tiefe des Eckgrundstücks ist so genutzt, daß die beiden Straßenflügel einen großen begrünten Wohnhof einfassen, der aufgelockert mit zwei sog. Gartenhausflügeln von ebenfalls fünf Geschossen bebaut ist. Die Straßenfassaden malerisch belebt durch Balkone, in den Gebäuderücksprüngen z. T. galerieartig ausgespannt, und durch die bewegte, von Giebeln betonte Dachzone. Die Portale in barockisierenden Formen.

Die WOHNBEBAUUNG der Stargarder Straße mit vier- bzw. fünfgeschossigen Häusern mit dicht umbauten Hinterhöfen E. 19. Jh. Hervorzuheben die Häuser Stargarder Straße 6/9, Klinkerverblendfassaden mit reichem historisierendem Stuckdekor in Formen der Renaissance bzw. der Spätgotik (Nr. 9), z. T. mit aufwendigen Hausfluren und Treppenhäusern; das Haus Nr. 7 von 1892, viergeschossiger Klinkerverblendbau mit reichem Stuckdekor und zweiachsigem Mittelrisalit mit hohem Ziergiebel, am vierten Geschoß farbige ornamentale Malerei, eines der wenigen erhaltenen Beispiele für Polychromie am Außenbau. – Ähnlich aufwendig und wohl auch gleichzeitig die Putzfassaden der benachbarten Wohnhäuser in der Greifenhagener Straße gegenüber der Gethsemanekirche.

Linke Seite:
Wohnbauten
Stargarder
Straße 3/5, Ecke
Greifenhagener
Straße 56/57,
Fassade zur
Greifenhagener
Straße
und Portal

Rechte Seite:
Gethsemanekirche
Stargarder
Straße,
Inneres, Blick
zur Eingangsseite

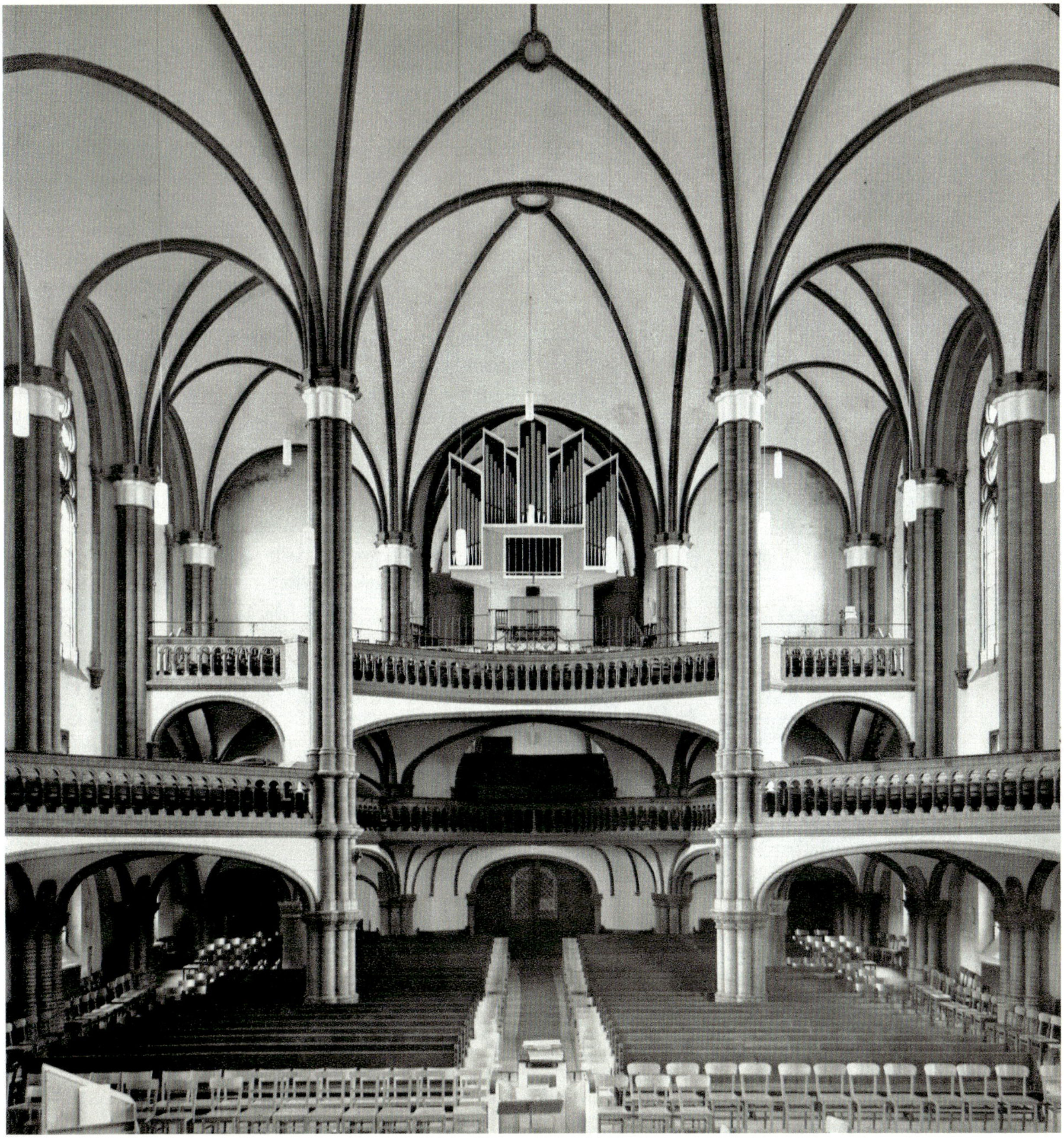

GETHSEMANEKIRCHE Stargarder Straße 77, Ecke Greifenhagener Straße. 1891/93 von August Orth auf quadratischem Platz an der Kreuzung der Stargarder Straße mit der Greifenhagener Straße erbaut; das Grundstück eine Schenkung der Gutsbesitzerwitwe Griebenow, zunächst kirchlicherseits abgelehnt, weil der Bauplatz in noch kaum bebauter Gegend lag. Roter Klinkerverblendbau in Formen des rheinischen Übergangsstiles. Kreuzförmige Hallenkirche mit polygonalem Chorschluß mit Umgang, der Turm zur Straßenecke gewendet, mit Vorhalle und davor Freitreppe, Abschluß durch hohen achtseitigen Kupferhelm zwischen Giebeln und den die Turmpfeiler bekrönenden Eckfialen. – Von großartiger Raumwirkung das Innere, in überraschendem Gegensatz zum längsgerichteten Außenbau fast ein Zentralraum durch das mächtige, die Kreuzarme mit einbeziehende Oktogon, das das dreischiffige Hallenlanghaus bis auf das westliche Joch aufzehrt (ursprünglich die Kanzel im Zentrum dieses Zentralraumes aufgestellt). Raumbestimmend auch die steinerne Empore, deren Führung den Oktogonalraum nachdrücklich betont und das westliche Langhausjoch durch kurvige Einziehungen zu einem dem Oktogon vorgelagerten zentralisierenden Raumteil umdeutet; die steinernen Emporenbrüstungen mit romanisierenden Säulchen in glasierter Terrakotta. Im westlichen Langhausjoch eine zweite Empore mit moderner Orgel der Firma Sauer, Frankfurt (Oder). Die Kreuzrippengewölbe von schlanken Bündelpfeilern und ebensolchen Bündeldiensten getragen, über dem Oktogon Sterngewölbe (Abb. S. 397). 1961 Neugestaltung des Inneren; Altarkreuz und Leuchter von Fritz Kühn. In der halbrunden Apsis drei farbige Glasfenster, aus der Erbauungszeit. Holzplastik eines Christus am Ölberg, zwanziger Jahre von Wilhelm Groß. – Außen an der Freitreppe ursprünglich Skulptur des segnenden Christus nach Thorwaldsen, jetzt auf dem Gemeindefriedhof in Weißensee.

Wichertstraße

Katholische KIRCHE zur Hl. Familie, Wichertstr. 22/23. Erbaut 1928/30 durch Karl Kühn in dem expressiven Stil der zwanziger Jahre. Die wuchtige Klinkerfassade aus beherrschendem querrechteckigem Turm sowie vorgelagerter Eingangshalle mit zwei hufeisenförmigen Portalöffnungen wird beidseitig eingefaßt von gleichzeitig errichteten fünfgeschossigen Wohnbauten. Das in den Hof sich erstreckende Kirchenschiff ein Putzbau von basilikaähnlicher Anlage, mit sehr breitem, saalartigem Mittelschiff, die Gliederung seines

Tonnengewölbes wirkungsvoll aus der Konstruktion entwickelt, und schmalen niedrigen, ebenfalls tonnengewölbten Seitenschiffen; die Pfeiler bzw. Wandvorlagen zwischen den Arkadenöffnungen zum Mittelschiff durch vergoldete Klinker besonders betont. Polygonale Hauptapsis, die Polygonseiten ausgenischt, seitlich flache Nebenapsiden. Gegenüber, an der Eingangsfront, tiefe, in drei Bögen sich öffnende Empore. – Die Ausstattung im wesentlichen aus der Bauzeit: Altaraufsatz, Eiche reliefiert, mit Hl. Familie, flankiert von David und Jesaia, bezeichnet J. Dorls. In den Nebenapsiden zwei Schnitzfiguren, Maria und Joseph, von J. Dorls 1930 bzw. 1931. Kanzel, über Klinkerunterbau Brüstungsfelder aus getriebenem Messing, darauf die Evangelistensymbole. Bronzereliefs mit Passionszyklus, umlaufend an den Seitenschiffswänden, ebenfalls von J. Dorls 1935. Schranke (Kommunionbank) aus Klinker.

Die flankierenden WOHNBAUTEN in den drei unteren Geschossen klinkerverblendet und dadurch mit der Kirchenvorhalle zusammengeschlossen, die beiden oberen Geschosse verputzt, die Fenster durch Klinkerbänder zusammengefaßt.

Linke Seite: Gethsemanekirche, aus der Stargarder Straße gesehen

Rechte Seite: Kirche zur Hl. Familie Erich-Weinert-Straße 22/23, Portal

Die anschließende WOHNBEBAUUNG Wichertstr. 21, Ecke Stahlheimer Straße 2/3a wohl gleichzeitig um 1928/30. Fünfgeschossige Putzbauten mit Erkern, Eingänge und Treppenhäuser klinkerverblendet.

WOHNBEBAUUNG Wichertstraße 63/65, Scherenbergstraße 25/27, Rodenbergstraße 18/22 (gerade) und Greifenhagener Straße 23/25. Blockrandbebauung 1901/02 von Erich Köhn für den »Beamten-Wohnungs-Verein zu Berlin«. Die fünfgeschossigen Putzbauten aufgelockert durch Balkone und Erker, am Erdgeschoß Klinkerverblendungen. Die durch mehrere Treppenstufen zurückgesetzten Hauseingänge zur Straße durch schmiedeeiserne Gittertüren geschlossen. Fassaden und Dachzone vereinfacht. Die Blockrandbebauung durch zwei Hofflügel in drei z. T. begrünte Innenhöfe unterteilt, die Hofflügel vom mittleren Hof aus zugänglich, mit je zwei winklig vorspringenden Treppenhäusern.

Wilhelm-Pieck-Straße
Die Objekte der Wilhelm-Pieck-Straße in dem Abschnitt zwischen Schönhauser Allee und Prenzlauer Allee s. S. 377.

Wisbyer Straße
PAUL-GERHARDT-KIRCHE Wisbyer Straße 7. In die Straßenfront einbezogener roter Klinkerverblendbau, 1908/10 von G. Werner erbaut. Die Giebelfassade zur Wisbyer Straße mit spitzbogigen Portalen und großen Maßwerkfenstern, flankiert von leicht zurückgesetzten quadratischen Türmen in sachlich-moderner Haltung, mit verschieferten Spitzhelmen. Der Innenraum ein großes quadratisches Schiff mit Sterngewölbe, kreuzförmig erweitert durch schmalrechteckigen Altarraum und ebensolche Emporenräume, diese flachen Raumteile jeweils zwischen den Fassadentürmen an der Nordseite bzw. der Sakristei und einer Vorhalle an der Südseite ausgespannt. – Altaraufsatz, Kanzel und Taufe, Holz, aus der Erbauungszeit, das Altarblatt signiert G. Noack 1910.

WOHNBEBAUUNG Wisbyer Straße 22/31 s. Kuglerstraße, S. 389, und Prenzlauer Allee, S. 406.

Prenzlauer Allee und Straßen östlich der Prenzlauer Allee

Prenzlauer Allee
Im Mittelalter eine der drei vom Georgentor der mittelalterlichen Stadtbefestigung ausgehenden Straßen. Nach Anlage der Königstadt im 18. Jh. hieß die Straße innerhalb der Akzisemauer Prenzlauer Straße (heute in etwa mit dem nordöstlichen Teil der Karl-Liebknecht-Straße identisch), außerhalb der Akzisemauer Straße nach Französisch Buchholz, nach Heinersdorf, nach Prenzlau (die Straßenbezeichnungen wechselnd), seit 1875 Prenzlauer Chaussee, seit 1878 Prenzlauer Allee. – Um 1700 im Verzeichnis der Heer- und Handelsstraßen als Nebenstraße ausgewiesen. Im Verlauf der Akzisemauer befand sich, etwa auf der Kreuzung mit der heutigen Wilhelm-Pieck-Straße/Mollstraße, das im späten 18. Jh. als Massivbau errichtete Prenzlauer Tor (wie die übrigen Tore in diesem Bereich der einstigen Akzisemauer 1867 zusammen mit der Mauer abgerissen). Unmittelbar davor wurde 1802 der Friedhof der Nikolai- und Mariengemeinde angelegt, der 1858 durch den Neuen Friedhof der Nikolai- und Mariengemeinde erweitert wurde. Noch nach M. 19. Jh. war die Straße weitgehend unbebaut, vor allem befanden sich hier zahlreiche Ausspanne mit Pferdeställen, die z. T. bis zum ersten Weltkrieg bestanden. Am Bergabhang, in Höhe der heutigen Saarbrücker Straße, wurden seit 1864 die Gebäude der Bötzow-Brauerei errichtet. Die Bebauung der Straße durch Mietshäuser mit Hinterhöfen, zunächst bis zur heutigen Dimitroffstraße reichend, setzte um 1870/80 ein.

ALTER FRIEDHOF der Nikolai- und Mariengemeinde, Prenzlauer Allee 1. 1802 angelegt unmittelbar vor dem Prenzlauer Tor, jedoch noch innerhalb der ehem. Akzisemauer, deren Verlauf hier nachträglich vorverlegt worden war; 1970 aufgelassen. Haupteingang an der Prenzlauer Allee, großes Portal aus roten Klinkern mit Sandsteintympanon, Giebelrelief mit Darstellung der Lebensalter nach Entwurf von Max Hasak, ausgeführt von Ernst Wenck, um 1914. – Friedhofskapelle, neugotischer Backsteinbau um 1850.

An der Innenseite der Friedhofsmauer zur Prenzlauer Allee etwa dreißig Grabdenkmale aus Eisenguß, in die Wand eingelassene Relieftafeln (z. T. stark verwittert) bzw. frei stehende Grabkreuze, zwischen 1830 und 1850 entstanden: u. a. Grabkreuz für F. D. F. Wadzeck † 1823, den Stifter der sog. Wadzeck-Anstalt, eines Waisenhauses, und für den Geographen C. Ritter † 1859, sowie die Reliefplatten A. Goldschmidt † 1834, F. W. M. Sydow † 1841, S. D. Moewes † 1841, diese Tafeln teilweise mit Trauernden bzw. mit Todesgenien, so die Grabplatte A. Mertens † 1840, die Figuren nach Entwurf von Ludwig Wichmann. – Vor dieser Mauer das Grabmal G. J. Keibel † 1836, Generalmajor im Ingenieur-Corps; sandsteinernes Postament, bekrönt mit Eichenkranz und aufgelegtem Helm.

An der Ostmauer zahlreiche Familiengrabmale, auf die Wand projizierte Portalarchitekturen im Stil Gillys und des frühen Schinkel, z. T. durch Schuppenvorbauten bzw. dichten Pflanzenbewuchs nur schwer erkennbar: Richter 1814, Foerstner 1817, Bier 1820, auch gotisierend wie das Grabmal Keibel-Knoblauch 1821. Der Gruftbau des Bankiers Brose vermutlich von Karl Friedrich Schinkel, in neugotischen Formen als Giebelfassade einer Kapelle, mit gußeisernem Doppelportal mit Fensterrose darüber und sandsteinernen Engelsstatuetten in den Seitennischen. Neugotisch auch das wimpergbekrönte sandsteinerne Grabmal für C. F. W. Knoblauch † 1859. Das Grabmal seines Bruders Eduard Knoblauch † 1865, des Erbauers der Neuen Synagoge in der Oranienburger Straße, eine schlichte Stele aus schwarzem Granit südwestlich vor der Friedhofskapelle.

Am nördlichen Hang das 1852 von der Akademie der Künste gestiftete Erinnerungsmal für den Maler Bernhard Rode † 1797: auf hohem Postament eine Urne, drapiert mit Girlande und marmornem Bildnismedaillon nach Zeichnung von Daniel Chodowiecki. Errichtet anläßlich der Umbettung der Gebeine vom ehem. Schützenfriedhof.

Alter Nikolai- und Marienfriedhof Prenzlauer Allee 1: Erinnerungsmal für Bernhard Rode; Grabmal K. Stemmler; Grabmal B. Naumburg

An der Nordmauer zur Straße Prenzlauer Berg weitere Familiengrüfte im Stil des Historismus der 2. H. 19. Jh., am besten erhalten das tempelartige Mausoleum der Familie Kux, Sandstein reich skulptiert, im Inneren polychrome Ausmalung erhalten.

Fünf bemerkenswerte figürliche Grabdenkmale um 1900: Am Südeingang die Marmorfigur einer Trauernden, zu ihren Füßen ein Rosen streuendes Kind, von Max Unger 1891; Grabmal K. Stemmler † 1957, wiederverwendete Marmorstele mit dem Hochrelief einer Trauernden, die Bildnisbüste des Verstorbenen betrachtend, von Hermann Hidding 1897; Grabmal B. Naumburg † 1954, eine ebenfalls wiederverwendete lebensgroße marmorne Standfigur einer Rosen streuenden Frau, die verwitterte Signatur zu deuten als A. Schneider 1907. Auf der Nordseite am Hang zwei benachbarte Familiengrabmäler: Grabmal Wolff-Rudloff-Schmittendorf, um 1913, in dem als Mitte betonten offenen Rundbogen einer dreiseitigen Pfeilerarkatur aus Muschelkalk überlebensgroße bronzene Sitzfigur einer Trauernden, neben sich eine Urne, von Hans Dammann; rechts daneben das Grabmal Schumann-Recke, in der Mitte einer breiten, durch Pfeiler verstärkten Bank aus poliertem schwarzem Granit die überlebensgroße bronzene Sitzfigur einer Trauernden, von Otto Stichling 1906, gegossen von W. Nürnberg.

In der Friedhofskapelle eine Anzahl von Ausstattungsstücken aus der Marienkirche und der Nikolaikirche deponiert: Mittelteil eines spätgotischen Schnitzaltars mit Anbetung des Kindes, 2. V. 15. Jh. Zwei kleine Renaissance-Taufen, Holz, A. 17. Jh. Zwei auf Metall gemalte Bildnisse der Grafen E. und G. F. v. Sparr † 1666 bzw. 1676, in Ganzfigur. Grabbild G. Lamprecht † 1766, von Bernhard Rode 1778 (?). Ebenfalls von Rode zwei Grabbilder für die eigenen Eltern † 1753 und 1755, mit den allegorischen Szenen »Die Ewigkeit zeigt einer Christin den Ort ihrer Bestimmung« und »Die Hoffnung am Grabe eines entschlafenen Christen«. Zwei schlichte Inschrifttafeln 16./17. Jh., die jüngere Tafel mit breitem Rahmenwerk aus Akanthus. Elf Pfarrerbildnisse 17./18. Jh. Zwei Kartons mit Zeichnungen für ein Luther- und ein Melanchthon-Denkmal von Friedrich Johann Pfannschmidt, E. 19. Jh.

NEUER FRIEDHOF der Nikolai- und Mariengemeinde, Prenzlauer Allee 7. In der ehem. Kapelle des 1858 eingeweihten und 1970 aufgelassenen Friedhofes eine Anzahl von Ausstattungsstücken aus der Marienkirche und der Nikolaikirche: Bildnis G. v. Sparr † 1660, lebensgroße Darstellung in Öl auf Metallplatten, signiert (Willem van) Honthorst 1660. Epitaph G. D. Sultze † 1708, geschnitzte Kartusche mit Akanthuswerk. Zwei große ovale Totenschilde des 18. Jh., der eine mit Trophäen, der andere mit Todesgenien. Großes Tafelbild des Abendmahles, 17. Jh. Gemälde mit Maria, das Christuskind vor Häschern verbergend, 2. H. 19. Jh. Von dokumentierender Bedeutung vier Grisaillegemälde, Totenbilder für die Generale Kleist, Winterfeldt, Keith und einen Unbekannten, um 1920 von Robert Hahn nach Bernhard Rode.
Nahe der Kapelle Ehrenmal für die Gefallenen der Mariengemeinde 1914/18, mit Bronzefigur eines Todesgenius, von Robert Saake 1927.

WOHNHAUSBEBAUUNG Prenzlauer Allee 25, Ecke Raabestraße. Drei fünfgeschossige Miethäuser, erbaut um 1900, die Putzfassaden mit Stuckreliefs in Jugendstilornamentik und betont durch Erkerrisalite, die sich in der Dachzone als übergiebelte Zwerchhäuser fortsetzen. An den oberen Geschossen rahmenartige Einfassung von Fenstern und Erkern und Betonung der Hausecke durch rote Klinker.

IMMANUELKIRCHE Prenzlauer Allee 28, Ecke Immanuelkirchstraße 1. Romanisierender Klinkerverblendbau 1891/92 von B. Kühn erbaut, auf einem von dem Brauereibesitzer Bötzow gestifteten Eckgrundstück. Rechteckbau mit eingezogenem polygonalem Chor und anschließenden Anbauten für Nebenräume; der Turm mit hohem Spitzhelm an der Nordwestecke in Winkel zwischen Haupt- und Seitenschiff. Vorhallen an der West- und Südseite, die aufwendigen rundbogigen Portale mit farbigen Mosaiken in den Bogenfeldern. Am Turm die Skulpturen der vier Evangelisten. — Bemerkenswert einheitlich aus der Erbauungszeit erhalten das Innere, der Raumeindruck auch bestimmt durch die reiche polychrome Gestaltung. Als asymmetrische flachgedeckte Hallenkirche ange-

die des Mittelschiffes zusätzlich mit szenischen Darstellungen. – Altaraufsatz, Kanzel, Taufe und die Orgel auf der massiven Westempore aus der Erbauungszeit; das Altarblatt mit Christusdarstellung von Plockhorst.

Linke Seite: Wohnhäuser Prenzlauer Allee 25, Raabestraße

Rechte Seite: Immanuelkirche Prenzlauer Allee 28, Ecke Immanuelkirchstraße 1, Portalvorhalle und Gesamtansicht zur Prenzlauer Allee

legt, mit vierjochigem Hauptschiff und, abgesetzt durch rundbogige Arkaden, breitem nördlichem Seitenschiff mit massiver Empore; an der Südseite unterhalb der Fensterzone ein schmales basilikales Seitenschiff. Die flachen Holzdecken mit ornamentaler Temperamalerei,

Städtisches Obdach (bis dahin hatte diese Funktion u. a. das Heiliggeist-Spital an der Spandauer Straße erfüllt). Die Anlagen, für die Versorgung alter und kranker sowie obdachloser, der Armenverwaltung anheimgefallener Menschen im späten 19. Jh. sicher mustergültig, lassen in ihrer Ausdehnung auch heute noch etwas von den sozialen Problemen der sich entwickelnden kapitalistischen Industrie-Großstadt erkennen, zu denen die bürgerlich-wohlgestalteten spätklassizistischen Klinkerfassaden der einzelnen Gebäude in krassem Gegensatz standen.

Das ehem. Hospital (an der Nordmarkstraße zwischen Prenzlauer Allee und Diesterwegstraße) 1886/89 erbaut. Die beiden langgestreckten Hauptgebäude parallel zur Prenzlauer Allee bzw. zur Diesterwegstraße errichtet, dreigeschossige gelbe Klinkerverblendbauten mit Mittelrisalit und seitlichen Kopfbauten, in spätklassizistischen Formen (ähnlich den Schulen Blankensteins), durch Gesimsbänder und Friese aus roten und blauen Terrakotten gegliedert. Die zwischen den Hauptgebäuden angeordneten Wirtschafts- und Verwaltungsgebäude teilweise kriegszerstört.

Nach Norden anschließend das ehem. Siechenhaus,

WOHNHAUS Prenzlauer Allee 35. Fünfgeschossiger Putzbau um 1890, mit reicher Stuckierung in Renaissanceformen, die Obergeschosse mit roten Klinkern verblendet. Zusammen mit dem benachbarten fünfgeschossigen Wohnhaus Nr. 34 typische Beispiele der Berliner Mietskasernenbebauung mit zwei bzw. vier bebauten Hinterhöfen. – Ähnlich die gleichzeitigen Wohnhäuser Prenzlauer Allee 45/45 a.

GEBÄUDEKOMPLEX (u. a. Rat des Stadtbezirkes Prenzlauer Berg; Krankenhaus) Prenzlauer Allee 63/67, Nordmarkstraße 15/17 sowie Diesterwegstraße. Erbaut seit 1886 nach Entwurf von Hermann Blankenstein als Städtisches Hospital und Siechenhaus sowie

Linke Seite: Wohnhaus Prenzlauer Allee 45/45 A; ehem. Städtisches Hospital an der Nordmarkstraße, Portal

Rechte Seite: Ehem. Städtisches Hospital und (rechts anschließend) das ehem. Obdach (heute Krankenhaus) an der Nordmarkstraße

ebenfalls 1886/89 erbaut, die langgestreckten zweigeschossigen Klinkerverblendbauten mit seitlichen Kopfbauten zwischen Prenzlauer Allee und Diesterwegstraße sich erstreckend. Unmittelbar an der Prenzlauer Allee die ehem. Leichenhalle, ein roter Klinkerverblendbau über oktogonalem Grundriß. Links daneben der viergeschossige Erweiterungsbau, nach 1896 von Dylewski, in den Formen den übrigen Gebäuden angepaßt.

An der Nordmarkstraße zwischen Diesterwegstraße und Winsstraße das ehem. Obdach, 1886/87 erbaut, 1893/95 von Dylewski erweitert (Nordmarkstraße 15, jetzt Krankenhaus). Das Hauptgebäude parallel zur Straße, ein langgestreckter roter Klinkerverblendbau von vier Geschossen und mit vier rückwärtigen Flügeln, die Fassade durch Mittel-, Eck- und Portalrisalite gegliedert. Über den Eckrisaliten ursprünglich hohe Pyramidendächer, über dem Mittelrisalit Walmdach mit Laterne, die Dachzone nach Kriegsschäden vereinfacht wiederhergestellt.

WOHNBEBAUUNG Prenzlauer Allee 136/138, Krügerstraße 21/25 (ungerade), Dunckerstraße 42/45 und Wisbyer Straße 30/31. Blockrandbebauung 1927/28 von Mebes und Emmerich für die DeGeWo (Deutsche Gesellschaft zur Förderung des Wohnungsbaues). Fünfgeschossige Putzbauten unter Satteldach, die Balkone z. T. zum Hof, an der Prenzlauer Allee und Krügerstraße zur Straße gewendet. Sehr wirkungsvoll die in die Hofwinkel gelegten, viertelrund hervortretenden Treppenhäuser.

WOHNBEBAUUNG Prenzlauer Allee 139/143, Kuglerstraße 91/99 (ungerade), Dunckerstraße 41/41 a und Krügerstraße 18/22 (gerade). Blockrandbebauung 1926/27 von E. Schmohl für die Wohnungsbaugesellschaft »Heimat« erbaut. Fünfgeschossige Putzbauten unter Satteldach, die Ecken der Blockrandbebauung konkav eingezogen, die Ecke Dunckerstraße/Krügerstraße gerundet. Die Fassaden zur Prenzlauer Allee und Kuglerstraße mit Eingangsrisaliten mit jeweils zwei Loggien in jedem Obergeschoß, heute z. T. verglast, die Fassaden zur Duncker- und Krügerstraße z. T. mit übereckgestellten Balkonen bzw. zweiseitig vorspringenden Treppenhäusern. Der ursprüngliche Kellenputz in Ocker teilweise noch erhalten.

WOHNBEBAUUNG Prenzlauer Allee 147/150, Erich-Weinert-Straße 85/89 (ungerade) und Meyerheimstraße 5/6 a. 1928/29 von Joseph Tiedemann für die Wohnungsbaugesellschaft »Pankower Heimstätten«

erbaut, an ältere Bebauung anschließend. Vier- bzw. fünfgeschossige Putzbauten unter Satteldach, die Fassaden belebt durch flache zweiachsige verglaste Loggienrisalite über den Hauseingängen.

STADTBAHNHOF Prenzlauer Allee 179. Die 1871 eröffnete Bahnanlage des Nordrings, in zunächst noch weitgehend unbebautem Gelände angelegt, diente anfänglich nur dem Güterverkehr, bald aber auch in fortschreitendem Maße der Personenbeförderung. – Der Bahnhof Prenzlauer Allee, am 1. 5. 1892 eröffnet, ist einer der wenigen noch im ursprünglichen Zustand erhaltenen Stadtbahnhöfe. Gelber Klinkerverblendbau unter steilem Dach, der dreiachsige Mittelrisalit mit hohem Giebel; Schmuckformen und Gliederungselemente in rotem Klinker abgesetzt. Im Inneren die Fahrkartenhalle mit flacher Decke, die doppelten Stahlträgerunterzüge mit Holz verkleidet und ehemals bemalt. Im ursprünglichen Zustand auch die breite Granittreppe mit schmiedeeisernem Geländer sowie die Bahnsteiganlage mit Überdachung auf Gitterträgern und Gittermasten.

Linke Seite: Blockrandbebauung Prenzlauer Allee 136/138, Fassade zur Krügerstraße und Hof mit Treppenhaus

Rechte Seite: Blockrandbebauung Prenzlauer Allee 136/138, Portal; Wohnbebauung Prenzlauer Allee 147/150, Ecke Erich-Weinert-Straße; S-Bahnhof Prenzlauer Allee

Prenzlauer Allee und Straßen östlich der Prenzlauer Allee

WOHNHAUS Prenzlauer Allee 208. Um 1890 oder kurz danach erbaut. Die fünfgeschossige klinkerverblendete Fassade mit reichem Stuckdekor in Renaissanceformen und dreiseitigem Erker vor dem zweiten bis vierten Geschoß. Eines der wenigen noch im weitgehend originalen Zustand erhaltenen Beispiele, bei dem sich auch die Erdgeschoßzone mit Ladeneinbauten unverändert bewahrt hat. – Das benachbarte Wohnhaus Prenzlauer Allee 212 (fünfgeschossig, die drei Obergeschosse klinkerverblendet, Erdgeschoßzone und Balkone verändert) zeigt in dem die mittlere Doppelachse betonenden Giebel die Jahreszahl 1894.

WOHNHÄUSER Prenzlauer Allee 221/223. 1890/91 errichtete Putzbauten mit reicher Stuckierung in Renaissance- und Barockformen, durch Erker und Balkone belebt, die Obergeschosse z. T. mit Klinkern verblendet. Die Fassaden bei der komplexen Instandsetzung 1965 z. T. vereinfacht. Diese Mietshäuser haben jeweils nur einen Hinterhof mit dreiseitiger Umbauung; bei den Häusern 221 222 die Hofumbauung so angelegt, daß ein großer rechteckiger Innenhof entsteht.

OBERSCHULE Prenzlauer Allee 227/228, Ecke Mühlhauser Straße 8. 1884/86 als Gemeindeschule für Knaben vermutlich nach Entwurf von Stadtbaurat Hermann Blankenstein erbaut, in spätklassizistischen Formen aus gelben Klinkern, Bänder und Friese aus roten Steinen. Langgestreckter viergeschossiger Bau entlang der Mühlhauser Straße, mit fünfachsigem Mittelrisalit zur Straßen- und Hofseite, an den Schmalseiten zur Prenzlauer Allee bzw. zur Kolmarer Straße gewendete Kopfbauten; das Hauptportal streng klassizistisch mit abschließendem Giebeldreieck. In gleichen Formen auch das zweigeschossige ehem. Rektorenwohnhaus an der Prenzlauer Allee sowie die eingeschossige Turnhalle an der Kolmarer Straße.

WOHNHAUS Prenzlauer Allee 234, Ecke Belforter Straße 18. Fünfgeschossiger Putzbau um 1870/80 erbaut, noch in strengen spätklassizistischen Formen. Die Ecke als Risalit betont. Erd- und erstes Obergeschoß als Sockel gebildet und durch Putzquaderung bzw. fensterrahmende Pilaster betont, die drei Geschosse darüber durch stark plastische Fensterverdachungen hervorgehoben, am zweiten Obergeschoß Spiegel mit Stuckrosetten. Das abschließende kräftige Konsolgesims nur z. T. erhalten (Abb. S. 355).

Linke Seite: Wohnhäuser Prenzlauer Allee 212 und 221

Rechte Seite: Oberschule Prenzlauer Allee 227/228, Ecke Mühlhauser Straße 8, Fassade zur Mühlhauser Straße und Hauptportal

Prenzlauer Allee und Straßen östlich der Prenzlauer Allee

*Linke Seite:
Gedenkstein für
Karl Liebknecht
Prenzlauer
Allee, Ecke
Saarbrücker
Straße*

*Rechte Seite:
Gasbehälter der
ehem. Städtischen
Gasanstalt
nördlich der
Dimitroffstraße*

Ehem. BÖTZOW-BRAUEREI Prenzlauer Allee 242/247, Saarbrücker Straße 5 (jetzt staatlicher Fischhandel). Ausgedehnter Komplex von Industrieanlagen, die gelbroten Klinkerverblendbauten ab 1864 entstanden, 1891 erweitert. Der Erweiterungsbau an der Saarbrücker Straße 1902 von Hochgürtel errichtet, ein roter Klinkerverblendbau in Jugendstilformen. Ein besonderer Anziehungspunkt war das 1887 angelegte Gartenlokal mit fünf- bis sechstausend Plätzen sowie einem Pavillon im Rokokostil (kriegszerstört). In diesem Gartenlokal tagte in den ersten Januartagen 1919 der aus Mitgliedern von USPD und KPD gebildete Revolutionsausschuß mit Karl Liebknecht und Wilhelm Pieck; Gedenkstein in den Anlagen an der Ecke Prenzlauer Allee/Saarbrücker Straße.

Straßen östlich der Prenzlauer Allee

Im südlichen Teil zwischen Prenzlauer Allee und Greifswalder Straße, bis zur heutigen Heinrich-Roller-Straße sich erstreckend, wurden im frühen 19. Jh. der Friedhof der Nikolai- und Mariengemeinde (1802 eröffnet, s. Prenzlauer Allee 1, S. 400, 1858 erweitert durch den Neuen Friedhof beider Gemeinden, s. Prenzlauer Allee 7, S. 402) und der Friedhof der Georgen-Parochial-Gemeinde (1814 eröffnet, s. Greifswalder Straße 229/234, S. 420) angelegt. – Die nach Norden bis zur Dimitroffstraße (ehemals Danziger Straße) anschließenden Straßen mit dichter Wohnbebauung, die vorwiegend kurz vor und um 1900 errichtet wurde. Zwischen Dimitroffstraße und Bahntrasse des Nordrings wurde seit 1886 der umfangreiche Gebäudekomplex städtischer Anstalten (Hospital, Siechenhaus, Obdach) erbaut (s. Prenzlauer Allee 63/67, S. 404). Zur Bahntrasse hin schließt das Betriebsgelände des seit 1872 angelegten Gaswerkes an, das bis 1981 produzierte; für die nächsten Jahre ist eine Umwandlung des Geländes in einen Ernst-Thälmann-Park vorgesehen.

Der Bereich nordöstlich der Bahntrasse bis zur Grenze zum Stadtbezirk Weißensee zeigt neben vereinzelter Wohnbebauung der Zeit um und kurz nach 1900 umfangreiche Baukomplexe der zwanziger Jahre (Wohnstadt an der Erich-Weinert-Straße und Wohnanlagen an der Grellstraße).

Christburger Straße

POLIKLINIK Christburger Straße 7. 1907/08 nach Entwurf von Ludwig Hoffmann als Gemeindeschule für Mädchen erbaut, die Formensprache bereits ähnlich den späteren Schulbauten Hoffmanns am Warschauer Platz und an der Dunckerstraße. Leicht aus der Straßenflucht der angrenzenden Häuser zurückgesetzter Klinkerverblendbau von neunundzwanzig Achsen und vier Geschossen. Die gestreckte, über 90 m lange Fassade streng vertikal durch Vorlagen gegliedert, eine Eintönigkeit jedoch durch den Wechsel von dreiachsigen betonten Risaliten mit dreiachsigen unbetonten Rücklagen geschickt vermieden, die Vor- und Rücksprünge im Mansarddach fortgesetzt. Die gotisierend profilierten Vorlagen zwischen den Fensterachsen von feingliedriger Wirkung, die Fenster als kleeblattbogig geschlossene Drillingsfenster gebildet, durch zartes Stabwerk ebenfalls vertikal miteinander verbunden.

Der figürliche Terrakottenschmuck über den Fenstern, gleichmäßig über die gesamte Fassade verteilt, von Ignatius Taschner. Die Hofseite mit vorspringendem Mittelbau und kurzen Seitenflügeln in nüchterner schmuckloser Klinkerverblendung, ebenso ein mehrgeschossiges Wohngebäude, wohl das ehem. Rektorenwohnhaus.

OBERSCHULE »Hans Janocha« Christburger Straße 14. 1895 in historisierenden Formen erbaut. Auf dem Hof das langgestreckte Schulgebäude, ein viergeschossiger Klinkerverblendbau mit fünfachsigem, leicht erhöhtem Mittelrisalit und einachsigen Seitenrisaliten, die die Nebentreppen enthalten. Klinkerbauten in gleichen historisierenden Formen auch die Turnhalle sowie das an der Straße gelegene ehem. Rektorenwohnhaus, dieses dreigeschossig von sechs Achsen, an der rechten Seite die Durchgangsachse – der Durchgang auf das Hauptportal des Schulgebäudes bezogen – als Turmrisalit mit verschiefertem Zeltdach gebildet.

WOHNHÄUSER Christburger Straße 15 und 16. 1901 errichtete fünfgeschossige Klinkerverblendbauten mit Erkern und Balkonen. Stuckreliefs und Ziergitter der Balkonbrüstungen in floralen Jugendstilformen.

Dimitroffstraße

Ursprünglich Danziger Straße, 1950 zusammen mit der anschließenden Elbinger Straße umbenannt in Dimitroffstraße (s. auch S. 380 und S. 426).
Ehem. STÄDTISCHE GASANSTALT Dimitroffstraße 105, zwischen Prenzlauer Allee und Greifswalder Straße. – Eine erste Berliner Gasanstalt, von einer englischen Gesellschaft vor dem Halleschen Tor (heute Berlin West) errichtet, nahm 1826 ihre Arbeit auf und versorgte zunächst die Straße Unter den Linden mit

Gasbeleuchtung, weitere Straßen mit insgesamt 1783 Gaslaternen wurden bis 1829 angeschlossen. Eine Gasversorgung für private Abnehmer begann 1829. – Die Anlage an der Dimitroffstraße wurde 1872/74 als vierte städtische Gasanstalt errichtet und ständig bis ins 20. Jh. auf dem ausgedehnten Gelände erweitert. Einstellung der Produktion 1981, die Umwandlung des Werkgeländes in einen Ernst-Thälmann-Park ist vorgesehen.

Die drei ehem. Gasbehälter in S-Bahn-Nähe zwischen den Bahnhöfen Prenzlauer Allee und Greifswalder Straße (die älteren, um 1872 unmittelbar an der Dimitroffstraße errichteten Behälter 1945 zerstört) wurden 1889, um 1896 und um 1900 errichtet (von Westen nach Osten): hohe, durch die Fensteröffnungen in vier und fünf Geschosse gegliederte Rundbauten in gelber bzw. für Gesimse und Bänder roter Klinkerverblendung, abgeschlossen mit Flachkuppeln nach Schwedlerscher Konstruktion (Kuppel nur über dem östlichen Behälterhaus erhalten). Im Inneren in den einzelnen Geschossen umlaufende eiserne Galerien, deren Vorlagen gleichzeitig zur Führung des eigentlichen Gasbehälters dienten. Als weithin sichtbare, für den Stadtbezirk Prenzlauer Berg charakteristische Bauten und als interessante technische Denkmale ist ihre Erhaltung und Einbeziehung in die in den nächsten Jahren entstehende Parkanlage beabsichtigt.

Erich-Weinert-Straße
Ursprünglich Carmen-Silva-Straße, 1954 umbenannt in Erich-Weinert-Straße. – Die Fortsetzung der Straße zwischen Schönhauser Allee und Prenzlauer Allee s. S. 383.

WOHNSTADT an der Erich-Weinert-Straße zwischen Sültstraße und Gubitzstraße, nach Südwesten begrenzt von der Küselstraße, nach Nordosten von Lindenhoekweg bzw. Georg-Blank-Straße. Außerhalb dieses Bereiches zugehörig die gegenüberliegende, nordwestliche Bebauung mit den Häusern Küselstraße 34, Sültstraße 11/25 (ungerade) und Erich-Weinert-Straße 98/100 (gerade), während der Häuserblock Sültstraße 27/33 (ungerade) 1978/79 hinzugefügt worden ist.

1929/30 für die Gehag (Gemeinnützige Heimstätten Spar- und Baugesellschaft) erbaut nach einem bereits 1925 erarbeiteten Entwurf von Bruno Taut und Franz Hillinger nach dem Vorbild der Siedlung Tusschendijken in Rotterdam von J. J. P. Oud, deshalb auch Flamensiedlung genannt; eines der Hauptwerke Tauts. Vier- bzw. fünfgeschossige Bebauung mit insgesamt 1150 Eineinhalb- bis Dreieinhalb-Zimmer-Wohnungen. Beidseitig der Erich-Weinert-Straße, durch Sodtkestraße und Trachtenbrodtstraße voneinander getrennt, jeweils drei große begrünte Wohnhöfe, U-förmig zu dem durchgehenden Hauptstraßenzug geöffnet, hier auch mehrere Läden in die Wohnblocks eingefügt oder vorgebaut. Die viergeschossigen Gebäudefronten an den Straßen sehr zurückhaltend, die Eingänge betont unscheinbar, dagegen von großartiger Wirkung die Hofseiten, mit aneinandergereihten, kastenartig vorgebauten Loggien, und die fünfgeschossigen Kopfbauten zur Erich-Weinert-Straße, mit gerundeten, die hofseitigen Ecken umlaufenden Balkonen. Unter den Flachdächern als zusammenfassendes Element die gleichmäßig gereihten Dachbodenfenster. Die Putzflächen und das Holzwerk ursprünglich z. T. stark farbig angelegt, in Resten noch erkennbar.

Linke Seite: Wohnstadt an der Erich-Weinert-Straße, Portal an der Gubitzstraße

Rechte Seite: Wohnstadt an der Erich-Weinert-Straße, Bebauung beidseitig der Erich-Weinert-Straße

ABWASSER-PUMPWERK Erich-Weinert-Straße 131. 1907/08 entstandener Komplex von Klinkerverblendbauten mit historisierendem Sandsteindekor, aus Maschinenhaus mit Schornstein, seitlichem Gebäude mit Auffangvorrichtung für angeschwemmte Sperrstoffe, zweigeschossigem Verwaltungsgebäude sowie zweigeschossigem Wohnhaus bestehend. Die ursprüngliche technische Einrichtung größtenteils erhalten.

Grellstraße

WOHNSIEDLUNG zwischen Grellstraße und Rietzestraße/Naugarder Straße, im Nordwesten begrenzt durch die Hosemannstraße, im Südosten in die Greifswalder Straße (Nr. 166) einbindend. 1927 von Bruno Taut für die Gehag (Gemeinnützige Heimstätten Spar- und Baugesellschaft) erbaut. Der erste Bauabschnitt umfaßte die Häuser Rietzestraße 24/32 (gerade), Naugarder Straße 46/52 und den Kopfbau Greifswalder Straße 166 sowie die entsprechenden Bauten an der Grellstraße 39/45; dieser erste Bauabschnitt durch Mauer im Hof von der etwas späteren Erweiterung abgetrennt, die mit den Häusern Rietzestraße 2/22 (gerade) und Grellstraße 46/53 bis zur Hosemannstraße 3/4 reicht. – Geschlossene Bebauung durch viergeschossige Häuser mit Zweizimmerwohnungen entlang der Rietzestraße und Naugarder Straße, an dieser in gleichmäßiger Rundung bis zu dem betonten Kopfbau mit Laden an der Greifswalder Straße geführt. Offene Bebauung durch winkel- bzw. U-förmig angeordnete Bauten mit größeren Wohnungen an der Grellstraße, dadurch der begrünte Hofraum zur Grellstraße geöffnet und gleichzeitig unterteilt. Die Fassaden an der Rietzestraße und Naugarder Straße schlicht, aber wirkungsvoll betont durch den Gegensatz zwischen Fenstern und Treppenhausfenstern, unter dem Flachdach zusammengefaßt durch gleichmäßig gereihte Dachbodenfenster (diese im späteren Teil nicht fortgesetzt). Von großem Reiz die lebhaft gegliederte Gartenseite, die Balkone eines jeden Hauses zu kräftigen, plastisch hervortretenden Baukörpern zusammengefaßt, besonders in dem gerundeten Teil – auch im Zusammenklang mit der hofseitigen Allee – von nachdrücklicher Wirkung. – Die ursprüngliche farbige Behandlung der Türen, Fensterrahmungen und Dachgesimse – in Kontrast zu den weißen Putzflächen in gelb, rot, blau und schwarz gehalten – 1979 an den Häusern zur Naugarder Straße und dem Kopfbau an der Greifswalder Straße wiederhergestellt, für den Gesamteindruck der Anlage von ganz entscheidender Bedeutung.

WOHNBEBAUUNG Grellstraße 62/73, Gubitzstraße 47a/49 und Küselstraße 1/27 (ungerade). Um 1930 von Hermann Dernburg für die Wohnungsbaugesellschaft »Eintracht« erbaut. Blockrandbebauung, viergeschossige Putzbauten mit Flachdächern; Hauseingänge bzw. Treppenhausrisalite klinkerverblendet, an der Gubitzstraße und Grellstraße Eingangsrisalite mit je zwei Loggien in den oberen Geschossen.

Heinrich-Roller-Straße

OBERSCHULE Heinrich-Roller-Straße 18. In die Straßenflucht einbezogener Klinkerverblendbau in der Art der Schulbauten Hermann Blankensteins, 1877 erbaut. Von vier Geschossen, der dreiachsige Mittelrisalit kräftig vorgezogen, das hohe rundbogige, durch Segmentbogengiebel abgeschlossene Hauptportal mit reichem Terrakottaschmuck. Ornamentale Terrakotten auch am Hauptgesims und an den Fensterbrüstungen des ersten Obergeschosses. – Im Hof ein zweites, bereits 1873 erbautes Schulgebäude, damit wohl eine der ältesten ehem. Gemeindeschulen im Stadtbezirk Prenzlauer Berg. Klinkerverblendbau von vier Geschossen und vierzehn Achsen in schlichten Formen, die mittleren sechs Achsen als Risalit vorgezogen und mit Aula im obersten Geschoß.

Linke Seite: Wohnsiedlung zwischen Grellstraße und Rietzestraße/Naugarder Straße, Gartenseite

Rechte Seite: Wohnsiedlung zwischen Grellstraße und Rietzestraße/Naugarder Straße, Kopfbau an der Greifswalder Straße und Fassade zur Naugarder Straße mit dem Kopfbau zur Greifswalder Straße

Greifswalder Straße und Straßen südöstlich der Greifswalder Straße

Greifswalder Straße
Im Mittelalter die mittlere der drei vom Georgentor der mittelalterlichen Befestigung ausgehenden Straßen, welche nach Bernau und weiter nach Nordosten führte. Nach Anlage der Königstadt hieß im 18. und 19. Jh. diese Straße innerhalb der Akzisemauer Bernauische Straße (ungefähr dem Verlauf der heutigen Hans-Beimler-Straße entsprechend), außerhalb der Akzisemauer Chaussee bzw. Straße nach Bernau, nach Werneuchen oder auch nach Weißensee (die Bezeichnungen schwankend); der Name Greifswalder Straße seit 1868 gebräuchlich. – Straßenzug vom ehem. Bernauischen Tor der Akzisemauer (1809 in Königstor umbenannt anläßlich der Rückkehr Friedrich Wilhelms III. von Tilsit nach Berlin) bis zur Grenze des Stadtbezirkes Weißensee; das Bernauische bzw. Königstor befand sich etwa an der Stelle, wo Friedenstraße und Straße Prenzlauer Berg, die beide dem Verlauf der ehem. Akzisemauer folgen, auf die Greifswalder Straße treffen. Um 1700 als Haupt- und Poststraße nach Berlin und Stettin im Verzeichnis der Heer- und Handelsstraßen ausgewiesen; 1701 zog der erste preußische König Friedrich I. nach seiner Krönung in Königsberg über diese Straße in Berlin ein. 1800/03 wurde die Straße befestigt und zur Chaussee ausgebaut, beidseitig bepflanzt weist sie schon der Oesfeldsche Plan von 1778 aus. 1814 erfolgte unmittelbar vor dem Königstor die Anlage des Friedhofes der Georgen-Gemeinde. Von der ersten, nach M. 19. Jh. einsetzenden Bebauung haben sich vereinzelt Wohnhäuser erhalten (Greifswalder Straße 15/19, 200).

GESCHÄFTSHAUS (VEB Modische Herrenanzüge) Greifswalder Straße 5. Um 1910 als Wäschefabrik erbaut. Das Vorderhaus mit stattlicher Fassade von fünf Geschossen, kalksteinverblendet, über dem als Sockelgeschoß gebildeten Erdgeschoß die vier Obergeschosse in fünf Achsen durch vertikale Vorlagen zusammengefaßt, die Schmuckformen teils noch jugendstilig, teils in den klassizierenden geometrischen Formen der Zeit.

WOHNHÄUSER Greifswalder Straße 9/12. Gruppe von vier sechsgeschossigen gründerzeitlichen Putzbauten in üppigen neubarocken Formen, 1879 von Maurermeister W. Koch erbaut, sehr aufwendig die Portale, das Portal von Nr. 11 von Atlanten flankiert. Putzgliederung von Nr. 10 entfernt, von Nr. 9 an den oberen Geschossen vereinfacht.

WOHNHÄUSER Greifswalder Straße 15/19. Gruppe von fünf gut erhaltenen Putzbauten von jeweils sieben Achsen und vier bzw. (Nr. 16) fünf Geschossen, in spätklassizistischen Formen 1863 erbaut. Die Fassaden durch profilierte Gesimse mit Schmuckfriesen und waagerechte Fensterverdachungen streng gegliedert, bei Nr. 16 beidseitig die äußeren Achsen betont, bei Nr. 17 die mittlere Doppelachse über dem Portal hervorgehoben, bei Nr. 18 die seitliche Portalachse als Risalit ausgebildet. Auf den Höfen ursprünglich Ställe (s. auch Abb. S. 354).

Katholisches ST. KATHARINENSTIFT Greifswalder Straße, hinter der vorgenannten Häusergruppe, Zugang durch Haus Nr. 18. Komplex fünfgeschossiger, mit Klinkern abgesetzter Putzbauten, 1892/1902 errichtet nach Plänen von August Menken. Die Kirche ein neugotischer klinkerverblendeter Bau von 1896, das Innere mit dreiseitig gebrochener hölzerner Decke, der eingezogene Rechteckchor mit hölzerner Spitztonne.

Linke Seite: Geschäftshaus Greifswalder Straße 5

Rechte Seite: Wohnhäuser Greifswalder Straße 17 und 9/12 (rechts oben) sowie Portale Greifswalder Straße 11 und 12

Greifswalder Straße und Straßen südöstlich der Greifswalder Straße

OBERSCHULE »Albert Lau« und Betriebsberufsschule Greifswalder Straße 25. 1913/14 von Ludwig Hoffmann als Königstädtisches Oberlyzeum erbaut. Schmuckloser viergeschossiger Putzbau über winkelförmigem Grundriß auf schmalem, tiefem Hofgrundstück. In reichen Formen nur das zur Straße gewendete Gebäude, ein repräsentativer neubarocker Putzbau mit Sandsteingliederungen von drei Geschossen und elf Achsen, beidseitig die äußeren Portalachsen leicht zurückgesetzt. Über dem genuteten Erdgeschoß die beiden Obergeschosse von ionischen Dreiviertelsäulen zusammengefaßt, das erste Obergeschoß mit übergiebelten Fenstertüren und Balkonbrüstungen.

WOHNBEBAUUNG Greifswalder Straße 166 zwischen Grellstraße und Naugarder Straße, s. Grellstraße, S. 414.

WOHNHAUS Greifswalder Straße 200. Zweigeschossiger Putzbau von sieben Achsen, um 1860 in spätklassizistischen Formen; Satteldach.

WOHNHÄUSER Greifswalder Straße 216/219. Gruppe von fünfgeschossigen gründerzeitlichen Putzbauten, um 1870/80: bei Nr. 216 die Ecke zur Immanuelkirchstraße abgeschrägt und turmartig erhöht (entsprechend auch Nr. 215, hier jedoch die Putzgliederung entfernt); Nr. 218 Putzgliederung entfernt; bei Nr. 219 Gliederung auch am Erdgeschoß erhalten, die Obergeschosse z. T. klinkerverblendet, die äußeren Achsen durch polygonale Erker betont.

*Linke Seite:
Oberschule Greifswalder Straße 25;
Wohnhaus Greifswalder Straße 200*

*Rechte Seite:
Wohnhaus Greifswalder Straße 216,
Ecke Immanuelkirchstraße*

Der Hauptweg führt zu einer Anhöhe, auf der sich die ältesten erhaltenen Grabmäler des Friedhofes befinden, Wandgrabmäler an einer im rechten Winkel geführten Mauer, wahrscheinlich einem Rest der ersten Umfassungsmauer des Friedhofes: Schlichte Backsteinarchitekturen mit eingelassenen Schrifttafeln aus Marmor, Bronze oder Gußeisen bzw. antikisierende Fassaden, so ein Grabmal mit Urne auf Postament in rundbogiger Nische und das Familiengrabmal Ende, 1828 im Stil der Nachfolge von Gilly und Gentz. Nach Erweiterung des Friedhofes – der Reimersche Grundriß von Berlin (Abb. S. 24) zeigt ihn bereits in heutiger Ausdehnung – wurde die winkelförmige Mauer auch an der ehemaligen Außenseite mit Wandgrabmälern besetzt, hier beachtenswert das Grabmal E. G. Kleinstüber † 1834, besonders ausgezeichnet durch eine lebensgroße, antik nachempfundene Sitzfigur einer Trauernden, eine Urne umkränzend, gegossen in der Königlichen Eisengießerei. – Unweit südlich davon, am Hauptweg, das Grabmal F. H. C. Alst † 1840, neugotische Stele mit vergoldeter Engelsfigur im abschließenden Tabernakel, ebenfalls in Gußeisen.

An den Umfassungsmauern des Friedhofes nach Nord-

FRIEDHOF I der Georgen-Parochial-Gemeinde Greifswalder Straße 229/234. 1814 als Georgenfriedhof vor dem Königstor angelegt, zwischen der Straße Prenzlauer Berg, die der ehem. Akzisemauer folgt, und der Heinrich-Roller-Straße, nach Nordwesten angrenzend an den (später angelegten) Friedhof II der Marien-Nikolai-Gemeinde; aufgelassen 1970. Neben dem Haupteingang an der Greifswalder Straße die Kapelle, ein schlichter spätklassizistischer Klinkerverblendbau nach M. 19. Jh. Dicht daneben das Grabmal Franz Wallner † 1876, Gründer des 1864 eröffneten Wallner-Theaters in der ehem. Königstadt; spätklassizistische Stele mit bronzenem Reliefbildnis von Rudolf Schweinitz, 1876 datiert.

Georgenfriedhof Greifswalder Straße 229/234: Grabmal E. G. Kleinstüber; Grabmal F. H. C. Alst

westen (zum Friedhof II der Marien-Nikolai-Gemeinde) und nach Nordosten (zur Heinrich-Roller-Straße) zahlreiche z. T. aufwendige Wandgrabmäler und Gruftbauten zumeist des späten 19. Jh. Unter ihnen an der nordwestlichen Mauer die Familiengrabstätte Zeitler, hoher, mit Granitplatten verkleideter Gruftbau mit Giebelabschluß und Datum 1871. Auf den Eckpfeilern Lebensdaten von Mitgliedern der Familie Zeitler mit Angaben über Stiftungen für Handwerker, Studenten, Witwen und Waisen. An der linken Schmalseite Inschrift mit interessanten kulturhistorischen Angaben zur Zeit zwischen 1870 und 1900. Weiter rechts zwei spätklassizistische Gruftbauten, der der Familie Dellschau mit dreiachsiger Tempelfront, daneben unbezeichnete Gruftkapelle, in ihr fünf barocke Grabplatten bzw. Epitaphien, Sandstein, und Fragmente weiterer Grabmäler, darunter vier sandsteinerne Reliefs des 17. und 18. Jh., sämtlich aus der ehem. Georgenkirche. Am nordöstlichen Teil der Umfassungsmauer, etwa in der Mitte, das Familiengrabmal Riedel, Erstbestattung 1861, mit der lebensgroßen Marmorgruppe eines den Sarkophag schließenden Engels, davor sitzend ein Todesgenius, 1880/90.

Georgenfriedhof Greifswalder Straße 229/234: Familiengrabmal Riedel; Gruftbau Zeitler, Ansicht und Inschriftplatte an der linken Schmalseite

*Linke Seite:
Georgenfriedhof
Greifswalder
Straße 229/234:
Familiengrabmal
H. Heider;
Familien-
grabstätte
J. Pintsch*

*Rechte Seite:
Fruchtbarkeits-
brunnen auf dem
Arnswalder Platz*

Auf der Anhöhe im Westen, dicht über der Straße Prenzlauer Berg, die Familiengrabstätte des Industriellen J. Pintsch, in Form eines monumentalen dorischen Tempelbaues, Kalkstein, um 1912. Gegenüber das Grabmal F. E. Schlick † 1877, Marmorstandbild eines Engels, eine Säule mit dem Medaillonbildnis des Verstorbenen bekränzend, signiert R. Walser 1890. Seitlich hinter dem Pintsch-Monument die Familiengrabstätte H. Heider † 1903, eine Wandarchitektur aus schwarzem Granit und grünem Labradorstein, seitlich mit einbezogenen Bänken, die Pylonen geschmückt in Jugendstilformen.

Am Hauptweg, unweit vom Haupteingang, das Grabmal Strömann-Knauer, mit lebensgroßer Marmorfigur einer über eine Urne gebeugten Trauernden, um 1900. Nördlich davon, dicht an der nordöstlichen Begrenzungsmauer, die Marmorstele für A. Lasson † 1917, mit Reliefbildnis von Gerhard Janensch 1919.

Beachtenswert auch die überaus zahlreichen Eisengitter des 19. Jh., vielfach aus einfachen oder sich kreuzenden Spitzbögen und in reicheren historisierenden Formen, die späten in prunkvollem Neubarock.

Straßen südöstlich der Greifswalder Straße

Die Wohnbebauung der Straßen zwischen Greifswalder Straße und dem Volkspark Friedrichshain wurde überwiegend in dem Jahrzehnt vor dem ersten Weltkrieg errichtet; der in diesem Bereich gelegene Arnswalder Platz war, wie die Mehrzahl der Schmuckplätze im Bezirk Prenzlauer Berg, bereits in dem Hobrechtschen Bebauungsplan von 1862 konzipiert.

Das Gebiet nordöstlich der Dimitroffstraße zwischen Greifswalder Straße und Leninallee zeigt diesseits der S-Bahn-Trasse neben einer älteren Bebauung im Bereich Leninallee/Dimitroffstraße umfangreiche Wohngebiete aus den zwanziger und dreißiger Jahren; jenseits der S-Bahn-Trasse im Bereich der Michelangelostraße eine ausgedehnte Neubebauung um 1970, im Bereich der Storkower Straße einen 1962/66 errichteten Gewerbestättenkomplex.

Arnswalder Platz
Großer Schmuckplatz zwischen Dimitroffstraße und Pasteurstraße, seitlich begrenzt von Bötzowstraße und Hans-Otto-Straße. In der Mitte des Platzes, mit der Hauptansicht zur Dimitroffstraße über Böschungsmauer leicht erhöht, der
FRUCHTBARKEITSBRUNNEN Monumentale Anlage aus rotem Porphyr, 1927/34 von Hugo Lederer, ein Spätwerk des Künstlers. In der Mitte die riesige Brunnenschale von 8 m Durchmesser, seitlich aufgetürmt in strenger Symmetrie zwei Stiere, flankiert von jeweils zwei blockhaft gebundenen allegorischen, auf das Thema der Anlage bezogenen Figuren: Schnitterin mit Ährenbündel und Fischer mit Netz auf der linken, Schäfer mit Widder und Mutter mit Kind auf der rechten Seite. Restauriert 1959.

Bötzowstraße

OBERSCHULE »Käte Niederkirchner« Bötzowstraße 11. Stattlicher Baukomplex, um 1910 als Gemeindedoppelschule von Ludwig Hoffmann erbaut, in einer von Hoffmann mehrfach angewendeten Grundrißdisposition (so z. B. in der nahegelegenen Pasteurstraße): Putzbauten von vier Geschossen in drei Flügeln um den Schulhof gruppiert, dieser zur Straße hin, zwischen den Kopfbauten der Seitenflügel und leicht zurückgesetzt, durch das dreigeschossige ehem. Direktorenwohnhaus und seitliche zweigeschossige Durchfahrtsbauten abgeschlossen; Mansarddächer, das des Wohnhauses mit Dachreiter. Portale in Sandstein mit plastischem Schmuck, vor dem mittleren Wohnhausportal Freitreppe.

Conrad-Blenkle-Straße

Ursprünglich Thorner Straße, 1974 umbenannt in Conrad-Blenkle-Straße. Die ältere Bebauung teilweise kriegszerstört.

WOHNANLAGE Conrad-Blenkle-Straße 58/60 A sowie Rudi-Arndt-Straße 1/11. 1926/27 nach Entwurf von Bruno Taut für die Gehag (Gemeinnützige Heimstätten Spar- und Baugesellschaft) errichtet. Geschlossene Bebauung mit fünfgeschossigen Putzbauten (Putz und Fenstereinfassungen an den Straßenseiten ungünstig erneuert) unter Flachdach, die einzelnen Häuser wie vielfach bei Taut durch gleichmäßig gereihte Dachbodenfenster zusammengefaßt. Die Fassade an der Ecke Conrad-Blenkle-Straße/Rudi-Arndt-Straße über rechteckigem, dem Straßenverlauf folgenden Eckladen abgerundet, das Treppenhaus hier in die abgeschrägte Ecke des begrünten Innenhofes gelegt, sehr wirkungsvoll die schmalrechteckigen Treppenhausfenster durch viertelrund geführte Balkone flankiert (vgl. die sehr ähnlich gestalteten Eingangsachsen Heinz-Bartsch-Straße 4 und Paul-Heyse-Straße 13 der benachbarten, ebenfalls von Taut für die Gehag errichteten Wohnanlage, S. 426).

Katholische CORPUS-CHRISTI-KIRCHE Conrad-Blenkle-Straße 64. Ein erster Kirchenbau 1904 erbaut, nach Brand 1915 wesentlich erweitert bis 1920 wiederhergestellt. Klinkerverblendbau, das stattliche Schiff in den Hof hineingebaut, die Eingangsfassade mit großem neugotischem Portal leicht zurückgesetzt in die Straßenfront eingebunden, beidseitig eingefaßt und

Corpus-Christi-Kirche Conrad-Blenkle-Straße 64, Straßenfassade mit flankierenden Wohnbauten; Taufstein

*Corpus-Christi-
Kirche
Conrad-Blenkle-
Straße 64,
Blick in den Chor*

Dimitroffstraße

Ursprünglich Elbinger Straße, 1950 zusammen mit der ehem. Danziger Straße zwischen Greifswalder Straße und Schönhauser Allee in Dimitroffstraße umbenannt (s. auch S. 380 und 411).

ADVENTSKIRCHE Dimitroffstraße 201, Ecke Heinz-Bartsch-Straße. 1910/11 von Ernst Paulus und August Dinklage erbaut. Roter Klinkerverblendbau in neugotischen Formen auf etwa quadratischem Eckgrundstück, das Schiff parallel zu den Straßen winkelförmig geführt, die übergiebelten Stirnseiten mit großem Maßwerkfenster zur Dimitroffstraße bzw. Heinz-Bartsch-Straße gewendet, dazwischen, zur Straßenecke hin, der übereckgestellte Turm mit dem Portal. Das Innere nach Kriegsschäden 1949/51 vereinfacht wiederhergestellt.

Heinz-Bartsch-Straße

Ursprünglich Schneidemühler Straße, 1974 umbenannt in Heinz-Bartsch-Straße.

WOHNANLAGE Heinz-Bartsch-Straße 2/6 und Paul-Heyse-Straße 3/17 (ungerade). 1926/27 für die Gehag (Gemeinnützige Heimstätten Spar- und Baugesellschaft) zusammen mit der benachbarten Bebauung Conrad-Blenkle-Straße/Rudi-Arndt-Straße nach Entwurf von Bruno Taut. Vier- bzw. fünfgeschossige Putzbauten über H-förmigem Grundriß: die Schenkel entlang der Heinz-Bartsch-Straße bzw. Paul-Heyse-Straße an ältere Bebauung in der Dimitroffstraße anschließend, der verbindende Querflügel etwas vertieft angelegt und zur Ernst-Fürstenberg-Straße mit einem Pappelrondell begrünt, die Kopfbauten in breite Klinker- und Putzflächen aufgeteilt, hier auch zur Ecke Paul-Heyse-Straße Laden angefügt. Besonders wirkungsvoll die Eingangsachsen in der Heinz-Bartsch-Straße (Nr. 4) und Paul-Heyse-Straße (Nr. 13) gestaltet, die zurückgesetzte Fläche mit Tür und schmalen Treppenhausfenstern beidseitig eingefaßt von viertelrund geführten Balkonen. Putz teilweise ungünstig erneuert, von der ursprünglichen Farbigkeit (eine vordere Ebene mit weißem Putz und eine zurückliegende mit blaugrünen Flächen) nichts erhalten.

flankiert von fünfgeschossigen Wohnbauten, diese 1908 erbaut, ihre Klinkerfassaden mit zwei- und dreigeteilten Vorhangbogenfenstern und durch dreiseitige Erker betont. – Das Innere als dreischiffige spätgotische Hallenkirche angelegt, mit sehr breitem Mittelschiff; die massigen runden Sandsteinstützen mit ausladenden vegetabilischen Kapitellen finden sich auch, der Wand frei vorgestellt, in der Apsis und als konsolengetragene Säulen in den Seitenschiffen. Reiche Sterngewölbe mit z. T. figürlichem Gewölbeschmuck. Orgel 1925 von der Firma Steinmeyer in Oettingen. Altaraufsatz in Form eines großen spätgotischen Schnitzaltars mit reichem Gesprenge, 1922 von Schreiner, München. Gleichzeitig auch die geschnitzten Passionsdarstellungen sowie ein großes Kruzifix. Sandsteintaufe in neugotischen Formen 1897.

*Linke Seite:
Corpus-Christi-
Kirche
Conrad-Blenkle-
Straße 64,
Blick vom Mittel-
schiff in das
nördliche
Seitenschiff*

*Rechte Seite:
Wohnanlage
zwischen Heinz-
Bartsch-Straße
und Paul-Heyse-
Straße, Eingangsachse
Paul-Heyse-
Straße 13*

WOHNANLAGE Heinz-Bartsch-Straße 11/15 sowie Ernst-Fürstenberg-Straße 15/19 und Erich-Boltze-Straße 2/6. 1927/28 für die »Gemeinnützige Baugesellschaft Berlin-Johannisthal« von Mebes und Emmerich erbaut. Blockrandbebauung, an ältere Bebauung in der Dimitroffstraße anschließend. Fünfgeschossige Putzbauten mit Flachdächern, Loggien zum begrünten Innenhof gewendet, die Treppenhäuser winklig vorspringend.

Pasteurstraße

OBERSCHULE »Maria und Bruno Stein« Pasteurstraße 9 und 11. 1910 von Ludwig Hoffmann als Königstädtische Oberrealschule erbaut. Stattliche Anlage, Klinkerverblendbau in drei Geschossen dreiflügelig um Hof angelegt, dieser zwischen den Kopfbauten der Seitenflügel zur Straße hin abgeschlossen durch das ehem. Direktorenwohnhaus von drei Geschossen und flankierende eingeschossige Durchfahrtsbauten; Mansarddächer. Die Straßenfront durch die unterschiedlichen Bauteile von sehr lebhafter Wirkung, die einzelnen Fassaden durch Lisenen gegliedert und mit sparsamem Sandsteinschmuck in Form von Rosetten, Masken und Relieffigürchen von Ignatius Taschner. Auch die Hoffronten mit schlichter Lisenengliederung.

OBERSCHULE »Heinrich Mann« Pasteurstraße 10 und 12. 1906 von Ludwig Hoffmann als Gemeindedoppelschule erbaut, in Formen des niederländischen Barock. Langgestreckter dreigeschossiger Klinkerverblendbau mit schlichten hofseitigen Flügeln. Die zur Straße gewendete Fassade von insgesamt achtzehn Fensterachsen, jeweils vier Achsen durch breite Kolossalpilaster zusammengefaßt und durch ein zweiachsiges Zwerchhaus mit Schweifgiebel betont; Portale in den äußeren Achsen. Schmückende Elemente sowie Gesimse und Bögen der Giebel in Sandstein von Ignatius Taschner. Das hohe Dach von Türmchen mit verkupferter Haube bekrönt (ursprünglich waren drei Dachtürmchen vorhanden). – Das zugehörige ehem. Lehrerwohnhaus mit Bücherei und Lesesaal im ersten Obergeschoß (auch heute Bibliothek) ist mit seiner Fassade zur Esmarchstraße (Nr. 18) gewendet, diese wie die

428 Stadtbezirk Prenzlauer Berg

Schule in den Formen des niederländischen Barock. Klinkerverblendbau von vier Geschossen und fünf Achsen, Obergeschosse mit Kolossalpilastern, die mittlere Achse vor dem Satteldach durch Zwerchhaus betont. Schmückende Elemente von Ignatius Taschner.

Rudi-Arndt-Straße
Ursprünglich Olivaer Straße, 1974 umbenannt in Rudi-Arndt-Straße.
WOHNANLAGE Rudi-Arndt-Straße 1/11 s. Conrad-Blenkle-Straße, S. 424.
OBERSCHULE »Olga Benario Prestes« Rudi-Arndt-Straße 18. Als Gemeindeschule 1889 wohl von Hermann Blankenstein erbaut, aus langgestrecktem viergeschossigem Schulgebäude, die Fassade zum Schulhof mit mittlerem Risalit und seitlichen Kopfbauten, sowie dreigeschossigem ehem. Direktorenwohnhaus (Schulhort). Gelbe Klinkerverblendbauten, besonders das ehem. Wohnhaus mit reichem Terrakottaschmuck.

Thaerstraße
FLEISCHKOMBINAT (ehemals Zentralviehhof). Ausgedehnter Komplex südwestlich der S-Bahn zwischen den Bahnhöfen Leninallee und Storkower Straße, Klinkerverblendbauten 1878/81 nach Plänen von Stadtbaurat Hermann Blankenstein. Im zweiten Weltkrieg teilweise zerstört, danach mit Erweiterungen wiederaufgebaut.
Der Haupteingang an der Thaerstraße flankiert von einem dreigeschossigen Direktions- und Verwaltungsgebäude im Villenstil der Gründerzeit sowie einem Pförtnerhaus in historisierenden Formen. Auf dem weiträumigen Gelände dahinter die Produktionsstätten, in der Regel niedrige Hallen. Der ursprüngliche Eingang, Eldenaer Straße 36 A und 37, eingefaßt von zwei zweigeschossigen, symmetrisch angeordneten ehem. Verwaltungsgebäuden aus gelbem Klinker mit Terrakottenschmuck in Form von Rosetten und antikisierendem Rankenwerk sowie Symbolen des Fleischerhandwerks, um 1880, heute Betriebspoliklinik und Kindergarten des Kombinats. Der ehem. Mittelpunkt der Anlage, das Börsengebäude, 1945 zerstört.

Linke Seite: Wohnanlage zwischen Heinz-Bartsch-Straße und Erich-Boltze-Straße, Fassade zur Ernst-Fürstenberg-Straße; Oberschule Pasteurstraße 10 und 12, ehem. Lehrerwohnhaus mit Bibliothek an der Esmarchstraße 18

Rechte Seite: Oberschule Pasteurstraße 9 und 11; Fleischkombinat (ehem. Schlachtviehhof), Gebäude vom einstigen Hauptzugang an der Eldenaer Straße

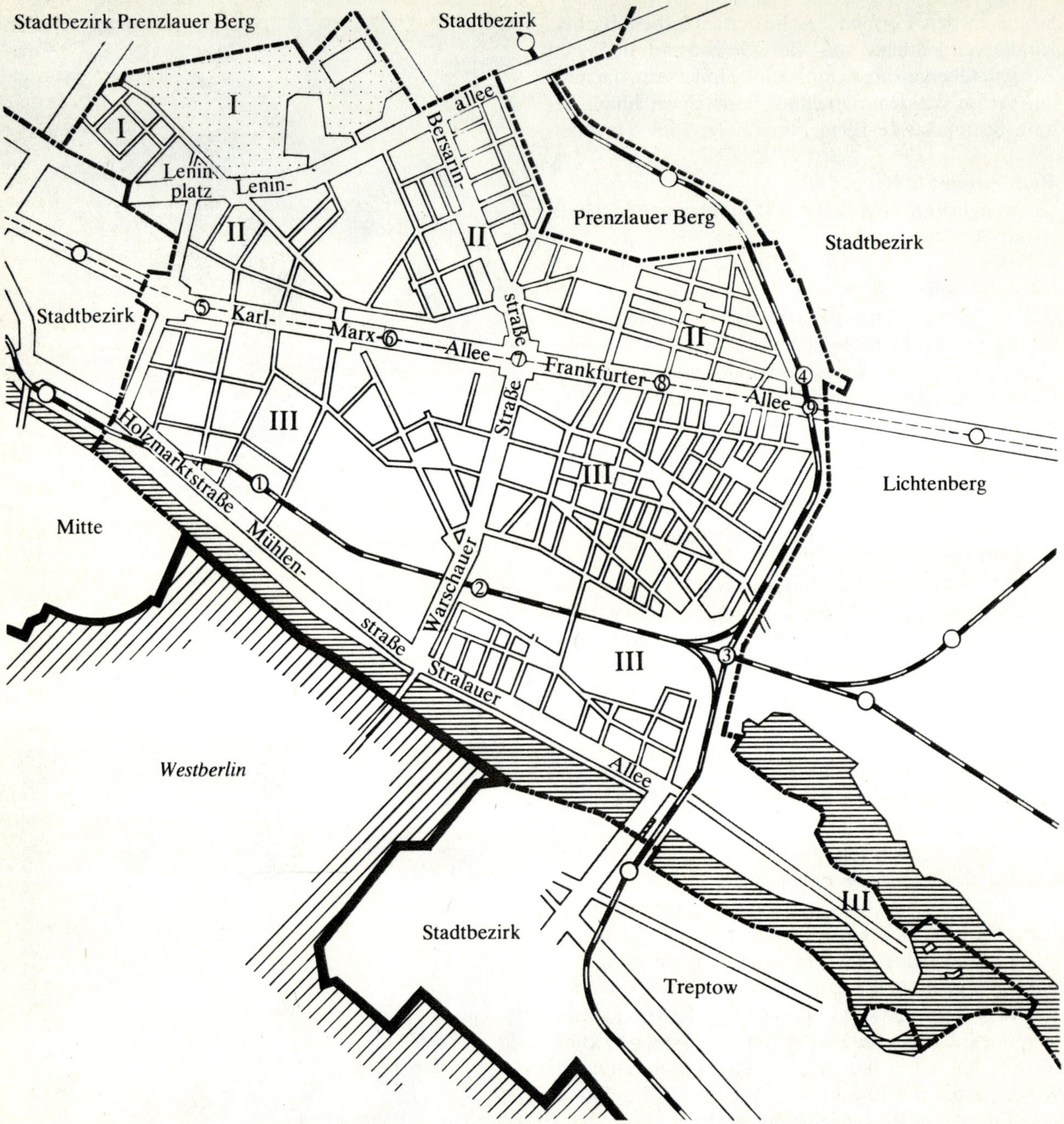
Stadtbezirk Prenzlauer Berg
Stadtbezirk
I
I
Lenin-
platz
Lenin-
allee
Bersarin-
II
II
Prenzlauer Berg
Stadtbezirk
Stadtbezirk
5 Karl-
Marx 6
Allee
7
straße
Frankfurter 8
II
4
Allee 9
III
Straße
Holzmarktstraße
1
III
Lichtenberg
Mitte
Mühlen-
straße
Warschauer
2
III
3
Stralauer
Allee
Westberlin
III
Stadtbezirk
Treptow

Stadtbezirk Friedrichshain

Der 1920 gebildete Stadtbezirk Friedrichshain wird begrenzt durch die Stadtbezirke Mitte, Prenzlauer Berg und Lichtenberg: Die westliche Begrenzung zum Berliner Stadtzentrum verläuft entlang der Lichtenberger Straße über Strausberger Platz und Leninplatz und umschließt das Neubaugebiet zwischen Mollstraße und Hans-Beimler-Straße. Nach Norden und Nordosten führt die Grenze entlang des Volksparkes Friedrichshain, der dem Stadtbezirk den Namen gab, und weiter über Dimitroffstraße bis zum Gelände des ehem. Zentralviehhofes, das zum Stadtbezirk Prenzlauer Berg gehört. Im Osten reicht der Bezirk bis an die Anlagen der Ringbahn, um dann unmittelbar südlich vom Bahnhof Ostkreuz die Halbinsel Stralau mit einzuschließen. Nach Süden bildet die Spree eine natürliche Grenze zum Stadtbezirk Treptow bzw. zum Westberliner Verwaltungsbezirk Kreuzberg.

Gegliedert wird der Stadtbezirk durch drei Radialstraßen, die aus dem Stadtzentrum herausführen bzw. mit diesem in Verbindung stehen: die Leninallee (ehemals Landsberger Straße/Landsberger Allee), die Karl-Marx-Allee (ehemals Große Frankfurter Straße) und die sie fortsetzende Frankfurter Allee sowie, parallel zur Spree, der Straßenzug Holzmarktstraße/Mühlenstraße/Stralauer Allee. Verbunden sind diese Ausfallstraßen durch eine Ringstraße, die, im Norden Berlins im Stadtbezirk Prenzlauer Berg beginnend, über Dimitroffstraße, Bersarinstraße und Warschauer Straße zur Spree führt.

Große Teile des heutigen Stadtbezirkes lagen innerhalb der unter Friedrich Wilhelm I. nach 1732 erbauten Akzisemauer, deren Verlauf (Palisadenstraße/Friedenstraße, Marchlewskistraße, Warschauer Straße) besonders nach Osten und Südosten große Flächen unbesiedelten Acker- und Gartenlandes umfaßte. Dieser von der Akzisemauer umschlossene Bereich im heutigen Stadtbezirk Friedrichshain bildete seit dem frühen 18. Jh. die Stralauer Vorstadt, die von der Spree bis nördlich der Großen Frankfurter Straße sich erstreckte (s. im Stadtbezirk Mitte auch S. 258). Dichter besiedelt

I Volkspark Friedrichshain und Straßen westlich der Parkanlage (S. 433—S. 441)

II Leninallee mit Leninplatz und Straßen südlich der Leninallee (S. 442—S. 454)

III Karl-Marx-Allee/Frankfurter Allee und Straßen bis zur Spree sowie Stralau (S. 455—471)

Bahnhöfe der S-Bahn:
1 Ostbahnhof
2 Warschauer Straße
3 Ostkreuz
4 Frankfurter Allee

Bahnhöfe der U-Bahn:
5 Strausberger Platz
6 Marchlewskistraße
7 Frankfurter Tor
8 Samariterstraße
9 Frankfurter Allee

war diese Vorstadt im 18. Jh. und auch noch in der 1. H. 19. Jh. nur in den westlichen, an Berlin sich anschließenden Teilen und entlang der Ausfallstraßen. Der nordwestliche Teil des Stadtbezirkes, beidseitig von Mollstraße/Leninplatz/Leninallee (ehemals etwa mit der Landsberger Straße identisch) bis zur Hans-Beimler-Straße (ehemals Neue Königstraße), war früher ein Teil der Königstadt (s. im Stadtbezirk Mitte auch S. 259); die Akzisemauer verlief in diesem Bereich entlang der heutigen Friedenstraße. Außerhalb der Akzisemauer, der Königstadt zwischen Landsberger Tor und Königstor vorgelagert, wurde seit 1846 der Friedrichshain angelegt; hier, außerhalb der eigentlichen Stadt, fanden 1848 die Märzgefallenen ihre letzte Ruhestätte.

Die dichte Besiedlung, die das Gebiet des Stadtbezirkes Friedrichshain zu einem traditionellen Arbeiterwohnbezirk werden ließ, setzte nach M. 19. Jh. ein, etwa gleichzeitig mit der Ansiedlung von verschiedenen Industrien besonders in Spreenähe und der Anlage der Bahnhöfe der Frankfurter Bahn und der Ostbahn. Nach Abriß der Akzisemauer 1866 bezog die sich ausdehnende Bebauung verstärkt auch außerhalb der ehem. Ummauerung gelegene Bereiche ein und erreichte E. 19./A. 20. Jh. das Gelände der seit 1871 bestehenden Ringbahn, das auch heute noch die Grenze des Stadtbezirkes nach Osten und Nordosten darstellt.

Die Bebauung folgte bis ins frühe 20. Jh. weitgehend dem Berliner Bebauungsplan von James Hobrecht, der im Auftrage des Polizeipräsidenten entwickelt und durch Königliche Kabinettsorder 1862 genehmigt worden war. Wie auf dem Gebiet des späteren Stadtbezirkes Prenzlauer Berg (vgl. auch S. 351) sind im Hobrecht-Plan auch auf Friedrichshainer Gebiet die Flächen zwischen vorhandenen Ausfallstraßen, lokalen Verbindungswegen und der von Hobrecht konzipierten, oben erwähnten Ringstraße mit einem schematischen Netz von zumeist rechtwinklig sich schneidenden Straßen ausgefüllt, die tiefe Baublöcke zur Folge hatten. Gelegentlich ist das Straßenraster aufgelockert durch Schmuckplätze, d.h. gärtnerisch gestaltete, unbebaute Karrees wie beispielsweise der Forckenbeckplatz oder der Petersburger Platz, beide bereits von Hobrecht geplant, aber erst A. 20. Jh. ausgeführt.

Zu den negativen Folgen des Hobrecht-Planes gehörten im Stadtbezirk Friedrichshain, ähnlich wie im Stadtbezirk Prenzlauer Berg, die übervölkerten Arbeiterwohnquartiere mit dichter Hinterhofbebauung, besonders beidseitig der Großen Frankfurter Straße/Frankfurter Allee, sowie die daraus resultierenden sozialen Probleme. Nur vereinzelt wurde seit dem späten 19. Jh. durch die Gründung von Arbeiterwohnvereinen versucht, den durch den Bebauungsplan bedingten Deformierungen zu begegnen und zu menschenwürdigeren Wohnverhältnissen zu finden. Die von Alfred Messel errichteten Wohnanlagen in der Proskauer Straße und beidseitig der Weisbachstraße sind dafür wichtige Beispiele.

Im zweiten Weltkrieg wurden große Teile des Stadtbezirkes Friedrichshain zerstört, so besonders das Gebiet beidseitig der ehem. Großen Frankfurter Straße, das Gebiet um den Ostbahnhof und der nordwestliche Teil des Stadtbezirkes im Bereich der ehem. Landsberger Straße. Der Wiederaufbau wurde 1949 begonnen.

Die Denkmale des Stadtbezirkes Friedrichshain sind wie folgt geordnet (vgl. dazu auch die Übersichtskarte und Legende auf S. 431): 1. Volkspark Friedrichshain und Straßen westlich der Parkanlage. 2. Leninallee mit Leninplatz und Straßen südlich der Leninallee; 3. Karl-Marx-Allee/Frankfurter Allee und Straßen bis zur Spree sowie Stralau.

Rechte Seite: Volkpark Friedrichshain, Märchenbrunnen

Volkspark Friedrichshain und Straßen westlich der Parkanlage

Volkspark Friedrichshain

Lennés Plan der »Schmuck- und Grenzzüge der Residenz Berlin« von 1840 enthielt u. a. die Idee, einen Park außerhalb der Stadtmauer zwischen dem Königstor und dem Landsberger Tor anzulegen, ein östliches Gegenstück zum Tiergarten, gedacht auch als Erholungsstätte für die Bevölkerung der dichtbesiedelten östlichen Vorstädte. Kurze Zeit später, aus Anlaß des hundertsten Jahrestages der Thronbesteigung Friedrichs II., beschloß die Berliner Stadtverordnetenversammlung die Anlage des Friedrichshaines und die Ausschreibung eines Wettbewerbes zu seiner Gestaltung. Der Lenné-Schüler Gustav Meyer, zu dieser Zeit Hofgärtner in Sanssouci, erhielt den ersten Preis. 1846/48 wurde der Park nach Meyers Entwurf unter Bauleitung von Stadtbaurat Langerhans und Stadtgärtner A. Patzig angelegt; der Ankauf des Geländes hatte den Baubeginn verzögert.

Nach Südwesten bis an den Weg vor der Akzisemauer (heute Friedenstraße) herangeführt, seitlich begrenzt von der Landsberger Chaussee (heute Leninallee) und der Straße Am Friedrichshain, erstreckte sich der Park nach Nordosten zunächst bis zur heutigen Virchowstraße. Meyers Entwurf berücksichtigte die natürlichen Gegebenheiten des Geländes, zwei Erhebungen (Finkenberg und Linden- oder Kanonenberg) sowie zwei Teiche, Sammelbecken des Niederschlagwassers. Eine Vielzahl von geschlungenen Wegen und eine blockartige Baumbepflanzung gestattete zahlreiche Ausblicke über die Rasenflächen und Gehölzgruppen. – Eingriffe in das Parkgefüge waren 1848, kurz vor der Fertigstellung, die Anlage des Friedhofes der Märzgefallenen sowie 1868/74 die Errichtung eines ersten Städtischen Krankenhauses.

Östlich der Virchowstraße entstand 1874/75 der sog. Neue Hain, ebenfalls nach Plänen von Gustav Meyer, der seit 1870 erster Berliner Gartendirektor war. Bis an die Dimitroffstraße (ehemals Elbinger Straße) herangeführt, stellt diese Erweiterung eine der ältesten Berliner Volksparkanlagen dar, ursprünglich mit Spiel- und Sportpark und einer von Linden eingefaßten Hippodromanlage im Zentrum.

Bis zum zweiten Weltkrieg blieb die Parkanlage des Friedrichshaines nahezu unverändert. Durch zwei während des zweiten Weltkrieges im Parkgelände errichtete Flaktürme starken Luftangriffen ausgesetzt, wurde der fast hundertjährige Baumbestand größtenteils vernichtet. Der Wiederaufbau nach 1945 erfolgte nach Plänen von Reinhold Lingner unter Einbeziehung von zwei Trümmerbergen (Großer und Kleiner Bunkerberg, nach Sprengung der Flaktürme durch Aufschüttung von rund zwei Millionen Kubikmetern Trümmerschutt entstanden). Die Gestaltung und Bepflanzung orientierte sich nicht an der ursprünglichen Konzeption. – Im Park entstanden u. a. eine Freilichtbühne (1950) und die Parkbibliothek (1956), ferner das Schwimmstadion »Karl Friedrich Friesen« (1951) im Neuen Hain. 1969/73 erfolgte eine nochmalige Umgestaltung durch Anlage von Pavillonbauten, Spiel- und Kleinsportflächen. Das an der Ecke Leninallee/Dimitroffstraße 1981 fertiggestellte Sport- und Erholungszentrum ist durch seine Grünflächen mit den Anlagen des Neuen Haines verbunden.

Von den plastischen Werken aus der Zeit vor dem ersten Weltkrieg der Märchenbrunnen erhalten, am nordwestlichen Parkeingang unweit des ehem. Königstores (Friedenstraße, Ecke Am Friedrichshain). Das Projekt dem Magistrat 1901 vorgelegt, Fertigstellung nach Entwurf von Ludwig Hoffmann unter Beteiligung von zahlreichen Bildhauern 1913; nach schweren Kriegsschäden Restaurierung und Wiederherstellung bis in die Mitte der siebziger Jahre. Wirkungsvolle Anlage aus Muschelkalkstein im Sinne barocker, auf Schauwirkung berechneter Gartenarchitekturen: vier-

Linke Seite:
Volkspark
Friedrichshain,
Märchenbrunnen,
drei Märchenfiguren
(Rotkäppchen,
Froschkönig und
Brüderchen und
Schwesterchen)

Rechte Seite:
Volkspark
Friedrichshain,
Reiterstatue
des hl. Georg

Im Zuge der Neugestaltung des Friedrichshaines nach den Zerstörungen des zweiten Weltkrieges wurden einige ältere Denkmäler aus anderen Zusammenhängen hier zur Aufstellung gebracht: Reiterstatue des hl. Georg, in der Nähe des Großen Teiches 1951 wenig günstig aufgestellt. 1849 von August Kiß konzipiert, 1855 in Lauchhammer gegossen, seit 1865 im ersten Hof des Berliner Stadtschlosses. Auf mächtigem Granitsockel die überlebensgroße Bronzegruppe von Pferd und Reiter im Kampf mit dem Drachen, in reicher Bewegung von spätromantischem Pathos erfüllt, eines der Hauptwerke Kiß' (Gesamtansicht s. S. 435). Neuaufstellung im Stadtzentrum beabsichtigt. – In einem abgesonderten Parkteil nahe der Virchowstraße und dem Städtischen Krankenhaus die Marmorskulptur einer Mutter mit schlafendem Kind im Schoß, 1898 von E. Gomansky, ursprünglich auf dem Andreasplatz mit dem dort verbliebenen Pendant der sog. Vatergruppe (s. S. 463) zu einer marmornen Sitzbank gehörig, 1960 im Friedrichshain aufgestellt.

fach gestufte Wasserbecken von insgesamt 34 m Breite und 54 m Länge vor halbrunder, die Anlage abschließender Kolonnade, deren rundbogige, von Pilastern bzw. Doppelsäulen eingefaßte Öffnungen die Bäume des umgebenden Parkes durchscheinen lassen. In den Wasserbecken mit neun Fontänen wasserspeiende Frösche (Froschkönig und seine Gesellen), auf den Beckenrändern zehn Märchenfiguren Grimmscher Märchen (Schneewittchen, Rotkäppchen, Hänsel und Gretel, Aschenputtel usw.), von Ignatius Taschner. Auf der Balustrade der Kolonnade vierzehn Tierplastiken von Josef Rauch. Das rückseitige Fontänenbecken mit vier Kindergruppen von Georg Wrba.

Linke Seite: Volkspark Friedrichshain, Reiterstatue des hl. Georg, Detail; Skulptur einer Mutter mit Kind, Detail

Rechte Seite: Volkspark Friedrichshain, Gedenkstätte für die Kämpfer gegen Faschismus im Spanischen Bürgerkrieg

Volkspark Friedrichshain und Straßen westlich der Parkanlage

*Linke Seite:
Volkspark
Friedrichshain/
Virchowstraße,
Ehrenmal für den
gemeinsamen Kampf
der polnischen
Soldaten
und deutschen
Antifaschisten*

*Rechte Seite:
Volkspark
Friedrichshain,
Friedhof der
Märzgefallenen,
zwei Grabdenkmäler
und Gedenkstein
(unten);
Gedenkstätte
für die Kämpfer
gegen Faschismus
im Spanischen
Bürgerkrieg,
seitliche Relieftafel
(oben)*

Antifaschistische Denkmäler: An der Friedenstraße Gedenkstätte für die Kämpfer gegen Faschismus im Spanischen Bürgerkrieg, 1968 geschaffen von Fritz Cremer und Siegfried Krepp, Bronzefigur eines Interbrigadisten (Abb. S. 437) und, seitlich daneben, Bronzeplatte mit beidseitig vielfigurigen, erzählenden Reliefszenen. – An der Virchowstraße am Kleinen Bunkerberg das Ehrenmal für den gemeinsamen Kampf der polnischen Soldaten und deutschen Antifaschisten, ein Gemeinschaftswerk der Volksrepublik Polen und der DDR (Tadeusz Lodziana, Zofia Wolska, Arnd Wittig). Hohe Stele mit bronzenem Fahnentuch wirkungsvoll innerhalb einer Treppenanlage, seitlich Mauer mit Inschrift in polnischer und deutscher Sprache

FRIEDHOF der Märzgefallenen am Südrand des Friedrichshaines, dem »Kanonenberg«. Auf Beschluß eines Bürgerkomitees angelegt als Ruhestätte für die hundertdreiundachtzig Opfer der Revolution vom 18. März 1848, die meisten von ihnen Arbeiter, aber auch Arbeiterfrauen und viele Jugendliche. Das quadratische, ursprünglich in vier Reihen gegliederte Gräberfeld um 1925 nach Entwurf von Ludwig Hoffmann umgestaltet durch Aufstellung der noch verbliebenen Grabdenkmale (1910 nur noch fünfzig vorhanden) an drei Seiten der Umfassungsmauer. In derselben Ordnung heute erhalten achtzehn steinerne Grabplatten und eine Stele sowie drei Kreuze, eine Schrifttafel und zwei Säulenmonumente aus Gußeisen. Anläßlich der Jahrhundertfeier Errichtung eines Granitquaders auf vertiefter Freifläche inmitten des Friedhofes: auf der Vorderseite des Steines Gedenkinschrift, auf der Rückseite die Namen aller Gefallenen.

Volkspark Friedrichshain und Straßen westlich der Parkanlage

Linke Seite: Volkspark Friedrichshain, Friedhof der Märzgefallenen, Bronzefigur eines Roten Matrosen bei den Gräbern von Gefallenen der Novemberrevolution

Rechte Seite: Bartholomäuskirche Friedenstraße 1; Denkmal zur Erinnerung an Rosa Luxemburg an der Weinstraße; Denkmal für A. v. Blomberg Friedenstraße

Bei der Neugestaltung nach 1948 die an der südlichen Friedhofsseite befindlichen Gräber für Gefallene der Novemberrevolution von 1918 künstlerisch in die Gesamtanlage einbezogen: drei Inschriftsteine in Form klassizistischer Sarkophagplatten, auf den äußeren Platten Gedenkworte von Karl Liebknecht und Walter Ulbricht, auf der mittleren Platte die Namen sämtlicher im November und Dezember 1918 in Berlin gefallenen revolutionären Arbeiter und Soldaten. Seitlich vor dem neuen Eingang zur Gedenkstätte überlebensgroße Bronzefigur eines »Roten Matrosen«, 1960 von Hans Kies geschaffen zur Erinnerung an die bei den Kämpfen in Berlin gefallenen neun Matrosen der Volksmarinedivision.

STÄDTISCHES KRANKENHAUS im Friedrichshain, Leninallee 49 und Virchowstraße. 1868/74 von Martin Gropius und Heino Schmieden unter wissenschaftlicher Beratung durch Rudolf Virchow erbaut als erstes Städtisches Krankenhaus Berlins im südöstlichen Teil des Friedrichshaines, wofür etwa ein Fünftel der Parkfläche abgetrennt wurde, was gleichzeitig eine gewisse Isolierung des Neuen Haines zur Folge hatte. Von der ursprünglichen Anlage im symmetrisch angeordneten Pavillonsystem nach Kriegszerstörung nur wenige Bauten erhalten, mit hellroten Klinkern verblendet und z. T. farbig glasierten Schmuckbändern: Verwaltungsgebäude mit Hauptportal zum Friedrichshain, ursprünglich reicher gegliedert, jetzt reduziert bzw. verändert; an den gußeisernen Torflügeln der Haupteinfahrt die Jahreszahlen 1870 und 1874. Außerdem erhalten zwei zweigeschossige Torhäuser an der Nebeneinfahrt Leninallee sowie das östlich davon gelegene Wäschehaus, ursprünglich Gebäude für Krankenpflegerinnen, gestreifte Klinkerverblendbauten mit Terrakottafriesen am Hauptgesims und den Giebelschrägen. – Spätere Bauten: Pathologisches Institut an der Virchowstraße, das ehem. Leichenhaus von 1897, umgebaut 1902. Kinderstation nördlich des Haupteinganges, vier eingeschossige Pavillons von 1910/12. Frauenklinik von 1927, modern verputzte Dreiflügelanlage mit eingeschossigem Laubenvorbau und Backsteinportal. Nach dem zweiten Weltkrieg Errichtung neuer Gebäude.

Straßen westlich der Parkanlage

Das Gebiet, ursprünglich zur Königstadt gehörend, im zweiten Weltkrieg stark zerstört, die Neubebauung um 1970.

Friedenstraße
Ursprünglich verlief hier die Akzisemauer vom Königstor zum Landsberger Tor. – Die Fortsetzung der Friedenstraße südöstlich der Leninallee bis zur Karl-Marx-Allee s. S. 445.
BARTHOLOMÄUSKIRCHE Friedenstraße 1. Backsteinbau in gotisierenden Formen, 1854/58 nach einem Entwurf Friedrich August Stülers von Friedrich Adler errichtet. Dreischiffige Hallenkirche mit fünfseitig geschlossenem Chor und quadratischem Westturm mit

achtseitigem, durch hohe Spitzbogenöffnungen aufgebrochenem und von Wimpergen bekröntem Glockengeschoß, abgeschlossen durch Spitzhelm. Der Turm von offenen rippengewölbten Hallen flankiert, die den Seitenschiffen vorgelagert sind. Ursprünglich war das Langhaus, entsprechend der inneren Dreischiffigkeit, mit drei parallelen Satteldächern überdacht. Vereinfachte Wiederherstellung nach weitgehender Kriegszerstörung 1952/57, dabei Mittelschiff und Seitenschiffe unter ein einheitliches, relativ flaches Satteldach gebracht. – Das Innere mit flachen Decken, der Chor mit Zellengewölbe; die Dreischiffigkeit nach der Wiederherstellung beibehalten, die Seitenschiffe jedoch unterhalb der umlaufenden Empore zum Mittelschiff hin geschlossen. – Auf der Südempore: drei Ölgemälde mit Szenen der Josephsgeschichte, 1737/42 von Johann Chrysanth Bollenrath, ferner Ölgemälde mit Kreuzabnahme, 18. Jh. (sämtlich aus der Marien-Gemeinde). Abendmahlsgerät aus der Erbauungszeit. Die übrige Ausstattung modern.
In der kleinen Grünanlage unmittelbar am Fuße der Kirche DENKMAL für Alexander Freiherr v. Blomberg, einen der ersten in Berlin gefallenen Freiheitskämpfer von 1813. Hoher Sockelstein mit bekrönendem Helm, Muschelkalk, die Inschriftplatte aus Bronze. 1913 von Otto Kuhlmann.
Südöstlich der Kirche, Friedenstraße, Ecke Georgenkirchstraße, das GEBÄUDE der Berliner Missionsgesellschaft. Der ältere Teil an der Friedenstraße 1872/73 von H. Römer errichtet, ein rechteckiger Klinkerverblendbau von drei Geschossen in gotisierenden Formen, an der Schmalseite zur Georgenkirchstraße kräftig vorspringender übergiebelter Risalit. Der an der Georgenkirchstraße anschließende langgestreckte jüngere Bau in roten Klinkern E. 19. Jh.

Weinstraße
DENKMAL auf dem Gelände des ehem. Frauengefängnisses Barnimstraße, Ecke Weinstraße, zur Erinnerung an Rosa Luxemburg, die hier inhaftiert war. 1977 von Günter Junge, stilisiertes Eisengitter mit runder Inschriftplatte.

Leninallee mit Leninplatz und Straßen südlich der Leninallee

Leninallee
1950 erhielten die Landsberger Straße (innerhalb der Königstadt, zwischen Alexanderplatz und ehem. Landsberger Tor) und ihre Fortsetzung, die Landsberger Allee (außerhalb des ehem. Landsberger Tores), die Bezeichnung Leninallee; sie verbindet die Stadtbezirke Friedrichshain, Prenzlauer Berg und Lichtenberg mit dem neuen Stadtbezirk Marzahn. – Seinen Ursprung hat der Straßenzug im Mittelalter als Teil der alten Handelsstraße, welche von den Spreeübergängen Berlins zur mittleren Oder führte; von den drei vom Georgentor der mittelalterlichen Befestigung ausgehenden Verkehrswegen war es der südliche. Neue Bedeutung erhielt die Straße zur Zeit König Friedrichs I., der Altlandsberg (Ldkr. Strausberg) seit 1708 zur Residenz ausbauen ließ. Im Verzeichnis der Heer- und Handelsstraßen um 1700 ist sie als Hauptstraße mit Postroute aufgeführt. 1818/19 wurde sie als Hauptpostroute eingerichtet. Der Ausbau zur preußischen Kunststraße über Altlandsberg und Strausberg nach Wriezen erfolgte 1854.
Eine der östlichen Eingangspforten der Stadt bildete das 1802 zusammen mit der in diesem Bereich nach Osten vorverlegten Akzisemauer errichtete Landsberger Tor in Höhe der heutigen Kreuzung Leninallee/Friedenstraße. Vor der Akzisemauer zwischen Landsberger Tor und Frankfurter Tor wurden im frühen 19. Jh. mehrere Friedhöfe angelegt (Friedhöfe an der Friedenstraße). Anstelle der Toranlage des Landsberger Tores entstand seit 1863 der Landsberger Platz mit fünf einmündenden Straßen.
Nach den schweren Zerstörungen während des zweiten Weltkrieges wurde in den sechziger Jahren der Straßenverlauf des westlichen Teiles der Straße zwischen Alexanderplatz und Leninplatz durch Wohnbauten überbaut. Die Leninallee beginnt seitdem erst am Leninplatz, der westlich des ehem. Landsberger Platzes angelegt wurde und seine rahmende Umbauung 1968/70 erhielt.

FRIEDHOF II der Georgen-Parochial-Gemeinde, erweiterter Teil mit Eingangsportal Leninallee 48 s. Friedenstraße 80, S. 447.
STÄDTISCHES KRANKENHAUS im Friedrichshain Leninallee 49 s. S. 440.
BRAUEREI (VEB Getränkekombinat Berlin) Leninallee 54, Ecke Richard-Sorge-Straße. E. 19. Jh. für die ehem. Schultheiß-Patzenhofer-Brauerei erbaut, teilweise erhalten. Das Eckgebäude ein zweieinhalbgeschossiger roter Klinkerverblendbau, ursprünglich Verwaltungs- oder Wohngebäude: zwischen Erd- und Obergeschoß ein breiter Terrakottafries, ähnliche Ornamentrahmungen auch an den überdachten Obergeschoßfenstern zur Leninallee; zwischen den Fenstern des Mezzanins ornamental bemalte Rechteckfelder.
Entlang der Richard-Sorge-Straße schließt ein langgestrecktes Produktionsgebäude an, ein viergeschossiger Klinkerverblendbau mit erhöhtem Mittelbau in historisierenden Formen.

Leninplatz
WOHNKOMPLEX Leninplatz. Erbaut 1968/70 vom Kollektiv Heinz Mehlan nach Wettbewerbsentwurf von Hermann Henselmann: Zwei geschwungene elfgeschossige Wohnbauten, der asymmetrischen Platzsituation folgend, führen zu einem dreifach abgestuften Wohnhochhaus von maximal vierundzwanzig Geschossen, das durch die Lichtenberger Straße in eine axiale Beziehung zum Strausberger Platz an der Karl-Marx-Allee gesetzt ist.
Die Umbauung bildet den Rahmen für das monumentale LENINDENKMAL von Nikolai W. Tomski, 1970 zum hundertsten Geburtstag Lenins enthüllt: Monument von 19 m Höhe aus rotem ukrainischem Granit, aus dem Unterbau herauswachsende kolossale Standfigur Lenins vor stilisiertem Fahnentuch, dessen bewegte Umrißlinie von dem gestaffelten Hochhaus dahinter aufgenommen wird.

*Lenindenkmal
auf dem Leninplatz*

Leninallee mit Leninplatz und Straßen südlich der Leninallee

lände des zum Bezirk Prenzlauer Berg gehörenden Schlachthofes. Östlich der Bersarinstraße diese Bebauung weitgehend erhalten, hier auch einige für die Entwicklung des Berliner Mietshauses wichtige Beispiele aus der Zeit um 1900 (Proskauer Straße, Weisbachstraße). Westlich der Bersarinstraße, zunehmend zum Stadtzentrum hin, die ursprüngliche Bebauung im zweiten Weltkrieg weitgehend zerstört. Umfangreiche Neubebauung, z. T. bereits im Zusammenhang mit der Errichtung der Bauten in der Karl-Marx-Allee in den fünfziger Jahren entstanden; die ursprüngliche Straßenführung hier vielfach verändert.

Straßen südlich der Leninallee

Der westliche Teil des Bereiches zwischen den beiden nach Osten führenden Ausfallstraßen, der Landsberger Straße (Leninallee) und der Großen Frankfurter Straße (Karl-Marx-Allee/Frankfurter Allee), befand sich innerhalb der zunächst an der Palisadenstraße, seit 1802 an der Friedenstraße verlaufenden Ummauerung und gehörte zum überwiegenden Teil zur Stralauer Vorstadt. Bis nach M. 19. Jh. nur etwa bis zur ehem. Weberstraße (diese verlief etwa vom Strausberger Platz in nordwestlicher Richtung, heute Stadtbezirk Mitte) dichter bebaut; bis zur Kriegszerstörung stand hier die 1848/55 nach Entwurf von August Stüler erbaute Markuskirche. Außerhalb der Ummauerung befanden sich mehrere z. T. erhaltene Friedhöfe (Friedhöfe an der Friedenstraße).
Ausbau zu einem dichtbesiedelten Wohngebiet im späten 19. Jh., bis A. 20. Jh. herangeführt an die S-Bahn-Trasse des Nordrings, die die Grenze zum Stadtbezirk Lichtenberg darstellt, bzw. an das ausgedehnte Ge-

Bänschstraße

WOHNANLAGE Bänschstraße 26/30 (gerade) s. Proskauer Straße, S. 451.

WOHNHÄUSER Bänschstraße 25/53 (ungerade). Gute Beispiele für die Fassadengestaltung der Zeit um 1900 und kurz danach, mit Einflüssen des Jugendstiles (z. B. Nr. 37), gemischt mit den traditionellen Formen des späten 19. Jh. Um 1980 instandgesetzt, die Balkonbrüstungen sämtlich verändert. – Ähnliche Fassadengestaltungen zeigen auch die Wohnbauten an der gegenüberliegenden Straßenseite (z. B. Nr. 32 und 34).

Eckertstraße

OBERSCHULE »Hans Otto« Eckertstraße 16. Als Gemeindedoppelschule um 1910 von Ludwig Hoffmann erbaut, der plastische Schmuck von Josef Rauch. Der straßenseitige Trakt von vier Geschossen und neun Achsen, Putzbau unter Mansarddach, stark vertikal gegliedert durch gequaderte Kolossalpilaster, die beidseitig der mittleren Portalachse jeweils zwei Achsen einfassen, dazwischen profilierte vertikale Vorlagen mit Reliefs und Emblemen, diese auch die Fenster der mittleren Achse zusätzlich flankierend. Auf dem Hof, an die Hinterhäuser der umgebenden Wohnbauten anschließend, regelmäßige Dreiflügelanlage aus schlichten viergeschossigen Klinkerverblendbauten, der dem Zugang gegenüberliegende Flügel für die Aula im Mittelteil überhöht.

Friedenstraße

Den nordwestlichen Teil der Friedenstraße im Bereich des Volksparkes Friedrichshain s. S. 440.

Ehem. REKTORENWOHNHAUS einer (nicht erhaltenen) Gemeindeschule (jetzt VP-Revier) Friedenstraße 31. 1883 in der Art der Schulbauten von Hermann Blankenstein. Dreigeschossiger Klinkerverblendbau in historisierenden Formen, von fünf Achsen, das Erdgeschoß mit dem leicht vorgezogenen segmentbogigen Durchgangsportal durch Terrakottafries abgeschlossen, Ornamentfriese auch zwischen den Fenstern der Obergeschosse. Das kräftige Dachgesims als Rundbogenfries gebildet.

Linke Seite: Wohnhaus Bänschstraße, Ecke Proskauer Straße, und Wohnhaus Bänschstraße 37

Rechte Seite: Oberschule Eckertstraße 16

Leninallee mit Leninplatz und Straßen südlich der Leninallee

schaft, übergiebelte Marmorstele mit Bildnismedaillon. Grabmal C. Schultze † 1910, Granitstele mit kleinem Marmorrelief einer knienden weiblichen Figur.

ST.-PETRI-FRIEDHOF Am Ende des mittleren Hauptweges die Friedhofskapelle, 1910/11 nach Entwurf von Stadtbaumeister Walter Köppen. Putzbau im Stil des frühen Berliner Klassizismus. Die Mitte der dreiachsigen Hauptfront als Nische ausgebildet, darin das von dorischen Säulen flankierte Portal mit Reliefschmuck über dem Sturz. Im Giebel große Halbkreisnische mit Kreuz. Das flachgedeckte Innere dreigeteilt mit Vorhalle, Saal und chorartig eingerücktem Sakristeiraum.

Vor der Mauer zur Friedenstraße Grabmal C. J. Möller † 1842, auf der von einer flachen Schale bekrönten Marmorstele ein Volutenkapitell mit den Freimaureremblemen Stechzirkel und Winkel. Benachbart zwei in

FRIEDHÖFE Friedenstraße 80/82, teilweise bis zur Leninallee sich erstreckend. Ursprünglich vier Friedhöfe als gleich große, nebeneinandergereihte Rechteckfelder jenseits der zur Zeit ihrer Gründung noch vorhandenen Akzisemauer. Der nordwestliche, der Armenfriedhof, schon 1879 geschlossen und freigegeben zum Bau der Auferstehungskirche (s. unten). Der anschließende Friedhof V der Georgen-Parochial-Gemeinde, Friedenstraße 82, gegründet 1825 für die Parochial-Gemeinde als Ersatz des 1764 angelegten früheren Friedhofes in der Königstadt. Daneben, Friedenstraße 81, der 1838 gegründete St.-Petri-Friedhof. Als Abschluß im Südosten, Friedenstraße 80, der 1848 für die Georgengemeinde angelegte Friedhof, wahrscheinlich noch im gleichen Jahr durch ein nach Nordwesten abgewinkeltes Grundstück um mehr als das Doppelte bis zur ehem. Landsberger Chaussee erweitert, jetzt Friedhof II der Georgen-Parochial-Gemeinde, mit Haupteingang Leninallee 48.

FRIEDHOF V der Georgen-Parochial-Gemeinde Friedenstraße 82. An der nordwestlichen Längsmauer eine Reihe von Wandgrabmälern im Stil der Neurenaissance 3. V. 19. Jh. – Grabmal H. L. Lobeck † 1855, Begründer der Berlinischen Lebensversicherungsgesell-

die Mauer eingelassene gußeiserne Tafeln für F. W. Ermeler † 1866 und Frau † 1852, der obere Abschluß ausgebildet als rundbogiger Baldachin mit Medaillon eines Todesgenius.
An der nordwestlichen Längsmauer in langer Reihe Wandgrabmäler und Gruftkapellen bzw. -tempel aus dem späten 19. und frühen 20. Jh. Zwei davon mit individuell gestaltetem bildnerischem Schmuck: Grabmal E. Hillig † 1890, vor einer Portalarchitektur aus rotem poliertem Granit überlebensgroße marmorne Sitzfigur eines bärtigen Mannes mit den Zunftzeichen der Brauer, von Carl Albrecht Bergmeier; Familiengrabstätte Reimann, Wandgrabmal aus Klinkern mit sandsteinernem Portal, darin Marmorrelief einer lebensgroßen Trauernden im Stil der italienischen Renaissance, nach 1890.
Freifigur aus einem beseitigten Grabmal, jetzt nahe dem Friedhofseingang: lebensgroße Trauernde, kniend, mit Rosenstrauß auf dem Schoß, Marmor, um 1910. Grabmal C. Krüger † 1924, an der Westseite des Hauptweges: Stele mit Bronzerelief von Reinhold Boeltzig 1925, drei Lebensalter darstellend.
FRIEDHOF II der Georgen-Parochial-Gemeinde. Friedhofskapelle mit anschließender Leichenhalle, um 1870 von Stadtbaumeister Erdmann, orientiert auf den älteren, an die Friedenstraße angrenzenden Friedhofsteil. Backsteinbau im italianisierenden Rundbogenstil, die Kapelle bestehend aus Vorhalle und Saalraum mit Apsis, die Leichenhalle dreischiffig gewölbt auf Säulen mit Kompositkapitellen, außen an drei Seiten offener Pfeilergang in der Tradition von Potsdamer Bauten des Ludwig Persius und August Stüler.
Grabmal J. C. J. Albrecht †1848 und Frau † 1851. Ältestes Grabmal des Friedhofes, in der Südostecke befindlich, von dem Verstorbenen, einem Steinmetzmeister, vielleicht selbst hergestellt: Sandsteinquader mit kräftigem Sockel und Gesims, von der gußeisernen Urne obenauf der Fuß erhalten.
Zahlreiche Wandgrabmäler und Gruftkapellen in den historisierenden Stilen der 2. H. 19. Jh., in fast geschlossener Reihe an der westlichen Längsmauer des zur Leninallee abgewinkelten Teiles. An ihrem süd-

Linke Seite: Friedhof V der Georgen-Parochial-Gemeinde Friedenstraße 82, Wandgrabmäler an der nordwestlichen Längsmauer; St.-Petri-Friedhof Friedenstraße 81, Grabmal E. Hillig, Brauer mit Zunftzeichen

Rechte Seite: St.-Petri-Friedhof Friedenstraße 81, Friedhofskapelle

lichen Ende die Familiengrabstätte Martiny, ein Mausoleum mit säulenflankiertem Portikus, seitlich je eine große Bronzeplatte mit Flachrelief eines betenden Engels, 1898 von Franz Rosse, gegossen von W. Schmidt & Hoffmann. Über dem Eingang Mosaik mit segnendem Christus. Weiter nördlich Familiengrabstätte Kurtze, Wandgrabmal aus Muschelkalk, in der erhöhten Mitte Bronzerelief mit Menschenpaar, als »Wiedersehen« bezeichnet, 1905 von Otto Stichling, gegossen

in den Raumecken z. Z. in der Friedhofskapelle bzw. im Freien abgestellt.

Grabmal O. Lange † 1929, nahe dem Haupteingang Leninallee: auf Granitsockel überlebensgroße Bronzefigur einer an das Kreuz sich lehnenden Trauernden, von Hans Dammann.

AUFERSTEHUNGSKIRCHE Friedenstraße 84. Auf dem Gelände des ehem. Armenfriedhofes 1892/95 von August Menken unter Benutzung einer Skizze von Hermann Blankenstein als historistischer, in spätromanischen Formen gehaltener Klinkerverblendbau errichtet, unter reicher Verwendung von Formsteinen und Glasurziegeln. Ursprünglich eine dreischiffige Hallenkirche mit polygonal geschlossenem Umgangschor und mehrgeschossigem, reich gegliedertem quadratischem Westturm mit flankierenden eingeschossigen Anbauten und aufwendigem Hauptportal. Nach erheblichen Kriegszerstörungen (der Chor völlig zerstört) Wiederaufbau in reduzierter Form.

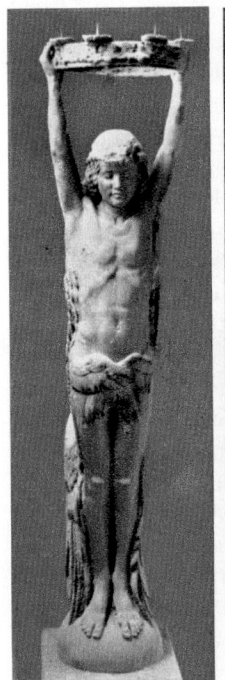

von Hermann Gladenbeck. – Von besonderem architektonischem Aufwand die Familiengrabstätte Francke, ein frei stehender quadratischer Bau auf hohem Sockel, sandsteinverkleidet, bekrönt von einer Kuppel mit Tambour, 1903 von Werner Lundt und Georg Kallmorgen. Die Ausstattung des Inneren entsprechend umfangreich: siebenteilige Figurengruppe aus Bronze, 1905 von Johann Bossard, gegossen von H. Noack, die Hauptfigur – eine Pietà – noch am ursprünglichen Standort in der Apsis, die beiden leuchtertragenden Jünglinge zu ihren Seiten und die »vier Lebensalter«

Ehem. BÖHMISCHES BRAUHAUS (VEB Weingroßkellerei) Friedenstraße 89, begrenzt von Pufendorfstraße und Matthiasstraße. 1868 gegründet, 1873 erweitert, u. a. mit ausgedehnten und z. T. mehrgeschossigen Kellereien. Die Hauptbauten in historisierender Backsteinarchitektur teilweise noch in der ursprünglichen Form erhalten.

Hausburgstraße

OBERSCHULE »Wilhelm Koenen« Hausburgstraße 20. Als Gemeindedoppelschule um 1905 von Ludwig Hoffmann errichtet, die Bauplastik von Josef Rauch. In die Straßenfront eingebunden das dreigeschossige ehem. Rektorenwohnhaus unter Satteldach, seine fünfachsige werksteinverkleidete Fassade durch Diamantquaderung aus der umgebenden Wohnbebauung herausgehoben und betont durch aufwendiges Mittelportal mit darüberliegendem schmalem Balkon, flankiert von profilierten, mit Tierreliefs geschmückten Pila-

Linke Seite: Friedhof II der Georgen-Parochial-Gemeinde Friedenstraße 80, Familiengrabstätte Francke sowie zwei Bronzefiguren der einstigen Innenausstattung

Rechte Seite: Oberschule Hausburgstraße 20, ehem. Rektorenwohnhaus, Portal und Gesamtansicht

stern. Rückseitig anschließend das eigentliche Schulgebäude, als schlichte Putzbauten in drei Flügeln um den Hof angelegt, der Hauptflügel mit Aula im überhöhten Mittelteil. An den Hofenden der Seitenflügel stark vorgezogene Treppenhausrisalite mit vorgelegten Eingangslauben.

Palisadenstraße
Ursprünglich verlief hier die als Palisadenumwehrung angelegte Akzisemauer des frühen 18. Jh., die 1802, etwas weiter nach Nordosten hinausgerückt, an der heutigen Friedenstraße als massive Mauer neu errichtet wurde. Der Name Palisadenstraße seit 1833.

Katholische ST.-PIUS-KIRCHE Palisadenstraße 72. Im Stil der Backsteingotik 1893/94 von Max Hasak errichtet. Dreischiffige gestreckte Basilika mit quadratischem Chor und hohem querrechteckigem Westturm von Mittelschiffsbreite, mit Vorhalle. Turm nach Kriegsbeschädigung verkürzt wiederhergestellt und mit quergerichtetem Satteldach und Dachreiter abgeschlossen. Die niedrigen Seitenschiffe ohne Fenster, beidseitig des Turmes durch hohe Blendwände mit gestaffelten Wimpergen verdeckt. Am Obergaden kräftige abgetreppte Strebepfeiler. – Im Inneren Kreuzgewölbe auf monumentalen Sandsteinsäulen; Gewölberippen und Fenstermaßwerk in Backstein. – Pietà, historisierende Tiroler Arbeit, E. 19. Jh. Neugotische Monstranz, Silber vergoldet, 1897.

Petersburger Platz
PFINGSTKIRCHE Petersburger Platz 5. Historisierender Klinkerverblendbau 1906/08 von Jürgen Kröger und Baurat Werner erbaut, in spätgotischen, in den Fenstermaßwerken an den Flamboyant-Stil erinnernden Formen. Aus dem in die westliche Platzseite hausartig unter Satteldach eingebundenen Bau entwickeln sich, die Mitte betonend, die Eingangsfassade der in den Hof sich ausdehnenden Kirche und rechts daneben der Turm, die Fassade mit dreigeteilter Portalhalle und darüber großer gestaffelter, durch Kielbogenrahmung und Maßwerkdekor zusammengeschlossener Dreifenstergruppe sowie gestaffeltem Pfeilergiebel vor dem Satteldach, der Turm mit abschließenden kielbogigen Giebeln und hohem achtseitigem Spitzhelm mit eingeschobener Laterne. Das in die Tiefe des Grundstückes sich erstreckende Schiff mit Strebepfeilern und ursprünglich eingezogenem Chor, nach Kriegsbeschädigung Wiederherstellung bis 1950 mit geradem Schiffsschluß. – Das Innere ein netzgewölbter Saal mit Nord- und Ostempore. Im Choransatz Reste der ursprünglichen Ausmalung, Petrus und Paulus. Kanzel und Taufe, Holz, aus der Erbauungszeit.
Im Hof Gemeindehaus 1927/29 von Walter Erdmann, Klinkerverblendbau in den Formen der Neuen Sachlichkeit mit expressionistischen Anklängen.

Pettenkoferstraße

OBERSCHULE »Fritz Riedel« Pettenkoferstraße 20/24. Als Gemeindedoppelschule um 1912 von Ludwig Hoffmann erbaut. Gut proportioniertes Ensemble aus schlichten Putzbauten. Das viergeschossige Schulgebäude in drei Flügeln um den Hof angelegt, der langgestreckte rückwärtige Trakt zur S-Bahn-Trasse gewendet; abgewalmte Mansarddächer. Zur Straße hin, zwischen den Stirnseiten der Seitenflügel, der Hof abgeschlossen durch das zweigeschossige ehem. Rektorenwohnhaus unter Mansarddach sowie beidseitig Mauern mit Durchgängen, diese bekrönt von jeweils zwei Putten, Symbolen der vier Jahreszeiten.

Proskauer Straße

WOHNANLAGE Proskauer Straße 15/17 sowie Bänschstraße 26/30 (gerade) und Schreinerstraße 63/64. Als Reform-Mietbauten 1897/98 von Alfred Messel für den »Berliner Spar- und Bauverein« errichtet, mit über hundert Wohnungen und sechs Läden; der Entwurf auf der Pariser Weltausstellung 1900 preisgekrönt. – Fünfgeschossige U-förmige Bebauung, der Innenhof mit viergeschossigem, an die Nachbarbauten angelehntem Gartenhaus. Ursprünglich die Fassaden durch Balkone, Loggien und durch die mit Giebeln und Mansarden variierte Dachzone abwechslungsreich gegliedert. Nach Zerstörungen im zweiten Weltkrieg um 1950 vereinfacht erneuert bzw. wiederaufgebaut (Ecke Proskauer Straße/Bänschstraße), dabei der ursprüngliche Eindruck verwischt. Die Reformbestrebungen Messels in der Vermeidung einer engen Hofbebauung und in den Wohnungsgrundrissen erkennbar: keine sog. Berliner Zimmer, dafür in den Hofecken die Treppenhäuser; für jede Wohnung abgeschlossene Flure und Innentoiletten. Der große Innenhof als Kinderspielplatz genutzt. Die eingebauten Läden sowie eine Gaststätte ursprünglich von der Vereinigung organisiert und unterhalten.
Eine ähnliche Wohnanlage nach Entwurf von Messel, für die gleiche Gesellschaft 1899/1900 erbaut und ebenfalls mit Gartenhaus, s. Stargarder Straße, Ecke Greifenhagener Straße, S. 396.

Rigaer Straße

Ehem. REALSCHULE (Jugendzahnklinik) Rigaer Straße 8. Historisierender Klinkerverblendbau von drei Geschossen, E. 19. Jh. errichtet. Die Fassade mit übergiebelten Seitenrisaliten von einer bzw. drei Achsen, die Hofseite mit kurzem Seitenflügel und Treppenrisalit. Stichbogenfenster, Schmuckfriese aus glasierten Klinkern; der mittlere Durchgang mit Kreuzrippengewölbe.

Linke Seite: Pfingstkirche Petersburger Platz 5, Fassade mit Portalvorhalle und Fenstergruppe

Rechte Seite: Wohnanlage Proskauer Straße 15/17, Ecke Schreinerstraße

GALILÄA-KIRCHE Rigaer Straße 9/10. In die Straßenfront eingebundener Komplex aus Kirche und Gemeindehaus, Klinkerverblendbauten 1909/10 von August Dinklage und Ernst Paulus. Die zurückhaltend gotisierende Fassade der Kirche asymmetrisch angelegt, mit hoher Giebelwand mit Dreifenstergruppe und links anschließendem quadratischem Turm mit geradem Balustradenabschluß und schlankem verkupfertem Spitzhelm, der Turmkörper sehr reizvoll begleitet von rundem Treppentürmchen mit Kegeldach. Am Turm auch das spitzbogige Hauptportal, rechteckig gerahmt von textil wirkenden Maßwerkpässen, die sich als Schmuckstreifen unterhalb des Turmabschlusses und als Rahmung des Portals am Gemeindehaus wiederholen. Das Kircheninnere zentralraumartig mit umlaufender Empore; gebrochene Kassettendecke mit Oberlicht. An der Altarseite amboartige Kanzel mit gotisierenden Reliefs vor der Brüstungswand mit Blendarkatur. Darüber, leicht zurückgesetzt, die Orgel, in das sterngewölbte vierseitige Chorpolygon hineinreichend. – Nach rechts an die Kirche anschließend das Gemeindehaus, durch dreiseitigen Erker mit spitzem Kupferhelm und durch die Rahmung des spitzbogigen Portals auf den Kirchenbau abgestimmt.

OBERSCHULE »Herbert Baum« Rigaer Straße 81/82. Als Gemeindedoppelschule 1901/02 von Ludwig Hoffmann errichtet, die Bauplastik von Otto Lessing. Gut proportioniertes Ensemble aus viergeschossigem Schulgebäude mit rückwärtigen Seitenflügeln unter abgewalmten Mansarddächern sowie niedrigeren Seitengebäuden, die straßenseitig durch eine die Hofportale enthaltende Mauer mit dem Schulbau verbunden sind. Der siebenachsige Mittelbau beidseitig eingefaßt durch die kräftig vorspringenden Kopfbauten der Seitenflügel, die die Treppenhäuser enthalten. Die Mitte betont durch aufwendiges Doppelsäulenportal mit Sprenggiebel und von Bären gehaltener Wappenkartusche, darüber giebelbekröntes Fenster. Das oberste Geschoß über fünf Achsen durch kartuschenförmige Oberlichter leicht erhöht, auf dem Mansarddach die Mitte betonendes Uhrtürmchen. – Das rechte Seitengebäude zweigeschossig, mit zwei Portalen für die Aula im Erd- und die Bibliothek im Obergeschoß. Das linke Seitengebäude dreigeschossig, durch Eckerker betont, ursprünglich Lehrerwohnhaus.

Samariterplatz
Um 1892 noch unbebautes Gelände, erst 1895 erhielt der Platz seinen Namen nach der zuvor hier, in weitgehend unbebautem Gebiet, errichteten Kirche.
SAMARITERKIRCHE 1892/94 von Gotthilf Ludwig Möckel errichtet. Roter Klinkerverblendbau in zen-

traler Platzlage, mit breitem Querschiff und Rechteckchor, flankiert von niedrigen polygonalen Anbauten, der beherrschende Westturm mit hohem Helm. Reicher Dekor durch Formsteine und dunkle Glasuren; besonders aufwendig die Pfeilergiebel mit krabbenbesetzten Fialen an Chor und Querarmen, die oberen Turmgeschosse betont durch runde Ecktürmchen mit Kegelhelmen. – Der breit wirkende, kreuzförmige Innenraum gewölbt; umlaufende hölzerne Emporen auf Backsteinsäulen mit Kunststeinkapitellen. Altarbezirk und Chorfenster modern. Neugotisches Altargerät, Silber, 1894.

Straßmannstraße

INGENIEURSCHULE für Bauwesen und OBERSCHULE »Kurt Römling« Straßmannstraße 14. Um 1910 als Gemeindedoppelschule und Schule für gewerbliche Zwecke im Stil der holländischen Spätrenaissance erbaut. Komplex aus z. T. mehrflügeligen Klinkerverblendbauten, geschickt die Grundstückstiefe nut-

Linke Seite: Galiläa-Kirche Rigaer Straße 9/10

Rechte Seite: Samariterkirche auf dem Samariterplatz, südliches Querschiff; Oberschule Rigaer Straße 81/82, Gesamtansicht

zend, mit Horizontalbändern, Portal- und Fensterrahmungen aus Haustein. In die Wohnbebauung der Straße eingebunden das ehem. Rektorenwohnhaus mit Lesehalle im Erdgeschoß, in den gleichen, etwas reicher gestalteten Formen wie die Hofgebäude, die Mitte durch Schweifgiebel betont, plastischer Schmuck durch Rollwerkkartuschen mit Tierreliefs.

Weisbachstraße
1901 benannt nach Valentin Weisbach, dem Vorsitzenden des 1888 gegründeten »Vereins zur Verbesserung der kleinen Wohnungen in Berlin«. Er kaufte vorsorglich das um 1890 noch unbebaute Gelände an der nachmaligen Weisbachstraße auf, das nach Erwerb weiteren Geländes zwischen 1899 und 1905 im Sinne des Reformbauprogramms des Vereins bebaut wurde.

WOHNANLAGE »Weisbachgruppe« Weisbachstraße 1/8, Kochhannstraße 13/15, Ebertystraße 11/12, Ebelingstraße 12/14. Nach Entwurf von Alfred Messel errichtet, ursprünglich mit fast vierhundert Wohnungen und achtzehn Läden. Reformwohnungsbau mit ähnlichen Bestrebungen wie die ebenfalls von Messel erbauten Wohnanlagen in der Proskauer Straße (s. S. 451) und in der Stargarder Straße (s. S. 396). – Baubeginn 1899/1900 beidseitig der Weisbachstraße, 1903/05 erweitert zwischen Kochhannstraße und Ebelingstraße bis zur Ebertystraße zu geschlossener Blockrandbebauung um großen rechteckigen Innenhof ohne Hinterhäuser oder Seitenflügel. Die Backsteinfassaden der fünfgeschossigen Wohnbauten durch Putzblenden, Balkone, Erker, variierte Portale und unterschiedliche Dachlösungen belebt; die Hoffronten größtenteils verputzt. – Die 1905/06 im Hof erbauten Gemeinschaftseinrichtungen (Badeanstalt, Gesellschaftsräume, Kindergarten) nicht mehr vorhanden. Die Eckgebäude Ebertystraße 13 und Ebelingstraße 11 kriegszerstört. Die Fassaden an der Weisbachstraße erneuert, nur die Eckhäuser in ursprünglicher Form.

Wohnanlage beidseitig der Weisbachstraße, Gebäude an der Ebelingstraße, Ecke Weisbachstraße

Zellestraße
OBERSCHULE »Paul Maslowski« (Bezirks-Sprachheil-Oberschule) Zellestraße 12. Als Gemeindedoppelschule mit Hilfsschule um 1915 von Ludwig Hoffmann erbaut. In die Straßenfront eingebunden ein klassizierender Putzbau von vier Geschossen und zehn Achsen, am zweiten und dritten Geschoß durch ionische Kolossalpilaster zusammengefaßt, über den Rundbogenfenstern des Erdgeschosses Schlußsteine mit Kinderreliefs. Seine Hofseite symmetrisch durch zwei halbrunde Treppentürme neben den seitlichen Durchgängen gegliedert. Das eigentliche Schulgebäude mit zwei Flügeln in die umgebende Hinterhofbebauung eingefügt, sachlich-schlichte Putzbauten.

Karl-Marx-Allee/Frankfurter Allee und Straßen bis zur Spree sowie Stralau

Karl-Marx-Allee/Frankfurter Allee
Im Mittelalter der Straßenverlauf bereits vorgezeichnet durch die Handelsstraße nach Frankfurt, die zwischen Stralauer Tor und Georgentor der ehem. Berliner Stadtbefestigung ihren Anfang nahm. – In der sich im späten 17., frühen 18. Jh. allmählich entwickelnden Stralauer Vorstadt lag das Frankfurter Tor, die östliche Begrenzung dieser Straße innerhalb Berlins, zunächst in Höhe des heutigen Strausberger Platzes; unmittelbar davor befand sich das Hochgericht. Nach 1716, mit Errichtung der weiter nach Osten hinausverlegten Palisaden, rückte das Tor etwa in Höhe der Kreuzung mit der heutigen Straße der Pariser Kommune, und 1802, bei Errichtung der Zollmauer entlang der heutigen Marchlewskistraße, wurde es nochmals geringfügig nach Osten verschoben. Innerhalb der Ummauerung, d. h. also bis zum Frankfurter Tor, hieß die Straße seit dem frühen 18. Jh. Große Frankfurter Straße, außerhalb der Ummauerung Frankfurter Chaussee, seit 1872 Frankfurter Allee.

Im Verzeichnis der Heer- und Handelsstraßen um 1700 als Hauptstraße mit Postroute ausgewiesen, erhielt die Straße im frühen 18. Jh. für Berlin eine zusätzliche Bedeutung als Zufahrtsstraße zu dem nahe gelegenen Schloß Friedrichsfelde, das seit 1696 in kurfürstlichem bzw. königlichem Besitz war und später den Markgrafen von Schwedt gehörte: 1701 wurde sie durch eine vierreihige Lindenallee geschmückt, die »Frankfurter Linden«, die von dem zu dieser Zeit noch in Höhe des Strausberger Platzes befindlichen Frankfurter Tor bis nach Friedrichsfelde führten und bis ins 19. Jh. bestanden. Etwa auf halbem Wege nach Friedrichsfelde, ungefähr in Höhe des heutigen Platzes Frankfurter Tor, befanden sich zwei Raststätten, das »Schlößchen«, in dem der König zu frühstücken pflegte, wenn er nach Friedrichsfelde fuhr (so in Friedrich Nicolais »Beschreibung der Königlichen Residenzstädte Berlin und Potsdam«), und gegenüber an der Nordseite das Wirtshaus »Neue Welt«. 1801/03 wurde die Straße zur Kunststraße nach Frankfurt/Oder ausgebaut.

Die Bebauung des Straßenzuges, nach einer Beschreibung um 1834 noch mit den Lindenalleen auch innerhalb der Ummauerung und hier mit schönen Häusern versehen, wandelte sich im letzten Viertel des 19. Jh. zusammen mit den Bereichen südlich und nördlich zu einer dichten Mietskasernenbebauung. Der Durchbruch zum Alexanderplatz erfolgte 1929/31, gleichzeitig wurde auch die U-Bahn-Strecke Alexanderplatz – Friedrichsfelde angelegt.

Im zweiten Weltkrieg wurde die Wohnbebauung der Straße und der benachbarten Bereiche besonders westlich des Frankfurter Tores bis hin zum Alexanderplatz völlig zerstört. Wiederaufbau 1949/60 zwischen Strausberger Platz und Proskauer Straße, 1967/69 zwischen Strausberger Platz und Alexanderplatz (dieser Abschnitt zum Stadtbezirk Mitte gehörend).

Nachdem seit 1950 der gesamte Straßenzug den Namen Stalinallee trug, wurde 1961 der Abschnitt zwischen Alexanderplatz und Frankfurter Tor in Karl-Marx-Allee umbenannt, während der anschließende, bis in den Stadtbezirk Lichtenberg sich erstreckende Teil die ursprüngliche Bezeichnung Frankfurter Allee erhielt.

WOHNBEBAUUNG Karl-Marx-Allee/Frankfurter Allee vom Strausberger Platz bis zur Proskauer Straße einschließlich der nördlich und südlich unmittelbar angrenzenden Bereiche. Nach fast völliger Kriegszerstörung zwischen 1949 und im wesentlichen 1960 neubebaut aufgrund eines städtebaulichen Wettbewerbes und des 1951 erlassenen Aufbaugesetzes. Die Baublocks des etwa 2 km langen Straßenabschnitts entstanden nach Entwürfen der Kollektive Hans-Jürgen Hartmann, Hermann Henselmann, Hans Hopp, Kurt W. Leucht, Richard Paulick und Karl Souradny. Beiderseits der auf 90 m erweiterten Straße sieben- bis neungeschossige Wohnbauten mit teilweise zweigeschossiger Ladenzone und Gaststätten, mit breitem Grünstreifen an der Nordseite. In traditioneller Bauweise errichtet, die Fassaden mit z. T. ornamentierter Baukeramik verkleidet, sind die einzelnen bis zu 300 m langen Baublocks durch variierende Höhe und durch vor- und zurückgesetzte Bauteile belebt. Die Details der Berliner Bautradition des 18. und 19. Jh. entlehnt. – Die beiden LAUBENGANGHÄUSER (Karl-Marx-Allee 102/104 und 126/128) noch vor Beginn des Nationalen Aufbauprogramms 1949 nach Plänen von Hans Scharoun und des Kollektivs Ludmilla Herzenstein errichtet, an die Architektur der zwanziger Jahre anknüpfend. Langgestreckte fünfgeschossige Bauten mit Laubengang nach Norden zur Hauptverkehrsstraße, die Wohnräume der Einzimmerwohnungen nach Süden in ruhiger Lage. Gegenüber das FILMTHEATER »Kosmos«, 1961/62 vom Kollektiv J. Kaiser und H. Aust; mit seinem eiförmigen Zuschauerraum und der breit gelagerten, teilweise verglasten Fassade vertritt es eine modern-sachliche, von historisierenden Elementen freie Architektur.

Linke Seite: Karl-Marx-Allee, Laubenganghaus und Filmtheater »Kosmos«

Rechte Seite: Karl-Marx-Allee, Blick vom Strausberger Platz zum Frankfurter Tor

Karl-Marx-Allee/Frankfurter Allee und Straßen bis zur Spree sowie Stralau

*Hochhaus an
der Weberwiese*

Einbezogen in die Straßenbebauung der fünfziger Jahre sind zwei Plätze, der STRAUSBERGER PLATZ im Westen und das FRANKFURTER TOR im Osten (nicht identisch mit der Lage des ehem. Frankfurter Tores, sondern weiter nach Osten verlagert an die verkehrsreiche Kreuzung zur Warschauer Straße/Bersarinstraße). Am Strausberger Platz die Platzbegrenzung nach Süden und Norden aus leicht gerundeten achtgeschossigen Wohnbauten bestehend, flankiert beidseitig der Straßenachse nach Osten von zwei zehngeschossigen turmartigen Eckbauten, nach Westen, zum Alexanderplatz hin, von zwei fünfzehngeschossigen Turmhochhäusern; in der Mitte des Platzes Brunnen von Fritz Kühn, 1967, die mittlere Fontäne ringförmig umgeben von getriebenen variierenden Kupferplatten mit Diamantquaderung. – Am rechteckigen Platz des Frankfurter Tores die zum Stadtzentrum gewendete Seite beidseitig von zwei Turmhochhäusern flankiert, die das Kuppelmotiv der Gontard-Türme vom Platz der Akademie als Abschluß verwenden.

Zugehörig der Anfangsbebauung entlang der Karl-Marx-Allee und als erster Bau und Auftakt des Nationalen Aufbauprogramms errichtet das HOCHHAUS an der Weberwiese, 1951/52 nach Plänen des Kollektivs Hermann Henselmann. (Die Weberwiese unmittelbar südlich vor dem ehem. Frankfurter Tor war ursprünglich eine von hier ansässigen Webern als Rasenbleiche genutzte Wiese.) Neungeschossiges Punkthaus, die Verkleidung in heller Keramik, die verputzten risalitartigen Eckbetonungen bis zum achten Geschoß geführt. Historisierende Detailformen in der Art des Berliner Klassizismus. Die übrige, gleichzeitige Bebauung fünfgeschossig.

GESCHÄFTSHAUS Frankfurter Allee 40. Um 1910 von Hans Liepe und Oskar Garbe als Wohn- und Geschäftshaus errichtet. Fünfgeschossiger Putzbau mit in den beiden obersten Geschossen vortretendem Mittelteil mit Walmdach. Am zweiten und dritten Obergeschoß vierachsiger Mittelerker mit Balkonabschluß, darüber zweifach geschwungener Giebel, der Linie des Walmdaches folgend; sparsamster Dekor. Die Hofgebäude mit blau-weißer Keramik verkleidet.

Wohn- und Geschäftshaus Frankfurter Allee 40

GESCHÄFTSHAUS (Antiquitäten-Galerie) Frankfurter Allee 84, Ecke Finowstraße. Als kombiniertes Wohn- und Geschäftshaus um 1910 erbaut. Fünfgeschossiger Putzbau mit Rustika-Sockelgeschoß und Ecklisenen sowie zweiachsigem mittlerem Erker mit Schweifgiebelabschluß; sparsame Jugendstilornamentik, auch am Balkongitter. Ähnlich die Fassade zur Finowstraße.

Straßen südlich von Karl-Marx-Allee/Frankfurter Allee

Der größere Teil des Bereiches zwischen Karl-Marx-Allee/Frankfurter Allee und Spree bildete zusammen mit dem zum Stadtbezirk Mitte gehörenden Gebiet zwischen Lichtenberger Straße und Stadtbahn seit dem frühen 18. Jh. die Stralauer Vorstadt (zur Stralauer Vorstadt auch zugehörig Teile nördlich der Großen Frankfurter Straße, heute Karl-Marx-Allee). Ihre östliche Begrenzung durch die Akzisemauer verlief, nach geringfügiger Veränderung 1802, entlang der heutigen Marchlewskistraße und in Fortführung bis zur Spree entlang der Warschauer Straße. Am Nordufer der Spree führte bereits im Mittelalter ein Weg zu dem Fischerdorf Stralau, seit dem frühen 18. Jh. innerhalb der Akzisemauer begrenzt durch das auch Mühlentor genannte Stralauer Tor (nicht zu verwechseln mit dem ehem. Stralauer Tor der mittelalterlichen Befestigung Berlins); es befand sich an der Kreuzung Mühlenstraße/Warschauer Straße. Unmittelbar südlich des Stralauer Tores überbrückte die zwecks Erhebung des Schiffahrtszolls 1724 erstmals errichtete hölzerne Oberbaumbrücke die Spree, die längste Brücke Berlins, deren Durchfahrt nachts durch einen Baum verschlossen wurde (s. auch S. 465). – Mit der Stralauer Vorstadt war seit dem frühen 18. Jh das Stadtgebiet am weitesten nach Osten ausgedehnt worden und umfaßte besonders hier weitgehend unbebautes Gelände. Lediglich im westlichen, an die Memhardtsche Befestigung angrenzenden Teil war bereits im 18. Jh. eine dichtere Bebauung vorhanden gewesen (nach den starken Kriegszerstörungen bei der Neubebauung auch zumeist in den Straßenführungen verändert, s. Stadtbezirk Mitte, S. 258).

An dem Weg nach Stralau befanden sich seit E. 17. Jh. Mühlen, die bis ins frühe 19. Jh. hier bestanden (Mühlenstraße). Weiter westlich wurden im Verlauf des 18. Jh. große Holzplätze angelegt (Holzmarktstraße); der heutige Stralauer Platz war der ehem. städtische Holzmarkt. Die um M. 19. Jh. einsetzende industrielle Entwicklung ließ an diesem Straßenzug ähnliche, die günstige Lage zur Spree nutzende Anlagen entstehen, so eine kurz vor M. 19. Jh. errichtete städtische Gasanstalt am Stralauer Platz, das kurz nach M. 19. Jh. errichtete erste Berliner Wasserwerk unmittelbar vor dem Stralauer Tor (heute befindet sich dort u. a. das Berliner Glühlampenwerk), und im frühen 20. Jh. die ausgedehnten Anlagen des Osthafens an der Stralauer Allee. Bereits 1842 war in unmittelbarer Nähe zu diesem Straßenzug, am Stralauer Platz, der Bahnhof der Strecke Berlin – Frankfurt/Oder errichtet worden (Frankfurter Bahnhof, nach Ausbau der Strecke bis Breslau 1846 Niederschlesischer Bahnhof, heute Ostbahnhof). Dieser Bahnhof war übrigens in den ersten Jahrzehnten des sprunghaften Ausbaus des Eisenbahnnetzes der einzige Berliner Bahnhof, der innerhalb des von der Akzisemauer umschlossenen Stadtgebietes angelegt worden war; dort, wo die Bahnstrecke die Akzisemauer kreuzte, an der Warschauer Straße, befand sich über mehrere Jahrzehnte ein eisernes Tor, das bei Ein- bzw. Ausfahrt eines Zuges geöffnet wurde.

Eine dichte Mietskasernenbebauung erfolgte in der 2. H. 19. Jh. vor allem um und nördlich des Niederschlesischen Bahnhofes, die sich im späten 19. Jh. über den Bereich der 1866 abgerissenen Akzisemauer ausdehnte und mit fortschreitender Industrialisierung bis E. 19. Jh./A. 20. Jh. das Ringbahngelände erreichte; in diesem Gebiet konzentrierte sich die Wohnbebauung u. a. beidseitig der Boxhagener Straße, die ursprünglich ein Feldweg nach dem Vorwerk Boxhagen – Rummelsburg war.

Während die ursprüngliche Wohnbebauung im östlichen Bereich zwischen Warschauer Straße und Ringbahn im zweiten Weltkrieg zum großen Teil erhalten blieb, entstand im stark zerstörten westlichen Bereich an der Straße der Pariser Kommune (ehemals Fruchtstraße) und westlich davon seit etwa 1970 eine moderne Wohnbebauung.

Böcklinstraße

Katholische PFARRKIRCHE zur Hl. Dreieinigkeit Böcklinstraße 6. Putzbau 1914/15 von Wilhelm Freydag erbaut, zugehörig auch das benachbarte Wohnhaus Nr. 7/8. Die in die Häuserfront eingefügte schmale, zu beträchtlicher Höhe sich entwickelnde Kirchenfassade in den sachlichen Formen der Zeit, in der allgemeinen Anlage jedoch romanischen Westbauten folgend: die Mitte betont durch große rundbogige Nische mit Dreifenstergruppe und darüber, leicht zurückgesetzt, durch quadratisches Glockengeschoß, das von kurzen Achtecktürmen flankiert wird, alle drei Turmteile unter Zeltdächern. Das Innere nach Kriegsschäden modern erneuert.

Erweiterte Oberschule Koppenstraße 76, ehem. Rektorenwohnhaus

Boxhagener Straße

Ehem. FRIEDHOFSKAPELLE der Parochial-Gemeinde an der Boxhagener Straße 99/101; das Gebäude seit 1949 als Kirche genutzt. Historisierender Rechteckbau, gelber Klinker, mit Ostapsis und baldachinartigem Eingangsvorbau an der westlichen Schmalseite, 1879 nach Plänen von Gustav Knoblauch auf dem 1867 angelegten Friedhof errichtet.

Helsingforser Straße

OBERSCHULE »Lilo Herrmann« sowie 6. Oberschule Helsingforser Straße 11/13. Als Gemeindedoppelschule 1909 von Ludwig Hoffmann erbaut, Bauplastik von Josef Rauch. Putzbauten (erneuert) unter abgewalmten Mansarddächern um Mittelhof, der rückwärtige Flügel und die Seitenflügel viergeschossig, zur Straße, zwischen den Kopfbauten der Seitenflügel, durch leicht zurückgesetzten dreigeschossigen Verbindungsbau geschlossen. In diesem die beiden Durchgänge zum Hof, über dem Erdgeschoß vor den leicht zurückspringenden Obergeschossen durch Balustrade mit vier Kindergruppen betont.

Knorrpromenade

WOHNBAUTEN Knorrpromenade 1/5 und 7/10 (Haus Nr. 6 zerstört). Um 1910 beiderseits der Straße Zeilenbebauung mit Vorgärten; zur Wühlischstraße abgegrenzt durch Torpfeiler, ehemals mit Schmuckbögen, als rahmender Eingang zu Straße und Fußgängerweg. Die Fassaden der fünfgeschossigen Putzbauten architektonisch vielfältig variiert durch vorgezogene Eingangsrisalite, Loggien und Balkone; die ursprünglich einheitlichen Treppenhäuser mit Oberlicht über quadratischem Grundriß zum größten Teil erhalten.

Koppenstraße

Bereits im 18. Jh. als Koppensgasse vorhanden, sie führte vom Holzmarktplatz zur Großen Frankfurter Straße.
Erweiterte OBERSCHULE »Friedrich Engels« Koppenstraße 76. Als Andreas-Realgymnasium 1904/06 von Ludwig Hoffmann errichtet, die Bauplastik von Josef

*Linke Seite:
VdN-Denkmal
Koppenstraße,
Ecke
Singerstraße;
erweiterte
Oberschule
Koppenstraße 76,
ehem. Rektoren-
wohnhaus, Portal;
Skulptur eines
Handwerkers
mit Sohn
an der
Andreasstraße*

*Rechte Seite:
VEB
Meßelektronik
Neue Bahnhof-
straße 9/17*

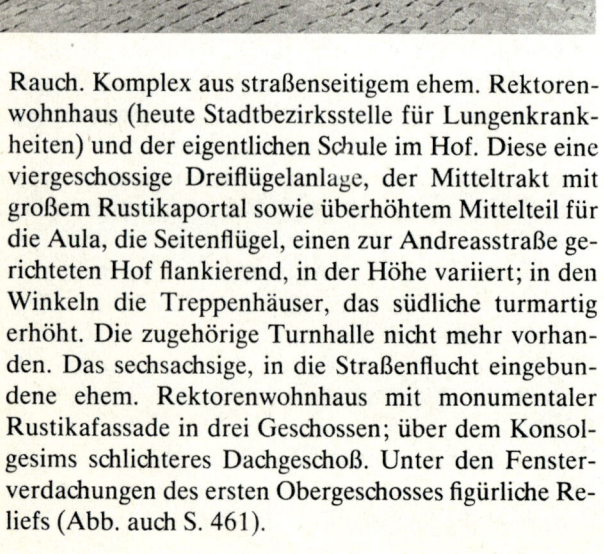

Rauch. Komplex aus straßenseitigem ehem. Rektorenwohnhaus (heute Stadtbezirksstelle für Lungenkrankheiten) und der eigentlichen Schule im Hof. Diese eine viergeschossige Dreiflügelanlage, der Mitteltrakt mit großem Rustikaportal sowie überhöhtem Mittelteil für die Aula, die Seitenflügel, einen zur Andreasstraße gerichteten Hof flankierend, in der Höhe variiert; in den Winkeln die Treppenhäuser, das südliche turmartig erhöht. Die zugehörige Turnhalle nicht mehr vorhanden. Das sechsachsige, in die Straßenflucht eingebundene ehem. Rektorenwohnhaus mit monumentaler Rustikafassade in drei Geschossen; über dem Konsolgesims schlichteres Dachgeschoß. Unter den Fensterverdachungen des ersten Obergeschosses figürliche Reliefs (Abb. auch S. 461).

Zwischen Schulgebäude und Andreasstraße die MARMORSKULPTUR eines sitzenden Handwerkers mit Sohn (sog. Vatergruppe), 1898 von Wilhelm Haverkamp. Ursprünglich zusammen mit der sog. Muttergruppe (diese im Volkspark Friedrichshain) Bestandteil einer marmornen Sitzbank auf dem Andreasplatz.
VDN-EHRENMAL Koppenstraße/Singerstraße. 1975 nach Entwurf von Werner Richter. Vierkantförmige Stele auf niedriger quadratischer Plinthe, unterteilt durch Würfel mit dem Symbol der Verfolgten des Naziregimes.

Lasdehner Straße
Ehemals Litauer Straße, 1935 umbenannt.
OBERSCHULE »Kurt Schlosser« und »John Sieg« Lasdehner Straße 21/23. Als Gemeindedoppelschule 1909 von Ludwig Hoffmann erbaut, die Bauplastik von Georg Wrba. Roter Klinkerverblendbau aus langgestrecktem straßenseitigem Hauptflügel und zwei rückwärtigen, den Hof flankierenden Seitenflügeln, diese an der Fassade durch dreiachsige Risalite angedeutet. Die Schauseite durch Pilaster streng vertikal gegliedert, zwischen diesen, unter den Fensterbrüstungen, Schmuckfelder in Sandstein, z. T. mit Reliefköpfen; unter dem Dachgesims Bukranien als Pilasterabschluß. Das Mansarddach nur über den mittleren Achsen erhalten. Die Rückseite des Hauptgebäudes und die Seitenflügel ohne Gliederungen, über den Erdgeschoßfenstern figürliche Terrakotten.

Marchlewskistraße
Ursprünglich Zwischen dem Stralauer und Frankfurter Tor, später Memeler Straße. Im Bereich dieser Straße verlief seit 1802 die Akzisemauer.
Ehem. REKTORENWOHNHAUS einer Gemeindeschule, Marchlewskistraße 45/47. Um 1880 erbaut, in der Art der Schulbauten von Hermann Blankenstein. Dreigeschossiger Klinkerverblendbau von fünf Achsen unter Satteldach. Die Fassade durch Gesimse, z. T. mit Zierfriesen darunter, gegliedert, die Mittelachse mit dem Portal leicht vorgezogen, die Öffnungen segmentbogig geschlossen. Das Schulgebäude nicht erhalten.

Neue Bahnhofstraße
VEB MESSELEKTRONIK Neue Bahnhofstraße 9/17. Als Fabrikations- und Verwaltungsgebäude 1913/16 von Alfred Grenander für die ehem. Knorr-Bremse AG errichtet (das Hauptwerk, ebenfalls von Grenander erbaut, liegt jenseits der S-Bahn-Trasse auf einem bereits zum Stadtbezirk Lichtenberg gehörenden Gelände). Zwischen Neuer Bahnhofstraße und S-Bahn-Trasse angelegter Gebäudekomplex mit mehreren Höfen. Die langgestreckte fünfgeschossige Klinkerfassade durch die Aufrißgestaltung in zwei unterschiedliche Teile geschieden: Der rechte Gebäudetrakt als ehem. Verwaltungsgebäude unter Verwendung von Sandstein reicher gebildet. Die Erdgeschoßzone mit vorgeblendeten Säulenarkaden, darüber, die vier Geschosse zusammenfassend, kräftige Wandpfeiler mit pilasterartigen Vorlagen, zwischen ihnen zurückgesetzt die einzelnen Fensterachsen; an den Fensterbrüstungen ornamentale Reliefs. Von den Wandpfeilern getragen das Dachgesims, das abschließende Satteldach mit aneinander-

gereihten Gaupen. Der linke Gebäudetrakt, das Fabrikationsgebäude, sachlich-schlichter. Sechsachsige Seitenrisalite mit breiten rechteckigen Durchfahrten, die langgestreckte Front dazwischen, in Angleichung an das Verwaltungsgebäude, im Erdgeschoß mit rundbogigen Fensternischen. Abschluß durch hohe Attika. Das Ende des Fabriktraktes zur Gürtelstraße hin kriegszerstört, lediglich zwei Achsen vereinfacht wiederhergestellt.

Rudolfplatz

Schmuckplatz südlich des Bahngeländes, E. 19. Jh. angelegt, begrenzt von der Modersohnstraße im Osten, der Straße Am Rudolfplatz im Süden und der Danneckerstraße im Westen; seine nördliche Begrenzung als Rudolfstraße nach Westen bis zur Warschauer Brücke weitergeführt. Der Name von Platz und Straße wohl auf den Besitzer der ehemals hier gelegenen Grundstücke zurückzuführen. – An der Ostseite des Platzes die

OBERSCHULE »Clara Zetkin« Modersohnstraße 55, Corinthstraße 1/5. Um 1910 als Gemeindedoppelschule von Ludwig Hoffmann errichtet. Ensemble mehrerer Putzbauten auf trapezförmigem Grundstück: das viergeschossige Schulgebäude mit rückwärtigen Seitenflügeln unter hohen abgewalmten Mansarddächern, vorgelagert zwei zweigeschossige pavillonartige Wohngebäude ebenfalls mit Mansarddächern, durch die den Hof umgebende pergolabekrönte Mauer mit dem Hauptbau verbunden. Der Mittelrisalit des leicht eingeschwungenen Hauptbaues um ein Mezzaningeschoß erhöht und durch bekrönenden Uhrturm mit Laterne betont, die dreiachsigen Seitenrisalite als rückseitige Flügel weitergeführt und einen zweiten Hof umschließend. Auf den Torpfeilern des axialen Hauptzuganges zwei Kinderfiguren.

Ehem. ABWASSERPUMPWERK (Bewag) Am Rudolfplatz 3, in der Flucht der südlichen Platzbebauung. Vierachsiger Klinkerverblendbau mit Zierfries zwischen den beiden Geschossen, um 1894.

ZWINGLI-KIRCHE Danneckerstraße, Ecke Rudolfstraße, an der Westseite des Platzes. Neugotischer Klinkerverblendbau 1905/08 von Jürgen Kröger errichtet. An den Schauseiten nach Osten und Norden und an den aufwendigen Portalen reicher historisierender Dekor, die nördliche übergiebelte Schmalseite mit großer Fensterrosette. Der an der Nordostecke einbezogene quadratische Turm mit seinem schlanken achtseitigen Spitzhelm weithin sichtbar, an seinem Fuße eine lebensgroße Bronzefigur Zwinglis, 1907 von Martin Götze. – Das Innere mit Gewölben sowie Empore im Osten und Norden bzw. einem emporenarti-

Architekten Cremer & Wolffenstein, Grenander, Möhring, Necker, Stahn, Wittig und anderen erbaut; Länge rund 11,5 km, der größere Streckenabschnitt als Hochbahn angelegt (auf eisernem Viadukt, das nördliche Teilstück bis zum Bahnhof Warschauer Brücke auf steinernem Viadukt), der kleinere als Tunnelbahn (von Nollendorfplatz bis Knie). Die ehemals den Spreeübergang vermittelnde OBERBAUMBRÜCKE wurde in Hinblick auf die geplante Bahnlinie bereits 1894/96 nach Entwurf von Otto Stahn anstelle einer erstmals 1724 errichteten hölzernen Zollbrücke erbaut: Massivbrücke über sieben Bögen, auf ihrer östlichen Seite, neben der Fahrbahn und über dem Gehweg, der Hochbahnviadukt, eine klinkerverblendete Eisenkonstruktion, durch

Linke Seite: Gemeindehaus neben der Zwingli-Kirche an der Rudolfstraße

Rechte Seite: Zwingli-Kirche Danneckerstraße, Ecke Rudolfstraße, Portal und Bronzefigur Zwinglis; ehem. U-Bahnhof Warschauer Brücke, Eingangsgebäude, Seitenansicht

gen Laufgang im Westen, unterhalb der Emporen Seitenschiffe. Für neue Nutzung vorgesehen.
Seitlich der Kirchenfassade an der Rudolfstraße das Gemeindehaus, ein Klinkerverblendbau von 1928 in spätexpressionistischen Formen, durch polygonalen westlichen Eckrisalit an die vorhandene Wohnhausbebauung des Straßenkarrees angeschlossen, diese um 1904, teilweise mit ansprechenden Klinkerfassaden.

Rudolfstraße
Ehem. ENDBAHNHOF Warschauer Brücke der U-Bahn-Linie Warschauer Brücke–Nollendorfplatz–Knie (heute Berlin-West). – Die erste U-Bahn-Strecke Berlins, die sog. Stammbahn, wurde zwischen 1896 und 1902 durch die Siemens & Halske AG von den

zwei Warttürme betont, die in Anspielung auf die einstige Zollbrücke mittelalterlichen märkischen Torbauten (Mitteltorturm in Prenzlau) nachgebildet sind (heute Grenzgebiet, Türme nur in Resten erhalten).
Der Endbahnhof Warschauer Brücke 1900/02 erbaut, 1961 stillgelegt. Quergestelltes Eingangsgebäude und überdachte Bahnsteighalle auf gemauertem, ebenerdig auslaufendem Viadukt, die Eisenblech-Konstruktionen im ursprünglichen Zustand erhalten. Am südwestlichen Bahnsteigende Stellwerk, zweigeschossiger Eisenfachwerkbau mit Klinkerausfachung. Nordöstlich der Eingangshalle, als Verbindung zum tiefer gelegenen Warschauer Platz, Treppenturm in Form eines ovalen Pavillons mit geschweiftem Kuppeldach, Klinkerbau, gliedernde Teile und die an Bildungen des Jugendstiles anklingenden Portale in Haustein.

BERLINER GLÜHLAMPENWERK »Rosa Luxemburg«, Stammbetrieb im Kombinat VEB Narva, entlang der Rudolfstraße zwischen Warschauer Platz und beidseitig der Ehrenbergstraße. Auf dem ausgedehnten Betriebsgelände war kurz nach M. 19. Jh. das erste Berliner Wasserwerk vor dem ehem. Stralauer Tor angelegt worden, das gegen E. 19. Jh. seinen Betrieb einstellte. 1906/12 wurde an dieser Stelle ein Werk der Auer-Gesellschaft (Deutsche Gasglühlicht AG) errichtet, das mit Gründung der Osram-G.m.b.H. 1919 als Werk D in deren Besitz überging. Die Werk- und Verwaltungsgebäude als Klinkerverblendbauten aufgeführt, teilweise mit Schmuckformen im Stile der Zeit. Nach schweren Kriegszerstörungen Wiederaufbau bis Anfang der fünfziger Jahre.

ZWINGLI-KIRCHE und Gemeindehaus Rudolfstraße 14 s. Rudolfplatz, S. 464.

Rüdersdorfer Straße

Katholische ST. ANTONIUS-KAPELLE Rüdersdorfer Straße 45 a. Ursprünglich Kapelle des Leo-Hospizes, einem Zentrum der katholischen Arbeitervereine, das 1897/98 aus einem Umbau eines Gasthauses hervorging. 1909/14 Umgestaltung des großen Saales zum Kirchenraum. Nach starken Kriegsschäden verändert wiederhergestellt, vom ursprünglichen gotisierenden Klinkerverblendbau noch erhalten Teile der westlichen Längswand sowie eine kleine fünfseitig geschlossene Seitenkapelle mit Dachreiter, im Inneren mit Rippengewölbe auf figürlichen Konsolen. – Figurengruppe mit segnendem Christus, Rest des ehem. Hochaltars, 1920/21 von Georg Steiner. Zwei farbig gefaßte Figuren von den ehem. Seitenaltären, Madonna und hl. Antonius, 1929 von Otto Hitzberger. In der Seitenkapelle dreiteiliger Schnitzaltar in gotisierenden Formen sowie Pietà, E. 19. Jh.

Simplonstraße

OFFENBARUNGSKIRCHE Simplonstraße 31/37. Anlage aus Kirche, Pfarr- und Gemeindehaus. Die Kirche 1948/49 nach Otto Bartnings Modell der »Notkirche« errichtet und mit den bereits bestehenden Gemeindebauten verbunden. Kleiner saalartiger Putzbau mit polygonalem Ostabschluß sowie umlaufendem Fensterfries unter dem flachen Satteldach, dieses ursprünglich schindelgedeckt; Dachreiter. Im Inneren offener hölzerner Dachstuhl auf schmalen hölzernen Wandstreben; unter der Westempore Gemeinderaum.

Linke Seite: Ehem. U-Bahnhof Warschauer Brücke, Gesamtanlage mit Stellwerk

Rechte Seite: Treppenpavillon zwischen dem ehem. U-Bahnhof Warschauer Brücke und dem Warschauer Platz

Linke Seite: Wohnanlage »Helenenhof« zwischen Simplonstraße und Sonntagstraße; Frankfurter Bahnhof, Lithographie nach Zeichnung von J. H. Hintze

Rechte Seite: Osthafen Stralauer Allee 1/16, Getreidespeicher, Teilansicht

WOHNANLAGE »Helenenhof« Simplonstraße 41/51 (ungerade), Holteistraße 17/22, Sonntagstraße 28/33, Gryphiusstraße 1/8. Von Erich Köhn 1904/06 für den »Beamten-Wohnungs-Verein zu Berlin« errichtet. Blockrandbebauung aus zwei zusammengehörigen, mit kleinen Innenhöfen versehenen Wohnblocks beidseitig einer hier erstmalig angewendeten Wohnstraße mit platzartiger Erweiterung (Helenenhof 1/8). Die fünfgeschossigen Putzfassaden durch Balkone, Loggien und unterschiedlich gestaltete Giebel- und Dachformen aufgelockert; der sparsame Dekor unterstreicht die architektonische Gliederung. Die Front an der Simplonstraße z. T. modern verändert und verputzt.

Stralauer Allee

OSTHAFEN Stralauer Allee 1/16, am rechten Spreeufer zwischen Oberbaumbrücke und Treptower Eisenbahnbrücke. Errichtet 1907/13 nach Entwurf von Gottheiner, Krause, Seiffert und Zaar unter Bauleitung von Lasser und Hecker. Reihung mehrerer Klinkerverblendbauten auf dem schmalen Gelände zwischen Stralauer Allee und Spree. Zwei dreigeschossige Bauten (Verwaltung und Arbeiterspeisehaus) zwischen zwei langgestreckten zweigeschossigen Lagerhallen, diese in schweren klassizierenden Formen unter abgewalmten flachen Satteldächern, in Mittelbau und seitliche Kopfbauten untergliedert. Der westlich anschließende sechsgeschossige Getreidespeicher teilweise Ruine. – Am Westende des Hafens das ehem. EIERKÜHLHAUS, 1828/29 von Bruno Paul errichtet. Riesiger Rechteckblock, die Fronten durch Rhombenmuster in farbigem Backstein belebt, in jüngster Zeit teilweise neu verblendet.

Stralauer Platz

Fortsetzung der Holzmarktstraße zwischen Andreas-/Koppenstraße und Straße der Pariser Kommune (früher Fruchtstraße, im 18. Jh. Bullenwinkel), ehemals Holzmarkt der ausgedehnten Holzplätze entlang der Spree zwischen dieser und dem Weg nach Stralau. 1823 Stralauer Platz benannt und in der Folgezeit durch Bebauung an der Nordseite verkleinert, nördlich dieser

Bebauung 1842 Anlage des Frankfurter Bahnhofes (seit 1846 Niederschlesischer Bahnhof, heute Ostbahnhof). An der westlichen Schmalseite des Platzes erbaute Johann Heinrich Strack 1852/56 die Andreaskirche, eine dreischiffige Backsteinbasilika mit Eingangsfront und hohem Turm, ihr gegenüber an der Andreasstraße entstand um 1900 Ludwig Hoffmanns Handwerkerschule. Nach starken Zerstörungen im zweiten Weltkrieg, denen auch die beiden letztgenannten Bauten zum Opfer fielen (die Reste der Kirche 1949 abgetragen), ist der Platz heute gleichsam Vorplatz des Ostbahnhofes.

OSTBAHNHOF Ein erster Bahnhof an dieser Stelle 1841/42 für die Strecke Berlin – Frankfurt/Oder erbaut (Frankfurter Bahnhof, nach Erweiterung der Strecke bis Breslau 1846 Niederschlesischer Bahnhof); Kopfbahnhof in klassizistischen Formen, niveaugleich zu den angrenzenden Straßen angelegt. Neubau ebenfalls als Kopfbahnhof 1867/69 nach Entwurf von E. Römer, die Eisenkonstruktion nach Entwurf von J. W. Schwedler; Klinkerverblendbau in romanisierendem Stil. 1874 erfolgte der Umbau zur Viadukt-Station, wenig später, 1879/80 im Zusammenhang mit der Anlage der Stadtbahn, der Umbau zum Durchgangsbahnhof sowie der Bau einer zweiten Bahnsteighalle für die Stadtbahn (an der Nordseite). – Im zweiten Weltkrieg wurden Teile des Empfangsgebäudes und die Glasdächer der Hallen zerstört. Das Empfangsgebäude vereinfacht wiederhergestellt, die Fassade zum Stralauer Platz verputzt. Die Klinkerfassade nach Norden im wesentlichen unverändert.

Ursprünglich war der Niederschlesische Bahnhof auch von der Ostbahn genutzt worden, die als erste aus Staatsmitteln erbaute Bahn 1846 begonnen und in den fünfziger Jahren des 19. Jh. fertiggestellt worden war; sie verband Berlin mit Ostpreußen und darüber hinaus seit 1867 mit Petersburg. 1866/67 wurde für die Ostbahn ein eigenes Bahnhofsgebäude nach Entwurf von Hofbaurat Lohse errichtet, das etwas weiter nördlich lag, am Küstriner Platz (heute Franz-Mehring-Platz), etwa an der Stelle, die heute die Redaktions- und Druckerei-Gebäude des »Neuen Deutschland« einnehmen. Das Bahnhofsgebäude diente nach seiner 1882 mit Errichtung der Stadtbahn erfolgten Stillegung verschiedenen anderen Zwecken, so seit 1929 als »Plaza-Varieté«, das bis 1933 oftmals Stätte bedeutender politischer Veranstaltungen der KPD war.

INDUSTRIEGEBÄUDE (VEB Berliner Vergaser- und Filterwerke) Stralauer Platz 33/34. Ehemals Zentralmagazin der Städtischen Gaswerke, um 1908 erbaut. Gebäudekomplex aus langgestrecktem viergeschossigem Klinkerverblendbau von sechzehn Achsen, mit drei Zwerchhäusern vor dem Satteldach und Schweifgiebeln an den Schmalseiten, sowie einem gleichfalls historisierenden sechsachsigen Bau mit seitlichem Schweifgiebel, der durch den Sandsteinerker mit Datum 1908 Wohnhauscharakter erhält. Beide Bauten durch mittleres Pförtnerhaus mit seitlichen Toreinfahrten verbunden.

Warschauer Platz

Ehem. HÖHERE WEBSCHULE (u. a. Ingenieurschule für Bekleidungstechnik) Warschauer Platz 6/8 und Naglerstraße. 1910/14 von Ludwig Hoffmann als viergeschossige Vierflügelanlage mit Mansardwalmdach um rechteckigen Hof errichtet. Die Straßenfronten zum Warschauer Platz und zur Naglerstraße als rote Klinkerverblendbauten ausgeführt, die Hofseiten und die verbindenden Seitenflügel verputzt. Die langgestreckte siebzehnachsige Hauptfassade am Warschauer Platz mit zwei flachen vierachsigen Seitenrisaliten streng vertikal gegliedert durch reich profilierte, bis zum Hauptgesims durchgehende Wandpfeiler; die Mitte von Durchfahrt und flankierenden Portalen betont. Die Achsen der dreiteiligen, kleeblattbogig geschlossenen Fenster vertikal verbunden durch Stabwerk und Blenddekor, an der gesamten Fassade regelmäßig wiederholt. Durch diese Gliederung, die Hoffmann an zwei Schulbauten im Bezirk Prenzlauer Berg (S. 381 und S. 410) in ähnlicher Art angewendet hat, entsteht eine stark plastische Wirkung der gesamten Hauptfront, die noch durch das kräftig vortretende Mansardwalmdach unterstützt wird. In den gleichen Formen ist die Fassade zur Naglerstraße gebildet, hier jedoch ohne seitliche Risalite sowie mit ausgebautem Mansardwalmdach. Die Seitenflügel durch niedrigere Geschoßhöhe und Schmucklosigkeit den Straßenflügeln untergeordnet und gegen diese leicht eingezogen.

Stralau

Halbinsel zwischen Spree und Rummelsburger See, mit durchgehendem, zur südöstlichen Inselspitze führendem Straßenzug (Alt Stralau sowie als Fortsetzung Tunnelstraße). Ein Ritter von Stralau wird 1244 genannt, auf eine noch ältere Besiedlung deuten Bodenfunde. 1358 das Fischerdorf der Stadt Berlin gehörend. Vom E. 18. Jh. an Entwicklung zum Ausflugsziel und zur Berliner Sommerfrische; 1837 verbrachte Karl Marx hier einen ärztlich verordneten Landaufenthalt. Der Stralauer Fischzug, ein wahrscheinlich seit dem späten 16. Jh. begangener Brauch (24. August), entwickelte sich besonders in der 1. H. 19. Jh. zu einem von allen Schichten Berlins besuchten Volksfest. In der 2. H. 19. Jh. einsetzende Industrialisierung, u. a. Glaswerke. Der dörfliche Charakter heute nicht mehr erhalten.

Alt Stralau

GEDENKSTÄTTE zur Erinnerung an den Aufenthalt von Karl Marx in Stralau 1837 und an den von Stralau aus geleiteten siegreichen Streik der Glasarbeiter Deutschlands im Jahre 1901. Zwei rechteckige Steinmonumente beidseitig eines Durchganges zur Spree, mit einem Marx-Bildnis und zwei Reliefszenen, 1964 von Hans Kies geschaffen.

Tunnelstraße

Der Straßenname von dem Stralau mit Treptow verbindenden Straßenbahntunnel abgeleitet, der 1895/99 als Versuchsbau für künftige U-Bahn-Untertunnelungen der Spree angelegt worden war.

DORFKIRCHE nahe der Spitze der Halbinsel, südöstlich des ehem. Dorfes auf dem alten Friedhof gelegen. Kurzer Rechteckbau mit fünfseitigem Ostschluß 1459/64, Feld- und Backstein gemischt, mit Strebepfeilern und gedrungenen spitzbogigen Fenstern. Der leicht eingezogene quadratische Westturm 1823/24 von Friedrich Wilhelm Langerhans, Backstein in neugotischen Formen, abgeschlossen durch steiles Pyramidendach und niedrige Eckhelme (Schinkel hatte 1822 einen Gegenentwurf gemacht, der jedoch keine Verwirklichung fand). Bei der umfassenden Restaurierung von 1936/38 der Turm nach dem alten Vorbild neu aufgeführt, gleichzeitig Erneuerung der Westvorhalle von 1895 sowie Anbau der südlichen Sakristei. Das Innere in drei Jochen kreuzrippengewölbt, im Chor fünfteiliges Rippengewölbe, die Einwölbung erneuert, die figürlichen Konsolen z. T. ursprünglich, vier von Hedwig Bollhagen ergänzt. Nach Kriegsschäden Wiederherstellung 1949.

Flügelaltar, aus Teilen verschiedener Herkunft 1962 zusammengesetzt: Schrein eines Schnitzaltars aus Massen, Ldkr. Finsterwalde, mit Maria zwischen Barbara und Ursula, um 1500, 1961/62 restauriert; die Flügel von einem Peter-Paul-Altar aus dem Dom zu Brandenburg, mit gemalten Szenen aus dem Leben der Heiligen, letztes Drittel 15. Jh. (die Malereien der Rückseiten fast völlig zerstört). Predella und Rahmen modern ergänzt. Spätgotischer achteckiger Taufstein in Pokalform, mit Kerbschnittmuster. In den Chorfenstern zwei Glasgemälde: Geißelung Christi um 1460 und hl. Georg (Fragment) A. 16. Jh., beide stark restauriert. Tafelbild, Mater dolorosa, 1787 von Bernhard Rode. Zwei Ölgemälde, Zinsgroschen und Lutherdarstellung, A. 19. Jh. Im Turmdurchgang Reste des Chorgestühles von 1709, 1721 bemalt. Taufschale mit getriebener Darstellung des Sündenfalles, Messing, 1710. Kelch, Silber. 1820. Glocke 1545.

Linke Seite: Ehem. Höhere Webschule (Ingenieurschule für Bekleidungstechnik) Warschauer Platz 6/8

Rechte Seite: Dorfkirche in Stralau

Straßenregister

Das Register enthält in alphabetischer Ordnung sämtliche erwähnten Straßen und Plätze; in den Texten genannte ältere Namen von Straßen und Plätzen sind mit Verweisung auf die heutige Bezeichnung in der Regel vermerkt. Nicht mehr vorhandene Straßen und Plätze sind durch die nachgesetzte Abkürzung „ehem." gekennzeichnet. Auf die durch halbfette Überschrift hervorgehobene Hauptbehandlung einer Straße oder eines Platzes wird durch kursiv gesetzte Seitenzahlen verwiesen.

Ackerstraße · *304/305*, 309
Albrechtstraße · *322*, 323, 326, 327
Alexanderplatz · 29, 30, 67, 259, *260/265*, 266, 380, 442, 455, 459
Alexanderstraße · 258, 261
Alexanderufer · 317
Almstadtstraße · 275
Alte Jakobstraße · 254
Alte Leipziger Straße, ehem. · 125, 126, 129
Alte Schönhauser Straße · 267, 273, 357
Alt Stralau · *470*
Am Bauhof s. Hegelplatz
Am Festungsgraben · 162, 163
Am Friedrichshain · 433, 434
Am Köllnischen Park · *237/243*
Am Kupfergraben · 122, 124, *189/191*
Am Rudolfplatz · 464
Am Weidendamm · 189
Am Zeughaus · 191
Am Zirkus · 326
An der Spandauer Brücke · 267
Andreasplatz · 436, 463
Andreasstraße · 463, 468
Annenstraße · 257
Arkonaplatz · 304, 310
Arnimplatz · 352, 368, 374
Arnswalder Platz · 352, 422, *423*
Artilleriestraße s. Tucholskystraße

Auguststraße · 279, 282, *286/289*, 290, 298
Bänschstraße · *445*, 451
Barnimstraße · 441
Bauhofstraße · 191, *192*
Bebelplatz · 140, 172, 175, 177, 192
Behrenstraße · 138, 172, 174, 177, 181, *192/195*, 200, 210, 219
Belforter Straße · 385, 409
Bergstraße · 304, *305/306*
Bersarinstraße · 352, 431, 444, 459
Bertolt-Brecht-Platz · 325, 326
Bodestraße · 116, 191
Böcklinstraße · *460/461*
Bötzowstraße · *423*, 424
Bornholmer Straße · 352, 368, *369*
Borsigstraße · 302, *306*, 330
Boxhagener Straße · 460, *461*
Breite Straße · 27, 28, 37, *76/80*, 81, 84, 86, 89, 91, 246
Brüderstraße · 27, 28, 76, *81/85*, 86, 89, 91, 163, 175
Brunnenstraße · 304, 308, *310*, 312
Buchholzer Straße · 365
Bülowplatz s. Rosa-Luxemburg-Platz
Bullenwinkel am Hausvogteiplatz, ehem. · 126
Bunsenstraße · 199, 200
Burgstraße · 56, 57, 60, *63/64*, 72

Carmen-Silva-Straße s. Erich-Weinert-Straße
Charitéstraße · *322*
Charlottenstraße · 138, 139, 180, 181, 182, 193, 194, 197, 202, 211, 212, 227, 232
Chausseestraße · 304, 308, *330/341*, 342, 377
Choriner Straße · *310*, 368, 377
Christburger Straße · 381, *410/411*
Christinenstraße · 373, 376, 378
Clara-Zetkin-Straße · 138, 139, 165, 168, 179, 180, 191, *197/200*, 202, 203, 205
Conrad-Blenkle-Straße · *424/426*

Corinthstraße · 464

Dänenstraße · *369/370*
Danneckerstraße · 464
Danziger Straße s. Dimitroffstraße
Diedenhofer Straße · 385
Diesterwegstraße · 404, 405
Dimitroffstraße · 351, 352, 355, *380/ 381*, 400, 410, *411/412*, 422, 423, *426*, 428, 431, 434
Dircksenstraße · *265*
Dönhoffplatz, ehem. · 150, 210, 227, 230
Dorotheenstraße s. Clara-Zetkin-Straße
Dresdener Straße · 254
Driesener Straße · 370
Dunckerstraße · *381/383*, 390, 391, 406, 410

Ebelingstraße · 454
Eberswalder Straße · *370/371*
Ebertystraße · 454
Eckertstraße · *445*
Ehrenbergstraße · 466
Elbinger Straße s. Dimitroffstraße
Eldenaer Straße · 429
Elsasser Straße s. Wilhelm-Pieck-Straße
Erich-Boltze-Straße · 428
Erich-Weinert-Straße · *383*, 389, 390, 391, 406, 410, *412/413*
Ernst-Fürstenberg-Straße · 424, 426, 428
Esmarchstraße · 428

Fehrbelliner Straße · 371
Finowstraße · 459
Fischerinsel · 28, 29, 86, 250
Fischerstraße, ehem. · 28
Forckenbeckplatz · 432
Frankfurter Allee · 431, 432, 444, *455, 459*, 460
Frankfurter Tor · 455, 459
Franz-Mehring-Platz · 469
Französische Straße · 159, 174, 193, 212, *218/219*, 221
Friedenstraße · 416, 431, 432, 433, 434,

438, *440/441*, 442, 444, *445/449*, 450
Friedrichsgracht · 28, 81, *85/86*, 236, 245, 248
Friedrichstraße · 138, 141, 142, 182, *200/202* (mittlerer Abschnitt), 210, 211, 218, *219/221* (südlicher Abschnitt), 222, 225, 231, 232, 233, 235, 267, 300, 302, 314, 315, *322/323* (nördlicher Abschnitt), 325, 326
Fritz-Heckert-Straße · 256
Fruchtstraße s. Straße der Pariser Kommune

Gartenstraße · 304, *306/308*
Gendarmenmarkt s. Platz der Akademie
Georg-Blank-Straße · 412
Georgenkirchstraße · 441
Georgenstraße · 209
Gertraudenstraße · 27, 76, 86, 131
Geschwister-Scholl-Straße · 205
Gipsstraße · *289/290*
Gleimstraße · 357, *372*
Glinkastraße · 222, 233
Gneiststraße · 365
Göhrener Straße · *384*
Gormannstraße · 270
Greifenhagener Straße · 365, *384/385*, 396, 398, 399
Greifswalder Straße · 259, 351, 410, 411, 414, *416/422*
Grellstraße · 410, *414/415*
Große Frankfurter Straße s. Karl-Marx-Allee
Große Hamburger Straße · 267, 279, *290/297*, 298, 300, 357, 359
Große Präsidentenstraße · 267, 268
Grünstraße, ehem. · 28, 250
Grunerstraße · 64, 72, 266
Gryphiusstraße · 468
Gubitzstraße · 412, 414, 415
Gudvanger Straße · 390

Hackescher Markt · 267, *268*, 270
Hallesches Tor („Rondeel", Westberlin) 210, 219, 235, 411

Hannoversche Straße · 314, 322, *341/342*
Hans-Beimler-Straße · 259, 260, *266*, 416, 431, 432
Hans-Otto-Straße · 423
Hausburgstraße · *449*
Hausvogteiplatz · 125, *126*, 127, 128, 222, 232
Hedwigskirchgasse · 174
Hegelplatz · 168, 197
Heidereutergasse, ehem. · 56
Heinrich-Heine-Straße · 255
Heinrich-Roller-Straße · 410, *415*, 420, 421
Heinz-Bartsch-Straße · 424, *426/428*
Helenenhof · 468
Helmholtzplatz · 352, 380
Helsingforser Straße · *461*
Hermann-Matern-Straße · 314, *315/321*, 323, 324, 325
Hessische Straße · 332, 342
Hinter dem Rathaus · 32, 35
Hinter der Katholischen Kirche · 159
Hirtenstraße · 275, 276
Holteistraße · 468
Holzmarktstraße · 258, 431, 460, 468
Hosemannstraße · 414
Hospitalstraße s. Auguststraße
Humannplatz · 352, 380

Immanuelkirchstraße · 402, 418
Inselstraße · 236, *244/245*, 252
Invalidenstraße · 25, 304, *308/310*, 316, 331, 332, *342/345*, 377

Jägerstraße s. Otto-Nuschke-Straße
Jerusalemer Straße · 225, 235
Joachimstraße · *297*
Johannes-Dieckmann-Straße · 136, 212, 214, 215, *222/224*
Johannisstraße · 322
Jüdenstraße · 26, 30, 32, 35, 64, 65, 66, 179

Kaiser-Wilhelm-Straße s. Karl-Liebknecht-Straße

Kalkscheunenstraße · 285
Karl-Liebknecht-Straße · 25, 27, 29, 31, 37, 259, 261, 267, 400
Karl-Marx-Allee · 261, 431, 432, 444, *455/459*, 460
Karlplatz · 318, 324
Karlstraße s. Reinhardtstraße
Kastanienallee · 367, *372*, 374
Keibelstraße · 266
Kleine Alexanderstraße · 259, 275, 276
Kleine Gertraudenstraße · 86
Kleine Hamburger Straße · 267, 290
Kleine Präsidentenstraße · 267, 268
Kleine Rosenthaler Straße · *270/273*
Klosterstraße · 26, 27, 56, *64/71*, 75
Knaackstraße · 363, 364, 380, *385/386*, 389
Knorrpromenade · *461*
Kochhannstraße · 454
Köllnischer Fischmarkt, ehem. · 27, 76
Königstraße s. Rathausstraße
Köpenicker Straße · 254, 255
Kollwitzplatz · 380, *386*
Kollwitzstraße · *388/389*, 395
Kolmarer Straße · 385, 409
Kopenhagener Straße · *372*
Koppenplatz · 286, *298/299*
Koppenstraße · *461/463*, 468
Krausenstraße · 221, 231
Krausnickstraße · *300*
Kreuzstraße, ehem. · 129
Kronenstraße · *225*, 231
Krügerstraße · 390, 391, 406
Küselstraße · 412, 414
Küstriner Platz s. Franz-Mehring-Platz
Kuglerstraße · 366, 380, *389/391*, 406
Kurstraße · 25, 125, 128, 137

Landsberger Allee s. Leninallee
Landsberger Straße s. Leninallee
Lasdehner Straße · *463*
Leipziger Platz („Achteck") · 210, 225
Leipziger Straße · 131, 150, 210, 211, 221, *225/230*
Leninallee · 258, 259, 260, 422, 431, 432, 433, 434, 440, *442*, 444, 446, 447

Leninplatz · 431, 432, *442*
Lichtenberger Straße · 431, 442, 460
Lindenhoekweg · 412
Lindenstraße (Westberlin) · 210, 235, 254
Linienstraße · 259, 267, 269, 270, 273, 275, 276, 286, 298, *300*, 303, 377
Litauer Straße s. Lasdehner Straße
Littenstraße, der Abschnitt westlich der Spandauer Straße heute Burgstraße 27, 56, 57, *72/75*, 260, 267
Lothringer Straße s. Wilhelm-Pieck-Straße
Lottumstraße · 368, *372/373*
Luisenplatz s. Robert-Koch-Platz
Luisenstraße s. Hermann-Matern-Straße
Lustgarten s. Marx-Engels-Platz
Lychener Straße · *391*

Märkischer Platz · 236, 238
Märkisches Ufer · 76, 84, 86, 236, *245/249*, 252, 253
Magazinstraße · 258
Marchlewskistraße · 431, 455, 460, *463*
Marienstraße · 315, *323/324*
Markgrafenstraße s. Wilhelm-Külz-Straße
Marx-Engels-Platz · 28, 29, 37, 76, 78, *86/116*, 132
Matthiasstraße · 449
Mauerstraße · 210, 218, 222, 225, 228, 230, *231*, 232, 233, 235
Memeler Straße s. Marchlewskistraße
Memhardtstraße · 261
Meyerheimstraße · 391, 406
Michaelkirchplatz · 254, *256/257*
Michelangelostraße · 422
Milastraße · 366
Mittelstraße · 138, 181, 183, 197, *202/203*
Modersohnstraße · 464
Mohrenstraße · 212, 231, *232/233*
Molkenmarkt · 26, 27, 30, 56, *58/59*, 61
Mollstraße · 400, 431, 432
Monbijoustraße · 189, 284, 285

Mühlendamm · 26, 27, 29, 30, 58, 131, 232
Mühlenstraße · 431, 460
Mühlhauser Straße · 408, 409
Münzstraße · 274
Mulackstraße · 270
Museumsinsel · 28, *109/124*

Naglerstraße · 470
Naugarder Straße · 414
Neue Bahnhofstraße · *463/464*
Neue Friedrichstraße s. Littenstraße
Neue Grünstraße · 236, *250*
Neue Jakobstraße · 255
Neue Königstraße s. Hans-Beimler-Straße
Neue Promenade · 267, 268
Neuer Markt, ehem. · 26, 27, 37, 56, 58
Neue Roßstraße · 236, *250*, 251
Neue Schönhauser Straße · 267, *273/274*, 357
Neue Wilhelmstraße s. Otto-Grotewohl-Straße
Neukölln am Wasser s. Märkisches Ufer
Neumannsgasse · 76, 81, 84
Neustädtische Kirchstraße · 138, *203*
Niederkirchnerstraße · 228
Niederlagstraße · 109
Niederwallstraße · 25, 59, 125, *126/127*
Nordmarkstraße (1982 in Fröbelstraße umbenannt) · 404, 405

Oberwallstraße · 25, 125, 126, *127/128*, 150, 152, 154, 155, 159, 233, 234
Oberwasserstraße · *128/129*, 137
Oderberger Straße · *373/374*
Olivaer Straße s. Rudi-Arndt-Straße
Opernplatz s. Bebelplatz
Oranienburger Straße · 267, *279/284*, 286, 290, 300
Oranienstraße (Westberlin) · 254
Otto-Grotewohl-Straße · 138, 140, 192, 199, 200, 210, 211, 228, 231, 314, 315
Otto-Nuschke-Straße · 128, 212, 214, 215, *233/235*

Palisadenstraße · 259, 431, 444, *450*
Pappelallee · 354, 365, *391/392*
Pappelplatz · 309
Pariser Platz („Quarré") · 138, 140, 141, 142, 184, 210
Parochialstraße · 64, 66, 68
Pasteurstraße · 423, 424, *428/429*
Paul-Heyse-Straße · 424, 426
Petersburger Platz (1982 in Kotikowplatz umbenannt) · 432, *450*
Pettenkoferstraße · *451*
Pflugstraße · 349
Philippstraße · *324*
Planckstraße · 201, 205
Platz am Zeughaus, ehem. · 140
Platz der Akademie · 25, 66, 138, 189, 210, 211, *212/218*, 222, 233
Poststraße · 26, 58, *59/63*
Prenzlauer Allee · 57, 259, 275, 351, 354, 377, 380, 389, *400/410*, 411
Prenzlauer Berg · 401, 416, 420, 422
Prenzlauer Straße s. Karl-Liebknecht-Straße
Proskauer Straße · 432, 444, *451*, 455
Pufendorfstraße · 449

Raabestraße · 402
Rathausstraße · 25, 26, 27, *30/37*, 56, 59, 60, 63, 179, 262, 265
Reichstagufer · 139, 199, 200
Reinhardtstraße · 315, 317, *324/325*, 326, 328
Reinhold-Huhn-Straße · 231, *235*
Richard-Sorge-Straße · 442
Rietzestraße · 414
Rigaer Straße · *451/452*
Robert-Koch-Platz · 314, 315, *325*
Rochstraße · 56, 72
Rodenbergstraße · 399
Rolandufer · 58, 75
Rosa-Luxemburg-Platz · 79, *275/276*, 300
Rosa-Luxemburg-Straße · 265, 276
Rosenstraße · *56*
Rosenthaler Platz · 269, 302, 377
Rosenthaler Straße · 267, *269/270*, 274,

286, 300, 301
Rosmarinstraße · 194
Roßstraße s. Fischerinsel
Rudi-Arndt-Straße · 424, *429*
Rudolfplatz · *464/465*
Rudolfstraße · 464, *465/467*
Rückerstraße · 270
Rüdersdorfer Straße · *467*
Rungestraße · 237, 243, *257*
Ruppiner Straße · *310/311*
Rykestraße · *392/393*

Saarbrücker Straße · *394/395*, 400, 410
Samariterplatz · *452/453*
Schadowstraße · 138, 139, 197, 202, *205/208*, 210
Scharnhorststraße · 342, 345, *347/349*
Scharrenstraße · 76, 84, 86
Scherenbergstraße · 389, 399
Schiffbauerdamm · 314, *325/327*, 330
Schillingstraße · 258
Schloßplatz s. Marx-Engels-Platz
Schloßfreiheit, ehem. · 87
Schneidemühler Straße s. Heinz-Bartsch-Straße
Schönfließer Straße · *374/375*
Schönhauser Allee · 273, 275, 351, *357/368*, 371, 378, 379
Schreinerstraße · 451
Schröderstraße · *310*
Schützenstraße s. Reinhold-Huhn-Straße
Schumannstraße · 315, 317, 322, 324, *327/329*
Schwedter Straße · *311/312*, 357, 368, 372, 373, *375/376*
Senefelderplatz · 358
Senefelderstraße · 381, *395*
Simplonstraße · *467/468*
Singerstraße · 463
Sodtkestraße · 412
Sonnenburger Straße · 372
Sonntagstraße · 468
Sophienstraße · 267, 268, 270, 297, *300/302*

Spandauer Straße · 26, 30, 31, 32, 35, *56/58*, 60, 267, 404
Sperlingsgasse · 81, 85
Spittelmarkt · 28, 125, 126, 128, *130/131*, 211, 225, 227, 230, 232, 236
Sredzkistraße · 363, 364
Stahlheimer Straße · 389, 399
Stallstraße s. Geschwister-Scholl-Straße
Stargarder Straße · *396/398*
Stechbahn, ehem. · 86
Steinstraße · 278
Storkower Straße · 422
Stralauer Allee · 431, 460, *468*
Stralauer Platz · 460, *468/469*
Stralauer Straße · 26, 58, 64, 65, 71, 72, 75
Straße der Pariser Kommune · 455, 460, 468
Straßmannstraße · *453/454*
Strausberger Platz · 431, 442, 444, 455, 459
Sültstraße · 412

Taubenstraße s. Johannes-Dieckmann-Straße
Teutoburger Platz · 368
Thälmannplatz · 210
Thaerstraße · *429*
Thorner Straße s. Conrad-Blenkle-Straße
Trachtenbrodtstraße · 412
Treskowstraße s. Knaackstraße
Tucholskystraße · 282, 284, 285
Tunnelstraße · *471*

Universitätsstraße · 168, 180, 197, *209*
Unter den Linden · 25, 29, 112, 125, 132, 138, *139/189*, 194, 195, 197, 198, 200, 202, 203, 205, 210, 314, 411
Unterwasserstraße · 84, *128/129*, 132, 137, 163

Varnhagenstraße · 389, 390
Veteranenstraße · 310, *312*
Virchowstraße · 433, 436, 438, 440

Wadzeckstraße · 266
Waisenstraße · 68, *71*
Wallstraße · 236, 243, 244, *250/253*
Warschauer Platz · 381, 410, 466, *470*
Warschauer Straße · 258, 352, 431, 459, 460
Wassergasse · 243, 255
Weberstraße, ehem. · 444
Weberwiese · 459
Weinbergsweg · 304, *312*
Weinmeisterstraße · *278*
Weinstraße · *441*
Weisbachstraße · 432, 444, *454*
Weißenburger Straße s. Kollwitzstraße
Werderscher Markt · 59, 125, *132/137*
Werdersche Rosenstraße · 152
Werderstraße · 127, 128, *132/137*, 218
Weydingerstraße · 276
Wichertstraße · *398/399*
Wilhelm-Külz-Straße · 174, 212
Wilhelm-Pieck-Straße · 25, 267, 268, 269, 290, 300, *302/303*, 322, 330, *351*, 357, 368, *377/379*, 380, 400
Wilhelmplatz s. Thälmannplatz
Wilhelmstraße s. Otto-Grotewohl-Straße
Wisbyer Straße · 352, 380, 389, 390, *399*, 406
Wöhlertstraße · *349*
Wörther Platz s. Kollwitzplatz
Wörther Straße · 380
Wühlischstraße · 461

Ystader Straße · 372

Zehdenicker Straße · *312*, 379
Zellestraße · *454*
Ziegelstraße · 284, *285*, 322
Zimmerstraße · 210, 219, 231
Zionskirchplatz · 304, *313*

Objektregister

Das Register ist, soweit möglich, alphabetisch in Sachgruppen gegliedert, in denen wiederum die einzelnen Objekte nach Namen bzw. nach Straßen alphabetisch geordnet sind. Verwiesen wird auf die im Text durch Kapitälchen hervorgehobene Hauptbehandlung des jeweiligen Objektes; eventuelle Erwähnungen im Zusammenhang mit anderen Denkmalen bzw. in den Vorspanntexten sind grundsätzlich nicht vermerkt.

Da eine Zuordnung zu den einzelnen Sachgruppen nicht in jedem Falle eindeutig zu treffen war (z. B. Bankgebäude — Versicherungsgebäude; Geschäftshäuser — Verwaltungsgebäude; Wohnhäuser — Wohnanlagen — Wohn- und Geschäftshäuser), empfiehlt es sich, gegebenenfalls unter verwandten Sachgruppen nachzusehen.

Doppelverweisungen, bedingt durch die vom ursprünglichen Zweck eines Gebäudes heute vielfach abweichende Nutzung, konnten nur in beschränktem Maße bei wichtigen Gebäuden vorgenommen werden.

Auf nicht mehr vorhandene Denkmale, die vielfach besonders in den Vorspanntexten zu den Stadtteilen bzw. zu einzelnen Straßen erwähnt werden, wird nicht verwiesen, um die Benutzbarkeit des Registers nicht unnötig zu belasten. Eine Ausnahme hiervon ist aus stadtgeschichtlichen Gründen beim ehem. Stadtschloß und bei den vier Berlin mit Kölln verbindenden, sämtlich nach dem zweiten Weltkrieg neu erbauten Spreebrücken gemacht worden, auf deren kurze Darstellungen in den jeweiligen Vorspanntexten verwiesen wird.

Akademiegebäude
— Akademie der Künste der DDR Hermann-Matern-Straße 58/59 (ehem. Vereinshaus der Berliner Medizinischen Gesellschaft, 1949/76 Volkskammer der DDR) · 321
— Akademie der Wissenschaften der DDR Leipziger Straße 3/4 (ehem. Preußisches Herrenhaus) · 228
— Akademie der Wissenschaften der DDR Wilhelm-Külz-Straße/Otto-Nuschke-Straße 22/23 · 212
Alter Marstall Breite Straße · 77/78
Apotheken
— Friedrichstraße 153 · 202
— Neue Schönhauser Straße 10 · 274

Bäder
— Admiralgartenbad, ehem., Friedrichstraße 101/102 (Metropoltheater) 201
— Stadtbad Mitte Gartenstraße 5/6 306/307
— Stadtbad Oderberger Straße 57/59 373/374
Bahnhöfe
— Jannowitzbrücke · 258
— Marx-Engels-Platz (ehem. Börse) 268
— Ostbahnhof (ehem. Frankfurter Bahnhof, später Schlesischer Bahnhof) · 469
— Prenzlauer Allee · 407
— U-Bahnhof Dimitroffstraße · 358
— U-Bahnhof Schönhauser Allee · 358
— U-Bahnhof Warschauer Brücke, ehem. · 465/466
Banken bzw. ehem. Banken (s. auch Versicherungsgebäude)
— Behrenstraße 21/22 · 192
— Behrenstraße 32/33 · 193
— Behrenstraße 35/39 · 172/174
— Behrenstraße 42/45 · 194
— Behrenstraße 46 · 194
— Johannes-Dieckmann-Straße 4/6 223

— Johannes-Dieckmann-Straße 48/49 224
— Köpenicker Straße 95 · 255
— Mauerstraße 53 (Kleisthaus) · 231
— Otto-Nuschke-Straße 49/50 · 235
— Unter den Linden 13, 15 · 181/182
— Werderscher Markt (Haus des Zentralkomitees der SED) · 137
— Wilhelm-Külz-Straße/Otto-Nuschke-Straße 22/23 (Akademie der Wissenschaften der DDR) · 212
Berliner Missionsgesellschaft Friedenstraße · 441
Bertolt-Brecht-Haus Chausseestraße 125 · 332
Bibliotheken
— Alte Bibliothek Bebelplatz · 175
— Berliner Stadtbibliothek (Neuer Marstall) Breite Straße · 78/79
— Deutsche Staatsbibliothek Unter den Linden 8 · 179/181
— Universitätsbibliothek Clara-Zetkin-Straße 27 · 198
— Universitätsbibliothek, ehem., Clara-Zetkin-Straße 28 · 198
Botschaftsgebäude
— Neustädtische Kirchstraße 4/5 (USA) 203
— Unter den Linden 40 (Frankreich, Italien) · 183
— Unter den Linden 63/65 (UdSSR) 184
Brandenburger Tor · 184/189
Brauereien, ehem.
— Böhmisches Brauhaus Friedenstraße 89 · 449
— Bötzow-Brauerei Prenzlauer Allee 242/247 · 410
— Schultheiß-Brauerei Schönhauser Allee 36/39 · 363/364
— Schultheiß-Patzenhofer-Brauerei Leninallee 54 · 442
Brücken
— Eiserne Brücke · 191
— Friedrichsbrücke (Große Pomeranzenbrücke) · 29/30

477

— Gertraudenbrücke · 131
— Greifenhagener Brücke · 384
— Grünstraßenbrücke · 250
— Inselbrücke · 244
— Jungfernbrücke · 128/129
— Liebknechtbrücke (ehem. Kaiser-Wilhelm-Brücke) · 29
— Marx-Engels-Brücke (ehem. Schloßbrücke) · 142/144
— Monbijoubrücke · 189/190
— Mühlendammbrücke · 29
— Oberbaumbrücke · 465
— Rathausbrücke (ehem. Lange Brücke) 29
— Roßstraßenbrücke · 250
— Schleusenbrücke · 132
— Weidendammer Brücke · 323
Brunnen
— Bärenbrunnen Werderscher Markt 137
— Fruchtbarkeitsbrunnen Arnswalder Platz · 423
— Geldzählerbrunnen Pappelplatz 309
— Märchenbrunnen im Volkspark Friedrichshain · 434/436
— Neptunbrunnen zwischen Rathausstraße und Karl-Liebknecht-Straße 37/38
— Spittelbrunnen am Spittelmarkt · 131
— Brunnen auf dem Strausberger Platz 459
— Brunnen der Völkerfreundschaft auf dem Alexanderplatz · 262

Charité · 315/317
Club- und Vereinshäuser, ehem. Logen
— Alexanderplatz (Haus des Lehrers, ehem. Lehrervereinshaus) · 262
— Hermann-Matern-Straße 18 (Club der Gewerkschaft Kunst) · 318
— Oranienburger Straße 71/72 (ehem. Große Landesloge Deutschlands) 284
— Otto-Nuschke-Straße 2/3 (Club der Kulturschaffenden, ehem. Club von Berlin) 233
— Sophienstraße 18 (ehem. Handwerkervereinshaus) · 318

Denkmäler (nicht aufgenommen sind Statuen bzw. Büsten von Persönlichkeiten im unmittelbaren Zusammenhang mit Gebäuden)
— Althoff, Friedrich · 317
— Bardeleben, Adolf · 317
— Blücher, Gebhardt Leberecht v. 157/158
— Brahm, Otto · 328
— Chamisso, Adelbert v. · 284
— Dieckerhoff, Wilhelm · 320
— Friedrich II. · 177/178
— Friedrich Wilhelm (Kurfürst) · 124
— Gerlach, Andreas Christian · 320
— Gneisenau, August Wilhelm Anton Graf Neithardt v. · 159
— Graefe, Albrecht v. · 317/318
— Griesinger, Wilhelm · 317
— Hegel, Georg Wilhelm Friedrich 168
— Heine, Heinrich · 312
— Helmholtz, Hermann · 168
— Heubner, Otto · 317
— Humboldt, Alexander v. · 166
— Humboldt, Wilhelm v. · 166
— Koch, Robert · 325
— König, Franz · 317
— Kollwitz, Käthe · 386
— Kraus, Friedrich · 317
— Lenin, Wladimir Iljitsch · 442
— Leyden, Ernst v. · 317
— Mitscherlich, Eilhard · 168
— Mommsen, Theodor · 168
— Müller, Johannes · 317
— Pawlow, Iwan Petrowitsch · 317
— Reinhardt, Max · 328
— Scharnhorst, Gerhard Johann David v. · 155/157
— Schütz, Wilhelm · 320
— Senefelder, Alois · 358
— Stein, Karl Reichsfreiherr vom und zum · 150
— Thaer, Albrecht · 343
— Virchow, Rudolf (Afinger) · 317
— Virchow, Rudolf (Siemering) · 318
— York v. Wartenburg, Hans David Ludwig Graf · 159
— Zille, Heinrich · 243
Dietz Verlag Wallstraße 76/79 · 253

Energieversorgung Kopenhagener Straße 58 · 372
Ermeler-Haus Märkisches Ufer 10 (ursprünglich Breite Straße 11) · 246/248
Exerzierhäuser, ehem.
— Heinrich-Heine-Platz · 257
— Reinhardtstraße · 324

Fabriken und Produktionseinrichtungen (s. auch Brauereien)
— Kastanienallee 71 · 372
— Neue Bahnhofstraße 9/17 · 463/464
— Pappelallee 78/79 · 392
— Reinhold-Huhn-Straße 22/25 (Druckkombinat, ehem. Mosse-Haus) · 235
— Rudolfstraße (Berliner Glühlampenwerk „Rosa Luxemburg") · 466/467
— Rungestraße 22/27 · 257
— Stralauer Platz 33/34 · 469
FDJ-Zentralrat Unter den Linden · 183
Fernsehturm · 37
Filmtheater
— Babylon am Rosa-Luxemburg-Platz 276
— Kosmos Karl-Marx-Allee · 456
Fleischkombinat Thaerstraße Eldenaer Straße (ehem. Zentralviehhof) · 429
Freiplastiken (s. auch Denkmäler von Persönlichkeiten und Gedenk- und Erinnerungsstätten. — Nicht verzeichnet sind Freiplastiken, die im unmittelbaren Zusammenhang mit Gebäuden stehen)
— Lesender Arbeiter und Reliefplatte im Ehrenhof der Deutschen Staatsbibliothek Unter den Linden 8 · 181
— Aufbauhelfer und Aufbauhelferin an der Rathausstraße · 35

- Reiterstandbild des hl. Georg im Volkspark Friedrichshain · 436
- Standbild der hl. Gertrud auf der Gertraudenbrücke · 131
- Herkulesgruppe im Köllnischen Park 240
- Muttergruppe im Volkspark Friedrichshain · 436
- Vatergruppe an der Andreasstraße 463
- Weltzeituhr auf dem Alexanderplatz 262

Friedhöfe
- Dom-Gemeinde Wöhlertstraße · 349
- Dorotheenstädtische und Friedrichswerdersche Gemeinden Chausseestraße · 332/340
- Elisabeth-Gemeinde Ackerstraße 304/305
- Französischer Friedhof Chausseestraße · 332, 340/341
- Französischer Friedhof Wöhlertstraße · 349
- Freireligiöse Gemeinde Pappelallee 391
- Garnisonfriedhof Kleine Rosenthaler Straße · 270/273
- Georgen-Gemeinde (Friedhof I der Georgen-Parochial-Gemeinde) Greifswalder Straße · 420/422
- Georgen-Gemeinde (Friedhof II der Georgen-Parochial-Gemeinde) Friedenstraße · 447/448
- St. Hedwigs-Friedhof Wöhlertstraße 349
- Invalidenfriedhof Scharnhorststraße 347/348
- Jüdischer Friedhof Große Hamburger Straße · 292
- Jüdischer Friedhof Schönhauser Allee · 359/363
- Friedhof der Märzgefallenen im Volkspark Friedrichshain · 439/440
- Alter Friedhof der Nikolai- und Marien-Gemeinde Prenzlauer Allee 400/402
- Neuer Friedhof der Nikolai- und Marien-Gemeinde Prenzlauer Allee 402
- Parochial-Gemeinde Klosterstraße/Waisenstraße · 68
- Parochial-Gemeinde (Friedhof V der Georgen-Parochial-Gemeinde) Friedenstraße · 446
- Parochial-Gemeinde Boxhagener Straße · 461
- St. Petri-Friedhof Friedenstraße 446/447
- Sophien-Gemeinde Große Hamburger Straße/Sophienstraße · 296/297
- Sophien-Gemeinde (Friedhof II) Bergstraße · 305/306

Gaststätte „Schinkelklause" · 154
Gedenk- und Erinnerungsstätten (Gedenkplaketten nicht verzeichnet)
- für Alexander Freiherr v. Blomberg, Friedenstraße · 441
- für die Kämpfer gegen Faschismus im Spanischen Bürgerkrieg, Volkspark Friedrichshain · 438
- für den gemeinsamen Kampf der polnischen Soldaten und deutschen Antifaschisten, Volkspark Friedrichshain · 438
- für Käthe Kollwitz, Kollwitzstraße 389
- für Christian Koppe, Koppenplatz 299
- für Karl-Liebknecht, Prenzlauer Allee · 410
- für Karl Marx, Alt Stralau · 470
- für Rosa Luxemburg, Weinstraße 441
- für Verfolgte des Naziregimes, Koppenstraße/Singerstraße · 463

Gerichtsgebäude Littenstraße 16/17 72/75
Geschäfts- und Bürohäuser (s. auch Verwaltungsgebäude)
- Friedrichstraße 165, 167/168, 169/170, 194/199 · 219/221
- Greifswalder Straße 5 · 416
- Hausvogteiplatz 1, 3/4, 12 · 126
- Johannes-Dieckmann-Straße 10, 26 223/224
- Klosterstraße 64 · 66
- Kronenstraße 10, 11 · 225
- Littenstraße 2 · 72
- Mauerstraße 76, 77 · 231
- Mohrenstraße 22/23 · 232
- Oberwallstraße 6/7, Ecke Otto-Nuschke-Straße 33 · 128
- Oberwallstraße 9, Ecke Hausvogteiplatz · 128
- Rosenstraße 15/19 · 56
- Sophienstraße 6 · 301
- Wilhelm-Pieck-Straße 49 · 378
- Unter den Linden 10, 12, 17, 24, 26, 28/30, 36/38, 40, 67 · 181/184
- Wallstraße 15, 27, 76/79 · 250/253

Gewerkschaftsgebäude
- Fritz-Heckert-Straße 70 (FDGB-Bundesvorstand) · 256/257
- Wallstraße 61/65 (Hermann-Schlimme-Haus) · 252/253

Gouverneursgebäude, ehem., Unter den Linden 11 (ursprünglich Rathausstraße) 178/179
Granitschale vor dem Alten Museum 116

Hackescher Hof Rosenthaler Straße 40/41 · 270
Handelshochschule, ehem., Spandauer Straße 1 (Sektion Wirtschaftswissenschaften) · 56/57
Handelskammer, ehem., Clara-Zetkin-Straße 26 (Fachschule für Bibliothekswesen) · 197/198
Haus des Zentralkomitees der SED Werderscher Markt · 137
Haus für ärztliche Fortbildung, ehem., Robert-Koch-Platz 7 (1945/76 Akademie der Künste) · 325
Hermann-Schlimme-Haus (FDGB) Wallstraße 61/65 · 252/253

Hotels
— Albrechtstraße 17 (ehem. Hotel Albrechtshof) · 322
— Alexanderplatz (Stadt Berlin) · 261
— Clara-Zetkin-Straße 37 (ehem. Hotel Splendid) · 198
— Invalidenstraße 115 (Hotel Newa) 309

Humboldt-Universität (ehem. Palais des Prinzen Heinrich) Unter den Linden 6 165/166

Institut für Marxismus-Leninismus beim ZK der SED Wilhelm-Pieck-Straße 1 · 377

Instituts- bzw. Sektionsgebäude und Kliniken der Humboldt-Universität
— Clara-Zetkin-Straße 94/96 · 199/200
— Hannoversche Straße 6 · 342
— Hannoversche Straße 28/29 (Sektion Tierproduktion und Veterinärmedizin) · 320
— Hermann-Matern-Straße/Schumannstraße (Charité) · 315/317
— Hessische Straße 1/2 · 342
— Invalidenstraße 42/44 · 343/345
— Philippstraße 12/13 · 324
— Spandauer Straße 1 (Sektion Wirtschaftswissenschaften) · 56/57
— Universitätsstraße 3 b · 209
— Unter den Linden 9 und 11 sowie Alte Bibliothek am Bebelplatz 175/179

Invalidenhaus, ehem., Scharnhorststraße 34/35 · 349

Karl-Liebknecht-Haus Weydingerstraße 14 16 · 276

Kirchen
— St. Adalbert-Kirche Wilhelm-Pieck-Straße 168 · 303
— Adventskirche Dimitroffstraße 201 426
— Annenkirche Annenstraße · 257
— St. Antonius-Kapelle Rüdersdorfer Straße 45 a · 467
— Auferstehungskirche Friedenstraße 84 · 448
— Augustinuskirche Dänenstraße 17/18 369/370
— Bartholomäuskirche Friedenstraße 1 440/441
— Corpus-Christi-Kirche Conrad-Blenkle-Straße 64 · 424/426
— Deutsche (Neue) Kirche auf dem Platz der Akademie · 217
— Dom · 91/109
— Dorfkirche Stralau · 471
— Eliaskirche Senefelderstraße 5 · 395
— Elisabethkirche Invalidenstraße 3 309
— Erlöserkirche Schröderstraße · 310
— Französische Kirche auf dem Platz der Akademie · 217/218
— Friedrichswerdersche Kirche am Werderschen Markt · 135/136
— Galiläa-Kirche Rigaer Straße · 452
— Gethsemanekirche Stargarder Straße 77 · 398
— Golgatha-Kirche Borsigstraße 6 · 306
— St. Hedwigs-Kathedrale Bebelplatz 172
— Kirche zur Hl. Dreieinigkeit Böcklinstraße 6 · 460/461
— Kirche zur Hl. Familie Wichertstraße 22 23 · 398/399
— Heiliggeist-Kapelle Spandauer Straße 57
— Herz-Jesu-Kirche Fehrbelliner Straße 98 99 · 371
— Immanuelkirche Prenzlauer Allee 28 402 403
— St. Johannes Evangelist Auguststraße 90 · 289
— Klosterkirche der Franziskaner in der Klosterstraße · 68/71
— Marienkirche an der Karl-Liebknecht-Straße · 38/55
— Michaelkirche auf dem Michaelkirchplatz · 256
— Nikolaikirche am Molkenmarkt/Poststraße · 60/63
— Offenbarungskirche Simplonstraße 31/37 · 467
— Parochialkirche Klosterstraße · 66/68
— Paul-Gerhardt-Kirche Wisbyer Straße 7 · 399
— Pfingstkirche Petersburger Platz 5 450
— St. Pius-Kirche Palisadenstraße · 450
— Samariterkirche auf dem Samariterplatz · 452/453
— Segenskirche Schönhauser Allee 161 367/368
— Sophienkirche Große Hamburger Straße · 294
— Zionskirche Zionskirchplatz · 313
— Zwingli-Kirche Danneckerstraße/Rudolfstraße · 464/465

Kolonnaden
— Mohrenkolonnaden · 232
— Spittelkolonnaden · 230

Krankenhäuser und Kliniken
— Auguststraße 14/16 (ehem. Jüdisches Krankenhaus) · 286/287
— Christburger Straße 7 (Poliklinik, ehem. Schule) · 410/411
— Große Hamburger Straße 5/11 (St.-Hedwig-Krankenhaus) · 290/291
— Hermann-Matern-Straße/Schumannstraße (Charité) · 315/317
— Invalidenstraße 48/49 (Regierungskrankenhaus) · 345
— Leninallee (Städtisches Krankenhaus im Friedrichshain) · 440
— Niederwallstraße 8/9 (St. Joseph-Krankenhaus) · 127
— Nordmarktstraße (Krankenhaus Prenzlauer Berg) · 405
— Reinhardtstraße 14/16 (ehem. Maria-Viktoria-Krankenhaus) · 325
— Scharnhorststraße 13 (ehem. Garnison-Lazarett, VP-Krankenhaus) 347
— Tucholskystraße/Ziegelstraße (Universitäts-Frauenklinik) · 285
— Ziegelstraße (Universitäts-Augenklinik) · 285

Mahnmal für die Opfer von Faschismus und Militarismus (Neue Wache) Unter den Linden · 159/162
Markthalle Invalidenstraße/Ackerstraße · 309/310
Museen
Museumsinsel
— Altes Museum · 110/115
— Bodemuseum · 122/124
— Nationalgalerie · 118/121
— Neues Museum · 116/118
— Pergamonmuseum · 124
Weitere Museen
— Märkisches Museum Am Köllnischen Park/Märkischer Platz · 238
— Museum für Naturkunde Invalidenstraße 43 · 344/345
— Otto-Nagel-Haus Märkisches Ufer 16 und 18 · 249
— Postmuseum Leipziger Straße/ Mauerstraße · 228/230

Neuer Marstall Marx-Engels-Platz/ Breite Straße (Berliner Stadtbibliothek) 78/79
Neue Wache (Mahnmal für die Opfer von Faschismus und Militarismus) Unter den Linden · 159/162
Nicolai-Haus (Institut für Denkmalpflege) Brüderstraße 13 · 82/84

Osthafen Stralauer Allee 1/16 · 468

Palais
— Altes Palais (Institutsgebäude; ehem. Palais Kaiser Wilhelm I.) Unter den Linden 9 · 177
— Palais Bülow, ehem., Hermann-Matern-Straße 18 (Clubhaus) · 318
— Palais des Prinzen Heinrich, ehem., Unter den Linden 6 (Humboldt-Universität) · 165/166
— Kronprinzenpalais, ehem., Unter den Linden 3 (Gästehaus) · 150/152
— Palais Podewils, ehem., Klosterstraße 68/70 (Haus der Jungen Talente) · 68
— Prinzessinnenpalais, ehem., Oberwallstraße 1/2 (Operncafé) · 154/155
— Palais Schwerin, ehem., Molkenmarkt (Ministerium für Kultur) 58/59
Palast der Republik Marx-Engels-Platz 90
Parkanlagen
— Volkspark Friedrichshain · 433/440
— Köllnischer Park · 238/243
— Monbijoupark Oranienburger Straße 284
— Volkspark am Weinbergsweg · 312
Parteihochschule der SED (ehem. Zentralverwaltung der Ortskrankenkasse Berlin) Rungestraße 3/6 · 243
Pfarr- und Gemeindehäuser
— Burgstraße 27 · 58
— Dänenstraße 17/18 · 370
— Göhrener Straße 11 · 384
— Invalidenstraße 4 · 309
— Johannes-Dieckmann-Straße 3, Ecke Glinkastraße 16 · 222/223
— Petersburger Platz 5 · 450
— Rudolfstraße · 465
— Sophienstraße 2, 3 · 301
Postgebäude
— Clara-Zetkin-Straße 62/66 · 198/199
— Eberswalder Straße 6/9 · 370/371
— Französische Straße 9/12 · 218
— Leipziger Straße, Ecke Mauerstraße (Postmuseum und Ministerium) 228/230
— Oranienburger Straße 35/36 (ehem. Postfuhramt) · 282
— Oranienburger Straße 73/76 · 284
— Otto-Nuschke-Straße 42/44 · 234
— Tucholskystraße 6/14 · 284
Preußisches Abgeordnetenhaus, ehem., Niederkirchnerstraße (Haus der Ministerien) · 228
Preußisches Herrenhaus, ehem., Leipziger Straße 3/4 (Haus der Ministerien und Akademie der Wissenschaften der DDR) · 228

Rathaus Rathausstraße · 31/35
Regierungsgebäude und Ministerien
— Ministerrat der DDR Klosterstraße 47 (ehem. Stadthaus) · 64/66
— Haus der Ministerien Leipziger Straße 5/7, Otto-Grotewohl-Straße 228
— Ministerium für Geologie Invalidenstraße 44 · 344
— Ministerium für Kultur und Münze der DDR Molkenmarkt 1/3, Rolandufer · 58/59
— Ministerium für Post- und Fernmeldewesen Leipziger Straße, Mauerstraße · 228/230
— Staatssekretariat für Kirchenfragen Hermann-Matern-Straße 56 (ehem. Tierarzneischule) · 319/320
Ribbeck-Haus Breite Straße 35 · 77

Schadow-Haus Schadowstraße 10/11 205 208
Schulen (Oberschulen, Erweiterte Oberschulen, Sonderschulen, Berufsschulen, Fachschulen, Volkshochschulen sowie ehem. Schulen und Teile von solchen)
— Albrechtstraße 20, 27 · 322
— Auguststraße 13, 14/16, 21 · 286/288
— Bötzowstraße 11 · 424
— Christburger Straße 7, 14 · 410/411
— Clara-Zetkin-Straße 26 · 197/198
— Dimitroffstraße 50 · 380
— Driesener Straße 22 · 370
— Dunckerstraße 64, 65/66 · 381/383
— Eberswalder Straße 10 · 371
— Eckertstraße 16 · 445
— Erich-Weinert-Straße 70 · 383
— Friedenstraße 31 · 445
— Friedrichstraße 126 · 323
— Gartenstraße 25 · 308
— Gipsstraße 23 a · 290
— Gleimstraße 49 · 372
— Greifenhagener Straße 58/59 · 384/ 385
— Greifswalder Straße 25 · 418
— Große Hamburger Straße 27 · 292

- Hausburgstraße 20 · 449
- Heinrich-Roller-Straße 18 · 415
- Helsingforser Straße 11/13 · 461
- Inselstraße 2/5 · 244
- Kastanienallee · 374
- Kollwitzstraße · 389
- Koppenplatz 12 · 299
- Koppenstraße 76 · 461/462
- Lasdehner Straße 21/23 · 463
- Linienstraße 162 · 300
- Lychener Straße 97/98 · 391
- Marchlewskistraße 45/47 · 463
- Modersohnstraße 55 · 464
- Niederwallstraße 6/7 · 127
- Pappelallee 30/31 · 392
- Pasteurstraße 9/11, 10/12 · 428/429
- Pettenkoferstraße 20/24 · 451
- Prenzlauer Allee 227/228 · 408/409
- Rigaer Straße 8, 81/82 · 451/452
- Rudi-Arndt-Straße 19 · 429
- Ruppiner Straße 47/48/Arkonaplatz 310
- Schönfließer Straße 7 · 375
- Schumannstraße 18 · 329
- Schwedter Straße 232/234 · 311/312
- Senefelder Straße 6 · 395
- Straßmannstraße 14 · 453/454
- Warschauer Platz 6/8 · 470
- Weinmeisterstraße 15 · 278
- Zellestraße 12 · 454

Sozialeinrichtungen
- Altersheim der Jüdischen Gemeinde, ehem., Schönhauser Allee 22 · 358
- Elisabethstift Eberswalder Straße 17/18 · 371
- Feierabendheim Koppenplatz 11, Linienstraße (Hollmannsche Wilhelminen-Amalien-Stiftung) · 298/299
- St. Katharinenstift Greifswalder Straße 18 · 417
- Männersiechenhaus, ehem., Schönhauser Allee 59 · 366
- St. Josephsheim Pappelallee 61 · 392
- Städtisches Obdach und Siechenhaus, ehem., Prenzlauer Allee 63/67 · 404/405

Staatsratsgebäude am Marx-Engels-Platz · 89/90
Stadthaus, ehem., Klosterstraße 47 (Ministerrat der DDR) · 64/66
Stadtmauer an der Waisenstraße · 71
Stadtschloß, ehem. · 86/87
Städtische Gasanstalt, ehem., Dimitroffstraße 105 · 411/412

Synagogen
- Neue Synagoge Oranienburger Straße 30 · 279/280
- Synagoge „Friedenstempel" Rykestraße 53 · 392/393

Theater
- Berliner Ensemble Schiffbauerdamm/Bertolt-Brecht-Platz · 326
- Deutsche Staatsoper Unter den Linden 7 · 169/171
- Deutsches Theater und Kammerspiele Schumannstraße 13 · 327/328
- Friedrichstadtpalast (ehem. Großes Schauspielhaus) Am Zirkus 1 (z. Z. Neubau an der Friedrichstraße) · 326
- Komische Oper Behrenstraße 55/57 195
- Maxim-Gorki-Theater (ehem. Singakademie) Am Festungsgraben · 163
- Metropoltheater Friedrichstraße 101/102 · 201
- Schauspielhaus Platz der Akademie 213/215
- Volksbühne Rosa-Luxemburg-Platz 275

Tierarzneischule, ehem.
- Lehrgebäude Hermann-Matern-Straße 56 · 319/320
- Anatomisches Theater · 320/321
- Stallgebäude · 321

Versicherungsgebäude bzw. ehem. Versicherungsgebäude (s. auch Banken)
- Am Köllnischen Park 2 a/3 · 237/238
- Breite Straße 30/31 · 79
- Brüderstraße 11/12 · 84
- Mohrenstraße 63/64 · 233

- Rungestraße 3/6 · 243

Verwaltungsgebäude (s. auch Geschäfts- und Bürohäuser sowie Gewerkschaftsgebäude)
- Alexanderplatz (Alexander- und Berolina-Haus) · 265
- Chausseestraße 13 · 331
- Dircksenstraße · 265
- Hans-Beimler-Straße 27/37 · 266
- Hermann-Matern-Straße 33/34 · 319
- Littenstraße 109 · 75
- Magazinstraße 3/5, 6/7 · 258
- Mittelstraße 1, 2/4, 43, 46/48, 51/52, 55 · 202/203
- Oberwasserstraße 10, 12 · 129
- Reinhardtstraße 14/16 · 325
- Universitätsstraße 2/3 a · 209
- Wallstraße 76/79 · 253

Warenhäuser bzw. ehem. Warenhäuser
- Brüderstraße, Ecke Scharrenstraße 84/85
- Brunnenstraße 19/21 (Modeinstitut) 310
- Neustädtische Kirchstraße 4/5 (Botschaft der USA) · 203
- Rosenthaler Straße, Ecke Sophienstraße (Dewag) · 301
- Wilhelm-Pieck-Straße 1 (Institut für Marxismus-Leninismus beim ZK der SED) · 377

Wasserversorgungs-/Abwasseranlagen
- ehem. Abwasserpumpwerk Am Rudolfplatz 3 · 464
- Abwasserpumpwerk Erich-Weinert-Straße 131 · 413
- ehem. Wasserversorgungsanlage Knaackstraße · 385/386

Wohnanlagen (jeweils nur die Straße benannt, unter der die Anlage behandelt ist)
- Conrad-Blenkle-Straße 58/60 A 424
- Erich-Weinert-Straße (Wohnstadt) 412
- Frankfurter Tor · 459

- Grellstraße 39/53 · 414
- Grellstraße 62/73 · 414/415
- Heinz-Bartsch-Straße 2/6, 11/15 426/428
- Karl-Marx-Allee · 455/456
- Kuglerstraße 59/65, 69/71, 76/82, 88, 90/94 · 389/391
- Leninplatz · 442
- Prenzlauer Allee 136/138, 139/143, 147/150 · 406/407
- Proskauer Straße 15/17 · 451
- Rosa-Luxemburg-Platz · 276
- Schönhauser Allee 58 A/59 B · 364/365
- Simplonstraße 41/51 (Helenenhof) 468
- Stargarder Straße 3/5 · 396
- Strausberger Platz · 459
- Weberwiese · 459
- Weisbachstraße · 454
- Wichertstraße 63/65 · 399
- Wilhelm-Pieck-Straße 3/15, 85/87 378/379

Wohnhäuser bzw. ehem. Wohnhäuser (s. auch Wohn- und Geschäftshäuser und Wohnanlagen)
- Am Kupfergraben 5, 6, 6 a, 7 · 190/191
- Auguststraße 26 B, 69 · 288
- Bänschstraße · 445
- Bauhofstraße 2, 3/5 · 192
- Bornholmer Straße 90 · 369
- Breite Straße 35 (Ribbeck-Haus) · 77
- Brüderstraße 10 · 81/82
- Brüderstraße (Nicolai-Haus) · 82/84
- Brunnenstraße 24 · 310
- Burgstraße 27 · 58
- Charitéstraße 2 · 322
- Chausseestraße 125 (Brecht-Haus) 332
- Choriner Straße 80/82 · 310
- Christburger Straße 15, 16 · 411
- Dimitroffstraße 57 · 381
- Dunckerstraße 82/90 · 383
- Friedrichstraße 81, 82 · 219
- Gipsstraße 11, 13 · 289/290

- Greifswalder Straße 9/12, 15/19, 200, 216/219 · 416/418
- Große Hamburger Straße 19 a, 28, 29/31, 37 · 291/297
- Hermann-Matern-Straße 19, 60 319/321
- Inselstraße 12 · 245
- Invalidenstraße 4 · 309
- Joachimstraße 15, 20 · 297
- Johannes-Dieckmann-Straße 3 · 222
- Kastanienallee 77 · 372
- Knorrpromenade 1/5 und 7/10 · 461
- Köpenicker Straße 92, 94 · 255
- Kollwitzstraße 10, 12, 53 · 388/389
- Koppenplatz 6 · 298
- Krausnickstraße 3/3 a, 10 · 300
- Linienstraße 62 · 273
- Lottumstraße · 373
- Märkisches Ufer 10 (Ermeler-Haus), 12, 14, 16 und 18 (Otto-Nagel-Haus), 20 · 246/249
- Marienstraße · 323/324
- Neue Grünstraße 27 · 250
- Neue Schönhauser Straße 8, 10, 12, 14, 15 · 273/274
- Oranienburger Straße 37, 69 · 282/284
- Otto-Nuschke-Straße 1 · 233
- Planckstraße 20/24 · 205
- Poststraße 12, 23 (Knoblauchsches Haus) · 60
- Prenzlauer Allee 25, 35, 208, 212, 221/223, 234 · 402/409
- Rosenthaler Straße 36, 37 · 270
- Saarbrücker Straße 15, 16, 17 · 394/395
- Schadowstraße 10/11 · 205/208
- Schönfließer Straße 5, 6 · 374
- Schönhauser Allee 55, 63, 88, 134 A, 146/146 A, 147/147 A, 150, 184 · 364/368
- Schumannstraße 14/17 · 329
- Schwedter Straße 264, 265, 266, 267, 268 · 376; Nr. 230 · 311
- Sophienstraße 2, 3, 11, 22/22 a · 301/302

- Stargarder Straße · 396
- Tucholskystraße 24, 32 · 282
- Waisenstraße 14/16 · 71
- Wallstraße 84/88 · 253
- Wilhelm-Pieck-Straße 75, 83 · 378; Nr. 138 · 303
- Zehdenicker Straße 22 · 312

Wohn- und Geschäftshäuser (s. auch Geschäftshäuser)
- Auguststraße 80/82 · 288/289
- Burgstraße 8 · 63/64
- Chausseestraße 1, 22, 105 (ehem. Volkskaffeehaus), 123 · 330/332
- Frankfurter Allee 40, 84 · 459
- Französische Straße 47 · 218/219
- Friedrichstraße 166 · 221
- Gertraudenstraße 10/12 · 86
- Münzstraße 21/23, Ecke Neue Schönhauser Straße · 274
- Neue Schönhauser Straße 13 (ehem. Volkskaffeehaus) · 274
- Oranienburger Straße 4 · 279
- Otto-Nuschke-Straße 28 · 234
- Poststraße 30 · 63
- Rosenthaler Straße 40/41 (Hackescher Hof) · 270
- Schiffbauerdamm 8, Ecke Albrechtstraße (Köpjohannsche Stiftung) 326/327
- Schönhauser Allee 8 · 358
- Schönhauser Allee 129 · 366
- Schwedter Straße 263 · 375/376

Wusterhausischer Bär im Köllnischen Park · 240

Zentrales Haus der Gesellschaft für Deutsch-Sowjetische Freundschaft (ehem. Finanzministerium) Am Festungsgraben · 162/163

Zentralinstitut für Bibliothekswesen Hermann-Matern-Straße 57 · 321

Zeughaus (Museum für Deutsche Geschichte) Unter den Linden 2 · 145/149

Künstlerregister

Achtermann, Theodor Wilhelm (Bildhauer) · 172
Ackermann, E. (Bildhauer) · 341
Adler, Friedrich (Architekt) · 31, 254, 440
Afinger, Bernhard (Bildhauer) · 317
Ahrens, Franz (Architekt) · 230
Alterthum (Architekt; Alterthum & Zadeck) · 126
Aust, Herbert (Architekt) · 456

Bachem, Josef (Architekt) · 369
Bachmann, Eberhard (Bildhauer) · 328
Bachmann, Jürgen (Architekt) · 221
Bardou, Emanuel (Bildhauer) · 53, 187, 217
Bartning, Otto (Architekt) · 467
Bastanier, Ernst (Maler) · 318
Baumbach, Max (Bildhauer) · 94
Baumgarten, Paul (Architekt) · 201
Becherer, Christian Friedrich (Architekt) · 87, 284
Becker (Architekt) · 347
Beckmann (Architekt) · 212
Begas, Carl d. Ä. (Maler) · 99, 349
Begas, Carl d. J. (Bildhauer) · 94, 212, 363
Begas, Reinhold (Bildhauer) · 15, 37, 86, 87, 109, 166, 334
Behr, Johann Heinrich (Architekt) 138, 192, 210
Behrens, Peter (Architekt) · 16, 261, 265
Benckert, Johann Peter (Bildhauer) 166
Bendemann, Eduard (Maler) · 208
Benzelt, Balthasar (Architekt) · 77
Bergmeier, Carl Albrecht (Bildhauer) 447
Berndt (Architekt; Berndt & Lange) 181, 183, 203
Berndt, Kurt (Architekt) · 183, 292, 294, 326

Bettkober, Christian Friedrich Heinrich Sigismund (Bildhauer) · 187
Bielenberg, Hans (Architekt; Bielenberg & Moser) · 181, 182, 183, 192, 223
Bläser, Gustav (Bildhauer) · 118, 120, 144, 168, 333, 335, 341
Blankenstein, Hermann (Architekt) 15, 61, 257, 309, 311, 371, 404, 409, 415, 429, 445, 448, 463
Bleibtreu, Georg (Maler) · 35
Blesendorf, J. E. (Architekt) · 138
Blondel, François (Architekt) · 13, 145
Blumenthal, Hermann (Bildhauer) 212
Bodt, Jean de (Architekt) · 13, 14, 58, 66, 68, 78, 86, 145, 147, 148, 149
Böckmann, Wilhelm (Architekt; Ende & Böckmann) · 181
Böhme, Martin Heinrich (Architekt) 179
Boeltzig, Reinhold (Bildhauer) · 447
Boermel, Eugen (Bildhauer) · 317
Böttger, A. (Bildhauer) · 97
Böttger, P. (Architekt) · 324
Bogatzky, Hans-Erich (Architekt) · 89
Bohm, A. (Architekt) · 128, 234
Bohnstedt (Architekt; Poetsch & Bohnstedt) · 274
Bollenrath, Johann Chrysanth (Maler) 441
Borchel, E. A. (Kupferstecher) · 255
Bossard, Johann (Bildhauer) · 448
Boumann, Georg Friedrich d. J. (Architekt) · 175, 190
Boumann, Jan (Johann) d. Ä. (Architekt) · 91, 138, 165, 172, 184, 189, 212, 322
Boumann, Michael Philipp d. J. (Architekt) · 152
Bousset, Johannes (Architekt) · 358
Boxthude, Steffen (Architekt) · 38
Boy, Conrad (Bildhauer) · 187, 240
Braun, Joseph (Architekt; Braun und Gunzenhauser) · 390
Breslauer, Alfred (Architekt) · 202
Breuer, Carl (Architekt) · 310

Breuer, Christian Peter (Bildhauer) 35
Breuhaus des Groot, Fritz August (Architekt) · 221
Brodwolf, Ludwig (Bildhauer) · 35, 313
Brütt, Adolf (Bildhauer) · 35, 92, 168
Brütt, Thomas (Bildhauer) · 92
Bünger, A. (Bildhauer) · 97
Bürckner, Adolf (Architekt) · 289, 309
Bürde, Heinrich (Architekt) · 162
Busse, August (Architekt) · 319 (dort Solf & Wichards zugeschrieben)

Calandrelli, Alexander (Bildhauer) 32, 35, 92, 94, 120, 338, 349
Calau, F. A. (Maler) · 29, 145, 185, 226, 331
Cantian, Christian Gottlieb (Steinmetz) 116, 333, 337, 341
Catel, Franz Ludwig (Maler) · 81, 133, 261
Cauwer, Emile Pierre Joseph de (Maler) · 281
Cayart, Louis (Architekt) · 29, 217
Chodowiecki, Daniel (Maler und Kupferstecher) · 185, 217, 333, 340, 400
Cordes, August Wilhelm (Architekt) 361
Cornelius, Peter v. (Maler) · 91, 115, 121, 349
Cranach-Umkreis · 48
Cremer, Albert (Architekt) · 324
Cremer, Fritz (Bildhauer) · 35, 212, 340, 438
Cremer, Robert (Architekt) · 31
Cremer, Wilhelm (Architekt; Cremer & Wolffenstein) · 56, 197, 201, 232, 235, 345, 465
Crzellitzer, Fritz (Architekt) · 253

Dähling, Heinrich Anton (Maler) · 50
Damart, Bartholomé (Bildhauer) · 54
Dammann, Hans (Bildhauer) · 401, 448
Dankberg, August (Bildhauer) · 32
Dankberg, Carl (Bildhauer) · 32

Dankberg, Friedrich Wilhelm (Bildhauer) · 333, 335
Dernburg, Hermann (Architekt) · 223, 321, 415
Diederich, Fritz (Bildhauer) · 389
Diepenbrock, Alexander (Architekt) 201
Diestel, Kurt (Architekt) · 316
Dieterichs (Diterichs), Friedrich Wilhelm (Architekt) · 154, 179, 231, 246
Dinklage, August (Architekt) · 367, 426, 452
Dircksen, Ernst (Architekt) · 265
Döbel, Johann Michael (Bildhauer) 101, 102
Dorls, J. (Bildhauer) · 399
Drake, Friedrich (Bildhauer) · 15, 32, 118, 144
Drake, Heinrich (Bildhauer) · 243
Drewitz, Wilhelm (Architekt) · 347
Dylewski, Vinzent (Architekt) · 405

Ebenhech (Ebenhecht), Georg Franz (Bildhauer) · 172
Ebhardt, Bodo (Architekt) · 231, 233
Eckstein, Johannes (Bildhauer) · 187
Ehmsen, Heinrich (Maler) · 333, 340
Emmerich, Paul (Architekt; Mebes und Emmerich) · 16, 261, 389, 391, 406, 428
Encke, Erdmann (Bildhauer) · 35
Ende, Hermann (Architekt; auch Böckmann & Ende) · 181, 338
Endell, Karl Friedrich (Architekt) · 324
Engel, P. (Architekt) · 128
Engelhardt, Hermann (Bildhauer) · 223
Enslen, Carl Georg (Maler) · 30
Eosander v. Göthe, Johann Friedrich (Architekt) · 71, 86, 87, 89, 243, 330
Erdmann (Architekt) · 447
Erdmann, Walter (Architekt) · 450
Ermisch, Richard (Architekt) · 79, 276
Ewald, Ernst (Maler) · 121

Fabian (Kunstschmied) · 323
Fabricius, Richard (Bildhauer) · 349
Fahlbusch, Wilhelm (Architekt) · 290

Falbe, Joachim Martin (Maler) · 218
Favre, Titus (Architekt) · 231
Fechhelm, Carl Friedrich (Maler) · 14, 246
Fechhelm, Carl Traugott (Maler) · 29
Feilner, Tobias (Fabrikant) · 135, 177
Feist, Otto (Bildhauer) · 348
Feldmann, Christian Friedrich (Architekt) · 162
Fellini, Eugen (Bildhauer) · 181
Fellner, Ferdinand (Architekt) · 195
Feuerhahn, Hermann (Bildhauer) · 180
Fischer, August (Bildhauer) · 32
Fischer-Cörlin, Ernst Albert (Maler) 218
Fischer v. Erlach, Joseph Emanuel (Architekt) · 175
Fleischinger, August Ferdinand (Architekt) · 347
Föhr (Bildhauer) · 217
Franckel, Joseph (Architekt) · 301
Freund, Hermann Ernst (Bildhauer) 334
Freydag, Wilhelm (Architekt) · 460
Friedl, Theodor (Bildhauer) · 195
Friedrich, Woldemar (Maler) · 94
Frisch, Johann Christoph (Maler) · 14, 246

Gaertner, Eduard (Maler) · 64, 91, 93
Garbe, Oskar (Architekt) · 459
Gaul, August (Bildhauer) · 87
Gause, Carl (Architekt) · 63, 182
Gayard s. Cayart
Gebert & Söhne (Architekten) · 302
Geiger, Nikolaus (Bildhauer) · 172
Gentz, Heinrich (Architekt) · 59, 132, 150, 155, 420
Gerlach, Philipp (Architekt) · 66, 71, 140, 150
Gerstenberg, Adolf (Architekt) · 278
Geyer, Otto (Bildhauer) · 35, 121, 305, 371
Giese, Benjamin (Bildhauer) · 170
Gill, Henry (Architekt) · 386
Gilli, Alexander (Bildhauer) · 349

Gilli, Ceccardo (Bildhauer) · 349
Gilly, David (Architekt) · 342
Gilly, Friedrich (Architekt) · 118, 177
Gilly-Nachfolge · 334, 400, 420
Gißke, Ehrhardt (Architekt) · 90
Gladenbeck, Hermann (Bronzegießer) 37, 120, 150, 448
Glaser, Frank (Maler) · 175
Glume, Friedrich Christian (Bildhauer) 170, 243
Glume, Johann Georg (Bildhauer) 45, 52, 62, 107, 109
Goetz, Johannes (Bildhauer) · 92, 99
Götze, Martin (Bildhauer) · 464
Gontard, Karl Philipp Christian v. (Architekt) · 14, 30, 66, 212, 217, 230
Gottheiner, Albert (Architekt) · 243
Gomansky, Edmund (Bildhauer) · 436
Graeb, Paul (Maler) · 32, 349
Graef, Paul (Architekt) · 258
Grael, Johann Friedrich (Architekt) 14, 294
Grämer, Ernst Hermann (Bildhauer) 307
Graul (Architekt; Gronau & Graul) 198
Grave, Jan Albert de (Glockengießer) 67
Grenander, Alfred (Architekt) · 195, 265, 358, 463, 465
Grisebach, Hans (Architekt) · 361
Gronau (Architekt; Gronau & Graul) 198
Gropius (Maler) · 233
Gropius, Martin (Architekt; Gropius & Schmieden) · 285, 317, 440
Groß, Wilhelm (Bildhauer) · 398
Großheim, Karl v. (Architekt; Kayser & v. Großheim) · 56, 219, 233
Grünberg, Martin (Architekt) · 13, 66, 145, 217, 249
Grünewald (Kupferstecher) · 233
Grünfeld, Max (Architekt) · 181
Grzimek, Waldemar (Bildhauer) · 312
Güldner (Architekt; Wittling & Güldner) 174

485

Günther, August Adolph (Architekt) · 191
Gunzenhauser, Alfred (Architekt; Braun & Gunzenhauser) · 390

Habelt (Architekt) · 203
Haesecke, E. (Architekt) · 285
Haertfield, John (Graphiker) · 333
Hagen, Hugo (Bildhauer) · 32, 114, 150, 343
Hahn, Robert (Maler) · 402
Hake, E. (Architekt) · 230
Hammacher, E. (Maler) · 290
Hampel, Karl (Architekt) · 257, 324
Hart, Gustav (Architekt; Hart & Lesser) · 63, 225
Hartmann, Friedrich August (Architekt) · 366
Hartmann, Hans-Jürgen (Architekt) · 455
Hartzer, Carl Ferdinand (Bildhauer) · 168, 317, 371
Hasak, Max (Architekt) · 127, 172, 291, 400, 450
Haupt, Wilhelm (Architekt) · 174
Haverkamp, Wilhelm (Bildhauer) · 463
Hecker (Architekt) · 468
Hedde, Fritz (Architekt) · 384
Hehl, Christoph (Architekt) · 371
Heidecker, Andreas (Goldschmied) · 172
Heidel, Hermann (Bildhauer) · 317
Heiliger, Bernhard (Bildhauer) · 212
Heim, Ludwig (Architekt) · 172, 194
Heintze, Martin (Glockengießer) · 136
Heller, Bert (Maler) · 212
Hennig, Johann Friedrich (Maler) · 141
Hennicke, Julius (Architekt) · 203, 217
Henselmann, Hermann (Architekt) · 37, 442, 455, 459
Herbig (Architekt) · 257
Hermann, Carl Heinrich (Maler) · 115
Hertel, Albert (Maler) · 96
Herter, Ernst (Bildhauer) · 35, 92, 168, 320
Herzenstein, Ludmilla (Architekt) · 456
Hesse, Ludwig Ferdinand (Architekt) · 319

Heyden, Adolf (Architekt; auch Kyllmann & Heyden) · 131, 201, 294
Heymüller, Johann Gottlieb (Bildhauer) · 166
Hidding, Hermann (Bildhauer) · 401
Hildebrand, Adolf v. (Bildhauer) · 212
Hiller (Architekt) · 72
Hillinger, Franz (Architekt) · 412
Hintze, Johann Heinrich (Maler) · 31, 61, 468
Hirt, Michael Conrad (Maler) · 50
Hitzberger, Otto (Bildhauer) · 370, 467
Hitzig, Friedrich (Architekt) · 63, 128, 145, 228, 315, 326, 333, 338
Hobrecht, James (Architekt) · 16, 25, 304, 351, 352, 354, 380, 422, 432
Hochgürtel, Gustav (Architekt) · 410
Hochhaus, Carl (Maler) · 218
Hoeniger, Johann (Architekt; auch Hoeniger & Sedelmeier) · 250, 251, 392
Hoffmann (Bronzegießer; W. Schmidt & Hoffmann) · 447
Hoffmann, Franz (Architekt) · 252
Hoffmann, Ludwig (Architekt) · 16, 64, 71, 75, 79, 110, 124, 165, 166, 238, 244, 250, 299, 300, 370, 372, 373, 375, 381, 382, 383, 384, 391, 395, 410, 418, 424, 428, 434, 439, 445, 449, 451, 452, 454, 461, 463, 464, 469, 470
Holbein, Friedrich Wilhelm (Bildhauer) · 309
Holzmeister, Clemens (Architekt) · 303
Honthorst, Willem van · 402
Hopfgarten, Johann Ludwig Heinrich (Bronzegießer) · 344
Hopp, Hans (Architekt) · 455
Horvatin, Heinrich (Architekt) · 369
Hosemann, Theodor (Maler) · 305
Hossauer, George (Goldschmied) · 333, 335
Houdon, Jean-Antoine (Bildhauer) · 212
Hude, Hermann v. d. (Architekt) · 162, 163, 203, 217
Hulot, Guillaume (Bildhauer) · 59, 149
Hummel, Johann Erdmann (Maler) · 116
Huth, Robert (Maler) · 328

Ihne, Ernst v. (Architekt) · 78, 110, 122, 179, 190, 325

Jacob, Max (Architekt) · 86
Jacobi, Johann (Bronzegießer) · 102, 149
Jacobowitz, Georg (Architekt) · 392
Jaenisch, Roland (Gartenarchitekt) · 240
Jahn, Adolf (Bildhauer) · 273
Janensch, Gerhard (Bildhauer) · 92, 94, 99, 422
Jaretzki, H. (Architekt; Wiener & Jaretzki) · 378
Jelkmann, Carlo (Architekt) · 306
Jessen, Hans (Architekt) · 224
John, Erich (Bildhauer) · 262
Jügel, Friedrich (Kupferstecher) · 213
Junge, Günther (Bildhauer) · 441
Jury, Emanuel (Bildhauer) · 189

Kähler, Heinrich (Bildhauer) · 334
Kaiser, Josef (Architekt) · 456
Kalide, Theodor (Bildhauer) · 347
Kallmorgen, Georg (Architekt) · 448
Kampf, Arthur (Maler) · 92
Kampfmeyer, Theodor (Architekt) · 301
Kaufmann, Oskar (Architekt) · 275
Kaufmann, Peter (Bildhauer) · 97
Kaulbach, Wilhelm (Maler) · 118, 394
Kauxdorf · 21
Kayser, Heinrich (Architekt; Kayser & v. Großheim) · 56, 219, 233
Keibel, Fritz (Architekt) · 59
Keil, Karl (Bildhauer) · 35
Kern, Walter (Architekt) · 343
Kies (Kiss), Hans (Bildhauer) · 440, 470
Kieschke, Paul (Architekt) · 212
Kinel (Architekt) · 290
Kiß, August (Bildhauer) · 114, 118, 154, 162, 256, 309, 335, 337, 436
Klimsch, Fritz (Bildhauer) · 57, 318
Klingenberg, Ernst (Architekt) · 31
Kloeber, August Carl Friedrich v. (Maler) · 97, 215
Knobelsdorff, Georg Wenzeslaus v. (Architekt) · 14, 15, 91, 165, 166, 169, 172, 190, 217
Knoblauch, Eduard (Architekt) · 15, 31,

184, 279, 280, 286, 400
Knoblauch, Gustav (Architekt) · 255, 461
Koch, Wilhelm (Architekt) · 416
Köhler (Bildhauer) · 189
Köhn, Erich (Architekt) · 378, 399, 468
Köppen, Walter (Architekt) · 191, 446
Körnig, Arno (Architekt) · 384
Körte, Friedrich (Architekt; Reimer & Körte) · 84, 202, 331
Kolbe, Georg (Bildhauer) · 231, 317
Kollwitz, Käthe (Graphikerin, Malerin und Bildhauerin) · 386, 389
Kopf, Joseph (Bildhauer) · 335
Korn, Roland (Architekt) · 89
Krause, Friedrich (Architekt) · 468
Krencker (Architekt) · 343
Krepp, Siegfried (Bildhauer) · 438
Kritzler (Architekt; Kritzler und Tischer) 132
Kröger, Jürgen (Architekt) · 450, 464
Kroll, K. (Architekt) · 154
Krüger (Kunstschmied) · 323
Krüger, Andreas (Architekt) · 42, 178
Krüger, Franz (Maler) · 333, 334
Kruse, Helmut (Gartenarchitekt) · 312
Kühn, Achim (Kunstschmied) · 38
Kühn, Bernhard (Architekt) · 402
Kühn, Fritz (Kunstschmied) · 79, 195, 398, 459
Kühn, Karl (Architekt) · 398
Kuhlmann, Otto (Architekt) · 72, 441
Kwasnitza, Lothar (Architekt) · 162
Kyllmann, Walter (Architekt; Kyllmann & Heyden) · 131, 201

Lachmann (Architekt; Lachmann & Zauber) · 310
Laer, Ferdinand v. (Maler) · 141
Lammers, Egbert (Maler) · 303
Lammert, Will (Bildhauer) · 166
Lange, A. F. M. (Architekt; Berndt & Lange) · 181, 183, 203
Langer (Kunstschmied) · 323
Langerhans, Friedrich Wilhelm (Architekt) · 359, 433, 471
Langhans, Carl Ferdinand d. J. (Architekt) · 169, 177, 327
Langhans, Carl Gotthard d. Ä. (Architekt) · 14, 38, 140, 169, 177, 184, 185, 213, 214, 232, 240, 320, 322
Laske, Fritz (Architekt) · 344
Lasser (Architekt) · 468
Lebedinskij (Architekt) · 184
Ledebur, Freiherr v. (Bildhauer) · 348
Lederer, Hugo (Bildhauer) · 137, 317, 423
Legeay, Jean Laurent (Architekt, Maler und Kupferstecher) · 168, 172
Lenné, Peter Joseph (Gartenarchitekt) 87, 254, 351, 433
Lesser, Moritz Ernst (Architekt; Hart & Lesser) · 63, 225
Lessing, Otto (Bildhauer) · 78, 92, 96, 99, 180, 228, 373, 452
Leucht, Kurt W. (Architekt) · 455
Lewy, Georg (Architekt) · 66
Liebermann, Max (Maler) · 361
Liepe, Hans (Architekt) · 459
Lilloe, Olaf (Architekt) · 367
Limburg, Josef (Bildhauer) · 349
Lingner, Max (Maler) · 228
Lingner, Reinhold (Gartenarchitekt) 434
Lisiewsky, Georg (Maler) · 218
Lock, Michael (Bildhauer) · 97, 337
Lodziana, Tadeusz (Bildhauer) · 438
Loeillot, K. (Maler und Lithograph) 62, 143
Lohde, Max (Maler) · 278
Lohse, Adolph (Maler) · 469
Lonerent, J. (Architekt) · 372
Luckhardt, Gebrüder (Architekten) · 261
Lütke (Architekt) · 212
Lüttke, Ludwig Eberhard (Maler) · 163
Lundt, Werner (Architekt) · 448

Männlich, Daniel (Goldschmied) · 51, 63
Magnussen, Harro (Bildhauer) · 94
Mannhardt, Johann (Uhrmacher) · 35
Manzel, Ludwig (Bildhauer) · 92
March, Otto (Architekt) · 56, 217
Markert (Bildhauer) · 132

Martens, Wilhelm (Architekt) · 194
Marx, Ernst (Orgelbauer) · 294
Matthieu, David (Maler) · 218
Mau, Nathan (Maler) · 49
Mebes, Paul (Architekt; Mebes und Emmerich) · 16, 261, 389, 391, 406, 428
Mehlan, Heinz (Architekt) · 79, 442
Meier, Hennig (Architekt) · 182
Meinecke (Architekt) · 357
Meinhardt, Fritz (Architekt) · 35
Meister Hinrick von Magdeburg (Bronzegießer) · 43
Meister des Wins-Epitaphs (Maler) · 12, 48
Meltzer, Johann Daniel (Bildhauer) 187
Memhardt, Johann Gregor (Architekt) 13, 14, 21, 27, 28, 30, 72, 87, 109, 125, 126, 127, 129, 130, 138, 139, 155, 210, 225, 236, 238, 258, 259, 267, 268, 273
Mendelsohn, Erich (Architekt) · 235
Menken, August (Architekt) · 417, 448
Menzel, Adolph (Maler) · 324
Merian, Matthäus (Kupferstecher) · 27
Messel, Alfred (Architekt) · 16, 110, 124, 193, 212, 221, 227, 237, 274, 301, 310, 332, 396, 432, 451, 454
Methling (Kunstschmied) · 323
Metzner, Franz (Bildhauer) · 275
Meyer, Friedrich Elias (Bildhauer) · 187
Meyer, Gustav (Gartenarchitekt) · 433
Meyer, Wilhelm Christian d. Ä. (Bildhauer) · 172, 175, 296
Mies van der Rohe, Ludwig (Architekt) 261
Möckel, Gotthilf Ludwig (Architekt) 452
Möhring, Bruno (Architekt) · 465
Möller, Ferdinand Gustav (Architekt) 313
Möller, Karl Heinrich (Bildhauer) · 118, 144
Mönnich, Rudolf (Architekt) · 72
Moritz, Carl (Architekt) · 291
Moser, Josef (Architekt; Bielenberg & Moser) · 181, 182, 183, 192, 223
Moser, Julius (Bildhauer) · 120, 284

487

Müller (Steinmetz) · 364
Müller, Heinrich (Glasmaler) · 136
Müller, William (Architekt) · 328

Naager, Franz (Bildhauer) · 65, 201
Nahl, Johann August (Bildhauer) · 166, 170
Necker (Architekt) · 465
Neffen (Bronzegießer; C. G. Werner & Neffen) · 97
Nering, Johann Arnold (Architekt) · 13, 14, 29, 31, 66, 101, 145, 210, 242
Neutra, Richard (Architekt) · 235
Neuwert, Jakob (Glockengießer) · 52
Nicolai, Hermann (Architekt) · 31
Nierade, Kunz (Architekt) · 195
Noack, G. (Maler) · 399
Noack, H. (Bronzegießer) · 189, 448
Noré, Pierre Etienne (Bildhauer) · 189
Nürnberg, W. (Bronzegießer) · 401

Ohlsson, C. (Glockengießer) · 99
Ohlsson, M. (Glockengießer) · 99
Ohmann, Richard (Bildhauer) · 345
Orth, August (Architekt) · 313, 398
Ottmer, Karl Theodor (Architekt) · 163
Otto, Martin Paul (Bildhauer) · 166
Otzen, Johannes (Architekt) · 259
Oud, Jacobus Johannes Pieter (Architekt) · 412

Panzner, Otto (Bildhauer) · 320
Patzig, Adolf (Gartenarchitekt) · 433
Paul, Bruno (Architekt) · 183, 468
Paulick, Richard (Architekt) · 152, 154, 159, 169, 455
Paulus, Ernst (Architekt) · 367, 426, 452
Perathoner, Hans (Bildhauer) · 349
Permoser, Balthasar (Bildhauer) · 89
Persius, Ludwig (Architekt) · 29, 447
Pesne, Antoine (Maler) · 217
Peters (Bronzegießer) · 348
Petri, Isaak Jakob (Architekt) · 349
Pfannschmidt, Ernst (Maler) · 306
Pfannschmidt, Friedrich Johann (Bildhauer) · 96, 402
Plockhorst, Bernhard (Maler) · 403

Poelzig, Hans (Architekt) · 16, 79, 276, 315, 326
Poetsch (Architekt; Poetsch & Bohnstedt) 274
Pohle, Rudolf (Bildhauer) · 358
Pohlmann, Heinrich (Bildhauer) · 341, 391
Prasser, Manfred (Architekt) · 215
Prendel, Werner (Architekt) · 152
Puls, E. (Kunstschmied) · 323, 384

Quellinus, Artus d. Ä. (Bildhauer) · 52
Quesnays, Abraham (Architekt) · 217

Ränz, Gebrüder (Bildhauer) · 187
Ranner, Stefan (Gartenarchitekt) · 240
Raschdorff, Julius Carl (Architekt) · 16, 92, 94, 97
Raschdorff, Otto (Architekt) · 92
Rathenau, Georg (Architekt) · 366
Rathgerber, Johann Balthasar (Bildhauer) · 215
Rauch, Christian Daniel (Bildhauer) 15, 97, 114, 155, 157, 159, 162, 177, 212, 332, 333, 335, 338, 343, 347
Rauch, Josef (Bildhauer) · 64, 65, 128, 299, 300, 395, 436, 445, 449, 461, 462
Rechberg, Arnold (Bildhauer) · 348
Reichhelm, Max (Architekt) · 224
Reimer, Dietrich (Verleger) · 24, 420
Reimer, Konrad (Architekt; Reimer & Körte) · 84, 202, 331
Reusch, Friedrich (Bildhauer) · 340
Ribestein, Michel (Maler) · 48
Richter, Hans (Architekt) · 275
Richter, Otto (Architekt und Bildhauer) 72, 209
Richter, Werner (Bildhauer) · 463
Rietschel, Ernst (Bildhauer) · 170
Ritter, Paul de (Bildhauer) · 45
Rode, Christian Bernhard (Maler) · 42, 50, 67, 217, 232, 321, 348, 400, 402, 471
Römer, Eduard (Architekt) · 469
Römer, H. (Architekt) · 441
Roensch, Georg (Architekt) · 86
Rohloff, Otto (Bildhauer) · 371
Rosenberg, Johann (Maler und Kupferstecher) · 27, 29, 131, 139, 231, 237, 269
Rosse, Franz (Bildhauer) · 447

Saake, Robert (Bildhauer) · 402
Sagebiel, Ernst (Architekt) · 228
Salinger, Alfred (Architekt; Salinger & Schmohl) · 128
Sander, Richard (Glasmaler) · 96
Sartori, Constantin Philipp (Bildhauer) 217
Sauer (Orgelbaufirma) · 97, 398
Schadow, Albert Dietrich (Architekt) 333, 337
Schadow, Felix (Bildhauer) · 205, 333, 335
Schadow, Johann Gottfried (Bildhauer) 14, 59, 140, 152, 162, 177, 184, 187, 189, 190, 205, 208, 223, 232, 240, 332, 333, 334
Schadow-Werkstatt · 232, 334
Schadow, Wilhelm (Maler) · 136, 215
Schäfer, Philipp (Architekt) · 266
Schaper, Fritz (Bildhauer) · 92, 223, 337, 339
Scharoun, Hans (Architekt) · 456
Schaudt, Johann Emil (Architekt) · 209
Schenk, Hans, gen. Scheußlich (Bildhauer) · 13, 54, 55, 63
Schenk, Pieter (Kupferstecher) · 87
Scheurenberg, Joseph (Maler) · 35
Schiffelmann, August (Bildhauer) · 32
Schievelbein, Hermann (Bildhauer) 114, 118, 144, 150, 208, 333, 335, 337
Schinkel, Karl Friedrich (Architekt und Maler) · 14, 15, 31, 32, 84, 91, 92, 97, 99, 110, 111, 112, 114, 115, 116, 118, 128, 130, 132, 135, 136, 138, 140, 143, 152, 154, 155, 157, 159, 160, 162, 163, 177, 184, 212, 213, 214, 215, 223, 225, 254, 272, 304, 309, 314, 324, 325, 332, 333, 334, 335, 337, 340, 341, 347, 348, 394, 400, 471
Schinkel-Schule und -Nachfolge · 32, 116, 162, 257, 313, 318, 319, 321, 327, 343, 345
Schirmer, Robert (Bildhauer) · 132, 180
Schleicher, M. L. (Steinmetz) · 131, 361

Schleuen, Johann David (Kupferstecher) 279
Schlüter, Andreas (Architekt und Bildhauer) · 13, 15, 28, 29, 30, 42, 63, 67, 86, 87, 89, 99, 102, 106, 107, 124, 139, 145, 148, 149, 197, 294
Schlüter-Werkstatt · 205
Schmalz, Otto (Architekt) · 16, 72
Schmid, Carl Ludwig (Architekt) · 110, 254
Schmidt, Friedrich (Architekt) · 31
Schmidt, W. (Bronzegießer; W. Schmidt & Hoffmann) · 447
Schmieden, Heino (Architekt; Gropius & Schmieden bzw. Schmieden & Speer) 235, 285, 317, 440
Schmitz, Bruno (Architekt) · 221
Schmohl, Eugen (Architekt; auch Salinger & Schmohl) · 128, 406
Schneider, August (Bildhauer) · 401
Schnorr v. Carolsfeld, Julius (Maler) 290
Schoen, Erhard (Maler) · 48
Schopp, Ferdinand (Architekt) · 129
Schott, Walter (Bildhauer) · 92, 96, 317
Schreiner (Bildhauer) · 426
Schütte, Ernst (Architekt) · 328
Schultz, Johann Bernhard (Kupferstecher) · 23
Schulz, Martin (Maler) · 50
Schulz, Moritz (Bildhauer) · 120
Schulze, Friedrich (Architekt) · 228
Schumacher, Kurt (Bildhauer) · 132
Schwartzenhauer, Johann Daniel (Bildhauer) · 297
Schwatlo, Carl (Architekt) · 230, 234, 282, 358
Schwechten, Franz (Architekt) · 363
Schwedler, Johann Wilhelm (Architekt) 412, 469
Schweinitz, Rudolf (Bildhauer) · 35, 120, 420
Schweitzer, Heinrich (Architekt) · 193, 201
Schwippert, Hans (Architekt) · 172
Sedelmeier, Jakob (Architekt; Hoeniger & Sedelmeier) · 250, 251

Seeling, Heinrich (Architekt) · 326
Seger, Ernst (Bildhauer) · 97
Seiffert (Architekt) · 468
Seitz, Gustav (Bildhauer) · 212, 275, 339, 386
Serrurier, Louis (Zeichner und Kupferstecher) · 29, 151, 185, 213, 269, 290
Sichert (Architekt) · 184
Siemering, Rudolf (Bildhauer) · 32, 131, 318
Simmler, Franz (Maler) · 35
Simonetti, Giovanni (Architekt) · 132, 217
Skujin, Friedrich (Architekt) · 184
Smids, Michael Matthias (Architekt) 77, 109
Soller, August (Architekt) · 256, 272
Souradny, Karl (Architekt) · 455
Speer, Rudolf (Architekt; Schmieden & Speer) · 235
Spieker, Paul (Architekt) · 198, 199
Spitta, Max (Architekt) · 289, 306
Stahn, Otto (Architekt) · 131, 465
Statz, Vincenz (Architekt) · 290
Steffeck, Carl (Maler) · 333, 340
Steinemann, Hermann (Bildhauer) · 234, 282
Steiner, Georg (Bildhauer) · 467
Steinmeyer (Orgelbaufirma) · 426
Stichling, Otto (Bildhauer) · 401, 447
Stock, J. F. (Zeichner und Kupferstecher) 133, 197
Stötzer, Werner (Bildhauer) · 181, 339
Strack, Johann Heinrich (Architekt) · 15, 27, 31, 118, 150, 152, 184, 186, 333, 338, 469
Strauch, Friedrich August Wilhelm (Architekt) · 371
Stridbeck, Johann (Zeichner) · 13, 29, 69, 87, 125, 127, 138, 203
Stryshewski, A. (Architekt) · 184
Stüler, Friedrich August (Architekt) 15, 59, 87, 91, 93, 96, 97, 110, 115, 116, 118, 128, 132, 279, 299, 341, 348, 440, 444, 447
Stummel, Friedrich (Maler) · 371
Sutkowski, Walter (Bildhauer) · 137

Taschner, Ignatius (Bildhauer) · 64, 66, 382, 391, 411, 428, 429, 436
Tassaert, Jean Pierre Antoine (Bildhauer) · 14
Taut, Bruno (Architekt) · 16, 256, 355, 412, 414, 424, 426
Taut, Max (Architekt) · 16, 252, 256
Techow (Architekt) · 230
Tessenow, Heinrich (Architekt) ·162, 307
Theiß, Caspar (Architekt) · 13, 28, 86
Thoemer, Paul (Architekt) · 72
Tieck, Christian Friedrich (Bildhauer) 84, 97, 114, 135, 154, 208, 215, 272, 324, 335, 347
Tiede, August (Architekt) · 15, 343
Tiedemann, Joseph (Architekt) · 406
Tischer, Kurt-Heinrich (Architekt; Kritzler und Tischer) · 132
Titz, Eduard (Architekt) · 327
Tomski, Nikolai W. (Bildhauer) · 442
Tourniere, R. (Maler) · 212
Tuaillon, Louis (Bildhauer) · 121, 325
Tuckermann (Architekt) · 282

Unger, Georg Christian (Architekt) · 14, 175, 212, 260, 269, 273
Unger, Johann Christian (Bildhauer) 187
Unger, Max (Bildhauer) · 401

Vischer, Hans (Bronzegießer) · 13, 100
Vischer, Peter d. Ä. (Bronzegießer) · 13, 97, 100
Vogel, August (Bildhauer) · 122
Vogel, Hugo (Maler) · 35
Vollmer, Johannes (Architekt) · 268
Vortmann, Wilhelm (Architekt) · 129

Wach, Karl Wilhelm (Maler) · 163, 215
Waegener, Ernst (Bildhauer) · 332
Waesemann, Hermann Friedrich (Architekt) · 15, 31, 56, 305
Wagner, Joachim (Orgelbauer) · 45
Wagner, Martin (Architekt) · 79, 261, 276
Walser, R. (Bildhauer) · 422

Walter, Wilhelm (Architekt) · 218
Welsch, Max (Architekt) · 221
Wenck, Ernst (Bildhauer) · 309, 400
Wendelstadt, Ferdinand (Architekt) 221
Wendling, Karl (Maler) · 218
Wentzel, Hermann (Architekt) · 333, 338
Wentzel, Johann Friedrich (Maler) · 212
Werner, Anton v. (Maler) · 35, 94, 96, 99, 218
Werner, C. G. (Bronzegießer; C. G. Werner & Neffen) · 97
Werner, G. (Architekt) · 395, 399, 450
Westphal, Ernst (Bildhauer) · 57, 197, 201, 250
Weyhenmeyer, Georg Gottfried (Bildhauer) · 31, 148, 242
Wichmann, Ludwig Wilhelm (Bildhauer) 114, 135, 144, 162, 177, 271, 272, 320, 334, 400
Widemann, Wilhelm (Bildhauer) · 64, 92, 122
Wiener, Alfred (Architekt; Wiener & Jaretzki) · 378
Wiesend, Konrad (Architekt) · 212
Wilde, K. (Architekt) · 306
Wilpert, Caspar Friedrich (Goldschmied) 99
Wischkat, A. (Architekt) · 369
Wittig (Architekt) · 465
Wittig, Arnd (Bildhauer) · 438
Wittling (Architekt; Wittling & Güldner) 174
Wohler, Johann Christoph (Bildhauer) 152, 187, 189
Wohler, Michael Christoph (Bildhauer) 152, 187, 189
Wolf, Fritz (Architekt) · 124
Wolff (Architekt) · 285
Wolff, Albert (Bildhauer) · 114, 144, 335
Wolff, Albert Moritz (Bildhauer) · 223, 305
Wolff, Emil (Bildhauer) · 144
Wolff, Heinrich (Architekt) · 137
Wolff, Wilhelm (Bildhauer) · 32, 35, 115, 118
Wolffenstein, Richard (Architekt;

Cremer & Wolffenstein) · 56, 197, 201, 232, 235, 250, 345, 465
Wolska, Zofia (Bildhauer) · 438
Womacka, Walter (Maler) · 262
Wrba, Georg (Bildhauer) · 64, 65, 66, 436, 463
Wredow, August (Bildhauer) · 144
Würzbach, Walter (Architekt) · 252, 253
Wutzky, Max (Architekt) · 390

Zaar, Carl (Architekt) · 468
Zadeck (Architekt; Alterthum & Zadeck) 126
Zauber (Architekt; Lachmann & Zauber) 310
Zelter, Karl Friedrich (Architekt) · 82, 163, 297, 335
Zille, Heinrich (Maler) · 243
Zur Strassen, Melchior Anton (Bildhauer) · 32

Personenregister

Namen in Verbindung von Stadtteilen, Straßen und Plätzen sowie von Gebäuden sind grundsätzlich nicht aufgenommen worden. Ehemalige Firmennamen sind lediglich in Auswahl verzeichnet.

Albrecht, J. Carl J. · 447
Albrecht, Prinz von Preußen · 321
Alexander I., Zar von Rußland · 260
Alst, Friedrich Heinrich Carl · 420
Althoff, Friedrich · 316, 317
Ançillon, Friedrich · 333, 340
Arends, Leopold A. Fr. · 349
Arnim, Bettina v. · 304
Aschkenast, Gumperich Jechiel · 292
Auerbach, Baruch · 360

Bach, Wilhelm Friedrich Ernst · 305
Bäckler, Max · 349
Bardeleben, Adolf · 317
Barthold, Simon · 360
Becher, Johannes R. · 333
Bechstein, Carl · 305
Beer (Familie) · 361
Bendel, Franz · 333, 341
Berchelmann, Joachim · 54
Beuth, Peter Christian · 333, 335, 337
Bier, August · 317
Bier, Wilhelm · 400
Bismarck, Otto Fürst v. · 360
Blankenfelde (Familie) · 46, 47, 48
Bleichröder, Gerson v. · 360, 363
Blomberg, Alexander Freiherr v. · 441
Blücher, Gebhard Leberecht v. · 157
Bode, Wilhelm v. · 110, 122
Boeckh, August · 333, 334
Bötzow (Familie) · 402, 410
Borchardt, Max Siegfried · 333, 337
Borrmann, Richard · 11
Borsig, August · 25, 302, 304, 330, 331, 333, 338
Brahm, Otto · 328
Bramer (Familie) · 333, 337

Brauchitsch, Ludwig Matthias Nathanael Gottlieb v. · 271
Braun, Johann Carl Ludwig · 272
Brecht, Bertolt · 326, 332, 333, 340
Bronnen, Arnolt · 333
Brose, Georg Ferdinand · 400
Brugsch, Theodor · 315, 333, 339
Buch, Leopold v. · 345
Bülow, Friedrich Wilhelm v. · 15, 155, 157, 162
Buttmann, Philipp Karl · 223, 333, 335

Calvin, Johann · 366
Chamisso, Adelbert v. · 284
Christians, Philippine · 54
Colerus, A. · 50
Conrad von Beelitz · 71

Damm, Peter Friedrich · 246
Delbrück, Rudolph v. · 333, 335
Dellschau (Familie) · 421
Dessau, Paul · 333
Devrient, Ludwig · 333, 340
Dieckerhoff, Wilhelm · 320
Dieckmann, Johannes · 333
Diezelski, Michael Lodewig v. · 348
Distelmeier, Lampert · 49, 62
Doehring, Bruno · 97
Dorothea, Kurfürstin von Brandenburg 101, 138, 197, 202, 223, 267, 279, 314
Du Bois-Reymond, Henri · 333, 337
Duncker, Hermann · 72

Eckert, Heinrich Ferdinand · 343
Egells, Franz Anton · 25, 304, 330
Ehrenberg, Christian Gottfried · 345
Eisler, Hanns · 333
Elisabeth Christine, Königin von Preußen · 357
Elisabeth Henriette, Kurprinzessin von Brandenburg · 102
Ende (Familie) · 420
Engel, Erich · 333
Ephraim, Veitel · 58
Erk, Ludwig · 304
Ermeler, Wilhelm · 246, 447
Euler, Leonhard · 192

Fasch, Karl Friedrich · 163
Fichte, Johann Gottlieb · 332, 333, 334
Flaccus, Jacob · 55
Foerstner, Henriette Luise · 400
Foerstner, Johann Andreas · 400
Fonrobert (Familien) · 349
Fontane, Theodor · 349
Francke (Familie) · 448
Freund, Martin August · 333, 334
Friederike Dorothea Henriette von Brandenburg-Schwedt, Markgräfin · 107
Friedländer, David · 360
Friedrich I., König von Preußen (als Friedrich III. bis 1701 Kurfürst von Brandenburg) · 21, 30, 102, 145, 149, 210, 259, 315, 330, 357, 416, 442
Friedrich II., König von Preußen · 14, 15, 87, 118, 140, 150, 165, 169, 172, 175, 177, 210, 212, 217, 227, 304, 330, 433
Friedrich III., Deutscher Kaiser, König von Preußen · 109, 150
Friedrich August, Markgraf von Brandenburg · 102
Friedrich Ludwig, Prinz von Preußen 106
Friedrich Wilhelm, Kurfürst von Brandenburg · 13, 21, 29, 50, 87, 101, 124, 125, 139, 145, 175, 181, 223
Friedrich Wilhelm I., König von Preußen · 21, 87, 99, 210, 218, 258, 260, 267, 314, 315, 431
Friedrich Wilhelm III., König von Preußen · 150, 218, 304, 314, 315, 416
Friedrich Wilhelm IV., König von Preußen · 15, 87, 91, 110, 116, 118, 120, 304, 340, 348
Friedrich Wilhelm, Prinz von Preußen 109
Fritsche, Jacob · 294
Frölich, Johann Jacob · 333, 334
Frommel, Emil · 58, 97

Gans, Eduard · 333, 335
Gehrke, Albert · 391
Georg Wilhelm von Brandenburg-Schwedt, Markgraf · 107
Gerhard, Carl Abraham · 250

Gerlach, Andreas Christian · 320
Ginsberg, Adolph · 363
Glaßbrenner, Adolf · 305
Gneisenau, August Wilhelm Anton Graf Neithardt v. · 159, 347
Götzen, Jobst Friedrich v. · 55
Goldmann, Alexander · 360
Goldschmidt, Adelheid · 400
Goltze, Marcus · 50
Graefe, Albrecht v. · 315, 317, 318
Graetz, René · 333
Greiffenberg, v. (Familie) · 273
Grell, August Eduard · 60
Grieben (Familie) · 48
Griebenow, Wilhelm · 357, 398
Griesinger, Wilhelm · 317
Gross gen. v. Schwarzhoff, Julius v. 348
Groterjahn, Christoph · 366
Gumtau (Familie) · 271

Hacke, Hans Christoph Friedrich Graf v. · 268
Hacker, Johann Gottlieb · 54
Haußmann, Georges Eugène · 352
Heartfield, John · 333
Hahn, Otto · 342
Haller, Albrecht · 200
Happe, Heinrich Philipp v. · 81
Harnack, Arvid · 132, 228
Hasenclever, Wilhelm · 391
Hegel, Georg Wilhelm Friedrich · 168, 190, 197, 332, 333, 335
Hegemann, Werner · 352
Heider, Heinrich · 422
Heine, Heinrich · 312
Heinrich, Prinz von Preußen · 14, 140, 165
Helmholtz, Hermann · 168, 318
Hermbstaedt, Sigmund F. · 333, 335
Hertzog, Rudolf · 76, 81, 84
Hesse · 260
Heubner, Otto · 317
Hillig, Ernst · 447
Hoffmann, A. Margarete · 53
Hoffmann, Friedrich Eduard · 333, 338
Hoffmann, Max · 348

491

Hohenzollern (allgemein) · 20, 91, 99
Hollmann, Wilhemine Amalie · 299
Holtzendorff, Karl Friedrich v. · 272
Hotho, Thomas · 297
Huber, Victor Aimé · 379
Hufeland, Christoph Wilhelm · 315, 332, 333, 334
Huhn, Reinhold · 235
Humboldt, Alexander v. · 166, 345
Humboldt, Wilhelm v. · 166

Israel, James · 360
Itzig, Daniel · 63

Jandorf, A. · 310
Joachim I., Kurfürst von Brandenburg 100
Joachim II., Kurfürst von Brandenburg 13
Johann II., Markgraf von Brandenburg 13, 50
Johann Cicero, Kurfürst von Brandenburg · 13, 99, 100, 357
Jonas · 377
Jouanne (Familie) · 333, 340
Justi, Ludwig · 212

Kamecke, Ernst Boguslav v. · 13, 138, 139, 197
Karl, Prinz von Preußen · 323, 324
Karl Philipp, Markgraf · 102
Karschin, Anna Louisa · 297
Keibel, Gotthilf Benjamin · 400
Keibel-Knoblauch (Familie) · 400
Keith, Jakob v. · 402
Keller, Gottfried · 192
Kessel, Gustav Friedrich v. · 348
Ketwig (Familie) · 48
Kleinstüber, E. G. · 420
Kleist, Heinrich v. · 231
Klenze, Karl August Clemens · 332, 333, 335
Knesebeck, Carl Friedrich v. dem · 271
Knoblauch, Carl Friedrich Wilhelm 400
Koch, Robert · 315, 321, 325
König, Franz · 317

Königsdorff, G. · 54
Köpjohann, Friedrich Johann · 296, 326
Köpjohann, Maria Elisabeth · 296
Körner, Theodor · 82
Kötteritzsch, Johann · 50, 62
Kollo, Walter · 305
Kollwitz, Karl · 389
Koppe, Christian · 286, 298, 299
Korn, Johann · 54
Kraus, Friedrich · 317
Krause, A. · 53
Krauth, Johann Andreas v. · 62
Kristeller, Samuel · 360
Krüger, Conrad · 447
Kurtze (Familie) · 447
Kux (Familie) · 401

Lamprecht, Georg · 402
Lamprecht, Joachim · 50
Lange, Otto · 448
Langhoff, Wolfgang · 333
Lasson, Adolf · 422
Lehmann, Hermann und Agnes · 363
Leibniz, Gottfried Wilhelm · 212
Leist, Carl Wilhelm · 306
Lenin, Wladimir Iljitsch · 175, 442
Leonhard, Johann Melchior · 54
Leyden, Ernst v. · 317
Lichtenberg, Bernhard · 172
Liebermann (Familie) · 361
Liebermann v. Wahlendorf, Adolph Ritter v. · 363
Liebknecht, Karl · 89, 228, 410, 440
Lietzmann, Johann Joachim · 52
Linde, Chr. v. d. · 52
Lion, Max, und Eugenie Deutsch · 361
Litfaß, Ernst Th. · 333
Lobeck, Heinrich Ludwig · 446
Loch, Hans · 333
Loewe, Sophie · 361
Lortzing, Albert · 305
Lubath (Familie) · 53, 55
Ludwig, Markgraf von Brandenburg 102
Lüderwald, Friedrich · 294
Lützow, Adolf Freiherr v. · 273
Luise, Königin von Preußen · 305, 315

Luther, Martin · 257, 332, 333, 366, 402, 471
Luxemburg, Rosa · 440

Magnus, Heinrich Gustav · 190, 333, 335
Makower, Hermann und Doris · 363
Malcomess, Olga · 273
Mann, Heinrich · 333, 339
Maria, Prinzessin von Preußen · 323
Martiny (Familie) · 447
Martitz, Johann · 150
Marx, Karl · 166, 321, 470
Matthias, P. · 49
Maupertuis, Pierre Louis Moreau de 212
Mauritius (Mauritz), J. · 50
Mehlmann, Simon · 49
Meitner, Lise · 342
Melanchthon, Philipp · 257, 402
Mendelssohn, Moses · 292
Mertens, Amalie · 400
Metzner, Theodor · 391
Meyer, Richard M. · 360
Meyerbeer, Giacomo · 361
Mitscherlich, Eilhard · 168
Möller, Carl Justus · 446
Moewes, Sigismund David · 400
Mommsen, Theodor · 168
Mosse, Rudolf · 235
Motte-Fouqué, Friedrich Freiherr de la 273
Müllensiefen, Julius · 50
Müller, H. · 55
Müller, Johannes · 200, 317, 345

Nagel, Christoph · 57
Napoleon I., Kaiser der Franzosen · 189
Napoleon III., Kaiser der Franzosen 352
Naumburg, Bertha · 401
Neumann, Johann Heinrich · 246
Névir, Rudolf und George · 349
Nicolai, Friedrich · 11, 14, 82, 236, 267, 330
Nikolaus von Bernau · 55
Nolte, Julius · 348
Nuschke, Otto · 333

Otto IV., Markgraf von Brandenburg · 13, 50
Otto, Johann Carl · 333, 335

Pancovius (Familie) · 55
Parthey, Friedrich · 82
Pawlow, Iwan Petrowitsch · 317
Philipp Wilhelm, Markgraf von Brandenburg-Schwedt · 107
Pieck, Wilhelm · 198, 377, 410
Pintsch, Julius · 422
Pirch, Georg Dubislav · 348
Pirch, Otto Lorenz · 348
Planck, Max · 190, 212
Platen, Claus Ernst v. · 55
Podewils, Heinrich Graf v. · 14, 68
Pollborn, Daniel · 54
Pufendorf, Samuel · 62

Rademacher, Caspar · 68
Ramler, Karl Wilhelm · 297
Ranke, Leopold v. · 296
Rauch, Friedrich v. · 348
Ravené, Peter Louis · 333, 341
Reichenheim, Moritz · 360
Reimann (Familie) · 447
Reinhardt, Max · 190, 326, 327, 328
Ribbeck, Hans Georg v. · 77
Richter, Johann Christian · 400
Riedel (Familie) · 421
Ring, Max · 360
Ritter, Carl · 400
Ritter (Familie) · 55
Röbel, Ehrenreich v. · 53
Rötzlow, Heinrich · 50
Roller, Heinrich · 391
Roloff, Friedrich · 53
Rücker, Martin · 54
Rüdel, Hugo · 97
Rungenhagen, Carl Friedrich · 333, 335

Sanders, J. · 50
Sarre, Th. · 333, 341
Sartorio, Martino · 54
Sauerbruch, Ferdinand · 315, 317
Schadow, Marie Caroline · 333, 334
Scharnhorst, Gerhard Johann David v. · 15, 155, 157, 162, 347
Scheer, Maximilian · 333
Schilling, Anna · 55
Schindler, Severin · 62
Schleiermacher, Friedrich Ernst Daniel · 222, 223
Schlick, Friedrich Ernst · 422
Schlieben, Balthasar v. · 52
Schmidt, Carl · 305
Schmidt, J. F. · 55
Schütz, Wilhelm · 320
Schultheiß, Jobst · 363
Schultze, Carl · 391
Schultze, Clara · 446
Schulze-Boysen, Harro · 132, 228
Schulze-Delitzsch, Hermann · 255
Schumann-Recke (Familie) · 401
Schwartz, F. Albert · 12
Schwartzkopff, Louis · 330
Schwerin, Otto v. · 14, 58
Seger, Sibylla · 54
Seidel, Katharina Elisabeth · 52
Senefelder, Alois · 358
Silex, Paul · 306
Simon (Familie) · 54
Skladanowsky, Max · 367
Sohr, Georg Wilhelm v. · 272
Sonnenschein, Carl · 349
Sophie Charlotte, Königin von Preußen · 102
Sophie Luise, Königin von Preußen · 294
Sparr, v. (Familie) · 304, 402
Sparr, Otto Christoph Graf v. · 52
Spies, Leo · 333
Spindler · 131
Spitta, Max · 333
Splitgerber, David · 237, 238
Stegen, Johanna · 305
Stein, Karl Reichsfreiherr vom und zum · 150, 227
Steinbrecher (Familie) · 49, 55
Stemmler, Kurt · 401
Stiller (Familie) · 54
Stolze, Wilhelm · 349
Strömann-Knauer (Familie) · 422
Stroux, Johannes · 212

Stüler, G. W. · 333, 337
Stüler, Philippine · 333, 337
Sultze, Georg David · 402
Sydow, Friedrich Wilhelm Martin · 400

Tauscher, Maria-Teresa · 392
Teichert (Familie) · 271
Tell, Wilhelm · 182
Tempelhoff, Hans · 49
Thälmann, Ernst · 276
Thaer, Albrecht · 343
Thiel, Hugo · 343
Thünen, Johann Heinrich v. · 343
Tieffenbach, Margarete · 54
Tietz, Hermann · 260
Tippelskirch, Ernst Ludwig v. · 272
Tralow, Johannes · 333
Trützschler, A. v. · 271

Uhse, Bodo · 333
Ulbricht Walter · 440
Ullstein, Leopold · 360

Virchow, Rudolf · 315, 317, 318, 440
Voltaire · 212

Wabnitz, Agnes · 391
Wadzeck, Franz Daniel Friedrich · 400
Wagener, Joachim Heinrich Wilhelm · 118
Wagner-Régeny, Rudolf · 333
Wallner, Franz · 420
Wartenberg, Graf v. · 13, 30, 63, 279
Weber, Andreas · 54
Weber, August · 304
Wegener, Alfred · 244
Weigel-Brecht, Helene · 326, 332, 333, 340
Weiler, Christian Ernst · 177
Weisbach, Valentin · 454
Weise, Martin · 54
Weiß, Christian Samuel · 345
Wertheim, A. · 227
Weydinger, Johann Heinrich · 84, 128, 163
Wilhelm I., König von Preußen, später Deutscher Kaiser · 87, 177, 304, 313

Wilhelm II., Deutscher Kaiser, König von Preußen · 37
Wilhelm Heinrich, Kurprinz · 106
Winterfeld, Georg Friedrich Wilhelm v. 272
Winterfeldt, Hans Carl v. · 348, 402
Witzleben, F. A. v. · 348
Witzleben, Job Wilhelm v. · 348
Wöhlert, Johann Friedrich · 330
Wolf, Friedrich · 275
Wolff-Rudloff-Schnittendorf (Familie) 401
Wollank (Familie) · 304, 377
Wülknitz, H. O. v. · 304

York v. Wartenburg, Hans David Ludwig Graf · 159

Zeitler (Familie) · 421
Zerer, Joachim · 54
Zierau (Familie) · 306
Zweig, Arnold · 333
Zwingli, Ulrich · 464

Literatur

Die folgende Zusammenstellung verzeichnet vollständig die Inventare. Die übrigen, nach Sachgruppen geordneten Titel sind als eine knappe Auswahl wichtiger weiterführender Werke zu verstehen, wobei insbesondere auch neuere Veröffentlichungen Berücksichtigung fanden. Ausdrücklich sei auf die eingangs zitierten Bibliographien verwiesen, die die Fülle der Berlin-Literatur in Breite erschließen.

Bibliographien

Badstübner-Gröger, Sibylle: Bibliographie zur Kunstgeschichte von Berlin und Potsdam. Schriften zur Kunstgeschichte, Heft 13. Berlin 1968

Zopf, Hans, und Gerd Heinrich: Berlin-Bibliographie (bis 1960). Berlin 1965. — Ergänzungsband 1961—1966. Berlin 1973

Inventare und Verzeichnisse

Borrmann, Richard: Die Bau- und Kunstdenkmäler von Berlin. Berlin 1893

Berlin und seine Bauten. Herausgegeben vom Architekten-Verein zu Berlin. Zwei Teile in einem Band. Berlin 1877

Berlin und seine Bauten. Bearbeitet und herausgegeben vom Architekten-Verein zu Berlin und der Vereinigung Berliner Architekten. Drei Teile in zwei Bänden. Berlin 1896

Berlin und seine Bauten. Herausgegeben vom Architekten- und Ingenieurverein zu Berlin. Berlin, München, Düsseldorf
— Teil II: Rechtsgrundlagen und Stadtentwicklung. 1968
— Teil III: Bauwerke für Regierung und Verwaltung. 1966
— Teil IV: Wohnungsbau.
  Band A: Die Voraussetzungen. Die Entwicklung der Wohngebiete. 1970
  Band B: Die Wohngebiete — Mehrfamilienhäuser. 1974
  Band C: Die Wohngebäude — Einfamilienhäuser. Individuelle geplante Einfamilienhäuser. Die Hausgärten. 1975
— Teil V: Bauwerke für Kunst, Erziehung und Wissenschaft.
  Band A: Bauten für die Kunst. 1983
— Teil VIII: Bauten für Handel und Gewerbe.
  Band A: Handel. 1978
  Band B: Gastgewerbe. 1980
— Teil IX: Industriebauten. Bürohäuser. 1971
— Teil X: Band A: Anlagen und Bauten für Versorgung.
  1: Feuerwachen. 1976
  3: Bestattungswesen. 1981
  Band B: Anlagen und Bauten für den Verkehr.
  1: Städtischer Nahverkehr. 1979
— Teil XI: Gartenwesen. 1972

Eckardt, Götz: Schicksale deutscher Baudenkmale im zweiten Weltkrieg. Eine Dokumentation der Schäden und Totalverluste auf dem Gebiet der Deutschen Demokratischen Republik. 2 Bände. Berlin 1978

Topographien, Stadtführer

Nicolai, Friedrich: Beschreibung der Königlichen Residenzstädte Berlin und Potsdam, aller daselbst befindlicher Merkwürdigkeiten und der umliegenden Gegend. Band 1—3. 3. Auflage 1786. — Neudruck Berlin 1968

Fidicin, Ernst: Berlin, historisch und topographisch. Berlin 1843

Spiker, Samuel Heinrich: Berlin und seine Umgebungen im 19. Jahrhundert. Eine Sammlung in Stahl gestochener Ansichten nach an Ort und Stelle auf-

Otto IV., Markgraf von Brandenburg · 13, 50
Otto, Johann Carl · 333, 335

Pancovius (Familie) · 55
Parthey, Friedrich · 82
Pawlow, Iwan Petrowitsch · 317
Philipp Wilhelm, Markgraf von Brandenburg-Schwedt · 107
Pieck, Wilhelm · 198, 377, 410
Pintsch, Julius · 422
Pirch, Georg Dubislav · 348
Pirch, Otto Lorenz · 348
Planck, Max · 190, 212
Platen, Claus Ernst v. · 55
Podewils, Heinrich Graf v. · 14, 68
Pollborn, Daniel · 54
Pufendorf, Samuel · 62

Rademacher, Caspar · 68
Ramler, Karl Wilhelm · 297
Ranke, Leopold v. · 296
Rauch, Friedrich v. · 348
Ravené, Peter Louis · 333, 341
Reichenheim, Moritz · 360
Reimann (Familie) · 447
Reinhardt, Max · 190, 326, 327, 328
Ribbeck, Hans Georg v. · 77
Richter, Johann Christian · 400
Riedel (Familie) · 421
Ring, Max · 360
Ritter, Carl · 400
Ritter (Familie) · 55
Röbel, Ehrenreich v. · 53
Rötzlow, Heinrich · 50
Roller, Heinrich · 391
Roloff, Friedrich · 53
Rücker, Martin · 54
Rüdel, Hugo · 97
Rungenhagen, Carl Friedrich · 333, 335

Sanders, J. · 50
Sarre, Th. · 333, 341
Sartorio, Martino · 54
Sauerbruch, Ferdinand · 315, 317
Schadow, Marie Caroline · 333, 334
Scharnhorst, Gerhard Johann David v. · 15, 155, 157, 162, 347
Scheer, Maximilian · 333
Schilling, Anna · 55
Schindler, Severin · 62
Schleiermacher, Friedrich Ernst Daniel · 222, 223
Schlick, Friedrich Ernst · 422
Schlieben, Balthasar v. · 52
Schmidt, Carl · 305
Schmidt, J. F. · 55
Schütz, Wilhelm · 320
Schultheiß, Jobst · 363
Schultze, Carl · 391
Schultze, Clara · 446
Schulze-Boysen, Harro · 132, 228
Schulze-Delitzsch, Hermann · 255
Schumann-Recke (Familie) · 401
Schwartz, F. Albert · 12
Schwartzkopff, Louis · 330
Schwerin, Otto v. · 14, 58
Seger, Sibylla · 54
Seidel, Katharina Elisabeth · 52
Senefelder, Alois · 358
Silex, Paul · 306
Simon (Familie) · 54
Skladanowsky, Max · 367
Sohr, Georg Wilhelm v. · 272
Sonnenschein, Carl · 349
Sophie Charlotte, Königin von Preußen · 102
Sophie Luise, Königin von Preußen · 294
Sparr, v. (Familie) · 304, 402
Sparr, Otto Christoph Graf v. · 52
Spies, Leo · 333
Spindler · 131
Spitta, Max · 333
Splitgerber, David · 237, 238
Stegen, Johanna · 305
Stein, Karl Reichsfreiherr vom und zum · 150, 227
Steinbrecher (Familie) · 49, 55
Stemmler, Kurt · 401
Stiller (Familie) · 54
Stolze, Wilhelm · 349
Strömann-Knauer (Familie) · 422
Stroux, Johannes · 212

Stüler, G. W. · 333, 337
Stüler, Philippine · 333, 337
Sultze, Georg David · 402
Sydow, Friedrich Wilhelm Martin · 400

Tauscher, Maria-Teresa · 392
Teichert (Familie) · 271
Tell, Wilhelm · 182
Tempelhoff, Hans · 49
Thälmann, Ernst · 276
Thaer, Albrecht · 343
Thiel, Hugo · 343
Thünen, Johann Heinrich v. · 343
Tieffenbach, Margarete · 54
Tietz, Hermann · 260
Tippelskirch, Ernst Ludwig v. · 272
Tralow, Johannes · 333
Trützschler, A. v. · 271

Uhse, Bodo · 333
Ulbricht Walter · 440
Ullstein, Leopold · 360

Virchow, Rudolf · 315, 317, 318, 440
Voltaire · 212

Wabnitz, Agnes · 391
Wadzeck, Franz Daniel Friedrich · 400
Wagener, Joachim Heinrich Wilhelm · 118
Wagner-Régeny, Rudolf · 333
Wallner, Franz · 420
Wartenberg, Graf v. · 13, 30, 63, 279
Weber, Andreas · 54
Weber, August · 304
Wegener, Alfred · 244
Weigel-Brecht, Helene · 326, 332, 333, 340
Weiler, Christian Ernst · 177
Weisbach, Valentin · 454
Weise, Martin · 54
Weiß, Christian Samuel · 345
Wertheim, A. · 227
Weydinger, Johann Heinrich · 84, 128, 163
Wilhelm I., König von Preußen, später Deutscher Kaiser · 87, 177, 304, 313

493

Wilhelm II., Deutscher Kaiser, König von Preußen · 37
Wilhelm Heinrich, Kurprinz · 106
Winterfeld, Georg Friedrich Wilhelm v. 272
Winterfeldt, Hans Carl v. · 348, 402
Witzleben, F. A. v. · 348
Witzleben, Job Wilhelm v. · 348
Wöhlert, Johann Friedrich · 330
Wolf, Friedrich · 275
Wolff-Rudloff-Schnittendorf (Familie) 401
Wollank (Familie) · 304, 377
Wülknitz, H. O. v. · 304

York v. Wartenburg, Hans David Ludwig Graf · 159

Zeitler (Familie) · 421
Zerer, Joachim · 54
Zierau (Familie) · 306
Zweig, Arnold · 333
Zwingli, Ulrich · 464

Literatur

Die folgende Zusammenstellung verzeichnet vollständig die Inventare. Die übrigen, nach Sachgruppen geordneten Titel sind als eine knappe Auswahl wichtiger weiterführender Werke zu verstehen, wobei insbesondere auch neuere Veröffentlichungen Berücksichtigung fanden. Ausdrücklich sei auf die eingangs zitierten Bibliographien verwiesen, die die Fülle der Berlin-Literatur in Breite erschließen.

Bibliographien

Badstübner-Gröger, Sibylle: Bibliographie zur Kunstgeschichte von Berlin und Potsdam. Schriften zur Kunstgeschichte, Heft 13. Berlin 1968

Zopf, Hans, und Gerd Heinrich: Berlin-Bibliographie (bis 1960). Berlin 1965. — Ergänzungsband 1961—1966. Berlin 1973

Inventare und Verzeichnisse

Borrmann, Richard: Die Bau- und Kunstdenkmäler von Berlin. Berlin 1893

Berlin und seine Bauten. Herausgegeben vom Architekten-Verein zu Berlin. Zwei Teile in einem Band. Berlin 1877

Berlin und seine Bauten. Bearbeitet und herausgegeben vom Architekten-Verein zu Berlin und der Vereinigung Berliner Architekten. Drei Teile in zwei Bänden. Berlin 1896

Berlin und seine Bauten. Herausgegeben vom Architekten- und Ingenieurverein zu Berlin. Berlin, München, Düsseldorf
— Teil II: Rechtsgrundlagen und Stadtentwicklung. 1968
— Teil III: Bauwerke für Regierung und Verwaltung. 1966
— Teil IV: Wohnungsbau.
  Band A: Die Voraussetzungen. Die Entwicklung der Wohngebiete. 1970
  Band B: Die Wohngebiete — Mehrfamilienhäuser. 1974
  Band C: Die Wohngebäude — Einfamilienhäuser. Individuelle geplante Einfamilienhäuser. Die Hausgärten. 1975
— Teil V: Bauwerke für Kunst, Erziehung und Wissenschaft.
  Band A: Bauten für die Kunst. 1983
— Teil VIII: Bauten für Handel und Gewerbe.
  Band A: Handel. 1978
  Band B: Gastgewerbe. 1980
— Teil IX: Industriebauten. Bürohäuser. 1971
— Teil X: Band A: Anlagen und Bauten für Versorgung.
  1: Feuerwachen. 1976
  3: Bestattungswesen. 1981
  Band B: Anlagen und Bauten für den Verkehr.
  1: Städtischer Nahverkehr. 1979
— Teil XI: Gartenwesen. 1972

Eckardt, Götz: Schicksale deutscher Baudenkmale im zweiten Weltkrieg. Eine Dokumentation der Schäden und Totalverluste auf dem Gebiet der Deutschen Demokratischen Republik. 2 Bände. Berlin 1978

Topographien, Stadtführer

Nicolai, Friedrich: Beschreibung der Königlichen Residenzstädte Berlin und Potsdam, aller daselbst befindlicher Merkwürdigkeiten und der umliegenden Gegend. Band 1—3. 3. Auflage 1786. — Neudruck Berlin 1968

Fidicin, Ernst: Berlin, historisch und topographisch. Berlin 1843

Spiker, Samuel Heinrich: Berlin und seine Umgebungen im 19. Jahrhundert. Eine Sammlung in Stahl gestochener Ansichten nach an Ort und Stelle aufgenommenen Zeichnungen von Mauch, Gärtner, Biermann und Hintze nebst topographisch-historischen Erläuterungen. Berlin 1833. — Neudruck Leipzig 1976

Baedecker, Karl: Berlin, Potsdam und Umgebungen. Leipzig 1878. — In der Folge zahlreiche erweiterte, im Titel veränderte Auflagen, zuletzt Freiburg 1966

Börsch-Supan, Eva und Helmut, Günther Kühne, Hella Reelfs: Berlin. Kunstdenkmäler und Museen. Reclams Kunstführer. Stuttgart 1977

Schulz, Joachim, und Werner Gräbner: Architekturführer DDR. Berlin, Hauptstadt der Deutschen Demokratischen Republik. Berlin 1974, 3. Auflage 1981

Lexika

Gädicke, Johann Christian: Lexicon von Berlin und der umliegenden Gegend. Berlin 1806

Helling, J. G. A. Ludwig: Geschichtlich-statistisches und topographisches Taschenbuch von Berlin und seinen nächsten Umgebungen. Berlin 1830

Zedlitz, Leopold Freiherr v.: Neuestes Conversations-Handbuch für Berlin und Potsdam zum täglichen Gebrauch der Einheimischen und Fremden aller Stände. Berlin 1834. — Neudruck Leipzig 1979

Darstellungen zur Entwicklung Berlins

Clauswitz, Paul: Die Pläne von Berlin und die Entwicklung des Weichbildes. Berlin 1906. — Erweiterte Neuausgabe unter dem Titel: Die Pläne von Berlin von den Anfängen bis 1950. Berlin 1979

Hegemann, Werner: Das steinerne Berlin. Geschichte der größten Mietskasernenstadt der Welt. Berlin 1930. — Geringfügig gekürzte Neuausgabe Berlin, Frankfurt/M., Wien 1963

Schinz, Alfred: Berlin. Stadtschicksal und Städtebau. Braunschweig 1964

Volk, Waltraud: Berlin, Hauptstadt der DDR. Historische Straßen und Plätze heute. Berlin 1973

Brost, Harald, und Laurenz Demps: Berlin wird Weltstadt. Photographien von F. Albert Schwartz Hof-Photograph. Leipzig 1981

Schneider, Wolfgang: Berlin. Eine Kulturgeschichte in Bildern und Dokumenten. Leipzig und Weimar 1980

Literatur zur Architektur und Kunst Berlins und zu einzelnen Künstlern

Berckenhagen, Ekhart: Die Malerei in Berlin vom 13. bis zum ausgehenden 18. Jahrhundert. Tafelband. Berlin 1964

Bloch, Peter, und Waldemar Grzimek: Das klassische Berlin. Die Berliner Bildhauerschule im 19. Jahrhundert. Frankfurt/M., Berlin, Wien 1978

Börsch-Supan, Eva: Berliner Baukunst nach Schinkel. 1840—1870. München 1977

Geist, Johann Friedrich, und Klaus Kürvers: Das Berliner Mietshaus 1740—1862. München 1980

Gut, Albert: Das Berliner Wohnhaus. Beiträge zu seiner Geschichte und seiner Entwicklung in der Zeit der landesfürstlichen Bautätigkeit (17. und 18. Jahrhundert). Berlin 1917

Herz, Rudolf: Berliner Barock. Bauten und Baumeister aus der ersten Hälfte des 18. Jahrhunderts. Berlin 1928

Hilberseimer, Ludwig: Berliner Architektur der 20er Jahre. Mainz, Berlin 1967

Junghans, Kurt: Bruno Taut 1880—1938. Berlin 1970

Ladendorf, Heinz: Der Bildhauer und Baumeister Andreas Schlüter. Beiträge zu seiner Biographie und zur Berliner Kunstgeschichte seiner Zeit. Berlin 1935

Mackowsky, Hans: Die Bildwerke Gottfried Schadows. Berlin 1951

Petras, Renate: Berliner Plastik im 18. Jahrhundert. Berlin 1954

Posener, Julius: Berlin auf dem Wege zu einer neuen Architektur. Das Zeitalter Wilhelms II. München 1979

Rave, Paul Ortwin: Schinkel. Lebenswerk.
— Berlin. Bauten für die Kunst, Kirchen, Denkmalpflege. Berlin 1941. — Erweiterte Neuauflage Berlin 1981
— Berlin. Stadtbaupläne, Straßen, Brücken, Tore, Plätze. Berlin 1948
— Berlin. Bauten für Wissenschaft, Verwaltung, Heer, Wohnbau und Denkmäler. Berlin 1962

Reuther, Hans: Barock in Berlin. Meister und Werke der Berliner Baukunst 1640—1786. Berlin 1969

Schmitz, Hermann: Berliner Baumeister vom Ausgang des 18. Jahrhunderts. Berlin 1925

Schütz, Wolfgang, und Hans Mackowsky: Das Alt-Berliner Grabmal 1750—1850. Berlin 1917

Schumann, Carl-Wolfgang: Der Berliner Dom im 19. Jahrhundert. Berlin 1980

Simson, Jutta v.: Das Berliner Denkmal für Friedrich den Großen. Mit einem Beitrag von Friedrich Mielke. Frankfurt/M., Berlin, Wien 1976

Staatliche Museen zu Berlin, Hauptstadt der DDR: Karl Friedrich Schinkel 1781—1841. Katalog zur Ausstellung anläßlich der Schinkel-Ehrung in der Deutschen Demokratischen Republik. Berlin 1980

Bildnachweis

Fotoatelier des Instituts für Denkmalpflege 127 Aufnahmen: Joachim Fritz (30) S. 73, S. 76, S. 78, S. 94 links, S. 113, S. 114, S. 119, S. 124, S. 141 unten, S. 154, S. 159 links, S. 164 unten, S. 167 rechts, S. 170 links, S. 172, S. 175, S. 178 rechts, S. 187, S. 191 rechts, S. 215 oben, S. 243 unten, S. 246 links, S. 297 rechts, S. 328, S. 354, S. 437, S. 438, S. 439 unten rechts; Udo Hänel (10) S. 42, S. 43 links, S. 45 unten, S. 48 rechts, S. 49 links, S. 52, S. 53 rechts, S. 54 links, S. 246 rechts; Johannes Laurentius (17) S. 24, S. 232 unten, S. 273, S. 278 links, S. 342, S. 344, S. 345 rechts, S. 353, S. 368, S. 375, S. 379 rechts, S. 386, S. 393 rechts, S. 397, S. 405, S. 414; Regina Leßmann (18) S. 43 oben rechts, S. 44 links und oben rechts, S. 45 links und oben rechts, S. 46 rechts, S. 54 rechts, S. 55 links, S. 81 unten rechts, S. 84, S. 204 oben, S. 373 links, S. 424 rechts, S. 425, S. 426, S. 441 oben; Dieter Möller (1) S. 41; Wolfgang Pilgrimm (15) S. 126, S. 134, S. 240 links, S. 242 rechts, S. 253 links, S. 283, S. 286, S. 289 rechts, S. 298, S. 299 rechts, S. 319 oben, S. 323 rechts, S. 331 links; Renate Worel (36) S. 43 unten rechts, S. 44 unten rechts, S. 50 rechts, S. 51, S. 69 oben links und rechts, S. 70 oben rechts, S. 98, S. 99, S. 100 links, S. 147 rechts, S. 217, S. 256, S. 291, S. 294, S. 295, S. 302 rechts, S. 303 rechts, S. 307 rechts, S. 313 links, S. 370 links, S. 433, S. 444 links, S. 451, S. 452, S. 456 oben, S. 468 oben, S. 471.

Meßbildarchiv des Instituts für Denkmalpflege (ehem. Staatliche Bildstelle) 126 Aufnahmen: S. 20, S. 21, S. 27, S. 28, S. 29, S. 30, S. 31, S. 32 links, S. 40, S. 46 links, S. 47, S. 48 links, S. 49 rechts, S. 50 links, S. 53 links, S. 58, S. 60 rechts, S. 62, S. 63 rechts, S. 64, S. 68 rechts, S. 71 oben, S. 81 oben rechts, S. 83, S. 87, S. 91, S. 92, S. 95, S. 96, S. 100 rechts, S. 101, S. 102, S. 103, S. 104, S. 105, S. 106, S. 107, S. 108, S. 110, S. 116 oben, S. 117, S. 120, S. 121 links, S. 123, S. 125, S. 127 links, S. 130 oben, S. 132, S. 138, S. 139, S. 141 oben, S. 142 oben, S. 144, S. 145, S. 146, S. 148, S. 149, S. 150 unten, S. 159 links, S. 163 oben, S. 164 oben, S. 169 unten, S. 185, S. 186 oben und unten links, S. 188, S. 190, S. 191 links, S. 197 oben, S. 203 rechts, S. 206, S. 207, S. 211, S. 212, S. 213, S. 214, S. 215 unten, S. 216, S. 227, S. 230 links, S. 232 oben, S. 237 oben, S. 254, S. 260, S. 268, S. 270, S. 279, S. 280, S. 281, S. 289 links, S. 290, S. 308 oben links, S. 314, S. 316 unten, S. 320 links, S. 330, S. 346, S. 347, S. 348 links, S. 380, S. 468 unten.

Bauakademie der DDR, Institut für Städtebau und Architektur 3 Aufnahmen: S. 109, S. 228 links, S. 261 oben.

Bauakademie der DDR, Bildinformation 2 Aufnahmen: S. 184, S. 413.

Fotothek Dresden 1 Aufnahme: S. 179.

Märkisches Museum 4 Aufnahmen: S. 22, S. 23, S. 26, S. 140.

Märkisches Museum, Denkmalpflegearchiv 6 Aufnahmen: S. 177, S. 178 links, S. 208, S. 316 oben.

Staatliche Museen, Archiv der Nationalgalerie 1 Aufnahme: S. 97.

Zentrales Haus der Deutsch-Sowjetischen Freundschaft 1 Aufnahme: S. 162 rechts.

M. Barz 4 Aufnahmen: S. 204 unten, S. 374 rechts.

Claus G. Beyer, Weimar, 15 Aufnahmen: S. 37, S. 77 links, S. 80, S. 112, S. 121 rechts, S. 157 oben, S. 165, S. 171, S. 189 links, S. 196, S. 243 oben, S. 263, S. 293, S. 320 rechts, S. 443.

Dieter Breitenborn 2 Aufnahmen: S. 74 rechts.

G. Dutschmann 3 Aufnahmen: S. 17, S. 275, S. 306 unten.

Dr. Joachim Fait 60 Aufnahmen: S. 67 links, S. 180 rechts, S. 205, S. 271 oben rechts und unten rechts innen, S. 272 rechts, S. 292 rechts, S. 296 oben rechts und unten links, S. 305, S. 307 unten links, S. 317, S. 334 unten, S. 335, S. 336, S. 337 oben, S. 338, S. 339 links, S. 340, S. 341, S. 348 rechts, S. 349, S. 360 unten links und rechts, S. 361, S. 362 rechts, S. 388 rechts, S. 391, S. 401, S. 420, S. 421, S. 422, S. 446, S. 447, S. 448.

Herbert Görzig 1 Aufnahme: S. 34 unten.

Gerhard Kapitän 1 Aufnahme: S. 186 unten rechts.

Arwid Lagenpusch 2 Aufnahmen: S. 194 rechts, S. 195.

G. Murza 1 Aufnahme: S. 457.

Jürgen Nagel 14 Aufnahmen: S. 434, S. 435, S. 436 rechts, S. 439 linke Spalte links und rechts, S. 441 unten rechts, S. 453 rechts, S. 459, S. 462 links, S. 463, S. 467, S. 470.

Vera Tenschert 1 Aufnahme: S. 326.

Dr. Heinrich Trost sämtliche übrigen Aufnahmen, insgesamt 337.

Schutzumschlag

Aufnahmen Dr. H. Trost, hintere Umschlagklappe R. Leßmann

Vorderseite: Jungfernbrücke mit Bebauung an der Unterwasserstraße; Marx-Engels-Brücke, Brüstungsfeld; Bebauung am Märkischen Ufer; Staatsratsgebäude am Marx-Engels-Platz.

Rückseite: Ministerium für Kultur und Haus des Ministerrates; Märchenbrunnen im Friedrichshain; Denkmal für Käthe Kollwitz auf dem Kollwitzplatz; Bodemuseum.

Vordere Umschlagklappe: Mahnmal für die Opfer des Faschismus und Militarismus (ehem. Neue Wache).

Hintere Umschlagklappe: Marienkirche, Inneres, Blick zum Chor.